大师的经济学课

考恩 经济学

宏观分册 ·第三版·

Modern Principles
Macroeconomics
3rd Edition

Tyler Cowen
Alex Tabarrok

〔美〕**泰勒·考恩**
〔美〕**亚历克斯·塔巴洛克** 著

罗君丽　李井奎　王弟海　译

格致出版社　上海人民出版社

Economics is fun, and I
am a big fan of China,
I look forward to my next
visit.

Tyler Cowen

经济学研究如何实现最丰足的人生。

泰勒和亚历克斯

Economics is the study of how to get the most out of life.

Tyler and Alex

作者简介

　　泰勒·考恩（Tyler Cowen，左），乔治梅森大学 Holbert C.Harris 讲席教授。他最近出版的新书是《大停滞》（*The Great Stagnation*）。他同亚历克斯·塔巴洛克一起，撰写经济学博客：MarginalRevolution.com。泰勒·考恩在《美国经济学评论》《政治经济学期刊》等众多经济学期刊有论文发表，并经常为一些大众媒体撰写文章，包括《纽约时报》《华盛顿邮报》《福布斯》、*Wilson Quarterly*、*Money* 等知名报刊。

　　亚历克斯·塔巴洛克（Alex Tabarrok，右），乔治梅森大学 Mercatus 研究中心的 Bartley J.Madden 经济学讲席教授。他最近出版的新书是《推动创新的文艺复兴》（*Launching the Innovation Renaissance*）。他研究赏金猎手问题、司法激励与选举、犯罪控制、专利改革，以及如何增加人类器官移植供给和药品管制问题。他是《企业家经济学：沉闷学科中的曙光》和《自发组织的城市：选择、社区和公民社会》等书的主编。曾经在《法与经济学期刊》《公共选择》、*Economic Inquiry*、《卫生经济学期刊》《理论政治学期刊》《美国法律与经济评论》等期刊上发表文章。他的一些通俗文章经常出现在《纽约时报》《华尔街日报》《福布斯》等报刊上。

宏观经济学精要

基本关系和数量

国内生产总值是一国在一年内所生产的所有最终产品和服务的市场价值总和。

人均 GDP 是 GDP 与一国人口总量之比。

国民支出恒等式为：$Y = C + I + G + NX$
其中：
$Y =$ 名义 GDP
$C =$ 在消费品和服务上的支出
$I =$ 在投资品（亦称资本品）上的支出
$G =$ 政府购买的市场价值
$NX =$ 净出口（出口的市场价值减去进口的市场价值）

经济增长率是指实际人均 GDP 的增长率。
一般说来，美国 GDP 每年增长约 3.2%，人均 GDP 每年增长约 2.1%。经济处于衰退时，GDP 下降。

70 法则：如果一个变量年增长率为 x%，那么，$\frac{70}{x}$ 年后它将翻番。

劳动力是指包括就业者和失业者在内的所有劳动者。

失业者是指没有工作但正在寻找工作的成年人。

失业率是没有工作的劳动力所占百分比。

通货膨胀率是用物价指数来衡量的一段时间内一般物价水平上升的百分率。

消费者价格指数(CPI) 衡量的是一个普通消费者所购买的一篮子商品的平均价格。

实际价格是指经过通货膨胀调整后的价格。它通常用来比较时间推移过程中的商品价格。

货币数量论：

$$M \times v = P \times Y_R$$

$M =$ 货币供给 $\qquad P =$ 物价水平
$v =$ 货币流通速度 $\quad Y_R =$ 实际 GDP

当 v 和 Y_R 相对固定，货币存量 M 增加必然导致物价水平 P 上升。

增长率形式的货币数量论：

$$\vec{M} + \vec{v} = \vec{P} + \vec{Y}_R$$

$\vec{M} + \vec{v} =$ 通货膨胀率＋实际增长率

变量上的箭头表示该变量的增长率。例如，$\vec{P}$ 是物价水平增长率，即通货膨胀率 $\vec{v}$。
如果 $\vec{v}$ 和实际增长率相对固定，货币供给增长率 $\vec{M}$ 的提高必然带动通货膨胀率上升。

经济增长

人均 GDP 高的国家,有较高的人均物质资本和人力资本,使用更好的技术知识把资本组织起来高效生产。

好的**制度**,如产权、诚信政府、政治稳定、可信赖的法律体系和竞争开放的市场,**激励**人们投资于物质资本和人力资本,创造新的技术知识,组织生产要素进行高效生产。

GDP 可以写成生产函数 $Y = F(A,K,e \times L)$ 的形式,这里的 Y 是指产出或 GDP,A 是指知识水平,K 是指物质资本,e 是人均人力资本(即教育),L 是工人数量。

保持 e 和 L 不变,选择一个具体的函数形式,可以把生产函数简化为:$Y = A\sqrt{K}$。

收益递减铁律表明 Y 随 K 的增加而增加,但增加的速度越来越慢。

投资是指没被消费掉的产出。

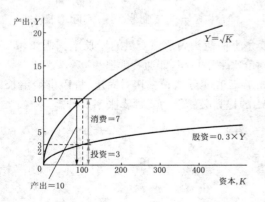

资本折旧是指资本的磨损、腐蚀和消失。折旧是

资本存量的线性函数,如:

$$折旧 = 0.02 \times K$$

当投资＞折旧,资本存量和产出增长;当投资＜折旧,资本存量和产出下降。

收益递减铁律和线性折旧率意味着,必然会在某一点上,投资恰好等于资本折旧。当投资＝折旧时,资本存量和产出都不再增长,即为**稳态**(steady state)。

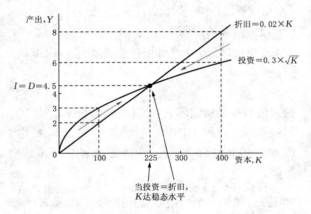

A 的增加,即更高的知识水平,意味着同样多的资本存量 K 可有更多的产出。

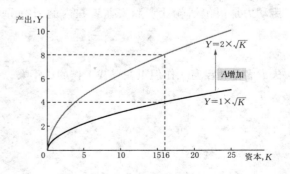

知识水平的进步为可持续经济增长之必需。

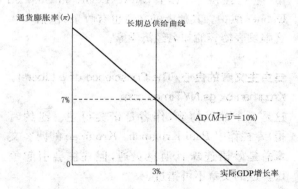
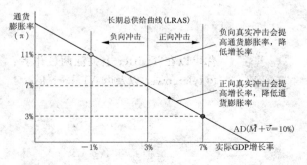
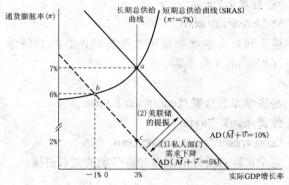

总需求与总供给

索洛增长率是潜在经济增长率,是在现有实际生产要素和价格调整存在灵活性的条件下的经济增长率。

将货币数量论的表达式进行重新整理,可以得到**总需求曲线**的式子:

$$\vec{M} + \vec{v} = 通货膨胀率 + 实际增长率$$

总需求曲线表示,在一个特定的支出增长率下,通货膨胀率和实际增长率的所有组合。

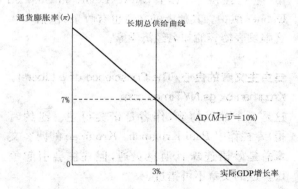

正向真实冲击提高了潜在经济增长率,推动长期总供给曲线(LRAS)向右移动。**负向真实冲击**推动 LRAS 曲线向左移动。

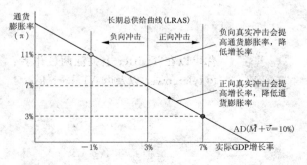

真实冲击与总需求冲击是总需求—总供给模型中的关键要素。

短期总供给曲线(SRAS) 表示,在价格和工资存在粘性的情况下,通货膨胀率和实际经济增长率在一段时间内的正向关系。

传导机制能够传导和放大冲击。跨期替代、不确定性和不可逆投资、劳动力调整成本、时间集聚,以及工资和价格的粘性都是传导机制。

可以利用**财政政策**或**货币政策**来提高总需求,逆转私人需求的下降。

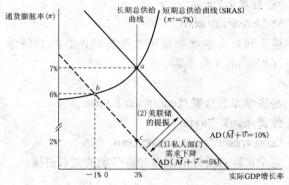

如果衰退是由真实冲击所导致,财政政策和货币政策的有效性将会降低。

经济学博客与网站

博客是了解新的有趣的经济学研究、经济学应用及每日争论的好地方。博客文章来得快，去得也快，因此下面这个网站的友情链接，是追踪最新博文的好去处：

MarginalRevolution.com

下面是两位作者最喜欢的博客：

边际革命/MarginalRevolution
MarginalRevolution.com

维护这个博客的人，正是本书的两位作者。这个博客每天都会推送经济学内容，但它的风格比这本书更古怪、更主观，也更关注最新话题。在网页左边你可以看到我们的"友情链接"，这些链接会把你带向其他重要的经济学博客。

"边际革命"大学
MRUniversity.com

这个网站有泰勒和亚历克斯提供的在线经济学课程，内容十分丰富。*

经济学家怎么看/Economist's View
作者：Mark Thoma
EconomistsView.typepad.com

这个博客有最好的顶级经济学家的文章链接。

两只手抓住现实/Grasping Reality with Both Hands
作者：Brad DeLong

DeLong.typepad.com

Delong 是加州大学伯克利分校教授。他的文章涵盖宏观经济、金融、经济史和政治等话题。

曼昆的博客/Greg Mankiw's Blog
GregMankiw.blogspot.com

这里有优秀的读物与经济评论。作者是知名经济学家和畅销教材作家。

经济学浏览器/EconBrowser
EconBrowser.com

由 James Hamilton 和 Menzie Chinn 维护，两人都是宏观经济学大牛。

魔鬼经济学/Freakonomics
Freakonomics.blogs.NYTimes.com

由《魔鬼经济学》作者 Steve Levitt 和 Stephen Dubner 维护。其他人的文章也有收录，包括一些客串发表博客的知名经济学家。

自由主义者的良心/The Conscience of a Liberal
Krugman.blogs.NYTimes.com

这是一个政经博客，作者是诺奖得主、《纽约时报》专栏作家 Paul Krugman。Krugman 的博客文章总是妙语连珠且消息灵通，但往往会引起争议。他的文章不可错过。

 你可以在 Twitter 上关注两位作者：@tylercowen 以及@ATabarrok。

---

* 这个网站上的视频课程是放在 YouTube 上，其中跟本书配套的教学视频，读者可以在格致出版社的微信公众号上看到。这些视频有纪录片水准的制作，语言生动，视觉华丽。每个视频讲解一个专题，时长 5—7 分钟，是自成一体的知识胶囊；全部视频放在一起，又涵盖了宏观经济学的整个知识体系。格致出版社已经为这些视频嵌好中文字幕。不管你是经济学学习者还是教育者，马上关注格致出版社的微信公众号（见封底二维码），看看世界上最好的经济学在线课程是什么样子吧！ ——编者注

前言：说给教师的话

> 囚犯们会因为坏血病、伤寒发热和感染天花而死于非命，但没有什么比糟糕的激励更能令他们丧命。

这是本书第1章的第一句话，只有经济学家才能够写出这样的句子。也只有经济学家能够理解，激励可以在任何地方起作用，可以影响我们生活的各个方面，无论是就你能够找到一个好的工作而言，还是关于一个经济体能生产多少财富，或者是关于一座监狱运行得如何，或者是囚犯最终会受到怎样的待遇。我们为经济学普遍而有力的适用性感到兴奋不已，让你也为此感到兴奋是我们写这本书的初衷。

在本书的过去两版中，我们希望能完成以下几件事情。我们想展现经济学可以多么有力地帮助我们理解现实世界；我们想出版一本写作生动而又充满故事趣味性的书籍；我们想展示现代经济学，但不是死板的教条或上代人案例的重复；我们希望再三表明，激励很重要，无论是分析公地悲剧问题和政治经济学问题，还是在讨论经济学如何指导投资决策问题。更笼统地说，我们希望"看不见的手"原理能被大家理解，也就是说，希望能让大家"看见"这个世界背后的那只看不见的手，希望通过经济学来解释这个世界的秩序。

解释"看不见的手"原理

经济科学最著名的发现之一就是，在适当的条件下，个人对自我利益的追求能够提高社会整体利益。诺贝尔经济学奖得主弗农·史密斯(Vernon Smith)这样描述这一发现：

> 在经济学的核心有一个科学之谜……一个同宇宙的膨胀和物质间的引力一样深邃、基本和发人深思的科学之谜……秩序是如何从自由选择中产生的？

我们希望学生能够被这种神秘性，以及经济学家如何着手探索这一神秘性的方法所鼓舞。因此，我们将要解释：市场如何促使全世界的人们进行合作；价格作为信号如何随着经济条件的变化而变化；利润最大化如何导致行业成本的最小化（即使没有任何人刻意追求这样的结果）。

我们想尽一切努力使大家能够理解这一"看不见的手"原理，我们应用供求这一核心概念作为经济学的组织原理来达成这一目标。因此，我们从供给和需求开始，包括生产者剩余和消费者剩余，以及两种读解供给曲线和需求曲线的方法。在这一章内，我们还建立了均衡的概念。所有这些分析都是基于供给和需求。通过利用这同一种工具逐步深入分析更多问题，学生们将会在此过程中持续不断地增加体验。供求的相互作用能够决定价格和数量，这反过来又能够把市场经济一方的信息传递给另一方。因此，我们展示了"看不见的手"如何通过价格体系(price system)来运行。

展示激励的力量

我们写作本书的第二个目标是要再三证明：激励是重要的。事实上，激励是《现代原理》全书贯穿的主题，不管是讨论石油的供给，还是价格管制的影响，又或者国际贸易的收益。

介绍现代经济模型和现实世界中的生动应用

力求具有现代气息是我们写作本书的第三个目标。

要反映现代宏观经济学全貌，就必须涵盖索洛模型和知识经济学、真实经济周期和新凯恩斯主义经济学。当前大多数经济学教科书都论述经济增长的基本原理，但很少提及经济驱动力之一——新知的重要性。其他的教科书都没有对真实经济周期和新凯恩斯主义理论之间的关系进行综合处理，它们往往偏重介绍一个而把另一个草草整合在总体宏观模型中。而我们相信，要想全面解释经济波动、失业、货币政策和财政政策的潜力和局限，就需要吸取这两个模型的思想，进行综合统一的处理。

金融危机和泡沫真实存在，短期波动是全世界所关注的社会经济话题。事实上，本书初稿收集了大量有关金融恐慌、泡沫、财富冲击和金融中介等问题的重要素材，但我们把这些主题融合在本教科书最基本的内容里，而不是试图把它们草草塞进额外的专栏和附录段落中。在第三版，我们加进了更多关于影子银行系统、房地产业重要性和其他抵押品冲击来源的材料。

指导原则和创新之处：简短说明

本书具有下列特色和优势：

1. 我们传授经济学的思维方式。

2. 比其他任何教科书都更为直观地介绍了市场的发育、市场之间的相互关联，以及价格系统的运行。

3. 用一整章的篇幅来介绍很多学生所关注的股票市场主题，讲述了风险和收益之间的基本权衡，解释了为什么分散投资是个好主意，同时还介绍了有关泡沫的微观经济学。

4. 提供了比其他任何经济学原理教科书都更为丰富的材料，来回答为什么一些国家富裕而另一些国家贫穷这样的发展与增长问题。

5. 在所有教科书中，本书对索洛增长模型的发展最为直观。

6. 本书是唯一对真实经济周期理论和新凯恩斯宏观经济学进行综合处理的原理性教程。

7. 涵盖了当前最吸引人的主题——金融恐慌和资产泡沫，专门对金融中介和股票市场进行了全面论述，还介绍了始自 2007 年的金融危机。

8. 密切关注失业的性质和原因，包括美国金融危机期间所经历的不同寻常的持久性失业，考察了美国和世界各地的劳动力参与率，回答了妇女的劳动力参与率为什么提高、比利时为什么只有三分之一的男性进入劳动力市场这些问题。

9. 解释了财政政策和货币政策作用的差异，取决于冲击是真实的还是名义的。

10. 今天的学生生活在全球化经济中。发生在中国、印度、欧洲和中东的事件会影响到美国学生的生活。本书以国际性案例和应用为主要特色，而不是仅仅把所有的国际性话题单独放在一章里。

11. 少即是多。这是一本原理性教科书，不是研究综述，更不是百科全书。教科书所关注的重要内容会引导学生对其加以重点关注，因此，本教科书涵盖的模型比其他教科书更少，但有更强的连贯性和综合性。

12. 每种工具都有相关应用的介绍。本书的理论立足于对真实世界的应用分析。本教科书没有把应用分析置于学生根本就不会阅读的、让人分神的专栏中。

13. Excel 作为一种工具被置于附录,以帮助学生增长见识,积累经验,并培养建模能力。

第三版中的新内容

每一本书都必然随着时间而修改,本书也是。新版有很多内容和结构上的变化:

1. 第 7 章增加了有关经济增长与地理的讨论,使经济增长主题的涵盖面更广。

2. 第 13 章以更简单的可视效果和语言表述介绍总需求—总供给模型和索洛增长模型,使那些想要有选择地学习本书的学生可以只学习总需求—总供给模型而不必包括索洛模型。

3. 更新了第 11 章"失业与劳动力参与"和第 18 章"财政政策"的数据,以反映由经济"大衰退"(Great Recession)所带来的美国经济的最新经验。

4. 有关联邦储备委员会的第 15 章增加了量化宽松的内容。

5. 第 16 章"货币政策"包括了使用名义 GDP 法则的新内容。

6. 这本书的大部分章节我们都备有免费在线视频。这些视频都很短(通常只有 5—7 分钟),但视觉上很有吸引力,同时也非常简单易学。我们都知道,视频是一种非常有效的教学媒体,也是对课堂和书本的一种补充。我们用视频来说明供给和需求、价格管制经济学、外部性、贸易和劳动分工、经济增长的历史,以及很多其他的经济学核心概念。这些视频都非常生动且切中要点—一些视频用到了专业的动画技术,其他的则实际上是一些板书,是一种可汗学院式的教学。我们的视频还辅有很多由个人精心收藏的视频材料,这些材料能精彩地阐述经济学的概念和历史。如果你希望从视频开始,想看看它们是如何运行的,只要扫一扫封底上的二维码就可以了。* 什么是二维码? 你只要用智能手机扫一下二维码,它就会引导你到一个有效的网页或者视频,这些网页或视频会为你讲解经济学的概念。不需要再去记一些又长又难记的网址了。一本具有现代气息的书当然应该使用最现代的技术。这些视频也可以从 MRUniversity.com 网页上找到。不要忘记,视频不像课堂讲授,它可以重复播放,重复观看,甚至在学生缺课的时候都可以带在身边。相比于一本厚重的书本,它也更轻便。

更重要的是,所有那些使本书第一版和第二版深受欢迎的优点和特色都被继续保留。

各章的内容

我们详细考察了供给和需求,以及价格体系等这些关键性的概念,有 6 章都有这方面的内容。我们也把激励作为微观经济学中最重要的概念来进行介绍。微观经济学应该直观,它应该讲授经济学家的思维方法,更应该直接来源于人们的日常生活。沿着这一思路,这些章节按照如下方式组织:

第 1 章:大理念

经济学讲些什么呢? 我们介绍了激励、机会成本、贸易、经济增长的重要性、边际思考方式等这些核心概念,也提出了经济学中的一些关键理念,如干预供求定律会带来的后果、好的制度把私人利益和社会利益融为一体。关键是要让经济学既直观又有吸引力,要用每天的生活实例来吸引学生。

---

　　* 本书的全部配套视频,可以在格致出版社的微信公众号上看到。马上扫描本书封底上的二维码,在格致公号上开始你的经济学在线学习吧。——编者注

第 2 章：贸易的力量和比较优势

为什么贸易如此重要？为什么它是经济学的核心思想？我们引入了贸易利得、生产可能性边界，以及比较优势等概念，给学生展示了经济学思维方式背后的核心理念。这里的关键是展示经济学概念可以有力地解释现代世界的繁荣。老师们可以利用这些素材来引导学生，也可以推迟这些主题，直接跳到供给和需求方面的章节。

第一篇：供给和需求

第 3 章：供给和需求

这一章主要是关于需求曲线和供给曲线的概念，供给和需求曲线如何倾斜，它们为什么会这样倾斜，它们如何移动。这一章介绍一些经济理论的基础性概念，并把它们应用到石油市场这个核心案例中。我们也特别注意描述需求和供给曲线在横轴和纵轴上的含义。也就是说，需求曲线告诉你，在某一价格水平上的需求数量和在不同需求数量上（每单位）的最大支付意愿。

刚开始的时候，解释这些概念需要稍微多做一些工作。不过，一旦学生在以上两层意思上理解了需求曲线，他们就会加深对需求曲线的理解。而且，他们也会发现，消费者剩余和生产者剩余，以及税收和价格管制的分析，这些概念理解起来都非常容易。

第 4 章：均衡：供给和需求如何决定价格

市场出清是宏观经济学和微观经济学的基本概念。这一章学生将学习：功能健全的市场是如何运转的；价格如何使得市场出清；来自贸易的最大收益是什么；供求曲线如何移动。这一章的最后分析了一个石油价格的案例，这个案例在本书中会反复出现。

第 5 章：最高限价和最低限价

通过观察价格体系非正常运转时市场上所发生的事情，我们可以更好地理解价格体系的运行机制。价格管制会导致短缺，这是微观经济学中最基本最可靠的结论之一。然而，当同时存在几种商品的价格管制时，其所产生的糟糕结果就远不只是短缺问题。价格管制会导致质量下降、浪费时间的排队、过度的搜寻、腐败、寻租行为、资源扭曲配置，以及其他很多连带结果。价格管制是很多重要经济学理念的标准例证，在本章中，我们也是这样讲授这一主题的。有时候，如果大学对停车收取很高的费用，这会对我们大家都有好处！价格管制也为讲授一些政治经济学问题提供了很好的机会，首当其冲的就是：为什么一些不好的政策总是会出现？

有时政府不是降低价格而是提高价格——对劳动者的最低工资限制就是一个这样的例子，20 世纪 70 年代后期的航空线路管制则是另外一个例子。同最高限价一样，最低限价也导致扭曲性资源配置、产品和服务销售质量的扭曲，以及寻租行为。政府可以强制提高机票的价格，正如美国政府在 1974 年所做的那样。但是，其结果却是，每家航空公司都会争相提供龙虾大餐来招揽顾客。

第二篇：经济增长

为什么有些国家富裕而有些国家深陷赤贫？经济增长如何扩展到世界的各个角落？学生渴望理解有关增长和发展的关键问题，而经济学高度重视对这一重大主题的介绍。因此，我们就以经济增长来开始本书的宏观经济学部分的学习。

第 6 章：GDP 与进步的衡量

在印度访问，你不仅可以看到脏乱的街面，还会看到手机、新建商场，以及文化素质和营养状况都较以前有很大提升的人们；美国经历过遍地是金的经济繁荣，现在正转向勒紧腰带过日子的萧条。这些变化如何衡量? 这一章将重点介绍 GDP 的定义、局限和意义,还有人们使用 GDP 衡量经济变化的动机。这一章的内容比较枯燥,但来自真实世界的例子和比较,会使我们的陈述具体而生动。

第7章:国民财富和经济增长

这一章将介绍经济增长的基本事实:(1)不同国家的人均 GDP 差别很大;(2)过去所有人都贫穷;(3)既有增长奇迹,也有增长灾难。经济增长背后的关键因素有资本、劳动和技术,但我们还要让学生深刻理解激励和制度的重要性。在谈到物质生产要素时,我们讨论了它们是如何得以产生和发挥作用的,这很重要。那意味着要把索洛、罗默这样的增长模型与制度经济学和产权分析结合起来。

看一下世界各地的增长就可以知道学生为什么需要学习用不同的方法来理解经济增长。比如,如果想要理解为什么韩国富裕而朝鲜饥贫,最好是考虑产权和激励在两个国家中的作用——我们会在第7章讨论这个话题。再如,如果想要理解中国为什么能在近 30 年里以年均 10% 的速度增长,学生就需要学习索洛模型和"追赶"思想——这会在第8章前半部分进行讨论。又如,如果想理解今天的经济增长率为什么会高于 19 世纪,或者,为什么未来会有更高生活水平,那就需要转向罗默模型和边际报酬递增思想——这将在第8章后半部分讨论。我们将以一种综合统一的方法来介绍有关经济增长的所有这些思想。

第8章:经济增长、资本积累和知识经济学——追赶与前沿

索洛模型最终被写进这本原理性教程。这可能听上去使人畏惧,但我们提供给学生的是超级简单的索洛模型版本,每一步都很直观。一个评论者对这一章内容如此评述:

> 这一章自成体系,是本书的最大卖点之一。它写得超级好! 它介绍复杂概念的方式使入门级学生都不会在理解上有任何困难。作者……对教师和学生都作出了巨大贡献。

另一个评论者这样说:

> 我的第一反应是:"索洛模型决不应归入宏观原理。"然而,在读过本书有关经济增长的两章后,我改变了看法。它们写得太好了!

索洛模型是研究经济增长的现代方法的基础。我们用到一些数学,但讨论的重点是模型背后的直觉认识,比如,如何用资本边际收益递减来解释中国比美国增长更快这一事实。我们还讨论了资本增长、投资、折旧等与经济增长相关的概念。作为选修材料,本书解释了为什么投资率增长能提高人均 GDP,但在长期却不能提高经济增长率;我们还讨论了为什么更多的资本不能成为长期经济增长的理由,以及新知(ideas)对经济增长的重要性。附录中的简单 Excel 表格提供了索洛模型的数量关系。

索洛模型还引出对新知如何产生,以及激励和溢出为什么对新知的产生很重要等讨论。本书介绍了知识生产所带来的收益递增的概念及其经济重要性。我们还介绍了保罗·罗默(Paul Romer)和其他经济学家的研究,有助于解释大型经济体比小型经济体增长更快且增长率随时间推移而提高的现象。

第9章:储蓄、投资和金融体系

宏观经济学教科书通常不太关注金融中介。但是,最近发生的事件已经表明这个主题至关重要。本书介绍了金融中介背后的基本概念,包括消费平滑、储蓄需求和供给、借贷资金市场均衡,以及银行、债券和股票市场的角色等。我们解释了什么是银行倒闭、恐慌、流动性不足和破产,以及金融中介倒闭时可能发生的情况,重点讲解了 2007—2009 年的金融危机。学生应该理解:为什么一个国家的银行体系崩溃对国民来说是糟糕的? 那样的局面是如何发生的? 所有这些分析,最后会集中为总需求和总供给问题。在章末附录中,我们介绍了由 Excel 表格得来的债券定价,从经济学角度说明了债券价格为什么会随利率反向变化。银行体系对现代宏观经济学很重要,这一章体现了这一点。

第 10 章：股票市场和个人理财

几乎所有经济学专业的学生都关心股票市场这个话题，然而很多宏观经济学教科书却忽略了它。本书把股票市场这一主题置于应有的重要位置。经济学中还有什么比股票市场更受媒体关注的呢？然而，不是所有的经济学原理课程都会给学生提供理解媒体讨论或剖析谬论的工具，但我们做到了。这一章涵盖如下内容：被动型投资和主动型投资、风险收益权衡、选股实战、分散投资，以及为什么应该规避高额手续费、复合收益(注意与增长理论的联系)、资产价格泡沫等。如果学生想知道今天的经济体和金融危机是怎么回事，就需要理解资产市场如何运行。

在这一章，我们的确给学生提供了非常直接和实用的投资建议。我们解释了为什么大多数人应该实行分散投资和"长期持有"的投资策略。从直接、实用价值方面来说，我们努力使这本书物有所值。

第三篇：经济波动

第 11 章：失业与劳动力参与

我们定义了失业的不同类型：摩擦性失业、结构性失业和周期性失业；讨论了失业与经济增长的关联，以及经济周期是如何导致大量失业的；分析了欧洲和美国的结构性失业；也比其他教科书更深入地讨论了劳动力参与率，如，为什么比利时三分之一的 55—64 岁男性在工作，而美国三分之一的同年龄段男性已经退休？ 这一章将帮助学生理解就业保护法、劳动力参与率、生命周期效应、最低工资、税收、养老金，甚至口服避孕药是如何提高女性劳动力参与率的。所有这些都为以后的失业、工资粘性和总需求讨论奠定了基础。

第 12 章：通货膨胀与货币数量论

我们在开始就介绍了津巴布韦恶性通货膨胀的生动实例，解释了通货膨胀率是如何飞涨至千万亿倍的；接着，我们介绍了宏观经济学的核心概念——货币数量，用它来解释通货膨胀和以后章节将出现的总需求。我们对通货膨胀进行了定义，并介绍包括 CPI、PPI 和 GDP 平减指数在内的几种价格指数。正如米尔顿·弗里德曼(Milton Friedman)所说："通货膨胀无论何时何地都是一种货币现象。"这一章还详述了通货膨胀的成本：价格混乱和货币幻觉、财富再分配、金融中介崩溃、通货膨胀与税收体系的交互影响等；解释了通货膨胀为什么会发生以及为什么如此难以结束。附录用 Excel 和互联网创建了一个真实的房产价格序列。

第 13 章：经济波动：总需求和总供给

本章介绍了 AD-AS 模型，它综合考虑了真实冲击和总需求冲击。我们介绍了最简单的真实经济周期模型，并把它与真实世界的观念与实例相联系。供给方面的经济波动表现为长期总供给曲线的移动，而动态总需求曲线则以货币数量理论为基础。我们使用数量理论推导出总需求曲线，这样就减少了学生必须掌握的模型数量，从而可能更快地进入复杂的货币政策和财政政策分析。总需求曲线移动不影响真实经济周期模型中的真实增长率。然后，我们介绍了价格粘性和短期总供给曲线，通过它们来分析经济体对真实冲击和名义冲击所做出的反应。在章末，我们探讨了如何用模型解释 20 世纪 30 年代的经济大萧条。

网上可下载的教师附录(SeeTheInvisibleHand.com)讨论了真实冲击和总需求冲击的动态转化过程。

第 14 章：传导和放大机制

本章内容为选学。我们详细解释了经济力量是如何放大冲击，并将其传导到其他经济部门和以后的时间里。当一个冲击被放大，原本轻微的负向冲击就会转化为产出的严重下降，而一个正向冲击就会转化为一次繁荣。另外，我们在本章展示了真实冲击和总需求冲击的相互影响——例如，一类冲击会导致另一类冲击的发生。

我们阐明了来自真实世界的各种冲击，直观地解释了诸如跨期替代、不确定性和不可逆投资、劳动力调整成本、时间集聚和抵押品价值的毁损等传导机制。

本章的内容可以使学生对经济周期有更丰富的理解，而不只是移动曲线。使用本章的材料，教师可以更好地把历史和当代事件与模型联系起来，阐释历次衰退的差异和共性，并能更好地展示经济学家是如何采用模型来思考独特事件的。

第四篇：宏观经济政策与制度

第15章：联邦储备系统与公开市场操作

为了理解联邦储备系统，我们介绍了诸如美国货币供给、部分存款准备金制度、准备金率、货币乘数、公开市场操作，及美联储对利率的影响等关键概念。在掌握这些工具之后，我们重温总需求概念，特别是通过对货币政策的分析来重新思考总需求概念。我们论述了货币政策的所有核心工具，包括近来美联储主席本·伯南克（Ben Bernanke）为应对金融危机而做出的创新，如定期拍卖工具（term auction facility）。我们把美联储当作系统性风险的主要管理者，分析了在存在道德风险和信心问题的情况下，美联储什么时候更可能胜任管理者任务，以及为什么这项任务是如此艰巨。附录详细论述了货币乘数的推导过程。

第16章：货币政策

基于对美联储的分析，我们思考了货币政策的两难困境，相关案例包括总需求的负向冲击、规则和相机抉择、货币增长率下降分析、应对负向真实冲击。我们特别关注了美联储作为市场信心的管理者应该如何对正向冲击和可能的资产泡沫（包括房地产市场）作出反应。

第17章：联邦预算：税收和支出

学生需要理解政府收入和支出的制度细则，包括税赋收入的大小和性质，个人所得税，对资本收益、利息与股息的征税，替代性最低税，社保与医保税，企业所得税，以及联邦税收的真正负税人问题。除此，我们还论述了州和地方税、支出构成（包括医疗、国防、可选择性支出和其他领域）。学生应该对政府的钱从哪里来、花在哪里有很好的了解。我们还分析了政府债务、债息和赤字等。我们思考了一个难题：美国政府是否会在某天走向破产？这个问题的答案取决于什么？

第18章：财政政策

财政政策采取什么形式？它在什么时候对提高宏观经济绩效最为有效？财政政策的局限是什么？财政刺激在什么时候最为有效？我们讨论了挤出、通过债券或税收融资的扩张性财政政策、退税和减税、自动稳定器和李嘉图等价原理。学生还要学习：财政政策在什么时候效果显著？时滞问题在什么时候会阻碍有效的财政政策？财政政策能否解决负向真实冲击所造成的宏观经济问题？政府债务在什么时候会成为问题？债务危机如何使经济陷入瘫痪？这一章的总体目标就是要让学生领会：财政政策在什么时候是好的，在什么时候是坏的？

第五篇：国际经济学

第19章：国际贸易

本章基于第2章所讨论的国际贸易基础：知识分工、规模经济和比较优势，向学生展示了如何利用供给和需求工具来理解贸易的微观经济学。我们思考了贸易保护的代价、国际贸易和市场势力、贸易和工资、贸易和就业等问题。贸易保护主义总是个好主意吗？因为全球化与国际贸易有关，所以，我们也简要介绍了全球化的历史。我们在本章强调，那些适用于国与国之间贸易的原理，同样适用于国内贸易。

第 20 章：国际金融

货币多样化有时会使国际金融成为一个艰深的主题。但我们使这个问题简化，运用学生已经掌握的核心经济学原理来说明它。这个主题包括贸易逆差、国际收支、经常账户、资本账户（金融账户）、官方储备账户和国际收支背后的复式会计恒等式等等。这些内容，我们都用前后一致的经济学直觉来加以解释。我们也思考贸易逆差真正意味着什么，我们把它与个人交易行为相联系。这一章用源于产品市场和资产市场的供求分析方法分析了汇率及其决定。由于贸易和经济套利，长期汇率的决定与购买力平价有（不完全的）联系。基于总需求分析，我们思考了货币和财政政策是如何影响汇率，以致影响产出和就业的。在此框架下，我们比较了固定汇率与浮动汇率的利弊。最后，本章阐述了国际货币基金组织（IMF）和世界银行的本质和功能。

第 21 章：政治经济学和公共选择

如果经济学如此管用，为什么这个世界并不总是遵从于它呢？政治经济学，也是最重要的主题之一。关于政治是如何运转的，以及为什么它的结果并不总是令人喜欢，经济学也有很多可以说的。选民没有必要对事事了如指掌，其结果就是特殊利益集团对很多经济问题有更大的发言权。在牛奶补贴上，奶农比那些喝牛奶的人具有更大的发言权。这就是为什么美国存在牛奶价格支持。

即便如此，民主体系仍然胜过其他可能的替代方案。我们介绍了中间人投票理论，也解释了为什么政治竞争能产生至少普通人都可接受的结果。

如果教学时间有限：本书各章的取舍

本书的写作体现了权衡原则。如果时间有限，教师可以轻易地对各章节的内容进行取舍。我们给出如下几个建议。

我们在价格管控上花费的时间比其他任何教科书都多，因为我们并不局限于介绍通常的短缺模型，而是阐释价格管控的一般均衡影响。本书还包括一部分高阶内容，是有关随机分配所导致的损失。如果时间有限，或者大班上课，这一部分内容可以跳过不讲。

在第 8 章，教师可以只讲授索洛模型的一部分。我们有时在大班上课会这样做。这对很多人来说，会是一个好的选择。第 8 章是这样的：开头介绍了模型的最直观、最重要的方面，中间是可以跳过不讲的更复杂、更详细的材料，结尾是有关增长和新知的重要内容。教师可以跳过中间部分而无损内容的连贯性。如果给小班和高阶班级授课，教师可以轻松讲授本章的完整内容。教师手册给出了约翰·道森（John Dawson）讲解这部分内容的小窍门。

重要的一点是：在经济波动部分，根本不需要讲授索洛模型。可使用长期总供给曲线来处理供给侧问题。在有关章节中，无需依赖索洛模型，就可以解释长期总供给曲线。

我们把宏观经济政策和制度分为不同的章。这样，教师讲述货币政策时，就不需要再讲解美联储和公开市场操作的细节；分析财政政策时，也无需介绍联邦预算（税收和支出）的详细内容。对制度的详细说明是重要的，本书将对货币政策和财政政策运行的介绍置于制度背景之中，所以我们一般不推荐略去第 15 章和第 17 章。但如果时间有限还是可以考虑。

最后，教师可以跳过国际金融一章。在我们看来，国际经济学的意义主要在于告诉我们，经济学可以帮助我们理解世界，而不仅限于一时一地。因此，整个《考恩经济学：宏观分册》和《考恩经济学：

微观分册》加进了很多国际化例子。如果时间有限，关税、汇率和贸易逆差，或许可以留待另一门课程。唉，我们毕竟生活在一个有限世界中！

最重要的是，我们希望《考恩经济学》有助于你获得乐趣！我们热爱经济学，我们从经济学教学中得到乐趣。我们这套教材，为不害怕说出同样的话的人而写。如果你有任何问题、想法和经验，或者仅仅为了打个招呼，请及时发邮件联系我们！

教辅资源

■ **新的可布置学生观看的视频：**大多数章节都有本书作者制作的、非常有趣的、具有专业教学水准的短视频。这些视频都可以通过本书封底上的二维码或者在 MRUniversity.com 获得。*

致谢

我们衷心地感谢以下各位评论人，他们中有些曾使用过本教材。这些评论人对本书第三版的写作出版提出了一些非常周到的章节评论：

Scott Baier
Clemson University

Justin Barnette
Kent State University

Jodi Beggs
Northeastern University

James Bolchalk
Kent State University-Geauga Campus

Anoshua Chaudhuri
San Francisco State University

Gregory Colson
The University of Georgia

Harold Elder
The University of Alabama

Carlos Elias
Radford University

Patricia Euzent
The University of Central Florida

Alan Grant
Baker University

Mike Hammock
Middle Tennessee State University

Andrew Hanssen
Clemson University

Robert Krol
California State University, Northridge

Susane Leguizamon
Western Kentucky University

Daniel Lin
American University

Melody Lo
The University of Texas at San Antonio (UTSA)

Karl A.Mitchell
Queen College—The City University of New York

Chuck Moul
Miami University (Ohio)

Paul Roscelli
Canada College

Jason C.Rudbeck
The University of Georgia

James K.Self
Indiana University-Bloomington

Daniel M.Settlage
The University of Arkansas-Fort Smith

Jennifer Sobotka
Radford University

Steven Yamarik
California State University at Long Beach

我们衷心感谢以下各位评论人，他们中有些曾使用过本教材的第一版。这些评论人对本书第二版的写作出版提出了一些非常深刻的章节评论：

---

* 扫描封底上的二维码，关注格致出版社的微信公众号，即可观看这些精彩教学视频。——编者注

Rashid Al-Hmoud
Texas Tech University

Scott Baier
Clemson University

David Beckworth
Texas State University

Randall Campbell
Mississippi University

Suparna Chakraborty
Baruch College and Graduate Center，The City University of New York

John Dawson
Appalachian State University

Timothy M.Diette
Washington and Lee University

Harold Elder
University of Alabama

Patricia Euzent
University of Central Florida

Paul Fisher
Henry Ford College

Bill Gibson
The University of Vermont

David Gillette
Truman State University

Gerhard Glomm
Indiana University

Bradley Hobbs
Florida Gulf Coast University

Kate Krause
University of New Mexico

Daniel Kuo
Orange Coast College

Daniel Lin

American University

Solina Lindahl
California State Polytechnic University

Michael Mace
Sierra College

Michael Makowsky
Towson University

Norman Maynard
The University of Oklahoma

Joan Nix
Queens College，The City University of New York

Zuohong Pan
Western Connecticut State University

Steven Peterson
The University of Idaho

Jeff Sarbaum
University of North Carolina at Greensboro

Jemes Self
Indiana University

Randy Simmons
Utah State University

Richard Stahl
Louisiana State University

Yoav Wachsman
Coastal Carolina University

Tyler Watts
Ball State University

Robert Whaples
Wake Forest University

Jonathan Wight
University of Richmond

Steven Yamarik
California State University，Long Beach

我们衷心感谢以下焦点小组的参与者、评审人和课堂测试员,他们对改进本书第一版所给出的评论和建议,成就了目前的这个版本。

Rashid Al-Hmoud
Texas Tech University

Michael Applegate
Oklahoma State University

J.J.Arias
Georgia College and State University

Jim Barbour
Elon University

David Beckworth

Texas State University

Robert Beekman
University of Tampa

Ryan Bosworth
North Carolina State University

Jennifer Brown
Eastern Connecticut State University

Douglas Campbell
University of Memphis

Michael Carew
Baruch College

Shawn Carter
Jacksonville State University

Philip Coelho
Ball State University

Jim Couch
North Alabama University

Scott Cunningham
University of Georgia

Amlan Datta
Texas Tech University

John Dawson
Appalachian State University

Timothy M.Diette
Washington and Lee University

Ann Eike
University of Kentucky

Tisha Emerson
Baylor University

Molly Espey
Clemson University

William Feipel
Illinois Central University

Amanda S.Freeman
Kansas State University

Gary Galles
Pepperdine University

Neil Garston
California State University，Los Angeles

William Gibson
University of Vermont

David Gillette
Truman State University

Lynn G.Gillette
Sierra Nevada College

Stephan F.Gohmann
University of Louisville

Michael Gootzeit
University of Memphis

Carole Green
University of South Florida

Paul Grimes
Mississippi State University

Philip J.Grossman

St. Cloud State University

Darrin Gulla
University of Kentucky

Kyle Hampton
The Ohio State University

Joe Haslag
University of Missouri—Columbia

Sarah Helms
University of Alabama—Birmingham

Matthew Henry
University of Georgia

John Hsu
Contra Costa College

Jeffrey Hummel
San Joes State University

Sarah Jackson
Indiana University of Pennsylvania

Dennis Jansen
Texas A&M University

Bruce Johnson
Centre College

Veronica Kalich
Baldwin Wallace College

Lillian Kamal
University of Hartford

John Keating
University of Kansas

Logan Kelly
Bryant University

Brian Kench
University of Tampa

David Kreutzer
James Madison University

Robert Krol
California State University，Northridge

Gary Lape
Liberty University

Rodolfo Ledesma
Marian College

Jim Lee
Texas A&M University—Corpus Christi

Daniel Lin
American University

Edward Lopez
San Jose State University

Hari Luitel
St.Cloud State University

Douglas Mackenzie
State University of New York—Plattsburgh

Michael Makowsky
Towson University

John Marcis
Coastal Carolina University

Catherina Matraves
Michigan State University

Meghan Millea
Mississippi State University

Stephen Miller
University of Nevada, Las Vegas

Ida Mirzaie
The Ohio State University

David(Mitch) Mitchell
South Alabama University

Ranganath Murthy
Bucknell University

Todd Myers
Grossmont College

Andre Neveu
Skidmore College

Lydia Ortega
San Jose State University

Alexandre Padilla
Metropolitan State College of Denver

Biru Paksha Paul
State University of New York—Cortland

John Perry
Centre College

Gina C.Pieters
University of Minnesota

Dennis Placone
Clemson University

Jennifer M.Platania
Elon University

Brennan Platt
Brigham Young University

William Polley
Western Illinois University

Benjamin Powell
Suffolk University

Margaret Ray

University of Mary Washington

Dan Rickman
Oklahoma State University

Fred Ruppel
Eastern Kentucky University

Mikael Sandberg
University of Florida

Michael Scott
University of Oklahoma

James Self
Indiana University

David Shideler
Murray State University

Mark Showalter
Brigham Young University

Martin Spechler
Indiana University—Purdue University, Indianapolis

David Spencer
Brigham Young University

Richard Stahl
Louisiana State University

Dean Stansel
Florida Gulf Coast University

Liliana V.Stern
Auburn University

Kay Strong
Bowling Green State University—Firelands

Jim Swofford
University of South Alabama

Sandra Trejos
Clarion University of Pennsylvania

Marie Truesdell
Marian College

Norman T.Van Cott
Ball State University

Kristin A.Van Gaasbeck
California State University—Sacramento

Michael Visser
Sonoma State University

Yoav Wachsman
Coastal Carolina University

Doug Walker
Georgia College and State University

Christopher Waller
Notre Dame University

Robert Whaples
Wake Forest University

Mark Wheeler
Western Michigan University

我们感谢以下各位老师在本书辅教材料的准备及其校审过程中所给予的帮助。这个贡献者和校审人员名单包含所有那些在本书不同版本中曾给予过帮助的各类人员，这一名单也将会随着各种新的教辅资源的开发而继续扩大。

Jim Swofford
University of South Alabama

John Dawson
Appalachian State University

Benjamin Powell
Suffolk University

Paul Fisher
Henry Ford College

Solina Lindahl
California Polytechnic State University

Michael Applegate
Oklahoma State University，Main Campus

David Gillette
Truman State University

David Youngberg
George Mason University

Eli Dourado
George Mason University

Garett Jones
George Mason University

Jennifer Platania
University of West Florida

David Kalist
Shippensburg University of Pennsylvania

Mark Wheeler
Western Michigan University

Bhavneet Walia
Western Illinois University

Sheng Yang
Black Hills State University

Lillian Kamal
University of Hartford

James Self
Indiana University

Kyle Hampton
University of Alaska，Anchorage

Kenneth Slaysman
York College of Pennsylvania

Alanna Holowinsky
Red River College

Irina Pritchett
North Carolina State University

James Watson
University of Colorado—Boulder

Pat Euzent
University of Central Florida

Brett Block
University of Colorado—Boulder

Douglas Campbell
University of Memphis

Ryan Oprea
University of California，Santa，Cruz

Margaret Aproberts-Warren
University of California，Santa Cruz

Tyler Watts
Ball State University

我们很荣幸有一些眼光锐利的读者对本书进行了校审：Henry Ford Colledge 的 Paul Fisher 和 American University 的 Daniel Lin。Paul Fisher 提供了很多新的习题和答案。我们的学生 Michael Lauck 在更新数据和图表方面提供了非常有价值的帮助。Mercatus 研究中心给了我们必要的工作环境。Jane Perry 帮我们校对了很多章节，Lisa Hill-Corley 承担了重要的日常辅助工作。Teresa Hartnett 作为我们的代理人也做了大量的工作。

我们要特别感谢 Worth 出版社的工作团队。这本书的构思是由 Paul Shensa 提出的，他始终都在为本书的出版提供睿智的建议。Chuck Linsmeier 是一位了不起的发行人，Carlise Stembridge 负责组织编辑工作，同他们一起工作是一件非常快乐的事情。Becca Hicks 也是一位快乐的工作伙伴，她向我们介绍了一本教科书所需要的关键要素。Bruce Kaplan，我们的责任编辑，简直是图书出版界的乔治·马丁（George Martin，披头士乐队的唱片制作人）。为了保证本书的每个注释都准确无误，他对本书手稿做了大量的关键工作，同时他还提出了很多好的建议。

　　我们也幸运本书有这样一个精干的印刷和设计团队。Lisa Kinne 协助 Fred Dahl 一起负责协调本书的整个印制过程；Diana Blume 为本书进行了非常优美的版式和封面设计；Robin Fadool 负责为本书寻找和搭配插图，但他所做的工作远不只这些；Barbara Seixas 在图书印制方面真可谓是技术娴熟。同这些人一起工作令人感到心情愉悦。

　　Tom Digiano 在本书的营销方面业绩突出，他工作时总是精力充沛，从不松懈。

　　最后，我们要感谢家人对我们的支持和理解。泰勒要向 Natasha 和 Yana 表示他个人深深的谢意。亚历克斯对 Monique、Connor、Maxwell，以及他的父母多年来的支持和鼓励表示衷心感谢。

泰勒·考恩 | Tyler Cowen

亚历克斯·塔巴洛克 | Alex Tabarrok

目　录

第二篇   经济增长

第三篇 经济波动

1 大理念

在过去,囚犯们会因为坏血病、伤寒发热和感染天花而死于非命,但没有什么比糟糕的激励更能令他们丧命。1787年,英国政府曾经雇用一些船长把一些被判了重刑的罪犯航运到澳大利亚。航运船只上的条件简直恶劣得令人恐怖,有人甚至说这些船上的条件比贩卖奴隶的船还要糟糕。有一次在航运过程中,超过三分之一的男人都死了,其余的人到达时也都是精疲力竭,饥饿难忍,疾病缠身。一名大副在评论这些罪犯时残酷地说:"就让这些死鬼下地狱吧,反正运送他们的老板们已经得到酬金了。"①

英国公众对这些罪犯绝无好感,但他们也罪不至死。于是,新闻报纸发表社论要求改善航运条件,宗教人士呼吁船长们应该有人道主义精神,立法委员们通过了立法,要求改善航运过程中的食物、饮水、光线和空气,以及提供必要的医疗救助。然而,即使这样,死亡率仍然一直高得惊人。直到有位经济学家给出新的建议之前,任何措施都没有见效过。你能想象得出这位经济学家给出的是什么建议吗?

这位经济学家建议,不应该在大不列颠上船时为所有的囚犯都付清费用,而应该在达到澳大利亚时,为那些能走出船只的囚犯向船长们支付运费。1793年,当新的措施付诸实施后,存活率立即跃升为99%。一名精明的观察者如此评价这一事件:"经济战胜了情感和仁爱。"②

这个航运囚犯的故事说明了一个贯彻本书始终乃至整个经济学的重大启示:激励很重要!

说到**激励**,我们指的是对目标行为的奖励和惩罚。让我们来更近距离地看看激励,以及经济学中的其他重大理念。在刚开始接触的时候,这些理念也许有些奇怪或难以理解。但不用担心,我们很快会详细解释清楚一切。

我们认为,以下一系列的观念,都是经济学对于人类理解力所做出的最重要和最基础性的贡献。这些贡献被我们称为**大理念**(big ideas)。不同的经济学家也许会按照不同的方式和顺序来排列这一系列,但是,任何一位优秀的经济学家都不会反对,这些理念是经济学中公认的基本原则。

本章概要

经济学中的大理念:

1. 激励很重要
2. 好的制度能使得个人利益和社会利益趋于一致
3. 抉择无处不在
4. 用边际进行思考
5. 贸易的力量
6. 财富和经济增长的重要性
7. 制度很重要
8. 经济的繁荣和萧条不可避免,但可以适度调节
9. 政府发行过多货币会造成物价上涨
10. 中央银行任务艰巨

最重要的理念:经济学很有趣

激励 是对目标行为的奖励和惩罚。

1.1　大理念一:激励很重要

如果在囚犯上船时,就已经向船长们支付完了费用,船长们是很少有激励来善待囚犯的。实际上,这样的做法只能激励虐待囚犯。例如,有些船长不向囚犯提供必需品,他们把囚犯的食物储存起来,然后在到达澳大利亚后卖掉这些食品,并从中获取丰厚利润。

但是,如果只有当囚犯能活着到达目的地时,船长们才被支付运费,对船长们的激励就发生了变化。在此之前,船长们能从囚犯的死亡中获利。但现在,激励体制"确保每一个死去的可怜人,都至少有一个真诚的哀悼者。"③谁会真诚地哀悼呢?船长们!至少他们在哀悼钱方面是真诚的——如果这些可怜的人还活着,船长就能得到这笔钱。

激励无处不在。在美国,我们都理所当然地认为,当我们走进超市的时候,货架上会摆满了新西兰的奇异果、印度的大米、智利的葡萄酒。我们每天都依赖千百万的其他人为我们提供食品、衣服和住所。为什么会有这么多人在为我们的利益服务呢?亚当·斯密在其1776年的经典著作《国富论》中解释道:

> 我们能期待的宴餐,并非来自屠夫、酿酒商和面包商的仁慈,而是来自他们对自我利益的追求。

经济学家认为每个人在任何时候都是自私的吗?当然不是!我们像其他人一样爱我们的伴侣和子女。但是,经济学家认为,人们会按照一种可预测的方式来对待各种激励。名望、权力、声誉、欲望和爱好,这一切都是重要的激励。经济学家认为,甚至连仁慈也是对激励的一种反应。例如,在经济学家看来,慈善机构为其捐赠者的名誉做宣传是毫不奇怪的。确实是有些人在匿名捐助,但是,在你们的校园里面,有多少建筑物是被命名为"无名氏大楼"的呢?

1.2　大理念二:好的制度能使得个人利益和社会利益趋于一致

船运囚犯故事隐含的第二个贯穿本书的启示是:当私人利益和社会利益一致时,我们能得到好的结果;但是,一旦私人利益和社会利益发生冲突,有时会出现一些残酷而又极不人道的结果。为每一个走下甲板的囚犯向船长们支付报酬,这就是一种好的支付制度。因为它建立的激励机制能够引导船长们采取正当行为,不仅仅是为了他们自己,也为了所有的囚犯,为了给他们支付报酬的政府。

经济学中最不寻常的发现就是:在合适的条件下,市场能把私人利益和社会利益结合在一起。回想一下刚才所说的超市的例子,你就会理解我们的意思。超市储存有来自全世界的商品,是因为市场在引导和协调成千上万人的私人利益达成社会整体利益。农夫在早晨5点醒来就去照看他们的庄稼,卡车司机把货物运往超市交货,业主冒着投资风险来建造超市——他们中的每个人都在为自己的利益努力。但与此同时,他们也在达成你我的利益。

亚当·斯密曾经以一种令人印象深刻的隐喻写道：如果市场运行良好，追求自我利益的人们会提高整个社会的利益，这就好像有一只"看不见的手"在引导他们。对自我利益的追求符合社会整体利益——也就是说，至少在某些时候，"贪婪是美德"——这一理念是经济科学中最惊人的发现之一，而几百年之后，这一发现却经常被人忽视。在整个这本书中，我们都一直在强调：在一定条件下，追求自我利益的个人能够产生并非他们刻意追求或设计的结果，而这些结果却有令人满意的特性。

然而，市场并不总是能使私人利益和社会利益相一致。有时候，"看不见的手"会缺失，而不仅仅是看不见。例如，市场激励可能会过强。由于不用为排入空气中的污染付费，企业有过于强烈的激励排放污气。渔夫有时有过强的激励去捕鱼，从而导致渔业资源枯竭。在另外一些例子中，市场激励可能过弱。你今年注射流感疫苗了吗？流感疫苗能够防止你感染上流感，但同时也减少了其他人感染上流感的风险。在决定是否注射疫苗的时候，你考虑过社会利益吗？还是只考虑了自己的利益？

当市场不能使私人利益和社会利益恰好一致时，经济学中的另一条启示是，政府可以通过税收、补贴以及其他规制来改变激励，从而改善境况。

1.3　大理念三：抉择无处不在

2004 年 9 月，当默克（Merck）公司宣布从市场上撤回关节炎药时，万络（Vioxx）关节炎药的使用者变得愤怒起来。同时，一份新的研究报告表明，万络关节炎药可能会导致中风和心脏病发作。万络药品已经上市了 5 年，其间有上百万人使用过这种药品。患者对默克和美国食品与药物管理局（简称 FDA）非常不满。FDA 的职责是确保新药品的安全性和有效性，它是怎么让万络关节炎药进入市场的？很多民众要求，为了确保药品的安全性能更好，需要再加强药品的安检措施。经济学家担心的却是，被批准的药品可能会安全过头了。

安全过头！怎么可能会安全过头呢！是的！因为抉择无处不在。研究、开发和测试一种新药品需要耗费时间和资源。平均来说，在美国需要 12 年的时间和 9 亿美元的费用，才能把一种新的药品推向市场。更多的检测意味着被批准的药品将具有更少的副作用；但是，另外两个重要的权衡因素也必须考虑：药品滞后和药品缺失。

药品检测需要时间，因此，更多次的检测就意味着好的药品会被延期上市，就像差的药品被延期一样。平均来说，新药品总比原有的药品疗效更好。因此，新药上市花费的时间越长，可能就有越多的人会受害。因为如果新药品被早点批准上市的话，这些人就能够从新药品的治疗中受益。④一个人可能会由于不安全的药品被批准使用而死亡，一个人同样也可能由于一种安全药品还没有被批准使用而死亡。这就是药品滞后（drug lag）。

药品检测不仅需要时间，也耗费成本。检测成本越高，新药品就会越少。检测成本是每一种潜在药品都必须跨越的障碍，只要这种潜在药品希望被开发出来。高成本意味着高障碍，这会导致新药品出现得更少，从而被挽救的生命也会更少。一个人可能会由于不安全的药品被批准使用而死亡，一个人同样也可能会由于一种安全药品从来没有被开发使用而死亡。这就是**药品缺失**(drug loss)。

因此，社会面对的是一种抉择。更多的检测意味着(最终)被批准的药品会更具有安全性，但是，它同样也意味着更多的药品滞后和药品缺失。在考虑 FDA 的政策时，如果我们希望做出明智的选择，我们就需要同时兼顾到这两个方面的平衡。

抉择同经济学中的另一个重要理念密切相关——机会成本。

机会成本

机会成本是选择过程中失去的其他机会的价值。

每一项选择都涉及利得和利失。一项选择的机会成本就是在进行该项选择过程中丧失的其他机会的价值。让我们来看看对上大学的选择吧。上大学的成本是什么呢？首先，你可能会这样计算成本：学费加上书本费，再加上住宿费，它们一起也许是一年 15 000 美元。但是，这并不是上大学的机会成本。你由于上大学而损失的机会是什么呢？

你因为上大学而损失的最主要的机会(大概)是拥有一份全职工作的机会。在所有读过本书的人当中，大部分人也许能够很容易地找到一份 25 000 美元年薪的工作，甚至可能是更高年薪的工作(比尔·盖茨就没有念完大学)。如果你大学读了四年，那么，你就为接受这份教育放弃了 100 000 美元。大学的机会成本大概比你想象的要高。为了使这些钱花得物有所值，你们也许应该在课堂上多问些问题吧！(但是，回过头去再看看我们刚才所列举的费用——学费、书本费和住宿费——它们中有一项其实不应该算作上大学的机会成本。哪一项呢？答案是：如果无论是否上大学你都需要支付住宿费的话，那么，住宿费就不应该是上大学的机会成本。)

由于以下两方面的原因，机会成本这个概念非常重要：首先，如果你不理解选择过程中你正在失去的机会，你就不可能清楚地认识到你所面临的实际抉择。认清你所面临的抉择，这是进行明智选择的第一步。其次，大多数情况下，人们都会对机会成本的变化做出反应——即使所花费的货币成本没有改变——因此，如果你想要理解人类的行为，你就必须理解机会成本。

例如，如果经济变得萧条，你认为去上大学的人数会如何变化呢？在经济萧条的时候，学费、书本费和住宿费并不会下降，但上大学的机会成本下降了。为什么？在经济萧条时，失业率上升，因此，找到一份高薪水的工作更难。这就意味着在高失业率的时候，上大学所损失的机会成本更少。因此，我们预测，失业率上升时，上大学的人数会增加 [*]；从机会成本的角度来看，上大学更便宜了。在 2009 年，当失业率飙升的时候，大学入学率到达了 70.1%，这在历史上是最高的。

1.4　大理念四：用边际进行思考

罗伯特正驾车从 80 号州际公路驶向艾奥瓦州的首府得梅因市。他希望尽快地

---

[*] 这一点对于中国可能不成立。因为中国的高等教育仍然具有极浓厚的计划色彩。由于大学供给的短缺，每年入学的人数主要是由大学的招生计划决定，而需求所起的作用很小。——译者注

到达目的地,但又不想领到超速罚单。州际公路的限速是每小时 70 英里。不过罗伯特盘算,如果只超速一点点的话,领罚单的风险可能很小。因此,罗伯特把超速控制在每小时 72 英里。这条路又直又平,而且 20 分钟都看不到一辆车。于是罗伯特又动了动手指,把车速提到了每小时 75 英里。在快要到得梅因时,罗伯特发现了一辆警察巡逻车,因此他又把车速调低到 70。过了得梅因之后是一片安静的玉米地,因此他又把速度调高到 72。过了这条国道进入内布拉斯加州后,罗伯特看到限速是每小时 75 英里,因此他把车速调高到 77。在到达奥马哈之前,他没有再调低车速。

罗伯特对车速的控制说明了经济学家所谓的用边际思考的意思。在罗伯特开车的时候,他在不断地盘算着收益和成本并藉此做出决策:车速快一点还是慢一点?

用边际思考就是通过计算边际收益和边际成本——再多一点(或者再少一点)的收益(成本)——来进行选择。我们生活中的绝大多数决策都是某物再多一点或者再少一点的选择,这说明用边际思考对于理解消费者和生产者的决策也是非常有用的。消费者是会多买一些苹果还是少买一些呢?油井是应该多生产几桶还是少生产几桶石油呢?

在这本书中,你将会发现大量有关边际选择的话题,包括边际成本(再多生产一点所增加的成本)、边际收益(再多生产一点所增加的收益)和边际税率(对新增 1 美元收入所征收的税率)。这种边际思维实际上就是对权衡的重要性的一种重新表述。如果你想要理解人类的行为,就看看人们所面临的选择吧!这种选择通常都包含有再多一点或是再少一点的抉择。

直到 1871 年以前,用边际思考这一重要的思想在经济学中都不常见。也就是在这一年,斯坦利·杰文斯(Stanley Jevons)、卡尔·门格尔(Carl Menger)和里昂·瓦尔拉斯(Leon Walras)这三位经济学家同时发现了用边际思考这一思想。经济学家把经济学思想的这一转变称为"边际革命"。

1.5 大理念五:贸易的力量

当亚历克斯和施鲁蒂两人进行交易的时候,他们俩都从中受益。(亚历克斯很后悔买了一件圆点毛衣,因此可以认为这只是一个一般性的原理,而不是数学上的那种确定性原则。)这一原理简单但很重要,因为交易使得亚历克斯和施鲁蒂都会受益,无论他们俩是住在具有同一语言和宗教信仰的同一个国家,还是分居在不同地域和文化背景下的世界两地。贸易的真正威力还在于它具有通过专业化来提高产出的能力。

如果我们都必须自己生产我们所使用的食物、衣服和住所(更不用说我们所使用的手机和喷气机了),那么我们当中很少有人能活下去。自给自足等于自寻死路。我们都活下来而且活得很好,就是因为专业化提高了生产力。相对于每个人都修理自己的汽车和护理自己的心脏而言,专业化下的汽车修理师更熟悉汽车,而胸腔外科医生也更了解心脏。通过知识分工,知识总量大大增加,由此也极大地提高了生产力。

贸易也使得我们可以利用规模经济,在这种情况下大批量生产能够降低成本。如果农民都只为自家种植小麦,那么没有一家能使用得起联合收割机。但是,当农场主为成千上万个家庭种植小麦时,联合收割机会为所有人降低面包的成本。

贸易最令人惊叹的特征就是,每个人都可以从中受益,即使是那些没有什么特殊生产能力的人。这其中的缘由在于,那些拥有特殊生产能力的人不可能所有的事情都自己做。玛莎·斯图尔特(Martha Stewart)*也许是这个世界上最会熨衣服的人。但是,她仍然雇用其他人来帮她熨衣服,因为对她来说,熨一小时衣服的价格就是她经营商业一小时的价格。在面临着是用一小时来熨衣服还是来经商的选择时,玛莎·斯图尔特选择经营商业肯定会更好。换句话说,玛莎·斯图尔特熨衣服的机会成本太高。

比较优势理论是说,当个人或者国家都专业化生产那些它具有更低机会成本的产品时,他们之间的贸易能使得双方都受益。因此,玛莎·斯图尔特即使是雇用那些熨衣技术不如她的人来帮她熨衣服,她也能从中受益。请注意,只要玛莎·斯图尔特打理生意的水平越好,她自己熨衣服的成本就越高。因此,玛莎·斯图尔特的生产能力越高,她对交易的需求也越大。同样,美国的企业在生产飞机或者设计高科技设备方面的生产能力越高,他们对纺织品或钢铁类产品的贸易需求也会越大。

1.6　大理念六:财富和经济增长的重要性

每年都有上亿人感染上疟疾。疟疾轻则导致发烧、怕冷和恶心,重则造成肾衰竭、昏迷、脑损伤,甚至每年都会有大约 100 万人——大部分是儿童——死于疟疾。今天,我们认为疟疾是一种热带疾病,但在美国,疟疾也曾经很普遍。乔治·华盛顿(George Washington)感染过疟疾,其他感染过的人还有詹姆斯·门罗(James Monroe)、安德鲁·杰克逊(Andrew Jackson)、亚伯拉罕·林肯(Abraham Lincoln)、尤利塞斯·格兰特(Ulysses S.Grant)和詹姆斯·加菲尔德(James A.Garfield)。**一直到 20 世纪 40 年代后期,疟疾还曾在美国出现过。从那以后,通过改善排水系统、铲除蚊子繁殖场所和喷洒杀虫剂,直到最后,疟疾病终于在美国被消灭。这其中的经验是什么呢? 财富——预防疟疾所需要的支付能力——结束了美国的疟疾。财

---

* 玛莎·斯图尔特,1941 年生于美国新泽西州的一个波兰移民家庭,父亲是药品推销员,母亲是教师。大学期间,她借同学的衣服参加了最佳服饰大学生比赛,被《魅力》杂志评为"十大穿着得体的女大学生",从此出人头地。毕业后她与一位律师结婚,发现日常的家居生活竟蕴藏着巨大商机。1982 年,她出版了第一本专业家居顾问指南《娱乐》,1991 年又与时代华纳公司合作,出版了著名的家居顾问杂志《玛莎·斯图尔特生活》,读者超过 200 万。1999 年,以玛莎·斯图尔特名字命名的公司上市,她本人拥有公司超过 63％的股份,2001 年上市公司年收入近 3 亿美元,她因此成为美国第二大女富豪。玛莎被称为"家政女皇",她所创办的玛莎·斯图尔特家庭用品公司的产品,从杂志、书籍、电视节目到床上用品、花园用具无所不包,另外,她不仅事业成功,而且做家务的水平也是一流的。玛莎本人也成为美国人心目中典型的女性偶像。——译者注

** 乔治·华盛顿(1732—1799 年)是美国首任总统,詹姆斯·门罗(1758—1831 年)是美国第 5 任总统,安德鲁·杰克逊(1767—1845 年)美国第 7 任总统,亚伯拉罕·林肯(1809—1865 年)美国第 16 任总统,尤利塞斯·格兰特(1822—1885 年)美国第 18 任总统,詹姆斯·加菲尔德(1831—1881 年)美国第 20 任总统。——译者注

富来自经济增长。因此,疟疾的出现不仅仅是地理学问题——它也是一个经济学问题。

财富和经济增长能解决的问题不仅仅只有疟疾。在美国,这个全世界最富裕的国家之一,每1 000个儿童中有993个能够活到5岁以上。在利比里亚,世界上最穷的国家之一,1 000个儿童中大约只有765个能活到5岁(也就是说,1 000个儿童当中,在看到他的第5个生日之前,有235个就已经死去)。总的来说,最富裕的国家也具有最高的婴儿成活率。

实际上,你看看那些人们想要的东西,它们大多都是在最富裕的经济体中最容易得到。财富给我们带来了抽水马桶、抗生素、高等教育、选择我们理想职业的能力、开心的假期,当然,还有保护我们家人免受灾祸的能力。财富也带来了妇女的权利和政治自由,至少在大部分国家如此(少数除外)。越富裕的经济体会产生越丰富、越满足和越幸福的人类生活,见图1.1。简而言之,财富很重要,理解经济增长是经济学最重要的任务之一。

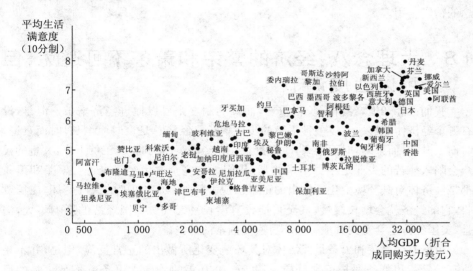

一个经济体的人均GDP越高,人民往往也越幸福。在一个经济体内部,收入更高的人往往也要更幸福一些。

资料来源:Betsey Stevensen and Justin Wolfers,Wharton School,University of Pennsylvanis,参见 *New York Times*,http://www.marketobservation.com/blogs/media/blogs/Statistics/ on2/21/2014.

图 1.1　金钱与幸福正相关

1.7　大理念七:制度很重要

既然财富如此重要,那么,如何才能够促使一个国家变得更富裕呢?最直接的原因在于,富裕的国家有很多物质资本和人力资本,而且它们能够以最新的技术知识和最有效率的方式进行生产。但是,为什么一些国家能拥有更多的物质资本和人力资本?为什么它们能够很好地把最新的技术知识组织起来用于生产呢?简单地说,这又是激励问题!当然,这又回到了第一个理念。

企业、投资人和储蓄者,他们都需要激励来促使他们进行储蓄,并在物质资本、人力资本、创新和有效组织等方面进行投资。支持好的激励的最强有力的制度包括产权、政局稳定、诚信的政府、独立的司法体系,以及竞争而开放的市场。

我们来比较一下韩国和朝鲜。韩国的人均收入比它的近邻朝鲜高出 10 倍以上。韩国是一个中等发达国家，但在朝鲜，民众仍然处于饥饿之中，几个月都吃不上肉食。不过，在 1950 年的时候，这两个国家都非常贫困，这两个国家也拥有相同的语言、文化和历史背景。不同的是它们在经济体制和激励的运行等方面存在着差异。

宏观经济学家对促使新知（new idea）产生的激励特别感兴趣。如果这个世界没有任何新知，那么，生活水平将会停滞不前。但是，现实是企业创造出了 iPhone、化肥、普锐斯混合动力车，以及其他很多新的发明。你日常生活中所用的大量器件和设施，也都是多种新知和创新的复合产物，这就是经济增长的血液。当然，创造新知需要有激励，这就意味着要有一个活跃的科学共同体，以及能够把新知转化为应用的自由和激励。新知有它的独特性质。一个苹果只能一个人吃，但是，一种新知可以被全世界的人同时享用。换句话说，新知，只要它被使用，它是不会被用完的。对贸易利得、未来的经济增长，以及其他很多主题的理解，都能体现对这一理念的精彩运用。

1.8　大理念八：经济的繁荣和萧条不可避免，但可以适度调节

我们已经知道，经济增长很重要，而好的制度则可以促进经济增长。但是，没有哪个经济体能够一直以一种平稳的步伐增长。经济总是会时而增长，时而衰退，时而上升，时而下降，时而繁荣，时而萧条。在经济衰退的时候，工资下降，大量的民众会陷入痛苦的失业之中。不幸的是，我们无法完全避免经济衰退。繁荣和萧条都是经济体对其环境变化所做出的正常反应。例如，如果印度的天气变坏，庄稼歉收，它的经济就会增长缓慢，甚至可能没有增长。天气对美国经济的影响不大，但是，美国经济也会受到其他一些不可避免因素的冲击。

虽然有些繁荣和萧条是经济体对其环境变化所做出的正常反应，但是，并不是所有的繁荣和萧条都是正常反应。1929—1940 年的美国大萧条就不是正常的反应，它是美国历史上最具有灾难性的经济事件。国民产出下降了大约 30%，失业率超过 20%，股票市场下降到不到其初始价值的三分之一。几乎在一夜之间，美国从自信走向了绝望。其实，大萧条并非不可避免。今天，很多经济学家都相信，如果政府，特别是美联储，能够更迅速地采取更合适的行动，大萧条持续的时间可能要短得多，程度也要轻得多。然而，在当时，政府所能运用的工具——货币政策和财政政策——还远没有被很好地理解。

今天，财政和货币政策工具都被理解得很充分。当它们被使用得当时，这些工具可以减小失业和 GDP 的波动幅度。失业保险也能够部分减轻萧条所带来的痛苦。不过，财政政策和货币政策这些工具并不是万能的。曾经有一段时期，这些工具被认为可以用来终结所有的经济萧条。但是，现在我们已经知道，这种观点是不正确的。并且，如果被不恰当地使用，货币政策和财政政策甚至可能会使得萧条更严重，经济波动得更激烈。

宏观经济学最重要的任务就是，理解财政政策和货币政策在熨平宏观经济正常波动中的作用及其局限性。

1.9　大理念九：政府发行过多货币会造成物价上涨

是的，经济政策可能是有用的。但是，有时候政策可能会出错，例如，在**通货膨胀**出现失控的时候。通货膨胀，作为宏观经济学中最普通的问题之一，是指总体物价水平的上涨。通货膨胀会让人们感到越来越穷。不过，也许更重要的是，价格的上涨及其不稳定性，使得人们无法计算出商品、服务和投资品的实际价值。正是由于这一原因以及其他一些原因，大部分人（和经济学家）都讨厌通货膨胀。

通货膨胀是指总体物价水平的上涨。

那么，通货膨胀是如何产生的呢？答案非常简单：通货膨胀来源于货币供给的持续增长。当人们有太多的货币时，人们就会花掉它，如果这时的商品供给没有增加，价格就一定会上涨。正如诺贝尔经济学奖得主米尔顿·弗里德曼（Milton Friedman）曾经写道："通货膨胀从来都是，而且在任何地方都是，一种货币现象。"

像其他任何国家一样，美国有一个中央银行，它被称为联邦储备银行（Federal Reserve Bank）。联邦储备银行有权力和义务来管理美国经济中的货币供给。这种权力的使用有时能够带来好处，例如，在美联储阻止和纾缓经济萧条的时候。但是，如果美联储鼓励货币供给增长得过快，这种权力的使用可能会带来严重的危害。其结果将会是通货膨胀和经济破坏。

在津巴布韦，政府多年来一直在全速印刷货币。到 2007 年末，津巴布韦的价格水平在以每年 150 000% 的惊人速度上涨。在美国，还从来没有出现过如此程度，或者接近这一程度的问题，不过，通货膨胀仍然是一个一直被关注的问题。

令人惊奇的是，津巴布韦的通货膨胀率仍然在继续上涨。到 2008 年 4 月，政府必须发行面额 1 000 万元的纸币（大约价值 4 美元），一年之后他们又发行了面额 20 万亿元的纸币，它购买力大约相当于 1 年以前的 1 000 万元。2009 年早期，通货膨胀率跳升到每月百分之几十亿！最后终于在 2009 年 4 月，政府停止发行津巴布韦货币，同时允许人们在交易中使用外国货币，如南非兰特和美元。

1.10　大理念十：中央银行任务艰巨

美国中央银行，即美国联邦储备银行（简称"美联储"），经常被要求参加"反萧条战争"。但是，这经常是件很难做到的事情。尤其是，从美联储做出决策，到这项决策对经济的影响显现出来，这中间存在着时滞——通常是几个月的时滞。在此期间，经济条件也在不断地发生变化。因此，你应该想到，美联储是在进行移动靶射击。没有人能够完全预测到未来，因此，无法确保美联储的决策总是正确。

正如刚才所讲，经济中的货币过多会造成通货膨胀。但是，经济中缺少足够的货币也同样不是件好事，它可能会导致经济衰退，或者促使经济增长放慢。这些问题都是宏观经济学中的一个重要而又影响广泛的主题，不过，其中最关键的问题在于，减少货币供给会迫使人们降低价格和工资水平，而且这样的调整过程一般都进展得不顺利。

美联储总是想要在恰当的时机采取措施，但大多数时候它都失败了。有些时候，失败是由于美联储一些本可以避免的失误造成的。但在另一些时候，失败仅仅是由于，我们不可能总是对事情的未来发展趋势做出正确的预测。因此，在某些情况下，美联储必须接受一定程度的通货膨胀或失业。中央银行依赖于经济工具，但是归根到底，对这些工具的运用既是科学，也是艺术。

大部分经济学家都认为，美联储的工作利大于弊。但是，如果你想要理解美联储，你就必须把它看作是一个失误率极高的机构，因为它面临的任务太艰巨。

1.11 最重要的理念：经济学很有趣

一旦把以上所有的理念和其他的思想融合到一起，你将会看到，经济学既令人兴奋，又非常重要。经济学教会我们如何促使这个世界变得更加美好。经济学关心富裕和贫困之间的差距、工作和失业之间的差异，以及幸福和贫穷之间的差别。经济学增进你对过去、现在以及未来的理解能力。

你将会看到，经济学的基本原理在任何地方都适用，无论是在越南的稻田间，还是在巴西圣保罗的股票市场中。无论是什么主题，经济学原理在所有的国家都适用，而不仅仅是对你自己。此外，在今天全球化的世界，中国和印度的事件会影响到美国的经济，反之亦然。因此，你将会发现，本书实际上也具有国际性，它充满了全球性的案例和应用，从阿尔及利亚到津巴布韦。

同时，经济学也同每个人的生活息息相关。经济学能够帮助你思考如何找工作，如何管理你的个人理财，以及如何处理国债、应对通货膨胀、经济衰退，或者飙升的股票市场泡沫等问题。一句话，经济学致力于理解你身边的世界。

我们为经济学而兴奋，我们希望你们也有同感。你们中间有些人也许甚至会主修经济学。如果你正打算主修这个专业，你可能想知道，在过去的 10 年里，经济学是主修人数增长率最快的专业。这体现了经济学学位的价值，以及全球对这一价值的认识。但是，如果你的热情在其他的地方，那也没有关系，一门经济学原理性的课程将会提供一种方法，来帮助你理解你身边的世界。在一门好课程、一位好教授和一本好教材的帮助下，你一定会以一种全新的方式来看待世界。因此，请记住：理解"看不见的手"，理解你身边的世界！

○ 本章复习

关键概念

激励
机会成本
通货膨胀

事实和工具

1.《纽约时报》有一条新闻标题[5]写道："有研究发现，尽管经济衰退，大学入学率在上升。"既然，现在你已经熟悉了机会成本的概念，请问你会如何

重写这一标题。

2. 如果印度由于天气变坏而导致农作物歉收，这是指农作物的供给下降，还是人们对农作物的需求下降？在你学习经济周期的时候，请记住这一答案。

3. 大萧条期间，国民总产出下降了多少？根据本章的分析，如果能更及时地采取更合适的措施，哪些政府机构的行为可能会有助于缓解大危机的严重程度？

4. 本章列举了企业储蓄后进行投资的四个方面。在这四个方面中，哪些是实际目标？哪些是相对模

糊的目标，比如只是一些概念、思想或者纲要性的东西？你可以通过查阅维基百科，或其他参考资料来了解陌生术语的定义。

5. 请问，在一个为某种疾病研究新的治疗方法的实验室里，下面谁更有激励加班加点地工作：是自己能够百分之百地获得新发明药方所带来的利润的科学家，还是新药成功后只能从老板那得到一次握手和一封致谢信的科学家？

6. 在大理念五的讨论中，本章写道"自给自足等于自寻死路"，因为我们绝大部分人都无法生产我们自己生存所需的衣食住所。然而，除了"自寻死路"之外，也可以说自给自足是乏味和无知的。专业化和贸易是怎样帮助你克服乏味和无知的？

思考和习题

1. 最近几年，津巴布韦经历了高速通货膨胀，价格水平每月翻三倍（甚至更高！）。根据本章所学的知识，你认为政府如何才能结束这一高速通货膨胀。

2. 有一些人担心，机器会和工人争夺工作岗位，造成人们永久性地失业。在美国，仅仅在 150 年前，绝大多数人还都是农民。现在，机器几乎干完了所有的农活，只有不到 2% 的美国人是农民。然而，这 2% 的人不但为整个国家生产了足够的食物，而且还向海外出口食物。

   a. 对于那些过去从事农业的人来说，他们发生了什么变化？既然农活今天已经不需要人干了，你认为美国大部分成年男子都失业了吗？

   b. 有些人说，那好，就让机器去干活好了，我们可以从事机器修理的工作。看看你的周围，你认为大部分有工作的美国人是通过机器维修这一工作来谋生的吗？如果不是，那么，你认为大部分人在从事什么工作？（本书稍后会给出答案。）

3. 把理念六和理念九结合起来：你认为穷国的人民贫穷是因为他们没有足够的钱吗？换句话说，一国能通过多印刷被称为"货币"的纸片，并把它分发给市民来致富吗？

4. 诺贝尔经济学奖得主米尔顿·弗里德曼说，一个差劲的中央银行决策者就像是一个"冲淋浴的笨蛋"。在冲淋浴的时候，如果你调节水龙头的开关，喷头在几秒钟之后才会流出你所调整的水温。因此，如果一个冲淋浴的笨蛋总是按照他当前一

刻所感觉的水温来剧烈地调整水温，喷头的出水就会在太冷和太热之间来回变动。类似的情形是如何适用于中央银行的？

5. 根据联合国的资料，一千年以前，我们这个星球上大约有 3 亿人口。按照现在的标准，所有的人本质上都是贫穷的：他们缺少抗生素，所有的人都没有室内供水，没有任何人旅行的速度能比马匹或河流承载的速度更快。今天，70 亿总人口中大约 10 亿到 30 亿人口是穷人。因此，在过去的一千年里，对那些仍然处于贫困状态的那部分人来说，他们的生活发生了什么变化：上升，下降，还是保持不变？对于所有生活处于极度贫困的人来说，他们的生活又发生了什么变化：上升，下降，还是没有任何变化？

挑战

1. 我们说大萧条之所以产生了如此巨大的破坏，部分原因是因为 20 世纪 30 年代的经济学家不懂得如何利用政府的政策。根据你的观点，你认为大萧条期间经济学家会这样认为吗？换句话说，如果你问他们"为什么大萧条如此严重"，他们会说"因为政府忽视了我们的明智建议"，还是会说"因为我们没有更好的办法来应对它"？关于经济学家和其他专家的自信，你的答案让你学到了什么？

2. 经济学家想要解决的一些问题，作为经济问题很容易处理，但作为政治问题却困难重重。医生也面临着同样的情况：作为医学问题，要防止大家死于肥胖症或者肺癌很容易（少吃，多锻炼，不吸烟），但是作为自我控制的问题，它却很难。有鉴于此，为什么结束高通货膨胀就像要减肥 100 磅一样难？

3. 作为诺贝尔经济学奖得主和《纽约时报》的专栏作家，保罗·克鲁格曼（Paul Krugman）注意到，经济学在很大程度上同医学很相似：它们都是知识非常有限的学科（作为真正意义上的科学，两者都是非常新的）；它们开出的药方都非常痛苦（"机会成本"）；普罗大众对它们研究的问题都非常关心。经济学和医学还有其他哪些地方相同？

4. 经济学有时被称为"沉闷科学"（dismal science）。在本章所讲的理念中，有哪些听起来是令人沮丧的，像坏消息一样？

2 贸易的力量和比较优势

混乱、冲突和战争,也许总是新闻的主要话题。但是,令人欣慰的是,这个世界也存在大量的合作行为。下一次你去超市的时候,请停下来想一想,要经过多少人的通力合作,才能把全世界的水果送到你的餐桌上来:新西兰的奇异果、土耳其的杏干、埃及的海枣、墨西哥的芒果、危地马拉的香蕉。正是由于新西兰的农民能在早上 5 点钟醒来后,就去田地里辛苦工作,在世界另一头的你,才有可能享受到伴有水果色拉的奇异果。为什么这么说呢?

这一章我们来讲一讲这个世界的核心特征:贸易。这就是为什么每天你可以在对农业一无所知的情况下,还能吃得很好。这就是为什么你可以同那些你从未谋面的人进行合作。这也是为什么文明在这个世界成为了可能。

我们将主要集中讨论贸易的以下三个方面:

1. 当偏好存在差异时,贸易可以使人得到改善;

2. 通过专业化和知识的分工,贸易能提高生产力;

3. 贸易通过比较优势提高了生产力。

2.1 贸易和偏好

1995 年 9 月,皮埃尔·奥米迪亚(Pierre Omidyar),一位 28 岁的计算机程序员,完成了一套代码,不久之后它就变成了拍卖网站 eBay。为了找点东西来测试他的项目,奥米迪亚找到了一支坏激光笔,在网上以 1 美元的起价开始拍卖。这支激光笔最后的成交价是 14.83 美元。令人感到惊奇的是,奥米迪亚又联系上中标人问他是否知道这支激光笔是坏的。"我知道它是坏的",中标人说,"我是一位坏激光笔的收藏家。"就在这一刻,奥米迪亚知道 eBay 将会是一个巨大的成功。只需要几年时间,他就会成为美国最富有的人之一。

今天,eBay 已经在 30 多个国家开张营业,每年有数十亿美元的收入。但是,同它所创造的总价值相比,eBay 的年收入只占一个非常小的份额,因为有上亿的买者和卖者在 eBay 网上进行各种各样的物品交易,从儿童玩具到好莱坞明星的签名。通过把物品从价值低的人手中转移到价值高的人手中,交易创造了价值。例如,萨姆原本打算把他孩子不会再玩的旧费雪牌（Fisher-Price）车库玩具扔掉，而现在，他可以在 eBay 上以 65.5 美元的价格卖给珍妮。这样价值就被创造出来了。交易使得萨姆和珍妮都从中受益，这也使得 eBay——为萨姆和珍妮交易牵线的市场催生者——从中受益。贸易能使不同偏好的人从中受益。

2.2　专业化、生产力和知识分工

在 eBay 上发生的简单交易能创造价值，但是，只有当人们继续往前一步，形成专业化之后，贸易的真正力量才会显现。在一个没有贸易的世界里，没有人能担负得起专业化。只有当人们确信他能够用他的产品交换各种他所需要的物品时，他才会专业化生产单一产品。因此，只有当贸易被发展起来，才能够进行专业化，而专业化反过来又极大地提高生产力。

如果你必须要靠你自己种植粮食来养活你自己，你还能活多久呢？然而，我们中大部分人每天所赚到的钱能够买到的食物，比我们自己一年中所能种出来的粮食还要多。同我们自己生产相比，为什么通过贸易可以得到如此多得的食物呢？其原因就在于专业化极大地提高了生产力。例如，同经济学教授和学生相比，农民在生产食物方面拥有两大优势：由于他们更专业，他们比其他人更了解农作物；由于他们大量销售，他们能够买得起用于大规模生产所需的农业机器。在农业领域正确的道理在其他一切生产领域都同样正确——专业化能够提高生产力。没有专业化和贸易，我们就都必须自己生产食物及其他一切，其结果将是大规模的饥荒和文明的坍塌。

人类的大脑是有限的，而需要知道的东西太多。因此，就有必要把知识分散在不同人的头脑中，然后进行交换。在原始的农业社会中，每个人或家庭都为他自己进行生产，每个人都同他们的邻居拥有相同的知识。在这种情况下，即使是一个拥有百万人口的社会，其知识总和可能也不会比某一个人的知识更多。[①]一个仅仅依靠单个人的大脑来运行的社会，是一个贫穷和悲惨的社会。

现代经济中所用到的知识，比单个人大脑中所能容纳的知识量要多出数百万倍。例如，在美国，我们不仅要有医生——我们还要有神经科专家、心脏病专家、肠胃病专家、妇科专家和泌尿科专家，而这些还只是医学中众多专业化领域的名称。知识能够提高生产力，所以，专业化会提高总产出。然而，只有当每个人都能够专业化生产某一种产品，然后大家再彼此交易各自想要的商品，所有的这些知识才会都具有生产力。没有贸易，专业化就不可能。

现代经济中的专业化程度可以解释，哪怕是一件最简单的产品，也没有一个人能完全知晓其生产的全部过程。一束情人节的玫瑰花可能是在肯尼亚种植的，然后用冷藏飞机运到阿姆斯特丹，再被用哥伦比亚咖啡提神的卡车司机运往托皮卡市。这个故事中，每个人都只知道整个过程的一小部分。但是，通过贸易和市场合作，每个人只需完成他们自己的那部分工作，玫瑰花的交易就完成了。不需要任何人知晓贸易的整个过程。

现代社会中的专业化程度是非常惊人的。我们刚才已经提到了医学行业中的众多专业化。我们还需要遛狗师、壁橱安装师和指甲修剪师。通常，大家都会认为这些职业是无关紧要的。但是，贸易会把所有的市场联系起来。正是遛狗师、壁橱安装师和指甲修剪师等这些人，他们给了耳鼻喉科医师——鼻子、耳朵和喉咙方面的专家——充足的时间，才使得后者能够提高和完善他们的技术水平。

知识分工随着专业化和贸易而不断加深。现代经济的增长主要归功于知识的创新。因此，知识分工出现最重大转折的时刻，也正是贸易深化到足够支撑大量的科学家、工程师和企业家等来专业化生产新知识的时刻。

想想众多改善我们生活的思想和创新，从抗生素到高产量的抗病小麦，再到半导体。从这些产品能在某一个地方出现，再传遍整个地球，并提高数百万甚至数十亿人口的生活水平，这些都是因为有贸易存在。

2.3　比较优势

贸易的第三个原因是它可以利用差异性。例如，巴西拥有天然适合于种植甘蔗的天气，中国拥有丰富的低技术劳动力，而美国有全世界教育水平最高的工人。如果巴西生产食糖，中国流水线生产 iPad，美国致力于设计下一代的电子设备，利用这种差异性的优势，可以使得全世界的产出达到最大。

差异性所带来的好处要比看上去大得多。如果一个国家能够比另一个国家用更少的要素投入来生产某种产品，我们就说这个国家具有**绝对优势**（absolute advantage）。但是，为了能从贸易中受益，一个国家并不一定需要在生产中拥有绝对优势。例如，即使美国拥有世界上最适合种植甘蔗的天气，但同巴西相比，如果美国在设计 iPad 方面比在生产食糖方面拥有更大的优势，那么，美国设计 iPad，巴西生产食糖，也仍然是对双方都有好处的。

下面是另一个经济学家称之为比较优势的例子。玛莎·斯图尔特自己从不熨衣服。为什么呢？玛莎·斯图尔特实际上可能是世界上最好的熨衣工。但是，她也非常擅长于经营企业。如果玛莎花太多的时间来熨衣服，她照顾企业的时间就更少。她的衣服可能会熨得更整洁，但是，同让其他人照看她的企业所造成的损失相比，从更整洁的衣服中得到的收益可能更小。对玛莎来说，更好的做法是，她来专业化经营她的企业，然后用她的一部分收入来交易其他商品，如熨衣服之类的服务，当然还有很多其他的商品和服务。

2.3.1　生产可能性边界

比较优势的思想很有创见性，同时也非常重要。为了给出一个更精确的定义，我们再用一个简单的模型来探究一下比较优势。假设有两种产品，电脑和衬衫，同时还有一种投入要素，劳动力。假设墨西哥生产一台电脑需要 12 个单位的劳动力，生产一件衬衫需要 2 个单位的劳动力，且墨西哥拥有 24 单位劳动。因此，墨西哥可以只生产 2 台电脑不生产衬衫，或者只生产 12 件衬衫不生产电脑，或者也可以生产图 2.1 左图中所示的"墨西哥 PPF"线上任意数量的电脑和衬衫组合。"墨西哥PPF"是墨西哥**生产可能性边界**（production possibilities frontier）的缩写。

同样，假设美国有 24 单位劳动。但在美国，生产每件产品都只需要 1 个单位的劳动力。因此，美国可以只生产 24 台电脑不生产衬衫，或者只生产 24 件衬衫不生产电脑，或者也可以生产图 2.1 右图中所示的"美国 PPF"线上任意数量的电脑和衬衫的组合。

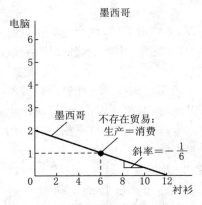
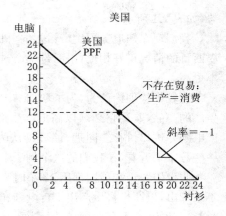

图 2.1 不存在贸易时墨西哥与美国的生产与消费

PPF 线体现了某种替代选择。如果墨西哥想要多生产衬衫,他就必须减少对电脑的生产,反之亦然:能生产出来的衬衫和电脑的组合数量沿着 PPF 线移动。生产可能性前沿 PPF 线其实也是稀缺性和机会成本这一基本原理的另一种表述方法。

2.3.2 机会成本和比较优势

实际上,机会成本和 PPF 线之间存在密切的关系。首先来看看图 2.1 右图中美国的 PPF 线。请注意 PPF 线的斜率,即高和底边之比,是 $-24/24 = -1$。 换句话说,美国要想多生产一件衬衫,就必须少生产一台电脑。1 件衬衫的机会成本是 1 台电脑,反之亦然。

现在来看看墨西哥的 PPF 线。高和底边之比是 $-2/12 = -1/6$。换句话说,墨西哥要想多生产一件衬衫,就必须少生产 1/6 台电脑。同样,PPF 线的斜率能告诉我们机会成本。在墨西哥,1 件衬衫的机会成本是 1/6 台电脑,或者 1 台电脑的机会成本是 6 件衬衫。这些机会成本总结在表 2.1 中。

表 2.1 机会成本

国 家	1 台电脑的机会成本	1 件衬衫的机会成本	
墨西哥	6 件衬衫	1/6 台电脑	← 墨西哥是衬衫低成本的生产者
美 国	1 件衬衫	1 台电脑	

美国是电脑低成本的生产者

下面是问题的关键。美国生产 1 件衬衫的机会成本是 1 台电脑,墨西哥生产 1 件衬衫的机会成本只有 1/6 台电脑。因此,尽管墨西哥比美国的生产力更低,墨西哥在生产衬衫上却具有更低的机会成本! 由于墨西哥生产衬衫具有更低的机会成本,我们称墨西哥在生产衬衫上具有**比较优势**(comparctive advantage)。

现在来看看生产电脑的机会成本。同样,两种产品之间的换算在美国更容易计算:放弃 1 件衬衫就可以多生产 1 台电脑,因此,美国 1 台电脑的(机会)成本是 1 件衬衫。但是在墨西哥,多生产 1 台电脑必须放弃 6 件衬衫! 因此,美国在生产电脑上有更低的(机会)成本,或者像经济学家所说,美国在生产电脑上有比较优势,如表 2.1 所示。

我们现在知道美国生产衬衫的(机会)成本更高,生产电脑的(机会)成本更低。墨西哥的情况正好相反:墨西哥生产衬衫的(机会)成本更低,生产电脑的(机会)成本更高。

比较优势理论认为,为了增加一国的财富水平,该国应该生产它能够以低成本生产的产品,购买它必须以高成本生产的产品。因此,根据这一理论,美国应该生产电脑并进口衬衫。同理,该理论认为墨西哥应该生产衬衫并进口电脑。我们用一些数字来看看,在我们的这个例子中,这一理论是否成立。

假设墨西哥和美国都用 12 小时来生产电脑和 12 小时生产衬衫。根据 PPF 线不难算出,墨西哥将生产出 1 台电脑和 6 件衬衫,美国将生产出 12 台电脑和 12 件衬衫。开始时,不存在贸易,因而每个国家的生产量就等于其消费量。我们用图 2.1 中的黑色圆点表示每个国家的生产——消费水平。现在,美国和墨西哥可以通过贸易得到改善吗? 可以!

假设墨西哥把生产电脑的 12 单位劳动转移到生产衬衫上。通过把 24 单位劳动力都配置到生产衬衫上,墨西哥实行了完全专业化生产,因而能够生产 12 件衬衫。同样,假设美国把 2 单位劳动力从衬衫的生产中转移出来,用于生产电脑——因此,生产了 14 台电脑和 10 件衬衫。现在,墨西哥和美国的生产量用图 2.2 中的灰色圆点表示。

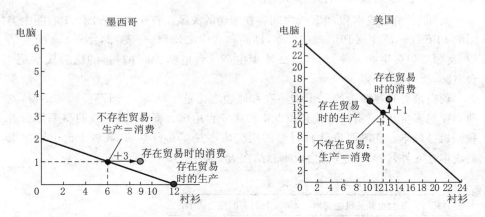

不存在贸易时,墨西哥生产与消费 1 台电脑和 6 件衬衫;美国生产与消费 12 台电脑与 12 件衬衫。专业分工之后,墨西哥生产 0 台电脑和 12 件衬衫;美国生产 14 台电脑和 10 件衬衫。用 3 件衬衫来换 1 台电脑,墨西哥的消费提高了 3 件衬衫(和不存在贸易的情形相比较);美国的消费提高了 1 台电脑和 1 件衬衫。

图 2.2　存在贸易时墨西哥与美国的生产与消费

为了讲完这个故事,你能找出一种能使得美国和墨西哥都得到改善的方法吗? 肯定能! 假设美国用 1 台电脑同墨西哥进行交易,换得 3 件衬衫。墨西哥现在可以消费 1 台电脑和 9 件衬衫(比贸易前多了 3 件衬衫),而美国能消费 13 台电脑(比贸易前多了 1 电脑)和 13 件衬衫(同贸易前一样多)。

令人惊奇的是,现在,美国和墨西哥的消费水平都在它们的 PPF 线之外。换句话说,发生贸易之前,墨西哥不可能同时消费 1 台电脑和 9 件衬衫,因为这在他们的 PPF 线之外。同理,发生贸易之前,美国不可能同时消费 13 台电脑和 13 件衬衫。但是通过贸易,两个国家都能够把他们的消费水平提高到贸易前不可能达到的消费水平。

因此,当每个国家都按照比较优势进行生产并发生贸易时,总产量和消费量都会增加。更重要的是,尽管美国在电脑和衬衫上都比墨西哥具有更强的生产能力,但美国和墨西哥却都可以从贸易中获利。

比较优势理论不仅能解释贸易的方式,而且还能告诉我们一些值得注意的事情:一个国家(或一个人)将总是生产并出售那些它能以低成本进行生产的产品。原因很显然:一个国家在生产 A 产品上的优势越大,它生产 B 产品的机会成本也就会越大。如果你是一个伟大的钢琴家,那么,你做任何其他事情的机会成本都会非常大。因此,你在当钢琴家这方面的优势越大,你同其他人交易其他商品的激励就会越大。这对一个国家也是一样。美国在生产电脑方面的生产能力越强,它用电脑来交换衬衫的需求就会越大。因此,高生产力的国家总是可以从与低生产力的国家进行的贸易中获利;而低生产力的国家也不必担心高生产力的国家会在所有的产品上都同它进行竞争。

如果人们担心一个国家会在所有的产品都被竞争出局,那么,他们就是犯了一个常识性的错误。也就是说,他混淆了绝对优势和比较优势的区别。一个生产者能够用相同的要素投入生产出比另一个生产者更多的产出,那么,这个生产者具有绝对优势。但是,使贸易有利可图的是比较优势的差别。一个国家总会在某些产品上具有比较优势的。

因此,每个人都可以从贸易中受益。从世界上最伟大的天才,到智商低于平均水平的普通人,没有一个人或一个国家会具有如此好或者如此坏的生产力,以致于他们不能从世界劳动分工体系中受益。比较优势理论告诉我们一些关于世界贸易和世界和平的至关重要的道理。贸易将全人类联系起来。

2.3.3 比较优势和工资

比较优势是一个比较难掌握的概念。这个世界上的大部分人都还没有理解透它。因此,如果你还要花费一些时间才能掌握它的话,也不必感到奇怪。由于我们还没有把工资解释清楚,所以刚开始时你可能会感到困惑。像美国这样的国家,在同墨西哥这样低工资的国家进行贸易时,它会不会被竞争出局呢?

实际上,工资就在我们的模型中,我们只需要把它们提出来就可以了。这也可以换另一种视角来理解比较优势。

在我们的模型中,只有一种类型的劳动。在自由市场中,所有拥有这种相同类型劳动的工人都将获得相同的工资。*因此,在这个模型中,墨西哥和美国各自都只有一种工资水平。通过加总墨西哥所有消费品的总价值,并把它除以工人的人

---

* 在自由市场中,同种商品将倾向于在任何地方都按照同一价格出售。假设电脑生产行业的工资超过了衬衫生产行业的工资。每个人都想要更高的工资,因此,衬衫生产行业的工人将会尽力想转移到电脑生产行业。但是,如果电脑生产行业工人的供给增加,电脑部门的工资就会下降。同样,如果衬衫生产行业工人的供给减少,该部门的工资就会增加。只有当同一种类型的工人都被支付了相同的工资时,工人才没有激励在行业间进行转移。

数,就可以算出墨西哥的工资。* 用同样的计算过程,我们也可以算出美国的工资。在这一计算过程中,我们只需要电脑的价格和衬衫的价格。我们假设每台电脑卖300美元,每件衬衫卖100美元(这与我们此前所说的1台电脑交换3件衬衫相一致)。我们先来看看没有贸易时的情况(见表2.2)。墨西哥消费的价值是 1×300 美元再加上 6×100 美元,总价值是900美元。由于总有24个工人,墨西哥的平均工资是37.50美元。美国消费的总价值是 12×300 美元 $+12 \times 100$ 美元 $=4\,800$ 美元。因此,美国的工资是200美元。

表 2.2　美国和墨西哥的消费量(非专业化和无贸易)

国家的劳动力配置(电脑,衬衫)	电脑	衬衫
墨西哥(12, 12)	1	6
美　国(12, 12)	12	12
总消费量	13	18

现在考虑有贸易时的情况(见表2.3)。墨西哥消费的价值现在是 1×300 美元 $+9 \times 100$ 美元 $=1\,200$ 美元,工资为50美元,而美国的工资是216.67美元(请验算一下这一结果!)。两个国家的工资都提高了,同我们预期的一样。

表 2.3　美国和墨西哥的消费量(专业化和贸易)

国　家	电　脑	衬　衫
墨西哥	1	9 = 6 + 3
美　国	13 = 12 + 1	13 = 12 + 1
总消费量	14	22

但是,请注意,无论是在贸易前还是贸易后,墨西哥的工资都低于美国的工资。其原因在于,墨西哥劳动力的生产力更低。最终决定一国工资水平的仍然是该国劳动力的生产力。专业化和贸易使得工人能够最大限度地利用他们的生产力——在给定生产力的情况下,专业化和贸易会尽可能地提高工资——但是,贸易不能直接提高劳动力的生产力。** 贸易可以使得爱因斯坦和不如他聪明的会计师的利益都得到改善,但贸易并不能使得那位会计师变成像爱因斯坦一样的高技术性的科学家。

总而言之,美国的工人经常担心贸易,因为他们认为他们无法同其他低工资国家的工人进行竞争。与此同时,低工资国家的工人也担心贸易,因为他们认为他们无法同像美国这样具有高生产力水平国家的工人进行竞争。但是,工资的差异反应的是生产力的差异。高生产力的国家具有高工资水平;低生产力的国家具有低工资水平。贸易意味着两个国家工人的工资水平都可以被提高到其生产力所能允许的最高水平。

2.3.4　亚当·斯密论贸易

请注意,到目前为止,我们谈贸易时都还没有把它同"国际贸易"区别开来。如何把对贸易的辩护推广到国际贸易,亚当·斯密对此有一段经典性的概括:

---

　　* 我们计算消费品的价值是因为,每天结束的时候,工人关心的是他们消费了多少,而不是他们生产了多少。

　　** 如果贸易能够利用上规模经济、提高知识的分工和传播先进生产技术,贸易也可以提高生产力。贸易在这些方面的好处也非常重要。但是,比较优势的逻辑并不要求有生产力的提高。

谨慎的一家之主应该记住以下格言,千万不要在家里生产那些你能够以比你的生产成本更低价格买到的东西。裁缝不会试图自己生产鞋子,而是从皮鞋匠那里买鞋。皮鞋匠也不会自己生产衣服,他会雇用裁缝来生产。对一个私人家庭来说是精明审慎的事,对一个大的国家来说,也很少是不明智的。如果国外有一个国家,它能够以比我们自己生产更便宜的价格来提供给我们产品,那么,最好办法就是,我们生产我们自己具有优势的产品,并用它来购买国外提供给我们的那种产品。[2]

2.4　贸易和全球化

每个人都可以从贸易中获利吗?不一定!在我们的简单模型中,一国工人可以很容易地在衬衫行业和电脑行业之间进行转移。在现实世界里,那些需求增加的行业(美国的电脑行业、墨西哥的衬衫行业)工人工资将会上涨,而那些需求下降的行业(美国的衬衫行业、墨西哥的电脑行业)工人工资将会下降。工资下降行业的工人将会不断地转移到工资上涨的行业,这一过程直到两个行业的工资相等为止。但是,这一转移过程并不是轻而易举地快速完成的。在第9章,我们将会从另一个视角来分析贸易的利得和利失。但是,总的来说,大量的贸易增加了总财富水平。这通常也会给所有无数参与全球贸易的人们带来好处。在整个历史中我们都可以看到这一主题。

运输成本的下降、世界市场的一体化,以及信息交流的提速,这一切都使得这个世界的距离日益缩小。但是,全球化并不是一个全新的思想,至少从罗马帝国时期以来,全球化就成为了人类历史的永恒主题之一。罗马帝国把世界不同地区连接成为一个经济和政治共同体。但是,当这些贸易网络解体之后,接下去的一个时代被称为"黑暗时代"(The Dark Age)。

后来,当贸易航线振兴,商贸城市诞生,以及来自中国、印度和远东地区的科学开始传播时,欧洲出现了文艺复兴运动。贸易不断增加的时期,也是思想传播的时期,它们已成为人类进步的最好时期之一。正如经济学家唐纳德·布德罗(Donald Boudreaux)所指出,"全球化是人类在跨国合作上的进步。"[3]

自我测验

1. 专业化生产对生产率有什么影响?为什么?
2. 贸易是如何让我们从专业化中获得好处的?
3. 尤塞恩·博尔特(Usain Bolt)是世界上最快的人。尤塞恩修整草坪可能也非常快,它比以修剪草坪为生的哈利修剪得更快,或者至少和后者一样快。为什么乌塞恩·博尔特会出钱雇用哈利帮他修剪草坪,而不是自己干?

○　本章小结

如果人们的偏好不同,简单的贸易就可以使人们得到改善。但只有当贸易带来了专业化之后,贸易的威力才真正显现出来。专业化极大地提高了生产力。没有贸易，整个经济体中所使用的知识容量大约不会超过一个人脑所用的知识。有了专业化和贸易之后，经济中所用的知识总量将大大地提高，并远远超过单个人脑的容量。

国际贸易是跨越政治边界的贸易。比较优势理论能解释，同单个人一样，通过专业化生产那些它能以更低的（机会）成本生产的产品，并交换那些它只能以更高成本生产的产品，一个国家是如何提高它的生活水平的。当我们把机会成本的概念运用到贸易上，我们发现，每个人都会在某些事情上具有比较优势。因此，任何人都可以从全球市场的参与中受益。

○ 本章复习 ....

关键概念

　　绝对优势
　　生产可能性前沿
　　比较优势

事实和工具

1. 利用"知识分工"的概念来回答以下问题。

　　a. 哪个国家具有更多的知识："乌托邦"（Utopia），用卡尔·马克思的话来说，在这个国家中，每个人只需要知道打猎、捕鱼和饲养牲口的知识，以便能够"在上午打猎，下午捕鱼，傍晚从事畜牧"；或"乏味国"（Drudgia），在这个国家，三分之一的人只会打猎，三分之一的人只会捕鱼，三分之一的人只会饲养牲口。

　　b. 哪个星球拥有更多的知识："求同星"（Xeroxia），在这个星球的 100 万居民中，每个居民都知道 100 万件事情；"存异星"（Differentia），在这个星球的 100 万居民中，每个居民都知道 100 万件事情，且没有两个居民知道的事情是完全一样的。"求同星"上有多少事情被居民知晓？"存异星"上有多少事情被居民知晓？

2. 在《国富论》中，亚当·斯密说，每个人都实行专业化可以使得人们更具有生产力，因为"一个人在把手从一种动作转换成另一种动作时，都会有一些随意性的动作"。根据这一观察，你如何才能改进你这学期四到五门大学课程的学习方式。

3. "机会成本"是经济学中最难的概念之一。我们用一些例子来使它理解起来更容易些。在以下一些例子中，找出机会成本：你的答案应该是某种比率，如"每年 1.5 件"或者"每个月 6 次演讲"。不考虑在上一个问题中亚当·斯密所提出的思想，假设这些关系都只是线性的，因此，如果你投入两倍的时间就可以得到两倍的产出，投入一半的时间就得到一半产出。

　　a. 埃琳有以下两种选择：她可以每小时修复 1 条传送带，她也可以每小时修复 2 个喷油器。艾瑞修复一条传送带的机会成本是什么？

　　b. 凯蒂在一家顾客服务中心工作，她每小手都有以下两种选择：每小时接 200 个电话，或者每小时回复 400 封电子邮件。凯蒂接 400 个电话的机会成本是什么？

　　c. 戴尔德丽今年可以选择写 1 本书，也可以选择写 5 篇文章。以文章来衡量，戴尔德丽今年写半本书的机会成本是什么？

4. a. 美国工人一般都比中国工人的工资更高。判断对错：这主要是因为美国工人一般比中国工人具有更高的生产力。

　　b. 茱莉亚·蔡尔德（Julia Child）是一位美国的厨师（也是二次大战的间谍），他在 20 世纪 60 年代把法国厨艺重新引入到美国。茱莉亚·蔡尔德比美国大多数厨师得到的报酬都更高。判断对错：这主要是因为茱莉亚·蔡尔德比美国大部分厨师都具有更高的生产力。

5. 根据《华尔街日报》（2007 年 8 月 30 日题为"In the Balance"的文章）报道，在美国装备一辆汽车需要花费 30 个小时。我们利用这一事实，再加上一些虚构的数据,来总结一下全球劳动力在汽车行业的分配状况。在国际经济中,"北方"是东亚、北美以及西欧等一些高技术发达国家的简称,"南方"是世界其他地区或国家的简称。我们下面利用这一简称。

a. 考虑以下生产力的表格:哪一个地区在生产高质量的汽车上具有绝对优势?哪一个地区在低质量的汽车上具有绝对优势?

	生产一部高质量汽车的小时数	生产一部低质量汽车的小时数
北 方	30	20
南 方	60	30

b. 利用以上关于生产力的信息,估计南方和北方生产高质量和低质量汽车的机会成本。哪一个地区在生产高质量汽车上具有比较优势(即更低的机会成本)?在低质量汽车的生产上呢?

	生产一部高质量汽车的机会成本	生产一部低质量汽车的机会成本
北 方	_____辆低质量汽车	_____辆高质量汽车
南 方	_____辆低质量汽车	_____辆高质量汽车

c. 在北方,可用于生产汽车的劳动力有 100 万小时,在南方也有 100 万小时可用于生产汽车。在一个没有贸易的世界,我们假设每个地区都有 2/3 的劳动力用于生产高质量的汽车,1/3 的劳动力用于生产低质量的汽车。计算一下,南北双方生产的高质量汽车和低质量汽车各有多少,并把它们加总看看每种类型的汽车全球总产量是多少。

	高质量汽车的产量	低质量汽车的产量
北 方		
南 方		
全球产出		

d. 现在,进行专业化生产。如果每个地区都完全专业化生产各自具有比较优势的那种汽车,全球高质量汽车的产出是多少?低质量的汽车呢?在以下表格中,填写你的答案。每种类型的汽车的全球产出比之前提高了吗?(我们将在"思考和习题"部分,来解决关于最终贸易格局的问题。)

	高质量汽车的产量	低质量汽车的产量
北 方		
南 方		
全球产出		

6. 据说有一次约翰·列侬(John Lennon)被问到林戈(Ringo)是否是这个世界上最好的鼓手,他嘲讽道:"他在甲壳虫乐队中都算不上是最好的鼓手!"〔在《白色专辑》(White Album)中有几首曲子的鼓手是保罗(Paul)。〕假设这个故事是真的,列侬说的是对的,那么,请用经济学的知识解释一下,为什么让林戈当鼓手仍然是明智的。

思考和习题

1. 把以下各个例子同贸易的原因进行配对:
   I. 知识分工;
   II. 比较优势。

   a. 有两只最近被抛弃的猫,宾果和托比。为了生存,它们必须赶快学会抓老鼠。如果它们同时还能保持好的卫生条件,那么,它们存活的机会就会更大:好的卫生条件可以减少生病和寄生虫的危险。每只猫都可以独立生活,不过,它俩几乎都是在学习抓老鼠的技能。还有一个替代的办法就是,宾果专门学习如何搞好卫生,托比专门学习如何更好地捕食老鼠。

   b. 前总统比尔·克林顿是耶鲁法学院的毕业生,雇用了一名比他自己更差的律师来负责日常法律事务。

2. 诺贝尔奖得主保罗·萨缪尔森曾经说过,比较优势是经济学中为数不多的"正确但并不显然"的思想之一。由于它不是显而易见的,我们对它进行一些练习。在以下各个例子中,谁在每项任务中都具有绝对优势,谁又具有相对优势?

   a. 卡娜可以在 30 分钟内做好 1 份味噌汤,也可以用 30 分钟把厨房整理干净。米歇尔可以在 15 分钟内做 1 份味噌汤,但她需要用 1 个小时才能整理干净厨房。

   b. 伊桑可以在 1 个小时内烤 20 份曲奇,也可以在 20 分钟内铺好 2 个房间的墙板。西恩娜可以在 1 个小时内烤 100 份曲奇,也可以在 1 小时内铺好 3 个房间的墙板。

c. 卡拉每天可以制作 2 件玻璃雕刻,她也可以每天设计 2 个全版面的报刊广告。萨拉每天可以制作 1 件玻璃雕刻,也可以每天设计 4 个全版面的报刊广告。

d. 达塔可以每天写 12 首好诗,也可以每天解答 100 道物理学难题。赖克每天可以写 1 首好诗,也可以每天解答 0.5 道物理学难题。

3. 以"不让一个孩子掉队"(No Child Left Behind)的口号而著称的联邦教育改革法案要求每个州都必须设立标准的考试,以检验是否每个学生都已经掌握了主要科目的知识。由于在同一个州中对相同年龄的学生都进行同样的考试,这就促使同一个州中的所有学校都使用相同的教学材料。根据知识分工的特性,这一法案的成本是什么?

4. 这一章中我们经常强调,专业化和交换可以产生更多的产出。但是,有时自愿交换中的产出是很难度量的,它也不能体现在 GDP 的统计中。在以下各个案例中,请解释,通过自愿交换,交易双方是如何能够得到改善的?

a. 艾伦收到了 2 份《战争机器》(Gears of War)游戏作为生日礼物,伯顿收到了 2 份《光晕》(Halo)游戏作为生日礼物。

b. 杰布免费获得了一份《野地狩猎》(Field and Stream)杂志的订阅,但是他对打猎不感兴趣。乔治免费获得了一份《迈阿密先驱报》(Miami Herald)的订阅,但是他对佛罗里达州的新闻也不感兴趣。*

c. 帕特非常喜欢赠送东西给别人,但是只有找到一个愿意接纳的人,赠予才是有意义的。特里同样面临这种让人遗憾的情形。

5. 很多人都在说,制造业的工作岗位正被搬离美国而到像中国这样的地方去了。为什么所有的工作岗位都离开美国到海外去(就像某些人担心的那样)是不可能的?

6. 假设下表给出的是美韩两国生产飞机和汽车各自所需的劳动量,不过其中有一个数字未知。

	生产一架飞机所需要的小时数	生产一辆汽车所需要的小时数
韩　国	2 000	?
美　国	800	5

a. 由于缺少韩国生产小汽车所需要的小时数,你无法计算出哪个国家在哪种产品上具有比较优势。你能在上表中填上一个数字,使得美国在生产飞机上具有比较优势吗?使得韩国在飞机上具有比较优势的数字呢?

b. 谁在飞机生产上具有绝对优势?在汽车上呢?

c. 在上表空格中填上什么数字,能使得不可能在美韩两国之间发生双方都受益的贸易?

7. 在本章,你看到了如何绘制美国和墨西哥的生产可能性前沿。下面我们来看看如何利用这些 PPF 线(生产可能性前沿)来绘制美国—墨西哥这一贸易联合体的 PPF 线。请你使用同本章相同的坐标设置:纵轴表示电脑数量,横轴表示衬衫数量。必要时参考图 2.1 和表 2.1。

a. 首先,你需要通过计算电脑和衬衫的最大产量标识出 PPF 线的两个端点。如果美国和墨西哥都只生产电脑,他们共能生产多少电脑?如果他们都只生产衬衫呢?标识出这两个点并把它们命名为 A 点(电脑的总产量)和 Z 点(衬衫的总产量)。美国—墨西哥贸易联合体的 PPF 线看上去同两国各自的 PPF 线有点不同,因此,我们不想简单地就把这两点直接用直线连起来。我们需要计算出美国—墨西哥贸易联合体通过放弃电脑来多生产衬衫的转化率。

b. 从 A 点开始,如果美国或墨西哥的民众想要更多的衬衫,这些衬衫将会在哪里生产呢?为什么?当美国—墨西哥贸易联合体的 PPF 线从 A 开始移动时,你认为它看起来应该是什么样的形状?

c. 从 Z 点开始,如果美国或墨西哥的民众想要更多的电脑,这些电脑将会在哪里生产呢?为什么?当美国—墨西哥贸易联合体的 PPF 线从 Z 开始移动时,你认为它看起来应该是什么样的形状?

d. 标识出每个国家都专业化生产它具有比较优势的产品时的产量点。把它命名为 B 点。连接 A、B 和 Z 点。这就是美国—墨西哥贸易联合体的 PPF 线。你能说清楚两国的 PPF 线是如何组合来形成这一贸易联合体的 PPF 线的吗?

e. 假设现在有第三个国家海地进入了贸易联合体。在海地,电脑的机会成本是 12 件衬衫,海

---

* 迈阿密位于佛罗里达州。——编者注

地的劳动力足够生产 1 台电脑（或者 12 件衬衫）。你能画出美国—墨西哥—海地贸易联合体的 PPF 线吗？

f. 好了，当越来越多的国家加入贸易联合体之后，PPF 会出现什么变化呢？当又贸易联合体中有无数多的国家，PPF 线看上去又是什么样的呢？

挑战

1. 在本章电脑和衬衫的例子中，美国用 1 台电脑换取墨西哥 3 件衬衫。不过，这个交换比例并不是任意设定的。我们下面来更详细地探究一下这一贸易条件。

a. 为什么用 1 台电脑交换 3 件衬衫对美国来说是一项好的贸易？为什么它对墨西哥也是一项好的贸易？

b. 如果双方达成的贸易条件改为 1 台电脑交换 8 件衬衫，这种贸易仍然会对美国和墨西哥双方都有好处吗？

c. 如果要使得美国和墨西哥双方都能从贸易中获得好处，1 台电脑最多（和最少）能获取多少件衬衫？

2. 登录 TED.com，搜索托马斯·思韦茨（Thomas Thwaites）的演讲"我是如何制作烤面包机的——从零开始"（How I Built a Toaster-from Scratch）。你认为思韦茨在制作他的烤面包机上花费了多少时间和金钱？在一个，比如说，只有最低工资的工作岗位上，他认为思韦茨需要多长时间才能赚得足够的钱来买一台烤面包机？评论一下劳动分工和专业化生产对提高生产力的重要性。

解决问题

这又是一个关于专业化和贸易的习题。这个习题完全是虚构的，所以，你无法根据你对国家或产品的直觉来回答问题。

a. 考虑以下有关生产力的表格：哪个国家在生产 rotid 上具有绝对优势？哪个国家在生产 tauron 上具有绝对优势？

	生产 1 单位 rotid 的小时数	生产 1 单位 tauron 的小时数
Mandovia	50	100
Ducennia	150	200

b. 利用以上表格中关于生产力的信息，估计 Mandovia 和 Ducennia 生产 rotid 和 tauron 的机会成本。哪个国家在生产 rotid 上具有比较优势？在生产 tauron 上呢？

	生产 1 单位 rotid 的机会成本	生产 1 单位 tauron 的机会成本
Mandovia	_____ 单位 tauron	_____ 单位 rotid
Ducennia	_____ 单位 tauron	_____ 单位 rotid

c. Mandovia 有 10 亿个小时的劳动力可用于生产，Ducennia 有 20 亿个小时的劳动力可用于生产。在一个没有贸易的世界，我们假设每个国家各有一半的劳动力用于生产每个产品。（在一门一学期长的国际贸易课程中，你会建立一个更大的模型来决定如何按照供给和需求来分配这些工人。）请填写下表。

	rotid 的产出	tauron 的产出
Mandovia		
Ducennia		
总产出		

d. 现在，允许专业化。如果每个国家都完全专业化生产它具有比较优势的产品，rotid 的总产出是多少？tauron 的总产出呢？每种产品的总产出比之前更高吗？

	rotid 的产出	tauron 的产出
Mandovia		
Ducennia		
总产出		

e. 最后，我们实行开放贸易。贸易一定会使得双方都变得更好（至少不会变得更差），在这一问题中，同大多数价格协商的情形一样，有好几种价格都能够实现这一目的（只要想想关于汽车和住房的议价问题）。我们选出一种价格，以能使得某一方的境况得到改善，让另一方的境况同没有贸易时一样。双方都同意的价格是 2 单位 tauron 换 3 单位 rotid。一方输出 500 万单位的 tauron，另一方输出 750 万单位的 rotid（你必须自己来判断两种产品的输出国分别是谁）。在下表中计算出每个国家消费的数量。在这种价格体系下，哪个国家的境况会变得更好？哪个国家的境况同之前一样。

	rotid 的消费量	tauron 的消费量
Mandovia		
Ducennia		
总消费		

f. 这次,贸易谈判有些变化:现在是 1 单位 tauron 换 2 单位 rotid。如果有一方输出了 1 000 万单位的 rotid,另一方输出 500 万单位的 tauron,请填写下表。有种能判断你是否出错的方法,就是看看"总消费"是否等于 d 问中的"总产出":我们不可能突然变出 rotid 和 tauron 来! 两个国家的境况都比没有贸易时更好吗? 在这种贸易方式中,哪一个国家比 e 问中的境况更好?

	rotid 的消费量	tauron 的消费量
Mandovia		
Ducennia		
总消费		

第一篇　供给和需求

3 | 供给和需求

这个世界靠石油驱动。每天,大约有 8 200 万桶"黑色黄金"从地下和海底流出,来满足这个世界的需求。石油需求和供给的变化可能会导致一个经济体陷入衰退,同时也可能会刺激另一个经济体走向繁荣。从华盛顿到利雅得,各国首都的政治家们都在小心翼翼地监控着石油的价格,普通的消费者也同样如此。汽油是由石油提炼的,因此,如果像中东战争这样的世界性事件干扰了石油供给,路边加油站的汽油都会涨价。夸张点说,石油市场是这个世界上最重要的市场,没有之一。

经济学中最重要的工具就是供给、需求和均衡等概念。如果你理解了这些工具,哪怕你对其他的东西知道得很少,你也有资格说,你具有了经济学方面的素养。如果你不理解这些工具,其他的方面你就会理解得更少。在这一章中,我们利用石油的供给和需求来解释供给和需求的概念。下一章,我们利用供给、需求和均衡的思想,来解释价格如何决定。因此请注意:这一章和下一章都非常重要。真的非常重要。

3.1　石油的需求曲线

如果石油的价格是每桶 5 美元,石油的需求量是多少? 如果价格变为每桶 20 美元,对石油的需求量会是多少? 如果价格是每桶 55 美元,石油的需求量又会是多少? 需求曲线回答了这些问题。**需求曲线**(demand curve)是一个函数,它表示不同价格水平下市场的需求量。

在下面的图 3.1 中,我们给出了一条假想的石油需求曲线和一个表格。它们共同说明,如何利用表格中有关价格和需求量的信息,来绘制出一条需求曲线。例如,这条需求曲线告诉我们,当石油价格是每桶 55 美元时,买方愿意并能够购买的石油是每天 500 万桶。或者简单地说,价格 55 美元时**需求量**为每天 500 万桶。

可以用两种方法来解读需求曲线。在图 3.2 中,如果横向地来看,我们可以看出,在每桶 20 美元的价格下,需求者愿意并能够购买的石油每天是 2 500 万桶。如果纵向地来看,我们能够看出,需求者愿意为每天 2 500 万桶石油支付的最高价格是每桶 20 美元。因此,需求曲线告诉我们任何价格水平下的需求量和任何数量下

需求曲线是一个函数,表示不同价格水平下市场的需求量。

需求量是在一定价格下购买者愿意且能够购买的数量。

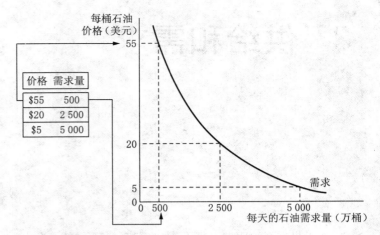

如果石油价格是每桶55美元,石油的需求量是每天500万桶。如果价格是每桶20美元,石油的需求量是多少?

图3.1　石油需求曲线是一个函数,它表明不同价格水平下的石油需求量

的最高支付意愿(单位价格)。在实际应用中,有时一种方法容易理解些,有时可能另一种方法更容易理解。因此,你们应该同时熟悉这两种解读方法。

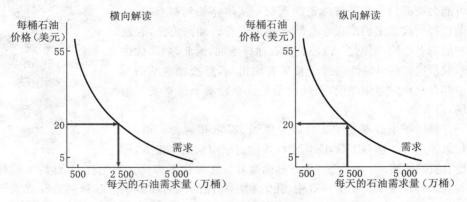

横向解读:在每桶石油20美元的价格下,需求者每天愿意购买2 500万桶的石油。
纵向解读:为了每天购买2 500万桶石油,需求者愿意支付的最高价格是每桶20美元。

图3.2　用两种不同的方法解读需求曲线

　　如前所述,需求曲线是一个函数,它表明不同价格水平下需求者愿意购买的数量。但是,需求曲线告诉了我们什么? 为什么需求曲线是负斜率的? 也就是说,为什么价格越低,对石油的需求量会越大?

　　石油有很多种用途,一桶石油是42加仑,其中的一半多一点会用来生产汽油(19.5加仑)和航空燃油(4加仑)。剩余的18.5加仑会用来供热和提供能量,以及生产诸如润滑剂、煤油、沥青、塑胶、轮胎,甚至浴缸里的橡皮鸭(这些鸭子实际上不是用橡胶而是用乙烯基塑料来生产的)之类的东西。

　　但是,在不同用途上,石油的价值是不一样的。用石油来生产汽油和航空燃油比用它来供热和生产橡皮鸭要有价值得多。石油对于运输工具是非常有价值的,因为在那方面几乎没有可替代品。例如,作为航空燃油的石油没有任何合适的替代品,而像普锐斯(丰田汽车品牌)汽车之类的一些混合动力产品算是比较成功的,纯电动汽车现在仍然是既昂贵又不方便。在加热和供能等方面,石油有很多替代品。在这些领域,石油在直接和间接地同天然气、煤和电等能源进行竞争。甚至是在这每一领域内部,石油也有高低不同的利用价值。例如,在冬天,把房间的温度

从华氏 40 度提高到 65 度,就比从华氏 65 度提高到 70 度要更有价值。乙烯基在用作金属线包皮时具有很高的价值,因为它可以防火。但是,我们可以用木头玩具船来替代橡皮鸭玩具。

石油在不同的用途上具有不同的价值,这一事实解释了为什么石油的需求曲线具有负的斜率。当石油的价格很高时,消费者会选择只在具有高价值的用途上使用石油(如汽油和航空燃油)。当价格下降时,消费者就愿意选择在具有更低价值的用途上也使用石油(供热和橡皮玩具)。因此,需求曲线概要地表明,在给定消费者偏好和替代可能性的情况下,有多少消费者愿意使用石油。图 3.3 用一条石油的需求曲线说明了这一思想。

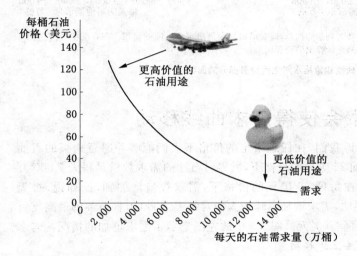

如果石油价格很高,石油就只能被用于具有高价值的用途上。如果石油价格下降,石油也可被用于低价值的用途。

图 3.3 石油的需求依赖于石油在不同用途上的价值

总之,需求曲线是一个函数,它说明在不同价格水平下需求者愿意并且能够购买的数量。价格越低,需求量越大——这就是通常所说的"需求定律"。

3.2 消费者剩余

如果某一消费者,比如说美国总统,为了给他的喷气式飞机提供燃料,他愿意为每桶石油支付 80 美元的价格。如果这时石油市场上的价格只有每桶 20 美元,那么,该美国总统就获得了每桶 60 美元的消费者剩余。如果乔愿意支付的价格是每桶 25 美元,石油市场价格仍然是每桶 20 美元,那么,乔就获得了每桶 5 美元的消费者剩余。**消费者剩余**(consumer surplus)是消费者在交易中获得的收益。把所有消费者在每单位产品上所获得的消费者剩余加总起来,我们就可以得到**总消费者剩余**(total consumer surplus)。在图形中(如图 3.4 所示),总消费者剩余是指需求曲线和价格水平之间的阴影部分面积。

用直线来近似地表示需求曲线和供给曲线常常是很方便的,这使得我们可以很容易计算出像消费者剩余这样的面积。图 3.4 中的右图简化了左图。现在,利用一点中学的几何知识,我们就可以计算出消费者剩余。回忆一下,三角形的面积等于(底×高)/2。消费者剩余三角形的高是 60 美元(80 美元－20 美元),底是 9 000 万桶,因此,消费者剩余等于 270 000 万美元(60 美元×9 000 万/2)。

消费者剩余等于消费者愿意支付的最高价格同市场价格之间的差额。

总消费者剩余由需求曲线和价格水平之间的阴影部分面积来度量。

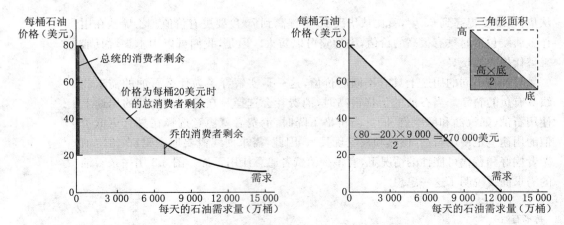

总消费者剩余是所有买者的消费者剩余的加总,即需求曲线和价格水平之间的面积。在右图中,我们表明,利用线性的需求曲线可以很容易地计算出消费者剩余。

图3.4　总消费者剩余是需求曲线和价格水平之间阴影部分的面积

3.3　哪些因素会使得需求曲线移动

　　石油的需求曲线告诉我们,在任意给定的价格下人们能够并愿意购买的石油数量。例如,假设在每桶 25 美元的价格下,世界对石油的需求数量是每天 7 000 万桶。需求增加意味着,在每桶 25 美元的价格下,需求数量增加到,比如说,每天 8 000万桶。或者换种说法,需求增加意味着人们对每天 7 000 万桶石油的最高支付价格增加到,比如说,每桶 50 美元。图 3.5 中的左图显示了需求增加的情况。需求增加会使得需求曲线向右上方移动。

　　图 3.5 中的右图显示了需求减少。需求减少会使得需求曲线向左下方移动。

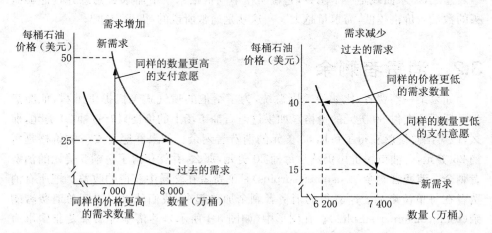

需求增加会使得需求曲线向右上方移动。需求减少会使得需求曲线向左下方移动。

图3.5　需求曲线的移动

　　哪些因素会使得需求增加或者减少呢?令经济学系的学生感到遗憾的是,有很多因素!下面列举了一些使得曲线移动的重要因素。

影响需求曲线移动的重要因素

➤ 收入
➤ 人口
➤ 替代品价格
➤ 互补品价格
➤ 预期
➤ 偏好

如果有必要的话,请记住以上所列举的各项。不过,还要在大脑中记住一个问题:"是什么原因使得人们在相同的价格下购买了更多的数量?"或者说,"是什么使得人们对相同的数量愿意支付更高的价格?"脑中时刻想着这一问题,总有一天,你会自己总结出一个不错的清单。

以下是使需求曲线发生移动的一些实例。

收入　当人们变得更富裕时,人们会购买更多的东西。在美国,如果人们的收入增加,人们就会购买更大的汽车,更大的汽车就会增加对石油的需求。在中国和印度,收入增加时,很多人就能够购买他们的第一辆汽车,这也会增加对石油的需求。因此,正如图 3.5 中的左图所示,收入的增加将会增加对石油的需求。

如果收入增加,对某种商品的需求也增加,我们就说这种商品是**正常品**(normal good)。大部分商品都是正常品,例如,汽车、电子设备和到餐馆用餐等,这些都是正常品。你能想出一些收入增加而需求却会下降的商品吗?在作者还是经济学系的年轻学生的时候,我们都没有太多的钱去一些比较贵的餐馆吃饭。但是,用 50 美分和一些白开水,我们就能够享受到一碗很好的方便速食拉面。噢,那可真是好时光!但是,当我们的收入增加之后,我们对方便面的需求减少了——我们不再买方便面了。像方便面这样,收入增加后对其需求反而会下降的商品被称为**低劣品**(inferior good)。有哪些商品是你现在正在消费,而一旦你富裕之后就可能不再消费的商品?经济增长使得中国和印度的穷人的收入正在增加。这些国家的穷人今天所消费的商品中,有哪些是他们在未来 20 年中会更少消费的商品?

> **正常品**的需求随收入的增加而增加。

> **低劣品**的需求随收入的增加而下降。

人口　人口越多,需求越大。这个道理非常简单。当某些类型的人口比其他类型的人口增加得更多时,事情就变得更有趣了。例如,美国正处于人口老龄化阶段。今天,65 岁和 65 岁以上的人口大约占美国总人口的 13%。到 2030 年,这一比例将是 19.4%。事实上,根据人口统计学家的估计,到 2030 年,美国将会有 1 820 万的人口超过 85 岁![1] 随着这些人口的增加,未来哪些商品和服务的需求将会增加呢?哪些商品的需求将会下降呢?企业非常想知道这些问题的答案,因为只有知道哪些新市场会出现,哪些旧有的市场会扩张,才有可能会获得巨额利润。

替代品价格　在某些如供热之类的用途上,天然气可以替代石油。假如天然气的价格下降,对石油的需求会发生什么变化呢?如果天然气的价格下降,一些人可能会从石油供热转向天然气供热。由此,石油的需求量将会下降——需求曲线会向左下方移动,如图 3.6 所示。

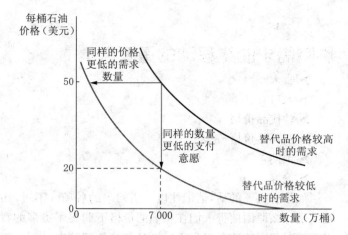

图 3.6　替代品（如天然气）价格下降会减少对石油的需求

当一种替代品的价格下降时，更多的人将会去购买该替代品，因而被替代的商品其需求就会下降。

如果两种商品是替代品，一种商品的价格下降会引起另一种商品的需求下降。

如果两种商品是互补品，一种商品的价格下降会引起另一种商品的需求增加。

一般来说，某种商品的价格下降会减少其**替代品**（substitute）的需求。例如，百事可乐的价格下降会减少对可口可乐的需求。出租房的价格下降会减少对公寓的需求。同理，一种商品的价格上升会增加对其替代品的需求。

互补品价格　**互补品**（complements）是指那些需要配套起来才能使用的产品：如炸薯条和番茄酱、茶和糖、iPhone 和 iPhone 应用程序。更学术地说，如果 A 商品的消费量越大，就会促使 B 商品的消费量也越大，那么，A 商品就是 B 商品的互补品。碎牛肉和夹肉馍是互补品。如果牛肉的价格下降，对夹肉馍的需求会发生什么变化呢？如果牛肉价格下降，人们会买更多的碎牛肉，从而他们也会增加对夹肉馍的需求。也就是说，对夹肉馍的需求曲线将会向右上方移动。例如，一个打折销售碎牛肉的超市将会增加夹肉馍的存货。

某种商品的价格下降会增加其互补品的需求，而一种商品价格的上升会降低其互补品的需求。这听起来似乎有些难理解。因此，只要记住碎牛肉和夹肉馍是一对互补品，你就会弄清楚这一关系。

预期　2007 年 7 月，尼日利亚南部油田的一名建筑工人被绑架了。该消息一公布，全世界石油的价格立刻跃居到创纪录的新高点[2]。一名普通的建筑工人对世界石油的供给会如此重要吗？不！惊扰世界石油市场的因素是，人们担心这一绑架事件将是尼日尔河三角洲地区大规模破坏活动的开始。尼日尔河三角洲是尼日利亚主要的石油生产区域，也是很多反政府武装的基地。对未来混乱的担心增加了对石油的需求，因为企业和政府都开始增加其应急储备量。换句话说，预期未来石油供给的减少增加了今天石油的需求。

你可能曾经也以与这类似的方式，来对未来事件的预期做出反应。当天气预报员说有大暴风雨时，很多人都会跑到商店去购买暴风雨应急装备。例如，同之前的一周相比，在卡特里娜飓风袭击新奥尔良的前一周，手电筒的销售量增加了700％，电池的销售量增加了 250％。[3]

预期的威力是巨大的——它们对需求（和供给）产生的影响可能同事件本身的影响一样大。

偏好　在 20 世纪 90 年代，医生们警告说，过于肥胖可能会导致突发性心脏病，在这同一时期，对牛肉的需求也减少了。2001 年出版的《阿特金斯博士的新饮食革命》（*Dr. Atkins' New Diet Revolution*）一书则认为高蛋白、低碳水化合物的饮食有利于减肥。该书的出版增加了牛肉的需求，像 Outback 和巴西风味的 Fogo de Chão 这样的牛排餐厅，也开始在各地出现。

迈克尔·乔丹（Michael Jordan）曾经风靡一时，他曾经为芝加哥公牛队夺得过 NBA 的六连冠，这些都曾经为耐克新系列 Air Jordan 球鞋创造了巨大的需求。对这种球鞋的需求曾经是如此巨大，有些小孩甚至会被不良少年抢鞋。由风格、时尚和广告等所导致的偏好的改变，都能够增加或减少需求。

偏好可以改变对像石油这类东西的需求吗？当然可以。环保运动已经促使人们更加意识到全球气候的变化，以及石油的消费如何会增加空气中的二氧化碳。于是，对混合动力汽车的需求不断增加，越来越多的人们正在回收塑料之类的东西，核电能也再一次作为替代能源被重新考虑。所有这些变化，都可以理解为品味和偏好的变化。

归根到底，虽然有很多不同的因素都会对市场需求产生影响，但是，其中大部分因素都应该是能够被直观理解的。毕竟，你们每天也都是市场需求的一部分。

自我测验

1. 印度的经济增长提高了印度劳动者的收入。那么印度人对汽车的需求会发生怎样的变化？对家庭取暖用碳砖的需求会发生怎样的变化？
2. 随着油价的攀升，你认为对轻便助动车的需求会发生怎样的变化？

3.4　石油的供给曲线

在石油价格每桶 5 美元的时候，石油生产商会向世界市场提供多少石油？如果价格是 20 美元，石油供给数量会是多少？如果价格是 55 美元，供给量又会是多少？石油的供给曲线回答了这些问题。

石油的**供给曲线**（supply curve）是一个函数，它表明不同价格下供给者愿意并能够出售的石油数量，或者简单地说，供给曲线表示不同价格下的**供给量**（quanty supplied）。图 3.7 给出了一条假想的石油供给曲线。图中纵轴表示石油的价格，横轴表示石油的供给量。图旁边的表格表明，如何根据价格—供给量表格中的数据来绘制供给曲线。

供给曲线是一个函数，它表明不同价格下的供给数量。

供给量表示在一定价格下，卖方愿意且能够出售的产品数量。

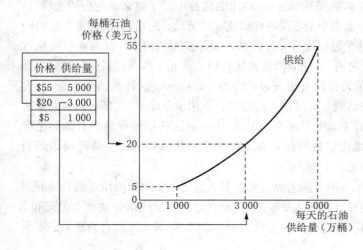

如果石油价格是每桶 20 美元，石油的供给量是每天 3 000 万桶。如果价格是每桶 55 美元，供给者愿意并能够出售的石油是多少。

图 3.7　石油供给曲线是一个函数，它表明不同价格水平下的石油供给量

供给曲线告诉我们,比如说,在 20 美元的价格下,石油的供给量是每天 3 000 万桶。

同需求曲线一样,供给曲线也可以从两个方面来解读。图 3.8 表明,横向地来看,在每桶石油 20 美元的价格下,供给者愿意出售的石油是每天 3 000 万桶;纵向地来看,为了每天能够供给 3 000 万桶石油,供给者必须至少卖出每桶 20 美元的价格。因此,供给曲线告诉我们,不同价格水平下供给者愿意提供的最高数量和销售不同数量时供给者所要求的最低价格。这两种解读供给曲线的方法是等价的。不过,在实际应用中,可能有时一种解读方法比较容易理解,有时另一种解读方法更容易理解。因此,你们应该同时熟悉这两种解读方法。

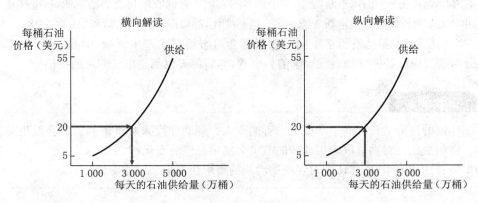

横向解读:在每桶石油 20 美元的价格下,供给者每天愿意提供 3 000 万桶的石油。
纵向解读:为了每天生产出 3 000 万桶石油,供给者必须至少卖出每桶 20 美元的价格。

图 3.8　用两种不同的方法解读供给曲线

我们假想的供给曲线不是真实的,因为数据是我们虚构出来的。不过,现在我们已经知道了供给曲线的理论意义——一个函数,它表明不同价格水平下供给者愿意销售的数量——我们可以很容易地解释它的经济学意义。

沙特阿拉伯,全世界最大的石油生产国,每天大约生产 1 000 万桶石油。令人惊奇的是,美国的产量也同它相差不远,每天大约生产 900 万桶石油。但是,沙特阿拉伯石油和美国石油之间存在巨大的差别:美国石油的生产成本要高得多。最早从 1901 年开始,美国就一直在出产大量的石油。在 1901 年,当钻头钻到 1 020 英尺的深度之后,泥浆开始从得克萨斯州 Spindletop 油田的钻井中冒了出来。几分钟之后,钻头就被喷射到了空中,冲入空中的石油喷柱高达 150 英尺。之后,人们花了 9 天时间才把石油井口盖住,在这个过程中有 100 万桶石油都被溅洒掉了。没有人曾经见过这么多的石油。几个月之内,石油的价格就从每桶 2 美元下跌到每桶仅 3 美分。④

可以准确地说,美国再也没有出现过一个像 Spindletop 这样的油田。今天,美国最典型的新油田都要钻到 2 英里以上的深度。不用说是喷井,大部分的油井都必须用水泵抽或者用水压,才能把石油开采上来。⑤ 所有这些都使得美国石油的生产成本比过去昂贵得多,也比沙特阿拉伯石油的生产成本高得多。沙特阿拉伯的石油资源比世界任何地方都要丰富。

在沙特阿拉伯,开采一桶石油大概需要花费 2 美元。伊朗和伊拉克的石油开采成本要稍微高一点。在尼日利亚和俄罗斯,一桶石油的开采成本分别是 5 美元和 7 美元。阿拉斯加一桶石油的开采成本大约为 10 美元。英国北海的石油开采成本大约是 12 美元。加拿大沥青砂矿区的石油比整个伊朗的石油还要多，但是，为了把石油从砂中分离出来，每桶石油大约要花费 22.5 美元的成本。⑥ 在美国大陆，作为世界上最古老和最发达的石油区域之一，开采成本大约是每桶 27.5 美元。如果石油价格是每桶 40 美元，从俄克拉荷马州的油页岩中提取石油都可以获得利润。

考虑到以上所有因素，我们可以绘制出一个简单的石油供给曲线。在每桶 2 美元的价格下，只有开采像沙特阿拉伯地区那样低成本的石油才是有利润的。如果价格再上升一些，开采伊朗和伊拉克的石油也可以获得利润。当价格达到每桶 5 美元时，尼日利亚和俄罗斯的石油生产厂商可以保持盈亏平衡了。当价格进一步上升到每桶 10 美元时，阿拉斯加的石油生产开始盈亏平衡并会变得有利可图。如果价格再继续上升，北海、加拿大和得克萨斯州的油田都会陆续投入生产，从而使得产量进一步增加。如果价格更高些，在世界上一些更荒凉的地方，使用更特殊的方法和更深的油田来提取石油，都可能是有利润可图的。如图 3.9 所示。

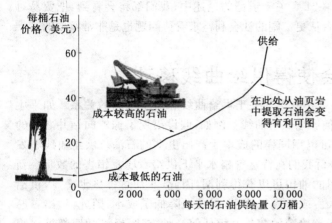

当石油的价格上升时，用更贵的资源所提取的石油都变得有利可图。因此，石油价格上升时，石油的供给量也会增加。

图 3.9 石油的供给曲线

对于理解图 3.9，最重要的是要知道，当石油价格上升时，在世界各个地方，用更高成本所生产的石油都会变得有利可图。石油价格越高，石油钻井就会越深。

总之，供给曲线是一个函数，表明在不同价格水平下供给者愿意出售的商品数量。价格水平越高，供给量越大——这就是所谓的"供给定律"。

3.5 生产者剩余

图 3.9 还暗示着另外两个重要的概念。如果石油价格水平是每桶 40 美元，而沙特阿拉伯石油的生产成本是每桶 2 美元，那么，我们说沙特阿拉伯每桶石油将获得 38 美元的**生产者剩余**（producer surplus）。同理，如果石油价格是每桶 40 美元，尼日利亚能够以每桶 5 美元的成本生产石油，那么，尼日利亚每桶石油可以获得 35 美元的生产者剩余。把每个生产厂商每单位产品的生产者剩余进行加总，我们就可以得到总生产者剩余。幸好，根据图表，这非常容易计算。**总生产者剩余**（total producer surplus）就是价格水平和供给曲线之间阴影部分的面积（参见图 3.10）。

消费者剩余度量了消费者从交易中的获利，而生产者剩余度量了生产者从交易中的获利。如果我们把这两种剩余进行加总，我们可以度量市场参与者从交易中的总的获利。在其他情况不变时，总的获利越多越好。因此，在整个这本书中，我都将用消费者剩余加生产者剩余之和来衡量福利水平，用它来比较不同的制度和

*生产者剩余*是生产者从交易中的获利，由市场价格与在特定产量下生产者愿意接受的最低价格之间的差额来衡量。

*总生产者剩余*由价格水平和供给曲线之间阴影部分的面积来度量。

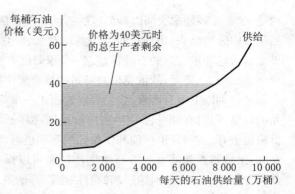

总生产者剩余是每个销售者生产者剩余的加总,即供给曲线和价格水平之间的面积。

图 3.10　总生产者剩余是价格水平和供给曲线之间的面积

政策,如市场、垄断、价格控制、配额、税收和补贴等。这些制度中哪些能最大化总剩余,以及在什么条件下能最大化总剩余? 当然,有时候其他条件并不能保持不变。在第 10 章关于外部性以及第 21 章关于道德的论述中,我们都将会看到,把贸易对局外人的影响考虑进去,或者从更广阔的社会利益来看待问题也是非常重要的。

3.6　哪些因素会使得供给曲线移动

　　图 3.9 所暗含的第二个重要概念是关于供给曲线和成本之间的关系。如果生产石油的成本下降,这会如何影响供给曲线? 例如,假设出现了像侧向钻井之类的石油开采技术创新,它使得可以用同样的成本生产出更多的石油。供给曲线会发生什么变化呢? 供给曲线告诉我们在特定价格水平下供给者愿意销售的数量。新技术使得一些原来无利可图的油田可以获得利润,因此,在任何价格水平下,供给者现在愿意提供的数量更大。或者换句话说,新技术降低了成本,因此,供给者愿意以一个更低的价格出售任意给定的数量。用任何一种方法,经济学家都可以得出结论说,成本下降会增加供给。从图形上来看,成本的降低意味着供给曲线向右下方移动。图 3.11 中的左图显示了这一点。当然,更高的成本意味着供给曲线向相反的方向——左上方移动,如图 3.11 中的右图所示。

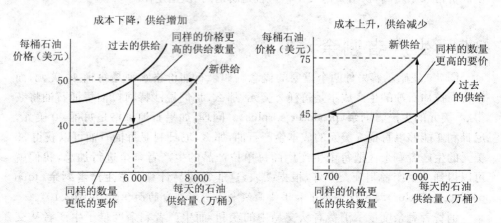

成本的下降会增加供给,这使得供给曲线向右下方移动。成本的上升会减少供给,这使得供给曲线向左上方移动。

图 3.11　供给曲线的移动

　　一旦你知道成本的下降使得供给曲线向右下方移动,成本的上升使得供给曲线向左上方移动,那么,你就真正理解了有关供给曲线移动的每一种因素。

影响供给曲线移动的重要因素

➤ 技术创新和投入要素价格的变化

➤ 税收和补贴

➤ 预期

➤ 生产厂商的进入或退出

➤ 机会成本的变化

为了更好地分析供给曲线的移动,有时候可以把成本的变化看作是供给曲线的左右移动,有时候可以把成本的变化看作是供给曲线的上下移动。这两种思考供给移动的方法是等价的,它分别对应着解读供给曲线的两种方法:横向解读法和纵向解读法。在以下讨论成本移动的过程中,针对每一种方法,我们都会给出一些实例。

技术创新和投入要素价格的变化　我们曾经给出过一个关于技术的提高如何降低成本和增加供给的实例。投入要素价格下降也会降低成本,因此,它同技术创新具有类似的效应。例如,油田钻井工人的工资下降会降低石油的生产成本,这会使得供给曲线向右下方移动,如图 3.11 的左图所示。反之,油田钻井工人的工资上升会增加石油的生产成本,这会使得供给曲线向左上方移动,如图 3.11 的右图所示。

税收和补贴　通过讨论一项 10 美元的石油税对石油供给的影响,我们可以练习使用供给曲线的上下移动来分析成本的变化。对于企业而言,税收对产出的影响同成本上升的影响一样。如果政府对石油生产者每桶征收 10 美元的税,这同生产者每桶石油的生产成本增加 10 美元的效果完全一样。

在图 3.12 中,请注意,在征税之前,企业对于每天销售 6 000 万桶石油所要求的价格是每桶 40 美元(点 a)。如果每桶石油征收 10 美元的税,那么,企业对于销售同样数量的石油所要求的价格是多少呢? 准确地说,是 50 美元。企业所关心的是税后的价格。销售 6 000 万桶石油时,企业要求的价格是每桶 40 美元,这只是企业在不考虑税收时所要求的价格。如果政府每桶要拿走 10 美元,那么,企业为了保持它的税后价格仍然是每桶 40 美元,它必须每桶要卖 50 美元。因此,在图 3.12 中,请注意,10 美元的税收使得供给曲线上的任何一点都恰好向上移动 10 美元。

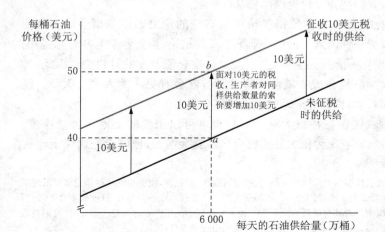

当供给者不需要交税时,他们愿意以每桶 40 美元的价格供给 6 000 万桶石油。如果他们必须为每桶石油支付 10 美元的税,那么,他们愿意以每桶增加 10 美元,或者说,每桶 50 美元的价格供给 6 000 万桶石油。

图 3.12　对行业征税使得供给曲线向上移动,移动幅度等于单位税收

避免某种潜在的混乱非常重要。到目前为止,我们所讲的一切都只是说,10 美元的税收会使得石油的供给曲线向上移动 10 美元。我们并没有说起任何关于税收对石油价格的影响——这是因为我们还没有分析市场均衡价格是如何形成的。我们把这个问题作为第 4 章的主题。

补贴、税收优惠或者税收减免会如何移动供给曲线呢?我们把这个问题留作本章最后的习题,不过这里给出一个提示:补贴相当于一种负的税收,或者说"反向"税收。

预期　预期未来价格会上涨的供给者,会有动机今天少卖一些,这样他们就能够为未来的销售储存商品。因此,预期未来价格上涨会使得今天的供给曲线向左移动,如图 3.13 所示。供给随着预期价格的变化而移动是投机的本质,即一种从未来价格变化中获利的企图。

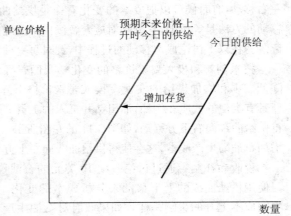

如果卖者预期未来价格上涨,今天的供给曲线会向左移动,因为生产者会为未来销售储存一些商品。

图 3.13　预期能够使供给曲线移动

生产厂商的进入或退出　当美国签订《北美自由贸易协定》(NAFTA)时,就减小了美国、墨西哥和加拿大之间的贸易障碍。加拿大的木材生产厂商进入到美国市场,从而增加了美国的木材供给。我们可以很容易把它看作是供给曲线向右移动。

在图 3.14 中,"国内供给"曲线是 NAFTA 之前的木材供给曲线。标有"国内供给加上加拿大进口"的曲线是 NAFTA 之后的木材供给曲线,这时允许加拿大企业在美国几乎没有任何限制地进行销售。更多的企业意味着在任何价格水平下,有更多数量的木材可供给,也就是说,供给曲线会向右移动。*

在后面的章节,我们会详细讨论国际贸易的影响。

机会成本的变化　最后一种使得供给曲线移动的重要因素是机会成本的变化,这也是最难理解的一种因素。回忆一下第 1 章的结论,当失业率上升时,更多的人愿意上大学。如果你不能找到工作,去上大学就没有浪费你的好机会。因此,如果失业率上升,上大学的机会成本就会下降,由此,就会有更多的人去上大学。注意,要理解人们如何行动,你就必须理解他们的机会成本。

现在,假设有一农民正在种植大豆,不过,他也可以用他的土地来种植小麦。如果小麦的价格上涨,该农民种植大豆的机会成本就会增加,他就会把这块土地从

----

*　认为新厂商的进入会使得供给曲线向下移动也同样正确。请记住,使供给曲线移动的因素最终是成本,供给的增加是由于低成本生产者的进入。当加拿大的生产者进入这一市场时,行业成本会下降,因为加拿大的生产者比美国生产者具有更低的成本。当加拿大低成本的生产者进入这一行业时,美国高成本的生产者会退出这一市场,从而行业成本下降,由此,供给曲线向下移动。

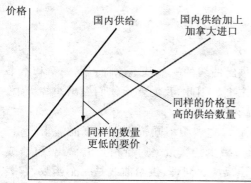

低成本生产厂商的进入会增加供给，因此，会使得供给曲线向右下方移动。

图 3.14　新厂商的进入会增加供给

种植大豆改为种植更有利可图的小麦。当种植大豆的土地减少之后，大豆的供给曲线会向左上方移动。

　　在图 3.15 中，请注意，在小麦价格上涨之前，农民们愿意以每蒲式耳 5 美元的价格供给 2.8 亿蒲式耳大豆（点 a）。但是，在小麦的价格上涨之后，在每蒲式耳 5 美元的价格下，农民们仅愿意供给 2.0 亿蒲式耳大豆，因为土地的另一用途（种植小麦）更有价值。或者说，在小麦价格上涨之前，农民们愿意以每蒲式耳 5 美元的价格出售 2.8 亿蒲式耳大豆，但是，在他们的机会成本增加之后，出售同样的数量，他们要求每蒲式耳 7 美元的价格（点 b）。

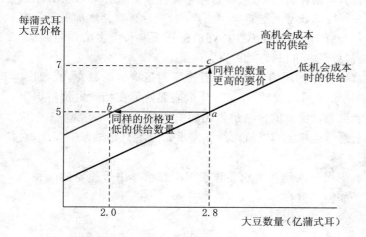

小麦价格的上涨增加了种植大豆的机会成本，这使得大豆的供给曲线向左上方移动。

图 3.15　（机会）成本增加会减少供给

　　同理，机会成本的下降会使得供给曲线向右下方移动。例如，如果小麦的价格下降，种植大豆的机会成本下降，大豆的供给曲线将向右下方移动。这只是本章主题的又一个例证，换句话说，供给和需求都会对激励做出反应。

自我测验

1. 芯片制造的技术革新压低了计算机的生产成本。这对计算机的供给曲线会有怎样的影响？为什么？

2. 玉米发酵之后可以生产作为燃料的酒精。对于玉米酒精的生产，美国政府在进行补贴。这样的补贴对酒精的供给曲线会有怎样的影响？

○ 本章小结

这一章我们提出了关于需求曲线和供给曲线的一些基本原理。下一章和本书的其他很多章节都建立在这些基本原理之上。因此,我们要给你们提出一些警示。如果你们没有理解本章和下一章,你们就会迷失方向。

关键要掌握的是,需求曲线是一个函数,它表明不同价格水平下的需求数量。换句话说,需求曲线表明,消费者如何通过减少购买量来对价格上升做出反应,或者如何通过增加购买量来对价格下降做出反应。同理,供给曲线是一个函数,它表明不同价格水平下的供给数量。换句话说,供给曲线表明,生产者如何通过增加生产来对价格上升做出反应,或者通过减少生产来对价格下降做出反应。

消费者愿意为某一产品支付的最高价格同该产品的市场价格之间的差额是消费者从交易中的获利,即消费者剩余。某一产品的市场价格同生产者愿意消费该产品的最低价格之间的差额是生产者从交易中的获利,即生产者剩余。就像我们在本章中所指出的那样,你们要能够从图形中识别出总消费者剩余和总生产者剩余。

对于哪些因素可能会导致供给曲线和需求曲线的移动,我们在本章中已经列举了很多。是的,你们应该知道这些因素,但更重要的是,你们应该知道,需求的增加意味着在同样的价格下买者想购买更多的数量,或者说,他们对于同样的数量愿意支付更高的价格。因此,无论什么因素,只要它能够促使买者在相同价格下愿意购买更多的数量,或者在同样的数量下愿意支付更高的价格,它就会增加需求。在必要的时候,只要想想,哪些因素会促使你在相同的价格下购买更多的数量,或者在相同的数量下愿意支付更高的价格,你就可以明白了。

同理,供给的增加意味着在相同的价格下卖者愿意销售更多的数量,或者说,他们愿意以更低的价格销售相同的数量。同样,什么能促使你在相同的价格下愿意出售更多的商品,或者愿意以更低的价格出售相同的数量?(给个提示——如果你的成本下降,也许你会愿意这样做。)供给曲线和需求曲线不只是抽象的概念,它们也会直接影响你们的生活。

在下一章,我们将利用供给曲线和需求曲线来解决经济学中最重要的问题之一:一种商品的价格水平如何决定?

○ 本章复习 ∙∙

关键概念

需求曲线

需求量

消费者剩余

总消费者剩余

正常品

低劣品

替代品

互补品

供给曲线

供给量

生产者剩余

总生产者剩余

事实和工具

1. 如果一种商品的价格上升,其需求量____。如果一种商品的价格下降,其需求量____。

2. 什么时候人们会更努力地去寻找石油的替代品:是在石油价格更高的时候,还是在石油价格更低的时候?

3. 你的室友刚刚以 160 美元购买了一款 Nike+Sportwatch 运动腕表。她其实愿意为这一产品支付 250 美元,因为通过测量她跑步的速度、距离以及持续的时间并计算她消耗的卡路里,这一装置能提升她晨跑的质量。在享受这一耐克运动腕表的过程中,你的室友获得了多少消费者剩余?

4. 列举三种在你大学毕业并找到一份好的工作之后就会减少购买的商品,这种商品被称为什么商品?

5. 如果苹果 Mac 计算机的价格下降,Windows 系统计算机的需求会出现什么变化?

6. a. 如果橄榄油的价格上升,玉米油的需求会出现什么变化?

   b. 如果石油的价格上升,天然气的需求会出现什么变化? 木炭的需求会如何变化? 对太阳能的需求呢?

7. a. 如果大家都认为马铃薯的价格下周会上涨,马铃薯现在的需求会如何变化?

   b. 如果大家都认为汽油的价格下周会上涨,汽油现在的需求会如何变化?(提示:需求的变化是由消费者造成的,还是由加油站老板造成的?)

8. 沿着供给曲线,如果石油的价格下降,对石油的供给数量会出现什么变化? 为什么?

9. 如果小汽车的价格下降,根据供给曲线,小汽车制造商是会多生产还是会少生产小汽车?(注意,普通人经常会认为相反的结论是对的。)

10. 在什么情况下,制药商更有可能雇用受过高等教育的高端人才,使用新的、试验性的研发方法:是在企业预期其新药的价格会上升时,还是在它预期其新药的价格会下降时?

11. 假设一项新的技术创新减少了高质量钢材的生产成本,对钢材的供给会出现什么变化?

12. 如果石油厂商预期明年石油的价格会上涨,石油当前的供给会出现什么变化?

13. 税收通常是增加,还是减少一种商品的供给?

思考和习题

1. 考虑以下石油的供给曲线:

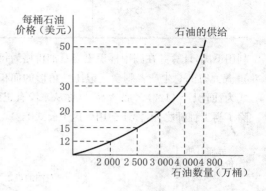

   a. 根据以上供给曲线,填写下表:

价格(美元)	供给量(万桶)
12	
	4 000

   b. 如果石油价格是每桶 15 美元,石油供给者愿意提供多少石油?

   c. 石油供给者愿意提供 2 000 万桶石油的最低价格是多少?

2. 下表给出了每 100 支铅笔的价格及其供给量之间的关系。根据该表格,画出铅笔的供给曲线:

价格(美元)	供给量(100 支)
5	20
15	40
25	50
35	55

3. 假设 LightBright 和 Bulbs4You 是 Springfield 市仅有的两家 60 瓦灯泡的供给商。根据以下两个公司的表格,画出 Springfield 市 60 瓦灯泡行业的供给曲线。注意,要得到这一"灯泡行业供给曲线",你需要把该行业在 1 美元的价格下愿意供给的灯泡的数量加总起来(15 只),然后再依次对 5 美元、7 美元和 10 美元价格下的数量进行行业加总。

价格 （美元）	LightBright 的 供给量（只）	Bulbs4You 的 供给量（只）
1	10	5
5	15	7
7	25	15
10	35	20

价格（美元/磅）	数量（100 磅）
	10 000
	15 000
	20 000

4. 利用下图，计算并在图中标识出当石油价格为每桶 50 美元时的总生产者剩余。记住三角形的面积公式为：面积 ＝（1/2）×底×高。（你从来没有想到，除了当工程师之外，你还会用到这个公式吧？）

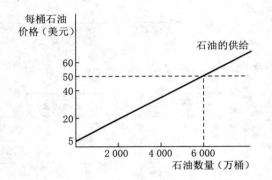

5. 在"甜腻国"（Sucrosia），食糖的供给曲线如下所示：

价格（美元/100 磅）	数量（100 磅）
30	10 000
50	15 000
70	20 000

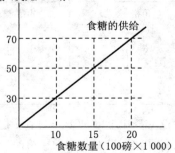

在营养激进分子的压力下，政府决定对食糖生产商征税，每 100 磅的食糖征收 5 美元的税收。利用以上数据，画出新的供给曲线。在征税之后，在什么价格下会分别出现 10 000、15 000 和 20 000 的供给量？把你的答案填入下表中。

6. 考虑本章所讲的那些农民，他们拥有既可以种植小麦，又可以种植大豆的土地。假设所有的农民现在都在种植小麦，但是大豆的价格显著上涨。
   a. 生产小麦的机会成本是在上升，还是在下降？
   b. 这会移动小麦的整条供给曲线吗？（如图 3.11 中的某一图形所示。）或者这里的变化只表现为在一条固定的供给曲线上的移动？它的移动方向如何？把你的答案画在下图中。

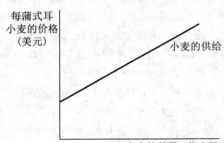

7. 考虑以下对石油的需求曲线：

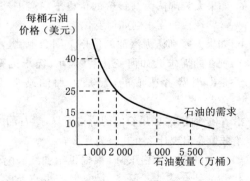

a. 利用以上需求曲线，填写下表：

价格（美元）	需求量（万桶）
	5 500
25	

b. 如果价格是 10 美元，石油的需求是多少？
c. 需求者对 2 000 万桶石油愿意支付的最高价格是每桶多少美元？

8. 根据下表,画出铅笔的需求曲线(以百支为单位):

价格(美元)	需求量(100 支)
5	60
15	45
25	35
35	20

9. 如果玻璃的价格显著提高,在玻璃窗和玻璃瓶中,我们将会更少看见哪一种产品? 为什么?

10. 我们来考虑等离子电视机的需求。

   a. 如果一台 60 英寸等离子电视机的价格是 800 美元,而纽哈特愿意用 3 000 美元购买,纽哈特的消费者剩余是多少?

   b. 考虑以下关于等离子电视机的总需求。在 800 美元的价格下,等离子电视机的需求量是 1 200 台,总消费者剩余是多少? 计算总消费者剩余,并把它在图形中标识出来。

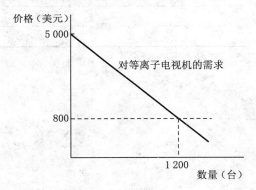

   c. 纽哈特位于图中的哪一点?

11. 当收入增加时,对 X 商品的需求向下移动,如图所示,X 商品是正常品还是低劣品? 举出一个像 X 这样的商品。

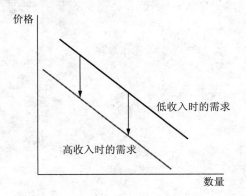

12. 假设黄油和人造黄油彼此是替代品。如果人造黄油的价格提高,黄油的需求曲线会出现什么变化? 为什么?

13. 汽车和汽油是互补品。如果汽车的价格下降,汽油的需求曲线会出现什么变化? 为什么?(提示:对汽车的需求量会出现什么变化?)

14. 假设太阳能电池板的供给曲线如下图所示

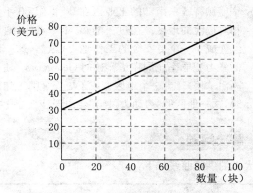

政府决定要提高太阳能电池板的使用数量,因此,它对每一块电池板向厂商提供 20 美元的补贴。画出新的供给曲线。(提示:回忆一下我们关于税收对供给影响的分析,如图 3.12 所示。再想一想补贴可以被看作是一种"负向税收"。)

挑战

1. 迈克尔是一名经济学者。他非常喜欢当一名经济学者,即使当一名经济学者的年薪只有 30 000 美元,他也愿意一辈子都从事这一工作。不过,实际上,迈克尔现在的年薪是 80 000 美元(注意:这是刚参加工作的经济系博士毕业生在美国的平均年薪水平)。迈克尔所获得的生产者剩余是多少?

2. 经济学者布赖恩·卡普兰(Bryan Caplan)最近找到了一副 10 美元的足弓垫,这使他免受脚部外科手术的疼痛。正如他在博客(econlog.econlib.org)上所说,为了解决脚部的问题,他原来愿意支付 100 000 美元,不过现在他只花费了几美元。

   a. 布赖恩·卡普兰在这一购买活动中获得的消费者剩余是多少?

   b. 如果这一产品被征收了 5% 的销售税,当布赖恩·卡普兰购买这一足弓垫时,政府的收入增加了多少?

   c. 如果政府不是根据布赖恩·卡普兰的实际支付征税,而是根据布赖恩·卡普兰的意愿支付征税,那么,布赖恩·卡普兰将必须支付多少销售税?

3. 对于绝大多数年轻人来说,全职工作和上大学是相互替代的：你们往往只能从事其中的一项。如果找工作很困难，这会提高还是降低上大学的机会成本？如果找工作很困难，上大学的需求是增加还是减少？

4. 如果把安全气囊安装在汽车上，"对速度的需求"（以高速公路上的平均速度来衡量）会出现什么变化？

5. 华盛顿特区东南部的工业区在 20 世纪 80 年代是相对危险的地区。在过去的 20 年中，这一地区已经变成了一个更安全的工作地点（虽然，这一地区的暴力犯罪率比同在华盛顿的 Georgetown 还是要高出 7 倍）。当一个地区变成了更安全的工作地点时，这一地区的"劳动力供给"会出现什么变化？

解决问题

大米的供给曲线如下：

价格[美元/袋(100 磅)]	供给量（袋）
40	10 000
60	15 000
80	20 000

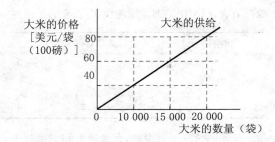

在营养活动家的压力下，政府决定对大米生产商征税，每袋 100 磅的大米征收 5 美元的税收。利用以上图表，画出新的供给曲线。当这一税收被实施后，要想市场上提供 10 000 袋的大米，价格应该是多少？提供 15 000 袋和 20 000 袋的大米呢？把你的答案填入下表。

价格[美元/袋(100 磅)]	供给量（袋）
	10 000
	15 000
	20 000

4 均衡：供给和需求如何决定价格

我们在第 3 章介绍了供给曲线和需求曲线。在第 3 章中，我们分析了这样一些事情："如果价格每桶 20 美元，供给量为 5 000 万桶"和"如果价格每桶 50 美元，需求量为 12 000 万桶"。但是，价格是如何决定的呢？

现在，我们在为一项更大的工作做准备：均衡。图 4.1 把石油的供给曲线和石油的需求曲线放在了同一张图中。注意，这两条曲线相交于一点，交点处的价格被称为均衡价格，交点处的数量被称为均衡数量。

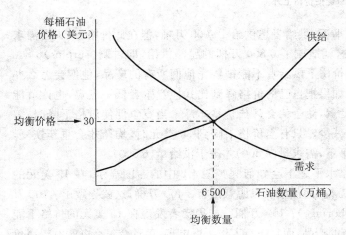

当需求量等于供给量时，均衡就会出现。只有当价格等于 30 美元，数量等于 6 500 万桶时，供给量和需求量才相等。因此，30 美元是均衡价格，6 500 万桶是均衡产量。

图 4.1　价格由供给和需求决定

均衡价格是 30 美元，均衡数量是 6 500 万桶。我们说的均衡是什么意思呢？我们说 30 美元和 6 500 万桶分别是均衡价格和均衡数量，是因为在其他任何价格和数量下，经济力量都会产生作用，推动价格和数量向均衡水平趋近。在自由市场中，均衡价格和均衡数量是唯一能够保持稳定的价格和数量。放在一个大碗中的小钢球可以给出有关我们所说的均衡概念的直观感觉——重力会把小球从碗的旁边向下拉，直到小球到达静止状态为止。下面我们将解释促使价格和数量趋向于均衡水平的经济力量。

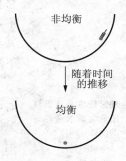

4.1　均衡和调整过程

假设需求和供给如图 4.1 所示，但现在的价格是 50 美元，在均衡价格 30 美元以上——由此，我们得到一种如图 4.2 中左图所示的情形。

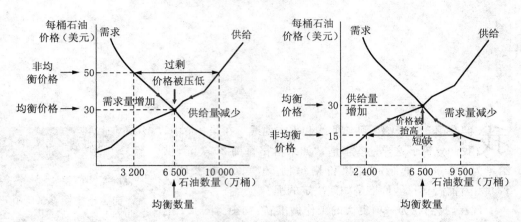

在 50 美元的价格下，会出现石油过剩。如果存在过剩，卖者有动力降低价格，而买者有动力出价更低。价格一直下降到 30 美元时，需求量等于供给量，这时，不再存在价格下降的动力。

在 15 美元的价格下，会出现石油短缺。如果存在短缺，卖者有动力提高价格，而买者有动力出价更高。价格一直上升到 30 美元时，需求量等于供给量，这时，不再存在价格上升的动力。

图 4.2　过剩促使价格下降，短缺促使价格上升

过剩是指供给量大于需求量的情形。

在 50 美元的价格水平下，供给者想供给 10 000 万桶，但在此价格下，买者需求的数量只有 3 200 万桶，这就造成了 6 800 万桶的超额供给，即**过剩**（surplus）6 800 万桶。如果在 50 美元的价格下供给者不能销售完他们所有的产品，他们会怎么办呢？每一卖者都会想到，如果把自己的价格降到比其他竞争者低一点点，也许就能够卖得更多。只要存在过剩，竞争就会促使价格下降。当竞争促使价格下降时，需求量会增加，而供给量会减少。只有当价格下降到 30 美元时，均衡才会重新恢复，因为只有在这一价格水平下，需求量（6 500）才等于供给量（6 500）。

短缺是指需求量大于供给量的情形。

如果价格在均衡价格水平之下会如何呢？图 4.2 中的右图显示，在 15 美元的价格下，需求量是 9 500 万桶，而供给者只愿意出售 2 400 万桶，这就导致了 7 100 万桶的超额需求，即**短缺**（shortage）7 100 万桶。如果卖者发现在 15 美元的价格下能很容易地销售完他们所有的产品，而且还有人想买得更多，卖者会怎么办呢？提高价格！当存在短缺的时候，买者也有动力提供更高的买价，因为买者如果在现有的价格下不能买到他们想要的数量，他们就会试图通过提供更高的买价来挤出其他买家。只要存在短缺，竞争就会促使价格上升。当价格上升时，供给量会增加，而需求量会下降。直到价格达到 30 美元时，才不会有动力再促使价格提高，均衡会重新恢复。

均衡价格是使得供给量与需求量相等的价格。

当实际价格高于均衡价格时，竞争会促使价格下降；当实际价格低于均衡价格时，竞争会促使价格上升。那么，当实际价格等于**均衡价格**（equilibrium price）时，会怎么样呢？由于在均衡价格水平下，需求量正好等于供给量，均衡价格是稳定的。因为在均衡价格下，每一买者都能买到他想要的数量，买者没有动力去提高价格。每一卖者都能卖完他在均衡价格下想要出售的数量，卖者也没有动力去降低价格。

当然，买者想要更低的价格，但是，任何出价低于均衡价格的买者，都不会被人理睬。同理，虽然卖者想要更高的价格，但任何卖者如果提高价格，他都会马上失去所有的顾客。

谁同谁竞争？

卖者想要更高的价格，买者想要更低的价格。因此，一般人都会认为，是卖者在同买者进行竞争。

不过，经济学家认识到，无论卖者想要什么，在竞争时，他们所能做的事情都只是降低价格。卖者在同其他的卖者进行竞争。同理，买者想要更低的价格，但他们在竞争时所做的事情也只能是提高价格。买者在同其他买者进行竞争。

如果你想要的商品价格很高，你应该指责卖者吗？如果市场是完全竞争的，你不应该！相反，你应该"责备"出价比你更高的其他买者。

自我测验

1. 如果汽油价格很高导致对大卡车和越野车（SUV）的需求下降，汽车制造商如何做才能销售完已经生产出来的大卡车和越野车（SUV）？
2. 考虑奥特莱斯品牌折价商场售卖的衣服。从需求角度来看，卖者生产了过多或者过少的特定商品吗？为了将商品售完，卖者采取了什么行动？

4.2 自由市场能够最大化贸易利得（生产者剩余与消费者剩余之和）

图4.3从另一种角度考察市场均衡的概念。考虑图A，在价格15美元的时候，供给者愿意每天生产2 400万桶石油。但是，请注意，这些石油只能够满足买者的部分需求。能满足的是哪一部分买者的需求呢？买者会把他们所拥有的石油配置到最高价值的用途上。在图4.3的图A中，2 400万桶的石油将被用来满足标有"被满足的需求"的那一部分需求。其他所有的需求都不能得到满足。现在，假设能促使供给者再多生产一桶石油，买者愿意为这一桶石油支付多少呢？我们可以把这新增加的一桶石油的价值解读为在2 400万桶时需求曲线的高度。也就是说，买者愿意为它支付的价格是57美元（或者说是56.99美元，如果你想更准确的话）。这就是在2 400万桶的销售量下，新增加一桶石油对那些没有被满足的需求所值的最高价格。卖者愿意为这新增加的一桶石油所能接受的卖价是多少呢？我们可以把卖者再多出售一桶石油所要求的最低价格，解读为在2 400万桶时供给曲线的高度。（由于只要卖者能够收回他们的成本，他们就会愿意再多出售一桶石油，所以，我们也可以把这一最低价格解读为在2 400万桶销售量下再多生产一桶石油的成本。）也就是说，卖者愿意以15美元之低的价格再多销售一桶石油。

买者愿意以57美元的价格再多购买一桶石油，卖者只要15美元这样低的价格就愿意再多出售一桶石油。以位于15美元和57美元之间的任何价格达成的交易，都会使得买者和卖者双方都受益。只要买者愿意支付的价格比卖者愿意接受的价

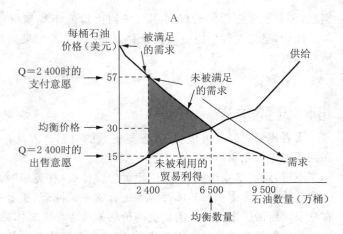

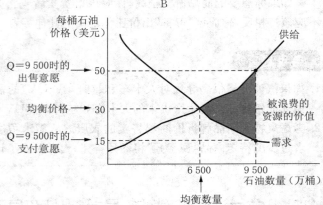

图 A:当交易数量在均衡数量以下时,还存在贸易利得可以被利用。买者愿意为第 24 个单位支付 57 美元,卖者愿意以 15 美元的价格出售第 24 个单位,因此,阻止第 24 个单位的交易发生会损失 42 美元的贸易利得。只有在均衡数量下,所有的贸易利得才都被利用完。

图 B:当交易数量超过均衡数量时,存在资源浪费。卖者愿意至少 50 美元的价格出售第 95 个单位,而买者仅愿意为第 95 个单位支付 15 美元,因此,出售第 95 个单位浪费了 35 美元的资源。只有在均衡数量下,不存在资源浪费。

图 4.3 在均衡数量下,所有贸易利得都被充分利用,同时也不存在任何不经济的贸易

均衡数量是供给量与需求量相等时的产品数量。

格更高,就会存在潜在的贸易利得(gains from trade)。现在,请注意,在任何小于**均衡数量**的交易数量上,都会存在没有被利用的贸易利得。经济学家相信,在自由市场下,没有被利用的贸易利得不会长期存在。因此,我们可以预期到,在自由市场中,买卖的数量将会增加,直至达到 6 500 万桶这一均衡数量为止。

我们已经表明,贸易利得会推动交易数量趋近于均衡数量。那么,来自另一个方向的贸易推动力又会怎么样呢?在自由市场中,为什么买卖的数量不会超过均衡数量呢?

下面,考虑图 4.3 中的图 B。假设由于某种原因,供给者生产了 9 500 万桶的石油产量。在 9 500 万桶的产量下,供给者生产最后一桶石油的成本是 50 美元(比方说,它是从加拿大 Athabasca 沥青砂矿区中提炼出来的)。这一桶石油对买者值多少呢?同样,我们把它解读为在 9 500 万桶时需求曲线的高度。这一桶石油对买者仅仅只值 15 美元(买者用它再多生产一些橡皮鸭玩具)。因此,如果供给量超过均衡数量,卖者生产一桶石油所花费的成本比这一桶石油对买者的价值要更高。

在一个自由市场中,成本需要花费 50 美元而售价最多只有 15 美元的商品,供给者是不会生产的——这是通往破产之路。* 因此,我们可以预期到,在自由市场

---

* 你能想象出什么情况下供给者有可能会这样做吗?如果他们被政府进行补贴,情况会怎么样?在这种情况下,产品对买者的价值也许会低于该产品的生产成本。但是,只要政府弥补这中间的差额,卖者会乐意大量销售。

中，买卖的数量会将会减少，直至达到 6 500 万桶这一均衡数量为止。

供给者不会主动做出导致他们破产的行为。但是，万一他们的确做出了这样的行为，这是否是一件好事呢？即使是在均衡数量上，也会有买者存在没有被满足的需求。满足更多的需求是不是一个好主意呢？非也。理由是，如果实际交易数量超过了均衡数量，就会存在资源浪费。

再想象一下，假设供给者生产了 9 500 万桶，从而生产了很多其生产成本超过其市场价值的石油。这将不仅仅对供给者是一个损失，而且对全社会也是一个损失。生产石油需要资源——劳动力、卡车、管道等等。这些资源，或者这些资源的价值，本可以用来生产一些人们其实愿意支付更高价格的其他产品——例如，经济学教材或者 iPod 播放器。如果我们浪费资源，以 50 美元生产了一桶价值只有 15 美元的石油，那么，我们就只能有更少的资源去生产那些成本只需 32 美元而价值却是 75 美元的商品。我们的资源是有限的。要从这些有限的资源中获得最大的产出，就意味着对于每种商品，都既不能生产得太少（如图 4.3 的图 A 所示），也不能生产得太多（如图 4.3 的图 B 所示）。市场能够帮助我们实现这一目标。

图 4.3 说明，在自由市场中，为什么贸易利得总会被完全利用——至少在长期会被完全利用——或者说自由市场中不存在浪费资源的贸易。把这两点放在一起来看，我们得到了一个著名的结论：自由市场使得贸易利得最大化。贸易利得可以分为生产者剩余和消费者剩余，因此，我们也可以说，自由市场使得生产者剩余和消费者剩余之和最大化。

图 4.4 展示了在均衡价格和均衡数量下，贸易利得——生产者剩余加上消费者剩余——是如何被最大化的。然而，贸易利得最大化所要求的不仅仅是在均衡产量和均衡价格进行生产。进一步说，商品必须以最低的成本被生产，而且它们必须被用于满足具有最高价值的需求。例如，在图 4.4 中，请注意，每一生产者都比其他未生产者具有更低的成本。同样，每一购买者比其他未购买者在该商品具有更高的支付愿意。

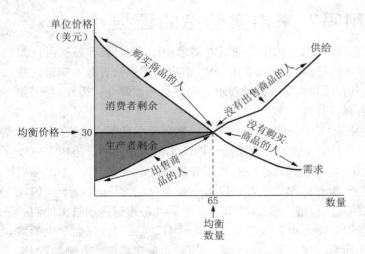

自由市场能使得贸易利得最大化是因为：(1)购买商品的人愿意比没有购买商品的人支付得更多；(2)出售商品的人愿意比那些不出售商品的人以更低的价格出售商品；(3)在不买商品的人和不出售商品的人之间不存在任何能使得双方都受益的贸易存在。

图 4.4　自由市场使得生产者剩余和消费者剩余之和（贸易利得）最大化

想象一下，如果上一段所说的条件不被满足，例如，假设乔愿意为该商品支付 50 美元。同时还有两个生产者：艾丽斯的生产成本是 40 美元，芭芭拉的生产成本是 20 美元。乔可能会同艾丽斯进行交易，这一项交易的贸易利得是 10 美元。例如，在 44 美元的价格下，乔能获得 6 美元的消费者剩余(50 美元－44 美元)，而艾丽斯能获得 4 美元的生产者剩余(44 美元－40 美元)。但是，这一交易并没有使得贸易利得最大化。因为如果乔和芭芭拉进行交易，贸易利得是 30 美元，它会更高。

因此，当我们说自由市场能够最大化贸易利得时，我们的意思是指以下三件紧密相关的事情：

(1) 市场上的商品由支付意愿最高的买者购买和消费；

(2) 市场上的商品由生产成本最低的卖者生产和销售；

(3) 在买者和卖者之间不存在任何没有被用完的贸易利得，同时也不存在浪费资源的交易。

看见"看不见的手"　以上三个条件一起，才意味着贸易利得最大化。

经济学最著名的启示之一就是，在合适的条件下，对自我利益的追求导致的不是混乱，而是一种有益的秩序。在仅仅由追求自我利益的个体所构成的市场中贸易利得能够被最大化，就是这一核心理念的一种应用。

自我测验

1. 如果汽车的价格上升，哪一部分市场需求将会首先因此而得不到满足。举出一个例子。

2. 在 20 世纪 90 年代后期，电信公司铺设的光纤电缆大大超过市场均衡数量(这已被稍后的事件所证明)。这种光纤过度投资所造成的损失是什么？有哪些市场激励可以避免这些损失？

3. 假设某件商品对凯伦价值 50 美元。商场 A 愿意以 45 美元销售该商品，商场 B 愿意以 35 美元销售该商品。在自由市场下，总消费者剩余是多少？现在假设商场 B 被禁止销售。消费者剩余会有什么变化？

4.3   模型有用吗？来自实验室的证据

如果我们已经画出了教科书中的供给曲线和需求曲线，我们很容易就可以知道均衡价格和均衡数量。但是，在一个现实市场中，需求者和供给者并不知道这些曲线实际上的位置，而且贸易利得最大化所要求的条件也相当复杂。因此，我们如何能知道这一模型是否真正有效呢？

1956 年，弗农·史密斯(Vernon Smith)发起了一次经济学的革命，他在实验室中通过实验检验了这一供给需求模型。史密斯早期的实验非常简单。他叫来一组学生，并把他们分成两组：卖者和买者。所有的买者都被发给一张卡片，上面标明持卡人的最大支付意愿。所有的卖者也都被发给一张卡片，上面标明持卡人的成本，即持卡人愿意出售的最低价格。然后，所有卖者和买者都按照指示喊出他们的买价和卖价(如"我愿意以 3 美元出售"或"我愿意支付 1.5 美元")。每名学生都可以通过他们意愿买卖的价格与实际买卖价格之间的差额来获得报酬。例如，如果你是一名买者，而你卡片上要求的价格是 3 美元，而你能够同一名卖者以 2 美元的价格达成交易，那么，你就会获得 1 美元的报酬。

所有的学生都只知道他自己的买卖意愿价格，但是弗农·史密斯知道实际的供给曲线和需求曲线。史密斯知道这两条曲线是因为他知道他所分发的两种卡片的确切数目。图 4.5 中显示了史密斯第一次实验中的一组数据，史密斯给卖者和买者都分别分发了 11 张卡片。最低成本的卖者其卡片的成本上是 75 美分，次低成本的卖者其卡片上的成本是 1 美元。因此，在任何低于 75 美分的价格下，市场供给曲线上的供给量都是 0，当价格位于 75 美分和 1 美元之间时，供给量是 1 个单位，价格在 1 美元和 1.25 美元之间时，供给量是 2 个单位，依此类推。看看这张图，你能看出在 2.65 美元的价格下需求量是多少吗？在 2.65 美元的价格下需求量是 3 个单位。（考考你自己，请根据买者实际的支付意愿，辨别出到底是哪三个买者愿意在 2.65 美元的价格下进行购买。）

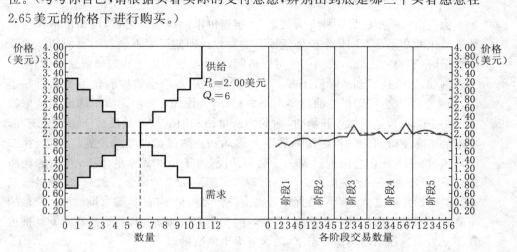

弗农·史密斯知道实际的需求曲线和供给曲线，如左图所示。实际市场交易的结果显示在右图中。价格、数量和贸易利得都迅速收敛到经济理论所预测的水平。

资料来源：Smith, Vernon. 1962. Experimental Study of Competitive Market Behavior. *Journal of Political Economy*. V.70(2)：111—137。

图 4.5　作为实验科学的经济学

　　从图中史密斯知道，由供给曲线和需求曲线所决定的均衡价格和均衡数量分别是 2 美元和 6 单位。但是，真实世界中发生的情况是怎么样呢？史密斯把他的实验分为 5 个阶段，每个阶段大概持续 5 分钟。右图显示了每一阶段中每一交易达成的价格。价格体系迅速地收敛到预期均衡价格和均衡数量。因此，在最后一阶段，平均价格是 2.03 美元，交易数量是 6 单位。

　　史密斯的实验迅速地收敛到了供求模型所预测的均衡价格和均衡数量。但是，请回想一下，模型也预测自由市场会最大化贸易利得。记住我们关于效率实现的条件，在这一实验中，它要求供给的商品必须卖给具有最高支付意愿的需求者，供给的商品也必须由具有最低成本的供给者卖出，交易的数量应该等于 6 单位，不多也不少。

　　那么，在史密斯检验市场模型的实验中，结果怎么样呢？在最后一阶段，6 个单位被买卖，买者是 6 名具有最高价值的学生，卖者是 6 名具有最低成本的学生——这正好是供给模型所预测的结果。实际上，在整个实验中，只有一次有一名成本超过均衡价格的卖者能够卖出卡片，也只有一名支付意愿小于均衡价格的买者能够购买——因此，总剩余非常接近整个实验中的最大化水平。

　　开始进行实验的时候，弗农·史密斯以为他们能证明供求模型是错误的。数十年以后他写道：

把经济作为试验科学的想法是弗农史密斯在 1956 年患失眠症是想到的。大约 50 年之后，史密斯获得了 2002 年诺贝尔经济学奖。

我至今还没有从对实验结果的震惊中恢复过来。实验结果与竞争价格理论一致得简直令人难以相信……但是,我当时认为,这结果不能相信,一定是存在某种巧合。因此,我必须换一个班级,用不同的供给需求计划来重做实验。①

数千次实验之后,供求模型仍保持着它不朽的价值。2002 年,由于他把建立实验作为检验经济科学的一种重要工具,弗农·史密斯被授以了诺贝尔经济学奖。

4.4   需求曲线和供给曲线的移动

检验供求模型的另一种方法就是,考察当供求曲线移动之后,均衡价格和均衡数量变化的结果是否同供求模型所预测的一致。即使模型不能告诉我们确切的预测结果(在实验室之外),我们仍然可以追问,模型是否有助于我们理解这个世界?

例如,假设技术创新降低了某一产品的生产成本。正如我们在第 2 章所知道的,成本的下降会使得供给曲线向右下方移动,如图 4.6 所示。成本降低的结果就是价格下降和数量增加。开始时,旧的均衡价格和旧的均衡数量位于点 a。现在,成本的下降使得旧的供给曲线向右下方移动到新的供给曲线的位置。注意,在旧的均衡价格下,现在会出现过剩——换句话说,由于生产成本的下降,在旧的均衡价格下,供给者现在愿意出售的产品比需求者愿意买进的要多。然而,超额供给只是暂时的。卖者之间的竞争会促使价格下降。当价格下降时,需求量增加。价格的下降和需求量的增加会一直持续,直到新的均衡价格和新的均衡数量在点 b 处被重新建立为止。在新的均衡状态下,需求量等于供给量。

如果成本下降,供给曲线向右下方移动,均衡价格和均衡数量从点 a 移动到点 b。因此,价格下降和数量增加。

图 4.6   供给的增加降低价格并增加数量

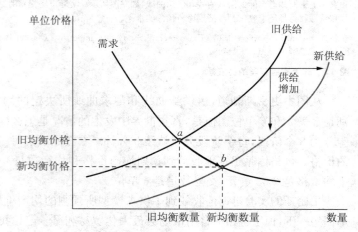

我们可以在现实经济中来看看这一过程的运行。例如,当技术创新降低了计算机芯片的价格时,芯片价格下降,芯片的数量——从计算机到手机再到玩具等,在每一个使用芯片的地方——增加。

供给的减少会怎么样呢?供给的减少会降低市场价格和增加市场数量,这正好同供给增加的效果相反。但是,不要仅仅只是听我们说说就算了。自己画图试试看。掌握供给和需求的关键不在于记住可能出现的各种情况。相反,应该集中精力掌握如何使用这些工具。如果你知道如何使用这些工具,对于任何类型的供求结构,以及供求曲线的任意移动,你都能通过简单的画图方法,推导出价格和数量的变化情况。

图 4.7 显示的是需求增加时的情况。开始时旧的均衡价格和旧的均衡数量位于点 a。现在，假设需求增加到新的需求曲线。因此，价格和数量都被向上移动到点 b 处新的均衡价格和新的均衡数量上。注意，这次我们省略了对转移过程的讨论。因此，这是对你所学知识的一个很好测试。当需求增加时，你能解释为什么价格和需求量会同时增加吗？提示：当需求增加到新的需求曲线上时，在旧的均衡价格上会出现什么情况？

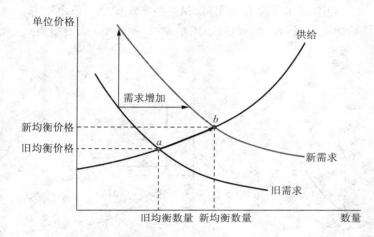

需求增加使得需求曲线向右上方移动，均衡点从点 a 移动到点 b，价格和数量同时增加。

图 4.7　需求的增加会提高价格并增加数量

当然，如果我们能够分析需求的增加，那么，需求的减少正好相反：需求的减少会降低价格和数量。再次强调，自己画图分析看看！

你还记得第 3 章总结的那些影响供给和需求移动的因素吗？我们现在可以把那时所学的所有知识都利用起来。运用需求、供给和均衡的思想，我们拥有强有力的工具来分析收入、人口、预期、技术、要素投入、税收和补贴、行业要素的其他用途以及其他因素的变化会如何改变均衡价格和均衡数量。实际上，利用需求、供给和均衡等工具，我们可以分析和理解在任何竞争市场中的任何变化。

自我测验

1. 艾奥瓦州的洪水毁坏了一些玉米和大豆的收成。这对以上两种农作物的价格和数量有什么影响？

2. 日本虎杖这种植物中发现含有白藜芦醇（它也是红葡萄酒的一种成分），最近又发现白藜芦醇能增加虫类和鱼类的预期寿命。你预期日本虎杖的生长数量和价格会如何变化？

3. 随着汽油价格的上涨，人们的需求已经从大型轿车和 SUV 转向普锐斯之类的油电混合动力车。画图说明汽油价格上涨之前和上涨之后对混合动力车的供给和需求状况。当汽油的价格上涨时，你预测混合动力车的价格会如何变化？

4.5　术语：需求和需求量、供给和供给量

有时，经济学家对于一些非常不同的事物使用了非常相似的语言。（我们非常抱歉，但不幸的是，要改变这些术语已经太晚了。）特别是，在"需求"和"需求量"之

间存在着巨大的区别。例如，需求量的增加是指沿着需求曲线的移动；需求的增加是指整条需求曲线的移动(向右上方)。

　　不用担心：你已经熟悉了这些区别，这里只需要向你指出并解释这些术语上的差异就够了。图 4.8 中的图 A 是图 4.6 的复制，它表明供给的增加降低了均衡价格和提高了均衡数量。但是，现在我们强调一些略微不同的事情——供给的增加促使价格下降，从而促使需求量从 70 单位增加到 90 单位。注意，需求量的增加是沿着需求曲线的移动。在图 A 中，需求并没有变化，仅仅是需求量变化。请再注意，需求量的变化总是由供给的变化造成。换句话说，供给曲线的移动造成了均衡点沿着需求曲线的移动。

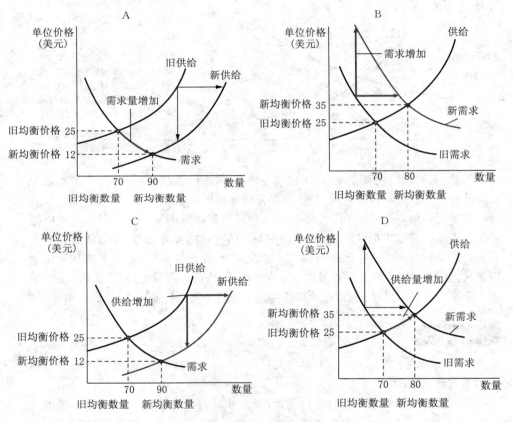

图 A：需求量增加是指沿着一条固定需求曲线的移动，它是由供给曲线移动造成的。
图 B：需求增加是指需求曲线向右上方移动。
图 C：供给增加是指供给曲线向右下方移动。
图 D：供给量增加是指沿着一条固定供给曲线的移动，它是由需求曲线移动造成的。

图 4.8　需求量增加与需求增加的比较及供给量增加与供给增加的比较

　　图 B 是图 4.7 的复制，它表示的是需求的增加。注意，需求的增加是指整条需求曲线向右上方的移动。实际上，我们也可以把需求的增加看作是建立一条新的需求曲线，更合适的表示为新需求。

　　同理，供给的增加是指整条供给曲线的移动，而供给量的增加是指沿着一条固定供给曲线的移动。如果你仔细观察图 A 和图 B，你就会发现，我们已经向你表明了供给的变化和供给量的变化! 为了使情况更清楚些,我们在图 C 和图 D 中再次重复对供给的分析:这两幅图同图 A 和图 B 完全相同,只不过我们在图 C 和图 D 中强调的是事情的另一个方面而已。

图 C 表示供给的增加,整条供给曲线向右下方的移动。图 D 表示供给量的增加,即供给量沿着固定供给曲线从 70 单位移动到 80 单位。

通过比较图 A 和图 C 我们可以发现,供给曲线的移动造成需求量的变化。而通过比较图 B 和图 C 我们可以发现,需求曲线的移动造成供给量的变化。

4.6 理解石油的价格

我们可以利用供求模型来理解,在过去的半个多世纪里,是哪些主要事件在决定着石油价格的变化。图 4.9 给出了以 2005 年美元计的 1960—2005 年间的石油真实价格。(真实价格剔除了通货膨胀对价格的影响。)

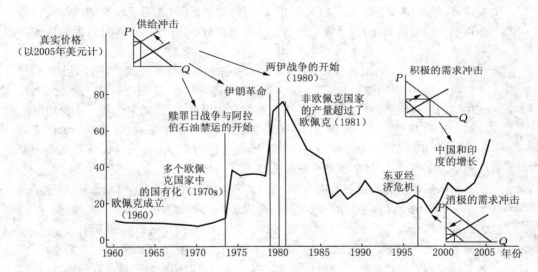

注:数据用 GDP 消涨指数(2005 年美元)进行了调整。
资料来源:BP Statistical Review of World Energy,June 2006。

图 4.9　石油价格:1960—2005 年

从 20 世纪早期直到 20 世纪 70 年代,石油的需求一直在稳步增长。但是,一些大型油田的相继发现和生产技术的不断提高,使得石油的供给甚至以一个更快的速度在增加,这导致价格还略微下降了一些。与人们通常的观点相反,在完全竞争的条件下,价格随时间有轻微的下降,这在矿物和其他自然资源性行业是非常普遍的。

虽然早在 18 世纪巴格达城里的街道就已经是由沥青铺设而成的,但中东地区现代石油产业的发现和发展是在很久很久以后,且主要是由美国、荷兰和英国的公司推动的。数十年以来,这些公司都在控制中东的石油,当地政府所得到的只是其中很小部分的收益。然而,由于不可能把这些油井带离所在国家,因此,这些公司的利益容易受到当地政府的税收和国有化政策的损害。

1951 年，伊朗政府对英国在伊朗的石油公司进行了国有化。*1956 年，埃及又把苏伊士运河——把石油运往西方的主要路线——收归国有。这直接导致了苏伊士危机——使得埃及陷入与英国、法国和以色列三国联盟的对立。在整个 20 世纪 60 年代和 70 年代早期，国有化仍然在继续深化，而政府对石油工业的控制也在日益加深。

1960 年成立了欧佩克（OPEC），即石油输出国组织。**最初，欧佩克仅限于同外国人进行谈判，以争取外国公司石油收入中的一个更大的份额。然而，到了 20 世纪 70 年代早期，欧佩克国家国有化的程度进一步加深，使得欧佩克国家可以采取联合行动来减少石油供给和提高价格。

理解现实世界

欧佩克成立后的一个导火索事件是赎罪日战争。1973 年埃及和叙利亚袭击了以色列，试图夺回 1967 年被以色列占领的西奈半岛和戈兰高地。为了惩罚西方国家对以色列的支持，很多阿拉伯石油出口国削减了石油的生产。在这之前的 10 年中，石油的供给每年大约增加 7.5%。但是在 1973 年和 1974 年之间，产量没有任何变化，价格却在一年内翻了 3 倍。由于供给的少量下降（相对于没有削减产量时石油供给的原有情况而言）导致了价格大幅度上升，这也体现了世界对石油的依赖有多严重。

1974 年之后，石油的价格在一个更高的水平上维持了稳定。不过，伊朗 1978 年的政治动荡，以及随后在 1979 年所爆发的革命，减少了伊朗的石油产量。虽然这次供给的缩减纯属偶然，不存在任何人为故意的因素，但其结果一样——价格急剧提高。1980 年伊拉克袭击伊朗时，两国的石油产量再次缩减，这促使石油价格上升到它在 20 世纪的最高水平——以 2005 年美元计为 75.31 美元。如果不是由于美国经济萧条减少了需求，价格可能会更高。

关于全世界能源价格、消费、产量、储备和其他方面的统计数据，可以在《BP 世界能源统计年鉴》（*BP Statistical Review of World Energy*）中找到。美国能源信息署（Energy Information Administration）主要统计了美国的数据。

更高的价格吸引了新的进入者。1972 年英国石油日产量为每天 2 000 桶。到了 1978 年，由于北海油田的开发，英国每天能生产 100 万桶石油。同一时期，挪威的石油产量也从每天 33 000 桶增加到 287 000 桶，墨西哥的石油产量增加了一倍，从每天 506 000 桶增加到每天 100 万桶以上。自欧佩克成立以来，到 1982 年，非欧佩克国家的石油产量第一次超过了欧佩克国家。伊朗的石油产量也开始恢复，1982 年的日产量增加到每天 100 万桶。在 20 世纪 80 年代和 90 年代期间，石油价格开始下降。

价格也会随着需求的变化而波动。石油价格在 2009 年出现了一次急剧下降，当时，美国和很多其他世界大国都陷入了严重的经济衰退。收入的下降减少了对石油的需求，也降低了石油的价格。但是，当美国经济慢慢复苏时，对石油的需求又开始增加，这促使价格也开始上涨。

---

*　1953 年，穆罕默德·摩萨台（Mohammad Mosaddeq）政府被美国中央情报局支持的政变推翻，伊朗国王穆罕默德·礼萨·巴列维（Mohammad Reza Pahlavi）重新掌握政权后，国有化被取消。这次政变的影响维持了近四分之一世纪之后，伊朗又爆发了革命，这时美国扶持的政府被伊朗的激进派彻底推翻。

**　欧佩克最初是由伊朗、伊拉克、科威特、沙特阿拉伯和委内瑞拉成立的。后来加入的国家有卡塔尔（1961 年）、印度尼西亚（1962 年）、利比亚（1962 年）、阿拉伯联合酋长国（1967 年）、阿尔及利亚（1969 年）、尼日利亚（1971 年）、厄瓜多尔（1973—1992 年）以及加蓬（1975—1994 年）。厄瓜多尔于 2007 年重新加入了欧佩克，安哥拉在 2007 年也加入了欧佩克，但印度尼西亚在 2008 年退出了欧佩克。

21 世纪初,中国和印度的经济急剧发展,这两个国家的人们在他们国家的历史上第一次能够购买并使用汽车。1949 年,中国的私人汽车数量几乎为零。至 2000 年,全中国也仅有 600 万辆汽车。而到了 2010 年,中国人购买的汽车数量超过了美国,仅在那一年就购买了 1 800 万辆。在这 10 年期间,高速公路的长度翻了两番。② 对石油需求的增加已经促使石油的价格达到了自 20 世纪 70 年代以来的新高。* 此外,同伊朗革命和两伊战争这些临时性事件不同,中国以及其他新兴发展中国家对石油的需求不会很快消退。在美国,几乎每两个人拥有一部汽车。中国有 13 亿人口,因此,汽车的数量从而对石油的需求都存在巨大的增长空间。根据你的预测,未来石油的价格走势会如何?

自我测验

1. 在图 4.9 中,你会看到石油价格在 1991 年有一个跳跃。这一年什么因素导致了价格上涨? 它是属于供给冲击还是需求冲击?

2. 在图 4.9 中,你认为哪一个时期的图形是属于供给方面一个温和的正向冲击(供给的增加)? 解释这一正向供给冲击的原因以及这些冲击对石油价格的影响。

○ 本章小结

既然你已经读完了本章,你应该把它再阅读一遍。的确如此。理解供给和需求是理解经济的关键。在这一章,我们讲解了供求模型中一些最重要的因素,即供给和需求如何共同决定均衡价格和均衡数量。在所有这些概念中,你应该掌握以下一些知识:

1. 市场竞争促成市场均衡,在均衡状态下供给量等于需求量。

2. 只有一对价格—产量的组合是市场均衡,你应该能够在图形中识别出这一均衡。

3. 你要能理解并解释促使市场达成均衡的激励机制。实际价格高于均衡价格会怎么样? 实际价格低于均衡价格又会怎么样? 为什么?

4. 在均衡价格和均衡数量下,贸易利得最大,不存在任何其他的价格—产量组合能够最大化贸易利得。

5. 你应该从第 3 章中已经知道了造成供给曲线和需求曲线移动的主要因素,从这一章中,你要能预测并解释这些移动因素对均衡价格和均衡数量所产生的影响。

6. "需求(需求曲线)变化"不同于"需求量的变化";"供给(供给曲线)变化"不同于"供给量的变化"。

最重要的是,你要能利用供给和需求来理解这个世界。

---

* 技术的提高不断降低石油的开发和生产成本(供给曲线向右下方移动),因此,最近几年的情况不仅仅是需求的增加,而是需求的增加超过了供给的增加。

○ 本章复习

关键概念

过剩
短缺
均衡价格
均衡数量

事实和工具

1. 如果实际价格高于均衡价格，会造成过剩还是短缺？

2. 如果实际价格高于均衡价格，贪欲(或者说是利己主义)会导致价格下降还是价格上升？

3. 乔恩正在 eBay 上竞购弗兰克·米勒(Frank Miller)最有影响的漫画《蝙蝠侠：黑暗骑士归来》(*Batman：The Dark Knight Returns*)的初版书。在这一市场中，乔恩是在和谁竞争：该漫画的卖家还是其他竞购人？

4. 现在，乔恩来到了日本，他打算找一份全职译者的工作；他想做的是电视节目的英日互译工作。乔恩发现，翻译人员的工资非常低。哪些人的竞争造成了翻译人员的工资很低：是来自雇用这些翻译人员的企业的竞争，还是来自其他翻译人员的竞争？

5. 朱尔斯想从文森特那里买一份皇家芝士汉堡。文森特愿意以 3 美元的价格提供这份美味汉堡，朱尔斯愿意为这份美味汉堡支付的价格是 8 美元(毕竟，他的女朋友是一个素食主义者，因此，他平时吃美味汉堡的机会不太多)。

   a. 如果朱尔斯和文森特同意进行这笔交易，潜在的贸易利得是多少？换句话说，如果交易达成，消费者剩余和生产者剩余之和是多少？

   b. 如果交易以 4 美元的价格达成，文森特获得的生产者剩余是多少？朱尔斯获得的消费者剩余是多少？

   c. 如果交易以 7 美元的价格达成，文森特获得的生产者剩余是多少？朱尔斯获得的消费者剩余是多少？

6. 以下哪些是在弗农·史密斯实验室里发生的？选择正确的答案：

   a. 价格和数量非常接近均衡水平，但贸易利得离最大化水平相差很远；

   b. 价格和数量离均衡水平相差很远，贸易利得也离最大化水平相差很远；

   c. 价格和数量离均衡水平相差很远，但贸易利得非常接近最大化水平；

   d. 价格和数量非常接近均衡水平，贸易利得也非常接近最大化水平。

7. 如果供给减少，均衡状态下的需求量会出现什么变化？(你会注意到，只要需求曲线和供给曲线中的任何一条发生变化，供给者和需求者的行为都会改变。)

8. a. 如果需求增加，均衡价格和均衡数量会出现什么变化？

   b. 如果供给增加，均衡价格和均衡数量会出现什么变化？

   c. 如果供给减少，均衡价格和均衡数量会出现什么变化？

   d. 如果需求减少，均衡价格和均衡数量会出现什么变化？

9. a. 如果需求增加，均衡价格和均衡数量会出现什么变化？

   b. 如果供给增加，均衡价格和均衡数量会出现什么变化？

   c. 如果供给减少，均衡价格和均衡数量会出现什么变化？

   d. 如果需求减少，均衡价格和均衡数量会出现什么变化？

   不，没有搞错。是的，这些问题的确那么重要！

10. 当 20 世纪 70 年代的战争和石油禁运不断毁坏中东地区时，你认为当时石油价格的上升最可能是由什么因素造成的？是因为需求的上升，还有需求的下降，或者是供给的上升，还是供给的下降？

11. 当中国和印度都变得更富裕了之后，考察过去 10 年来石油价格上涨的最佳思路是什么：它是由于需求的上升，还是需求的下降，或者是供给的上升，还是供给的下降？

思考和习题

1. 假设电池的市场状况如下图所示：

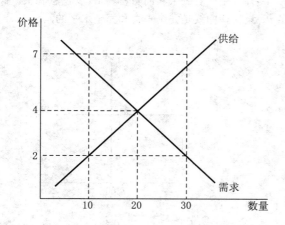

请问，均衡价格和均衡产量各是多少？

2. 假设面包的需求和供给如下表所示。画出市场对面包的供给曲线和需求曲线。均衡价格和均衡产量各是多少？

面包的价格（美元/块）	供给量（块）	需求量（块）
0.5	10	75
1	20	55
2	35	35
3	50	25
5	60	10

3. 如果华盛顿特区一室户公寓的房租现在是每月1 000美元，但是其供给和需求曲线如下图所示。那么，现在一室户公寓是短缺还是过剩？我们预期接下来价格会如何变化？为什么？

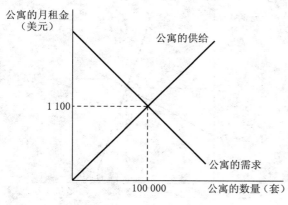

4. 在不画图的情况下，决定均衡数量和价格：

X 商品的价格（美元）	供给量	需求量
22	100	225
25	115	200
30	130	175
32	150	150
40	170	110

5. 在下图中，当价格为 20 美元时，卖者愿意销售多少磅食糖？这一价格下的需求量是多少？如果数量为 20 磅时，买者愿意支付的价格是多少？每磅20 美元的价格和 20 磅的数量是否是一个均衡状态？如果不是，请在下图中标识出没有被利用的贸易利得。

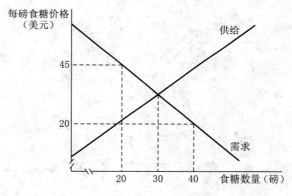

6. 大理石的市场情况如下图所示。总生产者剩余是多少？总消费者剩余是多少？总的贸易利得是多少？

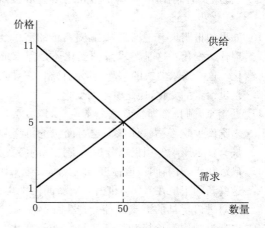

7. 假设你想同你的朋友们一起，仿照弗农·史密斯来进行试验。你给出了 10 张卡片。5 张卡片给

买者,卡片上的支付意愿分别是 1 美元、2 美元、3 美元、4 美元和 5 美元。5 张卡片给卖者,卡片上的支付成本分别是 1 美元、2 美元、3 美元、4 美元和 5 美元。实验规则同弗农·史密斯完全一样。

a. 画出这个市场的供给曲线和需求曲线。在 3.5 美元的价格下,需求量是多少单位? 供给量呢?

b. 假设市场按照预期的那样运行,市场向均衡状态移动,对商品估价为 1 美元的买者能够买得到吗? 为什么?

8. 如果人造黄油的价格下降,黄油的需求会出现什么变化? 黄油的均衡价格和均衡数量会如何变化? 如果黄油和人造黄油不是替代品,结果又会怎么样? 用供给和需求图形来支持你的答案。

9. 食糖市场的情况如下图所示:

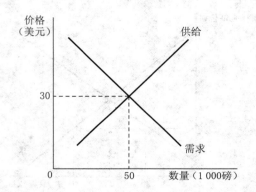

a. 如果收割甘蔗的工人的工资上涨,食糖的均衡价格和均衡数量会如何变化?

b. 如果一项新发表的研究表明,消费食糖对人的健康具有副作用,均衡价格和均衡数量会如何变化?

10. 如果预报明天有一场暴风雪,对雪铲的需求会出现什么变化? 这是需求量的变化还是需求的变化? 这一需求曲线的移动会影响价格,它导致的是供给量的变化,还是供给的变化?

11. 近年来,阿特金斯饮食法非常流行,该方法强调多吃肉少吃谷物。你认为这对面包的价格和数量有什么影响? 用供求分析来支持你的答案。

12. 最近几年,有新闻报道称进口玩具不安全。如果这些新闻报道在 CNN 和福克斯新闻网上出现,这对进口玩具的需求可能会产生什么影响? 进口玩具的均衡价格和均衡产量会如何变化? 当这类新闻报道出现的时候,外国玩具制造商是会受损还是会受益?

13. 下面一个问题可以快速检测你是否真正理解生产者剩余和消费者剩余的概念,而不是仅仅依靠需求和供给的几何表示法。对于右边的两张图,计算生产者剩余和消费者剩余,以及总剩余。假设这些曲线是完全垂直和完全水平的。

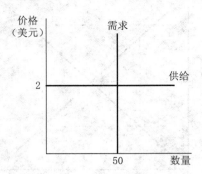

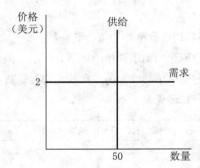

14. 这张图显示了农产品市场的情况。由于农业领域科学和技术进步的原因,包括培育出了适应性更强、产量更高的种子,旧的供给曲线移动到新的供给曲线。计算这种技术进步所带来的消费者剩余和生产者剩余的变化。这种技术进步是使得买者境况更好还是更差了? 卖者呢? (注意,根据图中的信息,你无法直接计算消费者剩余。但是,你计算消费者剩余的变化时不需要额外信息。)

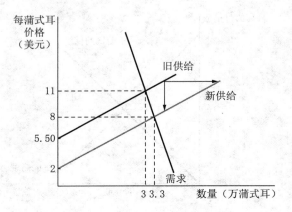

15. 如果你已经掌握了需求的移动和供给的移动，那么来解决另一个难题吧：需求和供给的同时移动。大多数时候，当我们分析需求和供给同时移动时，我们可以决定它对均衡价格或对均衡数量的影响，但无法同时分析它对两者的影响。把下表中的空格填满，并看看是为什么？由于每条曲线都有两个移动方向，所以共有四种情况需要考虑。作为一个例子，第一列已经填好了。

	情形 1	情形 2	情形 3	情形 4
需求的变化	增加	增加	减少	减少
需求的变化如何影响价格	↑			
需求的变化如何影响数量	↑			
供给的变化	增加	减少	增加	减少
供给的变化如何影响价格	↑			
供给的变化如何影响数量	↓			
需求和供给变化对价格的总影响效应	?			
需求和供给变化对数量的总影响效应	↑			

16. 在上一个问题中，你已经看到，需求和供给同时移动时对价格或数量的影响具有不确定性。需求和供给同时增加会提高均衡数量，但对均衡价格的影响是不确定的。但是，如果需求显著增加而供给只增加一点点，我们可以确定价格将可能会上涨，虽然上涨得可能不如供给不变时那么多。

在以下每个例子中，都有一件主要事件和一件次要事件。判断每种变化是否同供给或需求相关，并说出它们对价格和数量的影响。请务必要说清楚它们对价格和数量变化的影响幅度。

a. 市场：石矿盐

主要事件：一场又冷又有大雪的冬天大大减少了可用石矿盐的数量。

次要事件：又来了一场大暴雪，公路和人行道都需要撒盐融雪。

b. 市场：智能手机

主要事件：快速、可靠和低费用（或免费）的WiFi，以及手机信号的急速提高增加了智能手机的使用性能。

次要事件：智能手机生产方面的技术进步不太大。

c. 市场：罐装西红柿

主要事件：一家大型罐装西红柿生产厂商开始使用墨西哥进口的便宜西红柿代替国内的西红柿。

次要事件：这导致它的公共关系很糟糕，并由此产生了一场有组织的抵制罐装西红柿的活动。

挑战

1. 多年以来，美国法律都禁止把人造黄油做成黄色（人造黄油的自然颜色是白色）。在某些州，甚至要求人造黄油的制造商把人造黄油做成粉色！你认为谁会支持这种法律？ 提示：这一问题同你对前面"思考和习题"部分第 8 题的分析有关。

2. 考虑两种产品："安全汽车"（一种重型汽车，如宝马 530xi，配有红外线夜视、四轮反锁死刹车系统和电子稳定控制系统）和"危险汽车"[一种轻型汽车如____（为避免法律纠纷名称被省略，但是你可以按照你的意愿填写）]。

a. 这两种产品是替代品还是互补品？

b. 如果新的研究使得生产安全汽车更容易，安全汽车的供给会出现什么变化？ 安全汽车的均衡价格会如何变化？

c. 如果安全汽车的价格发生变化，这会如何影响危险汽车的需求？

d. 我们将以上所有这些因果联系总结为一句话："在一个自由市场，当工程师和科学家发现了一种新的方法来生产安全汽车，危险汽车的销售将会____。"

3. 很多服装店在每个季末都有一些清仓销售活动。利用你在本章所学的工具，你能解释这是为什么吗？

4. a. 如果石油经营主管在报纸上看到，在太平洋底发现了大量新的石油供给，不过 10 年之后它才能被开采使用。今天石油的供给会出现什么变化？ 它对今天石油的均衡价格和均衡数量有什么影响？

b. 如果石油经营主管在报纸上看到，人们发现了一种新的太阳能技术，但 10 年之后它才能投入使用。今天石油的供给会出现什么变化？ 它对今天石油的均衡价格和均衡数量有什么影响？

　　c. 以上事件的短期影响是什么？请填空：如果我们今天获悉未来有望出现新能源，今天的能源价格会____，今天的能源数量会____。

5. 经济学家经常说价格是"配给机制"。如果一种物品的供给下降，在竞争市场中，价格会如何"配给"这些现在相对紧缺的物品？

6. 当某工厂周围的犯罪率下降时，这家工厂的工资可能会出现什么变化？

7. 我们对上一题的思考可以帮助我们理解为什么有些企业会试图取悦它们的雇员。如果一家企业能够使工作更加愉快(通过举行不太花钱的比萨派对)，或者至少更加安全(通过责成当地政府在工厂周围安排警察巡逻)，那么，其劳动的供给会出现什么变化？如果一家工厂、一个办事处或者一个实验室成为大家都想去工作的好地方，其均衡工资会出现什么变化？如何运用这些来解释普通的广

播或电视播音员的小时工资只有 13 美元，几乎比娱乐和广播行业的任何其他工作的工资都要低？

　　(资料来源：Bureau of Labor Statistics, *National Occupational Employment and Wage Estimates*，在线资料。)

解决问题

考虑以下牛奶的供给和需求表格。画出这一市场的供给和需求曲线。均衡价格和均衡数量各是多少？

1 加仑的价格	供给量	需求量
1 美元	20	150
2 美元	40	110
4 美元	70	70
6 美元	100	50
10 美元	120	20

5 最高限价和最低限价

19⁷¹年 8 月,一个平静的星期天,理查德·尼克松总统采取了一项震惊全国的措施,他下令在全美冻结所有的物价和工资。提高工资现在属于违法行为——哪怕买卖双方是自愿的!尼克松的禁令是有史以来在和平时期对美国经济所进行的最重大的干预之一,它适用于所有的物品。虽然这项禁令被认为仅实施了 90 天,但是,在这之后的 10 年中,它都具有持续的影响。

在第 7 章,我们解释了为什么说价格是一种诱发激励的信号。也就是说,我们解释了价格如何释放出信息,并创造激励来刺激节俭和寻找替代品。我们也解释了不同地理位置的市场、不同产品的市场,以及不同时段的市场如何相互联系。在这一章,我们将说明价格管制——用法律规定高于某一最高价格(最高限价)或者低于某一最低价格(最低限价)的价格水平属于违法行为——如何干预以上这些过程。我们从解释价格管制如何影响单一市场开始,然后再转向价格管制如何会以一种降低生产率的方式,割断某些市场之间的联系,同时又会增加另一些市场之间的联系。

5.1 最高限价

尼克松的价格管制在短时间内并没有太大的影响,因为价格是被冻结在市场均衡价格水平上。但是,经济总是处在持续的波动之中,因而市场价格也会随之变化。在被冻结的价格原本会由于通货膨胀而上涨的情况下,冻结价格所带来的一般情况同图 5.1 中的结果相似,即被管制的价格会低于没有价格禁令时的价格,或者说低于均衡价格。

当法律规定的最高价格低于市场价格时,我们就说这是**最高限价**(price ceiling)。经济学家称它为最高限价是因为,法律规定了价格不能超过这一限制水平。最高限价会导致 5 个严重后果:

最高限价是指法定的最高价格。

1. 短缺;
2. 质量下降;
3. 浪费时间的排队和其他搜寻成本;
4. 贸易利得的损失;
5. 资源的扭曲配置。

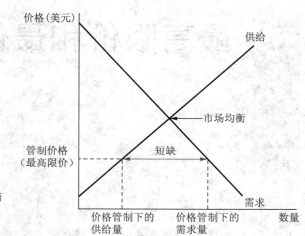

在管制价格下,需求量超过供给量,因而造成了短缺。

图 5.1　最高限价导致短缺

5.1.1　短缺

当价格被控制在市场均衡价格之下时,需求量会超过供给量。经济学家称这一现象为短缺。图 5.1 表明,短缺由管制价格下的需求量和供给量之间的差额来度量。另外请注意,管制价格相对于市场均衡价格越低,短缺就会越大。

在某些经济部门,1971 年实行价格管制不久后就马上出现了短缺现象。例如,建筑行业不断增加的需求意味着价格管制对该部门的打击非常严重。例如,一般来说,钢筋需求的增加会提高钢筋的价格,从而鼓励生产更多的钢筋。但是,由于最高限价的存在,需求者既不能把他们需求的信息传递给供给者,也无法给供给者提供增加产量的激励。因此,钢筋、木材、(新房间)抽水马桶和其他一些建筑材料出现短缺成为普遍现象。到 1973 年,出现短缺的产品有木材、铜、铝、乙烯基、粗布牛仔裤、纸张、塑料瓶,以及其他更多东西。

5.1.2　质量下降

在管制价格下,需求者发现商品普遍存在短缺——对于这些短缺的商品,需求者都无法买到他们所需要的产品数量。或者说,在管制价格下,卖者发现存在超额需求,或者换句话说,卖者拥有的顾客数量多于它拥有的商品数量。一般来说,这种情况是一个提高价格获取利润的好机会。但是,由于价格被管制,卖者无法合法地提高价格。卖者还有其他的办法来增加利润吗?有的。通过降低质量而不是提高价格来规避法律,这要容易得多。因此,当价格被控制在市场均衡水平之下时,质量就会下降。

所以,即使表面上短缺并不明显,也会存在质量下降。书籍用低质量的纸张印刷,2 英寸×4 英寸的木材缩减成了 $1\frac{5}{8}$ 英寸×$3\frac{5}{8}$ 英寸,新汽车喷涂的油漆层更薄了。为了解决纸张短缺的问题,一些报纸甚至改用了更小的版面。[1]

质量下降的另一种方式就是服务质量的下降。一般来说,卖者有激励取悦于顾客。但是,当价格被控制在市场均衡水平以下时,卖者拥有的顾客量超过了他的需要或需求。没有利润潜力的顾客只是一种负担。因此,在价格不能上涨的时候,我们可以预期质量会下降。例如，在1973年价格管制期间，全套服务的加油站消失了，它们也不再24小时营业了，老板想什么时候去吃午饭就什么时候去，加油站随时关门歇业。

5.1.3　浪费时间的排队和其他搜寻成本

在20世纪70年代，短缺最严重的产品是石油。正如我们在第4章所说的那样，1973年欧佩克组织的禁运和1979年伊朗革命导致的供给下降，造成了全世界石油价格的上涨。然而，在美国，对国产石油的价格管制仍然没有撤销。因此，美国面临着严重的石油短缺，短缺最典型的标志就是排队现象。

图5.2集中展示了低于市场均衡价格的价格管制所带来的第三个后果：浪费时间的排队。

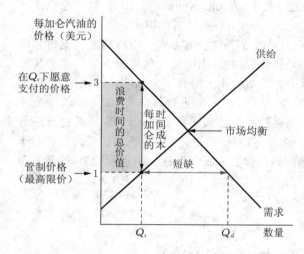

在管制价格下，汽油供给量是 Q_s，买者愿意支付的价格是每加仑3美元。但最高限价下卖者只能卖1美元。买者愿意支付的价格和卖者能出售的价格之间的差额激励着买者去排队购买汽油。在汽油的总价格，即从口袋里实际拿出的钱加上排队的时间成本，增加到每加仑3美元之前，买者都愿意排队。花在排队等候上的时间是一种时间浪费。浪费时间的总价值由每加仑的时间成本乘以销售汽油的加仑数决定。

图5.2　最高限价造成浪费时间的排队

当管制价格在1美元时，卖者供给 Q_s 单位商品。需求者对 Q_s 单位产品愿意支付的价格是多少呢？回忆一下，需求曲线代表着支付意愿。因此，沿着 Q_s 点处的垂直线向上就可以发现，需求者在 Q_s 单位下愿意为每单位支付3美元。然而，在价格管制下，需求者向卖者支付3美元的价格是违法的。不过，总是有其他办法来为汽油进行支付的。

了解到有短缺现象存在，一些买者可能会贿赂加油站的业主（或店员）来给他们加满油箱。假设油箱平均可以装20加仑。买者可能愿意支付60美元来加满油箱，合法的20美元油价再加上桌子底下40美元的贿赂。因此，如果贿赂是一种普遍现象，汽油的价格——合法的价格再加上贿赂价格——将会上升到每加仑3美元（60美元/20加仑）。

腐败和贿赂可能是一种普遍现象，特别是在价格管制长时间持续的情况下，不过在20世纪70年代的汽油短缺期间，这还不是一个很大的问题。然而，汽油的总价格还是上涨到大大超出管制价格水平之上。这时，贿赂竞争已经不起作用了，买者们只有通过自愿排长队等待来进行竞争。记住，在管制价格下，汽油的需求量超过供给量很多。因此，一些买者可能会失望——他们将买不到他们想要的汽油量，有些买者甚至根本买不到任何汽油。为了避免买不到汽油，买者之间会竞争。我们不妨假设所有的加油站业主都拒绝受贿，不过很遗憾，诚实无法消除短缺。"先到先得"的制度是诚实的，不过，先到加油站的人可以买到汽油，而后来的人却什么也买不到。在这种情况下，排队会排多长呢？

假设买者估计他们的时间价值是每小时 10 美元，同前面一样，油箱的平均容量为 20 加仑。在石油短缺期间，由于对汽油的需要很迫切，某一买者可能会很早就去加油站，甚至是在加油站开业之前就去，在买到油之前必须花上 1 个小时的时间排队等候。该买者对汽油支付的总价格是 30 美元，为 20 加仑汽油支付了每加仑 1 美元现款，再加上 10 美元的时间成本。由于汽油的总价值是 60 美元，这仍然是一笔合算的交易。但是，如果这件事对该买者是一笔好的交易，那么，可能对其他买者也都会是一笔好的交易。所以，下一次当他想要加满油箱时，他可能会发现，已经有其他人排在他前面了，而他必须等更长的时间。要等多长时间呢？从逻辑上看，我们可以认为，排队的时间会一直延长，直到加 20 加仑汽油的总成本正好等于 60 美元，支付给加油站的 20 美元现金加上 40 美元的时间成本。因此，每加仑汽油的价格上升到 3 美元(60 美元/20 加仑)——正好同行贿时的情况一样。

价格管制并不能消除竞争，它只是改变了竞争的方式。用行贿进行支付和用时间进行支付，它们之间有什么不同吗？是的。用时间支付更浪费。当某一买者对加油站业主行贿 40 美元时，至少加油站的业主得到了这笔贿赂的钱。但是，当该买者花上 4 个小时或者说价值 40 美元的时间来进行排队时，加油站的业主并没有使得他的生命增加 4 小时。贿赂是从买者到卖者之间的转移，而花在排队等候上的时间却是一种净损失。图 5.2 显示，当供给量为 Q_s 时，汽油的总价格将趋于上升到 3 美元，其中 1 美元的货币价格再加上每加仑 2 美元的时间价格。排队所造成的浪费总量由阴影部分的面积给出，每加仑的时间价格(2 美元)乘以卖出的加仑数量(Q_s)。*

5.1.4 贸易利得的损失(无谓损失)

价格管制也会减少贸易利得。在图 5.3 中，在 Q_s 的供给量下，需求者愿意为额外 1 加仑的汽油支付多少呢？在 Q_s 下对 1 加仑汽油的支付意愿是 3 美元，因此，需求者愿意对额外 1 加仑汽油支付得稍微少一点点，比如说 2.95 美元。供给者对再额外销售 1 加仑汽油所要求的价格是多少呢？供给者的成本可以从供给曲线上读出，因此，从供给曲线在供给量 Q_s 下的价格可知，在 Q_s 下供给者愿意出售的价格是 1 美元。只要稍微高一点点的价格，比如说 1.05 美元，供给者就愿意再多供给 1 单位。

---

* 我们需要对此稍微解释一下。如果每一买者都有每小时价值 10 美元的时间，那么被浪费的时间总价值将是图中阴影部分所示的面积。如果有些买者具有低于每小时价值 10 美元的时间，比如说每小时 5 美元，他们排 4 个小时的队，支付了 20 美元的现金成本，但是只支付了 20 美元的时间成本。如果这些买者对汽油的估价同边际买者一样高，即 20 加仑值 60 美元，那么，这些买者会赚得 20 美元的经济学家所谓的"租金"。由此，不是所有的长方形面积都被浪费了。无论是所有的长方形面积都被浪费，还是只有一部分长方形面积被浪费，重要的是要看到：(1)最高限价产生了短缺和排队；(2)排队意味着被管制的商品的总价格比管制价格更高(有时也许甚至比无价格管制时的价格还要高)；(3)排队等候所花的时间是一种浪费。

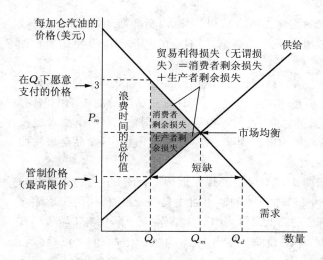

在管制价格下，供给为 Q_s 单位，这时买者愿意为额外 1 加仑汽油支付的价格只比 3 美元少一点点，卖者只需要 1 美元多一点点就愿意多销售这 1 加仑汽油。虽然双方都有利，但是这些贸易是非法的。如果所有互利的贸易都是合法的，贸易利得将会增加浅色和深色三角形的面积。

图 5.3 最高限价减少了贸易利得

需求者愿意为额外 1 加仑汽油支付 2.95 美元，供给者愿意以 1.05 美元再多销售 1 加仑汽油。因此，他们之间存在着 1.90 美元的潜在贸易利得。但是，供给者以任何超出 1 美元的价格出售石油都是违法的。买卖双方都想交易，由于有蹲监狱的危险，他们都不敢这样做。如果最高限价被取消，允许被交易，交易的数量会从 Q_s 扩大到 Q_m。并且，买者由于增加了浅色三角形面积的消费者剩余，其状况得到改善；同时，卖者也由于增加了深色三角形面积的生产者剩余，其状况也得到改善。所以，由于最高限价的存在，供给量为 Q_s，同时，消费者剩余损失加上生产者剩余损失一起构成了贸易利得损失〔经济学家也称它为**无谓损失**（deadweight loss）〕。

回忆一下，在第 4 章中我们曾说过，在自由市场下，销售的商品数量能使得消费者剩余加生产者剩余之和达到最大。现在我们可以看到，在具有最高限价的市场中，消费者剩余和生产者剩余之和没有达到最大，因为价格管制阻止了对交易双方都有利的贸易利得被充分利用。

除了这些损失外，价格管制还造成了稀缺资源的扭曲配置。我们来仔细看看这是如何造成的。

无谓损失是指在贸易利得没有被完全利用时，所损失的消费者剩余和生产者剩余之和。最高限价造成了无谓损失。

5.1.5 资源的扭曲配置

价格是如何成为一种诱发激励的信号。而价格管制则扭曲了信号且削弱了激励。设想一下，如果美国西海岸阳光明媚，但东海岸正值阴冷的冬天，这肯定会增加东部供热对石油的需求。在一个没有价格管制的市场中，东部石油需求的增加会推动东部石油价格上涨。追求利润的企业家们会到西部去买石油，因为那里不太需要石油，石油的价格很低。然后他们会把这些石油运往东部，那里的人们正在忍受寒冷，石油的价格也很高。按照这种方式，东部石油的价格上涨会得到减缓，同时，供给的石油也流到了那些最需要它们的地方。

现在考虑一下，如果以高于最高限价买卖石油是非法的，情况会怎么样呢？无论东部变得多么寒冷，用石油供热的需求者被禁止用石油价格来进行竞争，因此，现在没有信号也没有激励来促使石油被运送到最需要它的地方。价格管制意味着石油被扭曲配置。加利福尼亚的游泳池可以获得供热,而新泽西州的公寓里却是一片冰冷。实际上,这正是在美国所发生的事情,特别是在1972—1973年那个刺骨的寒冬。

再回忆一下,在第4章我们还讲过,在自由市场中,供给的商品最后会卖给具有最高支付意愿的需求者。我们现在可以看到,在一个具有最高限价的市场中,具有最高支付意愿的需求者既没有任何办法发出任何有关其需求的信号,供给者也没有激励把他们的产品提供给这些需求者。因此,在一个管制市场中,物品会被扭曲配置。

价格管制所造成的资源扭曲配置不仅仅表现在地理上,而且也表现在石油的不同种类的用途上。回忆一下,第3章石油的需求曲线表明,石油使用的先后顺序是按照各种不同用途所具有价值的高低来排列的。如果你忘记了,图5.4显示了其中的关键要点:高价值的用途位于最顶端。然而,没有市场价格,我们无法确保石油会流向具有最高价值的用途。正如我们刚才所看到的,在价格管制下,极有可能的情况是,加利福尼亚的泳池有大量的石油供热(对,还有橡皮玩具鸭!),而新泽西冰冻寒冷的公寓中却没有足够的石油来供热。同样,1974年的《商业周刊》报道:"一个州的驾驶员要在加油站排三个小时的队,而其他一些州的消费者可以来去自如地进出加油站。"[2]

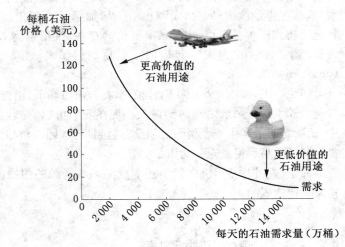

如果石油价格很高,石油就只能被用于具有高价值的用途上。如果石油价格下降,石油也可被用于低价值的用途。

图5.4   石油的需求依赖于石油在不同用途上的价值

图5.5更一般性地说明了该问题。正如我们所知,在价格管制下,需求量(Q_d)超过供给量(Q_s),市场存在短缺。从理想状态来看,我们希望把供给的石油数量(Q_s)配置到具有最高价值的用途上,这些用途由图中需求曲线上最上端的粗线表示。但是,由于法律规定,支付给供给者的价格不能超过管制价格水平,具有最高价值用途的潜在石油消费者提供给供给者有关石油用途高价值的信号就被法律阻止了。因此,石油供给者没有激励把石油提供给那些具有最高价值的用途。相反,石油供给者会把石油提供给任何愿意按照管制价格进行支付的用户——但是,这些石油用户大部分都具有很低的石油使用价值。就像加油站中的排队,先来先服务。实际上,唯一不能得到满足的就是那些具有最低价值的用途。(为什么?这些具有最低价值用途的用户甚至不愿意按照管制价格水平进行支付。)

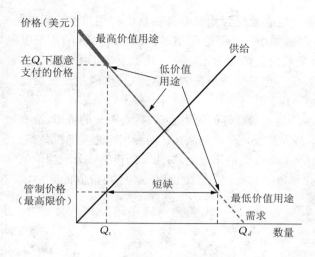

当商品流向具有最高价值的用途时,贸易利得被最大化。价格管制阻碍具有最高价值用途的用户利用价格把低价值用途的用户挤出市场,因此,一部分石油会流向低价值用途的用户,尽管这部分石油如果用于其他地方可能会更有价值。

图5.5 当价格受管制时,资源不能流向具有最高价值的用途

当中东的战争危机减少了石油供给,价格体系会自然地做出反应,它会把低价值用途上的石油重新配置到高价值的用途上。与此形成对照的是,如果石油供给减少,同时又存在最高限价,石油就会由一些随机的因素,而且经常是一些不重要的因素,来进行分配。例如,由于尼克松总统碰巧在当年的8月颁布了价格冻结令,而当时几乎是供热石油价格最低的季节,所以,1971年石油的短缺就会因此而被极度恶化。[③] 由于供热石油被控制在一个很低的价格水平上,而汽油的价格被控制在稍微高一些的价格水平上,把原油转化成汽油比用它来供热可以获取更高的利润。到了冬天,供热石油的价格本来会上涨,因而炼油厂本来也会把一部分用于生产汽油的石油用于生产供热石油。但是,价格管制却阻碍了这种本来很自然就会产生的激励。

看见"看不见的手"

进一步阅读材料:随机分配的损失 如果没有扭曲配置,那么,在价格管制下,消费者剩余是由需求曲线、价格水平、供给量和纵坐标这四条曲线所围成的面积,即图5.6中的阴影区域。(当然,正如我们以上所讨论,这些剩余还可能会被行贿、排队时间等因素耗尽。)

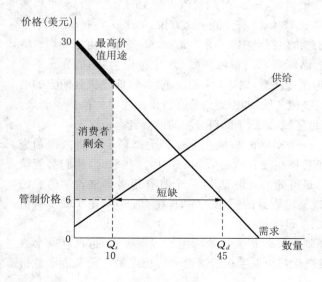

如果所有数量的产品都被配置到具有最高价值的用途上,那么,消费者剩余就是需求曲线和价格水平之间直到供给量为止的区域的面积。

图5.6 在自由市场中,产品会流向具有最高价值的用途

　　然而,在价格管制下,产品不一定会被配置到具有最高价值的用途上。所以,消费者剩余将远比阴影区域的面积要小——但是要小多少呢?最糟糕的情况就是,所有的产品都被配置到具有最低价值的用途上。不过这似乎也不太可能。一个更现实的假设就是,在价格管制下,产品被随机配置。因此,高价值用途被满足的可能性和低价值用途的可能性一样。

　　在图 5.7 中,我们给出了两种用途。最高价值的用途具有 30 美元的价值,最低价值的用途具有 6 美元的价值。现在假设 1 单位物品在这两种用途之间随机分配。因此,它有 1/2 的概率被分配到价值 30 美元的用途上,有 1/2 的概率被分配到价值 6 美元的用途上。平均来说,这 1 单位物品能创造多少价值呢? 平均价值将是:

$$平均价值 = \frac{1}{2} \times 30 \text{ 美元} + \frac{1}{2} \times 6 \text{ 美元} = 18 \text{ 美元}$$

如果存在价格管制,具有最高价值用途的买者不能够利用价格把其他买者挤出市场。因此,产品会流向任何一个支付意愿超过管制价格——6 美元的买者。对于其价值在 6 美元和 30 美元之间的所有买者,如果产品在它们之间随机分配,那么,产品的平均价值就是 18 美元。随机分配下的消费者剩余为浅色区域。如果产品分配给具有最高价值的买者,消费者剩余将会更大,深色区域加上浅色区域。因此,价格管制扭曲了资源配置,减少了消费者剩余。

图 5.7　在随机分配下,消费者剩余会下降

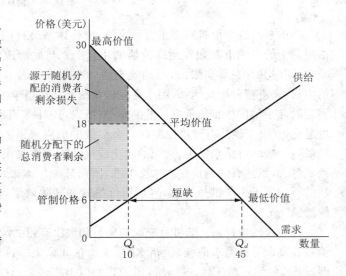

　　根据这一逻辑不难得出,如果对于最高价值用途和最低价值用途之间的每一种用途,它们都以同样的可能性被满足,那么,平均价值也是 18 美元。因此,平均来说,随机分配的 1 单位物品将具有 18 单位的价值。比方说,如果一共有 10 个单位被随机分配,那么,这些单位的总价值将是 10×18 美元 $= 180$ 美元。由于平均价值是 18 美元,而管制价格是 6 美元,消费者剩余将是图 5.7 中标记为"随机分配下的消费者总剩余"的浅色区域。但是请注意,图 5.7 中的浅色区域,即随机分配下的消费者剩余,要远小于图 5.6 中的浅色区域,即配置给最高价值用途时的消费者剩余。这之间的差值为图 5.7 中的深色区域,即源于随机分配的消费者剩余损失。

　　扭曲配置和生产的混乱　一个市场的短缺会造成其他市场也出现短缺和失灵,因此,价格管制的混乱会波及那些没有价格管制的市场。在平时,我们可能认为,只要我们需要,进行生产总是可能的。但是,在一个具有很多价格管制的经济体中,任何时候都有可能会出现关键要素的短缺。例如,在 1973 年,由于缺少价值几千美元的钢筋,上百万美元的建设项目被推迟。[4]

　　当由于钢材钻井设备的短缺而导致扩大石油的生产出现困难时,也许就会发生最高级别的扭曲配置。这种错误甚至发生在美国遭遇历史上最严重的能源危机的时刻。[5]

当短缺和扭曲配置变得非常糟糕的时候,学校、工厂和办公室都被迫关门,政府进入到一种通过指令来配置石油的时刻。尼克松总统命令,在星期六晚上 9 点到星期一上午 12:01 这期间,加油站必须停业。[⑥]这一命令的目的是要阻止人们在星期天开车,以免造成"浪费"。但是实际上,禁令只不过是鼓励人们提前给油箱加油罢了。夏令时制和全国性每小时最高 55 英里的车速限制都被颁布实施(后者一直到 1995 年才被废除)。一些部门,如农业部门,被给予了优先配备燃料的待遇,而其他一些部门则被迫忍受削减。例如,非商业性飞机的燃料在 1973 年 12 月份被削减了 42.5%,这直接导致了堪萨斯州 Wichita 市的经济失控,因为像 Cessna、Beech 和 Lear 等飞机生产商都位于该地区。[⑦]

在这些节约燃料的所有想法中,有一些可能是合理的,但其他的却不一定合理。但是,在没有市场价格的情况下,很难说清楚哪些是合理的,哪些不是。市场配置石油资源的过程,以及它对市场之间联系的利用,都是非常微妙的。要复制它们是非常困难的,甚至是不可能的。杰克逊·格雷森(C.Jackson Grayson)是尼克松总统价格委员会的主席,但是,当看到价格管制在实际中的运行结果之后,他说道:

> 我们对经济的理解以及我们的经济模型都太简单,不够有力,以致还没有任何一种方法能比市场更好地处理这一巨大而复杂的经济系统。[⑧]

5.1.6　最高限价的取消

到 1974 年 4 月,绝大多数商品的价格管制都被取消,但是,石油管制依然存在。在接下来的 7 年里,对石油的管制被放松了,但是,实质上对价格的管制却变得更加复杂和更官僚主义化。例如,1973 年 9 月,对新石油的价格管制被取消了。"新石油"被定义为按照某一个特定属性生产出来的石油,即超出 1972 年产量之外的那部分石油。取消新石油管制是一个好的想法,因为它增加了开采石油新储备的激励。然而,当企业只是关闭原来的旧油井然后又在旁边钻新油井时,这种两层次的体系分割也造成了某种浪费资源的赌博行为。[⑨]企业家和监管者之间的博弈导致了日益复杂的规则。因此,两层次的系统计划随后被扩展为三层次、五层次,然后是八层次,甚至十一层次。

理解现实世界

正如它突然开始一样,在 1981 年 1 月 20 日的早晨,对石油的价格管制突然结束了。当时罗纳德·里根正在举行总统的就职典礼,不过在此之前的国会午宴上,他就已经签署了他作为总统的第一项法案——取消所有有关石油和汽油的管制。正如人们所预期,美国石油的价格上升了一些,但短缺却一夜之间就消失了。在这一年里,当供给增加时,价格就开始下降。而在之后的一些年里,价格也曾降到 1979 年的水平之下。当然,石油价格的波动已经持续出现,但是,由于管制的结束,在美国已经不会再有石油短缺的现象出现。

自我测验

1. 尼克松的价格管制设定了低于市场均衡价格的最高限价。如果最高限价设定在市场均衡价格之上,情况会怎么样呢?
2. 在价格管制下,为什么一些局部市场的短缺会比其他地方更严重?

5.2 租金管制（选学内容）

租金管制是关于租用房屋的一种最高限价。

租金管制（rent control）是对公寓之类的租用房屋设定的一种最高限价，因此，我们刚才所学的有关最高限价的每一项都可以应用到租金管制上。租金管制也会造成短缺、质量下降、浪费时间的排队、搜寻成本增加、贸易利得的损失，以及资源的扭曲配置。

5.2.1 短缺

租金管制通常从"租金冻结"开始，它禁止任何房东上涨租金。由于租金管制通常都是在租金上涨的时候实施，所以，一旦实施租金管制，就会马上出现如图5.8所示的结果，即管制租金位于市场均衡价格之下。

把租金控制在低于市场均衡价格的水平会产生短缺。在短期内，由于住房公寓已经建成，短缺会很小。但是，从长期来看，新建的公寓会很少，旧有的公寓会被拆除或者被纳入共管，因此，长期的短缺会大得多。

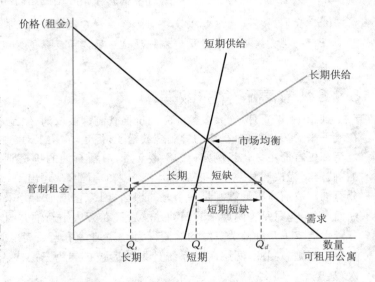

图5.8 租金管制在长期所造成的短缺比短缺更严重

公寓是一种长期存在的商品，它不可能被转移到其他地方。因此，当租金管制刚刚实施时，公寓建筑的业主除了接受这一低价之外，几乎没有其他办法。换句话说，公寓短期的供给曲线是缺乏弹性的。因此，图5.8表明，即使租金冻结可能会导致租金低于市场价格的均衡水平，在短期内，供给量也只有少量的缩减。

然而，从长期来看，新建成的公寓很少，旧的公寓又会被纳入共管，甚至会为了给停车场或者其他更高收益的投资腾地儿而被拆除。因此，长期供给曲线比短期供给曲线有弹性得多。随着时间从短期到长期的推移，短缺会逐渐增加。

虽然老的公寓建筑不可能一夜就消失，未来的公寓建筑却可能会减少。开发商会调查未来30年甚至更长时间内的利润情况。因此，即使是适度的租金管制，也可能会急剧地降低新公寓建筑的价值。那些担心租金管制的开发商就可能马上会撤销他们的建筑计划。例如，在20世纪70年代早期，租金管制曾在加拿大的安大略省被讨论，并在1975年被实施。在租金管制被实施之前的5年里，开发商平均每年新建成的公寓有27 999间。在实施租金管制后的5年时间里，开发商每年新建的公寓仅5 512间。图5.9给出了1969—1979年间新公寓开工的数据和新独栋住宅开工的数据。很显然,在租金管制开始被提出讨论的那一年,新公寓建设有一个急剧下降。当然,这种下降也可能是由于其他的因素造成的,比如经济状况。为了检验这种可能性,我们也给出了这期间每年新建独栋住宅的数据。独栋住宅的需求和公寓的需求对经济的反应应该是相似的,但从没有人讨论和实施过对独栋住宅的价格管制。我们从图 5.9 中可以看出,1972 年以前,新公寓开工的数量和新独栋住宅开工的数量是相似的。但是,当租金管制开始成为可能时,公寓建设下降了,而独栋住宅建设并没有。因此,更有可能的是,新公寓开工数量急剧下降的原因应该是租金管制,而不应该是经济的总体状况(它对独栋住宅开工也会有影响)。

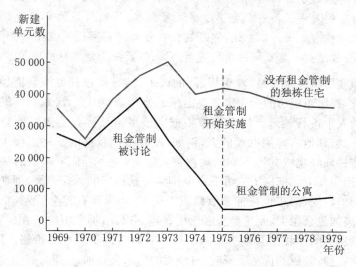

当租金管制在加拿大的安大略省开始被讨论时,新公寓的建设开始显著下降。租金管制被付诸实施后,相对于没有租金管制的独栋住宅而言,新建成的公寓要少得多。

注:以上数据是没有补助金补贴的私人独栋住宅数据。

资料来源:Smith, Lawrence B. 1988,"An Economic Assessment of Rent Control: The Ontario Experience." *Journal of Real Estate Finance and Economics* 1:217—231。

图 5.9　租金管制减少了新公寓建筑

5.2.2　产品质量下降

　　租金管制也会降低住房的质量,特别是低端公寓的质量。当公寓价格被强制降低时,房东会设法通过削减成本来规避损失。例如,由于租金管制,房东修整草坪的次数会更少,更换灯泡的速度会更慢,修理电梯再也不会及时了。当管制加强时,原来那些便宜而又服务质量很好的公寓,就会变成了贫民窟,然后又从贫民窟再进一步变成徒有四壁的废弃公寓。例如,在曼哈顿,18%受租金管制的住房都变得"衰颓而破败",这一比率远高于无租金管制的地区。[10]欧洲国家的租金管制一般比美国更严厉,经济学者阿萨尔·林德贝克教授(Assar Lindbeck)评论道:"除了轰炸之外,据我所知,能最有效地破坏一个城市的办法就是租金管制。"[11]但是,林德贝克还是错了,至少根据越南外交部长在 1989 年的说法是如此,他说道:"美国人不能毁坏河内,但我们自己却用很低的租金毁坏了我们的城市。"[12]

5.2.3　浪费资源的排队行为、搜寻成本和贸易利得损失

为租到公寓排队不像为汽油排队那样明显。但是，在一个到处都有租金管制的城市里，找一个公寓通常都是一个很昂贵的寻找过程。纽约人已经想出了很多奇招，正如比利·克里斯特尔（Billy Cristal）在电影《当哈利遇上莎莉》（*When Harry Met Sally*）中的抱怨：

> 你所做的就是，去读讣告栏。是的，你发现有人死了，并跑到那座大楼里，你再给守门人一点小费。为了办事更顺利些，他们所做的事情就是把讣告和房产情况结合起来。比方说，你可能会被告知："克莱因先生今天死了，留下妻子、两个孩子和一套三间卧室的宽敞公寓，以及一个烧木材的壁炉。"

对于那些房东认为不是"理想租客"的人来说，寻找过程可能会更加昂贵。在管制价格下，找房东租房的人比房东要出租的公寓多。因此，房东们可能会在那些前来租房的人中进行挑选。房东都希望把房子租给那些看上去可能会及时付房租，而又不会给其他房客添麻烦的人，例如，没有小孩和狗的富裕老年夫妇。房东还可能会有种族歧视或其他方面的歧视。实际上，一个看你不顺眼的房东可能会拒绝你，而回头马上就把房子租给下一个排队等候租房的人。当然，即使在没有任何租金管制的时候，房东也可能会有歧视。但是，如果没有租金管制，空缺率会很高，因为公寓数量会很大，而且换房客也更普遍。因此，那些拒绝潜在房客的房东，在找到合适房客的过程中会损失金钱。租金管制降低了歧视的价格。因此，请回忆一下需求定律：歧视的价格下降时，对歧视的需求会增加。

通过贿赂房东或住房部经理来获得受租金管制的公寓也是很普遍的现象。贿赂是违法的，但它们很隐蔽。对于一套公寓，可能租金是一个月 500 美元，但却另有 5 000 美元的"家具"费。房客把这种搭售称为付"交匙费"（key money），就好比房租是每个月 500 美元，但钥匙的费用还得另算。诺拉·埃夫龙（Nora Ephron），《当哈利遇上莎莉》的编剧，在一个拥有 5 间卧室的豪华公寓住了很多年。感谢租金管制，她每个月的房租只有 1 500 美元。然而，为了能够把她的前任房客赶走，她竟在"交匙费"上花了 24 000 美元。

租金管制也会导致贸易利得的损失，这一分析过程同我们在图 5.3 中对汽油价格管制的分析完全相同。对于租金管制下的供给量，需求者愿意为一套公寓支付的远比房东出租该公寓所要求的更多。如果买卖双方自由交易，他们都可以使情况变得更好。但是，在租金管制下，这些使双方都受益的交易是非法的，这种利益无法产生。

5.2.4　资源扭曲配置

同汽油一样，租金管制下的公寓是随意配置的。一些具有更高支付意愿的人租不到他们想要的住房面积，而其他一些具有很低支付意愿的人却享受着比他们在市场价格下所租得起的要大得多的住房。最典型的例子就是老年夫妇，他们总是能住在租金受管制的大公寓里，即使是在他们的孩子已经搬走之后。这些老年

夫妇当然情况很好,但是,对有孩子的年轻夫妇却情况极为糟糕。因此,年轻夫妇就被迫挤在一些很狭窄的公寓里,没有其他地方好去。

从第二次世界大战实施"临时"控制措施以来,纽约一直有租金管制。芝加哥的租房市场是一个自由市场。通过比较纽约和芝加哥这两类城市中房客对公寓类型的选择,经济学家可以估算出扭曲配置的数量。在最近的一项研究中,爱德华·格莱泽(Edward Glaeser)和厄佐·勒特莫(Erzo Luttmer)发现,在纽约市内,有多达21%的租客居住的公寓比他们在没有租金管制的城市中本会选择的公寓有更多或者更少的房间。[13]这种资源的扭曲配置造成了巨大的浪费和困难。

5.2.5 租金规制

在20世纪90年代,美国很多存在租金管制的城市都改变了政策,并开始削减或放松租金管制。一些经济学者不再把新的政策称为"租金管制"(rent control),而称它们为"租金规制"(rent regulation)。典型的租金规制限制价格无限度地上涨。例如,价格上涨可能会被限制在每年10%以内。因此,租金规制可以保护房客免受租金急剧上涨之苦,同时,作为对市场力量的反应,它仍然会允许租金连续数年上涨或下跌。租金规制的法令通常也允许房东转嫁新增加的成本,从而减少了房东们缩减房屋维修开支的激励。经济学家几乎一致地都反对租金管制,但一些经济学家认为,适度的租金规制可能会有好处。[14]

自我测验

1. 在租金管制下,如果想要房东有激励去进行一些哪怕是最小程度的维修,那么,在租金管制的同时还必须实行哪些措施? 想象一下,如果某一房客的水龙头常年滴水:如何才能使得这个水龙头得到修理?

2. 纽约市的租金管制已经持续了数十年。假设你被任命为市长住房委员会委员,并说服委员会成员租金管制是一件非常有害于纽约市的事情。考虑到既得利益者,你如何才能废弃掉租金管制?

5.3　关于价格管制的争议

在1973年,如果没有对石油的价格管制,一些人可能都没有钱为他们的住所供暖。没有租金管制,一些人可能都租不起合适的住房。短缺是否比高价格更能改善穷人的境况,这一点还不是很清楚。当然,如果价格管制是帮助穷人的唯一办法,那么这也是支持价格管制的一个理由。

不过,价格管制从来都不是帮助穷人的唯一办法,它们也很难说是帮助穷人的最好办法。例如,如果让穷人能够住得起房子是我们要关心的问题,那么,让政府提供租房优惠券(housing voucher)就是一个比租金管制更好的政策。租房优惠券曾经在美国被广泛使用,它是给有资格的消费者提供一张,比如说,每月价值500美元优惠券,这张优惠券可以适用于任何出租房。[15]同租金管制造成短缺不同,优惠券会增加租房供给。优惠券可以直接以那些真正需要优惠券的消费者为目标,而纽约市的租金管制却补贴了百万富翁。

还有其他一些可以为租金管制进行辩护的理由。价格管制最好的理由就是约束垄断者。唉，这种解释对汽油、公寓、面包等惯常实施价格管制的商品却很少适用。

理解现实世界

价格管制最主要的原因之一可能在于，公众并不能像经济学家一样认识到价格管制的后果。没有经过经济学训练的人很少会把排队同价格管制联系在一起。在 20 世纪 70 年代汽油短缺期间，可能 10 个人中没有 1 个人能理解管制和短缺之间的联系——大部分消费者都在诅咒大的石油公司和富裕的阿拉伯酋长。把短缺归咎于外国人并非美国人的专利。价格管制在历史上屡见不鲜。例如，来看看 2003 年伊拉克的情况：

> 星期一早上在 Hurreya 加油站等待加油的汽车长队，曲折地穿过一条繁忙主干道的右行车道，再环绕交通转盘一周，然后跨过位于底格里斯河上的双层大桥，最后进入一条崎岖不平的小街，这条小街通往伊拉克三个炼油厂中的一个。
>
> 在长队的最后，距离加油站几乎有 2 英里之远处，是穆罕默德·阿德南，一名出租车司机。这名司机实在不理解，为什么他必须等 7 个小时，才能给他那辆溅满泥浆的雪佛兰 Beretta 加上燃油。"这就是伊拉克，"他挖苦道："我们不是住在石油湖上吗?"……
>
> "也许这都是由于黑心的商人，"阿德南说道，"他们掠走了我们所有的燃料。"
>
> 拜亚则更加肯定。"怪那些炼油厂，"他说，"他们没有生产足够的汽油。"
>
> 长队中的另一个出租车司机嘲笑他们两人的解释。"肯定是美国人搞的鬼，"哈桑·贾瓦德·梅迪说，"是他们把我们的石油运到美国去了。"[16]

以上每一种解释可能都可以解释为什么伊拉克 2003 年生产的汽油比美伊战争之前少得多。但是，供给的缩减造成了更高的价格，而不是短缺。为了产生短缺，你需要的是价格管制——在 2003 年的伊拉克，汽油的价格被控制在每加仑 5 美分。[17]

5.4　普遍的价格管制

我们已经看到，美国的价格管制造成了短缺、排队、延误、劣质、扭曲配置、官僚作风和腐败行为。美国经历全面价格管制的时间是短期的，大部分商品只有几个月，对石油和其他一些商品是几年。如果全面的价格管制长时间的存在，情况会怎么样呢？ 一个具有持久、普遍价格管制的经济本质上就是一个"指令性经济"(command economy)，就像柏林墙推倒之前一些社会主义国家存在的情况。赫德里克·史密斯(Hedrick Smith)在《俄国人》(The Russians)一书中描述了 1976 年生活在苏联的消费者的情况：[18]

> 短缺物品的种类实际上是没有办法计算的。它们并不是永远都脱销，但是它们的出现是不可预料的……列宁格勒储存的越野雪橇可能过剩了，但是，有几个月的时间却连洗碗的肥皂都没有。在亚美尼亚的首府埃里温，我发现有大量的手风琴，但是，当地的人们却抱怨道，他们已经几个星期都没有普通厨房用的汤勺和茶壶。我认识莫斯科的一家人，为了找到一个婴儿用的便壶，他们家花了几个月的时间，但是，收音机在市场上却到处都是……
>
> 普遍接受的规则是，苏联的妇女每天都要花 2 个小时去排队，一个星期 7 天……我知道有人为了买 4 个苹果站 90 分钟……花 3 个半小时去买 3 颗大头

卷心菜,结果却发现,等他们排到队伍前头时,卷心菜已经卖完了;花 18 个小时去预约迟些时候再购买地毯;在天寒地冻的 12 月份花上一个整晚去登记购买汽车,然后再等上 18 个月才能真正拿到车,那还得非常幸运。

尽管取消价格管制会对绝大多数人都更好,而价格管制却总是不可能被消除,这是为什么呢?苏联永远不会结束的商品短缺说明这其中另有隐情。短缺对于实行管制价格的同一政党中的精英分子是有利的。既然所有的物品都处于持续性的短缺状态,那么,在苏联社会中,每个人是如何获得物品的呢?通过利用"布拉特"(blat)。"布拉特"是一个俄语词汇,它的意思是指拥有可以获得好处的关系。赫德里克·史密斯这样描述它:

> 在一个长期存在短缺且特权被精细瓜分的经济中,布拉特是生活中一种必不可少的润滑剂。等级越高,权力越大,一个人拥有的布拉特就会越多······每个人都有特权获得一些普通人难以得到的产品和服务,而这些正是其他人想要的或者必需的。

比如说,考虑一家生产收音机的小工厂的经理吧。音乐也许是人类的精神食粮,但是,这名经理喜欢的可能是牛肉。就帮助该经理获得牛肉而言,短缺意味着他的薪水基本上用处不大。不过,对他作为经理所拥有的价值而言,短缺又意味着什么呢?他有获得收音机的途径。如果该经理能够找到一名在牛肉加工厂工作并且喜爱音乐的工人,那么,他就有布拉特,有一种可以用于交易的关系。即使是他没有找到正好同他的需求相匹配的那个人,获得收音机的途径也给予了这名经理某种权力,因为人们将会讨好他。但是请注意,这名收音机厂的经理有布拉特仅仅是因为收音机短缺。如果收音机很容易在市场价格下获得,那么,该经理获得收音机的途径就不再具有价值。收音机厂的经理想要一个更低的价格,因为那样他才能在可以官方价格合法地买到收音机的同时,凭借收音机获得他想要的其他物品。讽刺的是,尽管消除所有商品的短缺会使得所有人都从中受益,但是,这名经理,以及牛肉、钱包和电视机的生产者们,却都希望他们自己生产的商品短缺。

布拉特是一个俄语词汇,但它却是一种世界性的现象。即使是在美国,这个按照世界标准腐败程度很低的地方,布拉特也会出现。例如,在 1973—1974 年石油危机期间,当联邦能源署(Federal Energy Office)控制着石油的配置时,获得更多石油的方法就是利用布拉特,这马上就成为一件显然的事情。企业开始雇用前政客和一些退休的官员,这些人利用他们的关系帮助企业获得更多的石油。今天,这种布拉特经济更大——从联邦政府离职后加入私人企业的政客中,大约有一半都变成了说客。

自我测验

1. 在 1984 年的一部电影,《莫斯科先生》(*Moscow on the Hudson*)中,一位苏联音乐家叛逃到了美国。虽然生活在纽约城市中,但他不相信商品可以随时买到,因此,他总改不了以前在苏联的习惯。在一幕令人难忘的场景中,他买了一包又一包的卫生纸。为什么?请用这一章的概念,解释为什么在价格管制下囤货现象会发生?为什么这一现象是浪费?

2. 短缺在苏联很普遍,但为什么有时一些商品会出现过剩?

5.5　最低限价

当政府实行价格管制时,它通常都是设计一个最高限价,以保证市场价格低于均衡价格水平。不过,有时政府的干预是为了保证市场价格高于均衡价格水平。你能想出一个例子吗? 给你一个提示。这时买者的数量通常都会多于卖者。由于政府干预大多数时候都是为了使市场价格低于均衡价格水平,而不是使市场价格高于均衡价格水平,因此,这一现象不可能是偶然。市场价格被控制在均衡价格水平之上的最常见的例子就是能体现这一规则的一个例外,因为它牵涉的物品卖者比买者多。这里再给你提示。你们大家都拥有这种物品。

这种物品就是劳动力,而最常见的市场价格被控制在均衡水平之上的例子就最低工资制度。

最低限价是指法定的最低价格。

当法律规定的最低价格高于市场均衡价格时,我们称它为**最低限价**(price floor)。经济学家称它为最低限价是因为合法的价格水平不可能低于这一底线。最低限价造成了四个重要的后果:

1. 过剩;
2. 贸易利得的损失(无谓损失);
3. 质量过高造成的浪费;
4. 资源的扭曲配置。

5.5.1　过剩

图 5.10 给出了劳动力的供给曲线和需求曲线,并显现出被控制在市场均衡水平之上的价格是如何产生过剩的,即一种劳动力供给量超过需求量的状态。我们对劳动力的过剩有一个特别的名词:失业。

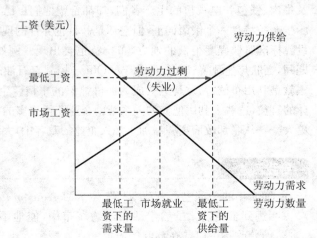

在最低工资水平上,对劳动力的需求量下降到低于市场均衡的就业水平,而供给量上升,这就产生了劳动力过剩。

图 5.10　最低限价产生过剩(最低工资产生失业)

最低工资造成失业的观点应该不会令人感到惊奇。如果最低工资没有造成失业,解决贫困问题的办法就很容易了——把最低工资从每小时 10 美元提高到 20 美元,甚至是 100 美元! 但是如果工资太高,就可能会使得企业雇用任何人都不划算。

　　一个更适度的最低工资也可能造成失业吗？是的。一个每小时 7.25 美元的最低工资，即 2014 年的联邦最低水平，对绝大多数工人都没有影响，因为这些工人的生产力已经使得他们每小时所赚得的工资超过了 7.25 美元。例如，在美国，大约有 95％的工人，按小时支付给他们的工资已经超过了最低工资水平。然而，最低工资会减少低技术工人的就业。雇主需要支付给低技术工人的工资越高，被雇用的低技术工人就会越少。

　　例如，年轻人一般都缺乏基本的技术，因而更可能由于最低工资而失业。在所有工资低于最低工资水平的工人当中，大约有 1/4 是青少年（16—19 岁的年轻人），有一半以上是 25 岁以下的人。[19] 有关最低工资的研究证明，失业效应主要集中在青少年。[20]

　　除了造成过剩外，同最高限价一样，最低限价还会减少贸易利得。

5.5.2　贸易利得的损失

　　注意在图 5.11 中，雇主在最低工资水平下愿意雇用 Q_d 的工人。如果可以提供更低的工资，雇主将会雇用更多的工人。更重要的是，如果允许雇主这样做的话，工人也愿意在更低的工资水平上工作。如果雇主和工人可以自由讨价，工资会下降，被雇用的劳动量会增加到市场均衡下的就业水平。注意，在市场均衡就业水平下，贸易利得会增加浅色三角形的面积加上深色三角形的面积之和。浅色三角形是消费者剩余（记住，这里指的是雇主，雇主才是劳动的"消费者"）的增加水平，深色三角形是生产者（劳动者）剩余的增加。

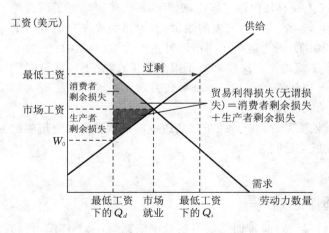

在最低工资水平上，只要工资水平比最低工资再低一点点，雇主就愿意雇用更多的工人，而工人只要有比 W_0 更高的工资就愿意工作更长的时间。虽然对双方都有利，但是，这些交易是违法的。如果所有对双方都有利的贸易是合法的，那么，贸易利得就会增加浅色三角形加上深色三角形之和。

图 5.11　最低限价减少了贸易利得

　　虽然最低工资造成了一些失业，并减少了贸易利得，但最低工资对美国经济的影响非常小。即使是对年轻人而言，最低工资也不是很重要，因为虽然赚得最低工资收入的都是年轻人，但大部分年轻人赚得的收入都高于最低工资水平。正如我们上面注意到的，绝大多数赚得最低工资收入的工人都是不到 25 岁的年轻人。但是，即使在这些年龄不到 25 岁的年轻工人中，也有 88％的人赚得的收入超过了最低工资水平。[21]

　　以下一些事实可能会令你们感到吃惊。最低工资在美国引起了激烈的争论。民主党通常都认为，必须提高最低工资来帮助工薪家庭。共和党的反应则是，更高的最低工资会造成失业，而且，当企业把更高的成本转嫁给消费者时，它还会提高物价水平。以上两种情况都不符合现实。最好的情况是，最低工资提高了一些青少年和年轻工人的工资。不过，任何时候，只要这些人能提高他们的受教育水平或者成为更有技术的工人，他们的工资也会提高。最糟糕的情况是，最低工资提高了汉堡的价格，并在年轻人中间造成了失业。但是，这些人多数只不过会选择在学校再多待些时候罢了（这不一定是坏事）。关于最低工资的这些争论，说辞的成分多于现实实情。

尽管最低工资小幅度的上升对美国经济不会带来什么变化，但上升得太多却可能会造成严重的失业。在美国，最低工资大幅度的上升不太可能，但它在其他的地方却出现过。1938 年波多黎各人惊奇地发现，由于最低工资设定在波多黎各无技术工人的平均工资之上，波多黎各已经严重受到了这一最低工资的影响。

波多黎各有着一个特殊的政治地位，它是一个没有被完全并入美国领土的自治式联邦共和国。1938 年，国会通过了《公平劳动标准法案》（Fair Labor Standards Act），它第一次设定了每小时 25 美分的最低工资。在这一时期，美国的平均工资是 62.7 美分，但在波多黎各，很多工人都在赚取每小时 3 至 4 美分的工资。不过，国会忘记了为波多黎各设定一个豁免特例。因此，一个在美国很合适的最低工资设定却导致了波多黎各的工资出现巨大的增幅。

然而，波多黎各的工人并没有从最低工资中受益。由于无法支付更高的工资，波多黎各的企业开始破产，这导致了灾难性的失业。在一次危机中，波多黎各的代表们要求国会为波多黎各设定一个豁免特例。"这剂药对病人过猛了。"波多黎各劳工部部长普鲁登西奥·里韦拉·马丁内斯（Prudencio Rivera Martinez）说道。两年以后，国会终于为波多黎各制定了更低的最低工资率。[22]

记住，获得最低工资的工人具有替代性。例如，更高的最低工资增加了厂商把工厂搬迁到其他城市、其他州，甚至其他国家去的激励，因为那些地方有更低的工资。美国进口大量的水果和蔬菜，因为这些东西由国外生产后运回美国比直接在美国生产更便宜。很多最低工资的工作岗位都属于服务型工作，它不可能被搬到国外去，但企业可用资本——以机器的形式——来替代劳动。如果最低工资大幅度地增加，我们甚至可以看见机器人烤面包。

为了解释最低限价的其他重要后果——质量过高造成的浪费和资源的扭曲配置——我们从最低工资转向航空管制。

5.5.3　质量过高造成的浪费

很多年以前，坐飞机出行是一件非常愉快的事情。座位宽敞，服务体贴，食物可口，飞机上也不拥挤。因此，现在在美国坐飞机出行一定是变得更糟糕了，对吗？不对，它变得更好了。我们来解释一下。

美国民用航空局（Civil Aeronautics Board，简称 CAB）从 1938 年到 1978 年对美国的航线进行了大范围的管制。没有企业能够进入或退出这个市场、选择价格或者在没有 CAB 允许的情况下改变航线。CAB 把价格定在市场均衡水平之上，有时甚至拒绝企业提出的降价请求！

我们知道，价格被制定在市场均衡水平之上是因为，只有 CAB 有权力控制在各州之间开通的航线。州内航线大部分都没有被管制。利用来自像得克萨斯和加利福尼亚这样的大州的数据，我们可以比较一下具有相同距离的无管制航线和有管制航线的价格。例如,旧金山到洛杉矶之间的距离同波士顿到华盛顿特区之间的距离相同,但前者航班的价格是后者的一半。*

在图 5.12 中,企业收取了 CAB 管制下的飞机票价,但是,它们原本是愿意以更低价格出售机票的,即愿意以图 5.12 中标有"意愿出售价格"出售。因此,起初管制对航空公司是有利的,它们攫取了图中灰色矩形区域的面积作为生产者剩余。

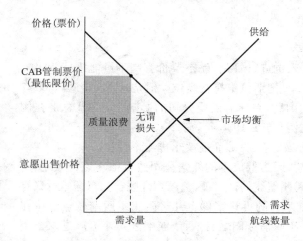

在 CAB 管制票价下,价格在卖者的愿意售价之上。卖者不能通过降低价格来竞争,因此它们通过提高质量来竞争。更高的质量提高了成本,减少了卖者的利润。因此,最低限价鼓励卖者浪费资源来提供更高的质量,这一质量水平超过了买者的支付愿意。

图 5.12 最低限价造成质量浪费

最低限价意味着价格被控制在市场均衡价格之上,因此,企业希望有更多的消费者。然而,最低限价规定,通过降价来争取更多的消费者是违法的。因此,在企业不能降低价格的情况下,它们如何进行竞争呢? 最低限价促使企业通过向消费者提供更高的质量来进行竞争。

例如,当航空公司被管制时,它们会通过向顾客提供骨质瓷器、美味餐馔、宽敞的座位和频繁的航班来进行竞争。这听起来很好吧? 是的,但是别忘了,这些质量的提高都是有价格的。你是愿意在飞往巴黎的航班上吃一顿美餐,还是愿意在飞机上随便吃点而把更多的钱花在巴黎真正的酒店里?

如果顾客愿意为飞机上的美餐付钱,航空公司会提供这一服务。但是,如果你最近坐飞机出行过,你就会知道,其实消费者宁愿要更低的价格。如果质量的提高是消费者所不愿意支付的,那么,它就是一种浪费性的高质量。因此,当公司通过提高质量来进行竞争时,起初所获得的生产者剩余被浪费在这些花哨的服务上。消费者虽然喜欢这些服务,但他们其实并不愿意为此进行支付——因此,图 5.12 中的灰色矩形面积被标识为"质量浪费"。

航空公司的成本还会由于其他原因随着时间而增加。管制刚开始时,由航空公司所获得的生产者剩余对于工会来说也是一块诱人的肥肉。除非工会也能从中获取它们想要的那份收入,否则,工会会以罢工为威胁。航空公司对工会的要求不会过于抵制,因为,当航空公司的成本上升时,它们可以向 CAB 申请要求提高航空票价,从而把更高的成本转嫁给消费者。老的航空公司近来所面临的很多问题都是由于慷慨的退休金和健康津贴所造成的,这些福利待遇又都是在航空价格被管

---

* 旧金山和洛杉矶同属于加利福尼亚州,波士顿是马萨诸塞州的首府,华盛顿特区是美国的首都,不属于任何一个州。——译者注

制在市场均衡水平之上时由航空公司所提供的。

到 1978 年，航空公司的成本已经增加得非常多了，以至于航空公司再也无力在航空管制下盈利，因而更愿意取消航空管制。[23]取消管制降低了价格，增加了销售量，减少了浪费性的质量竞争。[24]取消管制也以另一种方式减少了浪费和提高了效率——通过提高资源的配置效率。

5.5.4　资源的扭曲配置

如果 CAB 不对航空行业的进入也进行管制，航空票价管制不可能维持 40 年。有企业想要进入航空行业，因为 CAB 把票价维持在高位。但是，CAB 知道，如果有新企业进入，价格就会被降下来。因此，在原有航空公司的影响下，CAB 总是在例行公事地阻止新的竞争者进入。例如，在 1938 年，有 16 家主要的航空公司。到 1974 年，只有 10 家航空公司，尽管当时有 79 家企业要求进入该行业。

限制行业进入扭曲了资源配置，因为低成本的航空公司被阻挡在该行业之外。例如，由于无法从 CAB 获得开通跨州航线的许可证，美国西南航空公司开始时只有得克萨斯州州内的航线。（来自竞争者的诉讼案件也几乎阻止了西南航空公司在得克萨斯州内运营。）只有在 1978 年取消管制之后，西南航空公司才可以进入全美市场。

理解现实世界　西南航空公司的进入不仅仅是增加了供给。这一市场过程的本质之一在于，它为新思想、创新和试验开辟了道路。例如，西南航空公司就开创先例，使用统一的飞行器来降低维修成本，大量使用像芝加哥 Midway 机场这样的小型机场，长期对燃料成本进行套期保值。西南航空公司的创新使得它成为美国最大和最盈利的航空公司。西南航空公司的创新转而也在其他企业中传播开来，如捷蓝航空（JetBlue Airways）、易捷航空（EasyJet，欧洲）和西捷航空（WestJet，加拿大）等。对进入的管制不会抬高价格，但它增加了成本并减少了创新。取消管制提高了资源的配置效率，因为它允许低成本的创新型企业在全国扩张。今天，对于大多数美国家庭来说，坐飞机都是一件非常普通的事情，它不再是有钱人的专利。取消管制就是这一变化的最主要原因。

> **自我测验**
>
> 1. 欧盟向它们的农场主承诺，黄油的价格一定会高于最低限价，而最低限价通常都在市场均衡价格之上。你认为这一举措所带来的后果是什么？
> 2. 美国把牛奶的最低限价价格设定在均衡价格之上。这会导致短缺还是过剩？你认为美国政府是如何处理这一问题的？（提示：你还记得你在小学和中学里的牛奶纸箱吗？这些纸箱的价格是多少？）

○　本章小结

最高限价有几个严重的后果：它造成了短缺、产品质量下降、浪费时间的排队和其他搜寻成本、贸易利得的损失，以及资源的扭曲配置。

读完本章后,你应该能向你叔叔解释清楚所有的这些后果。另外,为了做好考试题,你还应该能画图形来分析最高限价,并在图中正确地标识出短缺。在同一张图中,你能标识出排队所浪费的损失和贸易利得的损失吗? 如果你对这些问题还有一些麻烦,请回顾一下图5.2和图5.3。你也应该理解为什么最高限价会导致质量下降,以及最高限价是如何导致资源扭曲配置的,这种扭曲不仅仅出现在实行最高限价的市场上,而且会出现在整个经济中。

最低限价则造成过剩、贸易利得的损失、浪费性的质量提高,以及资源的扭曲配置。

读完本章后,你应该也可以向你叔叔解释清楚所有的这些后果。利用供求模型,你能解释清楚为什么最低限价能造成过剩、无谓损失以及浪费性的质量提高吗? 你也应该能在图中把这些区域标识出来。你还应该能解释最低限价是如何导致资源的扭曲配置。

○ 本章复习

关键概念

最高限价
无谓损失
租金管制
最低限价

事实和工具

1. 自由市场是如何消除短缺的?

2. 如果最高限价的实施使得价格位于市场价格之下,需求量和供给量中,哪一个会更大? 如何运用它来解释我们在实施价格管制的市场中所看到的排长队和浪费资源的搜寻行为?

3. 假设牛奶市场的供给量和需求量如下图所示:

每加仑	需求量	供给量
5 美元	1 000	5 000
4 美元	2 000	4 500
3 美元	3 500	3 500
2 美元	4 100	2 000
1 美元	6 000	1 000

　a. 牛奶的均衡价格和数量是多少?

　b. 如果政府把牛奶的最高限价设定为2美元,这是会导致牛奶短缺还是过剩? 短缺或过剩的数量是多少? 卖出的牛奶是多少加仑?

4. 如果为了让老百姓确实能买得起健康保险,政府决定要求健康保险公司把它们的价格都消减30%。对于那些已经进行过健康保险的人,将可能会发生什么事情?

5. 加拿大政府对医生的工资进行了控制。为了简化,我们假设他们对所有的医生都设定一个工资级别:每年10万美元。成为一名普通的从业者或者儿科医生需要6年时间,但是,成为一名像妇科医生、外科医生或眼科医生这样的专家,需要花8到9年时间。在这种体制下,你愿意成为哪种医生?(注意:加拿大实际的体系允许专家比普通从业者赚的更高一点的工资,但是,它们的差额不够大,起不了作用。)

6. 2000年到2008年期间,石油的价格从每桶30美元增加到140美元,美国的汽油价格从每加仑1.5美元左右增加到超过4美元。不像20世纪70年代的石油价格冲击,这次加油站门口没有出现排长队。这是为什么?

7. 价格管制会以很多意想不到的方式来配置资源。在以下的案例中,谁更有可能花更长的时间来排队等候那些受价格管制的稀缺物品? 从每组中选一个:

　a. 正在工作的人和退休的人?

　b. 每小时收费800美元的律师和每小时赚8美元的速食店雇员?

c. 每天必须坐班的人和工作期间可以几小时都不在的人？

8. 在本章，我们讨论了最高限价如何导致物品被配置到不恰当的地方，比如，当 20 世纪 70 年代寒冬期间用于新泽西的供热石油太少。价格管制也会导致物品在不恰当的时间被配置。如果汽油存在价格管制，你能想出在什么时候，短缺会变得更糟糕吗？提示：在繁忙的纪念日和劳动节周末，煤气的价格会明显地上涨。

9. a. 考虑在图 5.8 中。在像这样一个存在价格管制的市场中，什么时候消费者剩余会变得更大：短期还是长期？

b. 在这个市场，供给在长期更具有弹性，更具有灵活性。换句话说，在长期，房东和住宅建筑商都能找到其他的方式来谋生。根据这一情况以及该图中生产者剩余的几何图形，租金管制对房东和住宅建筑商造成的损害，在短期内更大，还是长期内更大？

10. 企业领导者经常抱怨说技术工人短缺，因此他们要求移民政策应该朝这方面倾斜。例如，美联社最近就发表了一篇名为"纽约农场主担心技术工人的短缺"的文章。该文章进一步指出，一种特殊的美国签证计划，H-2A 签证，应该"允许雇主临时性雇用国外工人，如果他们找不到愿意做这些工作的美国工人的话"。

（资料来源：Thompson, Carolyn. 2008. "N. Y. Farmer Fear a Shortage of Skilled Workers" *Associated Press*, May 13。）

a. 在没有移民来增加劳动力供给的情况下，无管制的市场是如何应对"劳动力短缺"的？

b. 为什么企业不愿意让无管制的市场来解决短缺问题？

11. a. 如果政府强迫所有的面包商都以一个"公平价格"来销售他们的产品，假设这一"公平价格"是现有市场价格的一半，那么面包的供给量会出现什么变化？

b. 为了简化问题，假设在管制价格下，人们必须通过排队等候来获得面包。消费者剩余是会增加还是减少？还是你无法对此进行判断？

c. 当存在对面包的这些价格管制时，你估计面包的质量是会提高还是会降低？

12. 首先，来复习一下术语：最低工资是"最高限价"还是"最低限价"？租金控制呢？

13. 如果最低工资提高，美国企业的老板会如何调整他们的行为？这对十几岁的青少年会产生什么影响？

14. 无谓损失的基本思想在于：想要进行交易的买卖双方找不到一种可以进行交易的方式。在最低工资的情况下，他们不能进行交易是因为买者（企业）以任何低于法定最低工资的价格雇用卖者（工人）都是违法的。但从工人的角度来看，为什么这真的是一种"损失"呢？企业老板想要以低于最低工资的价格雇用工人，这其中的原因是很显然的。但是，如果所有的公司都遵守这一最低工资法律，为什么有些工人仍然愿意在低于最低工资的工资水平下工作呢？

思考和习题

1. 在富裕国家，政府几乎总是规定出租车的车费。在治安好的地区和治安不好的地区，坐出租车的价格相同。在哪个地区更容易找到出租车？为什么？如果对出租车的价格管制取消，在治安不好的地区，出租车的数量和乘坐出租车的价格可能会出现什么变化？

2. 当美国对石油和汽油实行价格管制时，美国的一些地方有充足的供热石油，而其他的一些州却只有排长队。同本章相同，我们假设冬季新泽西的石油需求比加利福尼亚要高。如果不存在价格管制，新泽西和加利福尼亚的供热石油价格会出现什么变化？贪婪的商人会对这一价格的差异作出什么反应？

3. 1990 年 1 月 30 日，第一家麦当劳在苏联首都莫斯科开业。经济学家总是把苏联描述为一个"短缺永远不会消失的国家"，因为为了显示"公平"，政府总是把价格管制在很低的水平。"据现场的一位美国记者报道，当消费者'在这个缺乏商品文明的国家看到有礼貌的店员'都非常惊奇。"

（资料来源：http://www.history.com/this-day-in-history.do?action＝article&id＝2563。）

a. 为什么莫斯科麦当劳的员工都很有"礼貌"时，而绝大多数苏联商店的员工都很"粗鲁"？

b. 就经济激励对改变人的行为所具有的威力而言，你对上一问题的答案告诉了你什么？换句话说，"文明"是如何确立的？

4. 我们来计算一下在管制市场中贸易利得损失的价值。政府决定让大家都买得起普通自行车，因而它通过了一项法律，要求一辆单速自行车的销售价为 30 美元，这远低于市场价格。根据以下数据计算出贸易利得的损失，就像图 5.3 中一样。供给和需求都是直线型的。

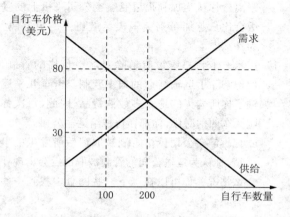

   a. 在实施价格管制的市场中，浪费时间的总价值是多少？

   b. 消费者剩余损失和生产者剩余损失之和的总价值是多少？

   c. 注意到我们还没有告诉你自行车原始的市场价格——你为什么不需要知道这些？（提示：答案同经济与几何图形之间的联系有关。）

5. 在卡特里娜飓风这样的危机期间，政府经常禁止提高如手电筒和矿泉水之类的应急物品的价格。实际上，这意味着这些物品按照先来先服务的原则出售。

   a. 如果一个人有一只手电筒，这只手电筒对她的价值是 5 美元，但它的黑市价格是 40 美元，如果政府关闭黑市，贸易利得的损失是多少？

   b. 在危机期间，为什么有人想要以 40 美元的价格出售一只手电筒？

   c. 在危机期间，为什么有人愿意以 40 美元的价格去购买一只手电筒？

   d. 在什么情况下，商人可能更愿意把满卡车的手电筒运往受灾地区：当他们可以每只卖 5 美元的时候，还是每只可以卖 40 美元的时候？

6. "黑市"是指人们非法进行商品和服务交易的地方。例如，在苏联时期，美国旅行者在苏联旅游的时候，随身多带几条多余的李维斯牛仔裤是非常普遍的事情：他们可以在非法黑市中以高价格的

出售这些牛仔裤。

思考一下以下这一说法："受价格管制的市场总是容易出现黑市。"我们用下图来描述这一情况。如果有一个规定了最高限价的市场，它规定治疗癌症的药品每片 50 美元。价格在什么范围内，你肯定可以同时找到买家和卖家，他们愿意用钱非法交易药片？（这只有一个正确的答案。）

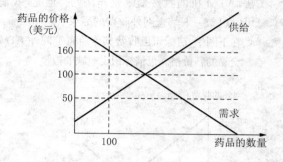

7. 根据你对价格管制所了解的情况，你会支持对汽油设定每加仑 2 美元的最高限价吗？分别各给出一个支持价格管制和反对价格管制的理由。

8. a. 如我们所注意到的，阿萨尔·林德贝克教授曾经指出："除了扔炸弹之外，想要破坏一个城市最好的办法就是租金管制。"你认为林德贝克这句话的意思是指什么？

   b. 支付"交匙费"给房东是如何减少林德贝克的"炸弹"的严重性的？

9. 在"免费城"（Freedonia），政府宣布所有的街头停车场必须是免费的：不许设置停车收费计。在一个几乎差不多的城市"打表镇"（Meterville），停车的费用是每小时 5 美元（或者是每 15 分钟 1.25 美元）。

   a. 在哪个地方更容易找到停车的地方：免费城还是打表镇？

   b. 一个城市总是希望吸引更多的顾客，而顾客总是非常讨厌开着车四处找停车场。哪个城市更能吸引顾客？

   c. 为什么问题 b 答案中的城市对高收入的顾客会更有吸引力？

10. 在 20 世纪 90 年代，加利福尼亚州的 Santa Monica 市规定，银行对 ATM 取款机收费是违法的。你可能知道，利用本行的 ATM 机总是免费的，但跨行使用 ATM 机一般都是收费的。（资料来源：The War on ATM Fees，*Time*，No-

vember 29,1999。)当 Santa Monica 市刚通过这一法案时,美国银行就不再允许其他银行的客户使用它的 ATM 机的服务:用银行业的行话,美国银行禁止"网外"使用 ATM 机。

实际上,这一禁令只持续了几天,之后,一名法官允许了银行继续收费,同时等待高级法院来听证并裁决这一问题。最终,法院宣布,根据联邦立法,ATM 机的收费禁令是非法的。但是,我们可以想象一下禁止网外收费的后果。

a. 在下图中,请标识出收费禁令后每笔网外 ATM 交易的新价格。也请标识出短缺的数量。

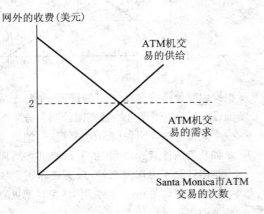

b. 计算禁令之后 Santa Monica 市网外 ATM 市场中生产者剩余和消费者剩余各是多少?

11. 考虑图 5.9。你的同学看着这张图说,"在租金管制之前,独栋住宅建筑放慢了好几年;租金管制通过之后,更多的公寓被建造。租金管制没有减少新公寓的数量,反而提高了它。这证明租金管制是有效的。"这一说法错误的地方在哪里?

12. 租金管制造成了住房短缺,这导致找地方住更难了。在价格受管制的市场上,人们必须浪费很多时间去找到这种稀缺的、虚假便宜的产品。然而,国会议员查尔斯·B. 兰热尔(Charles B. Rangel),很有权力的美国众议院筹款委员会(House Ways and Means Committee)的主席,住在哈莱姆区四套租金稳定的公寓里。为什么有权力的人总是比没有权力的人更能够"找到"价格受管制的商品?就价格管制的政治负效应而言,这一事件告诉了我们什么?(资料来源:"Republicans Question Rangel's Tax Break Support," *The New York Times*,November 25,2008。)

13. 在 20 世纪 70 年代,加利福尼亚航空公司和太平洋西南航空公司都只在加利福尼亚州内飞行。正如我们所提到,联邦最低限价不适用于州内的航线。这些航空公司的日常航线是从旧金山到洛杉矶,350 英里的距离。这大概相当于从伊利诺伊州的芝加哥到俄亥俄州的克利夫兰的距离。你认为加利福尼亚航空公司飞机上的餐饭会比从芝加哥到克利夫兰航班上的更好吗?为什么?

14. 杰米·卡特总统没有解除对航空价格的管制。但他解除了运输行业的很多管制。卡车几乎运输了你所购买的绝大多数消费品,因此,每次你购买东西的时候,你都在付钱给运输公司。

a. 根据航空公司价格管制被取消后所发生的事情,你认为运输公司的管制被取消后会出现什么情况?你可以在以下一些网页中找到一些答案:

http://www. econlib. org/Library/Enc1/TruckingDeregulation.html。

另一种对运输管制非常关键,但基本上得出相同答案的分析视角,可参阅 Michael Belzer,2000. *Sweatshops on Wheels*:*Winners and Losers in Trucking Deregulation*,Thousand Oaks,CA:Sage。

b. 你认为谁会要求国会和总统继续保持对运输行业的最低价格限制:消费者、像沃尔玛这样的零售商,还是运输公司?

15. 假设你正在对戴克里先皇帝统治时期古罗马的制鞋业进行一些历史研究。你的资料会告诉你罗马帝国每年生产多少鞋,但这些信息无法告诉你这些鞋的价格。你找到了一份文件,文件上说在公元 301 年,戴克里先皇帝颁布了一份"物价敕令"。但是,你不知道他规定的是最高限价还是最低限价——你的拉丁文水平还很烂。不过,你可以从文件中清楚地得知,市场上鞋子的数量实际上在显著下降,而且无论是潜在的买者还是潜在的卖者,都对这一敕令非常不满。根据这些信息,你能说出戴克里先实行的是最高限价还是最低限价吗?如果能,它是哪一种?(是的,戴克里先敕令是确实存在的,维基百科上有关于古罗马历史的详细资料。)

16. 在下图中,或者是存在最高限价,或者是存在最低限价——真是令人奇怪,具体是哪一种情况不重要:无论是 80 美元的最低限价,还是 30 美元的最高限价,图形看起来都是一样的。

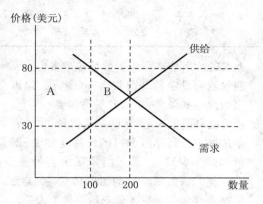

在图中,有一个三角形 B 和一个长方形 A。其中哪个表示没有达成的交易所损失的价值? 哪个表示已经达成的交易中所损失的价值?

17. 我们注意到,美国 20 世纪 70 年代对航空票价的最低限价造成了航空旅游的服务质量浪费性的提高。最低工资限制也造成了工人的质量浪费性的提高吗? 如果是,它是如何造成的? 换句话说,最低工资下的工人同航空旅行有哪些相似的地方?

挑战

1. 如果政府决定要对汽油实行价格管制,如何才能避免因排队等候所浪费的时间? 这个问题肯定不止一个答案。

2. 在纽约市,对有些公寓实行了严格的租金管制,而其他的公寓却没有。这是很多描写纽约的小说和电影的一个主题,包括《虚荣的篝火》(*Bonfire of the Vanities*)和《当哈利遇上莎莉》。租金管制后可以预见的一个后果就是滋生黑市。我们来分析一下允许黑市存在是不是一个好注意。

   a. 哈利很幸运地租到了一套受租金管制的公寓,每月租金是 300 美元。这样一套公寓的市场租金是每月 3 000 美元。这套公寓对哈利他自己的价值是每月 2 000 美元,如果纽约市公寓的租金被限制在 2 000 美元,哈利就感到非常满意了。如果他住在这套公寓里,他获得的消费者剩余是多少?

   b. 如果他在黑市上非法把这套公寓转租给莎莉,

租金是每月 2 500 美元,然后他再租一套每月 2 000 美元租金的公寓。同他遵守法律相比,哈利的情况是改善了还是恶化了?

3. 假设政府实行价格管制,并且商品最终在所有愿意以管制价格购买该商品的消费者之间随机分配。如果供给曲线和需求曲线如下图所示,那么

   a. 在价格管制下的消费者剩余是什么?

   b. 如果供给量是 1 000,但是不存在价格管制,那么消费者剩余是多少?

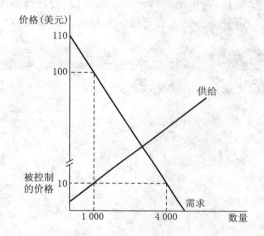

4. 抗生素经常被开给那些感冒的人(即使它们对于治疗感冒不是很有用),但是,它们也可以被用于治疗威胁生命的感染。如果对抗生素进行价格管制,你认为抗生素在这两种用途之间的分配会出现什么变化?

5. 在一个指令性经济中,如苏联,几乎所有的商品都没有价格。相反,商品通过一种"中央计划者"被分配。假设有一种像石油这样的商品成为了稀缺商品。如果要分配石油以使得消费者剩余和生产者剩余之和最大化,中央计划者会面临什么问题?

6. 工会是最低工资最强烈的支持者。不过,在 2008 年,全职工会成员获得的中位数周薪为 886 美元,平均每小时 22 美元多一点(http://www.bls.gov/news.release/union2.nr0.htm)。因此,最低工资的提升并没有直接提高大多数工会工人的工资。那么,为什么工会会支持最低工资呢? 可以肯定的是,这其中一定不会只有一种原因。不过,我们来看看经济学理论是否可以解释清楚这件事情。

   a. 技术工人和非技术工人是相互替代的:例如,假

设你可以按每小时 5 美元的工资雇用 4 名低技术工人用铲子来搬运泥土,你也可以按每小时 24 美元的工资雇用 1 名技术工人用滑式推土机来搬运这同样数量的泥土。根据第 3 章提出的工具,如果非技术型劳动力的价格增加每小时 6.05 美元,那么,对技术型劳动力的需求会发生什么变化?

b. 如果最低工资上升,对一般工会会员工人的劳动力需求是增加还是减少? 为什么?

c. 现在,我们把价格放在一起考虑:为什么高工资劳动力的工会可能会支持提高最低工资?

解决问题

假设上衣市场的情况如下表所示:

价格(美元)	需求量(万件)	供给量(万件)
120	1 600	2 000
100	1 800	1 800
80	2 000	1 600
60	2 200	1 400

a. 上衣的均衡价格和均衡数量各是多少?

b. 假设政府设定最高限价为 80 美元。是否会出现短缺? 如果会,短缺数量是多少?

c. 假设政府设定 80 美元的最高限价,需求者对每单位该商品所愿意支付的价格是多少(即真实价格是多少)? 假设人们排队来获得该商品,并且他们认为每小时的时间价值 10 美元。人们需要排多长时间才能获得一件上衣。

第二篇　经济增长

6 GDP 与进步的衡量

到印度旅游的人会立即被极端贫困和快速经济增长之间的悬殊差别而震撼。印度的贫困显而易见：2010年，2/3 的印度人口每天生活费少于 2 美元；在印度全国各地，都可以看到流落街头的人们、从未进过学堂的孩子、人行道上的火灾以及乞讨零钱的残疾人。

但印度的财富增长也显而易见：手机随处可见；不断有新商店开业；清洁的自来水越来越多；识字率上升；人们的营养也更加丰富。在城市，有更多的饭店、服装店、工厂以及小汽车。今天的印度至少有 1 亿人达到了欧美人的生活水平——这是数十年来的一个惊人增长！

经济学家通过一个国家的国内生产总值（GDP）和人均国内生产总值来概述其经济产出和生活水平的大致变化，这两个统计数据旨在衡量经济产出的价值。

图 6.1 说明了印度在 1993—2007 年的 14 年间人均实际 GDP。在这段时期，印度人均实际 GDP 年均增加 5.1％。正如下面所要讨论的，人均实际 GDP 是对一个国家生活水平的大致衡量，因此，截止到 2007 年，印度人的生活水平在 14 年时间里翻了一番。这是印度在过去一段时间里增长表现的重大进步，表明很多印度人的财富在不断增长。

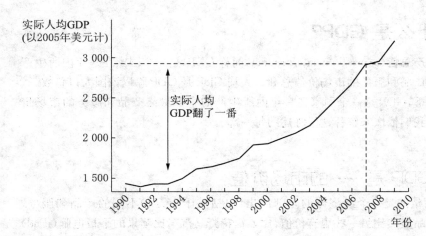

资料来源：Penn World Tables。

图 6.1 1993—2007 年间印度人均 GDP 翻了一番

表 6.1 给出 2010 年全球前 10 大经济体的 GDP 和人均 GDP(美元衡量)。美国 GDP 为 14.45 万亿美元,人口为 3.10 亿,人均 GDP 为 46 569 美元;中国 GDP 为 10.8 万亿美元,位列世界第二,但它有 13 亿人口,所以人均 GDP 仅为 8 125 美元,稍低于南非(8 907 美元),略高于突尼斯(7 531 美元)。同样,印度是世界第三大经济体,但它是仅次于中国的第二人口大国,所以,人均 GDP 仅为 3 996 美元。

表 6.1　2010 年全球最大的 10 个经济体

排名	经济体	GDP(万亿美元)	人均 GDP(美元)
1	美　国	14.447	46 569
2	中　国	10.807	8 125
3	印　度	4.687	3 996
4	日　本	4.394	34 655
5	德　国	3.126	38 289
6	英　国	2.398	38 463
7	俄罗斯	2.370	17 005
8	法　国	2.281	35 223
9	巴　西	1.962	9 755
10	意大利	1.931	31 779

资料来源:Penn World Tables。

一些贫穷国家的发展相当快,已经达到介于"富裕"与"非常贫穷"之间的中等收入地位。比如,墨西哥和智利,它们的人均 GDP 分别达到约 13 430 美元和 15 960 美元,这正是印度和中国希望达到的水平。

好,人均 GDP 大致告诉了我们一个国家的生活水平如何,那么,GDP 实际上衡量的是什么呢? 在本章,我们将解释:

- GDP 统计意味着什么,GDP 是如何衡量的;
- GDP 和 GDP 增长率的区别;
- 名义 GDP 和实际 GDP 的区别;
- 人均实际 GDP 增长为什么是衡量经济增长的标准;
- GDP 在经济周期测度中的作用;
- 用 GDP 衡量产出和福利所存在的问题。

6.1　什么是 GDP?

国内生产总值(gross domestic product,简称 GDP)是一个国家在一年内所生产的全部最终产品和服务的市场价值总和。人均 GDP 是 GDP 除以该国人口总数。

重复一下,GDP 是一个国家在一年内所生产的全部最终产品和服务的市场价值总和。让我们依次来解释这段陈述的每一部分。

6.1.1　GDP 是……的市场价值

GDP 衡量的是一个经济体的全部产出,包括成千上万种不同的产品和服务。但是一些产品显然比另一些更有价值,比如福特野马汽车比苹果的平板电脑(iPad)

国内生产总值(gross domestic product,简称 GDP)是一个国家在一年内所生产的全部最终产品和服务的市场价值总和。人均 GDP 是 GDP 除以该国人口总数。

更有价值。因此,为了衡量全部产出,就不能简单地把产品数量加总,而是要找到由市场价值决定的每一种产品和服务的价值,然后把它们加总。

例如,2005年美国生产了大约1 200万辆小汽车和轻型汽车,以及86亿只鸡。[①]如果小汽车的平均价格是28 000美元,鸡的平均价格是5美元,则小汽车产出的市场价值是3 360亿美元(28 000美元×1 200万),养鸡的市场价值是430亿美元(5美元×86亿)。使用价格进行计算GDP,会给市场中价值更高的商品以更大权重。利用这样的程序来计算所有最终产品和服务,就可以得出GDP数字。表6.2说明了由小汽车和鸡的生产所带来的GDP增加。

表6.2　GDP等于最终产品与服务的价格和数量相乘所得到的市场价值加总之和

最终产品	价格 × 数量＝市场价值
小汽车	28 000美元×1 200万＝3 360亿美元
鸡	5美元×86亿＝430亿美元
	3 790亿美元←——加总得到GDP

6.1.2　……全部最终……

什么是最终产品和服务? 企业购买一些产品和服务,并把它们用于生产和加工成随后要出售的其他产品和服务,这些产品和服务就叫做中间产品和服务。我们要把中间产品和服务与最终产品和服务区分开来。最终产品和服务是出售给最终使用者的,被用于消费或私人库存。

一个中间产品的例子是计算机芯片。当英特尔(Intel)芯片被卖给戴尔(Dell),如果把这个卖出的芯片计入GDP,则当消费者从戴尔购买计算机时,就会再次计算芯片的价值,这样芯片价值就会计算两次。为了避免重复计算,仅将最终产品计算机包括在GDP核算中。

然而,用于生产其他产品的机器和设备的产出要计入GDP。比如,拖拉机可能用于大豆生产,但拖拉机不是最终产品大豆的一部分,所以,拖拉机产出和大豆产出都要计入GDP,这与芯片不能计入GDP的情况不同。

6.1.3　……产品和服务……

经济体的产出包括产品和服务。服务为个体提供效用,但没有有形产品的产出。比如,软件咨询师解决了计算机软件的安装问题,这就是一种服务,他所得到的报酬就是这项服务的市场价值,要计入GDP。其他服务,包括理发、交通、娱乐和医疗等的市场价值都要计入GDP。

美国自1950年以来,服务所创造的产出占GDP的比例翻了一倍,由21%上升到42%(参见图6.2)。这个提高很大程度上要归功于人们在医疗服务和休闲活动方面的花费,它们都各自超出了1950年水平的10倍以上。[②]

因为美国2013年的GDP为16.8万亿美元,所以,我们从图中可以看出,最终服务的产值大约是7.05万亿美元(0.42×16.8),最终产品的产值大约是9.77亿美元(0.58×16.8)。

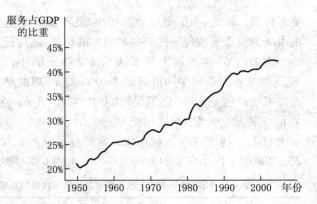

服务占GDP
的比重

图 6.2　服务占美国 GDP 的比重
在上升

6.1.4 ……生产的……

GDP 是衡量生产的，因此，旧货销售，比如旧汽车的转让，不包含在 GDP 中。

同理，二手房出售与股票、债券等金融证券的买卖也不包含在 GDP 核算中。二手房销售不增加 GDP，是因为它出售的不是当年生产的。当然，新建房屋的销售要计入 GDP。股票和债券被称为金融资产，它们自身并不是生产出来的产品和服务，所以，金融资产的销售也不计入 GDP。

尽管二手房、旧货和金融资产的销售不计入 GDP，但房产经纪人、二手车推销员以及证券经纪人的服务要计入 GDP，因为这些代理人的服务是在当年提供的。

6.1.5 ……在一个国家内……

美国 GDP 是由美国境内的劳动和财产所生产的产品和服务的市场价值，而不管劳动者和财产所有者的国籍是什么。一位墨西哥公民在美国短期工作会增加美国的 GDP。同理，一位在墨西哥短期工作的美国人也会对墨西哥而不是美国的 GDP 作出贡献。

国民生产总值（gross national product，简称 GNP）和 GDP 极为相似，但 GNP 衡量的是美国永久性居民（不管他们居住在哪里）所提供的劳动和财产所生产的价值，而不是在美国境内所生产的价值。对于一个像美国这样的大型经济体而言，GDP 和 GNP 非常接近，但 GDP 已经发展为更常用的概念。

国民生产总值（GNP）
是指由一国永久性居民（不管其居住在哪里）在一年内所生产的全部最终产品和服务的市场价值总和。

6.1.6 ……在一年内……

GDP 是指一个国家在一年内生产多少，而不是在其整个历史上积累多少。你可以把 GDP 看作年薪的类似物。薪水不同于财富：一些退休人员很富有，但他们的薪水可能很低；一些高薪人员可能只有很少财富（或许是因为他们刚开始工作，或许他们挣多少花多少，从不储蓄）。

国民财富是指一个国家所有资产存量的价值。一辆 2005 年制造至今仍在使用的拖拉机是国民财富的一部分，但不是今天 GDP 的一部分。对美国国民财富的一个最粗略估计是 57.4 万亿美元，[3] 是 GDP 的好几倍。

　　尽管一般情况下，我们都是按年度来考虑 GDP，但也有按季度计算的 GDP。美国的 GDP 核算由美国经济分析局（Bureau of Economic Analysis，简称 BEA）来完成，它隶属于美国商务部（Department of Commerce），总部设在华盛顿。如果你想知道自己是否理解了 BEA 所从事的工作，就用下边的问题来考考自己：

自我测验

1. Interstate Bakeries 面包店购买面粉制成"神奇面包"（Wonder Bread）。对面粉的购买会增加 GDP 吗？
2. 你在 eBay 网上出售自己收藏的口袋妖怪（Pokémon）对战卡片，会增加 GDP 吗？
3. 一名来自哥伦比亚的移民在纽约一家餐馆做厨师，他所赚的钱应该被计入美国 GDP 还是哥伦比亚 GDP？

6.2　增长率

　　GDP 告诉了我们一个国家在给定年份内生产多少，GDP 增长率则告诉我们一个国家在过去时间里的生产上升或下降得有多快。比如，计算 2012—2013 年的 GDP 增长率，就需要两个数字：2012 年 GDP 和 2013 年 GDP，计算如下：

$$\frac{GDP_{2013} - GDP_{2012}}{GDP_{2012}} \times 100 = 2013 \text{ 年 GDP 增长率}$$

　　使用实际数字（用万亿美元作单位），可得：

$$\frac{16.798 - 16.245}{16.245} \times 100 = 3.4\%$$

　　也就是说，美国 2013 年增长率是 3.4%。

自我测验

　　如果 1990 年的 GDP 为 58 030 亿美元，1991 年的 GDP 为 59 950 亿美元，（名义）GDP 增长率为多少？

6.3　名义 GDP 和实际 GDP

　　上述没有经过价格调整的增长率，叫名义增长率，与之相对的是实际 GDP 增长率。下面是理解二者区分的基础。

　　名义 GDP（nominal GDP）是用销售期价格来计算的，也就是说，2013 年 GDP 是用 2013 年价格，2000 年 GDP 是用 2000 年价格。如果要用名义 GDP 比较不同时期的 GDP，就会产生一个问题。例如，2013 年名义 GDP 是 16.8 万亿美元，2000 年名义 GDP 是 10.3 万亿美元，那么，我们是否应该为 GDP 增长大约 63%$\left(\frac{16.8 - 10.3}{10.3} \times 100 = 63\%\right)$而庆祝呢？不要急！在庆祝之前，我们要进一步了解带来 63% 增长的

名义变量，如名义 GDP，都未经过价格调整。

主要原因是什么?是生产更多(更多的小汽车和计算机),还是 2000—2013 年间的价格上涨?

通常,经济学家更关心生产所带来的增长,因为只有产出增长才会带来生活水平的真实提高。但是,怎么才能在价格不变情况下测量出产出增长呢?截至目前,我们只知道如下关系:

$$2013 \text{ 年名义 GDP} = 2013 \text{ 年价格} \times 2013 \text{ 年数量} = 16.8 \text{ 万亿美元}$$
$$2000 \text{ 年名义 GDP} = 2000 \text{ 年价格} \times 2000 \text{ 年数量} = 10.3 \text{ 万亿美元}$$

如何比较 2000—2013 年的产出增长呢?设想用 2013 年价格而不是 2000 年价格核算 2000 年 GDP:

$$2013 \text{ 年 GDP(以 2013 年美元为单位)} = 2013 \text{ 年价格} \times 2013 \text{ 年数量} = 16.8 \text{ 万亿美元}$$
$$2000 \text{ 年 GDP(以 2013 年美元为单位)} = 2013 \text{ 年价格} \times 2000 \text{ 年数量} = 13.8 \text{ 万亿美元}$$

这说明如果 2000 年所使用的价格与 2013 年所使用的价格一样,那么 2000 年 GDP 就应该为 13.8 万亿美元。经济学家认为,2000 年 GDP(以 2013 年美元为单位)是 2000 年的**实际 GDP**(real GDP,以 2013 年美元为单位)。2013 年 GDP 也是用 2013 年美元为单位,因此,它就是 2013 年实际 GDP(以 2013 年美元为单位)。

因为有了 2000 年和 2013 年的实际 GDP,我们就能得到实际 GDP 增长。在 2000—2013 年间,实际 GDP 增长是 21.7% $\left(\dfrac{16.8 - 13.8}{13.8} \times 100 = 21.7\% \right)$。从而,经济体在 2013 年比 2000 年多生产 21.7% 的产品和服务。这个成就就很好了,但它要小于之前所算的 63%。毕竟在这段时期,价格也提高了!

如果我们想比较 GDP 随时间推移而发生的变化,就应该使用实际 GDP,也就是说,用相同价格计算所有年份的 GDP。有趣的是,使用哪一年的价格无关紧要,只要所有年份都使用相同年份的价格就行。

要比较的时期越长,实际 GDP 的计算就越容易出错。例如,1925 年的计算机价格是多少?从事实际 GDP 计算的经济学家和统计学家一定会担心新产品的价值和老商品的品质变化。过去的年份越久,就越难以决定如何修正那些品质变化。

经济学中的一个重要问题是实际变量和名义变量的区分,它会在整本教材中不断出现。**实际变量**(real variable)是经过通货膨胀(也就是价格随时间而增长)调整后的变量。以后各章将讨论住宅实际价格、实际工资和实际利率,会更具体地描述如何把名义数据转化为实际数据。

实际变量,如实际 GDP,通过在所有年份使用相同年份的价格来进行价格调整。

6.3.1 GDP 平减指数

GDP 平减指数是一个用来衡量通货膨胀的价格指数。我们会在第 12 章更详细地讨论地价格指数和通货膨胀。不过,一旦我们知道给定年份的名义 GDP 和实际 GDP,就很容易计算 GDP 平减指数了:名义 GDP 与实际 GDP 的比率乘以 100 就可以得到 GDP 平减指数。

$$\text{GDP 平减指数} = \text{名义 GDP} / \text{实际 GDP} \times 100$$

例如,要得到 2013 年的 GDP 平减指数,我们可以很容易地从美国经济分析局(U.S.Bureau of Economic Analysis)的网站找到 2013 年的名义 GDP 和 2013 年的实际 GDP(以 2009 年的美元为单位),做如下计算:

2013 年名义 GDP＝2013 年价格×2013 年数量＝16.79 万亿美元

2013 年实际 GDP(以 2009 年美元为单位)＝2009 年价格×2013 年数量
＝15.76 万亿美元

GDP 平减指数＝2013 年价格×2013 年数量/2009 年价格×2013 年数量
＝2013 年价格/2009 年价格
＝16.79 万亿/15.76 万亿×100＝106.5

注意到 GDP 平减指数是价格比率,我们就会明白为什么它可以用来衡量通货膨胀了。这个平减指数告诉我们 2013 年价格比 2009 年价格高出大约 6.5%(106.5－100)。

6.3.2　实际 GDP 增长

如果只能选择一个指标来说明当前经济运行,大多数经济学家都可能选择实际 GDP 增长。图 6.3 给出了 1948—2013 年美国实际 GDP 的年增长率。20 世纪 60 年代,美国实际 GDP 增长率很高,但在 20 世纪 70 年代和 80 年代早期,受通胀压力和 1973 年、1979 年的石油价格冲击,经济增长放慢;从 1982 年经济衰退直到 2005 年前后,经济增长更为稳健,但与 20 世纪 60 年代相比,仍有些低迷。注意:自 1948 年,美国实际 GDP 的长期年均增长率大约为 3.25%。你可以图中数据为基准来估测当前的增长率。

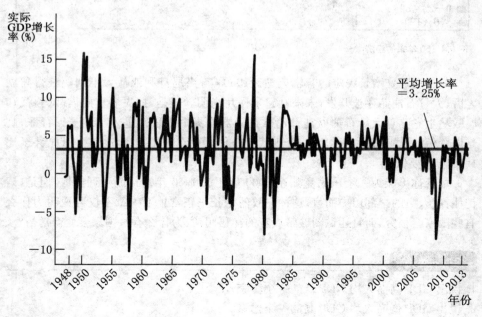

资料来源:Bureau of Economic Analysis。

图 6.3　美国实际 GDP 的增长率:1948—2013 年

6.3.3　人均实际 GDP 增长

人均实际 GDP 增长通常是生活水平变化的最好反映。一般情况下,GDP 增长和人均 GDP 增长对经济状况变化的描述是一致的,但是,对人口急速增长的国家来说,这两个指标有巨大差异。比如,1993—2003 年,危地马拉的实际 GDP 年均增长率大约为 3.6%。这听起来相当不错。但是,同一时期,该国人口每年以 2.8% 的速度增长,于是,危地马拉的人均实际 GDP 每年仅增加 0.8%。相比之下,美国人均实际 GDP 年增长通常为 2.1%。因此,美国不仅比危地马拉富裕,而且,美国居民也比危地马拉居民收入增长得更快。

图 6.4 表明了世界各地在长期(1953—2003 年)的年均实际人均 GDP 增长率。浅色标注经济体的年均增长率大于 2%,比如中国台湾地区的人均实际 GDP 年均为 6%。另一方面,那些最深的灰色标注的经济体处于增长灾难之中:人均实际 GDP 在不断下降。

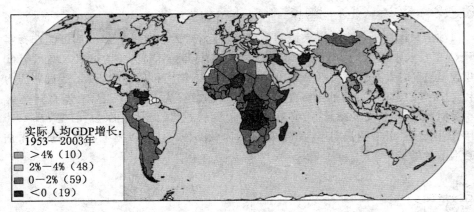

图 6.4　50 年来的经济增长

尼日利亚是增长灾难的悲剧典型。1960 年,当尼日利亚从大不列颠获得独立之后,大量石油储存被开发,未来看起来一片光明。但是,损失惨重的内战、独裁和腐败丛生意味着大量石油财富都消散在武器购买中或秘密进入了瑞士银行账户。难以置信的是,尼日利亚作为一个现代经济体,其 2000 年的人均实际 GDP 甚至比 1960 年还要低。

尽管你可能为一个国家竟然在 2000 年还没 1960 年富裕而感到震惊,但是,请记住:就人类的全部历史而言,这种失败的增长很正常!下一章不仅要说明为什么有些国家会很穷,而且还试图破解真正的神秘问题:为什么有些国家会变得富裕?

自我测验

1. 说出 GDP 高而人均 GDP 低的一个国家。
2. 说出 GDP 低而人均 GDP 高的一个国家。
3. 为什么要经常把名义变量转换成实际变量?

6.4 GDP 的周期性变化和短期变化

我们在前面用 GDP 比较了不同国家较长时期内的经济产出,现在要用 GDP 衡量经济的短期波动,也就是经济增长在几年内的上升和下降。图 6.3 说明,从 1948 年到 2013 年,美国 GDP 增长的变化相当大,在有些年份,比如 2009 年,增长率为负。**衰退**(recessions)表现为实际收入和就业的普遍而显著下降,是政策制定者和公众特别关注的经济问题。

坐落于美国马萨诸塞州剑桥市的研究机构——美国国家经济研究局(National Bureau of Economic Research,简称 NBER),在识别美国衰退方面最具权威。NBER 对衰退的官方定义是:

> 衰退是整体经济活动持续几个月以上的显著减少,常表现为实际 GDP、实际收入、就业率、工业生产和批发零售等的持续下降。

对上述定义,有几点值得强调:衰退是广泛的,不仅指地理上,也指遍布经济体的不同部门。尽管衡量衰退的唯一最佳指标是实际 GDP 的下降,但在衰退期间,可以观察到收入、就业、销售以及衡量经济健康与否的其他指标也是下降的。

衰退会多长时间发生一次? 图 6.5 描绘出了 1948 年以来实际 GDP 增长和美国官方承认的衰退。借此,我们可以更好地理解随时间而发生的 GDP 增长率的变动。由灰色柱看出,自 1948 年,美国出现过 11 次衰退。注意:除了衰退,图形还描述当实际 GDP 以快于正常速度上升时的经济扩张或繁荣。实际 GDP 围绕其长期趋势或"正常"增长率而波动,即为**经济波动**(business fluctuations)或**经济周期**(business cycles)。

衰退是实际收入和就业的普遍而显著下降。

经济波动或**经济周期**是指实际 GDP 围绕其长期趋势或"正常"增长率而发生的短期波动。

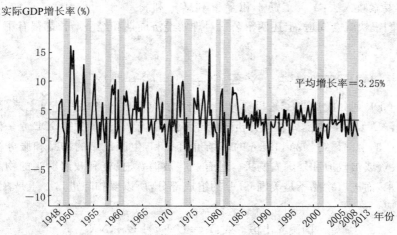

资料来源:Bureau of Economic Analysis。

图 6.5 1948 年至今的美国经济衰退:折合为年增长率的季度增长数据

衰退的开始时间和结束时间,通常并不容易定义。部分原因是经济数据经常随时间而修订。比如,季度 GDP 估算值一般是在季度结束后将近一个月才发布。发布之后,还要在随后两个月内发布几轮更新的估计数据。政府的 GDP 估计值经常在最初和最终的估计数据之间有重大变化。比如,2011 年美国经济分析局修订了始自 2008 年的经济数据,如此以来,与使用之前的估值所测算的经济衰退相比,2008 年的经济衰退看起来就更为严重了。美国经济分析局起初估计,到 2008 年的第四季度,全年 GDP 下滑了－6.8％。而在修订版中,这种下滑要严重得多,为－8.9％。由于数据的更新是发生在第一个估计值发布几年之后,GDP 作为同步指标的有效性就会大打折扣,这意味着我们对衰退的理解就会随时间而发生改变。

另一个例子就是关于 2001 年衰退开始时间的争论。NBER 官方时间是 2001 年 3 月,但数据修订后,很多人认为衰退事实上开始于 2000 年底。人们为什么热衷于讨论这个时间呢?因为美国总统换届发生在 2001 年初,民主党想宣称衰退是由共和党的经济政策所致,而共和党想说明衰退始于布什总统就任前的克林顿总统任期内。

自我测验

1. 什么是经济波动?
2. 为什么要判断一个经济体是否处于衰退之中往往并非易事?

6.5 划分 GDP 的几种方法

理解 GDP 的另一种途径是研究它的组成部分以及各部分是怎样组合在一起的。经济学家根据所要回答的问题使用不同的方法划分产品和服务的生产。下面介绍两种常用的划分 GDP 的方法:

1. 国民支出法:$Y = C + I + G + NX$
2. 要素收入法:$Y =$ 工资＋租金＋利息＋利润

我们很快就会知道,上述两个公式对理解经济周期和经济增长都很有用。

6.5.1 国民支出法:$Y = C + I + G + NX$

把 GDP 划分成消费(C)、投资(I)、政府购买(G)和出口减去进口之差(简称为净出口,NX)非常有用,尤其对分析短期经济波动。怎么理解呢?GDP 是一国一年内所生产的全部最终物品和服务的市场价值总和,生产出来的物品和服务被用于消费、投资或被政府和外国人购买。还有一些被消费、投资和政府购买的物品是由进口而来,而进口物品不是美国 GDP 的组成部分,所以要扣除进口。于是,GDP 也可以写成:

$$\text{国民支出恒等式}: Y \equiv C + I + G + NX$$

其中:

$Y = $ 名义 GDP(所有最终物品和服务的市场价值)

$C = $ 消费品和服务的市场价值

$I = $ 投资品或资本品的市场价值

$G = $ 政府购买的市场价值

$$NX = 净出口（出口的市场价值减去进口的市场价值）$$

下面依次详细解释每个项目。

消费（consumption）支出是对最终产品和服务的私人支出。大部分消费支出都出自家庭，诸如购买汽车和鸡肉的支出。消费支出也包括医疗保健方面的支出，不管这笔支出是来自家庭，还是保险公司，抑或是政府（以医疗补助计划和医疗保险的形式）。需要注意的是，尽管经济学家把教育当做一种对"人力资本"的投资，但经济分析局则把教育和汽车、MP3 播放器和电视的购买看做同一回事，即作为消费支出。你是怎样归类教育支出的呢？你是在消费（参加派对！）还是在为未来投资（努力学习！）？

投资（investment）支出是对用于未来产品生产的工具、工厂和设备的私人支出。大部分投资支出是由企业做出，但一个重要例外是，消费者对新房的购买要被算作投资。强调一下：经济学家的"投资"是指花在工具、厂房和设备（资本）上的支出。当农民购买一辆拖拉机，就是投资；学校建一所新教室或新实验室，也是投资。然而，买入 IBM 的股票不算投资，因为这仅仅意味着资本品所有权的转移。

GDP 的第三个组成部分是**政府购买**（government purchases），或者说是所有各级政府对最终产品和服务的购买。政府购买包括对坦克、飞机、办公设备及道路的支出，也包括为政府雇员支付的工资。这个类别包括政府消费项目（比如打印机的墨粉盒）和政府投资项目（比如道路和堤防），因此，它也被称作政府消费和投资购买。

政府行为的很大部分是把钱从一个公民那里转移到另一个公民手中，比如，联邦政府支出的大约 21% 被用于支付社会保障金。失业和残疾保险、各种福利项目和医疗保险都是很大的转移项目。转移支付不能算在政府购买中，因为如果这样做，就会导致重复计算。当老年人用他（或她）的社会保障金购买一台电视，就会被记入 GDP 的消费部分，因此，社会保障金不能记入政府购买。这个问题也可以这样来理解：计入政府购买的只能是最终产品和服务，当政府支付保障金给一位老年人时，并不是在购买最终产品或服务，而只是在转移财富。

净出口（net exports）是出口减去进口。如果一个国家卖给国外的最终产品和服务的价值大于它所购买的其他国家的最终产品和服务的价值，净出口就为正；如果一个国家进口大于出口，就会有负的净出口。需要注意的是，美国进口会对其他国家——也就是价值生产地——的 GDP 有贡献，我们不想重复计算，从而，在美国 GDP 中包括出口但要减去美国的进口。进口产品和服务仍然是有价值的活动（法国草莓很美味！），但是 GDP 衡量的目的是计量美国经济所生产的价值。

图 6.6 表明美国 2013 年 GDP 的四个组成部分：消费是最大部分，为 11.5 万亿美元，占 68.5%；投资是 2.7 万亿美元，占 15.9%；政府购买为 3.1 万亿美元，占 18.6%；净出口为 −0.5 万亿美元，占 −3.1%。图 6.6 中的"长期平均"部分，表明这些数字数十年来的相对规模。在以后关于总需求和经济周期的章节里，你会明白这些类别的变化代表了一种思考短期经济衰退原因或根源的方法，这也是我们论述这些特定项目的一个原因。

*消费*支出是对最终产品和服务的私人支出。

*投资*支出是对用于未来产品生产的工具、工厂和设备的私人支出。

*政府购买*是所有各级政府对最终产品和服务的购买。转移支付未包含在其中。

*净出口*是出口减去进口。

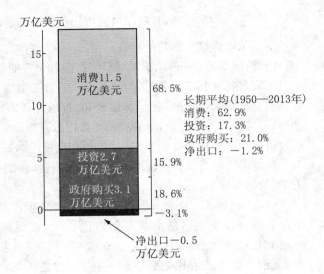

资料来源：Bureau of Economic Analysis。

图 6.6　2007 年美国 GDP 的构成

6.5.2　要素收入法：支出法的另一面

当消费者花钱消费，工人(雇员报酬＝工资＋收益)、地主(租金)、资本所有者(利息)和企业(利润)就会收到钱。因此，可以用另一种方法计算 GDP：把所有支出相加或把所有收入相加。第一种方法叫支出法，第二种方法叫要素收入法。

要素收入法：Y＝雇员报酬＋租金＋利息＋利润

通常为了计算正确，有必要进行一些修正。比如，并不是花在产品和服务上的每一美元都会转化为一美元收入。销售税就可以被看做一个例外的情形，它使消费者所花与企业和工人所得之间产生差异，所以，用收入法计算 GDP，就需要把销售税加上。*

各位读者掌握基本思想就可以了，细节不必深究。所以，要素收入法可以简单地理解为：一个人花出一美元就会有另一人收入一美元；在 GDP 核算中，既可以通过加总在最终产品和服务上的总花费，也可以通过把每个人的收入加总来衡量 GDP。

6.5.3　为什么要划分？

划分 GDP 的每一种方法都有助于从不同方面解释经济。比如，研究经济周期的经济学家通常对按国民支出恒等式来划分 GDP 的方法更感兴趣，因为消费、投资、政府购买和净出口随时间推移而表现不同。比如，消费支出比投资支出更为稳定，经济学家对理解这些差异的原因和结果甚感兴趣。

如果要考虑经济增长如何被雇员报酬、租金、利息和利润分割，要素收入法就派上了用场。比如，GDP 的大部分都支付给劳动，雇员报酬(工资和其他收益)大约

---

* 我们也不得不对折旧进行一些修正。随着时间流逝，机器会损耗，厂房会毁坏，房屋会老化。折旧资本不能加在任何人的收入中，但是，GDP 衡量的是折旧前的产出，所以，如果用收入法计算 GDP，就需要考虑折旧资本。

占 GDP 的 54％,这要大于大多数人的预想,也远远大于利润所占比例(大约为 10％)。流向工人的 GDP 份额随时间推移而保持稳定,尽管有证据表明近些年来这个份额有所下降。经济学家对导致这些份额相对大小的原因很感兴趣。

各种方法都有误差,这也说明有多种计算 GDP 的方法是有好处的。我们可以用多种方法核算 GDP 以检查结果的正确性。

无法判断哪种方法更好一些,因为这依赖要回答的问题。其他很多划分 GDP 的方法也是可行而有用的,比如,对比食物与其他项目的市场价值,或者划分耐用品与非耐用品,或者按地区或州划分 GDP[按州划分的 GDP 叫州内生产总值(gross state product)]。原则上,有成千上万种通过各个部分加总构建 GDP 的方法。经济学家在不断完善 GDP 思想,以改善 GDP 衡量,并提出新的划分 GDP 的方法。

自我测验

1. 国民支出组成中 C、I、G 和 NX 中,哪个最大?
2. 消费支出和投资支出,哪个比较稳定?
3. 为什么收入法计算的 GDP 和支出法计算的 GDP 是一样的(理论上)?(实际上,由于会计误差和数据遗漏,这两个计算方法所得到的值很接近但有区别。)

6.6　用 GDP 衡量产出和福利所存在的问题

GDP 衡量的是最终产品和服务的市场价值,但很多产品和服务,我们并不知道它们的市场价值,比如非法生产的产品和服务,因为买卖双方都不愿回答政府统计人员的问题。更严重的一个问题是,我们不知道那些没有在市场上进行交易的产品和服务的市场价值,比如洁净空气,因为市场上没有洁净空气的买卖。

让我们更详细地介绍这些问题的具体例子。

6.6.1　GDP 不包括地下经济

GDP 核算中漏掉了非法或地下市场交易。比如,可卡因或盗版 DVD 销售就没被报告,所以不会在政府统计中显示。合法生产但为避税而"私下"交易的产品也没有出现在 GDP 中。

那些腐败更严重、税率更高的国家,通常地下交易活动也更频繁。在海地——这个西半球最贫穷的国家,注册一个合法企业大约需要花费 203 天来对付各种官僚主义,④因此,那么多海地人长期从事不合法的商业活动,也就不足为怪了。一般来说,拉丁美洲国家的非正式的或"不合法"的生产产值估计要占到官方统计 GDP 的 41％。⑤

有大量非法和黑市交易活动的国家,事实上并不像它的官方 GDP 数据所显示的那么穷。在美国或西欧,地下经济很可能是官方 GDP 的 10％—20％,这个比例与海地或大部分拉美国家相比,是较小的,但从绝对数来看,还是相当大的。

6.6.2   GDP 不包括非价格性生产

当有价值的产品和服务被生产而没有进行明确的货币支付,非市场生产就发生了。如果儿子为父母修剪草坪,这个服务就不包括在 GDP 中;如果草坪维护公司提供了同样的服务,就要计入 GDP。然而,这两种做法都导致草坪得到修剪,经济产出增加。同样,如果在视频网站(YouTube)上观看免费视频,这个活动就不会被计入 GDP,但如果是购买电影票进入电影院,就会被计入 GDP。人们用谷歌(Google)搜索有价值的信息,在网上阅读博客和报纸,用 Facebook 与朋友聊天,这些交易都不会计入 GDP 统计中,因为它们都没有被定价。所有的志愿服务,比如教堂工人把食物分发给老人,人们在公园里捡拾垃圾,图书评论者在亚马逊(Amazon)网站发布评论,都不会被计入 GDP。这些活动都增加了经济产出,但如果交易活动没有被定价,那就不会被计入 GDP 统计中。

奶爸不增加 GDP。

非价格性生产的遗漏把两个偏差引入 GDP 统计:不同时间的偏差(biases over time)和不同国家的偏差(biases across nations)。

自 1950 年以来,美国官方劳动力统计中女性所占比重从 34% 上升到今天的大约 60%,已经差不多翻了一番。这意味着相比 1950 年,母亲们在家劳动的时间更少,而保姆和房屋清洁工更多。在 1950 年,从事家庭劳动的母亲们得不到报酬,她们的有价值服务不计入 GDP,而今天的保姆和房屋清洁工得到报酬,他们的服务被计入 GDP(除非保姆被秘密雇用以逃避支付社会保险税!)。这导致 1950 年的美国 GDP 核算对真实产出的低估程度要比今天 GDP 核算对真实产出的低估程度更大一点。

非价格性生产也影响到国家间的 GDP 比较。例如,很多国家的文化传统不鼓励妇女加入官方劳动力。在印度,妇女占劳动力的 28%,与之相比,美国是 46%。[6] 另外 72% 的妇女的产出没被记入印度 GDP,从而,印度 GDP 统计对真实生产的低估要比美国更严重。

在贫穷国家和农村地区,家庭生产尤其重要。经常可以读到这样的报道:在墨西哥的农村地区,很多家庭每年只能挣到 1 000 美元收入。这在当代美国人看来,以此为生简直不可能。但要记住,这些农村地区的很多家庭都是自己(在亲戚和朋友的帮助下)建造自己的住房,种植自己的食物,缝制自己的衣服。他们生活艰难,但他们生产的很多产品和服务都没被计入 GDP。

6.6.3   GDP 不包括休闲

休闲,或者不工作的时间,也在 GDP 统计中被遗漏。人们重视休闲,正像重视食物和交通工具一样。但是,当人们消费食物和交通工具的时候,可测量的 GDP 在增长;而当人们享受更多休闲,可测量的 GDP 却没增长,甚至还会下降。当然,为了实现有些形式的休闲,必须购买像钓鱼竿、野营车这样的工具,这些购买才会被计入 GDP,但这仍然难以衡量休闲的真实价值。

自 1964 年以来,美国人的平均每周工作时间已经从 38 小时减少到大约 34.5 小时,下降了 10 个百分点。而且,在家干活的时间也减少了,因为洗衣机、微波炉、吸尘器等家用电器使家务劳动更容易、更省时。休闲时间的增加表明人类福祉的提高,但这在 GDP 中没得到反映。

美国的平均每周工作时间在下降,而其他一些国家的平均每周工作时间下降得更快。图 6.7 表明一组被选定国家的平均每周工作时间。美国每周工作时间下降到大约 34.5 小时,其他发达国家如法国、德国和英国更少,荷兰仅有 27 小时。因为休闲没有增加 GDP,所以与欧洲国家相比,有更长每周工作时间的美国似乎显得更富裕。然而,需要注意的是,尽管美国每周工作时间与其他发达国家相比是长的,但许多发展中国家的每周工作时间甚至更长,比如中国人的平均每周工作时间大约是 42.5 小时。

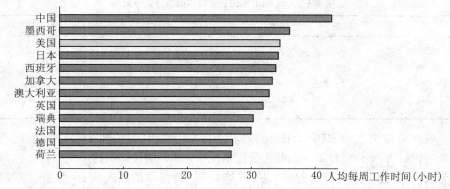

资料来源:OECD Statistics,2006 and U.S. Bureau of Labor Statistics。

图 6.7　美国的人均每周工作时间比许多发达国家更长

6.6.4　GDP 不包括坏的公共品:环境成本

GDP 是对最终产品和服务的市场价值的加总,但没扣除坏的公共品的价值。比如,污染是一种坏的公共品,它每年都被生产但不计入 GDP 统计;GDP 统计也不计地下蓄水层的破坏、大气中二氧化碳的累积或自然资源供给的改变。同样,GDP 统计不计作为环境成本的动植物物种的减少,除非那些动物和植物有直接的商业价值。另一些坏的公共品也没进入 GDP,比如犯罪的危害。

既然污染增加没被当作坏的公共品,污染减少也没被当作好的公共品也就不足为奇。现在的美国与 1960 年相比,拥有更清洁的空气和水,但 GDP 统计并不反映这种改进。

"绿色核算"(green accounting)运动试图改革 GDP 统计以明确涵盖环境问题。大多数经济学家赞同绿色核算的逻辑:GDP 应该衡量所有最终产品和服务的市场价值,即使那些产品和服务不在市场上进行贸易。他们也认可在 GDP 统计中尝试考虑非价格性生产、休闲、犯罪等会改善 GDP,但问题是这很难操作。比如,环境舒适度就很难估价。再如,如果北极熊在阿拉斯加出现,应该给 GDP 加进多少价值呢?一条冰川价值多少?珊瑚礁呢?这些资源的价值评估作为个别问题可能还能加以推断,但对整体经济来说,测量任务就似乎难以完成。经济学家通常不把这么多不确定性引入整体 GDP 概念,而是把绿色核算(和其他的 GDP 修正)用在一些特定问题的分析上。

6.6.5 GDP 不衡量收入分配

人均 GDP 是对一个国家生活水平的粗略衡量。但是,如果人均 GDP 上升 10%,并不必然意味着每个人的收入甚或是人均收入就会上升 10%。

来看下为什么。想象一个国家只有四个人:约翰、保罗、乔治和林戈。第一年 他们的要素收入分别是 10、20、30 和 40。用要素收入法,GDP 等于 100(10+ 20+30+40),人均 GDP 是 25(100/4)。表 6.3 第一列显示了第一年的 GDP 及其 分配。

表 6.3 人均 GDP 的增长可以不同的方式分配

	约翰	保罗	乔治	林戈	GDP	人均 GDP
第 1 年	10	20	30	40	100	25
(a) 第 2 年	11	22	33	44	110	27.5
(b) 第 2 年	10	20	30	50	110	27.5
(c) 第 2 年	20	20	30	40	110	27.5

现在假设第二年 GDP 增长 10% 到 110,人均 GDP 增长到 27.5(110/4)。在 表 6.3 中 a、b、c 行三种不同的收入分配情况下,GDP 增长都保持不变。在 a 行,每 一个人收入增长 10%:约翰的收入从 10 增长到 11,保罗的收入从 20 增加到 22,等 等;在 b 行,GDP 的增长集中于林戈:这个最富有之人的收入增长 25%(从 40 到 50),其他人收入都保持不变;在 c 行,GDP 的增长集中在约翰:最贫穷之人的收入 增长 100%(从 10 到 20),其他人收入都保持不变。

在上述不同情况下,GDP 和人均 GDP 增长都一样,但在 a 行,收入不平等程度 保持不变,在 b 行,不平等程度上升,在 c 行,不平等程度下降。

在大多数国家的大多数时间里,人均 GDP 增长和 a 行所示一样:每个人收入的 增长都大致相同。[7] 因此,在通常情况下,人均实际 GDP 增长的确粗略说明了人均 生活水平是如何随时间而变化的。然而,在考察特定国家的特定时期时,我们可能 会希望仔细考察 GDP 增长是如何分配的。换句话说,GDP 数字是有用的,但并不 完美。

自我测验

1. 为什么 GDP 不计入或者不试图计入某些项目? 这些未计算变量有什么共性?
2. 如果两个国家有相同的人均 GDP,它们的收入分配一样公平吗?
3. 如果说 GDP 并不是将所有项目都包括进去,那么它就缺乏统计意义了吗?

○ 本章小结

宏观经济学的主要课题是经济增长和经济波动。当说"经济"增长时,意味着 什么? 确切地说,是什么在波动? 如果想理解增长和波动,需要通过某些概念对增 长和波动进行定义和衡量。

国内生产总值的概念被用来量化增长和波动的思想。GDP，一个国家一年内所生产的所有最终产品和服务的市场价值总和，是对一个国家在过去一年内经济产出的估测。当我们说经济在增长时，是指 GDP 或相关概念（如人均 GDP）在增长；当我们说经济繁荣或收缩时，是指实际 GDP 在其长期趋势之上或之下。

GDP 可以通过不同方法来加以衡量和加总，每种方法都从不同角度揭示了经济运行。国民支出恒等式：$Y=C+I+G+NX$，根据收入花费去向的不同类别把 GDP 划分开来；要素收入法：$Y=$工资＋利息＋租金＋利润，把 GDP 划分成不同的收入种类。

人均 GDP 是对一个国家生活水平的大致估计。在所有年份都用相同的价格来计算 GDP，就能消除通货膨胀对 GDP 的影响，得到实际 GDP。人均实际 GDP 增长大致表明人们的平均生活水平是如何随时间而变化的。

GDP 统计是不完美的，它不包括休闲的价值和地下经济中交易的物品，也不包括难以定价的物品，如阿拉斯加出现北极熊的价值。GDP 和人均 GDP 也不能说明GDP 分配的平等程度。经济学家和统计学家正努力完善和修正 GDP 衡量。GDP 衡量不完美，但在估测生活水平和经济活动规模方面，GDP 是有用的。

○ 本章复习 ....

关键概念

国内生产总值（GDP）

人均 GDP

国民生产总值（GNP）

名义变量

实际变量

衰退

经济波动（经济周期）

消费

投资

政府购买

净出口

事实和工具

1. 根据表 6.1，哪个国家的 GDP 最高？哪个国家的人均 GDP 最高？GDP 和人均 GDP 居于第二位的国家呢？

2. GDP 包括什么：所有产品、所有服务，还是两者都包括？

3. 自 1950 年以来，人们在医疗服务和娱乐活动上的花费有何变化？

4. 警官："我让你把车开到路边，因为你超速了，你的速度达到每小时 80 英里。"

司机："警官，这不可能！我才刚刚开了 15 分钟而已。"

政府每季度都会公布一次国内生产总值。利用上面这个小笑话，说明在每季度公布一次 GDP 的情况下，"年度 GDP"的含义是什么。

5. 计算出下列情况中的名义 GDP 的年增长率：

a. 1930 年名义 GDP：970 亿美元，

1931 年名义 GDP：840 亿美元；

b. 1931 年名义 GDP：840 亿美元，

1932 年名义 GDP：680 亿美元；

c. 2000 年名义 GDP：97 440 亿美元，

2001 年名义 GDP：101 510 亿美元。

（资料来源：*Historical Tables*，Budget of the United States Government，Congressional Budget Office。）

6. 下列事项会记入美国 GDP 吗？简要说明原因。

a. 二手车商店出售的二手车；

b. 你把自己用过的汽车卖给你的亲戚；

c. 美国加州纳帕谷一处由澳大利亚人所有的葡萄园所酿制的葡萄酒；

　　d. 由美国人所有的澳大利亚葡萄园所酿制的葡萄酒；

　　e. 一名法国游客对一家旧金山旅馆支付的住宿费；

　　f. 一名美国游客对一家巴黎旅馆支付的住宿费；

　　g. 一张观看美国湖人队篮球比赛的门票。

7. 从定义上来看，名义 GDP 是否高于实际 GDP？

8. 在过去 20 年间，经济衰退现象与以前相比，是更加频繁还是趋于减少？

9. 根据美国国家经济研究局的定义，下列哪些是经济衰退定义的"正常"部分？

　　a. 名义收入下降；

　　b. 就业下降；

　　c. 实际收入下降；

　　d. 价格水平下降。

10. 回顾过去一万年的人类历史，哪种现象才是常态：人均 GDP 趋于增长，还是保持不变？

11. 将图 6.6 的"长期平均"与下表中合适的分数对应起来(注意：一些分数会剩下来！)。这些分数比精确的百分数更容易记忆。

长期平均	占 GDP 比例	长期平均	占 GDP 比例
消费	$\frac{1}{3}$	政府购买	$\frac{1}{4}$
	$\frac{1}{8}$		$\frac{2}{3}$
投资	$\frac{1}{5}$	净出口	$\frac{9}{10}$
	$\frac{1}{14}$		

12. 什么是国民支出恒等式？这一恒等式在经济学中的重要性，就如医学院中的基本解剖学：不了解人体的内部构造，当然就没办法治愈病人。

思考和习题

1. 计算下面这个简单经济体中的国内生产总值：

　消费者购买：每年 100 美元

　投资购买：每年 50 美元

　政府购买：每年 20 美元

　总出口：每年 50 美元

　总进口：每年 70 美元

2. 自二战以来，仅有哪三位美国总统在执政期间没有遭受过经济衰退？(在随后章节中，我们还会回到这个问题，并分析总统与经济的关系。)

3. "政府购买"并不包括政府的所有支出。美国政府所做的大部分工作是将钱从一个人的口袋转移到另一人的口袋。社会保险(对退休人员的支付)、医疗保险和医疗补助(为老年人和经济困难人员提供的医疗保险支付)占"政府转移支付"的大部分。第 16 章将详细探讨这些内容，但现在让我们看下"政府转移支付"在联邦预算中有多大，以及增长有多快。下表中的数据都是经通货膨胀调整后的美元，请完成下表：

年 份	联邦转移支付总额 (10 亿美元)	联邦支出总额 (10 亿美元)	转移支付占支出百分比(%)
1950	136	425	—
2000	10 570	17 880	—
增长率(%)	—	—	

资料来源：*Budget of the United States Government：Historical Tables，Fiscal Year 2003*，Washington，D.C.：U.S.Government Printing Office。

4. 让我们看看经济蛋糕中的多大部分是以工资的形式进入工人腰包的，以及这一比例是否随着时间的推移而变化。表面上看，"工资份额"似乎很容易计算，但实际上在计算过程中有个难题，这需要重温机会成本思想。问题本身很简单：小企业主赚的钱，应该算成"工资"还是"利润"？通常情况下，小企业主大部分时间都在为生意而忙碌。他们所做的工作，只要付工资其他人也可以做。换句话说，小企业主本质上好比工人。而工人挣的钱，被称为工资，小企业主却可以得到除掉工人工资和银行利息之后的所有收益，这样看来，小企业主赚的钱也可以算作利润。

　　怎么解决这一难题呢？最好的解决办法就是计算小企业主时间的"机会成本"，也就是说，把小企业主当作其中一个雇员，粗略估计他或她能得到的工资。这样就可以算出小企业主收入的多大部分是真正的工资收入。

　　次优解决方案是：假设小企业主收入的 1/3、1/2 或者 2/3 是真正的工资，其余部分则算作利润。我们将这种方案用于本题。经济学中我们经常会做一些假设，现来看一下这是否会改变我们对经济的看法。运用这种方法，我们来看一看分给工人的蛋糕会发生什么变化。

年份	工资(含基本薪酬和奖金)	企业主的收入
1959	占国民收入的 62%	占国民收入的 11%
2003	占国民收入的 64%	占国民收入的 9%

资料来源：*Survey of Current Business*. Bureau of Economic Analysis, March 2004。

利用以上数据完成下表：

年份	工资总额占国民收入的百分比		
	占企业收入的 1/3	占企业收入的 1/2	占企业收入的 2/3
1959			
2003			

现在你已经计算出结果了，那么"工资份额"是上升 5%，还是下降 5%？还是在几十年间基本保持不变？占小企业主收入 1/3、1/2 或者 2/3 的调整，是否对这一结论产生影响？

5. 让 我 们 一 起 为 鲁 滨 逊·克 鲁 索（Robinson Crusoe）* 计算一下下列情况中的 GDP：

a. 鲁滨逊被困孤岛的第一年，还没遇见星期五（Friday），缺乏对孤岛的了解和在孤岛生活的智慧。鲁滨逊是那个年代的典型英国人，有记账习惯。这一年，他捕获并吃掉 2 000 条鱼，每条价值 1 英镑；种植并吃掉 4 000 个椰子，每个价值 0.5 英镑；建造 2 间小木屋，每间价值 200 英镑。政府购买为零，也没有任何贸易，那么，对鲁滨逊来说，C 是多少？I 是多少？Y 是多少？（这里我们开始使用国民支出恒等式中的那些字母，参见"事实和工具"中的 12 题。）

b. 某一年，鲁滨逊了解到附近岛上有一个部落，而这个部落希望和他做生意：鲁滨逊提供鱼，他们提供蛤蜊。他和以前一样，每年捕获 2 000 条鱼，他只拿其中的 500 条进行物物交易，获得 10 000 只蛤蜊，每 5 只蛤蜊价值 1 英镑。那么这些可以看做出口的鱼价值多少英镑呢？这些进口的蛤蜊又价值多少呢？这一年的 C、I 和 X 分别是多少？GDP 又是多少？

c. 接下来的一年，鲁滨逊的劳动成果还和往年一样，但在岛的另一侧生活着一个部落，他们偷拆鲁滨逊辛苦建造的两间小木屋，并且不拿任何有价值东西作为补偿。所以鲁滨逊在这一年里只出口，不进口任何东西。那么，这一

年的 C、I、X 和 Y 分别是多少呢？

d. 鲁滨逊被困孤岛的最后一年，他的劳动成果依然和往年一样（他是可靠的劳动者），但是一次海难把一些船只残骸冲上这座小岛，带来 1 个价值 3 英镑的闹钟，1 件价值 2 英镑的新衬衫，1 本价值 1 英镑的弥尔顿的《失乐园》以及 1 本价值 1 英镑的《莎士比亚全集》。如果把这些物品都当成进口消费品，那么这一年的 GDP 是多少呢？（提示：要重点考虑 GDP 中"P"的含义。）这一年的 C、I、X 和 Y 分别是多少呢？（提示：答案中有一个数值比往常大，还有一个数值为负。）

e. 鲁滨逊会对 c 问中发生的情况感到高兴吗？对 d 问呢？记住你的答案，因为这对后面要讨论的贸易经济学有所帮助。

6. 让我们来思考一种衡量休闲时间价值的合理方式。为简化问题，我们只考虑某些具有工作能力却选择待在家里的人的休闲时间价值，不考虑有工作的人对自由时间价值的衡量，也不考虑儿童和退休人员对时间价值的衡量。

在一个标准的劳动力供求模型中，企业需要劳动力，而工人们正好提供劳动力。现在我们来看一个处于平衡的劳动力市场：工资为每小时 20 美元（接近美国的平均工资水平），符合工作年龄的美国人为 2.25 亿，其中有工作的人数 1.5 亿。

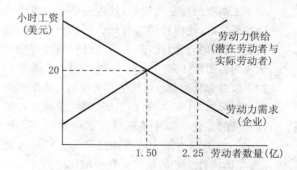

a. 根据这个简化的美国经济模型，可以看出：如果工资高于目前水平，一些工人将会选择找份工作。但是，在目前每小时 20 美元的情况下，他们宁愿选择待在家里看电视剧《宋飞正传》（*Seinfeld*）或者《好汉两个半》（*Two and a*

---

* 英国作家丹尼尔·笛福小说《鲁滨逊漂流记》中的主人公。——译者注

Half Men)的重播(切勿效仿!)。对于这些摇摆于工作与不工作边缘的人来说,如果工资稍微上涨,他们就会外出工作,那么,什么样的工资水平才会使他们外出工作呢?

b. 我们把这一状态下的工资水平看做待业者衡量自身时间价值的标准。毕竟,他们休闲时间的机会成本至少得有这么高,否则他们就会选择外出工作了。现在,我们来计算加入了对待业者休闲时间价格的大致估算的GDP。我们将使用下面的等式,并假设名义GDP价值是14万亿美元(近似于美国2008年的实际水平):

$$休闲增大型 GDP = 正常 GDP + 休闲时间的总货币价值$$

如果工作者的平均工作时间为每年2 000小时(每年工作50个星期,每周工作40小时),那么美国的休闲增大型GDP是多少呢?

7. 思考下列两条断言:第一条出现在《国家》(*The Nation*)杂志上;第二条则出现在《国家评论》(*National Review*)杂志上。

(1) 欧洲有强大的工会,所以,相对于美国工人,欧洲工人在经济蛋糕中所分得的份额更大。

(2) 由于欧洲工商业被高度管制,因此,他们缺乏谋取更大利润的激励。从而相对于美国工人,欧洲工人得到的国民产出份额较小。

相对于美国,欧洲工会力量更强,这是事实。欧洲工商业面临更高管制,这也是事实。考虑到这些事实,上述两种说法有什么问题呢?它们忽视了什么事实?因此,强大的工会和高政府管制无能为力的是什么?

8. 地下经济和其他非价格性生产使我们很难准确衡量出精确的GDP水平,但GDP仍然能准确衡量出经济的变化。如果美联储主席珍妮特·耶伦(Janet Yellen)力图弄清美国经济是否已进入衰退,非价格性生产的衡量难题会阻碍她的这一目标吗?这和你总是穿着拖鞋踏上浴室磅秤,有哪些相似之处呢?

9. a. 美国GDP接近14万亿美元。如果GDP被均分到3亿美国公民头上,那么每人将得到多少美元?假设你和你的9个最好的朋友将平分几乎全部的GDP,而其他美国民众每人只能得到1 000美元,那么你每年将得到多少美元呢?

b. 玩笑时间结束。目前,美国有15万人的年收入超过150万美元。假设你能拿走他们的收入并将它们平分给美国3亿民众,那么,这3亿民众每人每年可得多少美元呢?注意:150万美元只是个临界值,这个富人集团人均每年可挣300万美元,请你再用这个数据计算上述问题。

(资料来源:David Cay Johnston, "Richest Are Leaving Even the Rich Far Behind", *New York Times*, June 5, 2005, based on U.S. government data。)

10. 请利用数字总结美国经济史上的一些基本事实:

a. 首先,请估测美国经济大萧条的规模:

1929年(顶峰)	1933年(谷底)
实际GDP:	实际GDP:
3 230亿美元	2 060亿美元
1929年价格水平:	1933年价格水平:
33	24

计算从1929年到1933年实际GDP的变化率和价格水平变化率。先算出总变化率,再除以年数,就可得出当年变化率。(注意:是整整4年,而不是3年或5年。)

b. 其次,请衡量由大萧条的谷底到二战经济繁荣的顶峰,经济增长率是多少:

1933年(谷底)	1945年
实际GDP:	实际GDP:
2 060亿美元	5 960亿美元
1933年的价格水平:	1945年价格水平:
24	38

同上,先计算出总变化率,再除以相应年数,可得年变化率。

c. 最后,思考经济增长是否意味着价格水平一定随之上涨:

1870年实际GDP:	1900年实际GDP:
360亿美元	1 240亿美元
1870年价格水平:	1900年价格水平:
22	16

同上,计算出总增长率及年均增长率。注意:这30年中,价格水平的下降相当平稳,而经济却在快速增长。这一时期的美国涌现出大量描写新兴城市生活的伟大小说。

(资料来源:Robert J.Gordon, ed., *The American Business Cycle: Continuity and Change*. Cambridge, MA, National Bureau of Economic Research, 1986。)

11. 一个国家的国民财富与它的GDP之间有什么差异和联系?

挑战

1. 二战期间，政府在衡量名义 GDP 方面做得很好。但是，如果不能准确地计算出价格水平，就可能得出完全错误的实际 GDP。二战期间实施价格上限政策，这意味着一些本该昂贵的商品却卖得很便宜。在二战即将结束的几年里，政府终于停止了对价格的控制，从而使价格水平大幅攀升 20%。如果二战期间的真实价格水平真的高出政府发布的价格水平的 20%，那么，这意味着实际 GDP 是高于、低于或等于"思考和习题"部分中的 10 题 b 问给出的官方数字？

2. 如果美国政府的统计将教育支出算作投资，下列哪些项目会上升、下降或保持不变？

　消费　　投资　　国内生产总值

3. 如果美国政府的统计将得到政府失业救济的人算作被政府花钱雇来"找工作"的"政府雇员"，下列哪些项目会上升、下降或保持不变？

　消费　　政府购买　　国内生产总值

4. 据说一些政府雇员整天无所事事。如果传闻足够真实，那就可能影响到 GDP 衡量的真实性。"政府雇员"严格来说就是"受雇工人"，但是，很大程度上说，这些"雇员"真的没做任何有用的工作，他们只是一边接受转移支付，一边每周看 40 小时 YouTube 上的网络视频。如果政府统计能将这些整天看网络视频的政府雇员算作退休或失业人员，下列哪些项目会上升、下降或保持不变？

　消费　　政府购买　　国内生产总值

解决问题

下列各项包括在美国 GDP 中吗？简要说明原因。

a. 在校园书店里出售的二手教材；

b. 在私家车库里出售的旧书；

c. 建在美国的一家日本丰田汽车厂生产的小汽车；

d. 建在德国的一家美国通用汽车公司生产的小汽车；

e. 一名德国旅游者支付给纽约旅店的住宿费；

f. 一名美国旅游者支付给柏林旅店的住宿费；

g. 一张观看纽约洋基队比赛的门票。

7 国民财富和经济增长

在发达国家,痢疾是一种痛苦,一种烦恼,当然也是一种尴尬。但在很多发展中国家,痢疾则是一个杀手,尤其是对儿童。每年都有 180 万儿童死于痢疾。为了阻止这 180 万儿童的死亡,我们不需要任何突破性科技进展,也不需要新型药剂或先进的医疗器械,最需要的只有一件事:经济增长。

经济增长能带来自来水和抽水马桶,它们的配合使用将使痢疾导致的婴儿死亡率下降 70% 以上。疟疾、麻疹和其他传染病每年也会杀死数百万儿童,道理很简单:如果这数百万死去的儿童生活在有较高经济增长的环境中,他们本可以活下来。

图 7.1 表明健康和财富是如何相互关联的。纵坐标表示人均 GDP,横坐标表示每 1 000 个儿童存活到 5 岁的数量。美国,世界上最富裕的国家之一,1 000 个儿童有 993 个存活到 5 岁(也就是 7‰ 的儿童在 5 岁前夭折);利比里亚,世界最穷的国家之一,仅有 765 个儿童活到 5 岁(也就是 1 000 个儿童有 235 个在 5 岁生日之前夭

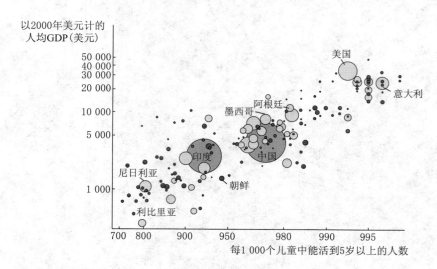

注:数据气泡尺寸与人口规模成正比。纵轴、横轴都为比例尺度。

资料来源:Penn World Tables and World Bank Group, World Development Indicators 2005。

图 7.1　财富与健康相互关联

折）。这个图说明一个国家的人均 GDP 与婴儿存活率之间的强相关性。每个国家的数据气泡尺寸与该国人口大小成正比。要注意：印度和中国都有超过 10 亿的人口，所以，这两个国家的经济增长就可能使数百万的儿童免于夭折。

婴儿健康与财富趋于同向变化。的确，衡量社会福利的任何标准指标都倾向于与财富一起上升，比如婴儿存活率、预期寿命和营养状况（热量摄入水平）都倾向于在更富裕国家有更高水平；教育机会、休闲和娱乐也倾向于在更富裕国家有更高水平；甚至如内战和暴动冲突之类在更富裕国家也会更少。当然，更富裕国家还拥有更多的物质产品，如电视机、iPhone 和游泳池等。

很明显，财富是重要的。所以，我们想解答：为什么有些国家富裕而另一些国家贫穷？为什么一些国家比其他国家更快地走向富裕？怎么做才会帮助贫穷国家变得富裕？这些问题的答案称得上生死攸关。本章和下一章将尝试回答这些问题。

7.1　国民财富和经济增长的关键事实

让我们从国民财富和经济增长的一些重要事实开始。

7.1.1　事实一：不同国家的人均 GDP 差别巨大

前面已经对国民财富在国家间的巨大差异，以及这些差异对婴儿死亡率和其他福利衡量指标的影响做了一些介绍。图 7.2 进一步说明了人均 GDP 在世界各地

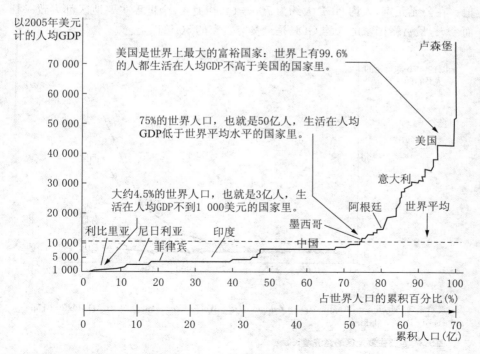

资料来源：Penn World Tables，8.0，经购买力平价调整。

图 7.2　2011 年世界收入的分布

的差别。最左边是世界最穷的国家刚果民主共和国(未标示),人口不足世界的1%;我们向右按富裕程度逐渐加入更富裕国家的人口,随着人口比例向右递加,人均GDP也向上移动。该图告诉我们,大约8%的世界人口——2000年为4.8亿——生活在人均GDP低于1 000美元(大约相当于尼日利亚水平)的国家;向右读图,60%的世界人口生活在人均GDP等于或低于4 000美元(大约是中国水平)的国家;水平虚线表示2000年世界人均GDP为9 133美元,这大约相当于墨西哥水平;80%的世界人口——或者说是48亿人——生活在人均GDP低于平均水平的国家。换句话说,世界上大部分人口相对于美国人来说,都是穷的。

在思考贫穷这个问题时,要记住:人均GDP仅仅是个平均数,是每个国家内的收入分配。在印度,人均GDP大约为3 500美元,但很多印度人的年收入还不足3 500美元,同时有些印度人的年收入甚至高于美国的人均收入。全世界大约有10亿人口的收入低于每天2美元。

7.1.2   事实二:过去每个人都穷

世界收入的分布说明贫穷是正常的,富有才是少见的。如果我们纵览人类历史,更会发现贫穷是多么正常。公元元年的人均GDP是多少? 没人知道确切数字,但有一个不错的估测,大约是每年700—1 000美元(按今天的美元价值)。这和当今世界上最贫穷人们的生活状况相差无几。令人惊奇的不是过去的人们很穷,而是过去的每个人都穷。

图7.3 显出了从公元元年到公元2000年,对世界不同地区人均GDP的估计值。在公元元年,人均GDP大约为700—1 000美元,全世界主要地区都大致一样。而今天,最富裕国家的人均GDP是最贫穷国家的50倍以上。

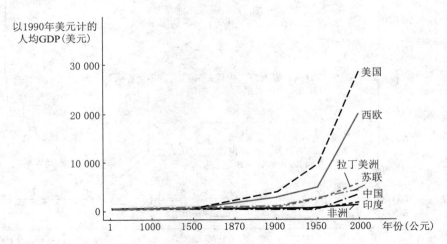

注:时间轴并非按比例绘制。
资料来源:Maddison, Angus. 2007. *Contours of the World Economy: 1-2030 AD*. Oxford University Press, Oxford.

图7.3   世界主要地区的经济增长

图7.3 还传达了其他的一些有趣信息:公元元年的人均GDP和此后1 000年大致相同,和此前1 000年也相差无几。在有关人类历史的大部分记载中,没找到实

际人均 GDP 的长期增长。特别好的年份,有些国家可能会出现增长,但灾难会很快降临,收成又回复原状。在人类历史上,只有从 19 世纪开始,世界有些地区才开始以史无前例的速度进行增长。

图 7.3 告诉我们:经济增长是不寻常的。但是,一旦开始增长,就会使世界某些地区走向富裕,尽管其他地区还在如黑暗时代(Dark Ages)一样的人均 GDP 水平上挣扎。* 为了弄清经济增长的小变化给人均 GDP 带来的巨大影响,我们来插入有关经济增长率的一些入门知识。

增长率的入门知识 回忆一下第 6 章有关 GDP 的论述,增长率是一个变量在给定时间内(比如一年)变化的百分比。当我们提到**经济增长**,意思就是指人均实际 GDP 的增长率。

计算增长率是简单数学,关键是把握增长率对经济进步的影响。记住:即使增长很慢,只要持续多年,也会带来实际人均 GDP 的巨大变化。

为了认识经济增长的力量,请思考一些情况。假设人均实际 GDP 每年增加 2%,需要多长时间,人均实际 GDP 可由 40 000 美元增加至 80 000 美元? 一个大街上的普通人可能回答:"按 2% 的增长率,50 年可以使您的收入翻倍"。但是,这个回答是错误的,因为增长是建立在先前的增长之上的,这叫"复合"或"指数增长"。

有一个计算增长的变量翻倍所需要时间的简单近似法,叫做 70 法则(rule of 70)。

70 法则:如果一个变量的年增长率为 $x\%$,那么该变量翻倍所需时间约为 $\dfrac{70}{x}$ 年。

表 7.1 通过给定不同增长率的人均 GDP 翻倍所需时间来阐明 70 法则。在 1% 的增长率下,人均 GDP 翻倍大约需要 70 年(70/1=70);增长率增加到 2%,每 35 年人均 GDP 翻倍(70/2=35)。如果增长率为 7% 呢? 如果 4% 的增长率是可以持续的,那么,人均 GDP 将会每 10 年翻一倍。中国在过去几十年里的经济增长就是以这个速度或者比这个速度还要高点,这就解释了为什么中国在过去 30 年里变得富裕得多。不过,中国仍然是一个相对贫穷的国家,这也说明了在不久之前的过去中国是一个多么贫穷的国家。

经济增长指人均实际 GDP 的增长率。

$$g_t = \frac{y_t - y_{t-1}}{y_{t-1}} \times 100$$

其中 y_t 是 t 期的人均实际 GDP。

表 7.1 利用 70 法则来计算变量翻一番的时间

年增长率	翻一番所需年数	年增长率	翻一番所需年数
0%	永无可能	3%	23.3
1%	70	4%	17.5
2%	35		

70 法则仅仅是数学近似法则,但它体现了经济增长的关键思想:增长率的微小差异会给经济进步带来巨大效应。本章的附录讨论了如何利用 Excel 表格来理解复合法的魔力。

另一种理解经济增长率的小变化会带来大效应的方法是考虑未来的人们会有多富裕。美国 2014 年的人均 GDP 大约为 5 万美元,多少年后会增加到 100 万美元

---

* 欧洲历史上的黑暗时代约为公元 476—1000 年。——译者注

呢? 如果年增长率是 2%(这个数字略低于美国标准),人均收入将在 155 年后达到每年 100 万美元;如果人均 GDP 每年增长 3%(这个数字略高于美国标准;但绝不是不可能),那么,在刚刚 100 年后,人均收入就将接近每年 100 万美元。我们可能没有那么幸运看到这个未来了,但我们的祖孙辈是幸运的,他们将生活在人均 GDP 为 100 万的美国,这个收入比当前水平高 22 倍还多。

7.1.3   事实三:增长奇迹和增长灾难

美国之所以成为世界上最富裕的国家之一,在于它虽然增长较慢但比较持续地增长了 200 多年。其他国家可以赶超美国吗? 如果可以,还需要花费 200 年的时间吗? 幸运的是,其他国家可以奇迹般的速度赶超美国。图 7.4 给出了两个"增长奇迹"。二战之后,日本是世界上最穷的国家之一,人均 GDP 低于墨西哥。然而,在 1950—1970 年间,日本以令人难以置信的 8.5% 速度增长。记住:如果人均 GDP 以这个速率增长,其翻倍所需时间约为 8 年(70/8.5 = 8)! 今天,日本是世界上最富裕的国家之一。

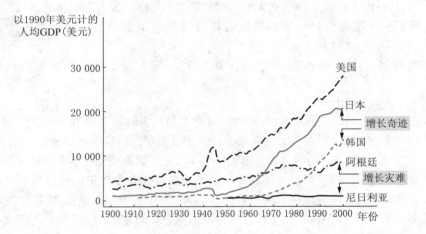

资料来源:Maddison, Angus. 2007. *Contours of the World Economy:1-2030 AD*. Oxford University Press, Oxford。

图 7.4   两个增长奇迹与两个增长灾难

1950 年的时候,韩国甚至比日本更穷,人均 GDP 和尼日利亚差不多。韩国的增长奇迹略晚于日本,但在 1970—1990 年,韩国以每年 7.2% 的速度增长。今天,韩国成为一个欣欣向荣的现代经济体,毫不逊色于许多欧洲国家。

增长奇迹是可能的,增长灾难也是可能的。尼日利亚自 1950 年以来,就几乎没有增长。它在 2005 年甚至比 1974 年还穷,因为 1974 年的石油高价暂时性地使其人均 GDP 突然提高。更令人惊奇的是阿根廷,在 1900 年,阿根廷是世界上最富裕的国家之一,人均 GDP 大约是美国的 75%;到了 1950 年,阿根廷人均 GDP 跌至美国的一半,但是,此时的阿根廷仍然是相对富裕的国家,人均 GDP 是日本的两倍,韩国的五倍多。然而,接下去,阿根廷就没有多少增长了,截至 2000 年,阿根廷的人均 GDP 已经不足美国的三分之一。现在,日本和韩国要比阿根廷富裕得多。

阿根廷和其他很多国家的差距还在持续拉大。(图中没有画出的)中国,从 20世纪 70 年代末开始了它的增长奇迹。虽然中国现在仍然是一个非常贫穷的国家,2011 年的人均 GDP 略高于阿根廷的一半,但是,中国在快速增长——记住,如果中国以每年 7% 或 8% 的速度持续增长,它的人均收入将在 10 年内翻倍。即使阿根廷的增长表现不错,中国也会在不到 20 年的时间里在人均 GDP 方面超过阿根廷。

7.1.4 事实总结:好事和坏事

上述事实既包含了好事也包含了坏事。坏事是世界上大多数地区都还贫穷,10 亿多人口每天收入不足 2 美元,健康、幸福、和平的前景对他们来说很渺茫。然而,这也不是什么新闻了,在人类的大部分历史中,人们都过着没有经济增长的贫穷生活。

理解现实世界

好事是:尽管近期经济不景气,但经济增长已经急剧改变了世界的面貌。它使发达国家的大多数人的生活水平提高若干倍,远远高于历史正常水平。尽管经济增长尚未影响到世界很多地区,但理论上看,任何地方都可能会出现经济增长。经济奇迹实实在在地告诉我们:赶上美国的财富水平根本不需要 250年——韩国 1950 年和尼日利亚一样穷,但现在它的人均 GDP 已经直追德国或英国。

然而,进步并不是一定会发生的。增长灾难告诉我们:经济增长不会自动出现。诸如尼日利亚这样的国家,还没迹象表明它们已经步入增长通道;而阿根廷这样的国家看起来已经偏离增长轨道。

然而,增长奇迹和增长灾难并不纯粹是人们完全不能控制的随机事件。如果我们想提高生活水平、改善人类境况,那么,探究国民财富的性质和原因就是非常关键的。

自我测验

1. 根据图 7.2,2011 年中国人口大约占世界人口的百分比为多少?
2. 如果您的银行储蓄账户的收益是 5%,那么,多少年后您的储蓄可以翻倍? 如果收益是 8% 呢?
3. 在图 7.4 中,日本大约是在什么时候突破了人均实际 GDP 10 000 美元关口? 20 000 美元呢? 在那个时间跨度中,日本的增长率是多少?

7.2 理解国民财富

我们从图 7.5 开始,它是理解国民财富背后的主要因素的指南。图的底部,是我们要解释的人均 GDP。从下往上看,是国民财富的一些因素,从最直接的影响因素,逐渐到根本的或间接的影响因素。

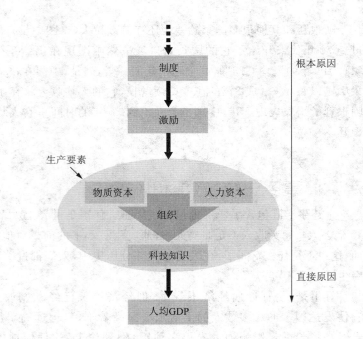

图 7.5　理解国民财富

7.2.1　生产要素

国民财富的最直接影响因素是这样的：人均 GDP 高的国家，有大量人均物质资本和人力资本，这些物质资本与人力资本通过最先进的科技知识被组织起来，从而实现高效率生产。物质资本、人力资本和科技知识，被称为生产要素。我们谈论下每一种生产要素。

广义上说，**物质资本**（physical capital）或简称资本是指工具：铅笔、课桌、电脑、锤子、铁锹、拖拉机、手机、工厂、马路、桥梁，等等。工具数量越多，质量越好，劳动者的生产效率就越高。

物质资本是包括机器、建筑物和设备等在内的工具存量。

农业是说明资本在生产中所发挥作用的很好例子。在世界很多地区，农民都是纯粹而简单的劳动者，使用一些诸如锄头和犁（通常是用牛拉）这样的简单工具进行犁田、播种、除草、收割等劳作。然而，在美国，农民在耕作过程中所用的资本（拖拉机、卡车、联合收割机等）要多得多。

不仅只有农民会用到大量资本，美国的一名普通工人在工作中所使用的资本价值也在 10 万美元以上。然而，印度一名普通工人所运用资本的价值还不足美国的十分之一。

美国农民生产高效的因素不只是资本。例如，一个美国农民的拖拉机上安装了 GPS（全球定位系统）接收器，使用那些在距离地球约 16 500 英里的高空中围绕地球旋转的系列卫星所发出信号，来对自身位置做出准确定位。拖拉机定位还结合其他卫星和地面传感器所发出的数据，以便精确调整种子、肥料和灌溉用水所需的量。肥料都是精心调配好的，种子也都是基因工程培育出的优良品种。

美国农业的高科技特性使我们注意到人力资本和科技知识的重要性。**人力资本**（human capital）是心智的工具，或者说是人们头脑中所储存的具有生产力的东西。人力资本并非与生俱来，而是通过把时间和其他资源投资于教育、培训和历

人力资本是通过教育、培训和经验得到的有生产力的知识和技能。

练而得到。举个例子,美国农民比世界大多数地区的农民拥有更多的人力资本,而正是这些人力资本使他们能够利用像 GPS 接收器这样的高科技工具。在美国这个大型经济体中,普通国民受教育年数为 12 年,而巴基斯坦的普通国民受教育年数还不足 5 年。

大量物质资本和人力资本的使用,使美国农民更加高产,比如,美国农民每英亩的玉米产量就是巴基斯坦的三倍。

第三个生产要素是包括遗传学、化学和物理学等在内的科技知识。它们构成了美国农业技术的基础。(你知道吗? 根据爱因斯坦的相对论,GPS 卫星上的时钟必须做出调整。)

科技知识和人力资本有关联但不同。对一个农民来说,人力资本指的是为理解技术并把技术运用于生产而需要的知识和技能。而**科技知识**(technological knowledge)是关于世界如何运行的知识——这类知识使技术成为可能。人力资本可以通过教育而增加,科技知识则要通过研究和开发才能增加。本质上讲,科技知识是无限的。即使人力资本保持相对不变,我们也可以知道更多关于世界如何运行的知识。

> **科技知识**是关于整个世界如何运行的可用于生产物品和服务的知识。

随着时间推移,不断完善的科技知识使美国农民更加高效。如今,美国农产品产量是 1950 年的 2.5 倍,并且用更少的耕地。虽然物质资本和人力资本有助于农作物产量的提高,但更先进的科技知识才是这种提高的第一要素。[①]

最后一个要素——一个理所当然的要素:组织。要生产出有价值的物品和服务,人力资本、物质资本和科技知识必须被组织起来。那么,是谁出于什么目的来组织呢? 为了回答这些问题,下面要探讨激励和制度问题。

自我测验

1. 比较而言,哪个国家人均物质资本更大:美国或中国? 中国或尼日利亚?
2. 三大主要生产要素是什么?

7.3   激励与制度

韩国的人均 GDP 比朝鲜高出 10 倍多。为什么? 从某种意义上,我们已经给出了答案:韩国的人均物质资本和人力资本高于朝鲜。* 但是这一答案是不完备的、片面的。之所以说其不完备,在于我们还想进一步知道:为什么韩国的人均物质资本和人力资本比朝鲜更多? 之所以说其片面,是因为与富裕国家相比,朝鲜这样的贫穷国家,缺乏的不仅是物质资本和人力资本,还有将这些资本组织起来进行高效生产的方法。为了更深入地理解国民财富,有必要分析一些间接的或更根本的原因。

---

* 科技知识又如何呢? 朝鲜可以利用世界上的大部分科技知识,比如它有能力造出复杂的武器——甚至包括原子弹——由此可见,科技知识的差异只是解释各国国民财富差异的小部分原因。但是,科技知识的增加对世界总体的经济增长显然是很重要的(这与解释各国之间国民财富的差异是两回事),下章对此将有详述。

之所以选择韩国与朝鲜的例子,是因为这样可以排除一些对两国间国民财富相差悬殊所做出的其他解释,例如,民族、文化和地理位置差异等。二战结束前,韩国与朝鲜还是同一个国家,民族相同,文化共享,换句话说,拥有相同的人力资本。韩国与朝鲜所拥有的物质资本也基本相同,自然资源储量大致一样。如果说人造物质资本方面有差异的话,那也是朝鲜占些许优势,因为那时的朝鲜,其工业化程度要略高于韩国。因此可以说,在分裂之际,韩国与朝鲜在所有重要方面,都保持着惊人的相似。

韩国与朝鲜的差异在于经济制度方面。广义上说,韩国奉行市场经济制度,而朝鲜是计划经济制度。虽然韩国从来都不是纯粹的市场经济,但在韩国,人力资本、物质资本和科技知识的组织者在更大程度上是私有的、追求利润最大化的工厂与企业家;劳动者只有向消费者提供物品和服务,或提出提高效率的新思想,才能得到更多的报酬。而这样的激励在朝鲜并不存在。简而言之,韩国要比朝鲜更多地利用市场来组织生产,从而能够充分发挥市场的效率特性(第3、4章已经讨论过)。

50年过去了,韩国、朝鲜分裂的结果已经彰显,甚至从外太空都能看到,如图7.6。

哪个国家的经济制度更成功:朝鲜还是韩国?
资料来源:*REUTERS/Jason Reed*。

图7.6　从外太空拍摄的夜间的朝鲜半岛

韩国、朝鲜的分裂尤其具有戏剧性,但在世界其他地区也有类似的情况发生,其结果也相似,例如德国的分裂。

前面说过,人均GDP高的国家,利用最先进科技知识把大量物质资本和人力资本组织起来,以实现高效生产。但是,生产要素不会从天而降,它们必须要被生产出来;同样地,生产要素也不会自行组织起来。物质资本、人力资本和科技知识只有通过有目的的结合和组织,才能转化为生产力。

你还记得第1章中的理念一和理念二吗?激励很重要。好的制度能使得个人利益和社会利益趋于一致。

有了这样的理念,就可以深化对国民财富的理解。人均 GDP 高的国家,有促使追求自身利益的人们投资于物质资本、人力资本和科技知识以及有效组织它们进行生产的制度。

简言之,生产和组织生产要素的关键在于制度能否产生合理的激励。下面就更为详细地分析制度及其产生的激励。

7.3.1 制度

制度(institutions)包括法律法规,还有风俗、惯例、组织和社会习俗。制度就是"游戏规则",它塑造一个社会的人际交往模式并构建经济激励体系。

> **制度**就是构建经济激励体系的"游戏规则"。

什么样的制度会鼓励投资和生产要素的有效组织呢? 制度是经济学的一个重要研究领域。有一点已经取得了相当的共识:关键的制度包括产权、诚信政府、政治稳定、可靠的法律体系,以及开放的市场竞争。

促进经济增长的制度
- 产权
- 诚信政府
- 政治稳定
- 可靠的法律体系
- 开放的市场竞争

有很多著作探讨的都是这些制度和它们在经济增长中的作用。实际上,本书的许多内容都是讲述产权以及开放市场和经济竞争的好处。所以,在这里,我们只给出几个例子,以说明这些制度是如何创造适当的激励,从而使个人利益与社会利益相符合的。

产权 当社会主义革命在中国取得胜利之后,中国就废除了土地私有制。20世纪 50 年代初 100—300 个农民家庭被组合起来,进行集体劳动。财产公有意味着投资于土地和努力干活的激励很低。假设 1 天的劳动能多生产 1 斤玉米,那么,在由 100 个家庭组成的公社里,多劳动 1 天只能得到 1 斤玉米的 1%。如果换作你,你会为了这么点玉米多干一天吗? 在公有财产情况下,劳动者多干一天也带不回家多少报酬;反之,少干一天也不会有多少扣除。也就是说,在公有财产情况下,努力与报酬分离,农民进行劳动的激励很小。实际上,这种制度激励了偷懒与**搭便车**(free ride)。在"大跃进"期间,公社扩大到包括 5 000 个家庭,这使搭便车的激励进一步加强。但是,如果人人都搭便车,整个公社都将挨饿。显然,农业土地上的公有产权没能使农民的个人利益与社会利益相一致,无法调动农民的劳动积极性。

> **搭便车**是指使用了一项资源而不用承担成本的行为。

大跃进时期的农产量甚至低于 1949 年新中国成立之际。但是,就在 1978 年,安徽小岗村的农民召开了一次秘密会议。这些农民达成协议,将公有土地承包给个人——每个农民必须完成上缴定额,剩余的生产所得归己所有。在当时,这项协议有极大风险,所以,村民们立下"生死状",甚至"托孤"。

由集体产权向承包制的转变立见功效:投资、劳动努力和产量提高。"当你为家庭为自己而劳动时,就不会偷懒了。"参加秘密会议的一个农民这样说。

从 1978 年到 1983 年的短短五年里,随着家庭联产承包责任制在中国农村的确立,农作物产量提高了将近 50%,1.7 亿中国人脱离了世界银行的最低贫困线。简言之,由转向个体经营农业所带来的农业生产率的提高,是人类历史上最伟大的反贫困计划。到 1984 年,公社式农业已经消失。随后不久,政府提出了一项新政策——"致富光荣"。

承包制大幅提高了中国的农业生产率。更少的劳动力可以生产更多的食物,这使更多的劳动力可被用来生产其他产品。为了充分利用成千上万的劳动力,中国打开国门招商引资,从而使"中国制造"横扫全球。小岗村农民用他们的秘密契约拉开了中国改革开放的大幕。[2]

不只是在农业领域,对整个经济体而言,产权都是激励物质资本和人力资本投资的重要制度。比如,投资于新公寓大楼或工厂,可能要几十年才能得到回报。第9章将深入讨论,储蓄对投资的产生进而带动经济增长是必要的。但是人们为什么要进行储蓄和投资呢? 如果储蓄者和投资者预期他们的财产安全得不到保证,也不能从储蓄和投资获取收益,那么他们就不会进行投资和储蓄。对激励科技创新而言,产权也是重要的。例如,投资于新药物要几十年才有回报,而且风险很高,一旦试验失败,多年的研究成果有时就会付之东流。和农民一样,整个经济体中的投资者和劳动者都希望有所收获。

诚信政府　在许多国家,私有产权不过是一纸空文,比如津巴布韦,虽然个人好像拥有对土地或工厂的法定权利,但每个人都知道,政府可以随时拿走这些东西,因为津巴布韦缺少法治。

更一般地,腐败就像重税,从创造产出的企业家身上榨取资源。"投资"于贿赂政客和官员的资源不可能被用于购买机器和设备,这种浪费降低了生产效率。腐败的政府官员还反复骚扰企业家,通过创设过多的规章制度来迫使企业家们收买他们以减少麻烦。

当然,并不是所有的税收都不好。如果税收被用来投资于道路建设、大学教育或法律和秩序,就可以促使私人投资的生产率提高。由此可见,腐败具有双重危害性:它使成为一个企业家的好处减少,同时却使成为一个腐败政客或官员的好处增加。到了某一刻,腐败就只能自己养活自己了,因为它造成了贫困陷阱:没人想成为企业家,因为人们知道自己的财富终究被偷,从而也就不会再有可偷的财富。

十大最不腐败国家		十大最腐败国家	
芬　兰	丹　麦	朝　鲜	刚果民主共和国
新加坡	新西兰	阿富汗	安哥拉
瑞　典	挪　威	索马里	伊拉克
冰　岛	英　国	利比里亚	海　地
荷　兰	瑞　士	赤道几内亚	缅　甸

资料来源:World Bank, World Governance Indicators.　　　资料来源:World Bank, World Governance Indicators.

图 7.7 中,横轴表示腐败程度,在 -2.5 分(最低腐败度)到 2.5 分(最高腐败度)的五分范围内,最腐败的经济体像索马里、利比里亚和朝鲜位于横轴右边,达到分值2;最不腐败的经济体像新加坡、冰岛、美国、挪威位于横轴左侧。纵轴表示人均实际 GDP。如图所示,腐败度越高的经济体,其人均 GDP 就越低。

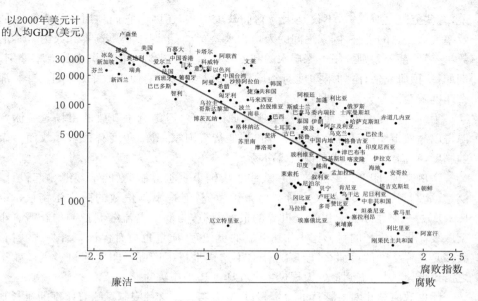

注：一些经济体未予标示。GDP轴按比例尺度绘制。
资料来源：Penn World Tables and World Bank Group，World Development Indicators 2005。

图 7.7　腐败经济体的人均 GDP 较低

　　政治稳定　令投资者惧怕的并不只有政府掠夺。有时，无政府状态更为糟糕。例如，在过去 40 年间，利比里亚一直处于冲突状态。在艾伦·约翰逊-瑟利夫（Ellen Johnson-Sirleaf）——非洲历史上第一位民选女总统——2006 年成功当选之前的 35 年里，利比里亚的总统更迭都是通过杀戮和流血。前两位利比里亚国家首脑查尔斯·泰勒（Charles Taylor）和萨缪尔·多伊（Samuel Doe）都是用政府武装来铲除异己。试问：当内战威胁将要摧毁一切时，谁还有心思进行投资呢？

　　更为普遍的是，在许多国家，内战、军事独裁和无政府状态都曾摧毁过经济增长所必需的制度。

　　可靠的法律体系　产权没有得到很好保护的问题并不总是因为政府管得过多，相反，有时是因为政府管得太少。例如，许多国家的法律体系非常不健全，以至于谁都不清楚到底是谁拥有财产。在印度，居民购买一块土地常常需要（从不同的当事人）购买两到三次，因为根本不存在有关真正所有人的可靠证书。如果你要诉诸司法，那可能需要耗费 20 年或者更久才能解决问题。在主要的城市地区，想建造像超市这样简单的建筑都非常困难，因为开发商们甚至拿不到一块面积不大的土地的有效产权证书。如果投资得不到保护，就没人愿意投资建筑。

　　健全的法律体系促进合约的执行，有利于保护当事人财产不受他人非法侵害。很少有人把美国的法律体系当做范本，但我们可以把它与印度法律做个比较。例如，在美国催付债务（比如空头支票处理）要经 17 道程序，共需花费 300 天；而同样的事情在印度，共需 56 道程序 1 420 天。这也是在印度借钱难的首要原因：债主们都知道讨债有多难！

　　开放的市场竞争　生产要素不只需要生产出来，还必须组织到一起。对许多国家的详细研究表明，如果不能将资本有效组织，就会严重影响国民财富。换句话说，有些穷国之所以穷，不仅是因为它们缺少资本，还因为它们利用所拥有资本的效率太低。总的说来，国家之间的人均收入差距，一半源于物质资本和人力资本的数量差别(部分差别源于更深层次的制度差别)，另一半源于使用资本的效率差别。例如，一项研究估计：如果印度对物质资本和人力资本的使用效率赶得上美国，那么印度就会比今天富裕四倍。③

为什么印度的资本使用效率低呢？原因很多，但是竞争开放的市场是刺激资源得以高效组织的最好途径之一。和其他贫穷国家一样，印度有很多无效而多余的制度，它们产生垄断或者说阻碍市场。

举例来说，印度衬衫通常是在一些小店铺里手工缝制，三四个裁缝一起设计、测量、缝制与销售。听起来这衬衫做得很考究，但这不是伦敦的萨维尔街(Savile Row)*——萨维尔街聚集了全世界的最好裁缝，为商贾名流缝制订制的礼服。小型服装厂批量生产的衬衫比小作坊缝制的更便宜，质量也更有保证，美国人的衬衫大多是这样生产的。那么，印度为什么不这样批量生产呢？印度的衬衫生产效率之所以低，是因为直到最近大规模生产在印度还是违法的。

印度政府禁止对衬衫厂的投资超过 20 万美元。这种限制意味着印度的衬衫制造商不能利用**规模经济**(economies of scale)来提高总产量以降低平均生产成本。印度政府已经开始改革经济，这是它近年来经济有所增长(第 6 章讨论过)的一个原因。例如，印度政府最近解除了对大型服装厂的投资限制，但仍有许许多多的法规条例使印度经济的生产效率降低。④

规模经济是指大规模生产的好处，随着产量的提高，产品的平均成本降低。

贫穷国家还为代价昂贵的官僚作风所累。世界银行的经济学家们对各国处理简单事务所需时间和费用做了估测，比如开办企业或通过法庭执行合约。在美国，开办企业只需 5 天，所有程序所需费用也微乎其微，不足美国人均收入的 1%；在秘鲁，开办企业需要花费 72 天和秘鲁人均收入的 32.5%；在海地，则需要 203 天和海地人均收入的 127%。这样看来，秘鲁和海地的企业家在开始做生意之前，就必须为应对官僚主义而大量投资——只是这些物质资本和人力资本并没有用在产品和服务的生产上。

自由贸易也会让市场变得更有竞争力、更加开放。例如，大部分国家的市场都不足以支撑 5 家以上的汽车制造商，因此，为了保持汽车制造商和其他大型企业的竞争力，就有必要进行自由贸易。更重要的是，贸易开放的国家也会对新思想开放。沃尔玛提高了美国零售业的效率，当它进行国际化扩张时，就会提高其他国家零售业的效率。那些禁止或阻止沃尔玛扩张的国家，一旦真的成功了，它们零售业的效率提升就会放慢。事实上，像沃尔玛这样的跨国公司是管理得最好的企业，也就是说，它们能从相同数量和质量的投入中得到最多的产出。跨国公司是在世界范围内传播新的更好思想的最佳途径之一。

7.3.2　国民财富的根本原因

当中国农村开始承包制后，农业生产率显著提高，中国经济开始崛起。中国的例子让人深受鼓舞，因为它表明：如果更多的国家转变经济体制，增长奇迹会变得

---

* 西服的发源地，世界最顶级的西服手工缝制圣地。——译者注

普遍。让我们再看图 7.5,制度对生产要素的增加和组织有很大影响,从而也对经济增长有重大影响。但是,制度从何而来? 它们是思想的产物? 文化的产物? 历史的产物? 地理位置的产物? 运气的产物? 还是其他?

我们可以把地理位置看作是一个国家的“自然资源”。拥有简单的自然资源,如石油和钻石,通常是件好事,但在富裕的发达国家,物质资本和人力资本一般要重要得多。不过,更广义的自然资源——如气候、地形和寄生虫流行等有助于解释为什么一个国家能积累起物质和人力资本。我们前面说过,自由贸易为一个国家打开了新思想和创意的大门,但自由贸易并不只是一个政策或选择的问题,它也有赖于自然状况。水运通常比陆运便宜得多,所以,那些水运便利的国家的贸易自然会比内陆国家更开放。事实上,图 7.8 就显示出,内陆国家相较于沿海国家,其人均 GDP 更低。不是说内陆国家注定贫困,而是它们的自然环境使之相当于要缴纳一笔永久性的高关税壁垒。这种情况使经济增长变得更为困难,尤其是在现代交通普及之前的那些年代里。

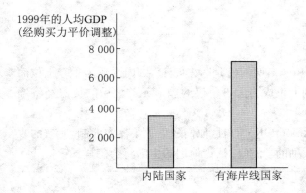

1999年的人均GDP
(经购买力平价调整)

资料来源:基于 Gallup、Sachs 和 Mellinger (1999)文章中的资料。

图 7.8　内陆国家的人均 GDP 更低

我们还可以回顾下历史、思想、地理位置和运气等因素在美国经济增长中的重要性。在美国起草宪法的时候,约翰·洛克(John Locke)和亚当·斯密(Adam Smith)的思想正广为流行。美国从当时的殖民者英国那里继承了市场经济和民主制度的发展趋势。开放的疆域意味着便宜的土地和尝试新思想、新生活方式的自由——这或许一直影响当代美国的企业文化。美国人很幸运! 乔治·华盛顿(George Washington)的美德使他在两届总统期满后卸任,而不是试图成为下一个国王。

另一个更为重要的增长奇迹的例子是工业革命(Industrial Revolution)。工业革命有时被定义为 1770—1830 年间,但它的根早在 17 世纪或更早的时候就已经埋下。在这一时期,欧洲持续技术进步。工业革命给我们带来了大规模工厂、大批量生产、蒸汽机、铁路和消费社会的开启,以及其他的很多好处。人类生活水平第一次显著上升,高于长期保持的温饱水平之上。现在,我们所有人仍然在享有持续在富裕经济体的工业革命的好处。

工业革命的中心在英国。它的发生需要多个条件的结合。英国作为岛国的地位和它所拥有的强大海军保证了它免于外敌入侵,使产权更为安全。几个世纪以来,英国的劳动市场都相当自由,当时的伦理道德也鼓励商业、企业家精神和财富积累。议会权力的上升抑制了皇权暴政,鼓励出台允许财富更广泛扩散的经济政策。农业生产率的低增长使生活水平维持在温饱之上，使专业阶层兴起。或许最为重要的是，英国孕育了强大的科学和工程文化，使科学方法能影响到经济生产，不管是用来设计一台更好用的纺纱机，还是用煤炭使工厂动力更有效率。

一旦工业革命完成了最初的起飞，正反馈影响就会很强大。更多的财富意味着更多的人能投身到科学、发明事业中去，把新的想法转化为实际的商业进步。这反过来又带来了新的财富和更多的应用性科学。最终，工业革命给我们带来了电力、汽车、冲水马桶和大部分其他使现代生活便利化的发明。总之，工业革命的发生很大程度上要有好的商业制度、科学制度和政府制度。

还没人能解释清楚影响一个国家制度形成的所有因素，这意味着制度转变并非易事。当谈到制度时，我们往往知道想要达到的目标，却往往不知道该如何到达。因此，对制度的理解，包括制度源自哪里、如何转变等，仍然是经济学的一个重大研究课题。

自我测验

1. 列出五个促进经济增长的制度。
2. 英国在玫瑰战争（Wars of the Roses）期间（15 世纪末期），国内两派为争夺王位而战。比较这一时期与战后亨利七世成为无可争议的国家元首之后的英国经济增长前景。
3. 当清教徒踏上普利茅斯岩（Plymouth Rock）时，他们建立了集体农业制，所有的收获平均分配。根据你对经济激励的了解，你认为他们的生活将会怎样？

○ 本章小结

经济增长的重要性再怎么强调都不为过。过去，人人都穷；而现在，最富有国家的人均 GDP 高出最贫穷国家 50 倍还多。经济增长已经带动亿万人脱离了饥饿和贫穷，但仍有亿万人极度贫困，生活质量之低令人震惊。

幸运的是，贫穷国家可以在短得惊人的时期内赶超富裕国家。增长"奇迹"使日本和韩国仅用一代人的时间就赶上了欧洲的财富水平。中国自从 1978 年改革开放以来，其贫困状况得到空前改善。中国经济正在持续快速增长。

是什么使一个国家富裕起来？最直接的影响因素是：人均 GDP 高的国家拥有高的人均物质资本和人力资本，这些资本通过先进的科技知识被组织起来，从而实现高效生产。

那么，一个国家如何获得大量物质资本和人力资本呢？又如何利用高科技知识将资本组织起来呢？在人均 GDP 高的国家，制度起到很大作用，这些制度鼓励投资于物质资本和人力资本、进行科技创新和有效组织资源。对促进经济增长影响最大的制度有产权、诚信政府、政治稳定、可靠的法律体系和开放的市场竞争。

○ 本章复习

关键概念

经济增长
物质资本
人力资本
科技知识
制度
搭便车
规模经济

事实和工具

1. 看图 7.1,在尼日利亚和阿根廷,分别有多少儿童在 5 岁前夭折? 这两国的人均 GDP 的差距有多大?

2. 看图 7.2,生活在比意大利富裕的国家的人口,占世界总人口的比例有多大? 生活在比印度贫穷的国家的人口呢?

3. 全球人均 GDP 为 10 515 美元,总人口约为 70 亿。
   a. 全球 GDP 总量是多少?
   b. 大约 20% 的人口生产了全球 50% 的 GDP 总量。[注意这里用的是"生产",而不是"消费"。在热门讨论中,您听到更多的可能是:最富有的那部分人的消费(而不是生产)在总消费中所占的比例大于其人口占比。但是,这里请记住 GDP 最后一个字母所代表的含义!]生产率最高的 20% 人口生产的 GDP 是多少呢?
   c. 世界上生产率最高的 20% 人口,他们的人均 GDP 是多少呢?(提示:先计算 70 亿人口的 20% 是多少?)

4. 现在来看看生产率最低的 80% 的世界人口。
   a. 他们生产的 GDP 是多少?(提示:在前面的问题中,你已经计算出答案了。)
   b. 这 80% 的世界人口的人均 GDP 是多少?
   c. 现在,看最终结果:前 20% 人口与后 80% 人口相比,其生产效率如何? 回答这个问题,要用 3 题 c 问中的答案除以本题 b 问中的答案。本章和下一章都致力于解释为什么这一比率会如此之大。

5. 根据本章前面提到的"事实二",假如你在两千年前计算 4 题 c 问,答案会是多少?

6. 什么是生产要素? 分别列出并用通俗语言加以简要描述。

7. 利用宾夕法尼亚大学世界表(Penn World Tables)数据,计算中国在不同年份的人均实际 GDP 增长率。Penn World Tables 可以在网上免费下载,是国际经济数据的一个可靠来源,被经济学家们广为使用。

年份	人均实际 GDP(以 1996 年美元计)	年增长率
2000	4 001	
2001	4 389	—
2002	4 847	—
2003	5 321	—
2004	5 771	—

8. 练习 70 法则:假如你今年继承了 10 000 美元遗产,你把它们全部用于投资,年增长率为 7%,那么你的投资价值达到 20 000 美元、40 000 美元、160 000 美元,分别需要多少年?(注意:美国自南北战争之后,股票投资年均增长率经通货膨胀调整后为 7%。)

当前价值:10 000 美元   增长率:7%
价值增至 2 倍所需年数:_____
价值增至 4 倍所需年数:_____
价值增至 16 倍所需年数:_____

9. 进一步练习 70 法则:假设你得到遗产后,没有进行股票投资,而是存入银行储蓄账户,经通货膨胀调整后的年回报率为 2%。那么您的储蓄价值达到 20 000、40 000、160 000 美元,分别需要多少年?(注意:美国在过去 50 年里的银行存款利率大约为 2%。)

当前价值:10 000 美元   增长率:2%
价值增至 2 倍所需年数:_____
价值增至 4 倍所需年数:_____
价值增至 16 倍所需年数:_____

10. 本章多次提到中国和印度,你也许会感到好奇:为什么地球上有 180 多个国家和地区,却偏偏花如此多的时间来讨论这两个国家呢? 但是,请想一下:中国和印度合在一起占世界总人口的比例有多大?

11. 把图 7.5 转换成文字:

制度能够创造＿＿＿＿＿＿，从而影响着一个国家＿＿＿＿＿＿、＿＿＿＿＿＿和＿＿＿＿＿＿的数量。当这三者被正确地＿＿＿＿＿＿结合起来,产生一定水平的人均＿＿＿＿＿＿。

12. 在"中情局世界概况"(CIA World Factbook)中,美国 2010 年的人均 GDP 大约是 47 400 美元。任何给定年份 y_t 的增长公式是 $y_t = y_0(1 + g_y)$,其中 y_0 是初始年份的 GDP 价值,y_t 是要讨论的特定年份的 GDP 价值,t 是 y_0 之后过去的年数。如果 y_0 是 2010 年的人均 GDP,且经济会以 2010 年的大约 3% 的增长率持续增长,那么 10 年之后的人均 GDP 价值是多少?

思考和习题

1. 如今在阿根廷,普通人的财富水平(经通货膨胀调整后的数值)和他们的父母的财富水平差不多。为什么要把这称作"增长灾难"呢?

2. 在经济适用性小汽车和地铁兴起之前,很多人在市区出行都乘坐有轨电车——一种沿着普通街道上的路面轨道行驶的小火车。在有轨电车上,存在着名副其实的"搭便车问题",因为它们紧挨人行道,没有车门,完全敞开,乘客可以轻易跳上跳下。如果有轨电车能轻易让人免费乘坐,那么,它会损失多少钱呢? 如果"搭便车"问题严重,会对电车运输的供应造成什么影响? 电车行业如何解决搭便车问题呢?

3. 在"大跃进"时期,中国农民耕种的积极性为什么不高? 原因是物质资本和人力资本不足吗?

4. 鼓励企业小规模生产的法律非常普遍,本章所提到的印度管制衬衫裁缝的法律只是其中一例。有哪些非经济因素(例如社会、道德、伦理)导致选民们希望限制企业规模? 又有哪些经济因素促使选民们希望企业规模扩大?

5. 经济学家用"人力资本"术语来指教育和工作技能。教育何以是一种资本呢?

6. 很多人认为:像石油和矿物这样的自然资源会铺就一个国家通往繁荣富强之路。正如动画片《辛普森一家》(The Simpsons)的创作者马特·格朗宁(Matt Groening)早期漫画中的一位教授所讲:

"一个掌控了镁的民族,就能掌控全世界!"但是本章丝毫没有提到自然资源,这是一大疏忽吗? (资料来源:Sala-i-Martin, X., G. Doppelhofer, and R.Miller, "Determinants of Long-Term Economic Growth", *American Economic Review*, September 2004。)

a. 下面是世界烃类资源(石油、天然气等)人均储量最丰富的前 10 个国家,从高到低依次为:
   1. 科威特
   2. 阿联酋
   3. 沙特阿拉伯
   4. 伊拉克
   5. 挪威
   6. 委内瑞拉
   7. 阿曼
   8. 伊朗
   9. 特立尼达和多巴哥
   10. 加蓬

   你可以利用"中央情报局世界概况"(CIA World Factbook)这一便利的网上信息源,查询一下这些国家是否都繁荣富足。其中哪些国家的人均 GDP 至少是美国的一半? 哪些国家的人均 GDP 水平不到美国的 10%? 有没有国家高于美国水平?

b. 现在,我们再来反过来看下目前世界上人均 GDP 最高、最富有的 10 个国家和地区是否都拥有丰富的烃类资源:
   1. 卢森堡
   2. 美国
   3. 新加坡
   4. 中国香港
   5. 挪威
   6. 澳大利亚
   7. 瑞典
   8. 加拿大
   9. 丹麦
   10. 日本

同时出现在这两个排行榜上的是哪个国家?

7. 经济学家常常提到"自然资源诅咒",意思是说:丰富的自然资源可能导致政治腐败。试想,如果一个国家有源源不断的石油或者丰富的钻石资源,政治领导人就没必要花费心思在其他方面。

a. 您认为对于一个资源大国的领导人来说，生产三要素中的哪一个最为重要？为什么？（注意：这有助于解释很多资源大国的问题吗？）

b. 您认为对于一个拥有丰富资源的共和政体的领导人来说，五种关键制度中的哪一个最为重要？为什么？（注意：这有助于解释很多资源大国的问题吗？）

8. 计算一下，一个普通印度人需要多少年才能达到当前普通西欧人的财富水平。注意：所有数值都经通货膨胀调整，所以，这里的产出是实物衡量而非货币衡量。印度的人均 GDP 为 3 000 美元，假设其人均实际产出每年上涨 5%（这多少有点乐观），利用 70 法则估算一下，需要多少年印度人均 GDP 才能达到意大利的当前水平——大约 24 000 美元？

9. 在苏联，对激励的使用是被禁止的。然而，军事设备生产领域却是一个例外，经常有奖金奖励那些设计制造飞机、核导弹、坦克或步枪的工程师们。为什么会有这个例外？

10. 搭便车问题随处可见。例如，一些餐厅准许服务生的小费完全归己所有，而有的餐厅则要求所有服务生把小费放在一起，然后均分给每个服务生。很容易通过对小费共享的办法进行改进，以使工作时间更长、服务客人更多的服务生得到他们的"公平份额"，但这并不是我们关心的话题，我们这里要考虑的是小费共享怎样改变服务生热情服务的激励机制。

a. 为简化分析，假设一个服务生在轮班中，若服务热情，可获 100 美元小费，若服务恶劣，仅获 40 美元小费。在小费完全归己所有的情况下，如果一个服务生的服务由恶劣转为热情，他每次轮班可多赚多少小费？（这个问题的确很简单。）

b. 现在来分析小费共享情况下的激励。如果所有服务生都很恶劣，那么，每个服务生平均一个轮班赚得多少小费？如果所有服务生都很热情，那么，每个服务生平均一个轮班又赚得多少呢？如果所有的服务生都由恶劣向热情转变，平均每个服务生多赚多少？

c. 但在真实世界中，服务生的服务好坏，都由自己决定。假设某餐厅，一些服务生热情，而另一些服务生恶劣，你作为他们中的一员，正在

决定自己的服务态度是热情还是恶劣。如果你转变服务态度，你得到的报酬是多少？你的答案是否取决于其他热情的服务生的人数？

d. 由此可见，你最可能在哪种情况下服务热情：小费共享，还是各享其成？如果餐厅老板想让顾客们高兴，那他应该采取哪种策略？

11. 既然"过去每个人都穷"，那么，古代文明怎么可以创建出宏伟建筑，如埃及金字塔和阿富汗的巴米扬大佛（很不幸，后者最近被塔利班分子摧毁）？

挑战

1. 一种帮我们了解国家贫富原因的方法是：采用统计检验来发现那些有助于预测国家生产力水平的因素。有时候，统计检验出的某种关系可能仅仅是一种巧合（例如富裕国家对冰淇淋消耗量较大的事实），然而统计检验确实有助于说明影响生产力的根本因素。统计检验虽不是万能，但它可能为我们指明正确方向。在计量经济学和统计学课程中，你会学到如何进行统计检验。

现在来看一个广为人知的统计检验，我们通过它来验证一下本章所学是否与数据分析相符。下面有 17 个变量，经过上百万次严格的统计检验，表明它们对一个国家的长期经济绩效有非常强的预测力。（资料来源：Sala-i-Martin, X., G. Doppelhofer, and R. Miller, "Determinants of Long-Term Economic Growth", *American Economic Review*, September 2004。）

它们按影响大小排序如下，其中"＋"表示此种变量的值越大，越有利于长期的经济发展：

1. 该国是否地处东亚（＋）
2. 小学入学率（＋）
3. 资本产品的价格（－）
4. 沿海土地比例（＋）
5. 沿海人口比例（＋）
6. 疟疾流行（－）
7. 平均寿命（＋）
8. 信仰儒家文化人口的比例（＋）
9. 该国是否位于非洲（－）
10. 该国是否位于拉丁美洲（－）
11. 采矿业所占 GDP 的比例（＋）
12. 该国是否曾是西班牙殖民地（－）

13. 开放自由贸易的累计年数(＋)

14. 信奉伊斯兰教人口所占比例(＋)

15. 信奉佛教人口所占比例(＋)

16. 广泛使用的语言数量(－)

17. 政府采购占 GDP 的比例(－)

a. 上述因素中,哪些听起来像是"三大生产要素"? 分别是什么?

b. 上述因素中,哪些听起来像是"五大关键制度"? 分别是什么?

c. 上述因素中,哪些听起来像是地理因素?

d. 在 1849 年以前,美国西部曾是西班牙殖民地。通常情况下,曾是西班牙殖民地的国家和地区经济绩效都不佳。美国西部符合这种模式吗? 是或不是,请说明原因。

2. 你认为是什么使得富裕国家的优良制度得以产生? 为什么这些制度——产权、市场、陌生人之间的信任——不存在于世界的每个角落?

3. 你认为很多贫穷国家为什么难以摆脱严重的官僚主义? 是的,这与上一题本质上是同一个问题,只不过问得更具体。

4. 计划经济的支持者认为,计划经济比市场经济更具有优越性:他们认为企业之间的竞争是一种浪费。为什么在可以只建一个的情况下,还要建三个独立的汽车制造商(通用汽车、克莱斯勒、福特)总部呢? 为什么要有三份广告预算? 付工资给三个 CEO 呢? 为什么不将所有的工厂合并成一家,这样一来,同一批工程师就可以解决所有工厂里的技术难题? 一个大型公司不是可以将规模经济最大化吗? 这些都是好问题。回答完这些问题,请你考虑一下,为什么计划经济听起来很优越,但实际却被证明不可行呢?

5. 本章列举了促进经济增长的五种关键制度。实际上,它们总结起来不就是一个制度——好政府吗? 用本章中的事实来支持你的观点。

6. 图 7.5 和有关讨论把国民财富的一些根本原因鉴定为"经济增长的制度"(Institutions of Economic Growth),其中之一是诚信政府。我们可以到 Gapminder 网页(GapMinder.org)上进一步探究这种关系。在这个网页上,点击"Gapminder World",等一会儿就可以下载第一个表格。下载之后,点击坐标轴,找到可供选择的变量。为回答问题,点击纵轴,在下面可以看到"Society"(社

会),选择"Corruption Perceptions Index(CPI)"(清廉指数)。人均 GDP 在横轴上。

a. 较高的 CPI 值所代表的是较低水平的政府腐败,请描述这些数据所说明的情况。

b. 紧接着图表右上角的是一个标为"Color"(颜色)的矩形,点击它并选定为"Geographic regions"(地区),用鼠标选中一个颜色,并找到这些地区在世界上的位置。看看最富裕的国家有哪些? 最贫穷的国家有哪些?

c. 能否找出一些腐败严重但也相当富裕的国家吗? 请说出几个这样国家的名字,并判断它们有哪些共同之处?

d. 通常情况下,上述证据是否支持如下断言:诚信政府有助于一个国家的财富增长? 为什么?

7. 图 7.5 和有关讨论把国民财富的直接原因之一鉴定为人力资本(human capital)。再次访问 Gapminder 网页(GapMinder.org),保持横坐标上人均 GDP 不变,选择纵坐标上的"Education"(教育)和"Literacy Rate, Adult Total"(识字率,成人总计)。(参见前述问题的详细说明)

a. 这些数据所表达的教育价值是什么?

b. 把纵坐标改为男人的"Mean Number of Years in School"(平均学校教育年限),创建一个图。然后创建第二个图,纵坐标设为 25 岁以上妇女的平均学校教育年限。看看结论会有什么变化? 教育的价值是否保持不变?

c. 最后,在纵坐标上选择 8 年级数学成绩,判断这个教育指标是否与人均 GDP 正相关?

d. 这些教育指标是如何支持或反驳教育水平和人均 GDP 之间的关系的?

e. 现在,用两个图来尝试另外一种教育衡量方法。在"Schooling Cost"(就学成本)下,找到"Expenditures per Student, Primary"(人均学费,小学)和"Expenditures per Student, Secondary"(人均学费,中学)。在两种情形下有什么发现? 如何解释这些差异?

解决问题

让我们来计算一下,当前的普通印度人需要花费多长时间才能达到普通西欧人的富裕水平。记住:所有的数字都是经过通货膨胀调整的,我们测量产出是用"成堆的实物",而非"成堆的货币"。印度的人

均 GDP 是 3 500 美元,(假如乐观一点儿)其实际人均产出每年增加 5%。利用"70 法则",试计算:印度要花费多少年才能达到意大利当前人均 GDP 28 000 美元的水平?

附录:用 Excel 表格演示复合增长的魔力

70 法则让我们快速计算出给定增长率下一个变量翻倍所需时间。我们还可以利用微软的 Excel 表来轻松解决一些更为复杂的问题。例如,假设初始人均 GDP 为 40 000 美元,年增长率为 2%,那么 1 年后的人均 GDP 值为 40 800 美元,仅仅 35 年之后的人均 GDP 就会翻倍,达到 79 996 美元。接下来,我们用一个简单的电子数据表来演示上述内容,如图 A7.1:

C2	▼	fx =B2*0.02	
	A	**B**	**C**	**D**
	年份	年初GDP（人均）	GDP增长	年末GDP
1				
2	1	$40 000	$800	$40 800
3	2	$40 800	$816	$41 616
4	3	$41 616	$832	$42 448
36	35	$78 427	$1 569	$79 996
37				

图 A7.1　用 Excel 表格计算复合增长:笨方法

一旦理解了其中的原理,就不需要逐行输入年份数字了,可以通过一点数学符号来简化计算过程。

如果人均 GDP 的初始值为 40 000 美元,增长率为 $r\%$(例如为 2%),那么一年后的人均 GDP 的终值应为 $40\,000\times(1+r/100)$;同理,两年后的人均 GDP 终值应为 $40\,000\times(1+r/100)\times(1+r/100)$,即 $40\,000\times(1+r/100)^2$。更一般地,如果增长率为 $r\%$,那么 n 年后:

$$终值 = 初始值 \times (1+r/100)^n \tag{A1}$$

利用此公式可以将上述电子数据表简化成如图 A7.2:

B6	▼	fx =A6*(1+B1/100)^B2	
	A	**B**	**C**
1	年增长率	2	
2	增长年数	1	
3			
4			
5	初始值	终值	
6	40000	40800	
7			

图 A7.2　用 Excel 表格计算复合增长:简便方法

　　注意:在单元格 A6 中输入初始人均 GDP 值或任何我们感兴趣的数值(例如银行账户的储蓄额),在单元格 B1 中输入年增长率,在单元格 B2 中输入增长年数,从而,单元格 B6 中的公式为"= A6 * (1 + B1/100)^B2",正是式(A1)。

　　通过调整初始值、年增长率和增长年数,我们可以找出任意初始值在给定的任意增长率下经过任意年后的终值。

　　我们还可以利用 Excel 的"单变量求解"功能往回推算。例如,找出增长率 2% 情况下,最终人均 GDP 达到某水平所需要的年数。还记得吗? 本章我们提到过人均 GDP 初始为 46 000 美元,年增长率为 2%,人均 GDP 最终要达到 1 000 000 美元,需要 155 年。接下来,我们来学习如何方便地算出这个数。首先找到 Excel 的"工具"菜单,鼠标点击"单变量求解"(在 Excel2007 版本中,首先找到"数据"菜单,在"假设分析"菜单下鼠标点击"单变量求解"),会弹出一个对话框,要求输入三个选项:"目标单元格""目标值"和"可变单元格"。在本例中,应分别输入:"目标单元格"B6,"目标值"1 000 000,"可变单元格"B2,即年数。图 A7.3 显示了你会看到和要输入的内容。注意,我们将初始值设为 46 000 美元。

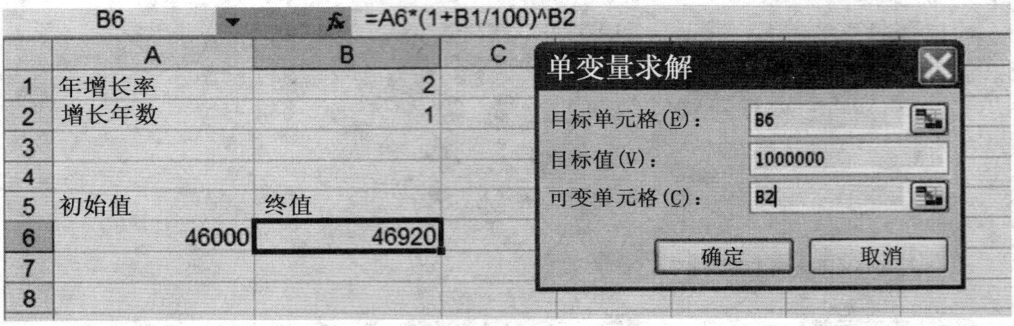

图 A7.3　Excel 的"单变量求解"功能

　　单击"确定",就会看到如图 A7.4 的画面。

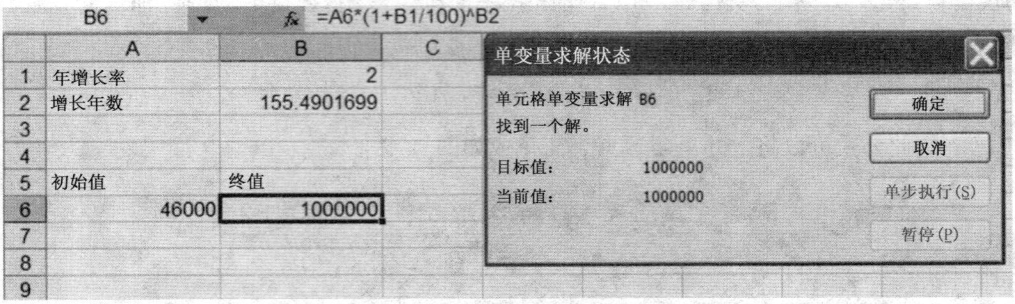

图 A7.4　"单变量求解"轻松搞定

　　"单变量求解"完满解决问题! 如果人均 GDP 初始为 46 000 美元,年增长率为 2%,那么人均 GDP 最终达到 1 000 000 美元需要 155.49 年。

　　通过"单变量求解",只要改变一下输入,就可以解决所有问题。例如,您能解决这个问题吗:初始值不变,50 年之后人均 GDP 最终达到 1 000 000 美元,年增长率应该是多少?

附录问题

利用 Excel 的"单变量求解"功能,计算下列问题:

1. 现有一个国家,与美国富裕程度一样,人均 GDP 为 46 000 美元,假如其年增长率为 3%,那么需要多少年它的人均 GDP 能达到 1 000 000 美元?

2. 现有一个国家,其人均 GDP 为 4 000 美元,年增长率为 8%,那么需要多少年它的人均 GDP 能达到 46 000 美元?

3. 如果你希望使 1 000 美元的投资 10 年后翻倍,那么你的年投资回报率应是多少?

经济增长、资本积累和知识经济学——追赶与前沿

中国经济一直以惊人的速度在增长。2010 年,中国人均 GDP 增长幅度达到 10%;同一年,美国人均 GDP 仅增长 2.2%。纵观整个历史,美国经济从未像今天的中国经济增长得这么快。如果中国继续保持这种增长势头,那么,在不到 25 年的时间内,它的富裕程度就将超过美国。怎么解释这种情况呢? 美国经济有问题吗? 中国人有经济增长的神奇药水吗?

上一章我们学习了促使经济增长的关键制度:产权、诚信政府、政治稳定、可靠的法律体系以及开放的市场竞争。尽管中国在最近 30 年取得了巨大进步,但美国在上述制度中的每一方面,都大大优于中国。那么,中国经济为什么会比美国增长得更快呢?

要回答这个问题,就必须区分两种类型的增长:**追赶型**(catching up)**增长**和**前沿型**(cutting edge)**增长**。追赶型增长的国家有着一些巨大优势,因为这些国家不必创造新知、新科技或新管理方法,只需采用在富国已经发展好的知识。比如,中国这样的追赶型国家,其增长主要是通过资本积累和采用一些能大幅提高生产力的简单知识。

追赶型增长是由资本积累带来的增长。**前沿型增长**是由新知带来的增长。

美国是世界的主导经济体——它处在前沿。前沿型国家的增长主要是依赖新知的出现。但是,开发新知比直接采用现有思想更为困难。正如让一个天才理解微积分并不难,难的是发明微积分。前沿型国家的增长主要是通过新知的产生。

本章要完成两件事:第一,我们要建立一个基于资本积累的经济增长模型。这个模型有助于理解一些令人困惑的问题,比如,中国经济为何比美国增长得快,为什么二战的战败国(如德国、日本等),在战后的几十年里比战胜国美国增长得更快,等等。我们还会在这一部分讨论穷国和富国在收入方面是如何随时间推移而趋同的。

这个基于资本积累的经济增长模型很好地解释了追赶型增长,却解释不了前沿型增长。如果我们思考美国的经济增长,就不大可能首先想到拖拉机、建筑和工厂——这些因素是中国增长的特色。我们会首先想到 iPhone、互联网和遗传工程等新产品、新工艺和新思想。因此,本章后半部分会转向讨论前沿型增长及相关的知识经济学(economics of ideas)。知识经济学不仅能够解释美国经济增长为什么比中国慢,而且还能解释,随着时间推移,中国经济增速为什么将会放缓。此外,它还

将表明：美国经济和世界经济都有可能在未来几十年里增长得比过去更快。坦率地说（这对本书的两位作者来说很遗憾），读者中的很多人会比本书作者在一生中看到更多的进步。

8.1　索洛模型和追赶型增长

让我们从一个被称为索洛模型［以诺贝尔经济学奖获得者罗伯特·索洛（Robert Solow）的名字命名］的有关国民财富和经济增长的模型开始。索洛模型以一个生产函数为出发点。生产函数说明产出与生产要素之间的关系，准确地说，是更多的投入将会带来更多的产出。简化处理，假设只有一种产出 Y 和三种生产要素：物质资本 K、人力资本 eL（e 表示教育，L 表示劳动力）、带来资本与劳动生产率提高的知识存量 A。从而，我们可以写出 Y 关于 A、K、eL 的生产函数：

$$Y = F(A, K, eL)$$

这个函数看似抽象，但实际上代表了一个简单的经济学真理。来看一个典型的生产过程，如汽车制造厂，其产出依赖于资本（机器 K）、劳动力（经过技能水平调整的工人 eL），整个工厂的发展都基于知识（A），即汽车发明和所有生产汽车的机器发明。我们也可以把整个经济看成依赖更大规模的资本、劳动力和知识。

本章将把索洛增长生产函数看作对整个经济的描述，以帮助我们理解整体经济增长的前因后果。

一开始，我们将暂时忽略知识、教育和劳动力的变化，假设 A、e 和 L 不变，这样就可以把上述函数简化为 $Y = F(K)$。注意，因为 L 不变，K 的增加就意味着人均资本量 K/L 的增加，Y 的增加就意味着人均产出 Y/L 的增加。

8.1.1　资本、产出与收益递减

我们来粗略描述下生产函数 $F(K)$ 是什么。更多 K 会以递减趋势产出更多 Y。例如在一个农场，第一台拖拉机非常高效；第二台拖拉机虽不如第一台高效，但还是很有用；第三台只有在其他拖拉机发生故障时才会派上用场（记着，劳动力数量保持不变）。这就是说，资本 K 越大，随着 K 的增加，产出 Y 的增加将越少。于是，就可以得出这样一个生产函数——随着资本增加，产出会以递减速度随之增加。按照这个逻辑，在图 8.1 画出产出曲线 Y，纵轴表示产出 Y，横轴表示资本 K，L 和其他投入保持不变。

图 8.1 中第一单位资本带来一单位的产出，当投入资本越来越多时，产出增加却越来越少——这就是收益递减"铁律"，它在索洛模型中发挥着重要作用。经济学家把资本增加一单位所带来的产出增加称为**资本边际产出**（marginal product of capital）。图中曲线表明资本边际产出是递减的。

来看一个具体的生产函数。在图 8.1，我们使用 $Y = F(K) = \sqrt{K}$ 这个生产函数，意思是产出是资本投入的平方根。填入一些数字就会更清楚，当 $K = 4$ 时，$Y = \sqrt{K} = 2$；当 K 增加到 16 时，$Y = \sqrt{K} = 4$，如此等等。

资本边际产出递减的原因是：第一单位资本（比如前面提到的第一台拖拉机）

资本边际产出是指增加一单位资本所带来的产出增加。随着资本的增加，资本边际产出递减。

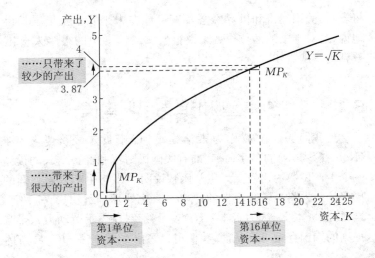

注：资本 K 越大，产出也就越大，但资本增加带来的产出增加会越来越少。第 1 单位资本让产出增加了 1 个单位；而第 16 单位资本只让产出增加了 0.13 个单位。

图 8.1 收益递减铁律

被用到产出最高的地方；第二单位资本被用来完成产出次高一点的任务，因为第一单位资本已经执行了产出最高的任务，第二个单位资本就只能被分配到产出次高的任务，依此类推。

中国和美国的增长 收益递减铁律在很大程度上解释了中国的经济增速为什么远远快于美国。想象一下，受困于制度局限（如开放的市场竞争不完全）的一个国家，对资本投资的激励就会很低。现在假设新制度被实施，新制度激励人们投资，于是资本存量增加。如果一个国家资本存量很少而制度很好，那么，它的资本边际产出就会很高。在这种情况下，小投资也会带来大回报，经济增长就会很快。

上述过程描述的就是已经发生在中国的事情。在 20 世纪的大部分时间里，中国受到落后的经济制度的束缚，经济增长处于灾难之中。20 世纪 70 年代末以来，中国实行了市场导向的改革开放政策，开始了非常快速的增长。中国之所以快速增长是因为它起步于非常低的资本存量，从而资本边际产出非常之高；它开始实行改革，从而投资率显著提高。当然，除此之外，中国还得益于打开国门，与发达的国家与地区进行贸易并吸引投资。

中国的快速增长还提高了农业生产率——正如上一章所讨论的，这主要归功于较好的经济制度——这意味着数亿中国农民将涌入城市。几乎一夜之间，那些人就从年产只有几百美元仅能勉强糊口的农民转变为年产可能达到几千美元的城市工人。这是人类历史上最大的经济迁徙之一，从总体上说，它已经取得了彻底胜利。

收益递减铁律不仅解释了中国为什么能逐渐追赶美国，而且还能解释中国增长为什么会逐渐放缓。中国现在有了"第一台拖拉机"，事实上也有了第二台。当中国再继续添加第三台以至更多时，中国的增长率就将放缓，因为资本边际产出在下降。中国也存在很多问题——银行系统不健全、缺乏法治经验、国民教育程度低等。当前，这些问题被高资本产出率所掩盖。但随着资本不断积累和资本产出率下降，这些问题终将成为中国增长的拖累。

为什么轰炸一个国家会提高它的增长率 收益递减铁律也能够解释为什么一个国家遭到轰炸，它的增长率反而会因此而提高。例如，二战之后，为什么德国和日本的经济增速都快于美国。乍看起来，这似乎不可思议：战败国的经济增长竟快于战胜国！但是收益递减铁律准确预示到了这个结果。二战期间，德国和日本的资本存量——工厂、道路和建筑——几乎都被同盟国炸毁。在资本所存无几的情况下,任何新的资本都有很高的产出效率。这意味着德国和日本都有很强的激励使新资本到位。换句话说,它们增长迅速是因为它们正在重建经济。还有一个事实:德国和日本都有相当好的战后制度。

但是,不要因为高增长率而错误地羡慕德国和日本。它们增长快是因为它们正在追赶。当营养不良的孩子有了合理饮食,通常都会长得很快,但这并不能说营养不良就是好的。同样道理,在其他条件相同的情况下,资本存量被摧毁的国家会增长更快,因为它们在追赶,但是,资本存量被摧毁并不是什么好事。还要注意,当德国和日本的资本存量不断增加并接近美国水平时,它们的增速就放缓了。到了20世纪80年代,它们的增长率就和美国差不多了。德国和日本的增长率下滑并不是因为它们做错了什么,而是因为当一个国家有了更多资本,其资本边际产出就会下降。

	德国、日本和美国的年人均 GDP 增长率	
	1950—1960 年	1980—1990 年
德　国	6.6%	1.9%
日　本	6.8%	3.4%
美　国	1.2%	2.3%

图 8.1 说明越多的资本意味着越多的产出,即使产出增加会递减。那么,资本从何而来,又去往何处?资本是被储蓄并用于投资的产出。资本会随时间而折旧。下面就将把资本的这两个方面——投资和折旧——结合在一起。理解投资与折旧有助于我们甄别出经济增长的根本原因。

8.1.2　资本增长等于投资减去折旧

资本是没有用于消费而被储蓄用于投资的产出。想象一下,现在我们一共有 10 单位产出,其中 7 单位被消费,剩下的 3 单位被投资于新资本。我们把投资于新资本的产出部分记作 γ,在上述例子中,$\gamma = \dfrac{3}{10} = 0.3$。

图 8.2 表示当 $\gamma = 0.3$ 时,产出是如何被分成消费和投资的。注意当 $K = 100$ 时,有 10 单位的产出,在这 10 单位产出中,7 单位被消费掉,3 单位被投入到新资本。

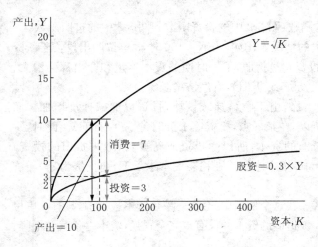

注:生产函数 $Y = \sqrt{K}$ 表示在一定的资本存量水平 K 之下可生产出的产出大小。$K = 100$ 时,能生产出 10 单位的产出。0.3 的投资率意味着其中有 3 单位的产出将被用于投资。剩余的 7 单位产出被用于消费。

图 8.2　资本是用于投资的产出

资本也会折旧,如道路磨损、港口淤塞、机器故障等。如果当前时期有100单位资本,可能有2单位折旧,剩下98单位可用于下一时期。

磨损或折旧的资本部分记作δ,在上述例子中,$\delta = \dfrac{2}{100} = 0.02$。 图8.3表示资本存量的多大部分用于折旧。当资本存量为100,2单位资本折旧;当资本存量为200,4单位资本折旧,等等。

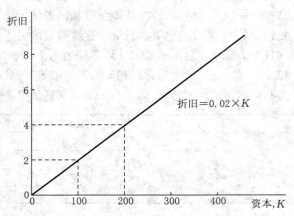

注:资本会发生折旧。随着时间的推移,资本会耗损、锈蚀和毁坏。如果折旧率为0.02,那么每一期折旧的资本为$0.02 \times K$单位(其中K为资本存量)。也就是说,如果$K = 100$,资本折旧为2单位;如果$K = 200$,资本折旧为4单位。

图8.3　资本存量越大,资本折旧也越大

资本存量越大,折旧越多。当一个国家有很多道路、港口和机器时,就需要投入大量资源去填坑、除淤、修理或重置。换句话说,一个成功的经济体要保持增长,就必须源源不断地补充资本。不能及时补充资本的经济体会很快崩溃。

再强调一下,图8.3表示资本折旧随资本存量的扩大而增加——这是制约经济增长的另一因素。

8.1.3　为什么经济增长不能仅靠资本

根据上面这些知识,我们可以得出索洛模型的第二个重要思想。资本存量越大,折旧就越多。折旧越多,就需要越多的投资以保持资本存量不变。当投资刚好弥补资本折旧,资本存量就会停止增长;当资本存量停止增长,产出也随之停止增长。因此,收益递减铁律告诉我们,经济增长不能仅靠资本。接下来我们会更详细地说明这一点。

图8.4给出了两个重要的函数:图8.2中的投资函数和图8.3中的折旧函数。

先考查资本存量不断增大的情况。比如,当$K = 100$时,3单位产出投资于新资本,2单位资本被折旧。如果投资超过折旧,下一时期的资本存量和产出都会增大。从而可以说,当投资大于折旧(投资 > 折旧),有经济增长。

当资本存量增加,投资也增加,由于收益递减铁律,投资以递减速度增加。而折旧随资本存量线性增加。所以,在某一点,投资等于折旧(投资 = 折旧)。此时,每一单位的投资都被用来重置折旧的资本,所以净投资或新投资(减去折旧的投资)就是零,这就是**稳态**(steady state)资本水平。在稳态资本水平下,净投资为零,经济增长停止。

稳态是指资本存量不增不减的状态。

最后,假设资本存量是400。在这个例子中,会有8单位资本被折旧,只有6单位资本投资。结果,当$K = 400$,被折旧的资本并没有被完全置换,资本存量就会下降。

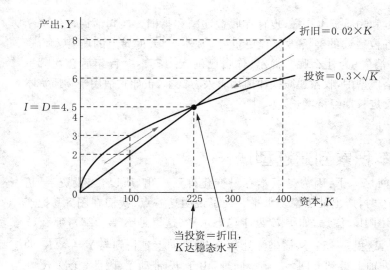

注：当投资大于折旧，资本存量会增加；当投资小于折旧，资本存量会减少；当投资等于折旧，资本存量保持不变。

图8.4　资本存量会增加或者减少，直至投资等于折旧

归纳如下：

投资 > 折旧——资本存量增长，下一期产出增加；

投资 < 折旧——资本存量下降，下一期产出减少；

投资 = 折旧——资本存量和产出都保持不变（稳态）。

人力资本

从这个只有资本的模型可以得出：长期经济增长不可能来源于资本积累。收益递减铁律意味着资本和产出最终都会停止增长。然而，经济增长看起来并没放缓，那么，推动经济长期增长的是什么呢？让我们回到第 7 章讨论的其他生产要素——人力资本和科技知识。

人力资本增加能推动长期经济增长吗？人力资本是国民财富的重要贡献因素。图 8.5 显示人力资本较多（用平均受教育年数来测算）的国家，其人均 GDP 会更高。

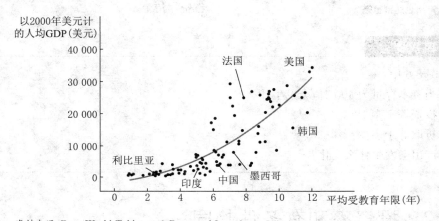

资料来源：Penn World Tables 以及 Barro and Lee，2000。

图 8.5　人力资本越高的国家，人均 GDP 也越高

但是,人力资本和物质资本一样,也存在收益递减和折旧。换句话说,"经济学原理"课也许要比各位后续的经济学课程更重要,另外,今天世界上的所有人力资本都会在一百年后消失(为什么呢? 提示:你自己的人力资本一百年后会在哪里呢?)。所以,在索洛模型中,收益递减铁律适用于人力资本,正如它适用于物质资本一样,它们都不能促进长期经济增长。

8.1.4 从资本积累到追赶型增长

最后,让我们回忆一下:因为是资本存量变化推动产出,所以,当投资 = 折旧,K 处于稳态水平时,产出处于稳态水平。为了说明这一点,我们在图 8.6 把产出曲线添加到坐标图中。注意,如果 K 处于稳态水平(这里是 $K = 225$),那么,Y 也会处于稳态水平,这里是 15。从横坐标处 225 出发,向上延长到与 $Y = \sqrt{K}$ 曲线相交,就可以在纵轴上得到 GDP = 15。同理,由于 K 带动 Y,因此,无论 K 在何时增长,Y 也都会跟着增长。图 8.6 进一步表明了资本增长理论也是经济增长理论。

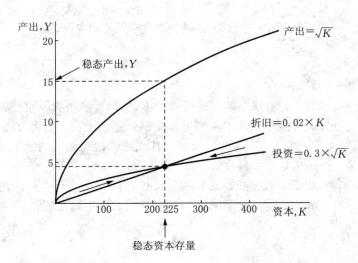

注:产出由资本存量推动。当 $K = 225$ 时,产出为 $\sqrt{225} = 15$。当 $K = 225$ 时,投资等于折旧,因此资本存量不增不减,产出也不增不减。

图 8.6 当资本达到稳态时,产出也达到稳态

自我测验

在图 8.6 中:

1. 当资本存量为 400 时,会发生什么?
2. 投资等于多少?
3. 折旧等于多少?
4. 产出会发生什么变化?

8.2 投资率和有条件趋同

让我们继续研究索洛模型,考察一下投资率和有条件趋同。

8.2.1　索洛模型和投资率增长

如果 γ（产出中用于储蓄和投资的部分）增加，索洛模型会发生什么变化？很简单：更高的投资率意味着更多的资本，也就意味着更多的产出，从而投资率的增长提高了一个国家的稳态 GDP。结果显示：投资带来人均"拖拉机"数量的增加，从而提高了人均 GDP。

图 8.7 把上述直观结论通过两个投资函数标示出来：投资 $= 0.3\sqrt{K}$，意思是每 10 单位产出中，3 单位被储蓄并用于投资（$\gamma = 0.3$，如图 8.6）；另一个函数，投资 $= 0.4\sqrt{K}$，意思是每 10 单位产出中，4 单位被储蓄并用于投资（$\gamma = 0.4$）。注意，当 $\gamma = 0.4$ 时，新稳态的资本存量增加到 $K = 400$，产出增加到 20。

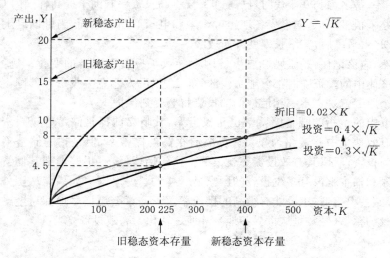

注：当投资率从 0.3 增加至 0.4，投资曲线会上移，稳态资本存量水平将从 225 增加至 400，产出将从 15 增加至 20。

图 8.7　投资率增加，稳态产出也会增加

从而，索洛模型预言拥有高投资率的国家会更富有。那么，这个预言与事实相符吗？答案是肯定的，图 8.8 显示了有高投资率的国家有更高的人均 GDP。

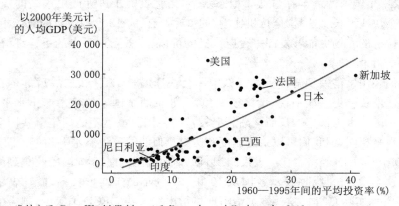

资料来源：Penn World Tables 以及 Bernanke and Gurkaynak，2001。

图 8.8　投资率高的国家人均 GDP 也高

直观的感觉也是这样的:高储蓄意味着会有更多的资本产品被生产,消费者就会享有更高的生活水平。如果一个国家把所有资源都用作派对开销,它还能有多富有呢?

索洛模型说明了投资率增加会提高稳态产出。但是,在索洛模型中,收益递减铁律永远不可避免。当投资率提高,就会有投资>折旧,资本存量会增加,经济会增长。但是,当资本存量继续增加时,收益递减铁律就来了:经济最终会放缓,直到出现新的稳态,经济再一次停止增长。所以说,资本存量水平决定的是产出水平,而不是长期的增长率水平。

为进一步证明这个理念,回想一下上一章所讲的韩国增长奇迹。1950年的时候,韩国比尼日利亚还穷,但今天,韩国比一些欧洲国家还富。韩国的增长证据与索洛模型相符。20世纪50年代,韩国的投资率不到GDP的10%,到70年代,其投资率翻了一番多,到90年代时,已高达35%。高投资率有助于提高韩国的GDP,因为它开办了很多工厂,向世界各地出口汽车和电子产品。然而,当韩国赶上西方国家的GDP水平以后,其增长率就开始放缓。

当然,应该记住:是激励和制度等因素导致了投资率本身的变化。例如,如果一个经济体中的投资随时都可能被没收,那么,就没人愿意去投资。韩国投资率增长的一个原因就是资本家相信他们的投资将会受到保护。

本章中的 γ 指的既是储蓄率也是投资率,其暗含前提是储蓄等于投资。储蓄必须被有效地集中并转化为投资。苏联有很高的储蓄率,但是它的储蓄不能很好地转化为投资,所以其有效投资率就很低。换句话说,没有很好地把其储蓄用于投资的国家和根本就没有多少投资的国家是一样的。一个国家如果能从国外输入储蓄,即使储蓄率很低,也可能有很高的投资率。下一章会更详尽地探讨金融中介如何有效吸纳存款(经常是从世界各地),并使之转化为高效投资。

8.2.2　索洛模型与有条件趋同

索洛模型还预言:一个国家的资本存量越低于稳态水平,其经济增长就越快。为了理解这一点,就要记住:资本存量低于稳态水平时,投资会超过折旧,换句话说,资本存量会增长。现在再看图8.1——资本存量很低时,边际产品就会很高。所以,如果一个国家的资本存量低于稳态水平,当它投资于边际产出很高的资本时,经济就会快速增长。这是"拖拉机比喻"的重述:与已有13台拖拉机的农场相比,还没有拖拉机的农场更能够发挥一台拖拉机的价值。(关于这一点的更详细解释,可参见本章附录。)

我们还用索洛模型解释了为什么中国会快速增长,为什么二战后的德日两国会有快速增长。更一般地说,索洛模型预言:如果两个国家的稳态产出水平相同,较穷的一国会因为快速增长而逐渐赶上较富的一国。虽然不能确定哪些国家的稳态产出水平相同,但我们可以猜测制度和历史相似的国家稳态水平相似。图8.9使用从20个OECD(经济合作与发展组织)创办成员国中的18个国家收集到的数据检验了这个预言。[1]纵轴表示各国从1960—2000年的年均增长率,横轴表示各国1960年人均实际GDP。这些数据清晰地显示出在这些OECD国家中,越穷的国家增长越快,较低的1960年收入与较高的1960—2000年期间的年均增长率相关。

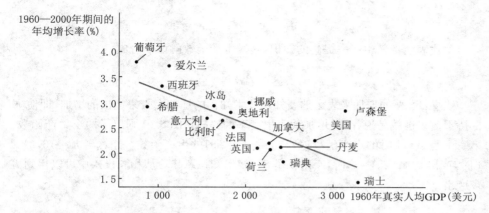

图 8.9　条件收敛：一个 OECD 国家在 1960 年越穷，该国在 1960—2000 年期间增长得就越快

由于穷国增长更快，因此，它们最终会追赶上富国。随着时间推移，OECD 国家会趋向相似的人均 GDP 水平。可以说，索洛模型和这些数据显示了**有条件趋同**（conditional convergence），因为我们看到的只是具有相似稳态水平的国家似乎有可能趋同。第 7 章已经说过，我们不可能观察到所有国家的趋同——诸如尼日利亚这样的"增长灾难"的存在，意味着一些国家不是在追赶，而是逐渐与其他国家渐行渐远。

有条件趋同是一种趋势——对具有相似稳态产出水平的国家而言，穷国会比富国增长更快，从而，穷国和富国会在收入水平上逐渐趋同。

自我测验

1. 当资本增加时，资本边际产出将会怎么变化？
2. 资本为什么会折旧？当资本存量增加时，总资本折旧会怎么变化？

8.3　新知和前沿型增长

简单索洛模型的几个预言都与证据相符：具有较高投资增长率的国家，人均 GDP 增长较快；资本存量距稳态水平越远，经济增长就越快。然而，最简单形式的索洛模型有一个预言却与证据不符。它预言：从长期来看，经济增长最终会停止。记住：从长远来看，投资＝折旧时，资本存量最终会停止增长，当资本存量停止增长，产出也会停止增长。然而，美国已经持续增长了两百多年。因此，我们需要一个更好的索洛模型版本。尤其要回答：有没有避开收益递减铁律的办法？答案：有。新知可以保持经济持续增长，即使是在长期。

8.3.1　新知推动长期经济增长

新知使相同的物质和人力资本投入产生更多产出。今天的一台个人电脑所需的硅片和劳动力投入与 20 年前相差无几，但是，今天的电脑要比 20 年前好得多——知识造成了这种差距。回想一下简单生产函数：

$$Y = \sqrt{K}$$

A 代表能带来生产率提高的知识,这样生产函数就可以写成:

$$Y = A\sqrt{K}$$

注意:用 A 的增加来表示的新知或技术知识的增加会带来产出的增加,即使 K 保持不变。也就是说,A 的增加代表生产率的提高。图 8.10 画出了两个生产函数:第一个是 $A=1$ 时的生产函数;第二个是 $A=2$ 时的生产函数。注意当 $K=16$,$A=1$ 时,产出是 4;当 $A=2$ 时,产出就是 8。技术知识意味着从相同投入中可以得到更多产出。

注:A 的增加代表生产率的增加。当 $A=1$ 时,16 单位的资本存量可生产 4 单位产出;当 $A=2$ 时,同样的资本存量可以生产的产出数量翻番。

图 8.10 K 不变,A 增加,产出亦增加

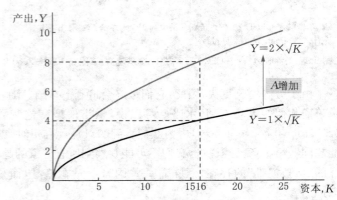

只要能发展出推动生产函数上移的新知,经济增长就会持续。从某种程度上说,新知是长期经济增长的关键。如果没有电或 DNA 的发现,或者没有内燃机、电脑芯片、聚合酶链反应的发展,经济会有多少增长呢? 只靠努力干活来解决问题是远远不够的,还必须真正明白做的是什么,并把它们归结为知识。

索洛本人试图估测出美国的经济繁荣多大成分上归功于资本和劳动力,多大成分上归功于知识。他最后的结论是:美国生活水平的大约四分之三应归功于新知。之后,很多经济学家对这个数字的准确性展开辩论,但是没人反对新知和科技进步对人类福祉的核心重要性。

8.3.2   把索洛模型与知识经济学放入同一个图

再来看下索洛模型,看看如何把新知放入这个模型。很简单:新知使相同的资本带来更多产出;产出更多,消费与投资才可能增加。所以,新知也促进了资本积累。

图 8.11 在一个坐标系表达出了上述过程。这个图有些复杂,让我们来分步解读它。记住:A 代表知识,更大的 A 意味着工人有更好的新知识,它使相同的资本水平下的产出增加。假设:开始时,$A=1$,经济处于稳态且产出$=15$(a'点);现在 A 增加到 1.5,新知使相同的资本存量水平下产出更多,于是,产出从 15(a'点)增加到 22.5(b'点)。然而,随着产出增长,投资也随之增长,从 a 点增长到 b 点。由于此时投资大于折旧,资本积累开始。资本积累和经济增长将持续到投资与折旧再次达到平衡的 c 点,此时,产出为 33.75(c'点)。

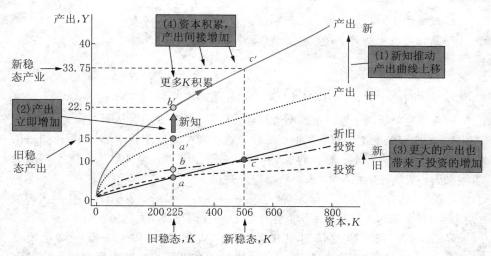

注:新知推动产出曲线向上移动,这意味着:(1)相同的资本存量能生产更多的产出;(2)产出立即从 a' 点增加到 b' 点;(3)更多的产出也意味着更多地投资,因此投资曲线向上移动;(4)因为现在投资大于折旧,经济开始积累更多的资本,从而开始增长。直到投资再次等于折旧,即在 c 点,经济才停止增长,产出达到 c' 点。注意新知影响产出的途径有两个:通过生产率的提升而导致产出的直接增加,以及通过资本积累而导致产出的间接增加。

图 8.11　新知带来产出和资本积累的增加

　　图 8.11 显示了索洛模型与知识经济学是如何结合在一起的。新知直接提高了产出,间接促进了资本积累。当然,在达到新的稳态产出水平前,就很可能又出现了新知。因此,经济增长过程就是新知与更多资本积累的两步连续过程。

自我测验

1. 在资本稳态水平,投资与折旧会发生什么?

2. 图 8.7 中,在旧资本稳态水平,消费为多少? 在新稳态水平,消费是多少?

3. 对一个国家来说,是在远远低于其稳态水平时增长更快,还是在接近于稳态水平时?

4. 投资率更高的国家,人均 GDP 是更高还是更低?

8.4　前沿型增长:知识经济学

　　从索洛模型得知:新知是长期经济增长的关键。只有资本积累,并不会给美国或其他发达国家(如日本和西欧诸国)带来多大的增长,因为这些经济体已经拥有那么多资本,以致投资主要被用于折旧。取而代之的是,这些国家处于前沿,它们必须开发新知来提高资本和劳动的生产率。

　　新知具有一些重要且不同寻常的特点:它们可以免费分享给无限多的人,它们不会由于大量使用而被折旧。正如经济学家保罗·罗默所强调的,新知通常会产生更多新知,所以增长才可能是自我持续的。因此,为更好地理解经济增长,我们必须转向知识经济学。

　　本章侧重讲述以下几点:

1. 提高产出的新知主要是由营利性企业研究、开发与实施;
2. 新知可以免费共享,但是溢出意味着新知供应不足。

8.4.1　研发是对利润的投资

第 7 章着重强调了经济增长不会自动发生,生产要素不会从天而降;为了提高产出,必须要有效地生产和组织生产要素。这些同样适用于技术和知识,正如适用于物质资本与人力资本一样。再强调一次:激励是关键。经济增长取决于制度能否激励人们投资于物质资本、人力资本以及知识。

在美国,约有 130 万名科学家(世界第一)从事新产品的研发工作,其中绝大多数(约 70%)科学家和工程师为私营企业效力(这一比例与其他发达国家基本相似)。

私营企业投资于研发是期望获得回报。从而,我们在上一章所讨论的制度——产权、诚信政府、政治稳定、可靠的法律体系以及开放的市场竞争也推动着技术知识的产生。除此之外,对于知识来说,其他一些制度尤为重要。这些制度包括有助于创新者与资本家对接的商业环境、知识产权保护(如版权、专利)和高质量的教育系统(我们很快会转向这些话题)。

影响经济增长的并不仅仅是科学家和工程师的数量,因为其他很多人在工作中、在学校里或者在自家车库中也能创造新知。以马克·扎克伯格(Mark Zuckerberg)为例,他在哈佛读书期间写出了 Facebook 的软件。同样重要的是,美国的商业文化与商业制度便于创新者找到愿意对新知进行投资或者冒险的生意人和风投。没有支持与赞助的新知只是无果之花。在美国,潜在的创新者知道,只要他们提出好的想法,这些想法就很可能被投入市场。因此,人们探索新知的激励是很强的。

美国文化还尊崇企业家。比如,像苹果公司前总裁史蒂夫·乔布斯(Steve Jobs)这样的人会得到媒体的广泛赞誉。然而,从历史来看,企业家经常作为摧毁就业的人而被攻击,如 18 世纪的英国企业家、纺织业"飞梭"的发明者约翰·凯(John Kay)。

约翰·凯(1704—1780)发明了用于棉纺业的"飞梭",这是启动工业革命的最重要发明。然而,凯本人并未因此得到报酬。相反,他的房屋被那些因害怕失去工作的"机器破坏者"所毁,他被迫逃亡法国并在那儿贫困而死。

与绝大多数其他国家相比,美国的文化和商业基础建设能更好地支持新思想并促使其转化为可用的商品。

艺术创新也需要有多元化观点的众多个体、大量扶持创新和就业的渠道,以及支持创新并从中获利的商人。毫不奇怪,美国同样是艺术创新的领导者。美国电影、流行音乐和舞蹈在世界各地广泛传播。还不只在流行文化方面,美国在抽象艺术、当代古典音乐、先锋小说、诗歌以及现代舞蹈(仅举上述几例)等都处于领导地位。我们所知道的是艺术创新、经济创新和科学创新三者同源。

进一步讲,对创造力有重大意义的基本制度保障是产权。下面,我们来讨论知识产权的一种形式:专利权。

"专利权制度……为天才之火添加了利益之燃料。"——亚伯拉罕·林肯(Abraham Lincoln, 1859)。

专利权　很多新知的特点决定了私人企业如果投资于它们,就很难收回成本。尤其是那些很容易被竞争对手模仿的新工艺、新产品和新方法。世界上第一台 MP3 播放器是在 1998 年由 Eiger Labs 公司发售的 MPMan。但你听说过它吗?恐怕没有。其他公司迅速模仿了这个创意,而 Eiger Labs 在之后的创新竞赛中输掉了。模仿者从创意中获利而不必支付开发费用,从而可以较低的成本把创新者赶出市场,除非有阻止快速模仿的壁垒。

模仿常常需要一定时间,这就使创新者有机会收回投资于新知的成本。比如,苹果 iPhone 的设计已经被很多公司模仿,但在它被模仿之前,苹果利用其垄断力量销售出数百万台 iPhone,获得了丰厚利润。这就是苹果最初愿意投资于研发的原因,也是 iPhone 得以存在的原因。企业之间的竞争往往不是以低价提供相同产品,而是要提供更新更好的替代性产品。

苹果也依靠专利权来保护其创新。专利权是政府授予的暂时垄断权,期限一般为自申请之日起的 20 年。专利权阻碍了模仿,从而使创新企业获得更长时期的垄断权。以苹果为例,该公司 2004 年为 iPhone 最有特色的设计——多点触摸屏申请了专利。这项专利使苹果有权阻止其他公司在 2024 年之前模仿该项技术。但是,如果苹果授权给其他公司使用该专利技术,我们仍然可能在不久的将来见到许多类似产品的问世。而且,竞争者正在寻找不同的方法以生产出具有相同功能的产品——绝大部分的专利产品在五年之内会被模仿。

尽管如此,苹果公司的专利权仍然会赋予它一些垄断力。正如你以前在微观部分所学到的,有垄断力的企业将会把价格提高到完全竞争价格之上。所以,专利权不但提高了研发新产品的激励,而且还提高了创新产品的垄断力。如何在提高研发新产品激励和避免过度垄断之间进行平衡是制定经济政策最棘手的问题之一。[②]

8.4.2 溢出和新知供给不足的原因

即使一个公司拥有科技创新的专利,并且其他公司不能直接模仿,其新知也会溢出并使其他企业和消费者受益。例如,一种新药剂会被赋予专利,但是这种药剂的生效机制,也就是它发挥药性的过程可以被检测,并可以为其他企业广泛复制以研发它们自己的药剂。

溢出有正反两方面效应。好的方面在于知识是**非竞争性的**(non-rivalrous)。如果你消费了一个苹果,那么我就不能消费这个苹果了。谈及吃一个苹果,要么是你要么是我——我们不能分享彼此消费的东西,因此经济学家认为苹果是竞争性物品。但是新知可以分享。你可以用毕达哥拉斯定理,我也可以同时使用同样的定理。所有的人都可以分享毕达哥拉斯定理,这就是经济学家为什么会说知识是非竞争性的。

既然很多新知的分享成本可以很低,那么它们就应该被分享,因为分享可以最大化新知收益。从而,新知溢出或传播到全世界就是一件好事。比如说,培育和种植玉米的知识起源于古代的墨西哥,但是现在全世界的人都在种玉米。然而,溢出意味着一种新知的创始人不能得到其所产生的所有收益。如果创造者不能得到足够的好处,那么,新知就会供给不足。因此,尽管经济学家知道知识溢出是好事,但同时他们也知道原创性的思想太少了。

为了理解为什么说溢出意味着新知会供给不足,我们来思考下为什么企业要勘探石油。答案是:为了赚钱。如果一家企业勘探到石油,其他公司就可以立刻跟进并在附近钻井,那么,石油勘探量会怎么样呢?很明显,如果企业不能拥有对油田的产权,它勘探石油的动力就会下降。企业开发新知和勘探石油一样,如果其他

林肯是唯一一位获得过专利的美国总统。

搜索引擎 你可以在美国专利和商标办公室(U.S. Patent and Trademark Office)网页上找到苹果公司的 iPhone 多点触屏专利(20,060,097,991)。

托马斯·杰弗逊的知识经济学:"一个人从我这儿得到一个想法、一种指导,并不会对我有所减损;就像一个人向我借火点亮蜡烛,得到光明的人并不会使我处于黑暗一样。知识应该在世界各地自由传播,这似乎是造物主独特而仁慈的构思。知识一旦产生,就不能被局限或独享。"

如果两个或两个以上的人可以同时消费一种物品,这种物品就是**非竞争性的**。知识是非竞争性物品。

企业可以在几乎相同的知识领域进行开发,那么,开发的动机就会下降。

图 8.12 图示了这个论点。只要私人边际收益大于边际成本,追求利润最大化的企业就会投资于研发(R&D)。结果,私人投资可以达到图 8.12 中的 a 点。然而,溢出意味着 R&D 的社会收益超过了私人收益,因此,最佳社会投资量是在边际社会收益刚好等于边际成本的 b 点。因为 R&D 的私人收益小于社会收益,对 R&D 的私人投资就小于最优水平。

注:追求利润最大化的企业对研发的投资水平为私人边际收益正好等于私人边际成本的那一点(对应图中的 a 点)。由于存在溢出效应,研发会使得生产厂商之外的人受益。研发的社会收益大于私人收益的部分即为溢出效应的大小。对研发的社会最优投资水平为社会边际收益正好等于边际成本的那一点(对应图中的 b 点)。因此,只要研发的私人收益小于社会收益,对研发的私人投资水平就将小于社会最优投资水平。

图 8.12　存在溢出效应时对研发的投资是不足的

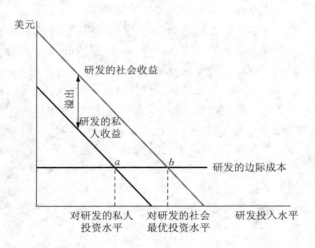

8.4.3　政府在新知生产中的作用

要想增加新知的产量,需要做些什么呢?前面已经提到了一项会影响新知生产的重要政府政策——专利。它减少了溢出,从而加强了生产新知的激励,但它同时也减缓了新知的传播速度。

政府也可以补贴新知的生产。回到图 8.12,对研发支出的补贴或税收减免会使研发的(私人)边际成本下降,从而私人投资就会增加。

在溢出效应越明显的领域,支持政府补贴的理由也就越充分。现代世界建基于数学、物理和分子生物学,这些领域的基本理念被广泛应用,因此溢出很大。尽管基础科学的社会收益很大,但私人回报却很小。通过生产比萨饼来赚取 100 万美元很可能比通过提出数学定理来赚取 100 万美元容易得多。事实上,托马斯·S.莫纳汉[Thomas S.Monaghan,达美乐比萨(Domino's)的创始人]通过生产比萨赚取了 10 亿美元,而数学家罗恩·里夫斯特(Ron Rivest)、阿迪·沙米尔(Adi Shamir)和伦纳德·阿德尔曼(Leonard Adleman)却没有从他们提出的 RSA 加密算法中赚取那么多,尽管该算法被用于互联网传送数据的加密,从而构建了所有互联网商务活动的骨架。

基础科学的巨大溢出表明,政府在补贴大学研究方面所要发挥的作用,尤其是对提出创新和进行支持创新的基础科学研究的大学。也许最重要的是大学要培养出科学家。美国有 130 万从事新产品研发的科学家,绝大部分都是在政府补贴的大学里接受训练。从而,对硬科学的补贴有助于私有企业生产出新知,那些最初的补贴会在以后时间里被成倍地返还。

8.4.4　市场规模与研发

想象一下，有两种同样致命的不治之症，一种罕见，另一种常见。如果必须选择，你宁愿忍受哪种疾病的折磨？花点时间好好考虑一下这个问题，因为有一个正确答案。

如果你不想死，那么最好选择常见病。为什么呢？研发治疗这两种病的药物的成本大致相同，但是，病越常见，研发药物的收益就越大。所以，制药公司会专注于研发和生产常见病的治疗药物，因为更大的市场意味着更多的利润。

结果，治疗常见病的药物要比治疗罕见病的药物多，而更多药物意味着更长的预期寿命。患有罕见病——确诊数量排在后四分之一的疾病——的病人在 55 岁之前可能死亡的比例要比患有常见病的病人高 45%。③

更大的市场提高了投资研发的激励，也意味着更多的药物，更长的预期寿命。所以，可以想象，如果中国和印度能和美国一样富裕，那么，癌症药物的市场将会比今天大 8 倍。

中国和印度还不是富裕国家，但是这样的新知实验告诉我们：当其他国家变得富裕，美国人民将会大大受益。

像药品一样，新的电脑芯片、软件和化学品也需要大量的研发支出。随着印度、中国和包括美国在内的其他国家变得更加富裕，企业将提高在世界范围内的研发投资。

自我测验

1. 如果所有国家都对进口课征高关税，新知生产将会发生什么变化？

2. 什么是溢出？它是怎样影响思想生产的？

3. 像疟疾这样的疾病影响了发展中国家人民的身体健康，一些经济学家提议政府应该提供大笔现金来奖励对这些疾病的治疗药剂的发明。有什么经济理由可能支持奖励疟疾治疗研究，而不是癌症治疗研究？

8.5　经济增长的未来

在过去一万年里，世界人均 GDP 在增长。从人类文明开始到大约公元 1500 年，人均 GDP 增长率接近于零；1500—1760 年，人均 GDP 增长率提高到 0.08%；接下来的一百年里增长速度翻了一番；19 世纪到 20 世纪，增长得更快。如今，世界人均 GDP 的增长速度大约超过了 3%。

经济增长还会更快吗？答案是肯定的。我们再来看一下本书对科技进步或知识存量 A 的度量，可以用一个简单式子来总结促使 A 增加的因素：

$$A（知识存量）＝人口 \times 激励 \times 每小时的新知数量$$

简单来说，新知的数量是关于人口数量、创新激励和每人每小时的新知数量的函数。当然，这个方程式并不很精确，它只是对促进科技进步的一些关键要素的一种思考。接下来，我们来逐一考察每一个要素，并思考它们对经济增长的未来意味着什么。

人口数量的不断增加有益于知识的升级换代。更重要的，以生产新知为生的人口数量会随着人口总数量的增加而不断增加。在当今全世界 600 万科学家和工程师中，大约 130 万来自美国。这 130 万人构成美国总人口的 0.5%，这个比例小得惊人。然而，对整个世界来说，科学家和工程师的比例还要低得多。

今天，世界上的很多地方还很贫穷，成千上万有潜力成为伟大科学家的人终身还在田间辛苦劳作。如果整个世界都能像美国这样富裕，而且投入和美国一样的人口比例进行研究和开发，那么，人类将会有五倍于今天的科学家和工程师。从而，随着世界变得更加富裕，更多的人将会进行新知生产，而且由于溢出，这些新知将会使每一个人受益。

创新激励看起来也在加强。消费者更富裕了，世界正由于贸易而成为一个巨大的市场，这每一个因素都提高了对创新的激励。

当创新者能从发明中受益且无被剥夺之虞，创新的激励就会提高。世界范围内的制度改进——也就是争取产权、诚信政府、政治稳定和可靠法律体系的运动——已经对创新和经济增长产生了非常正面的影响。

我们知之最少的是等式中的最后一个要素：每小时产生的新知数量，或说是提出新知是容易还是困难的程度。在有些领域，我们过去的所知不可能比今天更多。千百年来，科学家们间歇地发现了很多新的人体器官，但最新发现的人体器官的认定是在 1880 年（甲状腺旁腺）。不要期望在这一领域有更多的突破性进展，不管我们看起来工作有多努力。有些时候在有些领域，知识会出现跳跃性增长，而另一些时候在另一些领域，知识增长会停滞不前。如果收益递减律也适用于新知，正如其适用于资本，那么经济增长就会大大放慢。然而，至少有两个原因可以让我们相信，在新知领域收益递减规律并非常态。

第一，许多新知使其他新知的产生变得更加容易。本书作者至今还遗憾地记得，当年被问及"谁赢了 1969 年美国职业棒球世界大赛（World Series）"这样简单的问题时，只能去图书馆查阅卡片目录，寻找书架上的相应书籍，然后才能找到答案（如果要找的书还没有被借走的话）。如今，你可以在手机上用谷歌搜索，很快就能找到答案。因为我们还有很多新知是关于创造更多新知的，所以，新知生产似乎不会趋向收益递减。

第二，每小时新知数量还没有明显递减——这是知识经济学的先驱之一保罗·罗默（Paul Romer）的观点。（罗默不仅是杰出的理论家，还是一流的新知生产者。他创建了经济学在线试题库和辅导体系 Aplia，你们中的很多人可能都使用过。这是一个使学习新知变得更容易的思想。）罗默指出，新知生产就像配方，宇宙中潜在配方数量之庞大超乎想象：

> 元素周期表包括大约 100 种不同类型的原子，这意味着四种不同元素的组合大约有 $100 \times 99 \times 98 \times 97 = 94\ 000\ 000$ 种。像 6、2、1、7 这样的数字序列可以代表了一个配方中四种元素的搭配比例。更简化一点，假设表中的数字必须在 1 到 10 之间，不允许有分数，最小的数字必须是 1，四种元素大约有 3 500 种不同的搭配，那么，总共就有 $3\ 500 \times 94\ 000\ 000$（或者 3 300 亿）种不同配方。如果全世界的实验室每天评估 1 000 种配方，那就要将近 100 万年才能检测完。[4]

诚然,很多配方就像"鸡肝冰淇淋"这样的食谱一样不值得尝试,但是我们可以探索的知识领域是如此之广阔,以至于在很漫长的时间里,收益递减都不可能出现。

综上所述,未来的经济增长可能比以往增长得更快。当今世界与以往相比,有更多的科学家和工程师,而且其数目无论在绝对数量上还是人口相对比重上都在增长。投资研发的激励也在加强,因为全球化使市场更大,中国、印度这样的发展中国家的国民财富在不断增长。更好的制度和更健全的产权开始遍布世界。

我们有理由对未来的经济增长持乐观态度,但是,万事都没有绝对。在 20 世纪,两次世界大战使两代人的精力从生产转向破坏。当战争结束,"铁幕"使数十亿人与世界的其他部分隔离开来,商品贸易和知识交流都大大减少——这是对所有人的损害。世界贫困意味着美国和其他几个国家几乎要独自肩负起推动知识进步的重担。我们不希望再次出现这样的情况。

理解现实世界

○　本章小结

索洛模型受收益递减铁律支配。资本存量很低时,资本边际产出就很高,从而资本积累带动经济增长。但是,当资本积累,其边际产品就会下降直到每一时期的投资刚好等于折旧,增长停止。

尽管索洛模型很简单,但它告诉了我们三件重要的事情:第一,把产出的更大部分用于投资的国家会更富裕。索洛模型没有告诉我们一些国家为什么会把产出的更大部分用于投资,但在第 7 章,我们了解到富裕国家有鼓励人们投资于物质资本、人力资本和科技知识的制度。第 9 章,我们还会更多地探讨金融中介如何把储蓄转化为投资。

第二,一个国家的资本存量与其稳态水平相差越大,其经济增长就越快。这解释了为什么二战后的德国和日本能追赶上其他发达经济体,为什么进行制度改革的国家往往能飞速增长,为什么贫穷国家会比具有相同稳态产出水平的富裕国家增长得更快。

第三,索洛模型告诉我们,资本积累不能解释长期经济增长。假定其他因素不变,物质资本和人力资本的边际产品最终会下降,从而使经济处于零增长的稳态水平。如果我们想解释长期经济增长,就必须弄明白其他因素为什么不是不变的。

新知是长期经济增长背后的推动力。然而,新知不像其他产品,新知很容易被复制,而且是非竞争性的。新知容易被复制的事实意味着其原创者不会得到它所带来的所有收益,从而,生产新知的激励就会太低。在溢出最可能存在的领域,政府可以通过保护知识产权和补贴创新等手段来支持新知生产。

然而,新知的非竞争性意味着一个新知一旦被提出,我们就会希望它能被尽可能多地分享——这是"复制"的一种委婉说法。从而,在对生产新知提供适当激励与对分享新知提供适当激励之间,就有一种权衡。

知识经济学的重要启示是:(不管是按人口还是财富来说的)市场越大,投资于研发的激励就越强。同样,拥有更多的人口和更富裕的国家,投身于新知生产的人口数量就会更大。所以,发展中国家不断上升的财富水平、全球市场的自由贸易运动和更好的制度在世界范围内的扩展,这些都激励着未来的经济增长。

○ 本章复习 ···

关键概念

追赶型增长
前沿型增长
资本边际产出
稳态水平
有条件趋同
非竞争性

事实和工具

1. 哪一类国家会发展得更快：前沿型增长的国家还是追赶型增长的国家？

2. 什么情况下人们会更努力工作以求提出新知：是准备把新知卖给有 1 万人的市场呢，还是有 10 亿人的市场？你的答案对回答另一个问题有什么帮助：站在美国的立场，中国和印度成为富国，是好事还是坏事？

3. 很多人说，如果人们储蓄过多，经济就会受挫。他们总是援引消费支出占 GDP 2/3 的事实来证明这一点。这有时被称为"节俭悖论"。

   a. 在索洛模型中，有节俭悖论吗？换句话说，高储蓄率对一个国家的长期经济绩效是好还是坏？

   b. 真实世界中是怎么样的呢？根据图 8.8 中的数据，存在节俭悖论吗？

4. 人们常说"富的越富，穷的越穷"。图 8.9 所展示的情况是这样的吗？富国的增长是快于还是慢于穷国？

5. 与现在的高速增长相比，未来的中国经济是会更快还是会变缓？

6. 在解释富国的生活水平时，哪个因素更重要：资本水平还是知识？

7. 托马斯·杰弗逊为什么认为新知与火焰有相似之处？

8. 什么是专利权？

9. 什么情况下人们会更努力工作以发明新知：是对其提出的新知拥有 1 年专利的时候，还是 10 年专利的时候？

10. 以下哪三个国家更好地诠释了"有条件趋同"？

中国
爱尔兰
阿根廷
朝鲜
希腊

11. 让我们来记录一个国家 5 年内的资本存量。魔多（Mordor）国从 1 000 台机器开始，每年有 5% 的机器折旧或损毁。幸运的是，这个国家的人们每年生产 75 台机器。那么，记录资本的关键等式就相当简单了：

下一年的资本 = 本年资本 + 投资 - 折旧

填写表格

年份	资本	折旧	投资
1	1 000	0.05 × 1 000	75
2	1 025		75
3			75
4			75
5			75

思考和习题

1. 思考下面三个按照 $Y = 5\sqrt{K}$ 来生产 GDP 的国家：

   Ilia：$K = 100$ 台机器

   Caplania：$K = 10\ 000$ 台机器

   Hansonia：$K = 1\ 000\ 000$ 台机器

这三个国家的 GDP（Y）分别是多少？Hansonia 的机器数量是 Ilia 的 10 000 倍，但为什么 Hansonia 的产出不是 Ilia 的 10 000 倍呢？

2. 思考前一题的数据：如果每年有 10% 的机器报废（换言之，机器折旧），那么今年这三个国家分别有多少机器会报废？有没有国家的折旧数额事实上超过了其 GDP？（这个问题是要提醒你"机器越多意味着损耗的机器也越多"。）

3. 当然，没有一个国家会仅仅投资于机器、设备以及电脑等这样的产品。它们也会生产消费品。假设第 1 题中的三个国家用其 GDP 的 25% 生产投资品(也就是说 $\gamma = 0.25$)。那么,这三个国家储蓄分别是多少?哪个国家的投资<折旧?它在什么情况下会出现投资>折旧?

4. 一家医药公司有 10 亿美元可供投资在研发上,它必须在两种项目中选择其一:

   a. 投资于包括禽流感在内的致命流感的治疗项目;

   b. 投资于一种被称作湿疹(皮肤红肿瘙痒)的皮肤病的治疗项目。

   公司认为,如果把一切因素都考虑在内,这两个项目的预期利润率相同。当然,计划 a 的风险更大(因为罕见流感可能再不会出现),但疾病一旦爆发,就会有世界市场愿意付大钱来治愈流感。

   然而有一天,就在公司决定到底是选用方案 a 还是方案 b 时,公司总裁在报纸上看到一则新闻说,在大型流感爆发时,欧盟和美国将不再尊重专利权。相反,政府会"打破专利",以 1 美元 1 片的价格在各地供应药剂。如此一来,公司 1 片药将只卖得 1 美元,不是他们所期望的 100 美元或 200 美元。

   考虑政府可能会"打破专利"这个新信息,医药公司将倾向于投资哪个项目呢?(注意:在致命炭疽病 2001 年突袭时,美国政府差点就对"西普洛"——一种能治愈炭疽感染的抗生素——专利这么做了。)

5. 第二次世界大战以后,法国大量资本存量被毁,但它拥有受过教育的工人和市场导向的经济体制。你认为战争的破坏是增加了还是减少了资本边际产出?

6. 索洛模型不只在思考整个国家经济上有用,只要符合生产函数收益递减,且总资本投入不断被损耗的情况,就可以应用索洛模型。考虑一下一个经济学教授的经济学知识,她掌握的经济学越多,她忘得也就越多("折旧"),但她掌握得越多,能创造的知识就越多(产量)。最终,会处于一种稳态,她掌握的只是固定数量的经济学知识,但是,她所掌握的知识内容却会随时间流逝而改变:头十年,她可能掌握大量美联储的知识,而在下十年,她可能掌握大量电力市场的知识。不管怎么说,知识都会渐渐消失。

   a. 利用索洛模型分析一个厨师的烹饪技能;

   b. 利用索洛模型分析海军舰队的规模;

   c. 利用索洛模型分析猎豹的速度,此时的投入是卡路里。

7. 许多发明家认为专利是保护知识产权的糟糕方法。他们不是申请专利,而是对其实施保密。实际上,商业秘密相当普遍:可口可乐配方就是一个商业秘密,就像肯德基创始人山德士上校的食谱一样。以商业秘密而不申请专利来保护知识产权的主要好处是什么?用商业秘密模式来保护知识产权有何固有弊端?

8. 既然有时候新知很容易被复制,许多人就认为我们应该投入更多的精力来创造新知。考虑一下,是否需要权衡让更多人创造新知的想法。简单起见,我们假设经济增长率取决于有多少人进行新知探求,不管是在实验室,还是挤在一个咖啡店使用手提电脑,或者是在凌晨三点听着经典摇滚歌曲《天堂之梯》(Stairway to Heaven)的时候。人们要么生产实物要么生产新知。这个经济体运行的方程式是:

$$Y_t = (1 - R) \times A_t L \text{ (GDP 生产函数)}$$
$$A_{t+1} = (1 + R) \times A_t \text{ (技术生产函数)}$$

L 代表人口总数,其中 $(1 - R)$ 部分在工厂和办公室生产实物(记住:办公室的人也有助于创造产出),剩下的 R(R 为分数)部分整天想着如何创造新知识。为了使这个故事简单,不考虑收益递减。

   a. 这里有权衡吗?如果所有人都投入生产新知的工作中去($R = 1$),会不会有一个繁荣世界?

   b. 在这个社会中,如果人们愿意为报酬长时间等待,他们应该选择大 R 值,还是小 R 值?

   c. 写出未来 5 年的 GDP,如果开始时,$A = 100$,$L = 100$,$R = 10\%$:

年份	A	Y	Y/L
1	100	9 000	90
2	110		
3			
4			
5			

   d. 如果社会选择了 $R = 20\%$,再写出这个社会未来 5 年的 GDP。

9. "事实和工具"部分的第 2 题说明了大市场导致对发明的大需求,这是亚当·斯密(Adam Smith)所说的"劳动分工会受市场范围限制"的一个例子。现在我们来看一下大市场是如何影响发明的供给方面的。基本理念很简单：更多的人意味着更多的新知。

a. 为了创造新知，就需要有尝试提出新知的人。1800年，世界上有将近3亿人口——与现在的美国总人口大致相当。如果新知产生率是百万分之一，也就是说，每年一百万个人中有一个人提出一个震撼世界的新知，如隐形眼镜，或詹姆斯·布朗（James Brown）的歌曲"The Payback"，或《侠盗猎车手》（*Grand Theft Auto*）视频游戏，那么在1800年世界会有多少新知？那在60亿人口的世界中，每年又会有多少新知产生呢？

b. 更现实地说，富国的人们更可能提出震撼世界的新知，并与人分享，因为富国的人们享有教育、实验室以及使发明和传播新知更便捷的互联网。如果全球只有占其人口前20%的人真正有可能创造新知，那么，在1800年与在今天各会有多少新知出现？

c. 如果印度和中国有一半人口变得富裕，足以创造新知（为了简化，假设印度和中国各有10亿人口），并且开始和人口中前20%的人一样提出新知，那么就印度和中国而言，每年会为世界创造多少新知？

d. 许多人都抱怨这个星球的人太多了。[正如作家P.J.奥罗克（P.J.O'Rourke）曾经所写，许多人对于世界人口的态度就是"有我就足够，多你就太挤。"]看看你对b问的回答，如果世界人口从目前的60亿减去一半，那么每年会有多少新知产生？

10. 根据经济学家罗伯特·巴罗（Robert Barro）和夏威尔·萨拉-伊-马丁（Xavier Sala-i-Martin）的观点，趋同并不仅仅适用于国家层面，它对一个国家中的各州和地区同样适用。他们研究了1880年美国各州的人均GDP，并计算了此后120年各州的经济增速，发现趋同几乎存在于所有州。

a. 根据上述结论，把下表左边的人均GDP与右边的长期增长率用箭头连起来。

1880年人均GDP	1880—2000年的年增长率
美国西部：8 500美元	1.6%
美国东部：6 300美元	1.7%
美国中西部：4 700美元	2.2%
美国南部：2 800美元	1.2%

b. 把a问中数据用曲线图示在下面的坐标系中。看看这个图是否和图8.11所描述的OECD国家的情况一样，或有很大不同？

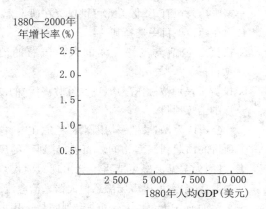

注意：巴罗和萨拉-伊-马丁发现趋同几乎存在于日本的每个地区；1930年最穷的地区在接下来的70年中得到了最快发展。所以，我们很难找到明显证据支持"穷的地区会越来越穷"这个通常的观念。

11. 我们正在用尽所有知识吗？经济学家保罗·罗默不这样认为。为了说明得更具体，他指出，如果我们对不同的分子进行实验，以期找到诸如新药、新型塑料等化合物，那么，在我们完成这些探索前，宇宙就可能在"热寂"中走向消亡。例如，如果我们对元素周期表超过117种（元素数量还在不断增长）元素中的100种不同原子进行试验，仅仅只看6个原子组成的分子，就会有 100^6 种不同的分子。当然，我们身体里的许多常见分子由数百个原子组成，所以，上述假设仅仅是有意思的化合物中的沧海一粟。

a. 如果一台机器需要1分钟来检测并充分分析一个新的含6个原子的分子，那么这台机器要花多少年才能检测完 100^6 种不同的分子呢？（注：现代生物化学家创造了计算机仿真来分析潜在药物是否可能对组成人体的分子产生作用，但这仅仅是一种狭义的分析。）

b. 如果要在100年内完成，需要多少机器来完成对上述所有分子的检验？

c. 如果是10个原子的分子，会是什么情况？如果每分钟检测一个分子，一台机器要花多少年才能探测完这些分子？如果你的电脑每分钟能检测一个分子，那么完成对由100个原子构成的分子——这些分子比你体内的蛋白质构成简单得多——的检验需要多长时间？

挑战

1. 你预期哪类国家会有更高的投资率：追赶型国家还是前沿型国家？

2. 如果一个贫穷的追赶型国家正试着决定：是鼓励投资呢，还是鼓励研发？它应该支持哪一个方案？（注：在一个权衡的世界里，你不能说"两个都重要"。）

3. 索洛模型相当容易地解决了一个国家在其稳态水平会有多富裕。我们已经知道，当投资等于折旧时，就会处于稳态。用数学表示就是：

$$\gamma Y = \delta K$$

由于在简单模型中，$Y = \sqrt{K}$，也就是说 $K = Y^2$，所以：

$$\gamma Y = \delta Y^2$$

有很多种方法可以求解 Y，最简单的方法就是通过对两边除以 Y，再把 Y 之外的变量放在另一边。之后，你会发现稳态 GDP 是如何依赖储蓄率和折旧率的。以下有两个问题：

a. 很多人认为，储蓄过多不利于经济。他们还说，花钱用于消费品可以保持货币在经济中的流通。这个模型也会得出类似结论吗？

b. 很多人认为，坏天气或战争毁坏机器和设备，通过刺激企业和家庭花钱用于新资本品，可以使经济变好。这个模型也会得出类似结论吗？

4. 对比两个国家：节俭国（Frugal）和明智国（Smart）。在节俭国，人们把 50% 的 GDP 用于制造新投资品，也就是说 $\gamma = 0.5$，其生产函数是 $Y = \sqrt{K}$。在明智国，人们把 25% 的 GDP 用于制造新投资品，也就是说 $\gamma = 0.25$，其生产函数是 $Y = 2\sqrt{K}$。两个国家起始 K 都是 100。

a. 各国在今年的投资量分别是多少？

b. 各国今年的消费量（GDP − 投资，或者 $Y - I$）分别是多少？

c. 你宁愿成为哪一个国家的公民：节俭国或明智国？

5. 以下哪些物品是非竞争性的？
   阳光
   苹果
   国家公园
   莫扎特交响乐
   发明青霉素的专利
   一支青霉素药剂

6. 根据经济学家麦克尔·克雷默（Michael Kremer）的说法，人口数量数百万年来一直在增长，人口增长率也在不断提高。这话直到 19 世纪还是正确的。那么，为什么世界人口会增长得更快而不管越来越多的嘴巴要吃饭的这一事实？"思考和习题"部分的第 10 题如何有助于解释这个问题？

7. 用索洛图形表示摧毁了一个国家一半资本存量的自然灾害的影响。

a. 如果该国初始处于 $Y^{稳态} = \sqrt{K^{稳态}}$ 的稳态，图示这个自然灾害的短期影响。

b. 如果 $K_1 = 1/2 K^{稳态}$，产出会下降一半以至于在这个冲击之后的下一时期 $Y_1 = 1/2 Y^{稳态}$ 吗？解释为什么？

c. 对这个国家来说，在不久的将来和长期，会发生什么？

8. 一个欠发达的小国，发现自己能接收到一大笔外国直接投资，从而使目前资本稳态水平增加 50%。如果这个国家就这种帮助的长期涵义问题征求你的建议。

a. 假设这个国家开始处于稳态 $Y^{稳态} = \sqrt{K^{稳态}}$，图示当资本存量的稳态水平提高 50% 达到 $K_1 = 3/2 K^{稳态}$ 时的短期影响。

b. 资本存量的这种增长对这个国家的长期影响是什么？

c. 在 b 问所描述的调整时期里，应该考虑的潜在问题是什么？

d. 为了从资本存量的这种增长中获得永久的长期利益，这个国家必须做什么？

e. 你所能想到的现实生活中的类似例子有哪些？

9. 改变本章所使用的生产函数以反映生产过程中劳动的贡献。正如资本一样，劳动也有收益递减。令 $Y = \sqrt{KL}$，假设移民政策改革导致这个国家的劳动力提高。

a. 假设一个国家初始处于稳态，$Y^{稳态} = \sqrt{K^{稳态}L}$，令 $K^{稳态} = 400$，$L = 100$，则产出的稳态水平是多少？

b. 图示当这个国家的可用劳动力增加 21% 即 $L_1 = 1.21 L$ 时的短期影响。

c. 对产出的短期水平而言，也就是由 $K^{稳态}$ 和 L 所决定的 $Y^{稳态}$，其代数值是什么？

d. 在图中表示出产出的新稳态水平。

e. 论证这个国家如果劳动供给提高 21%的话，其产出是否会增加多于 21%。用代数式表达出这个结果。如“挑战”部分的第 3 题所说明的，你需要利用稳态条件 $\gamma Y=\delta K$ 来表达这一结果。

f. 推导出初始稳态的人均产出(利用 a 问的 $Y_0^{稳态}$ 把它除以劳动力)；短期的人均产出(利用 c 问的 $Y_1^{稳态}$ 把它除以新的劳动力)；长期的人均产出(利用 e 问的 $Y_1^{稳态}$ 把它除以新的劳动力)。

g. 当实施这样的新移民政策之后，这个国家的公民状况是变坏了还是变好了？也就是说，新的长期水平的人均产出水平与初始水平的人均产出相比，情况如何？

h. 这个国家资本存量的新稳态水平的值是多少？

解决问题

在索洛模型中，随着资本设备的总存量增加，损耗的机器数量也在提高。通常情况下，大部分投资都被用于置换磨损的机器。在美国和其他富裕国家，实际情况就是如此。根据“美国国民收入和产出账户”(美国官方 GDP 测量)，大约 12%的 GDP 都被用于置换磨损的机器、计算机和建筑设备。

a. 在索洛模型中，如果折旧率提高，稳态资本水平和产出水平会发生什么变化？用文字和诸如图 8.4 中的图来回答。(例如，折旧率从 0.02 提高到 0.03，新的稳态资本和产出水平会如何变化？)

b. 如果索洛模型解释了真实世界的重要部分，那么，各个国家所希望的应该是高折旧率还是低折旧率？这与观察到的现象——随着机器磨损的增多，制造业的工作机会增加——是如何保持一致的？

附录：良好的增长

借助 Excel 表格，可以更容易地分析索洛模型并重复本章的所有曲线。首先，将 A 列记为“资本，K”，在单元格 A2 中键入 1；第二，将公式“＝A2＋1”输入单元格 A3，复制粘贴这个公式到单元格 A4，依此类推到，比方说，A500，创建一个递增数列。这样，电子数据表就应该如图 A8.1 所示：

A3 ▾ fx =A2+1

	A	B	C	D
1	资本, K			
2	1			
3	2			
4	3			
5	4			
6	5			
7	6			
8	7			
9	8			
10	9			
11	10			
12	11			
13	12			
14	13			
15	14			
16	15			
17	⋮			

图 A8.1

在 B 列创建"产出"列。要记着，$Y = \sqrt{K}$，在单元格 B2 输入公式"=SQRT (A2)"，然后把这个公式复制粘贴到单元格 B3 一直到 A500，如图 A8.2 所示：

	B2	▼	f_x	=SQRT(A2)
	A	B	C	D
1	资本，K	产出		
2	1	1.00		
3	2	1.41		
4	3	1.73		
5	4	2.00		
6	5	2.24		
7	6	2.45		
8	7	2.65		
9	8	2.83		
10	9	3.00		
11	10	3.16		
12	11	3.32		
13	12	3.46		
14	13	3.61		
15	14	3.74		
16	15	3.87		
17	⋮	⋮		

图 A8.2

现在在 C、D、E、F 列分别创建"投资""折旧""投资份额"和"折旧率"等标题，如图 A8.3 所示：

	C2	▼	f_x	=$E$2*B2		
	A	B	C	D	E	F
1	资本，K	产出	投资	折旧	投资份额，Y	折旧率，ō
2	1	1.00	0.30	0.02	0.3	0.02
3	2	1.41	0.42	0.04		
4	3	1.73	0.52	0.06		
5	4	2.00	0.60	0.08		
6	5	2.24	0.67	0.10		
7	6	2.45	0.73	0.12		
8	7	2.65	0.79	0.14		
9	8	2.83	0.85	0.16		
10	9	3.00	0.90	0.18		
11	10	3.16	0.95	0.20		
12	11	3.32	0.99	0.22		
13	12	3.46	1.04	0.24		
14	13	3.61	1.08	0.26		
15	14	3.74	1.12	0.28		
16	15	3.87	1.16	0.30		
17	⋮	⋮	⋮	⋮		

图 A8.3

在单元格 E2，输入正文中出现过的投资份额 0.3，在单元格 F2，输入正文中出现过的折旧率 0.02。

在图 A8.3 中高亮显示的单元格 C2,是最重要的部分,输入投资公式"γY",γ 表示投资份额。你可以输入"$=0.3*B2$",但为了能更容易观察投资份额变化所带来的变动,我们在 C2 中输入"$=\$E\$2*B2$"。$\$E\$2$ 代表 E2 中的投资份额,按照上面的做法,将这个公式复制粘贴到 C2、C3,一直到 C500。

折旧用 δK 表示,δ 表示折旧率。随着投资的变化,我们可能要改变这个参数,所以把"$=\$F\$2*A2$"输入单元格 D2。

建模已经完成! 比如,为了复制图 8.4 的曲线,只需要选中 A、B、C 和 D 列,直接点击"图表"(Chart)图标(也可以在"插入"菜单点击"图表"),选择"XY(散点图)"中的"带平滑线和数据标记的散点图",然后点击"确定"。(在 Excel 2007,点击"插入",然后在"图表"子菜单里点击"散点图",也可以得到相同的结果。)参见图 A8.4:

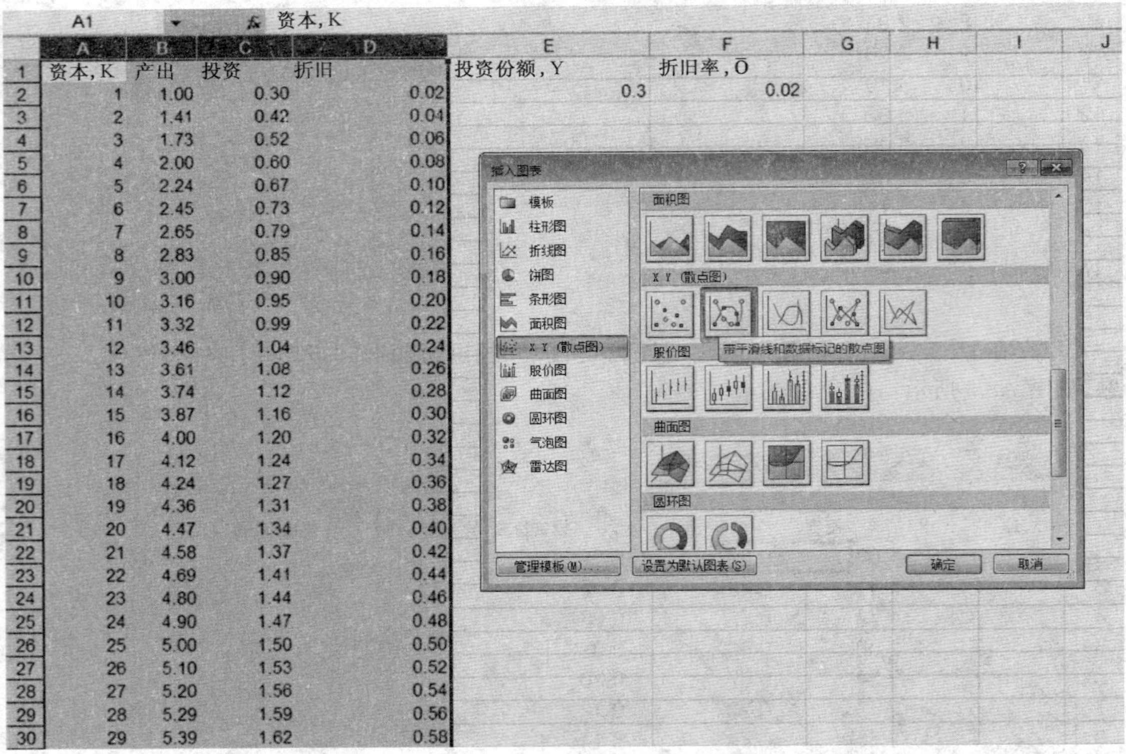

图 A8.4

结果如图 A8.5 所示:

如果你想知道投资率增加到 0.4 会发生什么,如本章图 8.7 所示,只要把单元格 E2 换成 0.4,曲线就会自动变化。你也可以做一些其他的调整。需要注意的是,如果参数与我们所给的值偏离过大,均衡资本存量可能大于 500。如果你想看到全貌,就必须扩展更多的行数。

附录问题

按照附录指导,在 Excel 中建立投资份额 γ 为 0.3,折旧率 δ 为 0.02 的索洛模型。这两个数字本章都用过。现在把投资份额提高到 0.36。

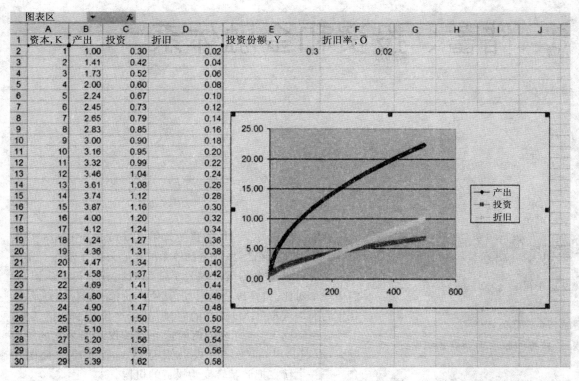

资本,K	产出	投资	折旧	投资份额,Y	折旧率,Ō
				0.3	0.02
1	1.00	0.30	0.02		
2	1.41	0.42	0.04		
3	1.73	0.52	0.06		
4	2.00	0.60	0.08		
5	2.24	0.67	0.10		
6	2.45	0.73	0.12		
7	2.65	0.79	0.14		
8	2.83	0.85	0.16		
9	3.00	0.90	0.18		
10	3.16	0.95	0.20		
11	3.32	0.99	0.22		
12	3.46	1.04	0.24		
13	3.61	1.08	0.26		
14	3.74	1.12	0.28		
15	3.87	1.16	0.30		
16	4.00	1.20	0.32		
17	4.12	1.24	0.34		
18	4.24	1.27	0.36		
19	4.36	1.31	0.38		
20	4.47	1.34	0.40		
21	4.58	1.37	0.42		
22	4.69	1.41	0.44		
23	4.80	1.44	0.46		
24	4.90	1.47	0.48		
25	5.00	1.50	0.50		
26	5.10	1.53	0.52		
27	5.20	1.56	0.54		
28	5.29	1.59	0.56		
29	5.39	1.62	0.58		

图 A8.5

a. 新的稳态资本水平是多少？（记住：达到稳态资本水平时，投资等于折旧）

b. 在新的资本稳态水平，产出水平 Y 是多少？

现在把投资份额变回到 0.3，把折旧率增加到 0.025。

c. 新的稳态资本水平是多少？

d. 在新的稳态资本水平，产出水平 Y 是多少？

e. 根据你的结论完成下列填空

投资份额增加，稳态水平的资本与产量水平_____。

折旧率增加，稳态水平的资本与产量水平_____。

9 储蓄、投资和金融体系

在 2008 年 9 月 15 日，当雷曼兄弟（Lehman Brothers）投资银行申请破产，世界金融体系的中心发生了动摇。雷曼破产是历史上最大的破产。为了使你对此有个初步认识，我们做一个对比：雷曼破产的时候，其资产价值 6 910 亿美元，而几年后通用汽车（GM）破产的时候，其资产价值 910 亿美元。雷曼破产动摇了金融世界，然而这并不仅仅是因为它的规模巨大，而是因为雷曼兄弟投资银行是一个重要的金融中介——一个旨在把储蓄转变为投资的机构。

雷曼兄弟之所以失败，是因为它在购买并押注在房贷证券方面损失了数十亿美元。同时其他很多银行和金融机构也是如此。当雷曼破产的时候，很多人都想知道：下一个破产的会是谁？没人想把钱借给一个可能会很快破产的企业。结果，很多行业都发生了企业信用枯竭，美国经济（也是世界经济）在数十年里陷入到 20 世纪 30 年代经济大萧条（Great Depression）以来最悲惨的境地。这个事件有时被称为"影子银行体系"（这一术语我们还会在下一章更详细地解释）的垮台，但是，我们也可以把它称之为金融中介的崩溃。

本章将介绍储蓄者、借贷者，以及沟通两者的桥梁——包括银行、债券市场、证券交易在内的各大金融机构。这些专业机构不断演化以降低储蓄者和借贷者之间的连接成本。图 9.1 说明了这一点。本章以一个有关金融中介崩溃的可怕故事作为开头，幸运的是，雷曼破产只是一个极端事件，在其他很多情况下，中介结构都运行得很好，对所涉各方都大有益处。从第 7 章和第 8 章可知，储蓄存款对资本积累是必要的，而一个经济体的资本越多，其人均 GDP 就越大。因此，降低储蓄者和借贷者之间的连接成本很重要：借贷双方之间的连接增加了贸易利得，平滑了经济增长进程。

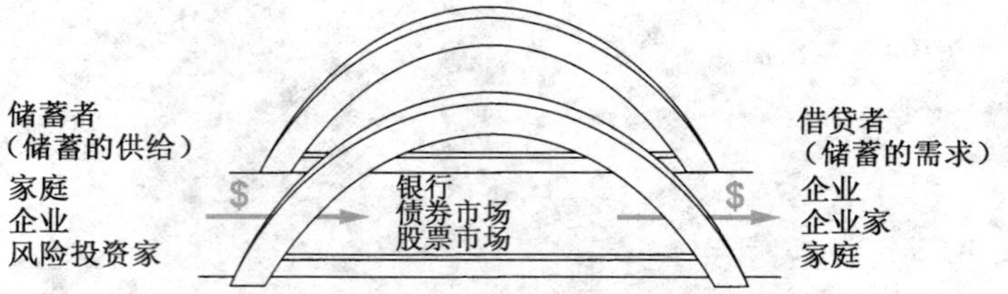

图 9.1　金融中介架设了储蓄者和借贷者之间的桥梁

储蓄者（储蓄的供给）：家庭、企业、风险投资家

银行、债券市场、股票市场

借贷者（储蓄的需求）：企业、企业家、家庭

在继续分析之前,先要弄清楚我们所指的储蓄和投资是什么。**储蓄**(saving)是收入中没有被用于消费的部分。**投资**(investment)是指对新资本品的购买,如工具、机械和工厂。有一点很重要,经济学家对投资的定义与股票经纪人对投资的定义是不同的。如果星巴克(Starbucks)为门店购买新款浓缩咖啡机,这就是投资。而如果约翰买进星巴克的股票,这就不是经济学意义上的投资了,而仅仅是现存资本所有权的转让(参见下一章有关个人如何分配资金以进行个人"投资")。从而,证券交易所里的大部分交易并不是经济学意义上的投资,因为这只是股票所有权从一个人转让给另一个人。从经济学的角度讲,投资要求经济体生产产品和服务的能力有净增长。

下面就来看看储蓄是如何被调动并转换成投资的。我们将使用经济学家们在贸易分析中所使用的工具——供给和需求。分析从储蓄供给开始。

> **储蓄**是收入中没有用于消费的部分。
>
> **投资**是指对新资本品的购买。

9.1　储蓄供给

从图 9.1 左侧的储蓄供给开始我们的讨论。经济学家对储蓄供给的决定因素有一定理解,但还不完善。其中四个主要决定因素是:平滑消费、缺乏耐心、营销和心理因素、利率。

9.1.1　个人有平滑消费的需要

如果你每年都把所赚的钱花光,那么,你的消费就像图 9.2 中的路径 A。在路径 A,消费等于收入。有工作的年份,消费很高;退休以后,消费骤降——因此,一旦退休,收入骤降,你就不得不为了维持生计而卖掉爱车,放弃优越的生活方式。大多数人更倾向于按照路径 B 进行消费。在路径 B,有工作的年份里,消费低于收入,因为要为退休而储蓄;而当退休了,消费就会远远高于收入,因为你在花储蓄或叫"负储蓄"(dissave)。

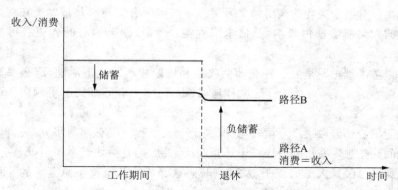

注:如果劳动者每年花光全部薪水,其支出方式与路径 A 相应。请注意,按照路径 A,其支出在退休后骤降。通过在工作期间储蓄,而在退休后动用储蓄,人们可以是其支出趋于平滑,从而使其消费更符合路径 B。

图 9.2　储蓄有助于平滑消费

经济学家认为,路径 B 比路径 A"更平滑"。渴望随时间流逝而平滑消费是储蓄的一个理由,正如我们很快就将讨论的,它也是借贷的一个理由。

储蓄的平滑消费理论可以告诉我们有关艾滋病、非洲以及经济增长的重要信息。在前面章节,我们讲过,生活水平是由投资推动的,而储蓄对资本积累来说是非常必要的。如果没有储蓄,投资会枯竭,经济增长会减速,生活水平将随之下滑。

现在考虑这个问题:在非洲,艾滋病正使人们的预期寿命急剧缩短。那你如何预测非洲的储蓄率?想象一下,如果你预期在以后几年内将会死去,那你还会存很多钱吗?恐怕不会。同样,贫穷的非洲人不会储蓄很多,因为很不幸,他们知道自己将会英年早逝。[①]这就加剧了一个恶性循环:艾滋病导致预期寿命缩短,预期寿命缩短又降低了储蓄率,并进而降低了经济增长速度和人们的生活标准,使得人们与艾滋病这样疾病之间的抗争变得更加困难。

收入波动是人们储蓄的另一个理由。有些劳动者,例如销售人员、作家和住宅建筑商,他们的收入在不同年份波动很大。大多数劳动者会考虑他们患有无法预料的疾病或者找不到工作的情形,因此他们也害怕收入波动太大。通过在收入好的年份进行储蓄,劳动者可以缓冲收入差的年份的经济压力,从而来平滑他们各年间的消费。

9.1.2　个人缺乏耐心

人们储蓄与否的另一个原因是他们缺乏耐心的程度。大部分人偏好即期消费而非延期消费,所以储蓄并不总是容易的。然而,一些人非常急躁,而另一些人却可以更有耐心。这就是经济学家所说的**时间偏好**(time preference)。时间偏好反映了这样一个事实:人们对今天的感觉要比明天更为真实。一个人越缺乏耐心,他(或她)的储蓄率就越可能低。

时间偏好是指(在其他都相等的情况下)人们渴望尽快拥有商品或享受服务,而不是等待以后。

缺乏耐心不仅反映在储蓄中,也反映在需要比较时间推移过程中的成本收益的任何经济情形。比如,大学学位的成本发生在可凭借其获取收益之前。为了获得大学学位,就必须支付学费和书本费,最重要的,还必须放弃可能从工作中赚取到的收入。大学学位的收益是很大的——1998年,拥有本科学位的美国劳动者的年收入比仅有高中文凭的高出约2万美元——但所有这些收益都发生在将来。缺乏耐心的人会高估预付成本,低估未来收益。所以,缺乏耐心的人更有可能不读大学。

如果考虑到犯罪是另一种有即期收益和远期成本的经济活动,那么罪犯往往是缺乏耐心的人就不足为奇了。同样地,吸毒者、酗酒者和烟民都更倾向于严重低估未来。

缺乏耐心部分取决于环境,部分取决于个人。有一项有趣的研究,一群四岁的儿童被问到是想现在得到一块饼干还是20分钟后拥有两块。多年后,研究人员再来评估那些已经长大了的孩子,发现当时愿意等待的儿童比不愿等待的儿童在长大后更少有冲动行为,成绩也更好。[②]

9.1.3　营销和心理因素

市场营销至关重要,即使对储蓄来说,也是如此。通常,如果储蓄被认为是自然的或默认的选择,人们就会储蓄更多。在一项研究中,经济学家研究了退休储蓄计划。一些雇主默认让所有雇员参加一个退休储蓄计划,然后让雇员选择是否退出。而另一些雇主要求雇员申请一个这样退休储蓄的账户,事实上是让雇员自愿选择是否加入。使用默认自动注册方式的企业员工的储蓄计划参与率要比自愿申请注册方式的企业员工的参与率高出 25%。

默认对储蓄额也有很重要影响。在一家企业,默认储蓄率是工资的 3%。尽管雇主保证愿意为接受 6% 储蓄率的员工提供等额现金补偿,但还是有超过四分之一的工人接受 3% 为其储蓄率。随后公司把默认储蓄率调整为 6%,在这样的设定下,几乎没有新员工选择 3% 的储蓄率了,尽管他们要想改变只需一个电话。③

结合了有效营销推广的简单心理变化可以如此大地改变人们的退休储蓄计划,这确实令人吃惊。行为经济学作为经济学中的一个快速成长的新领域,就是将经济学、心理学、神经学相结合以研究人们如何决策,以及如何帮助人们在决策中摆脱偏见。

9.1.4　利率

储蓄量也取决于利率,即储蓄者因储蓄而获利的多少。如果年利率为 5%,那么现在存 100 美元,一年后将得到 105 美元;如果年利率是 10%,那么现在存 100 美元,一年后将得到 110 美元。其他条件相同的情况下,更高的利率通常会带来更高的储蓄量。* 储蓄的供给曲线如图 9.3 所示。纵轴表示利率,横轴表示储蓄量。在这个例子中,5% 的利率将产生 2 000 亿美元的总储蓄,10% 的利率产生 2 800 亿美元的总储蓄。

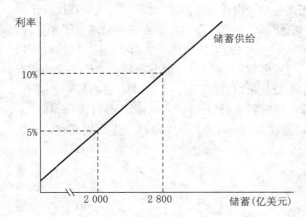

注:利率为 5% 时,储蓄为 2 000 亿美元;利率为 10% 时,储蓄为 2 800 亿美元。

图 9.3　利率越高,储蓄量越大

你或许会疑惑,为什么储蓄供给曲线中利率在纵轴上,而其他供给曲线是价格在纵轴上。事实上,利率只是表示储蓄价格的一种便捷形式。例如,5% 的年利率意

---

*　理论上讲,储蓄的供给曲线向下倾斜是可能的。例如,某人想一年后得到整 100 美元,那么按 10% 的利率他需要存 90.91 美元。但当利率为 20% 时,该储蓄者仅需 83.33 美元。因此,利率增加可能导致储蓄量减少。然而有证据表明,个人储蓄量通常与利率呈正相关。此外,美国的高利率也将刺激其他国家的储蓄者将其部分储蓄转移到美国市场。这两种力量决定了储蓄的供给曲线大多数情况下向上倾斜。

味着储蓄者每存 100 美元一年后将会得到 5 美元的报酬。这样,就可以说,借出每 100 美元储蓄的价格为 5 美元时,储蓄量就是 2 000 亿美元。然而以利率来考虑问题会更简单点。

本质上说,利率就是一个市场价格,它同本书引言部分所讨论的市场价格具有相同的性质。

自我测验

1. 研究图 9.1,金融机构发挥的关键作用是什么?
2. 金融顾问警告说,预期寿命的提高意味着很多人没有储蓄足够多的钱来应付退休后的生活。如果真的如此,那么人们在临近退休时,其消费路径将会怎样? 这种消费路径平滑吗?
3. 你能想到促使人们储蓄的其他因素吗? 提示:除了退休,还有什么其他因素会造成收入波动?

9.2　借贷需求

人们为什么要借钱? 是为了平滑其消费路径,特别是为了进行大额投资。让我们来仔细看一下借款的这些原因。

9.2.1　个人想平滑消费

同储蓄一样,人们借钱的原因之一是平滑消费。例如,很多年轻人借钱投资于自身的教育。如果学费必须一次付清,很多学生将不得不卖车或一年只吃豆子和麦片。但如果支付学费可以通过多年来完成——因为借贷使之成为可能,这些牺牲就可以分散开来,变得不那么令人痛苦。通过借贷,学生可以把部分牺牲转移到未来他们有工作和稳定收入的阶段。因此,学生贷款是信贷市场使人们消费平滑的另一个例子。

诺贝尔经济学奖得主佛朗哥·莫迪利亚尼(Franco Modigliani)首次提出的"生命周期"储蓄理论把借贷需求和储蓄联系到一起。图 9.4 诠释了生命周期理论。大

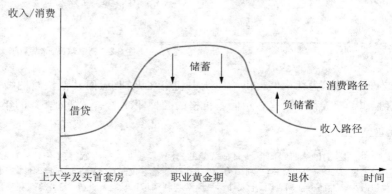

注:通过借贷、储蓄和负储蓄,劳动者可以平滑其一生的消费,提升自己的总体满足水平。

图 9.4　生命周期储蓄理论

学期间和工作前几年收入较低。为了投资大学教育和买第一套房，人们会借贷，因此他们的消费高于储蓄。当进入收入高峰期，他们会去偿还大学时期的负债和抵押贷款，并为退休做准备——在这一时期，他们的消费低于收入。随着变老和退休，消费再一次超过收入，出现负储蓄（即用尽储蓄）。总的来讲，借贷、储蓄、负储蓄使得人们随时间推移的消费趋于平滑——尽管几乎没有谁的消费路径会如图示的那样平滑。

　　政府也会因与消费者类似的原因而借款。例如，政府需要为战争的庞大耗费筹措资金，或者支付州际高速公路系统建设所需的巨大投资，诸如此类，政府可能都要借钱。我们将在第 17 章详细讨论政府税收、支出及借贷。

9.2.2　为大额投资融资

　　企业借钱很普遍。没有借款，很多新企业可能根本无法起步。拥有最好商业创意的人通常并不是储蓄最多的人。因此，有好创意的人必须通过借贷来开启他们的企业家生涯。

　　弗雷德·史密斯（Fred Smith），一位传奇企业家，首次提出联邦快递（FedEx）的想法是在一篇必须完成的本科经济学课程论文中。他的想法是通过"轴辐式"系统连夜快递包裹。创意虽好，但问题是要想起步就不能只从小处着手。要想成功运行，史密斯需要一开始就拥有覆盖国家大部分地区的网络，但他自己的钱不足以建立整个网络。史密斯创立联邦快递时，用借贷和出售部分所有权给风险投资家（为获取未来重大利益而愿意承担风险的投资者）的方式所筹措的资金，购买了 16 架飞机，建立了覆盖 25 个城市的快递网络。当然，联邦快递已经大获成功，它改变了美国的商业模式，使史密斯成为大富豪。顺便说一下，史密斯当时的论文分数是：C！

　　更一般地讲，企业借贷是为大项目融资。公寓楼的建设费用都要提前支付，直到工程竣工、房客入住之后，收益才会产生。事实上，完全收回成本可能需要花费很多年。如果唐纳德·特朗普（Donald Trump）这样的地产大亨要等到自己有足够资金去预付成本才开工的话，他可能在有生之年只能建造一两座楼。通过借贷，开发商才能立刻投资于更多的大楼建设。

　　上述借贷例子有一个共同主题。借不到钱的学生可能得不到教育，即使教育是一项很好的投资；借不到钱的政府可能投资不了州际高速公路系统，即使高速公路系统能在以后岁月里以无数倍于成本的收益为自己买单；借不到钱的开发商可能建造不了公寓大楼，即使它是回报丰厚的投资。因此，借贷在经济中发挥着重要作用：借贷能力极大地提高了投资能力，而高投资，正如第 7、8 章中所讲，将提高生活水平，加速经济增长。

莎士比亚的著作《哈姆雷特》中，波洛尼厄斯（Polonius）建议："既不要借别人的钱，也不要借钱给别人。"但人们忘了，他是个傻瓜。

9.2.3　利率

　　当然，人们意愿借贷的数额也取决于贷款成本，或者说是利率。比如，对于企业来说，只有预期投资收益大于贷款成本，才会借贷。因此，如果利率为 10%，只有当企业预期其投资收益高于 10%，他们才会借款；如果利率是 5%，只有当企业预期其投资收益高于 5%，他们才会借款。因为收益率高于 5% 的投资项目比收益率高于10％的投资项目要更多，所以借贷需求服从于需求法则：利率越低，由投资和其他目的而产生的资金需求就越大。

在图9.5中，当利率为10％时，借贷需求量为1 900亿美元；当利率为5％时，借贷需求量为3 000亿美元。

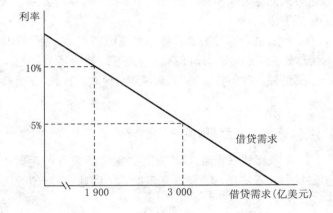

注：当利率为10％时，借贷需求为1 900亿美元；当利率为5％时，借贷需求为3 000亿美元。

图9.5　利率越低，资金需求量越大

自我测验

1. 根据生命周期理论，个人储蓄什么时候会达到顶峰？
2. 如果利率从7％下降至5％（其他条件保持不变），买房者的数量会有什么变化？创业者的人数呢？

9.3　可贷资金市场均衡

既然已经介绍了储蓄供给和借贷需求，现在我们就可以把它们放在一起去找一找经济学家所谓的**可贷资金市场**（market for loanable funds）均衡状态。图9.6中，均衡利率为8％，均衡储蓄量为2 500亿美元。注意：在均衡状态，资金供给量等于资金需求量。

可贷资金市场是指可贷资金供给者（即储蓄者）与可贷资金需求者（即借贷者）进行交易的场所。可贷资金市场交易决定了均衡利率。

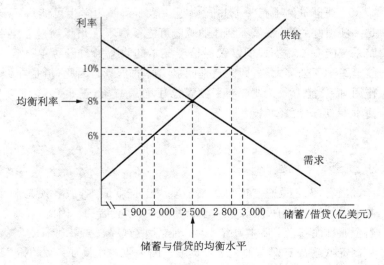

注：当利率高于8％时，储蓄过剩，利率下降；当利率低于8％时，储蓄不足，利率升高；当利率等于8％时，储蓄供给量（2 500亿美元）恰好等于储蓄需求量。

图9.6　可贷资金市场的均衡决定了利率和可贷资金量

利率调整使储蓄和借贷趋向一致,就像石油价格调整使石油供求平衡一样。如果利率高于 8%,储蓄供给量将超过其需求量,造成储蓄过剩。由于储蓄过剩,供给者之间的竞争会使利率下降;如果利率小于 8%,储蓄需求量将超过储蓄供给量,造成储蓄短缺。由于短缺,需求者之间的竞争会使利率上升。(参见第 3 章)

9.3.1　需求和供给的变动

经济条件变化将移动供给曲线或需求曲线,同时改变均衡利率和均衡储蓄量。设想一下一个经济体中,如果居民变得更有耐心,更愿意为未来储蓄,将会发生什么变化。20 世纪六七十年代的韩国就发生了上述变化,当时很多韩国人意识到,他们可以在某些方面复制日本的经济奇迹。更普遍地说,在整个东亚,寿命延长和生育减少(年老时得到子女的赡养也减少)导致了区域性储蓄激增。这种储蓄供给的增加表现为供给曲线向右下方移动(表示在任一利率下,储蓄量都有所增加;或者说,给定储蓄数量,人们所希望得到的利率可以更低)。

在图 9.7,储蓄供给量的增加使均衡利率从 8% 降至 6%,均衡储蓄量从 2 500 亿美元增加到 3 000 亿美元。

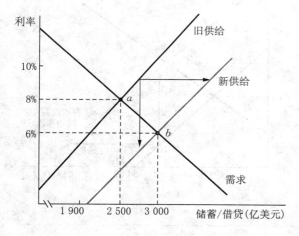

注:在初始均衡点 a,利率为 8%,储蓄量为 2 500 亿美元。储蓄意愿的提高促使储蓄供给曲线向右下方移动,均衡点移动到 b,此时利率为 6%,储蓄量为 3 000 亿美元。

图 9.7　储蓄供给增加导致储蓄量增加和利率降低

储蓄变化对韩国意味着什么? 1960 年,韩国是世界上最贫困的国家之一;今天,它已成为一个发达国家。韩国增加储蓄用于投资,高投资率和资本积累是经济增长的关键驱动之一,正如第 8 章索洛模型告诉我们的。

储蓄供给的下降表现为相反的形式:供给曲线向左上方移动。

有时投资者不那么乐观,这会减少投资和借贷的需求。例如,在衰退时期,很多企业家由于担忧未来而不愿投资。那些在经济繁荣时期可能有很好收益的投资项目,在经济萧条时,可能会变得无利可图。而投资需求的减少又会使衰退不断扩散和延长,我们将会在第 14 章深入讨论这一点。在图 9.8,投资需求的减少使利率从 8% 降至 6%,储蓄量从 2 500 亿美元减到 1 900 亿美元。

有时,为抵制衰退时期投资需求的减少,政府会暂时减免投资税收。减免税收使投资于工厂和设备的企业享受减税优惠。减免税收通常能在经济极其萧条时暂时促进企业加快投资。减免税收意味着未减税时无利润的项目在减税后变得有利

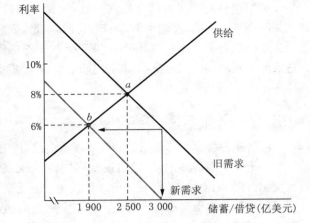

注：在初始均衡点 *a*，利率为 8%，储蓄量为 2 500 亿美元。投资意愿的减少使需求曲线向左下方移动，均衡点移动到 *b*，此时利率为 6%，储蓄量为 1 900 亿美元。

图 9.8　投资需求的减少使储蓄量和利率下降

可图，因此在给定利率下，享受税收减免的企业更愿意增加投资。换句话说，借贷需求曲线将如图 9.9 所示，向右上方移动。

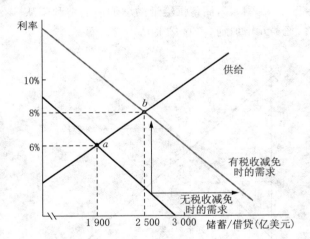

注：在初始均衡点 *a*，利率为 6%，储蓄量为 1 900 亿美元。投资税收减免将刺激投资意愿，使得需求曲线向右上方移动，均衡点移动至 *b*，此时利率为 8%，储蓄量为 2 500 亿美元。

图 9.9　投资税收减免将增加投资需求，从而增加储蓄数量，提高利率

自我测验

1. 耐心增强将如何改变储蓄供给曲线并改变利率和储蓄量？
2. 投资需求增长将如何改变均衡利率以及均衡储蓄量？

9.4　银行、债券和股票市场等金融中介的作用

可贷资金市场不会自动产生均衡。储蓄者有时会在全球范围内运作资金，以求最高收益；企业家要花费时间和精力以寻找正确的投资和正确的借贷。借助于**金融机构**（financial institutions）（如银行、债券市场和股票市场），可贷资金市场的均衡才得以实现。

金融机构会降低将资金从储蓄者手中转移到借贷者手中的成本，并有助于储蓄被用于生产性用途。其核心在于，银行或者债券市场等机构有助于市场实现如

金融机构，如银行、债券市场和股票市场，降低了将存款从储蓄者手中转移到借贷者和投资者手中的成本。

图 9.6 所示的均衡状态,并促使资源用于更高价值的用途。

9.4.1　银行

在发挥金融中介的作用时,银行得到个人存款并支付利息,然后将这些资金借给借贷者或投资者并收取利息。银行向借贷者收取的利息高于支付给储蓄者的利息,并以此盈利。为了获利,它们必须通过评估投资和分散风险来提供有用的"中间人"服务。

想象一下,如果你是银行存款者,就必须决定哪家公司值得你借钱给它。那个有"联邦快递"创意的弗雷德·史密斯是天才还是疯子?银行并不总是对的,但由于专门从事贷款评估,它们比我们中的大多数人都更清楚哪个商业创意更有意义。当银行专门从事这样业务时,个人储蓄者就不必评估哪些工厂该被建造,哪些企业值得支持。

即使个人可以评估商业创意,每个储蓄者都对同样企业进行评估也是一种浪费。想象一下,一家企业需要贷款 100 万美元;1 000 个储蓄者愿意每人借给它 1 000 美元。如果每个储蓄者都花一天的时间来评估其业务质量,那将要花费 999 天。如果储蓄者指定一个人代表他们对企业进行评估,则更为合理。这正是银行所要做的。银行对出借人进行整合,以最小化信息成本。因此,银行是体现专业化和劳动分工所带来好处的重要例证。

银行也分散了风险。如果弗雷德·史密斯或其他借贷者拖欠贷款,银行就会将损失分散到很多银行储蓄者头上,从而避免了以个人名义借给弗雷德·史密斯的 5 万美元顷刻化为乌有的风险。借给 1 000 家公司每家 1 美元比借给一家公司 1 000 美元风险更小且利润不减,因此,风险分散激励更多的借贷和投资。

银行在支付体系中也发挥重要作用。存入银行的钱可以通过支票、借记卡或自动取款机取出。第 15 章将更深入地探讨银行及支付体系。

总的来说,银行使我们的生活更简单。我们开设账户、存款、获息、签署支票;与此同时,我们参与了经济增长过程,因为银行管理着把我们的存款用于生产性投资的过程。

9.4.2　债券市场

除了向银行借贷,知名企业还可以直接向公众借钱。你所在地的比萨饼店会向银行借贷,甚至从店主亲戚那里借钱,因为经营饭店风险很大,外界投资者很难评估其资产。但如果是 IBM 或者丰田,投资者就可以很容易地得到它们的信息,因而愿意绕开银行这一中介而直接借钱给这些知名公司。

如果公众借钱给公司,公司将通过发放**债券**(bond)以确认其债务。债券是公司的欠条。债权合同列出了公司欠出借人的金额以及还款期限。在一些情况下,所有借款在一天内(债券到期当天)偿清;在另一些情况下,除了最终支付外,还要进行被称为息票支付(coupon payments)的定期付款。

纽约中央哈德逊河铁路公司(New York Central and Hudson River Railroad Company)在 1897 年以发行债券的方式来借贷。此债券就是一张该公司承诺于 1997 年偿清 1 000 美元的欠条。此外,在 1997 年之前,该公司还承诺每 6 个月偿还

债券是一种复杂的欠条(IOU),它是记录谁欠了多少钱以及何时必须归还的文件。

债主 17.50 美元。息票印在债券右侧，可以剪下来给债券发行者以得到支付。

中央公司的债券说明了债券融资的好处之一是：当前能够筹集到大量资金用于建设诸如铁路这样的长期资产；然后，再历经很长时间偿清借款，中央公司就用了 100 年时间。

所有债券都存在逾期不能偿清的风险，这叫违约风险（default risk）。例如，随着中央公司的破产，它的债券就违约了，但它直至 1970 年都按时支付票息。主要的债券发放由穆迪（Moody's）和标准普尔（Standard & Poor's）等机构评级。例如，AAA 级是标准普尔给予发行债券的最高评级，在它看来，这一级别的债券最可能偿付。如果一家公司违约，其债券等级将会在 AAA 级到 D 级的范围内。等级在 BBB 级以下的债券有时被称为"垃圾债券"。记住一点很重要：风险不可能得到完美评估；评估机构也会出错——在探讨 2007—2008 年的金融危机时（参见本章下文），我们会重新论述这一点。

如果一家有风险的公司想要借贷，它必须承诺高额利率，因为储蓄者会要求补偿其所面临的高违约风险。除非有望获得高额回报，否则人们为什么要借钱给一家有违约风险的公司呢？

从而，市场对重大投资的风险进行等级划分并索要相应的利率。2014 年，由沃伦·巴菲特（Warren Buffett）经营的伯克希尔·哈撒韦（Berkshire Hathaway）投资公司仍然是一家盈利丰厚的公司。在 2014 年初，该公司以低于 1% 的利率借入两年期的贷款，这意味着人们公认它的财务稳健性非同凡响。而同时期在英国，英超的曼联队正以大约 9% 的利率发行一种 7 年期的债券。很明显，这说明曼联的球员和管理者表现不佳。

你能想出房贷利率总是低于度假贷款利率的一个原因吗？因为银行可以收回房子却无法收回假期！房子是**抵押品**（collateral）的一种形式。抵押品是指如果借贷者违约，根据协议可以归出借人所有的有价资产。从而，可贷资金市场真的是一个广谱市场，利率会因借贷者、还款时间、贷款金额、抵押品形式以及贷款的其他很多特征的不同而不同。

抵押品是指如果借贷者违约，出借人根据协议可以收归己有的有价资产。

更大风险将减少向整个市场的资金供给。比如，借贷者预期到衰退，就会开始担忧更多公司会破产或者对其债务违约。在认为风险较低时，出借人会在利率为 8% 时同意借出；还是同一个出借人，如果认为违约风险大幅增加，他将要求一个更高的回报率。

政府也要借钱。2014 年，美国政府共欠私人借款人（个人、企业以及除联邦政府之外的政府机构）大约 12.6 万亿美元。当政府借贷过多，个人消费和投资将会被**挤出**（crowded out）。想象一下，比如政府借了 1 000 亿美元以弥补预算赤字。在图 9.10 中，可贷资金需求曲线将向右平移 1 000 亿美元，从而使利率从 7% 增加至 9%。更高的利率会产生两个效应：首先，它使另外 500 亿美元储蓄流入市场，从而市场储蓄总额由 2 000 亿美元增加到 2 500 亿美元。由于更多储蓄就意味着消费减少，我们也可以说消费减少了 500 亿美元。其次，利率更高意味着有一些投资和工程将不再有利可图，因此，在更高的利率水平上，私人借贷将会减少。图 9.10 表示了私人借贷下降 500 亿美元所带来的变化。所以，我们说，为弥补政府预算赤字所借贷的 1 000 亿美元同时带来了消费下降和个人投资及其他私人借贷的减少。

挤出是指当政府借贷增多，个人消费和投资出现下降的情况。

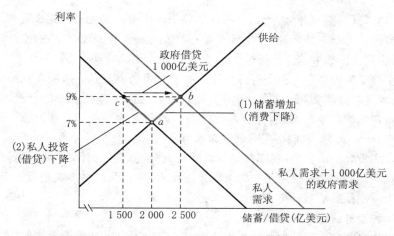

注：政府借贷将引起需求曲线向右移动，使得均衡点从 a 点移动到 b 点。为了在 b 点处再次达到均衡状态，会发生两种变化：(1)高利率吸引更多储蓄，这就意味着个人消费下降；(2)高利率减少借贷和投资需求。从而，政府增加借贷时，一些增加额来自消费的减少，一些来自投资的下降。

图 9.10   政府借贷的增加将挤出个人消费和投资

我们会在第 17、18 章中再来讨论挤出、政府债务和赤字等问题。

美国政府进行借贷时，会发行各种不同债券。美国财政部债券（U.S. Treasury bonds）或长期国库券（T-bonds）是 30 年期债券，每 6 个月返还一次利息。期限在 2—10 年之间的中期国库券（T-hotes）也是每 6 个月返还一次利息。短期国库券（T-bills）是期限在几天至 26 周之间的债券，它只需在到期时支付。只在到期时才支付的债券被称为零息票债券（zero-coupon bond）或者贴现债券（discount bond），因为这些债券是按面值折价发行的。

国库券为投资者所青睐，是因为购买和出售都很容易，且美国政府不可能违约。一般而言，短期政府债券是最安全的资产，由大型公司发行的被称为商业票据的超短期债券也同样安全。除此之外，国库券，尤其是短期国库券，在货币政策中至关重要，美联储每天都在购买和出售国库券以调节货币供给（更详细内容参见第 16 章）。

债券价格和利率   用利率来表示债券价格通常很方便，也是表示零票息债券价格的最简单方法。例如，假设存在一种风险非常小、一年后偿付 1 000 美元的债券，它目前售价为 950 美元。如果你现在打算购买该债券并持有它直到到期日，你的收益将为 50 美元（即 1 000 美元－950 美元），或者说你的收益率为 5.26％＝（1 000 美元－950 美元）/950 美元×100。因此可以说，每种零息债券都隐含一个收益率，它可以通过从到期日的价值[通常被称为票面价格（face value）或 FV]中减去价格后再除以价格计算得来：

$$零息债券的收益率 = \frac{票面价格 - 价格}{价格} \times 100$$

债券出售者必须相互竞争以吸引购买者，购买者把债券的隐含收益率和其他金融资产的收益率进行比较。想象一下，假如一个银行储蓄账户的收益率上涨到 10％，你还会购买收益率只有 5.26％的债券吗？还有任何人会买吗？当然不会。那么，假设利率上升至 10％，债券价格必然会发生怎样的变化？债券价格必然下跌。

事实上，如果其利率上升至 10％，债券价格将下跌至 909 美元。为什么呢？因为只有当债券价格为 909 美元时，债券出售者才有能力和支付 10％利息的银行进行竞争，以吸引资金。如果债券价格高于此，他们将找不到债券购买者。

　　这个简单的债券定价例子告诉给我们两个重要的事实：第一，同等风险的金融资产，其收益率必然相同。如果不相同，就没有人会购买低收益率的资产，这就会使此类资产的价格不断下跌，直至其收益率可以和其他投资形式相抗衡。这就叫**套利**（arbitrage）原则，我们将在附录中深入讨论。

　　第二个重要的事实是：利率和债券价格反方向运动。当利率上涨，债券价格就会下跌；而当利率下跌，债券价格将上涨。在整本书中，我们将多次提及该原则，所以希望大家能认真学习并把它摘抄下来：

　　　　利率和债券价格反向运动。

　　债券价格和利率的反向关系告诉我们，除了违约风险，债券购买者还面临着利率风险。以 2003 年发行的利率为 7％的债券为例：如果其他可比投资的利率随后上涨至 9％，债券购买者回头会发现购买收益仅为 7％的债券是个错误；相反，如果可比投资的利率下跌至 3％，购买债券就有得赚了。当其他投资的利率下降至 3％，债券购买者仍将稳赚 7％的收益。换句话说，债券购买者在为利率下降（即债券价格会上涨）押注，或者至少他们希望利率会下降。类似地，债券出售者在赌或是在期望利率会上涨，这意味着债券价格将下降。更多关于债券价格和利率关系的内容，参见章末附录。

9.4.3　股票市场

　　企业融资可以通过银行贷款或发行债券，也可以通过发行股票。**股票**（stocks）是公司所有权的份额。股票持有者有资格得到公司利润，但请记住：利润等于收益减去成本，换句话说，利润是在支付了除股票持有人之外的包括债权人、债券持有者、供应商及雇员在内的其他所有人之后的余额。如果利润很高，那么股票持有者就获利。他们因公司分红而直接获利，或者由公司追加投资，从而提高其股票价值而间接获利。但是，如果企业利润很低或者为负，股票持有者就将蒙受损失。

　　股票在被称为证券交易所（stock exchanges）的有组织的市场上进行交易。纽约证券交易所（New York Stock Exchange，简称 NYSE）是世界上最大的证券交易所。新股发行被叫做**首次公募**（initial public offering，简称 IPO）。IPO 是指一只股票第一次向公众出售。

　　回忆本章开头，我们讲过，对现存股票的简单买卖并不会增加经济体中的净投资。但当企业向公众发行新股时，通常是把募股所得用做投资，也就是说去购买新的资本品。另外，通过提供股权或所有权的方式，使得那些可能永远无法起步或不能快速扩张的企业获得了可能的发展机会。

　　来看谷歌。现在的谷歌已经家喻户晓，但在 1998 年 9 月创立之初，其总部还设在一间车库。然而在 2004 年，谷歌创始人谢尔盖·布林（Sergei Brin）和拉里·佩奇（Larry Page）在 IPO 中卖掉了价值 16.7 亿美元的股票。这笔钱使谷歌有能力进一步投资和研发。另外，谷歌的 IPO 使得谷歌创始人和早期投资者成为百万富翁或

套利是指对同等风险资产的购买和出售，它保证了风险相当的金融资产收益率相等。

股票或股份是公司所有权的凭证。

首次公募是指公司为募集资金第一次向公众出售股票。

亿万富翁。这个巨大回报是对他们创立公司并进行早期风险投资的奖赏,正是他们,谷歌才得以起步。股票市场帮助有伟大创意的人变得富有从而进一步激励创新。美国,作为世界最具创造力的国家之一,它同时也拥有世界上最发达的股票市场和资本市场,这并非偶然。

把部分谷歌所有权出售给公众,这使得创立者的资产多元化。如果有一天另一搜索服务机构打败了谷歌,布林和佩奇也不会沦落为乞丐。这增加了资产安全性,也激励了创新。有了好创意的人知道,他们的财富不会被仅仅锁定在一家企业中。

在第 10 章,我们还会对股票市场进行更详细的讨论,但现在,我们需要知道的是股票市场能刺激投资和经济增长。

自我测验

1. 金融中介的最重要作用是什么?
2. 如果你有 1 000 美元的公司债券且每年获得 60 美元的利息,如果利率下降至 4%,债券的价值是上涨了? 还是下降了? 如果利率上涨至 8%呢?
3. 为什么 IPO 会增加经济体中的净投资,而人们单纯购买 IBM 公司的 200 股股票就不会增加投资呢?

9.5　金融中介崩溃时会发生什么?

没有储蓄,经济增长就不会发生。这些储蓄必然通过银行、债券市场、股票市场等的中介活动而运行。没有这些机构的国家,借贷市场就比较小,储蓄利用效率就比较低,好的投资也较少。④但是,为什么一些国家的银行和金融体系会发育得很不完善?

在很多情况下,借贷双方之间的桥梁都会发生断裂,如无保障产权、通货膨胀、利率管制、政治性借贷以及大规模银行破产和恐慌。这些问题通过以下几个途径来破坏借贷之间的桥梁:(1)减少储蓄供给;(2)增加中介成本;(3)降低贷款使用效率。图 9.11 表达了上述主要思想:

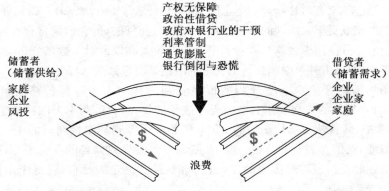

图 9.11　哪些因素会毁掉借贷之桥

9.5.1　无保障产权

以储蓄供给为例。储蓄的预期收益并不仅仅取决于银行公布的利率。一些政府不能向储蓄者提供有保障的产权,也就是说,储蓄资金不能免除被没收、冻结或其他管制之虞。

例如,在2001年12月开始的金融危机中,阿根廷政府冻结部分银行账户长达一年。很多银行因此而破产,这就意味着很多阿根廷平民失去了他们的银行储蓄。这一事件并不完全出乎人们预料。阿根廷政府有冻结银行账户的前科,如在1982年和1989年都曾发生过类似事件。这一地区的其他国家如巴西,在1990年也曾冻结过银行账户。很显然,重复的失信降低了阿根廷人和巴西人的储蓄。如果钱放在银行就相当于等着被抢,那为什么还要存钱呢? 安娜,一位来自阿根廷的教师,她以美元形式把钱放在家里,然后换成比索支付开支。她说:"反正你就是不能把钱存到银行里。"⑤安娜无疑是对的,但这不同于把钱存入银行,存入银行的钱可以被借走用于投资,而床垫下的钱却不会对经济增长有所贡献。

如果人们预期合约会被侵犯,也不会情愿将钱投入股票市场。例如,俄罗斯政府常常不尊重少数股东的权利,有时会没收其股票或限制其股权价值,像对待私人能源公司尤科斯(Yukos)那样。因此,很多外国投资者不愿把钱投入俄罗斯企业。他们仅仅是不信任俄罗斯政府,也不相信该国法庭会公正地督促合同的执行。

法律是等式的一端,习俗和私人信任是另一端。在健康的经济体中,股东可以指望公司管理者有志于树立他们的长期信誉,而不是一有机会就从公司捞上一把。如果管理者仅仅关注短期收益,就很难经营一家企业,因为投资者不会把资源控制权委托给这样的管理者。不管监督和审计系统如何发达,都不能克服高度失信。这是全球发展中国家所面临的普遍性问题,安然(Enron)、世通(WorldCom)和麦道夫(Madoff)丑闻说明美国也未能免于这些问题的困扰。信任是全世界的一项重要资产。

9.5.2　利率管制

对利率实施的价格管制也会引起可贷资金市场的失灵。考虑一下贷款利率上限问题。经济学家有时称贷款利率上限为"高利贷法"(usury laws)。高利贷法可以追溯到中世纪或更早。美国的许多州如今都有高利贷法,但它们常常存在漏洞(例如不禁止大部分信用卡借款),或者利率上限设置太高以致对多数借贷市场没有影响。然而,有约束力并可强制执行的利率上限还是会起到图9.12中的作用。

市场均衡就像第5章所分析的价格管制一样。人为降低价格时,信贷短缺,很多有意借款的人在利率管制时无法进行借贷。而且,利率上限减少了储蓄。在图9.12中,储蓄从市场均衡时的2 500亿美元下降到利率控制时的1 900亿美元。类似地,就像管制石油价格一样,管制利率也会导致储蓄的配置不当,损失交易中的潜在收益。或许最重要的是,由储蓄供给所决定的投资,将低于市场均衡水平。

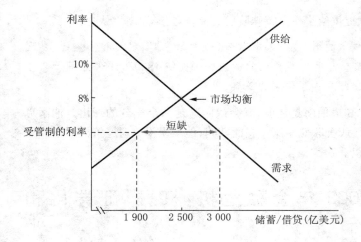

注:当利率被控制时,储蓄需求额(3 000亿美元)超过储蓄供给额(1 900亿美元),造成储蓄不足,投资小于市场均衡。

图9.12　利率上限造成储蓄不足

9.5.3　政治性贷款和国有银行

1990—2005年的日本历史再次表明了银行系统在有效利用一国储蓄方面的重要作用。这一时期的日本人坚持储蓄,但在这一时期的大多数年份里,日本经济增长却为零或负。怎么会是这样的呢?因为很多日本银行已经破产或者依靠政府扶持。它们没有有效配置资金。其他银行则被迫借款给人脉广泛的政治联盟,而不是效率最高的新兴企业。这一时期的日本银行与其说是有效的金融中介,不如说是财富的仓库。日本的商业创新及人们的生活水平都因此而遭受损失。

日本和美国一样,银行属于私有,所以,政治性贷款即使有也很有限。但在其他很多国家,多数大银行都是政府所有。国有银行对独裁政体是有利的,因为政府可以利用银行直接贷款给政治支持者。尽管统治者扶持他叔叔的企业在政治上可能是明智的,但他的叔叔却不一定是优秀的企业家。经济学家拉斐尔·拉·波塔(Rafael La Porta)、弗洛恩西奥·洛佩斯-德-西拉内斯(Floencio Lopez-de-Silanes)和安德烈·旋莱弗(Andrei Shleifer)的一项重要研究发现:一个国家1970年的国有银行占比越大,其人均GDP和生产率在接下几十年的增长就越慢。[6]

9.5.4　银行破产和恐慌

银行系统的系统问题通常会导致大规模经济危机。在美国1929—1933年的大萧条发生时,有11 000家银行——几乎是所有美国银行的一半——倒闭,由此引发的连锁效应是残酷的。很多人失去了毕生积蓄,不得不节衣缩食,这意味着很多生意失去了主顾,无钱可赚。很多企业得不到贷款甚至日常运行资金。从而,银行破产引发大量小企业倒闭。美国花费了很多年才使其经济和银行系统恢复正常。

在其开创性著作《美国货币史(1867—1960)》(*A Monetary History of the United States, 1867—1960*)中,米尔顿·弗里德曼(Milton Friedman)和安娜·施瓦茨(Anna Schwartz)认为大萧条之所以发生,部分原因在于美联储——美国的中央银行,负责监管银行业的整体健康——失职于阻止银行破产扩散。[7](参见第13章对大萧条的深入讨论,以及第15章关于美联储的更详细介绍。)经济学家本·伯南克(Ben Bernanke)后来解释了银行破产之所以会成为大萧条发生的关键原因之一，就是这些银行把贷款提供给了一个特殊阶层的借贷者。[8]伯南克认为：

> 随着中介实际成本的增加，一些借款者（特别是家庭、农民和小企业）发现信贷昂贵且不易得到。这种银根紧缩的效应……促使 1929—1930 年间严重但并非空前的经济低迷转变成了漫长的萧条。

顺便说一下，如果你知道伯南克是谁，就会认同这是一个充分的理由。伯南克在 2006—2014 年期间，任职美联储主席。在此期间，他不得不应对经济大萧条以来的最糟糕的金融中介危机。

9.6　2007—2008 年金融危机：杠杆、证券化和影子银行

让我们回过头来讨论本章开头所谈的话题：金融危机和雷曼兄弟的倒闭。要想对这个话题有所了解，我们要知道三个概念：杠杆、证券化和影子银行系统。我们先从杠杆这个概念开始。

9.6.1　杠杆

诚如上述，消费者、企业和政府都需要借款。借款是一个有用的工具，但也可能出现借得过多的现象。在金融危机爆发前的几年里，美国人的借贷比以前任何时候都要多，尤其是在与住房抵押和银行业务关联密切的领域。例如，住房抵押在过去通常要求"20％首付"，这就意味着贷方最多会出借房屋价格的 80％。如果一座房屋的价格是 40 万美元，那么，贷方会同意最多出借 32 万美元，只要购房者至少能拿出 8 万美元（40 万美元的 20％）作为首付。

所有者权益是资产与债务之差：$E = V - D$。

房屋的价值与抵押贷款未付金额的差异被称之为购房者权益或者**所有者权益**（owner's equity）。贷方希望购房者拥有一些房屋权益，因为这样可以在购房者违约的时候保护他们自己。例如，如果购房者有 8 万美元的房屋权益，那么即使房屋的价格从 40 万美元跌到 35 美元，银行仍然可以通过止赎来收回它的所有贷款。购房者权益为银行提高了一种缓冲。

然而，在 20 世纪 90 年代和 21 世纪初，贷方深信房屋价格不可能下跌，于是就更愿意以更低的首付率——5％甚至更低来出借资金。的确，在 2006 年房地产高涨的顶点之时，有 17％的房屋抵押贷款其首付为 0！很多人认为房屋价格会继续上涨，于是就把以 0 首付购房作为一种投机的途径。如果房屋价格上升，他们就借入更多或者卖房获利；如果房屋价格下跌，他们就违约，但他们自己的钱并不会损失。然而，如果房屋价格下跌，购房者开始违约，银行就没有缓冲器可以应对了。

杠杆率是贷款与权益的比率：D/E。

在金融理论中，贷款与权益的比率被称为**杠杆率**（leverage ratio）。例如，如果一个购买了价值 40 万美元房屋的购房者，花费了他自己的储蓄 8 万美元作为首付，则她的杠杆率就是 4＝32 万/8 万。如果她能借到 36 万美元来购买价值 40 万美元的房屋，那么她的杠杆率就会大得多，为 9＝36 万/4 万。换种说法，如果一个购房者的杠杆率是 9，那么她就可以用 8 万美元的现金加上借到的 72 万美元，购买到价值 80 万美元的房屋。杠杆越高就意味着相同的力量（你的现金）所能搬得动（就是

购买到)资产就越多。当金融危机快要到来之际,房屋购买者所使用的杠杆是越来越高了。

并不是只有购房者的杠杆越加越高,银行也是如此。例如,雷曼兄弟拥有价值几百亿的资产,但它是借了几百亿的资产来购买这些资产的。而且,正如购房者一样,在 21 世纪初,银行也以越来越低的"首付"借入越来越多的钱。例如,在 2004 年,雷曼公司的杠杆率大约是 20,这意味着银行所拥有的每 105 美元的资产中,就有 100 美元是借来的,剩下的权益只有 5 美元。20 倍的杠杆率已经相当高了。

如果雷曼的资产价值下跌了 10%,那它就将只有 94.5 美元的资产,而债务是 100 美元,这就意味着,如果其资产价格下跌 10%,那就会使雷曼**无力偿债**(insolvent)。一个无力偿债的公司就是其债务或负债(负债就是法律债务加上其他应付的报酬,如工资支付等)超过了资产。当一个公司出现了无力偿债,接踵而来的就是破产。然而,在 2004 年,雷曼所做的不是降低杠杆,而是进一步加高了杠杆,从而使其在 2007 年的杠杆率达到了 44!⑨ 在杠杆为 44 的情况下,即使是资产价格的略微下降,都会导致雷曼的破产。而在 2007 年,房地产价格开始急剧下降。

> 负债超过资产的企业就是**无力偿债**的企业。

你可能会好奇,为什么银行想要那么高的杠杆率。如前所述,44 的杠杆率意味着即使资产价格只下跌了一点,雷曼公司也会破产;同理,价格的小幅上升也意味着巨大利润。当日子好过的时候,杠杆会使每件事都更好。另外,当雷曼公司运行良好时,雷曼公司的经理们会得到上千万甚至上亿美元的奖金和股票报酬。但是,当雷曼公司破产时,雷曼公司的经理们会跟着破产吗?不会!他们中的大多数会损失一些钱,但他们最终仍然会很富裕。雷曼公司的经理们之所以想要那么高的杠杆,是因为在高杠杆的情况下,好光景时他们有无限收益,而光景差时他们只不过损失有限。

9.6.2 证券化

我们需要理解的第二个概念是"证券化"(securitization)。对一项证券化资产而言,其出售者会得到预付现金,购买者会得到获取未来支付流的权利。有时候,房产抵押贷款会被"证券化",或者说是被打包,作为金融资产在市场上销售。银行希望卖出或"证券化"其贷款,可能有这样几个原因:积极的一面是,银行可以得到更多的流动性现金,使其资产负债表更为安全,而且,证券化资产可以被养老基金这样的机构作为长期投资而持有。通过这种途径,很多机构可以间接投资美国经济。消极的一面正如批评家对银行的指责,他们之所以太过频繁地进行证券化,是因为他们的恶劣和草率,或者说,他们在办理贷款的时候就缺乏充分研究,他们想把这些问题贷款甩给那些毫无戒心的投资者。

一旦资产被证券化,由此而产生的收入流就会被切割,以各种各样的方式被出售。在 21 世纪初,抵押贷款的证券化意味着德国牙医也可以很容易地投资于美国的住房抵押品。向全世界出售住房抵押品的能力提升,对美国的房屋购买者来说,是一件好事,因为这使利率保持在较低水平;对那些自认为购买了安全有保障的资产的人来说,似乎也是好事;还有什么比美国的房子更为安全的资产呢?而事实上,很多被证券化的抵押贷款的风险要比广告宣传所说的高得多。部分在于一些证券化的打包资产是以虚假条款被售出，部分在于信用评级机构的表现不好，部分在于人们简单而错误地通过假设房价会或多或少地无限期持续上涨而对风险做出了错误估计。

当房价开始在 2007 年急剧下跌时，很多人开始拖欠按揭贷款。整体拖欠（delinquency，逾期不付款）和止赎（foreclosure）的比率成倍增长。在加利福尼亚、佛罗里达和内华达的部分地区，超过 40% 的房屋被放弃了抵押品赎回权。请记住：很多房屋购买者对他们的房屋只有很小的权益，因此，当房屋价格开始下跌，他们在房屋上的欠款很快就开始超过房屋的价值，于是，很多人就会选择违约。结果，美国经济突然陷入很多银行和其他金融中介持有大量问题贷款的境地。而且，因为银行本身就有很高的杠杆，所以，当它们的资产价值下跌，很多银行很快就濒临破产了。

9.6.3　影子银行系统

现在我们来讨论最后一个重要概念：影子银行系统（shadow banking system）。自金融危机之后，这个术语已经变成了一个通用术语。传统银行系统的代表是商业银行——保存我们存款的地方。商业银行的融资大部分来自像你我一样的民众和企业的存款。这些存款由联邦存款保险公司（Federal Deposit Insurance Corporation，FDIC）提供保险，所以，一家普通商业银行总有一些法律保障的融资渠道。有时商业银行会出现歇业的情况，但由于有保险，储户就会认为：没必要在麻烦苗头刚出现的时候就急于抽回他们的现金。

投资银行的运作与商业银行有所不同。在商业银行中，货币来自储户；而在投资银行中，货币来自投资者。存款的安全性由政府来保障，而投资没有这样的保障，因此，投资者在危急关头更容易恐慌，更急于撤回他们的短期资金。诸如雷曼兄弟这样的投资银行，在其倒闭之前，就是所谓影子银行系统的一部分。除投资银行之外，影子银行系统还包括对冲基金、货币基金和其他各种复杂的金融实体。把影子银行系统统一起来的特征是：这些金融中介的活动方式都和银行很像（一般情况下，它们都是借入短期资金以借出并投资于长期，流动资产通常很少），却比银行更少受到严格的监管；与存款不同，它们的短期资金来源（得自投资者的借款）没有得到政府的担保。

影子银行系统之所以得名，是因为它成长于传统银行系统的阴影之下。在很长一段时间里，大多数监管机构和政策制定者都没有意识到它的重要性。但到 20 世纪 90 年代中期，影子银行系统的放贷规模已经达到传统银行的水平。在 2008 年的巅峰时期，影子银行系统放贷规模远超传统银行，达到 20 万亿美元。

减价出售　金融危机可以被理解为对影子银行系统的挤兑，在很多方面都类似于经济大萧条期间的银行挤兑。投资银行的资金来源是各种各样的短期和长期借款，如果投资者担心投资银行会破产，那么，每个出借者都会尽快想办法取出自己的钱或拒绝续存，正如存款者急于从正在倒闭的传统银行中取出自己的钱一样。短期借款很快就被取走了大部分，因为这些短期借款每天晚上或是以高频率进行到期展期操作。没有短期借款，投资银行就没有足够的运作资金，就不得不廉价卖出其资产，这就是"减价出售"（fire sale）。而且，如果很多企业都发现自己不得不卖出资产,那减价出售就会很快失去控制。金融机构卖出资产的行为会推动资产价格下降,这又会导致另一个机构濒临资不抵债,使之不得不卖出资产,而这会推动资产价格进一步下降——如果这个过程持续时间够长,那减价售出就会演变为减价风暴(fire storm)。

很多影子银行系统的参与者都有很高的杠杆。如前所述,在雷曼兄弟倒闭前不久,它的杠杆率达到40,而很多其他大银行也都不甘落后。我们已经解释过,一个高杠杆会使银行处于非常脆弱的境地。当杠杆率很高,资产价值的小小下挫就会彻底摧垮银行的权益缓冲,使其资不抵债。对这种结果的担心不无道理,这促使短期出借者逃离雷曼,从而引发了它的彻底垮台。

由于按揭贷款已经以不同的组合排列被打包出售过多次,很多赌注都压在了它们的价格上,因此没人确切知道哪家银行会面临最大损失。结果,哪家银行盈利、哪家银行即将破产就变得更加不确定。没有人愿意借钱或投资给那些可能在账目上有大量抵押贷款的银行和其他中介机构。如果一个银行明天就可能消失,那为什么还要借钱或投资给它呢? 投资者还开始警惕那些向存在潜在麻烦的银行放贷的机构,即使这个机构本身并未持有抵押贷款资产。

总之,房产所有者的高杠杆意味着:当房产价格下跌,违约率就会快速上升;更高的房屋贷款违约率给银行造成了损失。因为这些银行都有高杠杆,所以它们中的很多银行都很快濒临破产。影子银行尤其依赖短期融资,但这些融资不同于存款,它们没有得到担保。因此,那些把钱借给影子银行的人,一旦发现这个公司可能会破产,就会急于中止借贷。然而,抵押贷款的打包和分包、对证券化抵押贷款的多方押注是如此复杂,以致没人清楚知道谁拥有什么以及谁面临最大损失。投资者不愿意把钱借给任何金融机构。最终,当金融中介不能获得新的融资,连接借贷双方的桥梁就垮塌了。确实,投资者不愿意借款给影子银行,这意味着影子银行不得不收缩贷款:到2010年,影子银行放出的贷款只有16万亿美元,比2008年的时候少了4万亿美元之多。正是信贷紧缩搞垮了整体经济。

现在我们来思考一个一般化问题:在危急关头,影子银行的短期贷款会迅速逃离,导致很多金融市场关闭,信贷冻结。有评论家建议,政府应该在危急时期为影子银行的借款提供担保。但这会潜在地加大纳税人的负担,因此在政治上不会是受欢迎之举。尽管如此,美国政府仍然按照这个思路采取了一些措施。在受到雷曼兄弟破产的重创之后,保险公司AIG也濒临破产,但由伯南克所领导的美联储出手进行干预,接管了该公司的大部分所有权,并为它的债务做了担保。他们不想信贷市场重蹈冻结的覆辙。新的金融管制措施正试图使影子银行系统"走出阴影",对这些金融中介实施了类似于传统银行的管制措施。其新管制措施的关键思想,就是要求所有的银行都要持有更多的权益,这就降低了它们的杠杆率。这些新管制措施的有效性和实施成本都还有待考察。

自我测验

1. 高利贷法(管制利率)是如何引起储蓄下降的?
2. 除了银行数量减少外,银行破产是如何阻碍金融中介发挥作用的?
3. 以政治标准或任人唯亲的标准分配银行贷款将如何影响经济效率?

○　本章小结

　　个人进行储蓄是为了退休备用，是为了给大额开支筹钱，是为了缓冲收入波动。最一般地说，储蓄有助于个人、企业和政府平滑其在各个时期的消费。类似地，个人、企业和政府要借钱为大额支出融资，如购房、投资于新资本，或是政府为战争之类的巨额花销而融资。再重复一次，借贷有助于经济行为人平滑其在各个时期的消费。金融中介架起了借贷双方之间的桥梁。

　　金融中介还可以聚集储蓄、评估投资、分散风险。银行、债券、股票市场为谷歌和联邦快递那样新颖而富创造力的创意提供融资支持。金融中介是健康经济增长的核心部分。

　　如果缺乏有效的金融中介，经济将会陷入疲软。无保障产权、通货膨胀、政治性借贷，以及银行倒闭都会使金融中介崩溃。2007—2008 年的金融危机的爆发，是由于高杠杆和资产价格下跌导致了对影子银行系统的恐慌，从而使经济体中的借贷资金急剧减少。这说明金融中介对一国经济运行有多么重要，无论是它们运转良好还是运转不灵。

○　本章复习

关键概念

储蓄

投资

时间偏好

可贷资金市场

金融中介

债券

抵押品

挤出

套利

股票

首次公募

所有者权益

杠杆率

无力偿债

事实和工具

1. 如果人们想平滑各个时期的消费，当买彩票中了大奖，他们会怎样做：一年就花掉大部分还是为今后存起来大部分？

2. 大量经济学和心理学研究表明，如果一个人在生活中的某一方面表现得缺乏耐心，他在其他方面也会一样。虽然并非每个人都如此，但这不影响我们去理解所谓的"一般人"。基于常识和经验来回答：

   a. 谁更倾向于抽烟：罪犯，还是守法公民？

   b. 谁更有可能注射海洛因：将收入的 20% 存起来的人，还是从不存款的人？

   c. 谁的信用卡更可能债务重重：烟民，还是非烟民？

3. 一般的储蓄供给曲线向右上方倾斜。如果一国储蓄供给曲线近乎垂直，那意味着下面的哪一项？

   a. 不论利率是多少，该国人都存相同数量的钱；

   b. 当决定存多少钱时，该国人对利率非常敏感。

4. 有三个国家：青年国(Jovenia，平均年龄 25)、壮年国(Mittelaltistan，平均年龄 45)、老年国(Decrepetia，平均年龄 75)。根据生命周期理论，哪个国家更可能有：

   a. 高储蓄率？

   b. 高借贷率？

   c. 高负储蓄率(也就是花过去的储蓄)？

注：整个国家的储蓄方式就是要么在国内（通过高投资率），要么在国外（通过出口多于进口，也就是通过贸易盈余来用所得收入购买国外的投资品和资产），来增加生产性资本存量。

5. 有时在供需模型中，供给者和需求者的划分并不明确。比如，在劳动力市场，工人（而不是企业）是劳动供给一方。而在可贷资金市场上，通常谁是供给者，谁是需求者呢？选择正确的答案：

　　a. 企业家供给可贷资金，储蓄者需求可贷资金；

　　b. 企业家供给可贷资金，储蓄者也供给可贷资金；

　　c. 企业家需求可贷资金，储蓄者也需求可贷资金；

　　d. 企业家需求可贷资金，储蓄者供给可贷资金。

6. 回答以下问题，请在"银行账户"、"债券"和"股票"中选择正确答案。

　　a. 哪种投资风险最大？

　　b. 哪种是公司欠条？

　　c. 哪种使你拥有一家企业的所有权份额？

　　d. 哪种使你可以随时无条件取回你的部分投资？

　　e. 哪种形式的投资能把你的资金分散到最广泛的投资项目中？

　　f. 哪种经常被穆迪或标准普尔这样的私人公司评级？

　　g. 哪种既可以由政府提供，也可以由私人公司提供？

7. 如果储蓄者感到把钱存到银行或购买债券不安全，可贷资金市场最可能发生哪种情况？

　　a. 储蓄供给下降，利率下降；

　　b. 储蓄供给下降，利率上升；

　　c. 储蓄需求下降，利率下降；

　　d. 储蓄需求下降，利率上升。

8. 当政府宣布高利率不合法，利率上限受到限制，借贷总量可能发生怎样的变化？

　　a. 借贷总量会增加，因为借钱人受到高利率的保护；

　　b. 借贷总量降低，因为储蓄者不愿意以低利率借出很多钱；

　　c. A 和 B 都正确。

9. 如果金融中介崩溃，GDP 中的哪一项可能下降最多：消费、投资、政府购买，还是净出口？

10. a. 在竞争性的银行系统中，如果一家银行以低利率借款给银行老板的朋友，会发生什么：与其他不看情面的银行相比，它会更加成功，还是更不成功？

　　b. 给定你对上述问题的答案，想一想受政治干预的国有银行会如何维持营业？

思考和习题

1. 我们来设计一个有关个人平滑各个时期消费的简单例子。格温是位不动产代理商，她知道房地产市场会有好年景和差年景。她算了一下，一半时间里，她可赚到 9 万美元的年收入，另一半时间里，她只能赚到 2 万美元的年收入。这些都是税后且减去养老储蓄后的数字。这些数字正是她所担忧的。

　　a. 为简单起见，我们忽略利息成本，格温的年均消费额应该是多少？

　　b. 在好年景，她会储蓄多少？

　　c. 在差年景，她会借入多少？（注：此处的"借入"基本上等同于同"从储蓄中取钱"。）

2. 考虑下列两种情况下储蓄供给曲线可能会如何移动。

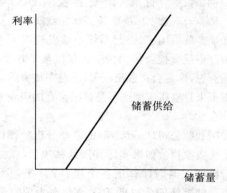

　　a. 在现行美国法律下，企业为你自动注册一个将工资的 5% 存为退休基金的储蓄计划。假如国会废除了这项法律，画出供给曲线的相应变动，并标注为"a"。

　　b. 如果所有美国人都去看罗宾·威廉姆斯（Robin Williams）和伊桑·霍克主演（Ethan Hawke）的经典电影《死亡诗社》（*Dead Poets Society*）并决定及时行乐（carpe diem），或者他们都读到一位著名地中海牧师的布道："绝不要为明天而忧虑"，或者他们看了 20 世纪 70 年代探讨争议性话题的情景剧《过一天算一天》（*One Day at a Time*），储蓄供给曲线可能会向哪个方向变动？标注这条新供给曲线为"b"。

3. 这一章我们集中关注了银行的三大功能：
   I. 评价商业创意并决定哪个值得投资；
   II. 在多项不同的项目中分散投资风险；
   III. 通过支票、自动取款机、电子转账使支付更容易。

   上述功能都不是银行所特有。在下述轶事中，一个人在执行的是功能 I、功能 II，还是功能 III？

   a. 伊曼纽尔把一笔小钱分别捐给了五家不同的慈善机构，希望至少有一家能为世界做点好事；

   b. 在洛里恩家中，洛里恩专门决定其他家庭成员应该使用哪家银行；

   c. 波派手头总会有点现金，所以他总能在午餐时借给温皮和奥利芙一点钱；

   d. 乔治花时间研究凯雷投资集团（Carlyle Group）以决定哪家公司值得吸纳他的投资伙伴的钱；

   e. 斯库特希望受到良好教育，就去上了各种不同的课程：一些关于历史的，一些关于经济学的，还有一些是关于物理的；

   f. 弗朗西斯订阅《消费者报告》（*Consumer Reports*）杂志来决定该买哪一款洗衣机。

4. 在很多落后国家，银行系统不够先进以至于不能为许多巨额投资提供贷款。仅仅基于这个事实，想一想，你是会在富裕国家，还是在贫穷国家看到更多来自富裕家庭而不是贫困家庭的企业家？为什么？

5. 美国利盟公司（Lexmark）的金融分析师评估了五个重要项目。如果实际开展这些项目，就得去银行借钱。他们计算出各个项目的"损益平衡利率"：如果他们能以低于这一利率为项目借到现金，该项目就很可能成功；如果能借到的利率高于这一利率，项目就不值得做了。

	成本（万美元）	损益平衡利率（%）
项目 A	10 000	8
项目 B	5 000	12
项目 C	20 000	50
项目 D	2 500	4
项目 E	15 000	10

   a. 如果利率为 11%，利盟公司会上马哪些项目？如果市场利率是 6%，该公司又会选择哪些项目？

   b. 把以上信息转换成可贷资金市场的一条需求曲线。

   把这些数据组织起来以转换成利盟公司的可贷资金需求曲线。（注：它会看起来与普通需求曲线相似，只是有多处间断。）

6. 以下情况中，哪种债券的利率会更高？

   a. AAA 级的债券还是 BBB 级的债券？

   b. 美国政府债券还是通用汽车公司的债券？

   c. 花旗银行 30 年期债券还是花旗银行 1 年期债券？

7. 思考你对第 6 题的回答，当一种债券的利率高于另一种债券时，主要是由于储蓄者不愿意提供可贷资金给高利率债券，还是企业更愿意以高利率债券吸引到可贷资金？为什么？

8. 思考图 9.10，政府借贷的增多会使一家新企业在首次公募中出售新股票变得更容易还是更困难？换句话说，政府债券和公司股票是替代关系还是互补关系？

9. "如果政府（或通过提高通胀率或通过限定利率来）保持很低的实际利率，这激励企业更多地借贷以进行更多的投资购买，从而带来大量资本设备和更高的生产率。因此，利率上限是个不错的主意。"这一观点错在哪里？

10. a. 如果一种一年期零息债券票面价值为 1 000 美元，售价为 925 美元，那么利率是多少？

    b. 如果另一种票面价值和还款期限都相同的债券，售价为 900 美元，那么这种债券的利率是多少？

    c. 问题 a 和问题 b 中的债券，你更愿意投资于哪一种？确定吗？再想想。

11. 把下列贷款按照从低风险/低回报到高风险/高回报进行排序。

    a. 30 年期固定利率房屋贷款；

b. 由一家得到联邦存款保险公司保险担保的地方银行的发行 5 年期大额可转让存单；

c. 期限为 13 周的美国国库券；

d. 由一名高中就辍学的失业者所持有的美国第一资本金融银行（Capital One）的信用卡；

e. 由 AAA 级的强生（Johnson & Johnson）公司所发行的 30 年期债券；

f. 由 AAA 级的强生公司所发行的 10 年期债券。

12. 利用本章附录中的 Excel 表格和材料，回答下列问题：

a. 假设利率为 5％，计算如下债券的价值：在未来 9 年的每年年末要支付 100 美元，在第 10 年的年末要支付 1 000 美元；

b. 如果利率为 3％，计算上述债券的价值。

挑战

1. 正如本章开头所讲，美国向其他国家借了很多债。如果用生命周期理论对此进行解释，可以说美国的行为就像一个"年轻的"国家、"年老的"国家，还是"中年"国家？该问题的正确答案不是唯一的。

2. 如果借款人能为贷款提供抵押品，出借人通常会更愿意借款给他们。记住，抵押品是指如果借款者违约，根据协议将归出借人所有的有价资产。在美国，很多小企业主通过以他们的房子或商业资产作为抵押品来为他们的企业融资。但在很多发展中国家，人们对所居住的土地或房屋没有可保障的产权或所有权。比如在印度的班加罗尔（Bangalore），几乎不可能说出是谁拥有一块土地，生活在那个城市的 85％ 的居民都居住在他们没有所有权的土地上。请你想一想，对班加罗尔的一家小企业主来说，获得一笔数额中等的贷款会有多困难？

3. 银行储蓄账户所支付的利率通常要远低于通货膨胀率。例如，在 2011 年春天，储蓄账户的最佳利率大约为每年 1％，与此同时，通货膨胀率为每年 2.5％。这意味银行储蓄的真实利率为多少？如果人们认识到这一点，为什么仍然选择把钱存入银行储蓄账户？

4. 房屋在哪些方面与债券是相像的？如果仅仅考虑房屋权益（例如忽略所有其他的资产和投资），房屋所有者会更喜欢高利率还是低利率？

5. 利用附录里的 Excel 表格和相关材料，回答下述问题：你想购买一处房屋。假设给定你的收入，你可以在未来 30 年里每年支付给贷方 12 000 美元。如果利率为 7％，基于你的支付能力，你现在能借到多少钱？如果利率是 3％ 呢？

解决问题

预测下列事件对可贷资金供给和需求的影响（供给上升、下降或不变；需求上升、下降或不变）。可能会对利率产生什么影响？

a. 电视新闻主播言之凿凿，使大部分人相信世界末日将在 2015 年来临；

b. 药物学上的突破性进展使人类预期寿命延长到 100 岁；

c. 地质学家在南极发现了大片石油矿床；（提示：在南极这样严酷的环境下钻井需要投入巨量资本）

d. 经济下滑导致企业悲观情绪蔓延，工人开始担心会被解雇（假设工人担心会失业，就会提高应急基金储蓄）。

附录：债券定价和套利

债券定价看似复杂，实际上却可以通过几个简单原理来理解。让我们从比债券更熟悉的东西开始。假设你在一个储蓄账户存入 100 美元，利率为 10％。一年后你能得到多少钱？很简单，利率为 10％ 时，每 1 美元在年终都会变成 1.1 美元，因此 100 美元的存款在年终将变为 110 美元，我们可以写成 100 美元 × (1.10) ＝ 110 美元。

更一般地说，我们把存入银行的钱叫做现值（present value，简称 PV），利率以 r 表示，把一年后可以从银行取出的钱叫终值（future value，简称 FV）。这样现值 PV、利率 r 和终值 FV 之间的关系就可以简单地表示为：

$$PV \times (1+r) = FV \qquad (1)$$

例如,如果存入现值 100 美元,利率为 5%,一年后你将得到多少钱(FV)? 代入式(1)中可以得到:$100 \times (1.05) = 105$。

好,现在讨论稍微难点的问题。假如利率为 10%,一年后你希望得到的终值为 100 美元,那么现在你需要存入银行多少钱? 换句话说,如果利率为 10%,终值为 100 美元,你需要存入银行的现值是多少? 将已知数据代入可得:

$$PV \times (1.10) = 100 \text{ 美元}$$

两边同除以 1.10,求得 PV:

$$PV = 100/1.10 = 90.91$$

因此,如果利率是 10% 且希望一年后银行存有 100 美元,现在就需要在银行中存入 90.91 美元。同理,可以根据所求对象把式(1)写成三种形式分别用于求解 PV、FV、r:

$$PV \times (1+r) = FV \qquad (1)$$
$$PV = FV/(1+r) \qquad (2)$$
$$(1+r) = FV/PV \qquad (3)$$

现在我们已经有了用来解释债券定价的所有知识。假设利率是 10% 并存在一种保证一年后支付 100 美元的债券。那么,债券的终值(方便起见,也可把它叫做票面价值)为 100 美元,利率 r 为 10%,如果想知道现值 PV,可以用式(2)求解:

$$PV = 100/1.10 = 90.91$$

换句话说,当利率为 10%,一年后保证支付 100 美元的债券将以 90.91 美元的价格出售。

债券的价格与利率反向变化,即:利率上升,债券价格反而下降;利率下降,债券价格反而上升。这往往让学生感到不容易理解。现在解释这一问题很容易了。当利率为 10% 时,终值为 100 美元的债券价格或者说现值为 90.91 美元。那么,当利率下降至 5% 时,同一种债券的价格或现值会发生怎样的变化?

$$PV = FV/(1+r)$$

代入已知数据可得:

$$PV = 100/(1.15) = 95.24$$

从而可以说,当利率从 10% 降到 5% 时,债券价格从 90.91 美元上升至 95.24 美元。

从式(2)可知,当债券价格上升时,利率下降;反之亦然。但这一结果背后的经济学原理是什么呢? 我们可以通过式(3)来理解。

假设利率从 10% 降到 5%,即大多数投资者可以从其可贷资金中获利 5%。但设想一下,如果一年后保证支付 100 美元的债券终值为 90.91 美元,而不是上升到 95.24 美元。债券现值为 90.91 美元,终值为 100 美元,那么这一债券的收益为:

$$(1+r) = FV/PV = 100/90.91 = 1.10$$

如果经济体中其他任何形式投资的收益率为 5%,但存在同等安全的收益率为

10％的债券,你将会怎样做? 对,你会购买收益率为10％的债券。那么当你同所有人一样去买这种与众不同的债券时会发生什么? 对,债券价格会上涨,而其收益率会随之下降。事实上,债券价格的上升及其收益率的下降趋势将会持续下去,直到其收益率下降到与该经济体中其他风险类似的投资大致相等的水平。

我们的最终结论可以更一般地表述为:买卖行为会使同等风险资产的收益率相等。同等风险资产的买卖称为套利。套利是一个很重要的概念,除了这里的定义之外还有其他很多含义。如果你继续学习经济学或金融学,将会更深入地了解套利。

我们已经给出了最简单的债券是如何定价的。很多债券的期限长于一年,包含息票支付(也就是除到期日时最终支付外的定期支付)。一年期以上债券及含息票支付的债券的现值决定公式远比式(2)复杂,但思路完全相同。我们将用一个简单的例子来说明。

再次假设存入一个储蓄账户100美元,利率为10％。但这次假设存两年,那么此次投资的终值是多少? 我们可以把两年期投资分解为两个一年期投资。首先以10％的利率存入100美元,年终时可得到110美元。然后以10％的利率将所得110美元在银行里存一年,在这一年年终将得到121美元。通常我们可以写成:

$$[PV \times (1+r_1)] \times (1+r_2) = FV \tag{A1}$$

方括号内为投资一年后所得,乘以$(1+r_2)$即第二年利率后,可得两年后的总量。

同我们此前的处理方法一样,将式(A1)的两边同除以$(1+r_1) \times (1+r_2)$,可将式(A1)转换为:

$$PV = FV/(1+r_1) \times (1+r_2) \tag{A2}$$

如果有种债券两年后支付100美元,第一年利率和第二年利率均为10％,用式(A2)即可求出其现值或其出售价格。代入已知数据可得:

$$PV = 100/(1.10) \times (1.10) = 82.64$$

因此,如果第一年和第二年利率均为10％,两年后支付100美元的债券,现值或出售价格为82.64美元。

现在该知道这个重要结果了。一种债券,第一年末支付100美元,第二年末支付另100美元,那么它的价格是多少? 我们很容易对这种债券定价,因为它可以被看成是两张债券的组合:一张在第一年末支付100美元,另一张在第二年末支付100美元。而我们已经把这两种债券的价格计算出来了。由于存在套利,这一组合债券必须与我们已经计算出来的两种债券的总价格相等即173.55 = 90.91 + 82.64。

我们也可以直接计算这一组合债券的价值。当利率是10％,第一年末支付100美元,第二年末支付另100美元的债券现值是:

$$PV = \frac{100}{1.10} + \frac{100}{(1.10) \times (1.10)} = 173.55$$

以同样的逻辑,我们可以计算非常复杂债券的价格。持续n年每年都有不同潜在收入的债券的现值为:

$$PV = \frac{支付_1}{(1+r)^1} + \frac{支付_2}{(1+r)^2} + \frac{支付_3}{(1+r)^3} + \cdots + \frac{支付_n}{(1+r)^n}$$

用 Excel 表格计算债券价格

我们可以用 Excel 表格计算债券价格。图 A9.1 中的债券为前 9 年每年支付 100 美元,第 10 年支付 1 000 美元。C 列为计算出来的每一笔支付的现值。表格中单元格 C2 的公式:C2=B2/(1+$D$2)^A2 等于 $\frac{支付_1}{(1+r)}$。把这个公式复制到其他九项中分别计算,在 C14 单元格中求和,得到 1 324.70 美元:

C2		▼	*fx* =B2/(1+$D$2)^A2	
	A	B	C	D
1	年份	支付	现值	利率
2	1	$100	$95.24	0.05
3	2	$100	$90.70	
4	3	$100	$86.38	
5	4	$100	$82.27	
6	5	$100	$78.35	
7	6	$100	$74.62	
8	7	$100	$71.07	
9	8	$100	$67.68	
10	9	$100	$64.46	
11	10	$1,000	$613.91	
12				
13		价格		
14		(现值之和)->	$1,324.70	

图 A9.1

我们可以轻易变动利率以观察其对债券价格的影响。例如,如果利率上升至 10%,我们可以得到图 A9.2 中的结果:

C14		▼	*fx* =SUM(C2:C11)	
	A	B	C	D
1	年份	支付	现值	利率
2	1	$100	$90.91	0.1
3	2	$100	$82.64	
4	3	$100	$75.13	
5	4	$100	$68.30	
6	5	$100	$62.09	
7	6	$100	$56.45	
8	7	$100	$51.32	
9	8	$100	$46.65	
10	9	$100	$42.41	
11	10	$1,000	$385.54	
12				
13		价格		
14		(现值之和)->	$961.45	
15				

图 A9.2

从而债券价格下降到 961.45 美元。再次注意：一个更高的利率意味着一个更低的债券价格。还很有趣的是：你会看到一个更高的利率对即将到来的支付产生很小的影响（比较图 A9.1 和图 A9.2 中第一次支付的 *PV*），而对遥远的未来却有很大的影响（比较图 A9.1 和图 A9.2 中最终支付的 *PV*）。

最后一点是：债券定价可能并非是你的兴趣所在，但附录中的这个技术可以为任何随时间流逝而有支付流的资产定价。例如，按揭贷款，它是与债券最为相似的，不过你不是收到债券支付，而是通常要送出按揭支付。例如，你希望比较两种不同的按揭贷款，一个 20 年期的按揭贷款和一个 30 年期的按揭贷款，这两种按揭贷款有不同的利率，那就要计算每种按揭贷款的现值以找到那个 *PV* 最低的按揭贷款。在线按揭计算器可以帮助你做到这一点。那些计算器所做的就是用本章附录所介绍的技术来计算现值。

10 股票市场和个人理财

19 92年,电视记者约翰·斯托塞尔(John Stossel)决定要挑战华尔街的专家。在做学生的时候,斯托塞尔曾经上过经济学家伯顿·马尔基尔(Burton Malkiel)的课。马尔基尔在《漫步华尔街》(*A Random Walk down Wall Street*)一书中宣称,股票高手所获得的金钱和声誉都是假象和徒劳。马尔基尔写道:"让一只蒙上眼睛的猴子向报纸的金融版面扔飞镖来选择股票,所获得的结果也会同专家们精挑细选的股票一样好。"①

不用猴子,斯托塞尔自己来向一面墙那么大的《华尔街日报》的巨幅股票版面扔飞镖。斯托塞尔追踪了一年来他所选择的股票,并把它同华尔街的主要专家推荐的股票进行对比。斯托塞尔选择的股票胜过90%的专家所选择的股票!毫不奇怪,没有任何一位专家愿意在镜头上回应这羞辱性的失败。按照斯托塞尔的说法,这里的经验就是,如果你正在花很多钱向某位专家咨询股票,你可能无异于那只猴子。

在这一章,我们将解释,为什么斯托塞尔的滑稽实验能得到经济学理论以及很多实验研究的支持。我们也将在这一章给你一些投资建议。不过,我们不能保证给你的是致富秘诀。大部分在书中售卖的赚钱秘诀、投资培训和内幕消息都是骗局。但是,经济学能给你一些如何明智投资的重要经验。我们不会告诉你如何迅速赚钱,但是,我们可能会帮你慢慢致富。

理解现实世界　　整个这一章,我们都强调一个经济学的核心原理:天下没有免费午餐!这只不过是换种说法表明,你不应该期望不花任何代价就得到某项好处,或者说,得失的权衡无处不在。我们来看看这一原理如何应用到个人理财上。

10.1　被动型投资与主动型投资

很多人通过互助基金在股票市场进行投资。互助基金是从很多消费者那里募集资金,然后把这些钱投资到很多企业上。当然,作为回报,它需要收取管理费用。有些互助基金被称为"主动型基金",这些基金在经营时,其股票是由管理者积极挑选的——这些基金通常要收取比平均水平更高的费用。另一种互助基金被称为"被动型基金",因为这些基金只是简单地模仿某种股票大盘指数,例如标准普尔500指数(S&P500),由能广泛代表美国经济的500家大型企业所构成的一种指数。

　　图 10.1 显示了在一个普通年份里,在标准普尔 500 指数上的被动型投资比 60％的互助基金都要更好。在任一给定年份里,都有一些互助基金的表现要好过该指数,但是,需要说明的是,表现比指数更好的基金几乎每年都不一样! 换句话说,那些在某一年能比指数表现更好的基金只不过是在那一年运气好罢了。有人研究了 10 年的数据,发现被动型投资的表现要胜过 97.6％的互助基金![2] 总之,显然,很少有互助基金的业绩能够一直高于市场平均水平。

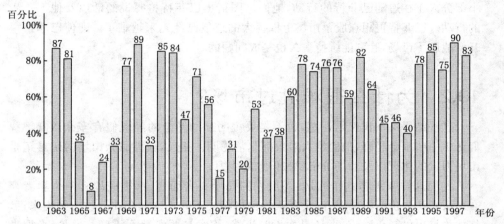

资料来源:Bogle,John. 2000. *Common Sense on Mutual Funds:New Imperatives for the Intelligent Investor*. John Wiley and Sons,New York.

图 10.1　比标准普尔 500 指数业绩更好的互助基金占基金总数的百分比

　　也有可能,有很少一部分专家可能会系统性地在股票市场上获胜。沃伦·巴菲特(Warren Buffett)就经常被认为是能比市场上其他人看得更远的一个典型人物,他主张进行长期价值投资。巴菲特开始时是一名报童,后来,通过购买价值被低估的股票,他逐渐使得自己的财产达到了 520 亿美元。

　　有些经济学家认为,甚至连巴菲特这样的人,也只不过是运气好罢了。如果有足够多的人都在那里挑选股票,那么,总会有人会接连很多次都撞大运。来看一看图 10.2。在图的顶端,我们开始时有 1 000 名专家,他们每人都通过抛硬币来预测

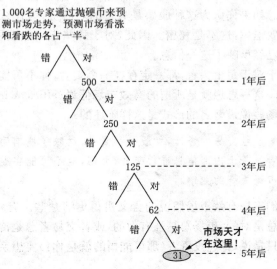

图 10.2　如何成为市场天才

市场下一年的行情是看涨还是看跌。一年之后,有 500 名专家的预测将会被证明是正确的;第二年之后,有 250 名专家的预测被再次应验。第五年之后,在这 1 000 名专家中,只有 31 名专家的预测 5 年来一直都正确。那些每年都预测正确的专家将被美国全国广播公司财经频道(CNBC)吹捧为天才,他们的建议也将会让大众趋之若鹜。但是,其实他们不过是运气好罢了。

巴菲特是水平高还是运气好呢? 我们不是太肯定。但是,据我们所知:目前有小部分人正在追随巴菲特的行动,他们试图猜出巴菲特将要说的话以及他下一步的行动。巴菲特再想在股票市场上取得大的进展已经越来越难了。即使巴菲特一开始战胜了市场,胜利能维持多久也是成问题的。

10.2   为什么很难胜过市场?

这些结果决不仅仅是偶然,也不是要说明互助基金的经理们有多么愚蠢。我们认识一些基金经理,他们绝大多数都非常聪明。相反,战胜股票市场的困难正是市场力量的体现以及市场价格反映信息的能力。

我们这样来思考这个问题:对股票的每个买者而言,都相应地有一个卖者存在。买者认为价格将要上升,卖者认为价格将要下降。这就存在分歧。平均来说,你认为谁更可能正确,买者还是卖者? 当然,答案是两者都不正确。但是,平均来说,如果买者和卖者具有相同数量的信息,股票的价格就可能不会很好地运行了。

考虑以下一条不靠谱的投资建议。到 2020 年,城市里的老年人将会翻一倍。因此,赚钱的方法就是向那些为老年人提供产品和服务的企业进行投资,如提供像辅助生活设备、老年医疗服务和退休家庭护理之类的企业。婴儿潮一代可能是你发财的一次机会,如果你现在就投资的话! 听起来好像非常有道理吧? 那么,这一论证有什么地方不对呢?

在这一论证过程中,所有的前提条件都是对的:婴儿潮一代正要退休,对老年人所需要的产品和服务的需求在未来将会增加。但是,向为老年人提供产品和服务的企业进行投资不一定就是发财之路。为什么不一定呢? 如果它一定是,那么,为什么还会有人出售这些企业的股票呢? 记住,任何一个买者都相应地有一个卖者存在。如果你认为这种股票是买进的好时机,为什么卖者会出售它呢? 婴儿潮一代正要退休,这不是秘密。因此,对于那些未来业绩可能会很好的企业,其股票的价格已经反映了这一信息。

由于对于每个买者,都一定存在一个卖者,你不可能根据公开信息来进行买卖而赚钱。这一思想就是所谓的**有效市场假说**(efficient markets hypothesis)的基础。有效市场假说最著名的形式是这样陈述的:

> 已经交易的资产,如股票和债券,反映了所有可公开获得的信息。除非投资者是基于内部信息进行交易,否则,他不可能在整个时间内都系统性地获得比市场更好的业绩。

有效市场假说认为,已经成交的资产价格反映了所有可公开获得的信息。

我们来把有效市场假说的含义讲得更清楚些。有效市场假说并不意味着,市场价格总是对的,市场总是强有力的,或者交易者总是冷静的、心平气和的、理性的人。它只是说,普通投资者(那可能指的就是你!)要想系统性地获得超过市场平均水平的业绩是很难的,除非交易者具有内部信息——即其他人都不知道的信息。这再次表达了我们上面的观点,你还不如通过在股票版面上扔飞镖来决定,究竟哪家企业的业绩会高于市场平均水平。有效市场假说只不过是世界上没有免费午餐这一原理的另一种表达方式。

那么,如果你获得了其他人所没有的信息会怎么样呢?你能在股票市场上赚钱吗?是的,但是,你必须赶快行动!在俄罗斯切尔诺贝利核电站爆炸的几分钟之内,美国核电厂的股票就暴跌了,石油的价格向上跳涨,还有马铃薯的价格也暴涨。为什么马铃薯的价格会暴涨呢?华尔街聪明的交易者认为,切尔诺贝利灾难意味着乌克兰种植的马铃薯被污染,因此,为了从马铃薯未来的价格上涨中获利,他们购买了美国的马铃薯期货。那些行动迅速的交易者赚了很多钱,但是,当他们进行买卖的时候,价格发生了变化,这就发出信号告诉其他人,某些事情要发生了。马上,这一内部消息就变成了公开信息,盈利的机会就不复存在了。

你利用其他人所不知道的信息为自己谋利的唯一办法就是,开始大量买卖股票。但是,一旦你开始买卖时,市场上的其他人就知道,某些事情要发生了。这就是为什么秘密在股票市场上不能持续很久的原因,它也是为什么很难在整体上战胜市场的另一个原因。

有些人相信,他们已经发现了有效市场假说的一些例外情况。例如,通常都认为,在股票价格很低的时候或者在价格刚下降时候买进股票,你可以赚取更多的钱。这听起来很好,对吧?在价格很低的时候买进,这听起来就像是你去沃尔玛时所做的事情。但是,股票并不像买草坪长椅或者香蕉一样。股票的价值不过是它在未来一段时间内的价格。相比之下,对于香蕉,无论它未来的价格是多少,你都可以愉快地吃掉它。通常来说,更低的价格意味着价格将会继续停在低位位上,甚至可能会进一步下降,这也就意味着持有股票的收益非常低。某些研究发现,在价格刚下跌时就买进,这种方法能使你的投资效果更好。但是,你知道吗?如果按照你在额外交易时必须支付给经纪人的佣金来对这些更高的收益率进行调整,那么,收益率中那高出的部分差不多就没有。

有一类被称为"技术分析"的研究,对股票和债券的价格进行了更深入的分析。也许你在财经新闻中已经听到过,股票已经"突破了关键支撑点位",或者"进入了一个新的交易区间"。如果你研究得更深入,你就会发现有人宣称,股票价格表现出了某种可预测的数学模式。例如,如果某种股票一直在每股 100 美元的范围内徘徊,但都没有超过这个价格,而在某一天,它突然突破 100 美元,那么也许就可以断言,这只股票现在预期可以飙升到一个更高的价格水平。事实上很难说。对于研究股票市场,非常好的一件事情就是有大量的数据存在。有一组经济学家对 7 846 个不同的投资战略进行了技术分析的研究,他们的研究结论认为,任何一种投资战略都不可能一直系统性地战胜市场。[3]

对于大部分投资者来说,有效市场假说看起来都是一种对现实非常好的描述。

自我测验

投资于一种 5 年来业绩一直很好的互助基金比投资于一种 5 年来业绩很糟糕的互助基金更高吗?利用有效市场价说明理由。

10.3　如何在现实中认真挑选股票?

好了,如果你没有好的运气,你是不可能战胜市场的。但是,我们仍然有四条重要的建议给你。非常重要的建议! 如果你在生活中接受这些建议,你可能会节省上千美元的钱,如果你变成了有钱人的话,你可能会节省上百万美元。(突然之间,这本教科书似乎真像一件特价商品!)不,我们没有能让你迅速成为富翁的秘诀。但是,我们能让你避免一些简单的错误,它不需要任何的实际成本,只需要一点时间和注意力就够了。我们下面来对这些建议进行逐项说明。

10.3.1　分散投资

挑选股票的第一个秘诀就是,要尽量多选几只股票。由于要挑选到好的股票非常难,明智投资的秘诀就是,要尽量多在几只股票上投资——做到分散投资。分散投资能降低你投资组合的风险,即降低你投资组合的价值随着时间而波动的幅度。

通过多挑选几只股票,你就能限制任何单个公司的失败对你总体风险的影响。当能源公司安然在 2001 年破产时,安然公司的很多雇员几乎把他们一生中所有的财富都投在……你能想象得到吗……安然的股票上。无论你是否在这家公司工作,那都是一个巨大的错误。如果你把所有的鸡蛋都放在同一篮子里,一旦这个篮子破了,那将是一场灾难。相反,你应该买很多不同的股票,它们分布在经济中的各个部门,并且,没错,最好也分布在很多不同的国家。这样投资的结果就是,你可能会碰上一些像安然这样的公司,但是,你也有很多巨大盈利的公司,如谷歌和微软。如果在本书已经出版之后,谷歌和微软也变得像安然一样破产了,那你就更应该分散投资了!

在现代金融市场上,已经很容易进行分散投资了。互助基金让你在一次性购买中就投资了上百种股票。由于挑选股票的工作很难,分散投资没有坏处——它减少风险,但却不会降低你的预期收益率。

我们现在讲的是在不同股票上的分散投资,但是,这个世界上有各种各样的风险,你应该尽可能多地分散各种风险。例如,美国股票的价值会随着美国经济增长率一起波动。你可以通过在你的投资组合中加入大量的国际性企业来减少这种风险。债券、艺术、住房和人力资本(你的知识和技术),所有的这些都有同其对应的收益和风险。对于一个给定的收益率,你可以通过在不同资产上的分散投资来最小化风险。

如果你接受有效市场假说,并且你也接受了分散投资的价值理念,那么,你最好的交易战略总结起来就很简单了。那就是**长期持有**(buy and hold)。对的,买一大堆股票并且把它们保留在手上。你不需要再做任何事情。你已经分散投资了,只要你不要试图获得超过市场平均水平的收益率,你就可以过上平静而安宁的生活。

长期持有这一简单的方法意味着你在复制一些著名的股票价格指数。为了提高你的知识,下面列出了一些指数:

长期持有就是购买股票并长时间地持有它,不管这些股票的价格短期内如何变动。

道琼斯工业平均指数（或者简称为道琼斯指数）是最著名的股票价格指数。道琼斯指数是由 30 只主要的美国股票组成，无论各个公司大小如何，每只股票都取相同的权重。

标准普尔 500 指数（S&P 500 指数）是一种比道琼斯指数更广的股票价格指数。正如它的名字所说的那样，它包括了 500 只不同股票的价格。同道琼斯指数不同，在 S&P 500 指数中，大公司占的权重比小公司更大。总体而言，S&P 500 指数能比道琼斯指数更好地反映市场情况。

纳斯达克综合指数（NASDAQ 指数）是对在纳斯达克证券市场交易的所有公司的价格进行了平均，即对全国证券交易商自动报价协会（National Association of Securities Dealers Automated Quotations，简称 NASDAQ）的 3 000 多只证券进行了平均。相对于道琼斯指数和标准普尔 500 而言，纳斯达克指数包含了更多小公司股票和高技术类股票。

注意，分散投资改变了我们对股票风险来源的认识。刚开始时你可能会认为，一只风险性的股票就是价格会剧烈上下波动的股票。其实这并不准确。如果投资者分散投资——实际上大部分投资者也都是这样投资的，那么，投资者的风险就取决于其投资组合的总价值上下波动的幅度，同单只股票价格上下波动的幅度关系不大。单只股票的价格在所有时间内都可能会上下波动，但是，对一个总体上来说分散化的投资组合而言，其价值不会有太大的变动，因为在你的某些股票向上波动时，其他的股票可能在向下波动。

根据金融经济学家的观点，风险最大的股票是那些同市场一起上下波动的股票。例如，很多房地产股票都非常具有风险性，因为它们的价格是高度顺周期性的。当经济形势好的时候，这些股票会价格高涨（这时市场上其他股票的价格也很高）；当经济形势很差时，这些股票会急剧下降。如果出现了经济萧条，很多人都可能买不起新房子。与之对照，作为一种相对安全的股票的一个例证，我来考虑一家打折经销店——沃尔玛商场。当经济不好的时刻来临时，是的，沃尔玛也会失去一些业务。但是，沃尔玛也获得了一些业务，因为那些以前去高端的 Nordstrom 商场购物的人们现在钱变少了，他们中间有些人就可能会改去沃尔玛购物。从这方面来讲，沃尔玛会部分免受经济萧条的影响。[4] 由于同样的原因，很多医疗股也是安全的。即使不好的经济时刻来了，你可能也不会延迟做心脏搭桥手术。如果你真的延迟了，那么，你可能就看不到经济好转的时刻到来了。换句话说，如果你关心某只股票的风险，不要只看这只股票的价格如何波动，还要看看它的价格如何随着市场其他股票的价格而波动。用金融经济学家或者统计学家的话来说，最具有风险的股票是那些同整个市场具有最高协方差的股票。

这里给我们的启示就是，如果你担心风险，就从整体上来考虑你的投资组合，而不要过分关注单只股票。或者说得更具体些：如果你将要成为一名航天工程师，就不要买太多航天公司的股票。你的人力资本的价值——它非常值钱——已经同这个行业绑在了一起。不要在一个篮子里放太多的鸡蛋，这会增加你投资组合的整体风险。如果要买的话，就买那些业绩能在航天业不好的时候表现得很好的股票。更一般地说，金融理论家认为，对于你来说，风险最小的资产是那些同你的总资产负相关的资产。这就意味着，你应该尽量购买那些在你的其他资产价值降低时其价值会上升的资产。你害怕能源价格的上涨会影响你的职业前景吗？那么，就请买在沙特阿拉伯修路的工程公司的股票。如果石油价格维持高价格，这家工程公司的收益将会部分弥补你在其他方面的损失。这一道理的适用范围不仅限于股票投资。如果你是一名牙科医生，会消除龋齿的新技术就是你所面临的风险。因此，尽量通过分散你的总资产来控制风险：跟一名眼镜商人或者工程师结婚，而不要跟另一名牙科医生结婚。

10.3.2 避开高服务费

对于挑选股票，我们还有其他一些建议。避开收取高服务费的投资项目和互助基金。它们不值得去投资。

例如，假设你想要在 S&P 500 指上进行投资。有些互助基金对你的投资收取的管理服务费。但是，对于同样的事情，其他的基金可能会每年收取 2.5% 的费用！表 10.1 给出了一些投资在 S&P 500 上的不同基金以及它们的收费率（2008年），即你每年必须支付给基金管理公司的费用在你的投资总额中所占的百分比。

表 10.1　不要对同样的服务支付更高的服务费

标准普尔指数基金	费率
Vanguard 500 Index Mutual Fund Admiral Shares(VFIAX)	0.09%
Fidelity Spartan 500 Index Mutual Fund(FSMKX)	0.10%
State Street Global Advisors S&P500 Index Fund(SVSPX)	0.16%
United Association S&P500 Index Fund II(UAIIX)	0.16%
USAA S&P500 Index Mutual Fund Member Shares(USSPX)	0.18%
Schwab S&P500 Index Fund—Select Shares(SWPPX)	0.19%
Vantagepoint 500 Stock Index Mutual Fund Class II Shares(VPSKX)	0.25%
T.Rowe Price Equity Index 500 Mutual Fund(PREIX)	0.35%
California Investment S&P500 Index Mutual Fund(SPFIX)	0.36%
MassMutual Select Indexed Equity A(MIEAX)	0.67%
MassMutual Select Indexed Equity N(MMINX)	0.97%
ProFunds Bull Svc, Inv(BLPSX)	2.50%

那些收费更高的基金并不能给你更高的价值回报。这就给我们一个非常简单的启示：不要支付更高的服务费！

通常来说，当你的经纪人打电话邀请你买股票时，这一交易都包含着一个相当高的手续费（你是否疑惑过，为什么经纪人会经常打电话呢？）。在这种情况下，你在买卖股票之前都应该先问问自己，这笔交易的服务费用是多少。理解了同你进行交易的人的动机，你就会理解，经纪人让你交易的次数越多，他赚的钱也就越多。这些可以解释为什么经纪人总是告诉你要买或者要卖。当然，也有可能，这种买卖真的是你"一生只能碰到一次的好机会"。

即使是一笔很小的服务费用，随着时间的推移，也可能会导致收益出现巨大的差别。假如你正在用 10 000 美元进行 30 年的投资。如果你投资一家年服务费率 0.10% 的企业，股票市场上的年实际收益率是 7%，那么，在 30 年后，你将获得 74 016 美元。如果你投资一家年服务费率 1% 的企业，那么，在 30 年后，你将获得

57 434 美元。更高费率带给你的成本是 16 582 美元。而且,正如我们前面所说的,你可能因为这笔额外的费用而一无所获。收益率或者损失率上一点小小的差别,如果随着时间而累计的话,都会变成巨大的差距。这对你的总资产组合也是一样。

根据以上分析,我们可以得到一个推论式的原理,下面我们转向这一原理。

10.3.3　用累计收益来积累财富

如果一种投资比另一种投资每年都能获得更高的收益率,从长期来看,这两种投资将会产生巨大的差别。假如你买了一种分散投资的股票组合,每一年你都把你获得的红利进行再投资。有一种被称为 70 法则的简单近似法则,它能计算出在给定收益率的情况下,使你的投资价值翻倍所需要的时间长度。

70 法则:如果某种投资的收益率(包括红利在内的价值年增加值)是 $x\%$,那么,经过 $70/x$ 年之后,投资的价值会翻一倍。

通过计算不同收益率下投资价值翻一倍所需要的时间,表 10.2 对 70 法则进行了解释。在 1% 的收益率下,投资的价值大约每 70 年翻一倍($70/1=70$)。 如果投资收益率提高到 2%,投资的价值每 35 年会翻一倍($70/2=35$)。 考虑年 4% 的收益率对投资的影响。如果这一收益率是可持续的,那么,投资的价值每 17.5 年翻一倍($70/4=17.5$)。 70 年后投资的价值翻了 4 倍,它是初始投资价值的 16 倍。

表 10.2　利用 70 法则计算价值翻倍的时间

年收益率	价值翻倍的时间(年)	年收益率	价值翻倍的时间(年)
0%	永无可能	3%	23.3
1%	70	4%	17.5
2%	35		

70 法则只是一种数学上的近似,不过它证明了一个关键的思想,即如果累计计算的话,投资收益率上微小的一点差别也可能会产生巨大的影响。说得更具体些吧,如果你有长期的视角,你就应该(分散)投资在股票上,而不应该投资在债券上。

在长期,股票比债券有更高的收益率。例如,从 1802 年以来,股票拥有平均每年 7% 的实际收益率,而债券只有接近于 2% 的年收益率。[⑤] 利用我们所熟悉的 70 法则,我们知道,以年收益率 7% 增长的钱 10 年后会翻一倍,而以年收益率 2% 增长的钱 35 年翻一倍。或者说,在年 7% 的增长率下,10 000 美元在 30 年后的收益是 76 122 美元,但是在年 2% 的增长率下,收益只有 18 113 美元。

不过,股票潜在的损失也比债券更大,因为同股票持有者相比,债券持有者和其他的债权人都是被优先支付的。如果你购买评价等级高的公司的债券或者政府债券,你几乎不会损失钱。而股票市场具有极大的不稳定性,它会周期性地下跌。但是,在美国历史上,股票的业绩几乎总是比债券好,无论你检验哪一段 20 年的时间,包括大萧条时期和第二次世界大战时期。通常来说,股票都是更好的长期投资对象。

当然,这并不意味着每个人都应该大量地投资股票。在很多特殊的年份,或者甚至在某个月、某一周或某一天,股票价值都可能会跌得非常厉害。如果你已经 80

岁了,正在打理你的退休金,你可能不应该投资股票。如果你在两年之后必须送你的双胞胎去念大学,你可能也需要一些比较安全的投资方式。过去的事情不一定能预测到未来——仅仅因为股票的业绩在过去比债券好,并不意味着将来也一定会这样。记住,分散投资!

10.3.4   没有免费午餐原理,或者说,没有无风险的收益

风险收益转换意味着更高的收益是对更高风险的一种价格。

作为投资方式,股票和债券之间的差别反映了一个更一般的原理。存在一种系统性的**风险收益转换**(trade-off between return and risk)。例如,图 10.3 显示了四种不同资产的风险收益转换。美国国债是最安全的,但是收益也最低。购买大企业的股票,如 S&P500 指数中的企业股票,你可以获得更高的收益,但是,这些企业的价值比美国国债具有更大的不稳定性。因此,为了得到更高的收益,你需要承担更高的风险。*

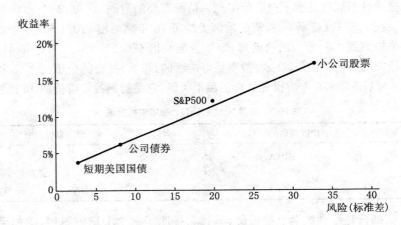

注:收益和标准差是 1926—2006 年名义收益率的算术平均。
资料来源:Ibbotson Associates 2007 Classic Yearbook。

图 10.3   没有免费午餐原理:高收益的代价就是高风险

如果你想承担比股市投资还要更大的风险,那么,有很多计划都能给你突然赚大钱的机会。最简单的方法就是带上你所有的钱,坐飞机去拉斯维加斯,并在旋转轮盘赌的"黑"颜色上下注。是的,你有 47.37% 的机会使得你的财富翻倍。可以说,这是非常高的收益。遗憾的是,你也有 52.63% 的机会失去你所有的一切,包括你的信用等级,以及子女和配偶对你的信任。这就是我们所称的高风险。

当你听到某种雄心勃勃的"对冲基金"或者其他动听的投资计划时,请记住上面这个故事。如果你可以连续几年都幸运地赢得翻倍下注(把所有赢的钱再下赌注),那就很容易产生高收益。再看一看图 10.2 吧。但是,高收益是以高风险为代价的。

---

* 我们用资产组合收益的标准差来度量风险。标准差是对收益在其平均值上下波动大小的一种度量;因此,标准差越大,风险越大。有一个经验法则就是,收益在其均值±1 个标准差之内的概率是 68%。例如,对于 S&P500,平均收益率大约是 12%,标准差大约是 20%。因此,在任意一个年份内,收益率有 68% 的概率大约在−8% 到 32% 之间。当然,也有 32% 的概率出现其他的情况!但是要小心!这条经验法则只是一个近似。在真实世界里,风险可能很少能被模型化到具有完美的数学精确性。

没有免费午餐原理也可以帮助你评估其他一些投资。比方说,假设你得到了一笔数量可观的钱,你开始犹豫,是否应该把它投资到艺术品上呢?总的来说,同整个股票市场相比,你认为艺术品应该是更好还是更差的投资方式呢?

很多人——可能是绝大多数人——都购买了艺术品,因为他们想要欣赏它。他们把这些艺术品悬挂在他们的墙壁上,并从中享受到了乐趣。用经济学家的话来说,艺术品具有"非货币性收益",也就我们所说的,欣赏能带来快乐。现在,假设在艺术品上投资获得的收益同股票投资相同。在这种情况下,艺术既能被挂在墙上带来快乐,又是一种很好的投资品。但是,请等一下,这听起来就像是一种免费午餐,不是吗?因此,根据没有免费午餐原理,我们会对此有什么样预测呢?

我们知道,不同资产的预期收益率,根据风险进行相应调整后,应该是相同的。因此,如果某些资产产生了一种更高的"快乐"收益,平均来说,这些资产就应该具有更低的金融收益。这也正是我们在艺术品上所发现的事实。你可以把这一更低的收益率看作是你在墙上挂这些漂亮艺术品的价格。同样,这也是没有免费午餐原理在起作用。

这种分析不仅仅只适用于艺术品,它也适用于房地产。比如说你想要买一栋房子。你认为它会带来更高还是更低的金融收益呢?这是一个比艺术品更棘手的问题,因为有两种相反的力量同时在其中起作用。下面我们依次来看看它们。

首先,房子对大部分购买者来说都是一种风险资产。我们就假设你花了300 000美元买了一栋房子,其中你自己投入了200 000美元,其余的部分是借来的。这栋房子可能是你全部财产中非常大的一块,而且它使你的资产处于一种相对来说无法分散化的状态。这就是风险,人们通常都不太喜欢风险,正如我们上面所看到的,在其他方面都相同的情况下,风险资产通常都有更高的预期收益率(风险和收益之间的权衡)。

其次,可能更重要的是,如果你买了一栋房子,你会住进去。这栋房子,就像油画一样,给你提供了某种私人服务。在这种情况下,这些服务是相当有价值的。很多人都很享受他们自己的后院,享受自己有家的感觉,享受可以把墙壁粉刷成任何他们喜欢的颜色的感觉。这些非货币性的回报意味着房子可能会有一个相对较低的预期金融收益。

的确如此,如果我们来看房产所获得的长期金融收益,就会发现房产的长期收益是比较低的。事实上,在相当长的时期,房产的平均金融收益率基本上是0。这告诉我们,要抵消在收益率上的损失,拥有房产所带来的满足感一定不小。

如果你想看看房产投资的下降是不是只是最近的现象,那么请看看图10.4吧。

从1947年到1997年这50年里,除了20世纪70年代后期和80年代后期有一些短暂的上升之外,房产价格几乎很少变化。从1997年开始,楼市的繁荣促使价格上升到比美国历史上的任何时候都要高。但是,你可能知道,从2006年以来,价格已经下跌了很多,而到你读这本书的时候,它甚至可能更低。

这其中的经验就是,在大部分时间里,住房都适宜居住,而不适宜投资。当价格在1997年开始上涨,而且之后一直在涨,很多人认为房产是世纪投资品——"它已经停产了",人们都这样说。但是,没有免费午餐原理告诉我们,由于住房适宜居住,所以,我们不应该期望它们也适宜投资。在其他条件都相同的情况下,有乐趣的活动会比没有乐趣的活动具有更低的金融收益。

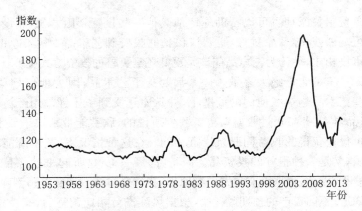

资料来源：Robert Shiller's *Irrational Exuberance* , www.irrationalexuberance.com。

图 10.4　美国实际房价指数：1950—2013 年

理解现实世界　　　　在价格上涨的时候，很多人都运气好，大赚了一把。但是，当其他人也都试图这样做时，结果就是崩盘。因此，不要指望在房产市场上大赚一把，记住要分散投资！还有，你也是个不喜欢修剪草坪的人吗？选择房屋保险之类的事情让你头痛？你担心屋顶什么时候会掉下来？这里的经验很简单：不要买房子，你不会有快乐，而且财务回报也不值得你这样做。

自我测验

1. 购买其他国家的股票是如何有助于分散你的投资？
2. 很多人梦想拥有自己的橄榄球队或者棒球队。你认为这些资产的收益会很高还是很低？

10.4　股票市场上的其他收益和成本

　　在整个这一章，我们已经一再向大家建议，不要把所有的钱或者绝大部分钱都用来投机。我们建议大家在分散投资的基础上，长期持有。但是请注意，也许你们当中某些人正在投机。你知道吗？如果你想为了投机而投机，那么，美国股市能为你提供这个世界上最好的投机机会，远比去拉斯维加斯和你们当地的赛马下注要好。在美国股票市场上，人们一般都能赚钱，因为美国经济的生产能力正在随着经济增长而不断提高。这里有足够的利润可供分配，这就意味着你有很好的可以真正赚钱的投资机会。

　　股票市场的作用不仅是用于投资。首先，新股票和新债券的发行是为新投资（投资现在指的是经济学上的含义，即指存量资本的增加）项目筹集资金的一种重要手段。股票市场也对成功的企业家进行奖励，因而会鼓励人们开办新公司和提出新思想。谷歌的创办者们现在非常富有，但正是因为能在股票市场上出售公司的股票，才成就了他们的富有。一个运行良好的股票市场能帮助谷歌这样的公司创建和发展起来。

　　其次，在企业的经营业绩方面，股票市场能给我们提供一些更好的信息。股票价格是关于企业价值的一种信号。如果某只股票价格正在上涨,特别是当它相对于其他股票正在上涨时,那么这就在释放出一种信号,它表明该企业正在进行正确的投资,未来将会盈利。如果某只股票正在下跌,特别是它相对于其他股票正在下跌,那么,这也是在释放出一种信号,它表明该企业可能存在某些问题,或者需要更换企业的管理层。某些批评家宣称,谷歌已经统治了搜索引擎服务,但是,它在在线地图、博客搜索和电子邮箱等方面是失败的。在这些方面进行努力是否一定能够为公司赚钱呢? 这一点还不是很肯定。谷歌会使 YouTube 盈利吗?* 像"谷歌在这方面已经失败"这样的指责是否公平? 这些问题在理论上都很难回答。但是,我们可以看看谷歌股票的价格,看看它是在上涨还是在下跌。关于各家公司管理层的成功或失败情况,市场价格每天都在给公众提供报告。

理解现实世界

　　第三,股票市场也是转换公司控制权的一种方法,它能使公司的控制权从不称职的人手中转换到有能力的人手中。比如说,如果有某一群人认为,他们知道如何正确经营某家公司,那么,他们可以在股票市场上买下这家公司,然后自己来经营它。也许某家公司应该要被合并、拆分,或者仅仅是需要找一名新的总裁。股票市场为大家通过竞标来决定公司的决策权提供了最终场所。

泡沫泛滥,辛苦白干,麻烦不断

　　必须指出的是,股票市场(以及其他资产市场)也有不好的一面,即它们可能会助长投机性泡沫。当股票价格上涨得太快、太高,超过了公司的基本业绩所代表的价值时,就会出现投机性泡沫。泡沫是基于人类的心理预期而产生的,它经常很难被理解。我们在第 4 章曾经提到过的诺贝尔经济学奖得主弗农·史密斯已经发现,在试验市场中,即使交易者已经具有充分的信息并可以轻易计算出资产的真实价值,投机性泡沫和崩盘也会出现。⑥没有经验的交易者比较容易遭受泡沫,但即使是有经验的交易者,在交易环境出现变化时,也可能会被泡沫所蒙骗。正如我们下面所讲的那样,投机性泡沫和崩盘的损失非常大,因此,经济学家正在想办法来更好地理解泡沫,以及如何设计市场机制才能够有助于避免泡沫。

　　但是,在泡沫出现的时候,看上去好像是,投资者经常会简单地被未来的获利前景所吸引,而对未来的损失都缺乏足够的敏感。

　　在网络股年代,大约是 2000 年的时候,很多网络股或者说".com"股的价格都非常高,尽管很多这类的公司从来没有赚过一分钱的利润,或者从不会赚得任何收入。很多技术股在纳斯达克股票交易所上市。正如你在图 10.5 中所看到,在 5 年时间里,纳斯达克综合指数从每月平均大约 1 200 点上升到 4 000 点,翻了三倍,之后它又再次下降到了原来的位置。很多人在这次股市的暴涨中赚了很多钱,同时,也有很多人——可能是同一批人,也可能是另一批人——在其后股市的暴跌中损失惨重。

---

　　* YouTube 是世界上最大的视频分享网站,该网站允许用户自由下载、观看及分享影片或短片。该网站 2005 年 2 月创建,早期公司的总部位于加利福尼亚州。2006 年 11 月,谷歌以 16.5 亿美元收购了 YouTube,并把它当做一家子公司来经营。但是对于如何通过 YouTube 盈利,谷歌一直保持非常谨慎的态度。——译者注

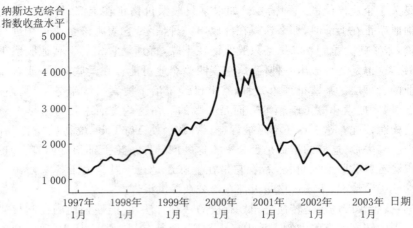

资料来源:纳斯达克。

图 10.5　技术股的涨跌:纳斯达克综合指数每月收盘水平,1997—2002 年

　　如果你能根据某种一致性的标准辨别出投机性泡沫,你可能会变得非常富有。但是,当然,同泡沫正在发生的时刻相比,投机性泡沫通常事后都很容易被辨别。微软和谷歌看起来可能也存在投机性泡沫,唯一的问题是它们从没有破裂过。赌这种高价格马上就会结束也会导致破产。

　　投机性泡沫及其破灭可能会破坏经济。在泡沫上升期间,资本会被投向那些实际上没有很大投机价值的地方。当泡沫破灭时,问题的第二波就会出现。股票价格下降(或者住房价格下降)意味着人们会感到更穷,因此,他们会消费得更少。泡沫的破灭也意味着工人必须从一个部门转移到另一个部门,例如从高技术产业转向零售部门,从房地产转向出口产业。劳动力从经济的一个部门向另一个部门转移造成了劳动力的调整成本。

　　我们在网络泡沫和房地产泡沫中都可以看到这两个方面的问题,而房地产泡沫则导致了 2007—2008 年房价的崩溃。例如,在网络股高涨期间,我们在横跨世界海洋的光纤电缆投资得太多,而这种电缆后来被证明是无利可图的。同样,在房地产膨胀期间,我们又在房地产上过度投资,而这些房地产后来都被废弃了。此外,房地产价格的膨胀还导致银行对那些由抵押贷款投资组合支撑的金融资产放松了警惕。当房地产价格开始下跌,因而人们对抵押贷款开始违约时,这些“资产支撑型证券”(asset-backed securities)的价值直线下降,银行也发现他们几近破产。为了避免破产,这些银行切断了借贷,从而把房地产市场上的问题传递到整个经济面,并导致了从 2008 年后期开始的长期经济萧条。

　　是的,泡沫可能会带来问题。但是,很少有人会怀疑,股票市场和资本市场上的活跃交易是利大于弊的。有一个办法也许可以部分解决泡沫问题,那就是增加有关资产和公司价值评估的透明度。但是,至少就现在来说,还没有一个能够彻底解决资产泡沫问题的好办法。

自我测验

　　美国联邦储备银行被批评没有主动着手挤掉房地产的泡沫,本来这样可以阻止房地产崩盘。根据你在本章所学的知识,你认为这种批评合理吗?

○ 本章小结

　　我们已经强调了几个简单而又实用的要点。投资者很难长期持续地打败市场。你最明智的做法就是分散你的投资。避免手续费,并尽量获取高一点的复合收益率。记清楚,高回报率的获利前景往往伴随着高风险。

　　从整体来看,股票市场和其他交易市场给投资者提供了机会,让他能够赚钱,分散他们的投资品,在市场过程中表达他们的看法,以及规避风险。股票市场也在创新性新企业的融资方面发挥了重要的作用。股票市场似乎容易产生投机性泡沫,但是,活跃的股票市场也是经济健康成长的一个重要组成部分。

○ 本章复习 ···

关键概念

　　有效市场假说
　　长期持有
　　风险收益转换

事实和工具

1. 在进入金融世界之前,我们回顾一下 70 法则。假设这学年结束的时候,你那位非常有钱的阿姨给了你 3 000 美元支票。她告诉你这是给你上学用的。但是,你真正会用这笔额外的钱来干什么呢?我们来看看,如果你把它储存一段时间,它会带来多少收益。

   a. 如果你把它存在某家银行,平均每年的收益率是 2%,问需要多少年时间你的钱会变成 6 000 美元? 多少年之后又会变成 12 000 美元?

   b. 如果你把它投资到标准普尔 500 指数基金上,每年的平均收益率是 7%,问需要多少年你的钱会变成 6 000 美元? 多少年之后又会变成 12 000 美元?(注意:3 000 美元是很多低服务费互助基金的最低投资额。)

   c. 假设你为了安全起见,把一半少一点的钱投资到银行,把一半多一点的钱投资到互助基金,因此,你预期能有年平均 5% 的收益率。问需要多少年你的钱会变成 6 000 美元? 多少年之后又会变成 12 000 美元?(对了,不考虑 3 000 美元的最低投资额对你投资的计划的影响。)

2. 为了把关键点阐述清楚,我们来做一些繁琐的事情:在图 10.1 中,有一半以上的基金都战胜了标准普尔 500 指数,我们来计算以下它们的年数。(回忆一下,标准普尔 500 指数只不过是 500 家美国大企业的一个清单——这个清单中有很多企业同《财富》美国 500 强是重叠的。)这些行家战胜标准普尔 500 指数的实际时间是百分之多少?

3. 考虑一下对橙子的需求和供给。温度在冰点以下,橙子的收成就会受到影响。

   a. 如果天气预报说,这周暴风雪之后,橙子可能会被冻坏。在暴风雪之前,今天对橙子的需求可能会出现什么情况?

   b. 根据简单的供给—需求模型,给定你的在 a 问中的答案,今天橙子的价格会出现什么变化?

   c. 这一例子如何体现以下思想:即今天的股票价格已经把未来事件的信息考虑进去了? 换句话说,微软的股票同橙子有什么相似的地方?(注意:华尔街上的人们在谈论有效市场假说的时候,他们经常说的话就是"那条消息已经被考虑到价格中了"。)

4. 在美国,公司的高管人员必须向公众说明他们买进或卖出他们自己公司股票的时间。他们必须在股票买卖之后的几天内做出这种说明。如果新闻报道出这些真实的"内部交易",你认为什么情况可能会出现? 从以下 a、b、c 和 d 中选择。(注意:理论上正确的答案实际上在现实中也是真的。)

a. 当出现内部出售行为之后,价格会上涨,因为投资者增加了他们对该公司股票的需求。

b. 当出现内部出售行为之后,价格会下跌,因为投资者增加了他们对该公司股票的需求。

c. 当出现内部出售行为之后,价格会下跌,因为投资者减少了他们对该公司股票的需求。

d. 当出现内部出售行为之后,价格会上涨,因为投资者减少了他们对该公司股票的需求。

5. 我们来看看服务费是如何妨碍你的投资战略的。假设你的基金按照年 7% 的平均收益率增长——在扣除各项服务费之前。利用 70 法则:

a. 如果服务费是每年 0.5%,你的钱翻一倍需要多少年时间?

b. 如果服务费是每年 1.5%(在基金行业这是很少见的),你的钱翻一倍需要多少年时间?

c. 如果服务费是每年 2.5%,你的钱翻一倍需要多少年时间?

6. a. 如果你问一名推销高服务费基金的经纪人,“如果我支付了更高的服务费,我付出的费用是否值得?”他可能会同你说些什么?

b. 根据图 10.1,经纪人的回答在大部分时间内是对的吗?

思考和习题

1. 你的兄弟在电话中告诉你,谷歌的股票在过去的几天内已经下降了 25%。现在,你只需要用每股 540 美元的价格(这是我们写这一问题当天的价格),就可以自己也拥有谷歌的一小部分了。你的兄弟说,他能相当肯定,不久之后这只股票就会回到 700 美元,你应该买进。

你应该相信你兄弟的话吗? 提示:记住任何时候,在有人买进股票的时候,一定会有其他人在卖出。

2. 在你生命早期的大部分理财决策中,你都是一个买者。但是,我们来考虑一下那些出售股票、债券和银行账户,以及其他金融产品的人,考虑对他们的激励问题。

a. 有一天在逛购物商场的时候,你看见了一家新商铺:一元店。当然,你之前已经看见过相当多的一元店。但是这家一元店同它们不同,它的窗户上告示说:“让利促销:每件 50 美分。”为什么这家商店不久后就会没有生意了?

b. 如果商店的老板们都是追求自己的利益的,而且是相当理性的人,那么,他们在刚开始时是否会开这种“一元店”? 为什么?

c. 这种“一元店”同人们所谈论的“便宜股票”的故事非常相似。你可能也在新闻里听说这种“便宜股票”。在以下空白处填写上一个合理的价格:“如果这些公司的股票实际上值_____,那么,就没有人愿意以_____的价格出售。”

3. “在股票市场上分散投资”同把钱存入一个银行账户,它们之间有什么相似之处?

4. 沃伦·巴菲特经常说,他不希望他的资产组合过于分散。他说,分散化意味着要同时买进上涨的股票和下跌的股票。但是,你只想买进上涨的股票。从典型的投资者的观点来看,这样的推理犯有什么错误?

5. 你拥有 PillCo 制药公司的一些股票。通过雅虎网站上金融版中的新闻,你得知 PillCo 今天早晨正被提起诉讼。起诉者是该公司治疗心脏病的新药 Amphlistatin 的使用者。PillCo 的股票今天已经交易了好几个小时。

a. 当关于法律诉讼的坏消息出现之后,PillCo 股票的价格几分钟之内可能会出现什么变化?

b. 根据有效市场假说,在坏消息出来数小时之后,你现在是否还应该抛售 PillCo 的股票?

c. 很多关于股票市场的统计研究发现,最好的策略是长期持有。这就意味着它听起来就像是:你买进了一批不同公司的股票,无论经济形势的好坏,你都持有它们。不过,人们经常在坏的形势下都很难坚持住。关于这个现象,你在 b 问中的回答说明了什么?

6. 有三只股票可供投资:一家太阳能企业、一家石油企业和一家航空公司。你可以购买其中的两只。你会购买哪两只股票?

挑战

1. 泡沫为什么不好? 如果网络股或者房地产价格上涨,然后再下跌,这是一个大问题吗? 毕竟,有些人说,价格上涨时大部分的收益都是“纸面上的收益”,价格下跌时的损失也是“纸面上的损失”。请对这种观点进行点评。

2. 沃尔夫先生打电话告诉你说股票市场现在有一个巨大机会。他获得了关于制药公司的内幕消息,并说它的股票明天会上涨。当然,你对此非常怀疑并拒绝了他的建议。第二天,这个股票价格上涨了。沃尔夫先生又打电话说不用担心,明天这个股票价格会下跌,到时又是一个买入的好时机。你又一次拒绝了他的建议。第三天这只股票下跌了。沃尔夫先生接下来的几个星期里都打电话给你,并且每次他的预言都被证明是出奇的准确。最后,他打电话告诉你,明天是最好的一次机会,明天的价格会火速上涨。沃尔夫先生已经准确预言了很多次,因此你把你银行账户所有的钱都取出来买了这只股票。第二天,这只股票并没有上涨。请问这是怎么回事?

解决问题

我们来看看服务费如何妨碍你的投资战略。假设你的基金按照年 5% 的平均收益率增长——在扣除各项服务费之前。利用 70 法则:

a. 如果服务费是每年 0.5%,你的钱需要多少年时间能翻一倍?

b. 如果服务费是每年 1.5%(在基金行业这是很少见的),你的钱需要多少年时间能翻一倍?

c. 如果服务费是每年 2.5%,你的钱需要多少年时间能翻一倍?

第三篇　经济波动

11 失业与劳动力参与

19 99 年 11 月 10 日,36 000 名旅行代理失去了工作。实际上,失业的发生并没有想象中的那么快,但是当全球最大的在线旅游公司 Expedia.com 上市时,美国有 124 000 名旅行代理,到了 2006 年,就只剩下不到 88 000 名。尽管旅游业在增长,但旅行代理正在消失,因为更多人可以在线预订。

旅行代理的消失再现了美国历史上经常发生的故事:许多工种已经消失,如铁匠、烟囱清洁工和暗房技术工等,他们都不再被需要。其他领域的就业人数也已大幅减少,例如,1910 年美国有 1 150 万农民,如今美国农民不超过 100 万。新工种已经取代了原工种。打字机修理工不再被需要,但 Geek Squad*,一个"专注于计算机等技术支持的训练有素的精英团队",被广泛雇用。软件工程和生物科学等高科技领域的工作岗位在急剧增加,但一个更富裕的社会也意味着那些已存在很久的职业也会有更多更高酬的岗位,例如,今天的美国有超过 212 000 名职业运动员,比其他任何国家或历史上的任何其他时候都更多。

一个成长中的经济体就是一个变化中的经济体。一些失业是经济增长的必然结果,然而,法国的失业率几十年来一直徘徊在 10% 左右,持续这么长时间的高失业不可能是由经济增长造成的。因此,存在着由不同原因造成的不同类型的失业。

图 11.1 展示了本章的内容安排:从经济学和商业新闻中的最突出问题——工人的就业和失业——开始,解释失业是如何定义的,然后说明失业的不同类型及其原因。

不要忘记:许多人既没有工作,也不寻找工作——这些人不算在劳动力人口里。在看上述树形图时,我们会问:为什么有些人选择进入劳动力而另一些不呢?比如,为什么当前的大多数妇女加入了劳动力大军,而在 20 世纪 50 年代这种情况并不多见?为什么一些国家的劳动力参与率比其他国家更高?劳动力参与率是本章后半部分要探讨的主题。在树形图的最底端美国的总人口有多少呢?为此,你必须学习人口学。在本章末,各位还可以看到对生育控制的简要讨论。

---

* 美国首家提供全方位专业电脑一站式服务的团队,致力于各种问题电脑的解决。——译者注

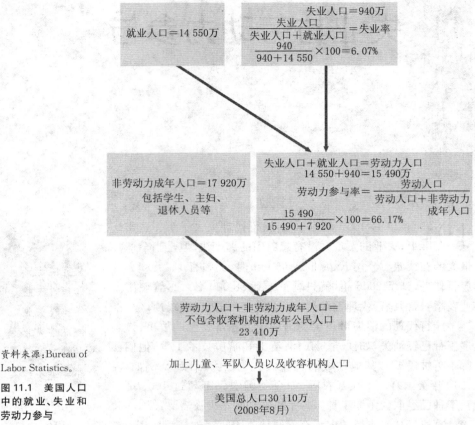

资料来源：Bureau of Labor Statistics。

图 11.1　美国人口中的就业、失业和劳动力参与

11.1　失业的定义

一个没有工作的 6 岁儿童算是失业者吗？监狱服刑人员是失业人员吗？一个 60 岁的退休人员呢？答案都是否定的。只有当人们愿意工作并且能够工作，却无法找到工作的时候，我们才会把他们计入**失业**(unemployed)。在实践中，这意味着被视为失业者，必须符合以下条件：已成年（16 岁以上）；未被收容（例如，不在监狱）；是一国公民；最重要的是，他们必须在找工作。同样，被视为就业者的人必须是成年、未被收容、有工作的人。

> **失业者**是指没有工作，正在寻找工作的成年人。

> **劳动力**是指包括就业者和失业者的所有工人。

2014 年 4 月，美国有 980 万失业者和 14 570 万就业者。加在一起，失业者和就业者构成了 15 550（980＋14 570）万人的劳动力(labor force)。

失业率(unemployment rate)是没有工作的劳动力所占百分比：

> **失业率**是指劳动力中没有工作的人所占百分比。

$$失业率＝失业人口/（失业人口＋就业人口）\times 100$$
$$＝失业/劳动力人口\times 100$$

因此，2014 年 4 月，美国的失业率为 6.3%：

$$\frac{980}{980＋14\ 570}\times 100＝\frac{980}{15\ 550}\times 100＝6.3\%$$

要考察失业问题，就要研究劳动力参与率的一些决定因素。**劳动力参与率**(labor force participation rate)是指劳动力占非收容成年公民人口（以下简称成年人）的

> **劳动力参与率**是指劳动力占成年人的百分比。

百分比。

11.1.1　失业率是一个好指标吗?

我们之所以对失业率感兴趣,是因为失业——尤其是长期失业——会对失业者及其家庭造成经济上和心理上的破坏;失业也意味着经济体表现欠佳——本来可以用于生产有价值产品和服务的劳动力被浪费了。失业率是从上述两种意义上来衡量劳动力市场运行状况的唯一最佳指标,但它还不是一个完善的指标。

没有工作但并不积极寻找工作的人,不能计入失业。但是,有些长期失业的工人,可能已经气馁,便停止了寻找工作,即使他们想要一份工作。很难确切地知道有多少**丧失信心的工人**(discouraged workers),因为这个概念不好定义。对很多愉快退休的人来说,如果工资足够高,他们也会接受一项新工作。但每一个退休人员都要计作丧失信心的工人吗? 美国劳工统计局(Bureau of Labor Statistics,简称BLS)根据这样一个对丧失信心的工人的定义来进行统计:想找工作也能工作,在过去的一年里找过工作,但在上一个月没找工作,因为他们认为没有适合的工作。

使用这个定义,美国丧失信心的工人的数量相对于失业者的数量是比较小的,因此,把丧失信心的工人计入失业者只会略微提高失业率。在 2009 年,由于衰退,丧失信心的工人人数有所增加,但如图 11.2 所示,算上丧失信心工人的失业率与没算丧失信心工人的失业率是相似的,它们的走势基本一致。

> **丧失信心的工人**是指已经放弃寻找工作但仍然想要工作的工人。

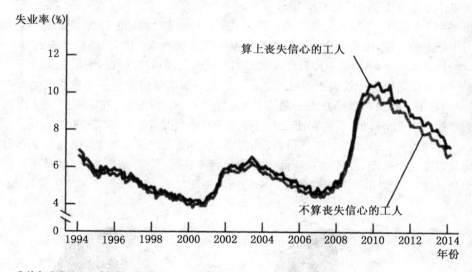

资料来源:Bureau of Labor Statistics。

图 11.2　算上和没算丧失信心工人的失业率

失业率也不能衡量人们所获得的工作岗位的质量或者说工人是否和工作岗位匹配。例如一个拥有化学博士学位的出租车司机在 BLS 的统计中要算做充分就业;同样,一个想要全日制工作却只拥有兼职工作的工人也算作充分就业。如果把这些工人记作部分失业者,失业率就会更高,而且要界定和测量部分就业是很不容易的。如果一个出租车司机有英语学士学位,这应该算作接近充分就业吗? 几乎每个人都会在某些维度上希望更好一点的工作,如全职工作、每天的工作时间更少、离家更近、工资更高、福利更好等等,那么是不是每个人都应该算作非充分就业?

就业不足率是美国劳工统计局的一个指标,它包括宁愿全职工作的兼职工人,也包括想工作但已经放弃找工作的人。

即使任何定义都有不完美之处,美国劳工统计局还考虑了一个**就业不足率**(underemployment rate)的指标。这个指标包括那些宁愿全职工作的兼职工人,也包括想工作但已经放弃找工作的人。例如,在 2014 年 3 月,美国经济中的这个就业不足率就是 12.7%。这个异常高的就业不足率,是因为劳动力市场很难从金融危机以及随之而来的衰退中恢复。

考虑到官方失业率的这些不完善之处,经济学家也尝试了其他测量劳动力非充分就业和劳动市场运行状况的手段和指标,如劳动力参与率、全日制工作岗位的数量和平均工资等。所幸的是,这些指标的大部分(以及关于就业其他许多更难衡量的方面)和官方公布的失业率具有较好的一致性,所以,失业率还是一个有关劳动力市场的好的综合性指标(参见“思考和习题”部分第 11 题)。

经济学家区分了三种类型的失业:摩擦性失业、结构性失业和周期性失业。我们从摩擦性失业开始。

11.2　摩擦性失业

摩擦性失业是由雇员与雇主之间相互匹配困难所导致的短期失业。

卖掉房子的最快方法是什么?低价格!当价格足够低,任何房子都会很快卖出。所以,卖房子很容易,但找到一个卖方愿意接受、买方愿意出售的价格却很难。同理,如果你愿意为几个小钱而工作,找工作是轻而易举的事。然而,找到一份能支付给你想要薪水的工作,却需要花费时间和努力。雇员与雇主之间的匹配困难造成了劳动力市场上的摩擦,由此产生的暂时性失业就叫摩擦性失业。因此,**摩擦性失业**(frictional unemployment)是由雇员与雇主之间相互匹配困难所导致的短期失业。

信息匮乏是摩擦性失业的原因之一。工人不知道他们能胜任的就业机会都有哪些,雇主不知道都有哪些人合适以及他们各自的实际条件。互联网可能使潜在的摩擦性失业率降低,因为它使工人搜寻工作和企业搜寻工人都变得更加容易。

摩擦性失业通常不会持续很长时间。如果不是在经济衰退期,找到新工作可能只需要几个星期,或者对专业性强的劳动者来说,可能需要几个月,但时间不会太长。图 10.2 显示了美国劳动者失业的一般持续时间。2005 年是非经济衰退年,

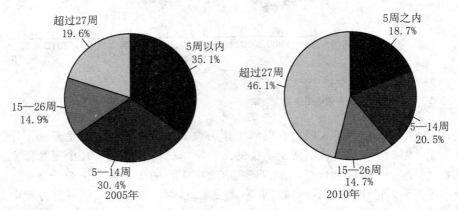

资料来源:Bureau of Labor Statistics。

图 11.3　2005 年和 2010 年的美国失业持续时间

2010 年也是，因为经济已经缓慢摆脱了 2007—2009 年的衰退。在 2005 年，大部分失业持续时间都比较短：35.1% 的失业者失业时间少于 5 周；另有 30.4% 的失业者失业时间在 5—14 周之间；其余三分之一的失业者失业时间在 14 周以上；11.7% 的失业者失业时间一年以上。对美国来说，在一个非经济衰退年，失业的重要部分就是摩擦性的。

2010 年的情况与 2005 年有很大不同，大部分失业者都已经失业超过 14 周。在 2010 年中期，46.1% 的失业者已经失业超过 6 个月。自从经济大萧条以来，还没有这么多的失业者持续失业这么长时间。

历史上看，欧洲的长期失业问题要比美国严重得多。2010 年美国长期失业的超常增加正是 2007—2009 经济衰退让人最为担忧的问题之一。在 2014 年 3 月，仍然有 350 万人（总失业人口的 38.4%）失业时间超过 27 周。我们稍后将讨论长期失业。

美国的摩擦性失业之所以占总失业的很大份额，是因为美国经济总是那么充满活力。创新和无情竞争的压力促使经济不断发展。然而，社会进步不只是简单地创造新的就业机会，并把它们与原来的工作岗位加总起来。相反，它在创造新就业机会的同时要淘汰原有的工作岗位。网站管理员到位了，旅行代理消失了。在关于工作岗位创造与淘汰的统计资料中，我们可以更详细地了解这一过程。

美国经济在 2014 年 2 月月底要比月初增加了大约 21 万个就业岗位。然而，这个数字隐藏了所发生的更大变化这一基本事实。在这个月，产生了 459 万个新岗位，同时，也有 438 万人因辞职、裁员或其他原因而离开工作岗位。雇用与离职之差也就是净新增工作岗位的净值是 21 万（459－438＝21）。这个数字很典型。在任何给定的月份，都有数以百万计的就业机会产生，数以百万计的岗位被淘汰。"创造性破坏"（creative destruction）这一由经济学家约瑟夫·熊彼特（Joseph Schumpeter）创造的术语，用来描述这一过程很贴切。

创造性破坏发生在企业和行业层面。即使在一个就业总量不变或增加的行业，就业岗位也在不断变化，因为缺乏竞争力的企业在逐步消失或萎缩，新企业在成长。K-Mart 在 2002 年申请破产，解雇了 34 000 名工人，但在同一年，更有效率的竞争对手沃尔玛雇用了 139 000 名工人。①

创造性破坏也发生在行业层面。例如 20 世纪 70 年代，石油的实际价格从每桶 10 美元升至近 80 美元每桶（参见第 4 章的图 4.9）。石油冲击要求在严重依赖石油的产业与较少依赖石油的产业之间进行重大的劳动力重新配置。但是，工人在产业间的流动要比在同一个行业里的不同企业之间流动花费更多的时间（因此，就有更多的失业）——这就产生了我们下面要讨论的结构性失业。

自我测验

1. 摩擦性失业的关键原因是什么？
2. 为了最小化摩擦性失业，失业工人将不得不接受他所能找到的第一份工作而不管工资是多少。摩擦性失业总是坏事吗？

11.3　结构性失业

结构性失业是由造成工人找工作更难的持续冲击或由经济周期所导致的持久性、长期性失业。

　　结构性失业（structural unemployment）是持久的（persistent）长期（long term）失业。强调失业既是持久的又是长期的，是不是显得多余？不尽然。比如，在法国、德国、意大利和西班牙，大约 40%—50% 的失业者失业时间超过一年，这种情况持续了近 20 年。[②] 在 2010 年，美国有 46% 的失业者失业时间为 6 个月以上（可能有 20% 以上的人失业时间持续 1 年以上），但这种情况也就只有一年。"持久的长期失业"指的是：相当部分的失业者失业一年以上这个问题，已经持续了很长一段时间。美国的长期失业是否会持续，或者这个失业率是否会下降到更传统的水平，还有待观察。换一种说法，美国当前的长期失业是否属于结构性失业，这仍不明朗。

　　什么原因造成了结构性失业？一个原因是发生了巨大的波及整个经济体的冲击。冲击的出现相对较快，但适应这些冲击就会产生持续很长时间的失业，因为经济体进行重构需要花费时间。在近几十年来，除了石油冲击之外，从制造经济向服务经济的转型、全球化、电脑和互联网等新信息技术等都使美国不得不进行经济重构。

　　在 19 世纪早期有一个由纺织工匠组成的激进组织，被称为卢德分子（Luddites）。他们砸碎了新近发明的机械织布机，因为他们对技术性失业所导致的结构性失业感到恐惧。在经济大萧条时期与电力和自动化来临的 20 世纪 50 年代，相同的恐惧都再次浮现。今天，很多人也开始感到恐惧，认为人工智能将导致诸如律师、医生等先前对自动化免疫的专业从业人员的失业。截至目前，卢德分子最可怕的担忧也没有实现。劳动节约性技术会导致一些领域的失业增加，但当工人进入到其他领域，总产出会增加，而这会提高平均生活水平，通常会带来更高的工资。自卢德分子时代以来，技术变化已经大大提高了普通工人的工资和生活水平。然而，适应新的技术通常并非易事，一些工人会被落下；企业也经常会在利润下滑强迫其在调整结构和破产之间做出选择时，才会改变其生产结构。结果，大的结构变化通常会在衰退时发生，这就很难把结构性失业同那些与经济波动相关的临时性失业（周期性失业——参见本章后面的论述）区分开来。

　　请注意，结构性失业，如果持续时间足够长，除了带来产出损失之外，还会有重大的人道成本（human cost）。不仅是经济生产减少，而且失业者所遭受的压力水平和自杀率会更高，可测量的幸福指数会更低。想要一份工作而无法得到——这正是人类不幸和社会动荡的诱因。而且，失业的压力会持续很长时间——在一个研究中，那些在 20 世纪 70 年代失去工作的工人，相比于那些与其相似但在 20 世纪 70 年代没有失去工作的工人，在长达 20 年的时间里，都面临着略高的死亡概率。[③]

　　在某些情况下，失业会变成慢性失业。一个失业工人找工作的难度要大于一个就业工人的工作转换。失业工人面临两个问题：首先，一个工人失业越久，他或她的技能就缩水越多。例如，一个在 1998 年失业的行政助理，可能不知道"谷歌"这类事物，而这是 2002 年找工作的关键技能；其次，招聘经理可能会把失业看作懒惰或其他问题的标志。如果你是招聘经理，会更愿意雇用谁：是寻求换工作的工人还是已经失业了五年的工人？失业会成为一个陷阱，这也是西欧的失业率之所以要花费这么漫长的时间来恢复正常的另一个原因。

11.3.1　劳动法规和结构性失业

20 世纪 70 年代后期的石油冲击(以及上述其他冲击)使美国遭受到和欧洲一样的打击,但美国在遭受冲击之后,失业率开始时出现上升,尔后就下降;而欧洲(特别是四大欧陆经济体:法国、德国、意大利和西班牙)的失业率却在冲击之后出现上升,尔后就停留在高位水平。表 11.1 显示了欧洲四国的失业率在近 20 年都徘徊在 10% 或更高水平,而且失业的大部分都是长期失业。为什么美国和欧洲的失业率会表现得如此不同呢?

表 11.1　1980—2004 美国失业率与欧洲失业率的对比

国　家	1980—1984 年	1985—1989 年	1990—1994 年	1995—1999 年	2000—2004 年	失业超过一年的失业者比例(2004 年)
法　国	7.3%	9.3%	9.6%	10.8%	8.4%	41.6%
德　国	5.9%	6.4%	6.7%	9.8%	8.8%	51.8%
意大利	8.8%	11.6%	10.9%	11.8%	9.3%	49.7%
西班牙	15.9%	19.9%	19.6%	20.0%	11.7%	37.7%
美　国	8.3%	6.2%	6.6%	4.9%	5.2%	12.7%

资料来源:OECD Statistics and OECD Employment Outlook, 2005。

结构性失业问题之所以在欧洲比在美国严重,是因为劳动法规。更具体地说,失业津贴、最低工资、工会和就业保护法使一些工人受益,但这些规定也提高了失业率。所有这些规定在欧洲都比在美国要来得更慷慨,受益面更广泛,而这有助于解释结构性失业问题为什么在欧洲会比在美国更为严重。下面,我们依次来讨论每一种干预劳动力市场的措施。

失业津贴　失业津贴是会提高失业率的最显而易见的劳动法规。失业津贴不仅包括失业保险,还包括其他津贴,如一些国家所提供的住房援助。表 11.2 显示了 1994 年在法国、德国、西班牙和美国,失业津贴占工人实得薪水的比例。[④](我们之所以关注 1994 年,是因为这一年正处于欧洲长跨度失业期的中期——自此欧洲失业未出现明显变化。)

表 11.2　1994 年美国与欧洲的失业津贴占实得薪水比例的对比

	第一年	第二、第三年	第四、第五年
法　国	80%	62%	60%
德　国	74%	72%	72%
西班牙	70%	55%	39%
美　国	38%	14%	14%

注:数据涵盖有配偶需托养的劳动者,是考虑到税收和其他津贴之后的净值。
资料来源:Ljungqvist L., Sargent T. 1998. "The European Unemployment Dilemma." *Journal of Political Economy*. 106(3):514—550; Martin, John P. 1996. "Measures of Replacement Rates For the Purpose of International Comparisons: A Note." *OECD Economic Studies*. no.26:99—115。

在法国,失业的第一年,失业津贴制度补偿了工人收入的 80%。换句话说,一名法国工人在丢了工作之后,只面临 20% 的减薪。事实上,如果只看收入,而不看拥有工作所带来的满足,一个丢了工作的法国工人的状况还很可能变得更好——毕竟失业工人有就业工人 80% 的收入和多得多的闲暇时间("失业工人"还可能在黑市工作赚钱)。相比之下,美国的失业津贴制度只补偿了工人薪水的 38%,所以,丢了工作的工人在美国要面临 62% 的减薪。

欧洲持续发放失业津贴的时间也要比美国长得多。例如,在美国,失业津贴发放一年以后,就会减少一半多,而在法国、德国和西班牙,失业救济金永远不会如此大幅度地减少。

鉴于上述数字,长期失业在欧洲比在美国普遍得多(参见表 11.1 最后一列)就不足为奇了。在欧洲,失业的成本低,所以产生了更多对失业(闲暇)的需求。或者你也可以说,欧洲工人所能负担的失业时间要比美国工人的长。

总之,失业津贴降低了工人搜寻工作和接受新工作的激励。现在,我们转向劳动力市场的需求方面:最低工资、工会和就业保护法降低了企业创造和提供新工作岗位的激励。

最低工资和工会   在图 11.4 的左图,我们分析了最低工资(详见第 5 章更深入的讨论)。最低工资把劳动成本从市场工资提高到最低工资,当劳动力变得更昂贵时,企业会把雇用量从市场雇用量减少到最低工资雇用量 Q_d。在最低工资水平上,找工作的工人数量 Q_s 超过工作岗位的数量 Q_d,也就是说,最低工资创造了($Q_s - Q_d$)数量的失业。

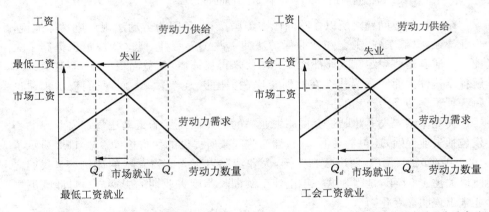

注:左图中,最低工资提高了工资,从而降低了劳动需求数量;右图中,工会以罢工要挟企业支付工会要求的工资。工资的提高削减了劳动的需求数量。

图 11.4   最低工资和工会提高了失业

西欧的最低工资一直比美国高。例如,2000—2007 年,法国的最低工资比美国高出约 40%。西欧最低工资与**中位数工资**(median wage)之比也比美国要高。(中位数工资是这样定义的:一半工人的工资高于它,而另一半工人的工资低于它)法国最低工资大约是中位数工资的 61%;美国最低工资仅仅是中位数工资的约 32%。⑤这意味着,与美国相比,最低工资在法国会影响到更多工人,会产生更多的失业。正如我们在第 5 章所讨论的,与年长工人相比,最低工资更可能造成年轻工人的失业,因为他们的生产率更低一些。从而,在法国和美国,年轻工人的失业率都要高于年长工人,但是在法国,25 岁以下的年轻工人有 23% 的人失业,而美国只有 10%。⑥尽管如此,美国的最低工资在最近几年也从 2007 年年初的每小时 5.15 美元迅速提高到 2009 年的每小时 7.25 美元。

中位数工资是指这样的一个数,一半工人的工资低于它而另一半工人的工资高于它。

欧洲的工会也比美国的更强大。**工会**(union)是工人联合起来集体与雇主就工资、福利和工作条件等进行讨价还价的组织。在美国,大部分(87%)工人不受工会合同的制约,他们单独与雇主签约(书面的或口头的)。然而,在很多欧洲国家,80%或以上的工人都要受到某个工会合同的制约。

工会是把工人联合起来为工资、福利和工作条件讨价还价的组织。

工会可以为工人和雇主创造价值,但是过于强大的工会会对最低工资施加过于强大的影响。工会会利用罢工和阻止企业雇用替代性劳动力的势力来要求提高工资。在图 11.4 的右图,工会把劳动价格从市场工资水平提高到工会工资水平。当劳动变得更加昂贵,企业就会把雇用量从市场雇用水平减少到工会雇用水平 Q_d。在工会工资水平下,寻找工作的工人数量 Q_s 超过了工作岗位的数量 Q_d,从而,工会把就业量提高了($Q_s - Q_d$)。

就业保护法　在美国,雇员可以在任何时候以任何理由提出辞职,而雇主也可以在任何时候以任何理由解雇雇员。这就是所谓的**随意就业主义**(employment at-will doctrine)。随意就业主义有很多例外,最重要的是,可以通过合同改变这个信条。例如,许多工人的合同保证了解雇补偿金,大学的终身教授不能被随意解雇。雇员的行为也可以通过合同加以限制。在商业秘密盛行的行业,雇员被录用时,经常被要求签署一份竞业禁止协议(noncompete agreement)。例如,如果签署了竞业禁止协议的雇员辞职后,在规定期限内,他或她不得到企业的竞争对手那里去工作。公法也会对雇用双方的行为有所限制。例如,禁止雇主基于种族、宗教、性别、性取向、国籍、年龄或残疾状况等方面来决定雇用或是解雇。尽管有许多例外,但随意主义仍可以被看作是最基本的美国劳动法。

随意就业主义是说雇员可以在任何时候以任何理由提出辞职,雇主也可以在任何时候以任何理由解雇雇员。随意主义有很多例外,但它是最基本的美国劳动法。

在欧洲大部分国家,劳动法与随意主义大不相同。例如,葡萄牙宪法禁止随意雇用主义,要求雇主在解雇工人时要通知政府。而且,葡萄牙企业如果需要裁减工人,还必须得到政府的许可。企业也不能自主选择哪些工人应该被解雇,它要遵循严格准则来决定哪些工人首先被解雇(通常是初级工人最先被解雇)。此外,必须提前 60 天通知将被解雇的工人,配发给他们解雇补偿金及其他津贴。在整个西欧,是公法和集体谈判,而不是合同,支配着每周平均时间、加班费、带薪休假、临时就业、通知期限及解雇补偿金等。

雇用和解雇成本的存在使劳动力市场不够灵活,缺少活力。例如,如果一个欧洲公司的订单出乎意外地增加了,它就不能通过简单地雇用更多的工人来解决问题。因为如果企业雇用了更多工人,而之后订单减少了,那么,它将不得不付出巨大代价才能解雇那些工人。因此,雇用和解雇成本使企业采取行动时更加谨慎也更加迟缓。

对全日制工人来说,更大的就业保障会让他们受益。但是,雇用和解雇工人的成本越高,新工人和失业工人找到工作的难度就越大。想象一下,如果每一次约会都需要结婚的话,那么,得到一次约会的机会将会有多难!同样,当每一份工作都需要雇主给予一个长期承诺,那么,要找到一份工作就会更难。

世界银行计算了一个"就业刚性指数"(rigidity of employment index),它概括了雇用与解雇成本以及企业调整工作时间的难易程度(例如,是否对夜班或周末加班有所限制)。指数越高,意味着雇用和解雇工人的成本越高,调整工作时间就越难。图 11.5 绘出了就业刚性指数与长期失业(失业时间持续一年以上)占失业人数的百分比。斜线显示了数据走势:更大的劳动力市场刚性与更多的长期失业之间有明显关联。特别要注意的是,法国、德国、意大利和西班牙都是高刚性和高长期失业,而美国的劳动力市场刚性最低,长期失业率也是最低的国家之一。

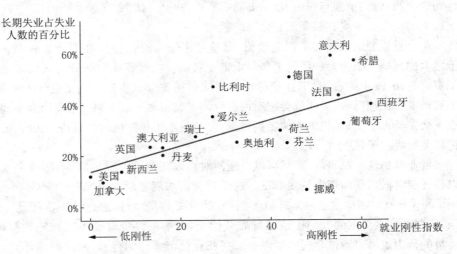

资料来源:World Bank and OECD Statistics, 2003 data。

图 11.5　雇用和解雇成本使长期失业增加

两次骚乱的故事　这两个故事说明了就业保护法的另一个影响。2005 年 11 月,在夜光之城巴黎,愤怒的年轻人(主要是移民)在街头暴乱,数百辆燃烧的汽车把城市照得通明。对警察暴行的控诉引发了这次骚乱,但更根本的原因还是贫困和失业。在骚乱的年轻人中,失业率高达 30％以上。[⑦]

法国企业不愿雇用年轻人和移民——或许,在某些情况下,这不只是因为歧视,还因为雇用和解雇的成本越高,企业就越不愿意雇用那些没有经验的工人和资质不确定的工人。再重复一次,如果每次约会都要求结婚,你还会去相亲吗? 如果对方人不行就可以直接甩掉,相亲也许值得冒险,但是如果一次约会就要搭上你一辈子,那谁还愿意去相亲呢? 回到企业雇用这个问题上来,雇用年轻工人比雇用年长工人更有风险,雇用没有工作的工人比雇用有工作的工人更有风险(回想一下我们对失业陷阱的讨论)。移民工人从某种程度上说不同于"正统"(norm)的工人,可能会被雇主认为比普通工人更有风险。因此,就业保护法对年轻人、已经失业的人和移民工人产生的负面影响最大。

法国政府意识到了这些问题,对骚乱做出的回应是改变劳动法,允许对 26 岁以下的工人在雇用的头两年使用随意原则。这个想法是准备消除企业雇用年轻移民的顾虑,使雇用更像是相亲而不是婚姻。当然,在美国,随意雇用是正常的。然而,对于自恃优越的法国青年学生来说,被随意解雇的想法令他们恼火,他们认为这是对他们权利的一种侵犯。于是,数百名学生在著名的巴黎索邦大学(Sorbonne)设置路障,并号召各地学生一起来抗议。

现在,到了内部人——年轻的精英学生们暴动的时候了。他们的行为证明,在燃烧汽车方面,他们一点都不比一年前那些贫穷的年轻移民差。毫不奇怪,精英们的暴动是有效的——法国政府很快就放弃了随意雇用主义。法国的失业,尤其是年轻移民工人的失业,依然居高不下。

总之,就业保护法有以下影响:

- 为全日制工人提供了有价值的保障;
- 使劳动力市场更缺乏灵活性和活力;
- 提高了失业的持续时间;
- 提高了年轻人、移民或"高风险"工人的失业率。

11.3.2 减少结构性失业的劳动法规

近年来,欧洲国家已开始对一些劳动法规进行修改,以努力减少长期失业。例如,在丹麦,失业津贴被限制在四年以内;失业者领取失业津贴一年以后,如果希望继续得到失业津贴,就必须注册求职或者职业培训项目,或者受聘于社会项目。丹麦还对愿意培训失业工人的雇主进行资助。丹麦和其他一些国家现在还进行工作测试——要求那些想得到失业津贴的失业工人必须证明他们正在积极寻找工作。[8] 这类法律叫做**积极的劳动力市场政策**(active labor market policies)。

> **积极的劳动力市场政策**包括工作测试、职业搜寻援助和再就业培训计划等,旨在使失业者重返工作。

美国一直是探索积极的劳动力市场项目的领导者。最成功的项目也最简单——付钱给那些找到工作的失业工人!在几个大规模实验中,随机选择失业工人并告知他们,如果能早日找到工作,就发奖金给他们。与那些没有得到奖金承诺的工人相比,那些被告知能得到奖金的工人明显更快地找到了工作。

欧洲也在缓慢地走向更灵活的劳动力市场,允许在劳资谈判协定中对诸如年轻工人、临时工人和兼职工人等特定类别的工人设定例外条款。但请记住那个两次骚乱的故事:"内部人"是不愿意为失业的"外部人"而放弃自身利益的。

11.3.3 影响结构性失业的因素

让我们来总结一下会增加结构性失业的因素。它们是:

- 要求经济体进行重构的巨大而长期持久的冲击:

    石油冲击;

    从制造经济向服务经济的转移;

    全球化和全球竞争;

    基础技术冲击(计算机和互联网,可能还有人工智能)。

- 劳动法规:

    失业津贴;

    最低工资;

    强大的工会;

    就业保护法。

我们还讨论了一些可以减少结构性失业的积极的劳动力市场政策:

    再就业培训;

    求职援助;

    工作测试;

    先就业奖金。

自我测验

1. 定义结构性失业。
2. 为什么"随意就业"术语精确地描述了美国而它却不适用于西欧诸国?

11.4 周期性失业

失业的最后一类是**周期性失业**(cyclical unemployment),或者说是与商业周期上下波动有关的失业。图 11.6 画出了自 1948 年以来的美国失业率,阴影区域表示经济衰退。注意:在每一次经济衰退期间,失业率都急剧上升。

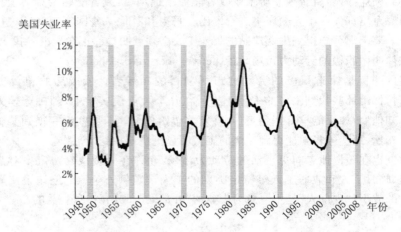

注:阴影部分指的是衰退。
资料来源:Bureau of Labor Statistics;National Bureau of Economic Research。

图 11.6 衰退时期的失业率增长

低增长往往伴随高失业,有两个原因可以对此加以解释:第一个也是最显而易见的原因是,当 GDP 下降,企业往往裁员,这增加了失业;第二个原因则更微妙。失业率上升意味着生产商品和服务的工人更少了。当工人处于空闲状态的时候,与之相关的资本也会闲置(比如工厂被封)。一个有闲散劳动力和闲置资本的经济体不可能最大化其增长,这会挫伤经济体创造更多工作岗位的能力。

图 11.7 强调了低增长与失业增加相关的另一面:高增长与失业减少相关。图 11.7 绘出了美国失业率(纵轴)随经济增长率(横轴)的变化。正如你所看到的,更快的实际 GDP 增长使失业减少。事实上,当经济增长高于平均水平时,失业率趋于下降,当经济增长低于平均水平时,失业率趋于上升。1982 年,当经济陷入深度衰退时,失业率上升了 2.1%;两年后,实际 GDP 年增长 7.2%,失业率下降,一定程度上导致罗纳德·里根(Ronald Reagan)以压倒性票数连任美国总统。

尽管我们把周期性失业定义为与经济波动相关的失业,但周期性失业的原因是经济学家争论的话题之一,这主要是因为商业周期的产生原因就是一个有争议的问题。一些经济学家认为,商业周期绝大部分是对真实冲击的一种反应,需要劳

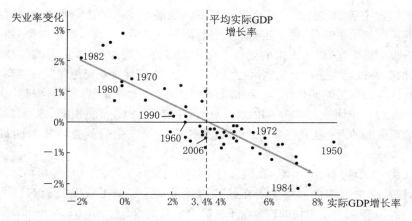

资料来源：Bureau of Labor Statistics and Bureau of Economic Analysis。

图 11.7　更快的实际 GDP 增长减少了失业

动力在产业间进行重新配置。在这些经济学家看来，商业周期只不过是经济增长的实际运行过程——增长是波动的、不平稳的。因此，在这些经济学家看来，周期性失业仅仅是摩擦性和结构性失业的另一种特例。

　　另一些经济学家，通常被认为是"凯恩斯主义"信徒，认为周期性失业是由总需求不足造成的。总需求这一概念，我们将在后面章节中解释，现在我们暂时把周期性失业理解成是由经济中的工资总水平与价格水平的不匹配造成的。工人所要求的工资与价格水平不同步，因此，企业会认为雇用工人太昂贵了。

　　举个简单的例子，一个企业决定是否另聘工人，这不仅取决于支付给这个工人的工资，还取决于这个工资与这个企业的产品价格（以及其他更一般的价格）的相对水平。例如，如果苹果的每台 iPod 能卖到 200 美元，与能卖到 100 美元相比，它更可能提高产量，雇用更多工人。然而，当潜在工人提出工资要求时，他们通常不

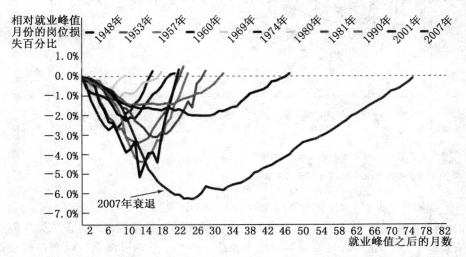

注：2007 年衰退比经济大萧条之后的历次衰退都见证了持续了更长时间的更高的失业率。花费了 6 年的时间，就业才恢复到衰退前水平。

资料来源：http://www.calculatedriskblog.com/。

图 11.8　二战后经济衰退期间的失业率

完全了解雇主所能拿到的产品价格和利润。当潜在工人的工资要求相对高出企业有利可图的水平时,这种不匹配就会引起周期性失业。然而,如果对产品和服务的总需求变得更高,那么工人的更高工资要求或许就是合理的,工人就能被雇用。无论如何,在最近发生的衰退之后,直到 2010 年,周期性失业仍然保持在较高水平,即使与之前的衰退期间相比。这种情况有时被称为"无就业型复苏"(jobless recovery)。图 11.8 说明始自 2007 年的这场衰退,花费了超过 6 年的时间,才使其就业恢复到衰退前的水平,这是经济大萧条以来历次衰退发生后就业恢复时间最长的一次。

在第 13、14、16 和 18 章,我们会再来详细讨论真实冲击、工资与价格之间的不匹配,以及减少周期性失业的潜在的政府政策。这有助于帮助我们解释为什么 2009—2010 年间劳动市场的就业水平提高会如此缓慢。

11.4.1　自然失业率

自然失业率是指结构性失业率加上摩擦性失业率。

　　自然失业率(natural unemployment rate)被定义为结构性失业率加上摩擦性失业率。经济学家通常认为,摩擦性和结构性失业率的改变,只能随着重大而持久的经济转变而缓慢发生。但是,周期性就业可以在数月内急剧增加或减少。图 11.9 绘出了自然失业率估计值与实际失业率的对应关系。自然失业率随时间缓慢变化,实际失业率围绕自然失业率上下波动。

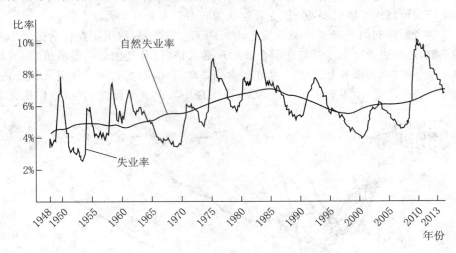

资料来源:Bureau of Labor Statistics 及作者自行计算。

图 11.9　美国 1948—2013 年的自然失业率

　　周期性失业、结构性失业和摩擦性失业并不总是概念明确,易于区分。光景好的时候,雇主会发布更多广告,下更大功夫招聘工人。我们可以把这说成是摩擦性失业率下降了,也可以说成是周期性失业率下降了。这两种对就业改善的描述都是正确的。同样,一个经济体吸纳结构性失业(比如,闲置汽车工人)的能力取决于整体经济状况。一种类型的失业甚至可以转变成另一种,例如,周期性失业就会转变成结构性失业,如果周期性失业工人领取失业津贴的时间太久,将会导致技能下降和就业前景暗淡。如前所述,始自 2007—2009 年经济衰退的失业增加,经过了非常漫长的时间才有所下降,这使我们担心,那些刚开始是周期性失业的失业可能转变成了结构性失业。

　　大多数经济学家都认为观察到的失业兼具结构性、摩擦性和周期性特征。尽管如此,上述分类方法还是为我们系统分析失业的根源提供了有用的思想。

自我测验

1. 在商业周期中,周期性失业会发生什么变化?
2. 经济增长和失业是如何相关的?

11.5　劳动力参与

　　到目前为止,我们讨论的都是想要工作的人是否能得到一份工作,但问下人们是否想要工作也是很重要的。现在,我们从失业率转到劳动力参与率这个问题。回想一下,劳动力参与率是指正在工作的或正在积极寻找工作的成年的、不包括收容机构的公民人口(简称为成年人)所占百分比。换言之,劳动力参与率是指成年劳动力所占百分比。

$$劳动力参与率 = \frac{失业者 + 就业者}{成年人口} \times 100 = \frac{劳动力}{成年人口} \times 100$$

　　在美国,有 1.549 亿的劳动力和 2.341 亿成年非收容公民,劳动力参与率是:

$$\frac{1.549}{2.341} \times 100 = 66.17\%$$

　　决定劳动力参与率的因素是什么呢? 我们将讨论以下两个因素:

1. 生命周期效应和人口学特征;
2. 激励。

11.5.1　生命周期效应和人口学特征

　　表 11.3 显示了劳动力参与率随年龄变化而有所不同。16—19 岁的人口中只有44％的人属于劳动力。毫不奇怪,这个年龄段的大多人是全日制学生而非工人。在黄金劳动年龄段 25—54 岁,劳动力参与率达到高峰,为 83％。65 岁以上的成年人口中,大多数人退休,劳动力参与率只有 15％。

表 11.3　不同年龄段的劳动力参与率

年龄范围	劳动参与率
16—19 岁	44％
25—54 岁	83％
65 岁以上	15％

资料来源:Bureau of Labor Statistics,2006。

婴儿潮一代是指出生在 1946—1964 年高出生率期间的人。

生命周期效应和人口学特征可以交互影响,共同改变一个国家的劳动力参与率。例如,当**婴儿潮一代**(baby boomers)2008 年开始退休,65 岁以上老年人所占人口比例越来越大。2000 年,65 岁以上老人所占比例为 12.4%,到 2030 年,这个比例将近 20%。事实上,估计 2030 年美国将有 1 820 万人进入 85 岁以上高龄。⑨ 由于人们年龄越大,就越不可能参与到劳动力市场,所以,人口老龄化将会降低美国的劳动力参与率。

很多经济学家对此感到忧虑,因为劳动力参与率下降就意味着税收收入更低。更令人忧虑的是,税收收入下降的同时,社会保障和医疗保险需求将会上升。美国审计总署(Government Accountability Office)——其职责是分析美国政府的长期财政健康状况——局长就此发表讲话说:"当婴儿潮一代开始大规模退休,如果我们不严肃对待,那将会是一场支出海啸,它足以掀翻我们的国家大船。"⑩ 在第 17 章,我们将详细论述这些重要问题。

对预期生命提高和老年人健康状况改善的自然反应是推迟退休。"正常"退休年龄问题,部分是由文化和传统决定,部分是由经济激励——尤其是税收所决定。

11.5.2　激励

人们为什么要加入劳动力队伍? 一些艺术家(和一些教授)是因为热爱工作,但对大多数人而言,是因为工作比休闲挣的钱多。更具体地说,是否选择去工作,取决于工作支付与休闲支付之间的差距。从而,是否选择去工作就受就业征税与失业津贴的影响。税收妨碍工作而津贴鼓励不工作。通过观察不同国家的退休制度如何改变大龄劳动者的工作激励,我们可以看到上述两种效应的实际作用。

税收与津贴　图 11.10 显示 1988 年不同国家的 55—64 岁男性的劳动力参与率。在比利时,这个年龄段的男人,只有三分之一在工作;而在美国,这个年龄段的男人,只有三分之一退休! 为什么劳动力参与率在这两个国家会存在如此大的差别? 这就不仅仅是有关退休合适年龄的文化差异所能解释的了。

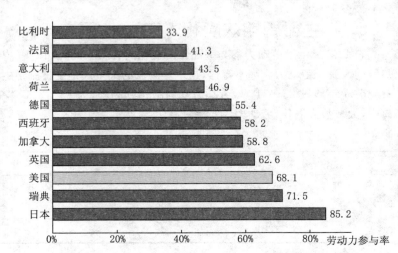

资料来源:OECD Labor Statistics。

图 11.10　1998 年不同国家的 55—64 岁男性的劳动力参与率差别显著

在美国,一个到了退休年龄而继续工作的工人不会受到什么惩罚*,但很多国家会惩罚过了退休年龄还工作或提前退休的工人,因为它们不允许一个工人一边工作一边还照样接受政府养老金。例如,在 20 世纪 90 年代的荷兰,一个超过 60 岁的工人继续工作,就会被取消退休津贴一年。被取消的津贴可以看作是对工作的征税。继续工作的工人还不得不为工资纳税。结果,在荷兰,超过 60 岁还继续工作的工人得到的净收益要比退休在家的人还少!换句话说,如果工人到了 60 岁还不退休,那他就不得不为工作而掏钱。如果你不得不因为工作而掏钱,那又何必去工作呢?

图 11.11 画出了老年男性的劳动力参与率与对工作的惩罚(隐性征税)程度之间的关系。那些有高隐性税收的国家,对应的是较低的劳动力参与率。

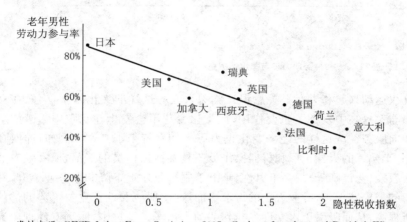

资料来源:OECD Labor Force Statistics,2005;Gruber,Jonathan and David A. Wise. 1999. "Introduction and Summary," In J. Gruber and D. A. Wise,(eds.),*Social Security Programs and Retirement Around the World*,University of Chicago Press,Chicago.

图 11.11 隐性税越高,55—64 岁男性劳动力参与率就越低

如果工人想早点退休,那提前退休对他们就是有利的,但是对老年工人的征税明显高于年轻工人(有时甚至超过 100%!),这对老年工人是不利的。把老年工人都推入退休,也把巨大的成本强加给年轻工人,使他们税负更重,因为退休的老年人不再对 GDP 有贡献。

55—64 岁的男性占很大的人口比例。在西欧大多数国家,这个比例大约是 17%,因此,对工作征税意味着千百万人要提前退休领取他们的养老金,而不是继续工作创造财富。我们前面提到的人口老龄化问题,在欧洲甚至比在美国更严重,部分是因为欧洲退休计划所产生的激励大大降低了年老工人的劳动力参与率。

激励与女性劳动力参与率的提高　激励对女性劳动力参与率的急剧提高也发挥了作用。1948 年,只有 35% 的 25—54 岁的女性参与(有酬)劳动;2008 年,这个年龄段的女性劳动力参与率达到 75%。图 11.12 绘出了美国自 1948 年以来的女性劳动力参与率。请注意,劳动力参与率在 20 世纪 70 年代上升得特别快。

_____

*　65 岁之后,按收入领取的社会保障金根本不会减少。在 62—65 岁之间,如果一个工人继续工作,其社会保障金将会减少,而从 65 岁开始,社会保障金又会增加原来的比例——因此,即使在 62 岁继续工作,所受到的惩罚也是非常微小的,参见 Gruber,J. and P. Orszag. 2003. "Does the Social Security Earnings Test Affect Labor Supply and Benefits Receipt?",*National Tax Journal*,56(4):755—773。

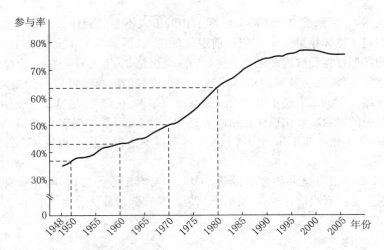

资料来源：Bureau of Labor Statistics。

图 11.12　女性劳动力参与率迅速提高

　　女权运动兴起和男女平等意识日益深入人心这样的文化因素，当然在女性劳动力参与率提高中发挥了重要作用，但文化变化不会发生在真空中。诸如从制造经济转向服务经济这样的经济变化也为更多妇女带来了工作。例如，即使在今天的美国，半熟练的男性工厂和机器操作员还是女性操作员的三倍，但女性专业人士（律师、教授、会计师等）却多于男性。[11]由于制造业比重下降和服务业上升，对机械操作工的需求减少，对专业人士的需求增加，这使那些女性有竞争优势的部门的工资有所提高，从而吸引更多女性参与到劳动力市场。反过来，职场女性现象又推动了女权主义兴起。

　　工作女性在专业技能领域的增加尤其显著。图 11.13 显示了 1955—2005 年间主修医科、牙科、法学、商科等专业的一年级学生中女性所占的百分比。从 1955 年到大约 1970 年，该比例不足 10%。但从 1970 年开始，女性参与率飙升，仅仅 10 年内，所有专业领域的女性都增加了一倍以上，并且继续增加，直到这些专业中有40%—50%的学生都是女性。

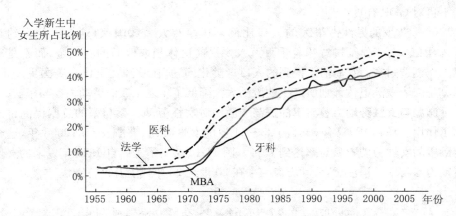

资料来源：Goldin，Claudia. 2006. "The Quiet Revolution That Transformed Women's Employment，Education，and Family." *American Economic Review*. 96(2)：1—21。

图 11.13　从 20 世纪 70 年代开始大量女性进入职业教育学院深造

为什么在 1970 年左右女性开始越来越多地进入职业教育学院呢？经济学家克劳迪娅·戈尔丁（Claudia Goldin）和劳伦斯·卡茨（Lawrence Katz）对此提供了一个有趣而富争议的答案：口服避孕药。⑫

口服避孕药是如何增加女性劳动力参与率的　　口服避孕药被称为 20 世纪最伟大的技术进步，是有史以来第一次使女性能以经济、可靠、便捷的方式控制生育。避孕套也可以阻止意外怀孕，但避孕药更易于使用，且不易出错，更加可靠。在一般使用者中，避孕药的可靠性是避孕套的 7 倍，在那些按照说明一直使用口服避孕药的人中，避孕药的可靠性是避孕套的 60 倍。

经济学家戈尔丁和卡茨认为，口服避孕药使女性对性行为后果有更多的确定性，以此降低了其获得专业学位的成本。获得专业学位需要付出多年努力，在生育并照顾孩子的同时攻读学位是非常艰难的。因此，在口服避孕药出现之前，那些想获得专业学位的女性，要么承受禁欲的代价，要么冒怀孕的风险。避孕药降低了女性的成本，并提高了妇女投资于长期教育的激励。

口服避孕药的使用与进入大学攻读职业学位的妇女人数的增加的确是同时发生的。然而口服避孕药首次作为避孕药具在美国出售是在 1960 年，当时有 30 个州禁止节育措施的广告，有些州甚至禁止出售避孕药具。直到 1965 年，在里程碑意义的"格里斯沃尔德诉康州"案（*Griswold v. Connecticut*）中，美国最高法院（U. S. Supreme Court）判定，州政府不能禁止向已婚夫妇出售避孕药具。单身妇女仍被禁止购买避孕药具，直到 1972 年。随着禁止出售避孕药的法律松动，更多妇女购买避孕药，根据戈尔丁和卡茨的说法，更多妇女开始规划长期职业生涯。

戈尔丁和卡茨对其假说进行了似乎可信的论证（他们提供的证据比这里讨论的更多）。但是，要是能知道在其他国家随着口服避孕药的使用也出现了类似效应，那就更有趣了。这些问题都是经济学的前沿问题，也许你们中的一些人能帮忙解答。

理解现实世界

自我测验

1. 对已婚夫妇的边际税率（对增加收入的征税）在 20 世纪 80 年代明显减少。这会如何影响女性的劳动力参与率？

2. 一些政府官员希望能提高人们领取失业保险津贴的年龄，比如推迟退休。这个变化将如何影响劳动力参与率？

○　本章小结

这一章学习到的最重要的内容或许是，即使在最好的光景，失业也会存在并会不断波动。经济体总是处在变化之中，只有变化，才会有增长。帮助受到变化冲击的工人是重要的，但帮助工人适应变化和试图阻止经济调整是不同的。从根本上说，我们能做的是前者而不是后者。正如在本章所讨论的，与美国相比，在西欧，一些旨在保护工人的劳动力市场政策反而提高了结构性失业。那些使工人更容易接受再培训和找到工作的劳动力市场政策，在长期保持低失业率方面取得更大成功。

学完本章，你应该知道失业、失业率和劳动力参与率是如何定义的；你也应该能够把这些定义运用到数据中。例如，有 10 个人，其中 6 个有工作，1 个正在找工作,1 个是儿童,1 个在坐牢,1 个已经退休。劳动力是多少? 失业率是多少? 劳动力参与率是多少?⑬你还应该知道摩擦性失业、结构性失业和周期性失业,包括了解它们的定义并能举例说明它们的原因。

最后,还应该了解一些导致劳动力参与率提高或下降的原因。人口学特征的变化,如婴儿潮一代的衰老、口服避孕药等技术的采用、对妇女参与工作的文化态度和诸如税收、养老金这样的政府政策都会改变劳动力参与率。在最基本和最重要的层面上,劳动力参与率反映了对参加工作的激励。

劳动力参与率的变化会对经济产生巨大影响。在当今世界很多地方,与男性相比,女性受教育和参加有偿劳动的机会更少。没有充分利用女性的天分,对这些女性和整个经济来说都是一个巨大损失。老年工人的劳动力参与率会成为一个越来越受关注的课题,因为不仅是在美国,而且是在世界所有的发达国家中,退休工人都越来越多,这使得对养老金和医疗保健的需求日益提高。

○ 本章复习

关键概念

失业
失业率
劳动力参与率
丧失信心的工人
摩擦性失业
结构性失业
中位数工资
工会
随意就业主义
积极的劳动力市场政策
周期性失业
自然失业率
婴儿潮一代

事实和工具

1. 下面哪些人算作失业?
一个失去工作并积极寻找工作的人;
一个在监狱服刑的人;
一个想工作但半年前停止找工作的人;
一个人想要全职工作却在做兼职的人。

2. 根据图 11.1,美国人口中就业比例是多少?（即"就业人口的比例")劳动力人口中的就业比率是多少?

3. 如果我们把"丧失信心的工人"计入失业率,失业率是否会翻倍,或者不足翻倍,或者保持不变?

4. 判断下列失业分别属于摩擦性、结构性或周期性失业中的哪一类?
   a. 经济恶化,通用汽车公司的一家工厂关闭四个月,解雇工人;
   b. 通用汽车公司解雇 5 000 名工人,并用机器人代替他们。工人们开始寻找汽车行业以外的工作;
   c. 通用汽车公司的一家工厂中每月有 10 个工人辞职,因为他们希望生活在另一个城市,他们已经在新的城镇开始寻找工作。

5. 把最低工资模型与第 5 章的供给和需求模型联系起来。最低工资是最高限价还是最低限价? 它在劳动力市场是创造了过剩还是短缺?

6. 为什么在法国就业保护法会对年轻人、失业者和移民工人产生负面影响?

7. 看一下通常在衰退期间和之后,失业率是如何变化的? 在图 11.6 中,失业率是倾向于在经济衰退期间达到顶峰,还是通常在经济衰退之后?

8. 根据图 11.9,哪十年的自然失业率最高?

9. 观察图 11.11,那些对老年男性课征的隐性税率最高的国家与课征的隐性税率最低的国家相比,其劳动参与率的差距有多大? 精确到 10%。

10. 根据本章的思想,说出三个可能使结构性失业率下降的劳动力政策变化。答案不只三个。

思考和习题

1. 下述事件发生时,会导致失业率上升、下降,还是保持不变?
   a. 工人被解雇并开始找工作;
   b. 没有工作、正在寻找工作的人找到了工作;
   c. 没有工作、正在寻找工作的人放弃了找工作;
   d. 没有工作也没有寻找工作的人开始变得有信心并决定找工作;
   e. 没有工作也没有寻找工作的人很快有了一份工作。

2. 让我们看一下:为了创造一个净就业岗位,不得不摧毁多少个原有的就业岗位。正如文中所述,每月都有数以百万计的就业岗位出现与消失。假设每月有 500 万就业岗位消失,525 万新就业岗位出现。消失的总就业岗位数除以新出现的净就业岗位数是多少? 平均一个净工作岗位的产生带来了多少原有就业岗位的消失?

3. 观察表 11.2。如果你必须选择去一个使你失业的国家,而且知道你将失业一年,那么,哪个国家提供的人均一年期失业补偿率是最高的? 哪个国家提供的人均两年期失业补偿率是最高的? 如果你将失业三年,哪个国家提供的人均三年期失业补偿率是最高的?(注:失业补偿率可以失业津贴占实得薪水的比例表示。)

4. 当政府把每小时的最低工资提高了 2.00 美元,哪个部门的失业会更严重:快餐业还是市政部门? 为什么?

5. 让我们来看下工作人口所占比例的变化是如何影响人均 GDP 的。这个比例通常被称作就业—人口比。为简单起见,我们假设每个受雇工人生产 5 万美元产值。如果就业—人口比从 50% 上升到 55%,人均 GDP 会发生什么变化?

6. 计算下列情况下的失业率及劳动力参与率:
   a. 就业人口:10 000 万,总人口:20 000 万,劳动力人口:11 000 万;
   b. 失业人口:1 000 万,总人口:20 000 万,就业人口:9 000 万;
   c. 劳动力人口:3 000 万,总人口:8 000 万,失业人口:300 万。

7. 戈尔丁和卡茨通过观察较早实施生育控制法律的州与等到更晚才实施的州之间的差异,来寻找生育控制与女性劳动力参与率之间的联系。你认为哪些州女性劳动力参与率的飞跃会最大:是把生育控制法律化更早的那些州,还是更晚的那些州?(注:戈尔丁和卡茨在其论文中为正确答案提供了证据。)

8. 这里有一个经济学家告诉大家的故事:一个获得过诺贝尔经济学奖的经济学家飞往纽约参加会议。他上了一辆出租车,并与出租车司机交谈。出租车司机说:"哦,你是一个经济学家? 让我告诉你,现在的经济很糟糕,我是一名失业建筑师。"经济学家立即回答:"不,你不是。你只是一名就业了的出租车司机。"根据美国政府的失业衡量方法,谁的说法是对的?

9. 1984—2001 年间,美国政府使美国人更容易获得残疾抚恤金,结果残疾人数量翻了一番多,从 380 万上升到 770 万。大部分设法获得残疾抚恤金的人都有找工作的艰难经历,他们在很长时间里"失去工作,并积极寻找工作"。然而,一旦他们开始领取残疾抚恤金,就很少再继续工作,并在数年内一直领取残疾抚恤金,所以,这些公民被算做"非劳动力"。降低领取残疾抚恤金的要求是如何影响失业率的?

10. 据说:"一旦人们到达机会之梯的顶端,首先要做的就是把身后的梯子收起。"想想这句谚语在劳动市场上的含义。
    a. 当医生、教师和理发师鼓励政府设置更高的行业进入壁垒,这会降低还是会提高这些职业的服务供给?
    b. 如果政府要求医生、教师和理发师要有更高的教育和培训标准,这会提高,还是会降低人们对这些职业的服务需求?
    c. 考虑到 a 问和 b 问的答案,想一想这种游说对均衡时的行业工资有什么总体影响:工资是上升、下降抑或总体效果不明确? 这些行业的就业人口总量是上升、下降抑或总体效果不明确?

11. 《纽约时报》报道:"失业率也没有把所有放弃寻找工作的人考虑在内。"这是对美国政府失业率衡量的众多抱怨之一。
    本章已经暗示,美国政府实际上已经统计了"丧失信心的工人"数量,"丧失信心的工人"被计入了"U-4"和"U-5"的定义中。政府也有一些对劳动力市场的其他衡量指标,只是媒体和经济学家经常会忽视它们。让我们看一下 2007 年和 2008 年的其他失业衡量指标,当时美国经济放缓,官方"失业率"上升。

	2007 年 9 月	2008 年 9 月
官方失业率	4.7%	6.1%
U-4(包含丧失信心的工人)	4.9%	6.4%
U-5(将一些兼职工人计入失业)	5.5%	7.1%
U-6(将很多兼职工人计入失业)	8.4%	11.0%
就业占人口百分比	62.9%	62.0%

资料来源:Bureau of Labor Statistics, Table A-12. "Alternative Measures of Labor Underutilization," http://wwww.bls.gov。

回答下列问题:

a. 分别计算这五个指标在这一年中的变化;

b. 一些替代指标所表明的失业率上升大于官方数据吗? 是哪些指标?

c. 一些替代指标所表明的失业率上升是官方数据的两倍吗? (这可以帮助我们大致判断官方数据是否偏离很多)是哪些指标?

d. 哪些替代指标乍一看会让人觉得劳动力市场实际上比官方数据所表明的要好一些? 导致这个值变化更小的原因是什么?

资料来源:Patrick McGeehan, City's Unemployment Rate Falls to Its Lowest Level in 30 years, *New York Times*, November 17, 2006。

挑战

1. 欧洲的长期结构性失业比美国要高,但是,一些欧洲国家的长期结构性失业比另一些欧洲国家更为严重。观察表 11.1,西班牙的长期失业所占比例要低于其他欧洲国家,但其失业率却高于表中的其他欧洲国家。从西班牙的这种失业中,我们可以得出什么结论?

2. a. 如果欧洲各国政府为婚姻设立规定就像为就业设定规定一样——那些预设的、使情侣分手更困难的严厉规定一旦实施,你认为离婚率会上升、下降或无法判断?

   b. 婚姻的持续时间会上升、下降或无法判断?

   c. 与更灵活的婚姻规定相比,已婚夫妇可能会感到更幸福(也更富有效率)还是更不幸福? 这个问题可能不止一个正确答案。

3. 失业者更可能找到工作的时间是什么时候? 是在他们花光失业津贴的六周前,还是一周前?(注:美国的就业数据为这个问题的正确答案提供了坚实后盾。)

4. 观察图 11.4。在图中,我们保持"岗位质量"或"工作条件"不变,看一看工资变化是如何影响劳动的供给和需求数量的。在很多工会谈判中,工会和工人并不强求更高的工资。相反,他们要求更好的工作条件:更安全的设备、更好的保险责任范围和更清洁的休息室等。

现在我们用模型来描述工会的上述行为:保持工资不变,看看工作条件变化是如何影响劳动的供给和需求数量的。这样,才更像真实生活中的劳动谈判。画一幅传统的供给—需求图,但竖轴表示"工作条件的好坏",而不是"工资"。然后,图示当工会通过谈判成功实现了高于均衡水平的工作条件时,失业数量将会发生的变化。

5. 尽管大多数失业的美国人都只是失业较短的一段时间,但当你观察特定时点的失业者时,你会发现大部分失业者都已经失业一阵子了。设想一个简单经济体,来看看如何解决这个悖论。在这个经济体中,有两类工人:A 类工人花一个月找到工作;B 类工人花 10 个月找到一份新工作。

让我们假设每一个月都有一个 A 类工人和一个 B 类工人失业。请注意:我们假设今天失去工作的人一半将在一个月内找到新的工作。但是,正如我们将会看到的,这意味着大部分失业者将失业较长一段时间。

a. 在长期(或者"稳态"),这个简单经济体在一个给定时刻有 11 个工人失业。这可以通过追踪这个社会中的失业工人数量在两年中的变化而得到证明。你可以假设在初始时刻失业者人数为零——没有人失业——但是不管你的初始假设如何,你都会得到相同的稳态答案。你可以用纸和笔或者更快一点用 Excel 来证明将有 11 个失业者。为了帮助你,下面给出了第 7 个月时的失业者情况。一直计算下去,直到发现失业工人数量不再随月份的不同而改变——这就是"稳态"。

第 7 个月时的失业者情况	
A 类	B 类
1 个 A 类工人失业	1 个 B 类工人失业
1 个 A 类工人找到工作	另有 6 个 B 类工人已经失业
	0 个 B 类工人找到工作
总计:1 个 A 类工人失业	总计:7 个 B 类工人失业

b. 在稳态——也就是当失业人数不再发生变化时——这 11 个失业工人中有几个是失业一个月的？几个是失业超过一个月的？

c. 如果你看到一个经济体中大多数当前失业的工人都已经失业很长时间了，这是不是意味着在最近几年失业的人中大多数都已经失业很长时间了？这个例子如何解释你的答案？

谁更可能呼吁政府要加强劳动工会和劳动法，使解雇工人更加困难：有工作的内部人，还是没有工作的外部人？

12 通货膨胀与货币数量论

津巴布韦总统罗伯特·穆加贝（Robert Mugabe）面临一个问题：需要钱！但不幸的是，津巴布韦的经济困难已经迫使高效率农民和企业家大量外流，国外投资者望风而逃，曾经的"非洲粮仓"正濒于饥荒边缘。除了税收，津巴布韦几乎所剩无几。然而，这位独裁总统仍然需要钱，他要收买反对派，奖励支持者，尤其是依然忠心耿耿的津巴布韦军队。于是，他只能求助于贫穷政府的最后避难所——印钞机。

政府和伪钞制造者一样，都是通过印钞来偿付账单。2001年初，当时通货膨胀已经以每年50％的速度飞奔，穆加贝还以极快的速度印钞。无论何时账单到期或士兵需要军饷都不成问题——只要印制更多钞票就可以了。例如2006年5月，政府宣布了一项印制60万亿津巴布韦元的计划，以解决以300％速度增加的军饷问题。具有讽刺意味的是，军饷支付被推迟了，只是因为津巴布韦没有足够的美元来购买印制钞票的纸张和油墨。[①]

当纸墨买来后，政府向经济注入了更多的货币；然而，经济并不能生产更多的产品。当更多的货币去追逐同样多的商品，结果是显而易见的：通货膨胀。津巴布韦的通货膨胀率很快从每年50％上升到每月50％，再到超过了每天50％！津巴布韦经济面临崩溃。

在本章，我们将解释通货膨胀的含义和衡量、通货膨胀的原因、通货膨胀的成本和好处以及政府有时为什么会诉诸通货膨胀。

12.1 通货膨胀的定义与衡量

通货膨胀是平均价格水平的提高。

通货膨胀率是用价格指数衡量的在过去一段时期内平均价格水平的变化百分比。
通货膨胀率 $= \dfrac{P_2 - P_1}{P_1}$

通货膨胀（inflation）是平均价格水平的提高。我们用一个指数来衡量平均价格水平，平均价格来自一大篮子代表性产品和服务。因此，通货膨胀的衡量是通过计算价格指数的变化，**通货膨胀率**（inflation rate）是指一个价格指数从某一年到下一年所发生变化的百分比：

$$通货膨胀率 = \frac{P_2 - P_1}{P_1}$$

其中，P_2 是第二年的价格指数值，P_1 是第一年的价格指数值。简单地说，10％的通货膨胀率意味着产品和服务的定价(平均而言)比上一年高出 10%。

供给和需求的变化会推动价格不断地上下波动,而通货膨胀是指平均价格水平的提高。我们可以把通货膨胀想象成把所有价格都提升起来的电梯。如图 12.1 所示,在第一年,一些价格会上升,一些价格会下降,但总体价格平均水平是 100。通货膨胀倾向于提升所有价格,因此,第十年的价格平均水平是 200。

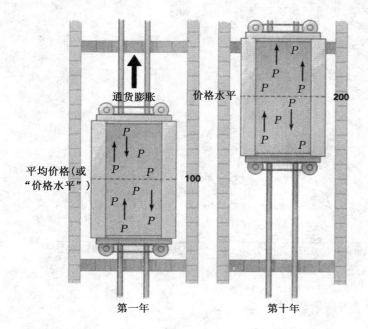

注:在任一时点上,都会有一些价格上升,一些价格下降。通货膨胀是平均价格水平的增长。

图 12.1　通货膨胀电梯

12.1.1　价格指数

经济学家用几种不同的价格指数来衡量通货膨胀,而不同的价格指数基于不同的商品束。

1. **消费者价格指数**(consumer price index,CPI):衡量的是一个典型美国消费者购买一篮子商品的平均价格。该指数包括 80 000 种商品的价格加权,所以,像房屋这样的大项的价格上升就比猫砂这样的小项的价格上升对指数的影响要大。

2. **GDP 平减指数**(GDP deflator):类似于 CPI,但包括所有最终产品和服务,也就是说,组成 GDP 的商品,不仅仅包括消费者购买的产品。GDP 平减指数被用于从名义 GDP 中计算实际 GDP。

3. **生产者价格指数**(producer price index,PPI):衡量的是生产者所面临的平均价格。不像 CPI 和 GDP 平减指数,生产者价格指数衡量的不但包括最终产品价格也包括中间产品价格。针对不同行业的 PPI 常被用于计算投入成本的变化。

对大多数美国人来说,CPI 是与他们日常经济活动最直接相关的通货膨胀衡量指标;对企业和政府来说,更值得关心的是另外两个指数。我们这里主要讨论 CPI,除非另有说明。

12.1.2　美国和世界各地的通货膨胀

图 12.2 显示自 1950 年以来美国年通货膨胀率的变化。在这一时期，平均通货膨胀率是 3.9%，但在很多时期，尤其是在 20 世纪 70 年代，通货膨胀率显著更高；在 2003—2013 年这 10 年中，美国平均通货膨胀率达到 2.4%。

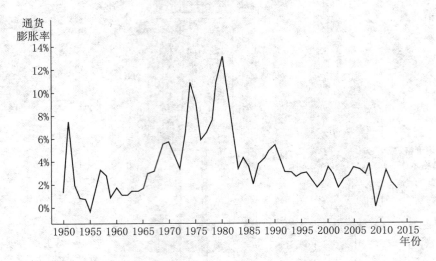

资料来源：Bureau of Labor Statistics。

图 12.2　美国通货膨胀率：1950—2013 年

图 12.3 说明了一大篮子商品的通货膨胀累计效应。一篮子在 1913 年要花费大约 10 美元的商品，在 1969 年要花费 36.70 美元，在 1982 年要 100 美元，在 2007 年要 207 美元，在 2013 年是 233 美元。曲线的高度代表每年的 CPI 水平。

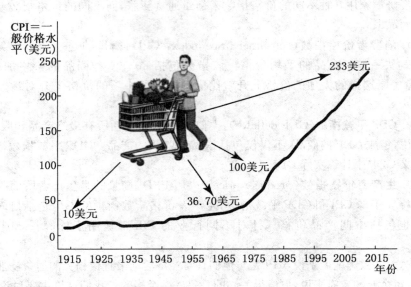

资料来源：Bureau of Labor Statistics。

图 12.3　一篮子商品价格的通货膨胀效应

CPI通常被用于计算"实际价格"。**实际价格**（real prices）是经过通胀调整的价格。实际价格被用于比较随时间而改变的商品价格，比如说，假设你被告知1982年一加仑汽油平均价格是1.25美元，但在2006年一加仑汽油的价格已翻番，达到2.50美元。这些价格在现实中是确凿无误的，但我们能否得出结论说2006年的汽油比1982年贵两倍呢？不！1982年的CPI是100，2006年的是202，也就是说，大部分产品价格在这个时期翻了一番，工资也一样。所以，在这一段时间里，相对于其他商品，汽油的价格并没有上升，汽油的实际价格在2006年大致和1982年是一样的。在本章的附录中，我们将更详细地说明：如何使用互联网上的数据去计算随时间而改变的实际价格。

实际价格是经过通胀调整的价格。实际价格被用来比较随时间而改变的商品价格。

大部分价格都会随着时间变化而上涨，但也有例外。袖珍计算器现在只值几美元，但在1972年，它要卖到395美元；在1927年，美国到伦敦的双向无线电话服务5分钟要75美元，而今天，通过Skype软件，从美国打到英国的电话5分钟仅需几分钱。某些情况下，技术进步是如此迅速，以致对特定商品和服务来说，它们克服了价格上升的一般趋势。

与国际通货膨胀率和历史纪录相比，近期美国的通货膨胀比较温和。表12.1罗列了一些国家和地区在2002年到2007年这五年间的通胀率。从2002年到2007年，津巴布韦年通胀率为735%，居世界首位。按照这样的速度，价格每五周翻一番。然而，这还是津巴布韦通货膨胀的开始，从2008年年初，价格开始上升得越来越快，一直到2008年末，价格的上升速度已经达到每月79 600 000 000%。另一方面，最低的国家和地区其通货膨胀率不足1%。采用70法则，我们可以看到，如果日本通胀率一直维持在0.03%，那么，估计要经过大约2 333年，日本的价格水平才会翻番。从5周到2 333年，这是相当大的差距。

表12.1　2002—2007年间若干国家和地区的年均通胀率

国　家	通胀率（%）	国　家	通胀率（%）
津巴布韦	735.6	中国内地	2.1
安哥拉	33.8	英　国	1.9
几内亚	20.0	文　莱	0.8
缅　甸	19.9	沙特阿拉伯	0.7
厄立特里亚	19.7	中国香港	0.5
俄罗斯	11.0	基里巴斯	0.4
美　国	3.0	日　本	0.03

注：一些2007年数据是估计值。
资料来源：International Monetary Fund, World Economic Outlook Database.

在2008年，津巴布韦的通货膨胀率接近恶性膨胀的世界纪录；而2009年，在打破世界纪录之前，津巴布韦政府宣布以外币进行交易是合法的，从而，津巴布韦元实际上已经不复存在。表12.2给出了历史上一些主要的"恶性通胀"（hyperinflation）的数字，其数字之大，让人难以置信，但这都是事实。例如，在德国，1919年花1马克买到的东西，到1923年却需要5 000亿马克。

匈牙利战后的恶性通货膨胀是纪录中最为严重的，数字之高，难以形容。在1945年花1匈牙利帕戈（Hungarian pengo）买得到的东西到1946年末就需要花

表 12.2　若干次恶性通货膨胀的上演

国　　家	时　　期	累计通货膨胀率(%)	最高月通胀率(%)
美　　国	1777—1780 年	2 702	1 342
玻利维亚	1984—1985 年	97 282	196
秘　　鲁	1987—1992 年	17 991 287	1 031
南斯拉夫	1993—1994 年	1.6×10^9	5×10^{15}
尼加拉瓜	1986—1991 年	1.2×10^{10}	261
希　　腊	1941—1944 年	1.60×10^{11}	8.5×10^9
德　　国	1919—1923 年	0.5×10^{12}	3 250 000
津巴布韦	2001—2008 年	8.53×10^{23}	7.96×10^{10}
匈 牙 利	1945—1946 年	1.3×10^{24}	4.19×10^{16}

资料来源:Fisher，Stanley & Ratna Sahay & Carlos A. Vegh. 2002. "Modern Hyper- and High Inflations," *Journal of Economic Literature*，American Economic Association，Vol. 40（3）：837—880；Anderson，Robert B；William A.Bomberger；Gail E.Makinen. 1988. "The Demand for Money, the 'Reform Effect', and the Money Supply Process in Hyperinflation：the Evidence from Greece and Hungary Reexamined." *Journal of Money*，*Credit and Banking*，Vol.20：653—672；http://en.wikipedia.org/wiki/Hyperinflation，http://www.sjsu.edu/faculty/watkins/hyper.htm，http://www.cato.org/zimbabwe.

1.3×10^{24} 帕戈。看到这样的数字,物理学家理查德·范曼(Richard Feynman)说,这样的数字真的不应该说是"天文数字",而应该说是"经济数字"。

自我测验

1. 如果去年这个时候 CPI 是 120,现在刚好是 125,那么,通货膨胀率是多少?
2. 如果在过去的两年时间里,通货膨胀率从 1% 上升到 4%,再到 7%,绝大部分商品的价格会发生什么变化:上升? 保持不变? 下降? 或者无法判断?
3. 为什么我们要用实际价格来比较不同时间里的商品价格?

12.2　货币数量论

　　从本章开头对津巴布韦通货膨胀的讨论中,我们已经了解到通货膨胀的原因。现在,我们通过阐明货币数量论来更深入地考察通胀机制。货币数量论做了两件事:第一,它说明了通货膨胀、货币、实际产出和价格水平之间的一般关系;第二,它提出了在控制价格水平方面,货币供给所发挥的决定性作用。

　　想象一下,你每月收入 4 000 美元,同时消费 4 000 美元。一年之内,你支出 4 000 美元 12 次,因此,你的总年度消费是 4 000 美元×12＝48 000 美元;另一种计算总年度消费的方法是:把你所购买的所有商品的数量乘以它们的价格之后,进行加总。我们可以写出一个恒等式(一个根据定义而必然成立的方程式):

$$M \times v = P \times Y_R$$

货币流通速度 v 是一年内一美元用于购买最终产品和服务的平均次数。

　　其中,M 是你的收入,v 是在一年中你支出 M 的次数[我们称 v 为**货币流通速度** (velocity of money)],P 是价格,Y_R 是对你所购买产品和服务的衡量。把国家当作一个整体,也可以得到一个类似的恒等式,这里把 M 解释为货币供给,v 是在一年里一美元用于购买最终产品和服务的平均次数,P 是价格水平,Y_R 是实际 GDP。

　　从而,我们可以写出有关一个国家的恒等式:

$$Mv = PY_R$$

$$M = \text{货币供给} \qquad P = \text{价格水平}$$
$$v = \text{货币流通速度} \qquad Y_R = \text{实际 GDP}$$

这个附加了一些假设的简单恒等式 $Mv = PY_R$ 有助于我们彻底想清楚货币是如何影响产出和价格的。我们进一步假设：与货币供给（M）相比，实际 GDP（Y_R）和速度（v）都是稳定的。

让我们来讨论为什么这些假设通常都是合理的。在此期间，我们感兴趣的是实际 GDP 由实际生产要素——资本、劳动和技术所确定，正如关于增长的第 7、8 章所述。通货膨胀可以达到每年 10％、500％、5 000％，甚至更高。相反，实际 GDP 从来不会增长超过每年 10％（那已是超常发挥了），因此，用实际 GDP 变动来解释价格的较大变化是说不通的。

让我们也假设货币流通速度 v 是稳定的。货币流通速度是指一年内一美元被用于购买最终产品和服务的平均次数。在上例中，v 是 12，代表你每月支出 4 000 美元，一年支出 4 000 美元 12 次。经济全球化的今天，在当前的美国经济中，v 大约为 8，与那些可能决定你个人 v 的因素一样，美国经济的 v 由诸如工人工资是月付还是双周付、支票过户所需时间、寻找和使用自动取款机所需时间等因素所决定。这些因素会随时间而改变但变化很慢。在有关商业周期的章节中，我们将更详细地探讨使 v 变化更快的其他因素，但这些因素也不足以解释价格的较大且持续的增长。基于此，v 的变动似乎也不足以解释较大且持续的价格增长。

12.2.1　通货膨胀的原因

如果 Y_R 被真实生产要素所固定，且 v 也是稳定的，那么，唯一会导致 P 的增加的就只有 M——货币供给量了。换言之，通货膨胀是由货币供给量的增加所引起的。

这个理论如何站得住脚呢？图 12.4 中的左图绘出了在秘鲁发生恶性通货膨胀时的物价水平 P 和货币供给量 M 的关系。在 1980 年价值 1 秘鲁印蒂（Intis）

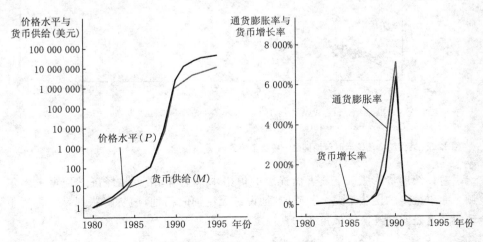

资料来源：International Monetary Fund，International Financial Statistics。

图 12.4　秘鲁的通货膨胀是一个货币现象

的产品在 1995 年需要花费 1 000 万印蒂。[为了减少零的个数，秘鲁政府曾在此期间，两次改变货币的名字，先是从印蒂到索尔（Soles de Oro），然后再到新索尔（Nuevo Sol）]。正如你在图中看到的，货币供给量与价格同步，也增长了大约 1 000 万倍。

货币数量论还可以写成增长率的形式。我们在变量上方加一个小箭头来表示变量的增长速度，因此 $\vec{M}$ 是货币供给量的增长率，$\vec{P}$ 是价格增长率，如此等等。如果 $Mv = PY_R$，那么下述恒等式也成立[*]：

$$\vec{M} + \vec{v} \equiv \vec{P} + \vec{Y}_R$$

对价格增长率 $\vec{P}$，我们专门有个词来描述：通货膨胀！如果假设速度的改变不大——正如前述——那么，$\vec{v}$ 将为零或非常低；我们还知道，实际 GDP 增长率 $\vec{Y}_R$ 相当低，在 2%—10% 之间。因此，如果忽略了这两个因素，我们会立即发现 $\vec{M} \approx$ 通货膨胀率，"$\approx$"意味着近似等于。换言之，货币数量论表明：货币供给增长率近似等于通货膨胀率。

图 12.4 右图显示：在秘鲁恶性通货膨胀期间，货币供给快速增长，通货膨胀率也一样，在 1990 年达到了增长速度的顶峰：每年 7 500%。

在其他时间和地方，货币增长率与通货膨胀率的关系如何呢？图 11.5 绘出了在 1960—1990 年间，110 个国家的通胀率（标注在纵轴）与货币增长率（标注在横轴）之间的关系。货币供给增长迅速的国家，其通货膨胀率就高；货币供给增长缓慢的国家，其通货膨胀率就低。事实上，正如图中斜线所示，每 10% 的货币增长与每 10% 的通胀率增长之间有着几近完美的线性关系。

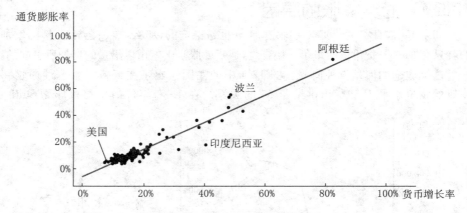

资料来源：McCandless, G. and W. Weber. 1995. "Some Monetary Facts." *Federal Reserve Bank of Minneapolis Quarterly Review* 19(3)：2—11。

图 12.5　通货膨胀无论何时何地都是一种货币现象

对持续通货膨胀——显著而连续的价格水平上升，诺贝尔经济学奖得主米尔顿·弗里德曼的说法是完全正确的，他说："无论何时何地，通货膨胀都是一种货币现象。"这是宏观经济学最重要的真理之一。

---

　　[*] 为了得出这个等式，我们用了一个简单的数学近似，即如果 $Y = A \times B$，则 Y 的增长率近似等于 A 的增长率加上 B 的增长率。

    尽管较大而持续的价格增长源于货币供给增加,但v和Y_R的变化也会适度影响到通货膨胀率。例如,假设M和v不变,Y_R(实际 GDP)增加必然使价格降低。过去,很多国家用金银这样的商品做货币。例如,1834—1933 年间,根据官方规定,美元值 1/20 盎司的黄金,因为在商品货币本位下,金银的供给增长缓慢,所以,价格通常会由于Y_R比M增长更快而每年下降一点。

    最后要说明的是,即使考虑到M的影响,货币流通速度的变化也将影响价格。例如,货币流通速度的提高会使既存通货膨胀加速。在 1923 年德国恶性通货膨胀的顶峰时期,价格每时每刻都在提高。货币流通速度提高是对这种极端情况的回应。例如,工人不再是周付薪水,而是一天三次付薪。他们把收入交给妻子,妻子就冲到商店以赶在价格上升得更高之前买到食物、肥皂、衣服以及任何物品。通胀本身导致了货币流通速度的提高,但流通速度的提高又反过来加剧了通货膨胀。

    货币流通速度也会降低。在经济恐慌期,人们可能会纯粹地持有货币而不敢花掉它。人们可能相信把钱塞住床垫下会比存入银行更保险。在经济大萧条时期,很多美国人正是这样做的。货币流通速度的降低加剧了**通货紧缩**(deflation)——价格水平的降低,而这使萧条进一步恶化。(第 13 章将更深入讨论经济大萧条)。货币流通速度或货币供给增长速度的适度下降会降低通货膨胀率,这是**反通货膨胀**(disinflation),而不是通货紧缩。

> **通货紧缩**是平均价格水平的下降。

> **反通货膨胀**是指通胀率下降。

    数量论还假设M变化不会改变Y_R。长期来看,这是有道理的,因为我们知道实际 GDP 是由资本、劳动、技术所决定,M变化不会改变这些因素中的任何一个。从而,在长期,货币是中性的。例如,想象一下货币供给翻倍的情况。数量论表明:从长期来看,价格将增加一倍而其他都不会改变。我们将一次又一次地重复货币的长期中性,因此让我们把这一原理特别记下来:

在长期,货币是中性的。

    尽管货币在长期是中性的,但在短期,M的改变引起Y_R变化还是可能的,特别是在一些情况下,M增加会暂时提高实际 GDP,M减少会暂时减少实际 GDP。为了搞清楚短期内M变化是如何引起实际 GDP 变化的,让我们来看一个通货膨胀寓言,它阐明了增加货币供给会为经济带来怎样的变化。

12.2.2   通货膨胀寓言

    假设一个微型经济,由相互交易的面包师、裁缝、木匠组成。现在假设这个微型经济的政府像津巴布韦政府一样开始用新印钞票支付士兵军饷。首先,面包师会非常高兴,因为士兵会走进他的店门来买面包。为了满足新客户,面包师会加班烘焙更多面包,并能够提高面包价格。他会想:"太棒了!随着对面包需求增加,我将能买更多衣服和橱柜。"同时,裁缝和木匠也有同样的想法,因为士兵也要从他们那里买物品。

    然而,当面包师来到裁缝店买衬衣时,却发现自己的想法很愚蠢。因为士兵也要为他们自己买衬衣,衬衣价格已经上涨了。同样,裁缝和木匠发现他们想买商品的价格也已经上涨了。尽管他们赚了更多钱,但他们的实际工资——也就是用钱所能买到的商品数量却减少了。

当政府下一次想买商品时,它要面对的是更高的价格,它必须印制更多钞票才可以购买和以前一样多的商品。而且,随着新钞票流入经济,面包师将会火速冲向裁缝店和木匠店,以争取在价格上涨之前花掉手中的钱。不幸的是,裁缝和木匠也有同样的想法。结果,价格上涨得甚至比以前更快。

最终,当政府继续印制钞票以购买商品,面包师、裁缝和木匠将开始预期通货膨胀并为之做出准备。他们将不再加班,而是认识到:等他们要花掉他们的新货币时,他们所想买的商品的价格已经上涨。认识到这些之后,再看到士兵挥舞着大把钞票走进店内,他们也不再那么高兴了,他们也不再愿意加班烘焙更多的面包、缝制更多的衣服或者制造更多的橱柜。

这个寓言故事告诉我们:短期内,意想不到的货币供给增加会促进经济增长,但随着企业和工人开始预期并适应了新钞流入,产出增长就不会再高于正常水平。它很好地帮我们认识了目前要讨论的问题。不过,非预期通货膨胀和产出的短期关系是经济学的一个关键思想,我们将在第 13 章更详细地讨论。

自我测验

1. 在长期,什么导致了通货膨胀?
2. 表达货币数量论的方程式是什么?

12.3　通货膨胀的成本

对普通人来说,通货膨胀的成本是显而易见的——价格都在上涨,还有什么比这更糟糕的呢? 但是,大多数人很少会想到通货膨胀也会提高工资。(无疑,我们都倾向于把坏的事情,如价格上涨,想成是他人的过错,而把好的事件,如工资提高,归功于自己的美德)如果包含工资在内的所有价格都在上涨,那么,通货膨胀还有问题吗?

如果每个人都知道通货膨胀率是 2% 或 8%,那么,每个人都会为此做出准备,这样一来,通货膨胀率的高低就不会有太大关系了。但是,与此相反,更一般的情况是,没人知道通货膨胀率是多少! 再来看图 12.4 的右图,秘鲁的通货膨胀率是从1986 年的 77% 上升到 1990 年的 7 500%,然后回落到 1992 年的 73%。有谁能预想到如此剧烈的变化? 即使通货膨胀比较温和,也很难预测其确切数值。在美国,1964 年的通货膨胀率是 1.3%,1970 年通货膨胀率是 1964 年的 4 倍多,达到 5.7%,到了 1974 年,就增加到了 11%。通货膨胀率使大多数人大吃一惊。当通货膨胀率从 1980 年的 13% 下降到 1983 年的 3% 时,大多数人又吃了一惊。当通货膨胀率较高时,通货膨胀会有更多变数,也更难预测。再看一下表 12.4,秘鲁的通货膨胀从1986 年的 77% 上升到 1990 年的 7 500%,然后在 1992 年回落到 73%。谁又能预测到这样的变化?

高通货膨胀率确实会引发一些问题,但正如我们下面要讨论的,不稳定的或不确定的通货膨胀可能代价更昂贵。我们现在就来谈论一些由不稳定的高通货膨胀所引发的特殊问题或成本。记住:要把通货膨胀看成是一种潜伏的、发展缓慢的癌症。市场价格是资源和机会的价值信号，而通货膨胀破坏了市场价格发送这种信号的能力。

12.3.1　价格混乱和货币幻觉

价格是种信号，而通货膨胀会扰乱人们对价格信号的理解。比如，在上面所讲的通货膨胀寓言中，面包师最初把面包需求的增加当作面包真实需求增加的信号。事实上，由于所有的价格都在上升，因此对面包的真实需求并没有增加。把名义信号与真实信号混为一谈，会造成真实后果的产生。面包师认为，价格在告诉他要努力工作以生产更多面包。但当他随后发现所有价格都上涨了，他就会明白自己犯了一个代价高昂的错误。

现在想象一下，某一天面包的实际需求真的增加了，只是面包师已经对通货膨胀习以为常，因此而忽略了这个真实信号。他没有更努力地工作，而是继续烘焙与以前同样多的面包。这样，由于信号被湮没，他错失了赚钱的良机。

在现代经济中，要判断面包需求的增加是真实需求增加的反映还仅仅是货币供给增加的反映，似乎很容易。只要拿起一份《华尔街日报》(*The Wall Street Journal*)，你就能读到有关货币政策的文章。但是，事实上并没有那么容易。有时，货币供给增加和面包需求的真实上升是同时发生的。这就很难确定这两种影响的相对强度。或许，这个面包师从来都没有学过经济学原理，或者从来没有读过一本真正优秀的经济学教科书。

人类并不总是完全理性的，这使得他们读取信号更加困难。即使我们知道得很多，有时也会把通货膨胀所带来的高工资和高物价当作是实际意义上的高工资和高物价。如果电影票价格上涨了 10%，包含工资在内其他价格也同时上涨了同样比例，我们应该得出实际贸易条件还维持在原来水平的结论。但是，很多人却会错误地认为电影票已经变得"更贵"。他们把这当作了相对价格的变化，于是就会更少去看电影或者基于这样的新价格做出其他决定。经济学家称此为"货币幻觉"。**货币幻觉**(money illusion)就是人们错误地把名义价格变化当作了实际价格变化。

简言之，通货膨胀常常使消费者、工人、公司和企业家感到困扰。当价格信号变得难以识别，市场经济就不能运作良好——资源被浪费在那些看起来有利可图但实际上并非如此的活动中，企业家对实际机会不能做出快速反应，资源流动到有利用途上的速度更加缓慢。

货币幻觉就是人们错误地把名义价格变化当作了实际价格变化。

12.3.2　通货膨胀对财富的再分配

在上述通货膨胀寓言里，政府是通过印制钞票来购买面包、衣服和木制品。这些真实的物品从哪里来？是来自面包师、裁缝和木匠。通货膨胀将真实的资源从公民手中转移给政府，因此，通货膨胀是一种税收。

通货膨胀税不需要收税员、征税机构或大量税收记录。你可以通过秘密交易或把钱藏到床底来避开大部分税收，但你却无法避开通货膨胀税！藏在床底下的钱正好就是通货膨胀所征的税，因为随着价格上升，藏在床下的货币价值下跌了。

因此，处在崩溃危险中的资金拮据的政府通常要诉诸大规模通货膨胀也就不足为奇了。表12.2中，几乎所有的恶性通货膨胀都与政府背负了大量不可能通过正常税收进行偿还(或支付)的债务(或支出)有关。

通货膨胀不仅是把公众的财富转移到政府手中，而且还在公众之间进行了财富的再分配，尤其是在借贷双方之间。为探寻究竟，我们假设贷方以10%利率贷款，但在这一年里，通货膨胀率也是10%。从合同上看，贷方赚了10%的回报——我们称此为名义回报。但是贷方的实际回报率是多少呢？贷方的10%回报是由货币支付的，而货币已经贬值了10%，从而可以说，贷方实际回报率为零。

因此，通货膨胀会减少贷方从贷款中得到的实际回报，这实际上就是将财富从贷方转移给了借方。例如，在20世纪70年代，高通货膨胀率意味着20世纪60年代贷出的30年固定利率的抵押贷款的真实价值严重缩水，数十亿美元从贷方再分配给了借方。借方获益了，而许多贷方却破产了。

然而，在20世纪70年代后期，许多人开始预期通货膨胀会保持在10%，因此，购房者愿意以15%或更高的利率进行长期抵押贷款。但是，当通货膨胀在20世纪80年代早期出人意料地下降时，借方发现他们的实际支付利息比预料的高得多。财富从借方再分配给了贷方。

通过写出贷方的实际回报率、名义回报率和通货膨胀率之间的关系，我们可以更精确解释通货膨胀与财富再分配之间的关系：

$$r_{实际} = i - \pi \tag{1}$$

$$r_{实际} = 实际利率，i = 名义利率，\pi = 通货膨胀率$$

也就是说实际利率等于名义利率减去通货膨胀率。

当然，贷方不会亏本贷出资金，因此，当贷方预期通货膨胀会提高时，他会要求更高的名义利率。比如，如果贷方预期通货膨胀率是7%，实际均衡利率(由可贷资金市场决定，参见第9章)是5%，那么贷方会要求一个接近12%的名义利率(7%来抵消通货膨胀率，5%是均衡利率)。如果贷方预期通货膨胀率是10%，那么，他将要求接近15%的名义利率(10%抵消预期通货膨胀率，5%是均衡利率)。

费雪效应是指名义利率随预期通货膨胀率的增加而增加的趋势。

名义利率随预期通货膨胀率的增加而增加的趋势，被称作**费雪效应**(Fisher effect)[以经济学家欧文·费雪(Irving Fisher，1867—1947)而得名]。作为一种近似表达*，我们可以将费雪效应写成：

$$i = E\pi + r_{均衡}$$

$$i = 名义利率，E\pi = 预期通货膨胀率，r_{均衡} = 实际均衡回报率 \tag{2}$$

费雪效应表明名义利率等于预期通货膨胀率加上实际均衡利率。最重要的是，费雪效应认为名义利率将随预期通货膨胀率的增加而增加。我们可以在图12.6中看到费雪效应，它用曲线表示了1955—2010年间美国的通货膨胀率和短期名义利率。

---

* 教材中的费雪效应方程式仅仅是一个近似表达。精确的费雪效应方程式是$(1+i) = (1+r)(1+\pi)$。如果贷方想要5%的实际回报率($r = 0.05$)而通货膨胀率是10%($\pi = 0.1$)，那么，贷方必须索要的名义利率就为1.155(1.10×1.05)或者15.5%。当通货膨胀率比较低时，近似效果比较好。在恶性通货膨胀期间，近似就不适用了。

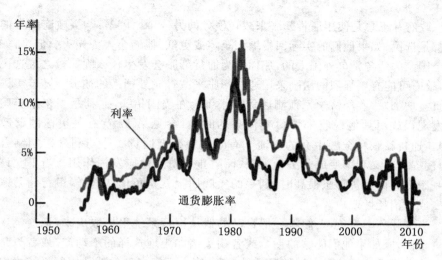

资料来源：Bureau of Labor Statistics 与 Board of Governors of the Federal Reserve System。

图 12.6 名义利率随通胀率增长而增长

把式（1）和式（2）重新写在下面：

$$r_{实际} = i - \pi \tag{1}$$

$$i = E\pi + r_{(均衡)} \tag{2}$$

如果把式（2）中的 i 代入式（1），就可看到实际利率很大程度上取决于预期通货膨胀与实际通货膨胀之差：

$$r_{实际} = (E\pi - \pi) + r_{均衡}$$

如果 $E\pi < \pi$，即预期通货膨胀小于实际通货膨胀，那么，实际利率将小于均衡利率并且很有可能为负，财富将从贷方转移给借方。

如果 $E\pi > \pi$，即预期通货膨胀小于实际通货膨胀，或相当于有非预期的反通货膨胀，那么，实际利率将高于均衡利率，财富将从借方转移给借方。

仅当 $E\pi = \pi$，即预期通货膨胀等于实际通货膨胀时，实际利率将等于均衡利率，这种情况下，借贷双方没有财富转移。我们在表 12.3 中总结出财富转移的通货膨胀：

表 12.3 通货膨胀导致的财富转移

非预期通货膨胀 （$E\pi < \pi$）	非预期反通货膨胀 （$E\pi > \pi$）	预期通货膨胀＝实际通货膨胀 （$E\pi = \pi$）
实际利率小于均衡利率	实际利率大于均衡利率	实际利率等于均衡利率
贷方受损 借方受益	贷方受益 借方受损	没有财富转移

政府通常是借方，因此政府从非预期通货膨胀中受益。背负巨额债务的政府有增加货币供给的特别激励——这叫**债务货币化**（monetizing the debt）。为什么政府并不总是使用通货膨胀来减轻其债务呢？一个原因就是费雪效应。如果贷方预期政府将通过通货膨胀减轻其债务，那么，他们就会要求更高的名义利率。为了避免这个结果，政府可能会给出一个保持低通货膨胀的可信承诺。

债务货币化是指通过发行货币而偿付债务的政府行为。

政府并不总是使用通货膨胀来减轻债务的另一个原因是:购买政府债券的通常都是选民,如果他们的实际回报缩水至零或更低,他们会大为光火。但是,如果一个国家的债务是欠外国人的,那你认为通货膨胀会发生什么呢? 较之欠选民的债,政府可能有更强烈的激励采用通货膨胀来减轻对外国人的债务。随着美国外债日益增加,一些经济学家预测通货膨胀将会在美国抬头,尤其是当未来美国政府发现很难用其他税收来偿付其债务的时候(参见第 17 章有关美国的财政问题)。**通货膨胀和金融中介的崩溃**　有时政府会把通货膨胀与利率控制结合起来,使提高名义利率变成非法行为,从而阻止了费雪效应发挥作用。当不允许名义利率提高而通货膨胀很高时,利率的实际回报就是负值。这样,银行储蓄账户就变成了消耗性账户。

当实际利率为负,人们就会把自己的钱从银行系统里提取出来,把这笔现金投资于国外(如果他们能够的话),或者购买诸如土地这样的不动产,或者只是简单地消费更多。无论是上述情况的哪一种,当人们把自己的钱从银行系统中提取出来之后,储蓄供给都会下降,金融中介都会变得效率更低。表 12.4 给出了一些实际利率严重为负的例子。在每一种情况下,经济增长都是负值。那些实际利率为负的国家,通常会有很多问题。所以,我们不能把所有的糟糕经济增长都归咎于无效的金融中介。尽管如此,研究显示,即使是控制了其他要素的变化,负的实际利率仍然会减少金融中介和经济增长。

表 12.4　实际利率为负与经济增长

国　家	时　期	实际利率	人均 GDP 增长
阿根廷	1975—1976 年	−69%	−2.2%
玻利维亚	1982—1984 年	−75%	−5.2%
智　利	1972—1974 年	−61%	−3.6%
加　纳	1976—1983 年	−35%	−2.9%
秘　鲁	1976—1984 年	−19%	−1.4%
波　兰	1981—1982 年	−33%	−8.6%
塞拉利昂	1984—1987 年	−44%	−1.9%
土耳其	1979—1980 年	−35%	−3.1%
委内瑞拉	1987—1989 年	−24%	−2.7%
扎伊尔	1976—1979 年	−34%	−6.0%
赞比亚	1985—1988 年	−24%	−1.9%

资料来源:Easterly, W. 2000, *The Elusive Quest for Growth. Economists' Adventures and Misadventures in the Tropics*, Cambridge, MA: MIT Press.

恶性通货膨胀和金融中介的崩溃　如果通货膨胀是温和且稳定的,借贷双方可能会做出合理预测,并就未来支付的真实价值签署一个大致确定的借贷合同。但是,当通货膨胀反复无常、难以预测时,长期借贷风险会更大,借贷合同可能根本就签不了。因此,非预期通货膨胀的真正问题,并不仅仅是财富再分配,还有——甚至更糟糕的——就是,当借贷双方都担心预期之外的通货膨胀(或者反通货膨胀)将再分配他们的财富时,他们几乎不会签订任何长期合同。

高涨且震荡的通货膨胀率已经危害了很多发展中国家的经济。当秘鲁遭遇1987—1992 年的恶性通货膨胀时,私人借贷几乎消失。一旦公司得不到贷款,它们就不能为未来的扩张和增长而建设。今天秘鲁的价格水平比 1997 年高约 1 000 万倍。在这样的情况下,谁还能预测到价格的增长率或把它们考虑进合同呢?

几乎消除了通货膨胀的墨西哥向世人展示:在一个稳定的环境中,资本市场会有多么繁荣。20 世纪 80 年代,墨西哥通货膨胀率有时会超过 100%,因此,人们很难得到长期贷款。在美国,得到 10 年、20 年、30 年甚至更长时限的贷款相对更容易些。然而,在墨西哥,直到 2002 年,有 90% 的地方债券都是一年内到期。

20 世纪 90 年代,墨西哥通货膨胀率降到大约 10%,最近已经降到 3%—4%,接近美国通货膨胀率水平。随着通货膨胀渐趋稳定,墨西哥资本市场开始迅速增长。2006 年,墨西哥政府能够发行以墨西哥比索(peso)计价的 30 年期债券,这要是在 20 世纪 90 年代中期,简直就是闻所未闻。

签订长期借贷合同变得更轻松也更可预测,这导致了墨西哥抵押贷款市场的起步。现在,在墨西哥得到一项长期抵押贷款相对容易多了——这要大部分归功于更低也更稳定的通货膨胀。更多的墨西哥中产阶级已经有能力买房了。

不仅仅是借贷双方需要预测未来的通货膨胀率。任何涉及未来偿付的合同都会受到通货膨胀的影响。例如,工人和企业,他们通常提前几年就工资问题达成一致,尤其是当工会或其他形式的集体谈判发挥作用的时候。如果通货膨胀率又高又不稳定,他们设定的工资水平很可能就是错误的。要么工资会太高,企业将不愿意更多地使用加班和雇用更多的工人;要么工资会太低,工人得到的工资不足,他们将会偷懒懈怠,一些工人会一起辞职。

非预期通货膨胀会对整个社会的收入进行随意的再分配。当通货膨胀率又高又不稳定的时候,非预期通货膨胀就很难避免,社会就要遭受长期合约难以签订之痛。

12.3.3 通货膨胀与其他税收的相互作用

大部分税收制度都是按名义价值来定义收入、利润和资本收益。在这些制度下,通货膨胀,即使是可预期的通货膨胀,也会产生没有任何经济意义的课税负担和纳税义务。

为了更具体地说明这一点,让我们假设,你买了一只 100 美元的股票,在过去几年里,只是因为通货膨胀,你的股票价格被推到了 150 美元。美国的税收制度要求你要为这 50 美元的利得纳税,尽管这个利得是虚幻的。是的,按照名义价值来看,你拥有了更多的钱,但是如果按照这些钱的实际购买力来看,它们值不了那么多。按实际价值来看,你的股票价值根本就没有增加,然而,你却不得不对这些有名无实的收益纳税。

在这种情况下,通货膨胀就导致人们在不该纳税的时候还要支付资本收益税。这种总体税收负担加剧的长期效应首先就是挫伤人们的投资积极性。

根据特定税制的详细规定,通货膨胀还把人们推入更高的纳税等级或者使公司为有名无实的商业利润纳税。简言之,通货膨胀提高了与税收制度有关的成本。

12.3.4　抑制通货膨胀是痛苦的

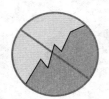

Just Say No

通货膨胀有点类似吸毒上瘾。一开始，毒品的快感(经济繁荣)很过瘾。但之后，为维持同之前一样的快感则需更多剂量(非预期通胀转变为可预期通胀)。最后只剩下对停药的恐惧(反通胀)。

通货膨胀一旦开始，就很难停止——这是通货膨胀的最大成本之一。假设一段时间内一个经济体的通货膨胀率一直维持在 10％，贷款、工资协议和各种商业合同的签订基于的是 10％的预期通货膨胀。政府可以通过减少货币供给增长来降低通货膨胀，但是如果这样做，经济体会发生什么呢？当工人、企业和消费者所预期的通货膨胀率为 10％时，更低的通胀率就是一个冲击。首先，公司可能会把通胀率降低解释成实际需求的减少，从而减少了产出和雇用。此外，基于预期通胀率 10％所签订的合同现在与实际通货膨胀不相称了。承诺每年提高 12％的工资谈判，在通胀率是 10％时，是适度的、可行的；但是，当通货膨胀是 3％时，这个承诺下的实际工资就提高得太多了。当工人的实际工资出乎预期地提高很多时，企业就可能会付不起工资而解雇工人。只有在长期，随着预期的调整，经济体才会移动到通货膨胀和失业都很低的那一点。

例如，在美国年通货膨胀率高达 13.5％之后的 1980 年，罗纳德·里根当选为总统。截至 1983 年，严厉的货币政策已经使通货膨胀率降低到 3％，但是，也导致了自经济大萧条之后最糟糕的衰退，失业率超过了 10％；一直到 1988 年，失业率才回落至 5.5％左右。

自我测验

1. 思考在非预期通货膨胀和预期通货膨胀下，借方和贷方之间的财富再分配各是什么样的？
2. 当预期通货膨胀率提高时，名义利率会发生什么？这种效应叫什么？
3. 非预期通货膨胀会对价格信号产生什么影响？

○　本章小结

通货膨胀是指由 CPI 这样的价格指数所衡量的平均价格水平的提高。价格指数可以用于把名义额转换成实际价格，即经过通货膨胀调整的价格。

持续的通货膨胀是一个无时无处不在的货币现象。长期来看，实际 GDP 由实际生产要素——资本、劳动和技术——所决定，因此，货币供给改变不可能长久地提高实际 GDP。从而，货币数量论可以帮助我们理解在长期内价格是如何对货币供给改变做出反应的。虽然货币从长期来看是中性的，但在短期内，货币供给变化会由于各种原因而影响实际 GDP。

通货膨胀使价格信号更难以破解，尤其是当人们产生货币幻觉的时候。通货膨胀是一种税。没有多少其他税源的政府常常会求助于通货膨胀，因为通货膨胀税是难以规避的。

工人和企业通过把通货膨胀率考虑到工资合同和贷款协议中，来适应一个可预期的通货膨胀。名义利率随预期通货膨胀的提高而提高的倾向，就叫费雪效应。但是通货膨胀是很难预测的。当通货膨胀高于预期，就会发生从贷方到借方的财富再分配;当通货膨胀小于预期,就会发生从借方到贷方的财富再分配。财富任意再分配的可能性使借贷风险都变得更大,从而可能导致金融中介的崩溃。

对经济体来说,温和而持续的通货膨胀率一般是有害的。然而,经济学家对适时而少量的通货膨胀是否以及如何有益于经济持不同意见。在第 13、16 章中,我们将更详细讨论政策制定者是如何运用通货膨胀和产出之间的短期权衡来熨平衰退和繁荣的。这仍然是现代宏观经济学中的最重要也最具争议的分歧之一。

○ 本章复习

关键概念

通货膨胀

通货膨胀率

真实价格

货币流通速度 v

通货紧缩

反通货膨胀

货币幻觉

费雪效应

债务货币化

事实和工具

1. 什么是"价格水平"? 如果一个国家的价格水平高于另一国家,这对比较两国的生活水平有意义吗?

2. 哪些因素会对货币流通速率造成冲击?

3. 在什么情况下,通货膨胀率更有可能大幅度地上升或下降:是高通胀的时候,还是低通胀的时候?

4. 当通货膨胀意外发生,谁会从中得到好处:债务人还是债权人?

5. 谁更有可能游说政府加快货币增长:是有抵押贷款的人,还是把钱以抵押贷款形式贷出的银行所有者?

6. 思考一下通货膨胀和税收系统之间的相互作用。高通货膨胀是激励还是抑制了人们更多地储蓄? 如果政府想要在短期内征收到更多的税赋,那么它是应该努力争取更高的还是更低的通货膨胀?

7. 如果我今天存了一些钱,想算出下一年能买到的产品和服务会比今年多多少,那么下面哪个数值会给我更多的帮助:是名义利率,还是实际利率? 哪个利率更多地被媒体谈到?

8. 根据费雪效应,如果人们预期接下来几年里,通货膨胀都会是 10%,那么,这是对名义利率影响更大呢,还是对实际利率?

思考和习题

1. 计算下列情况中的通货膨胀率:

上年价格水平	本年价格水平	通货膨胀率
100	110	
250	300	
4 000	4 040	

2. 在下表所列情况中,根据货币数量论,长期来看会发生什么? 根据货币数量论,从长期来看,货币供给增加不会改变 v 或 Y,而一定会影响 P。让我们根据这一事实来看看货币供给改变是如何影响价格水平的。请将下表补充完整。

M	v	P	Y
100	5		50
150	5		50
50	5		50

3. 根据货币数量论,从长期来看,如果货币供给翻倍,价格水平会发生怎样的变化? 实际 GDP 水平会发生怎样的变化? 写出价格水平和 GDP 水平的变化率。

4. 我们所读到的很多经济新闻都可以用"$Mv = PY$"来重新加以阐释。将下列新闻标题转换成关于 M、v、P 或 Y 的精确表达:

a. "2015 年美国银行存款下跌";

b. "美国企业的支出速度再创新高";

c. "去年多数消费品价格上涨 12%";

d. "去年工人每小时产量上涨 4%";

e. "过去十年实际 GDP 增加 32%";

f. "利率下跌,消费者持有更多现金"。

5. 现在是管制美联储(控制美国货币供给的机构)的时候了。在本章中,我们只考虑了"长期"情况,Y(实际 GDP)和 v 一样,都不受美联储控制。美联储的唯一目标就是确定每年的价格水平都等于100,这就是所谓的"价格稳定",是大多数政府的主要目标之一。

在第 2 题中,你扮演了一个经济预言家的角色:已知 M、v 和 Y 的值,预测长期内的价格水平;而在本题中,你将扮演一个经济政策决策者:已知 v 和 Y 的值,以及价格水平目标,你的工作就是通过设定 M 的值来实现你的价格水平目标。

在某些年份,将存在对 v 和 Y 的持久冲击。作为一个政策决策者,你的工作就是:通过改变货币供给来抵消这些冲击的影响。然而,你所作出的改变货币供给的有些决策,可能不会使你受到人们的欢迎,但却是使 P 达到价格水平目标所必需的。现在请将下表补充完整。

年份	M	v	$=$	P	Y
1	25 000	2		100	500
2		4		100	500
3		4		100	400
4		2		100	200
5		2		100	400
6		1		100	600

6. 诺贝尔奖获得者米尔顿·弗里德曼常称:"通货膨胀是最残酷的税收。"谁是这项税的承担者?下列选项中可能有一个以上的正确答案:

a. 把纸币和硬币放进钱包或给家里的人;

b. 把纸币和硬币放进收银机里的企业;

c. 将钱存进利率为零的活期存款账户的人或企业;

d. 将钱存进利率高于通货膨胀率的储蓄账户的人或企业;

e. 投资黄金、白银、白金或其他贵金属的人或企业。

7. 在发生恶性通货膨胀的国家,政府通常会通过印刷货币来支付政府工作人员的工资。这和伪造货币的行为有何异同之处?

8. 费雪效应告诉我们:名义利率等于预期通货膨胀率加上实际均衡回报率,即:

$$i = E\pi + r_{均衡}$$

i = 名义利率,$E\pi$ = 预期通货膨胀率,

$r_{均衡}$ = 实际均衡回报率

经济学家和华尔街专家常常利用费雪效应去获悉某些难以估测的经济变量。当费雪效应成立,只要我们知道方程式中三个项目中的任何两个,就可以计算出第三个。例如,有时候,经济学家想知道投资者在未来几年的预期通货膨胀率是多少,但他们只有很好的名义利率和实际均衡利率的估测值;另一些时候,他们有很好的预期通货膨胀和当前名义利率的估测值,但想知道实际均衡回报率。现在,就让我们像经济学家一样,利用费雪效应,在已知其中两个值的情况下,求出第三个。

i	$E\pi$	$r_{均衡}$
5%	2%	3%
5%	1%	
5%		8%
	10%	2%
6%		2%
0%	−2%	

注意:最后一行是所谓"弗里德曼规则"(Friedman rule)的一个例子。在以后章节中我们还会讨论这个问题。

挑战

1. 如果我有了更多的货币,是不是就表明我更富有?如果社会有了更多的货币,是不是表明社会就更富有?反对的理由是什么?

2. 为什么摆脱通货膨胀会非常痛苦?为什么政府不干脆停止印刷那么多的货币?

3. 下列情况中,谁受到的损害最大:银行还是按揭贷款者(或者说购房者)?或是对两者都无损害?

$E\pi$	π	受损方
4%	10%	
10%	4%	
−3%	0%	
3%	6%	
10%	10%	

4. 让我们来看一下,从长期来看,高预期通货膨胀率对储蓄激励的损害有多大。假设政府拿走你所赚到的每一美元的名义利息的大约三分之一(对美国最近的大学毕业生来说,这个值很接近),因为在现行法律规定下,你必须为名义利息纳税。但是,如果你是理性的,当你决定要存多少钱时,你会主要关注实际的、税后利率。

为了使这个经济学原理更加明晰,假设在所有情况下,(税前)实际利率都是相同的 3%。计

算每种情况下的税后名义回报率和税后真实税后回报率。注意：当通货膨胀上升时，你的税后回报率将大幅下降。

i	$E\pi = \pi$	$(2/3) \times i$	$(2/3) \times i - \pi$
名义利率	（意料之中的）通货膨胀	税后名义回报	税后真实回报
15%	12%	10%	−2%
6%	3%		
12%	9%		
90%	87%		
900%	897%		

解决问题

根据货币数量论，预测下面这些情况下在长期内会发生什么。货币数量论认为，货币供给的增加不能改变 v 和长期 Y，那么，它必然会影响到 P。利用这个事实，看看货币供给的变化是如何影响价格水平的。填写下列表格：

M	v	P	Y
100	5		50
150	5		50
50	5		50

附录：获取真实数据

假设你想把一组名义数据转化成经过通货膨胀调整后的真实数据，你应该怎样做呢？你就要把这些待转化的数据全都输入一个电子表格。假设，在美国人口普查局（U.S.Census Bureau），你找到了 1975—2006 年的新售住房每月平均价格的数据。* 我们把这些数据输入表格，如图 A12.1 所示。在 2006 年，所售新房的平均价格达到 304 400 美元，而 1975 年却只有 39 500 美元。那么，你认为 2006 年所售新房的平均价格真的是 1975 年的 7 倍多吗？

	A	B	C
1	年份	月份	平均房价
2	2006	8	304400
3	2006	7	314200
4	2006	6	305900
5	2006	5	293900
6	2006	4	310300
7	2006	3	298800
8	2006	2	307900
9	2006	1	301000
10	2005	12	290200
11	2005	11	294400
12	⋮		
13	1975	5	43200
14	1975	4	42000
15	1975	3	42100
16	1975	2	40600
17	1975	1	39500
18			

图 A12.1

---

* http://www.census.gov/const/www/newressalesindex.html.

通货膨胀使所有价格都提高,包括工资,因此,从 1975 年算起的住房价格增长有些并不真实。为了扣除通货膨胀因素的影响,我们需要一个衡量总体价格变动的价格指数。我们在美国经济分析局找到几个月度价格指数,其中最常用的是消费者价格指数或者 CPI。*输入 CPI 后,我们就可以得到图 A12.2:

	A	B	C	D	
	年份	月份	平均房价	CPI	
1					
2	2006	8	304400	203.7	
3	2006	7	314200	203.2	
4	2006	6	305900	202.3	
5	2006	5	293900	201.9	
6	2006	4	310300	201	
7	2006	3	298800	199.8	
8	2006	2	307900	199.1	
9	2006	1	301000	199	
10	2005	12	290200	197.7	
11	2005	11	294400	197.8	
12	2005	10	293600	199.1	
⋮					
375	1975	7	42300	54	
376	1975	6	42500	53.5	
377	1975	5	43200	53.1	
378	1975	4	42000	53	
379	1975	3	42100	52.8	
380	1975	2	40600	52.6	
381	1975	1	39500	52.3	
382					
383					

图 A12.2

2006 年 8 月份的 CPI 为 203.7,1975 年 1 月份的 CPI 为 52.3。2006 年价格与 1975 年相比,总体上升至 1975 年的 3.89 倍(203.7/52.3＝3.89),所以说,住房价格增长的相当一大部分是不真实的。我们还可以计算得更加精确:假设任意一年的总体价格水平都和 2008 年 8 月一样,以此来计算购房的费用,也就是说,将所有价格都转化成"2006 年 8 月的美元"。

为了将价格转化成"2006 年 8 月的美元",我们还需要做两步工作。首先,把每个 CPI 数值都除以 2006 年 8 月份的 CPI——203.7,由此得到一组新数据,叫做平减指数。如图 A12.3 所示,注意我们是把公式 D2/203.7 复制到"平减指数"栏中的每个单元格。

最后,我们把平均住房价格除以平减指数。注意到 2006 年 8 月份的平均房价除以 1,结果没发生改变,仍是 30 400 美元。道理很清楚:因为我们正是用 2006 年 8 月份的美元来转换所有价格的!最终结果如图 A12.4 所示:

我们现在已经发现:如果 1975 年的总体物价与 2006 年一样高,那么 1975 年的住房价格就应该是 153 846 美元,而不是 1975 年美元计价的 39 500 美元。由于我们现在有了住房的真实价格序列,那我们就能找到房价的实际上涨程度。把物价水平保持在 2006 年的水平,则 2006 年的平均房价为 304 400 美元,1975 年为

---

* 因为住房价格是构成 CPI 的一大组成部分,所以从技术上讲,我们应该使用除去住房价格的 CPI(CPI-Less Shelter)。但是实际上这类指数几乎相同。

	E2			fx	=D2/203.7	
	A	B	C	D	E	
1	年份	月份	平均房价	CPI	平减指数	
2	2006	8	304400	203.7	1	
3	2006	7	314200	203.2	0.9975	
4	2006	6	305900	202.3	0.9931	
5	2006	5	293900	201.9	0.9912	
6	2006	4	310300	201	0.9867	
7	2006	3	298800	199.8	0.9809	
8	2006	2	307900	199.1	0.9774	
9	2006	1	301000	199	0.9769	
10	2005	12	290200	197.7	0.9705	
11	2005	11	294400	197.8	0.971	
12	2005	10	293600	199.1	0.9774	
375	1975	7	42300	54	0.2651	
376	1975	6	42500	53.5	0.2626	
377	1975	5	43200	53.1	0.2607	
378	1975	4	42000	53	0.2602	
379	1975	3	42100	52.8	0.2592	
380	1975	2	40600	52.6	0.2582	
381	1975	1	39500	52.3	0.2568	
382						

图 A12.3

	F2			fx	=C2/E2	
	A	B	C	D	E	F
1	年份	月份	平均房价	CPI	平减指数	以2006年美元计的平均房价
2	2006	8	304400	203.7	1	304400
3	2006	7	314200	203.2	0.9975	314973
4	2006	6	305900	202.3	0.9931	308017
5	2006	5	293900	201.9	0.9912	296520
6	2006	4	310300	201	0.9867	314468
7	2006	3	298800	199.8	0.9809	304632
8	2006	2	307900	199.1	0.9774	315014
9	2006	1	301000	199	0.9769	308109
10	2005	12	290200	197.7	0.9705	299007
11	2005	11	294400	197.8	0.971	303181
12	2005	10	293600	199.1	0.9774	300383
375	1975	7	42300	54	0.2651	159565
376	1975	6	42500	53.5	0.2626	161818
377	1975	5	43200	53.1	0.2607	165722
378	1975	4	42000	53	0.2602	161423
379	1975	3	42100	52.8	0.2592	162420
380	1975	2	40600	52.6	0.2582	157229
381	1975	1	39500	52.3	0.2568	153846

图 A12.4

153 846 美元。所以,在这段时期内,房价翻了一倍(304 400/153 846＝1.98)。 翻倍是个相当大的涨幅,但是比起 7 倍的增长,它还是小得多了!

除了通货膨胀因素,你还能想出一个能解释 2006 年的房价比 1975 年更高的原因吗? 这里有一个——相比 2006 年,1975 年的平均房屋面积都要更小一些。例如,在 1975 年,25％的房屋面积不足 1 200 平方英尺;而在 2006 年,只有 4％的房屋面积不足 1 200 平方英尺。* 所以,如果我们想对房屋价格的真实上涨有更精确的把握,还应计算出每平方英尺的房价。如果我们这样做了,会进一步发现房价上涨其实还不到原来的两倍。上述所有内容证明了一点:获取真实数据相当复杂,但是非常值得,如果我们想正确理解经济体是如何随时间推移而增长变化的话。

---

* http://www.census.gov/const/www/charindex.html.

13 经济波动：总需求和总供给

经济增长不是一个平稳的过程。在过去 60 年里,美国实际 GDP 以平均每年 3.2% 的速度增长。但是,经济并不是每天每月甚至每年都以此速率在增长,它总是起起落落,时而增长时而衰退,时而繁荣时而萧条。

在第 7、8 章中,我们研究了为什么有些国家富裕而另一些国家贫穷。在回答这个问题时,我们完全忽略了繁荣和衰退,只关注经济体在长期内的平均增长率。现在,我们将注意力由平均增长率转移到对平均值的偏离,也就是繁荣和衰退。

图 13.1 显示了美国自 1948 年以来季度性的繁荣和衰退。如图中水平直线所标,每季度的(年同比)实际 GDP 平均增长率是 3.2%,但是经济并不是平均增长的。在一个典型的衰退期,某些季度的增长率可能会下降至 −5%,而在繁荣期,

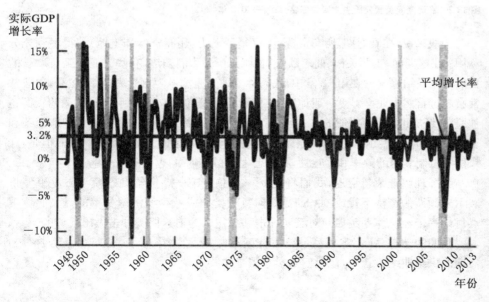

注:图中所示为年同比的季度增长率。阴影所示为衰退期。

资料来源:Bureau of Economic Analysis。

图 13.1　经济的增长是不平稳的:1947—2013 年

增长率可升至 7%—8%甚至更高。我们把实际 GDP 围绕长期趋势或"正常"增长率上下波动称为**经济波动**(business fluctuations)或者**商业周期**(business cycles)。阴影部分的**衰退**(recessions)——我们在第 6 章已经将其定义为——实际收入和就业显著而普遍的下降。

经济波动是指实际 GDP 围绕长期增长率趋势上下波动。

衰退是指实际收入和就业显著而普遍的下降。

衰退是政策制定者及公众都特别关注的话题,因为在这期间,失业会增加。注意在图 13.2 代表美国经济衰退期的阴影区域中,失业是如何急剧增长的。

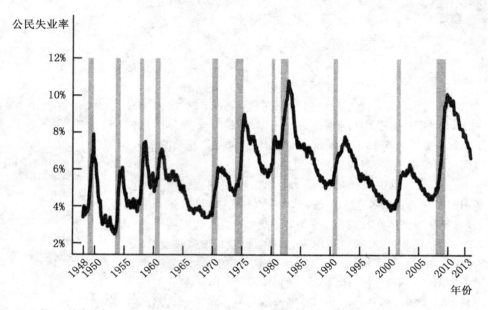

注:阴影所示为衰退期。

资料来源:Bureau of Labor Statistics;National Bureau of Economic Research.

图 13.2　衰退期间美国公民失业率的提高:1947—2013 年

一般来说,在衰退期,所有资源(不仅是劳动力,还有资本和土地)都得不到充分利用。在这期间,工厂关门、商店歇业、农场弃耕。我们知道,有些失业是经济增长的自然或正常结果——在第 12 章中,我们称这种失业水平为自然失业率,但是,失业常常会超过自然失业率。更一般地,当我们看到大量资源未得到利用,这就表明资源正被浪费,经济正以低于潜能的方式运行。经济学的目标之一就是要更好地理解繁荣和衰退的原因,获悉如何通过政策来消除这些波动。衰退属于例外,而非常态,但是,如果能够限制衰退的频率和严重性,我们会生活得更富裕,也更有安全感。

为了理解繁荣与衰退,我们将建立一个总需求—总供给动态模型。此模型将展示未预期的经济干扰或"冲击"是如何暂时增加或减少经济增长率的。我们将重点讨论一个经济体系是如何对真实冲击和总需求冲击这两类冲击做出反应的。

我们的动态 AD-AS 模型最终会有三条曲线:总需求曲线、长期总供给曲线和短期总供给曲线。首先,让我们来看总需求曲线。

13.1　总需求曲线

总需求曲线(aggregate demand curve)表示在支出增长率既定的条件下,通货膨胀率和实际 GDP 增长率不同数值的所有组合。解释 AD 曲线的最简单方法是用第 12 章的货币数量论来推导。回忆货币数量论的动态形式:

$$\vec{M} + \vec{v} = \vec{P} + \vec{Y}_R \qquad (1)$$

其中,$\vec{M}$ 是货币供给增长率,$\vec{v}$ 是货币流通速率(货币周转的快慢),$\vec{P}$ 是价格增长率,也就是通货膨胀率,$\vec{Y}_R$ 是实际 GDP 增长率,简称为实际增长。于是,式(1)也可以写成如下形式:

$$\vec{M} + \vec{v} = 通货膨胀 + 实际增长 \qquad (2)$$

现在,假设 $\vec{M} = 5\%$,$\vec{v} = 0\%$,实际增长也是 0%,那么通货膨胀率是多少呢?为回答这个问题,我们将已知量代入式(2)中,得出:5%+0%=通货膨胀率+0%,所以通货膨胀率=5%。直观上,如果货币供给每年以 5%增长($\vec{M} = 5\%$),货币流通率是固定不变的($\vec{v} = 0\%$);那么,支出便以每年 5%的速度增长。但是如果没有与其对应的产出增长,即如果实际增长为 0%,那么价格就会提高 5%。简而言之,更多的支出加上不变的商品产出,就等同于更高的价格。

AD 曲线表示在支出增长率既定的条件下,通货膨胀率和实际 GDP 增长率不同数值的所有组合。上面提到的是一个这样的组合:在支出增长率为 5%的不变条件下,通货膨胀为 5%,实际增长率为 0%。那么,在支出增长率为 5%的条件下,通货膨胀率和实际增长还有什么其他组合呢?

同上,假设 $\vec{M} = 5\%$,$\vec{v} = 0\%$,但现在,实际增长为 3%,那么通货膨胀率是多少呢?我们再将已知量代入式(2)中,得出:5%+0%=通货膨胀率+3%,所以通货膨胀率=2%。直观上,这是相当容易理解的。当更多的货币追逐相同的商品,就会发生通货膨胀。所以,如果更多的货币所追逐的商品数量在提高时,通货膨胀率将会小于货币增长率。

现在,在支出增长率为 5%的条件下,我们已有两组通货膨胀率和实际增长数值的组合。如图 13.3 中,a 点表示通货膨胀率为 5%,实际增长为 0%;b 点表示通货膨胀率为 2%,实际增长为 3%。这两个组合都符合支出增长率为 5%的条件,所以它们应在同一条 AD 曲线上。实际上,由式(2)可以得出,在支出增长率 5%的条件下,通货膨胀率和实际增长的组合一定满足方程式:5%=通货膨胀率+实际增

总需求曲线表示在支出增长率既定的条件下,通货膨胀率和实际 GDP 增长率不同数值的所有组合。

关键等式:
$\vec{M} + \vec{v} = 通货膨胀$
$\qquad + 实际增长$

数学检验:如果货币供给每年增长 5%($\vec{M} = 5\%$),货币流通速率是固定不变的($\vec{v} = 0\%$),那么,通货膨胀率+实际增长一定是 5%。如果实际增长是 3%,那么通货膨胀率就是 2%。

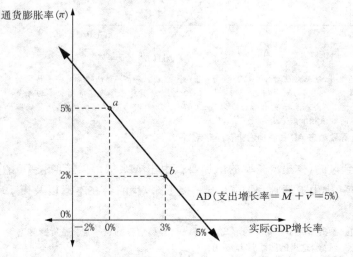

注:如果年支出增长率为 5%,而实际增长为 0%,那么价格一定会上升 5%,也就是说,通货膨胀率一定为 5%(a 点);如果年支出增长率为 5%,而实际增长为 3%,那么通货膨胀率一定为 2%(b 点);如果支出增长率是 5%,实际增长是 5%,那么通货膨胀率是多少呢?

图 13.3 总需求曲线

长。也就是说,任何相加起来等于 5% 的通货膨胀率和实际增长的组合都在同一条 AD 曲线上。图 13.3 展示的是支出增长率为 5% 时的 AD 曲线。曲线上所有点的纵坐标值和横坐标值加起来都等于 5%。

同时注意,AD 曲线是一条斜率为 −1 的直线。* 这就意味着,在给定的支出增长率下,实际增长增加一个百分点,通货膨胀率就会相应地减少一个百分点。

动态总需求曲线的移动

支出增长率为 5% 的 AD 曲线表示通货膨胀率和实际增长之和等于 5% 的不同数值的所有组合。那么支出增长率为 7% 的 AD 曲线呢? 没错,就是通货膨胀率和实际增长相加起来等于 7% 的不同数值的所有组合。因为我们了解 AD 曲线的实质,所以,也就知道了 AD 曲线是如何移动的。如图 13.4 所示,支出增长率为 5% ($\vec{M} + \vec{v} = 5\%$) 的 AD 曲线上,通货膨胀率和实际增长的每个组合的不同数值相加起来都等于 5%。而表示消费增长为 7% ($\vec{M} + \vec{v} = 7\%$) 的 AD 曲线上,通货膨胀率和实际增长的每个组合的不同数值相加起来都等于 7%。如果由于 $\vec{M}$ 或 $\vec{v}$ 的增加,导致支出增长率增加到 7%,那么 AD 曲线将会向右上方移动(即向外移动)。直观上,支出增长率的增加会使通货膨胀率上升或者实际增长率上升。所以,支出增长率上升,AD 曲线向外(右上)移动;支出增长率降低,AD 曲线向内(左下)移动。

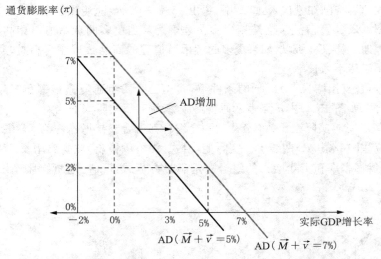

注:支出增长率 ($\vec{M} + \vec{v}$) 的上升,使总需求增加,AD 曲线向右上(外)移动。每条 AD 曲线都有一个特定的支出增长率。举个例子:支出增长率为 5% ($\vec{M} + \vec{v} = 5\%$) 的 AD 曲线上,通货膨胀率和实际增长率的每个组合的不同数值加起来都等于 5%。而表示支出增长率为 7% ($\vec{M} + \vec{v} = 7\%$) 的 AD 曲线上,通货膨胀率和实际增长的每个组合的不同数值相加起来都等于 7%。

图 13.4　支出增长率上升,导致动态 AD 曲线向右上(外)移动

正如我们已经提到过的,支出增长率的增加要么由于 $\vec{M}$ (货币供给增长率)的上升,要么就是由于 $\vec{v}$ (货币流通速率)的上升。接下来,我们会在本章以及第 16

---

　　* 将式(2)整理成我们熟悉的 $Y = b + mX$ 的形式,就可以很容易地看到这一点:通货膨胀率 $= (\vec{M} + \vec{v}) − 1 \times$ 实际增长。 注意,这里的曲线斜率 m 为 −1。

章"货币政策"和第 18 章"财政政策"中，向大家解释它在实际操作中的意义。现在，我们只要记住：支出增长率增加，AD 曲线向外移动；支出增长率减少，AD 曲线向内移动。

自我测验

1. 假设在一条动态总需求曲线上，$\vec{M}=7\%$，$\vec{v}=0\%$，那么通货膨胀率加上实际增长等于多少？假设实际增长为 0%，那么通货膨胀率又是多少呢？
2. 支出增长率增加，动态总需求曲线将向哪个方向移动？向内还是向外？

13.2　长期总供给曲线

在第 7、8 章中，我们学过：经济增长取决于劳动和资本存量的增加以及（由更好的新知和更好的制度所推动的）生产率的提高。因此，给定这些基本或真实的生产要素，经济会有一个潜在增长率。我们把给定真实生产要素情况下的增长率称为"索洛"增长率。

我们之所以称其为索洛增长曲线，是因为经济学大师罗伯特·索洛（Robert Solow）建立了有关经济潜在增长率的重要模型。在第 8 章，我们详述了索洛模型，但如果你跳过了那一部分内容也没关系。我们可以把**索洛增长率**（Solow growth rate）看作是给定自由变动价格和既存的资本、劳动、新知等真实生产要素水平下的经济增长率。

正如我们在第 12 章所强调，从长期来看，货币是中性的。因此，我们把通货膨胀率置于纵轴，实际增长率（实际 GDP 增长率）置于横轴，所得出的索洛增长曲线就非常简单——是一条垂直于索洛增长率的直线，如图 13.5 所示。* 再次强调，经济体的基本增长率取决于诸如劳动和资本这样的要素的数量，而非通货膨胀率。

> **索洛增长率**是一个经济体的潜在增长率，是给定价格自由变动和既存真实生产要素条件下会发生的经济增长率。

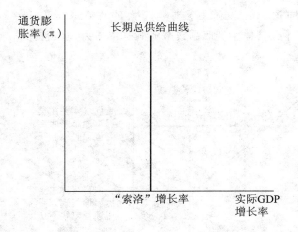

注：长期总供给曲线曲线是一条垂直于实际 GDP 增长率的直线，我们称之为"索洛"增长曲线

图 13.5　长期总供给曲线

---

*　潜在增长不取决于通货膨胀率的说法，是第 12 章所讲的货币中性的强形式。难以预期和变化多端的通货膨胀会减少一个国家的潜在产出增长；即使是可预期通货膨胀率，也会由于多种原因而对潜在增长产生微小影响。然而，处理这些问题会使我们的模型变得复杂，不利于更好地理解目前的主题：经济波动。

长期总供给曲线的移动

长期总供给曲线垂直于索洛增长率的位置。

我们把 AD 曲线和长期总供给曲线结合在一起,来解释真实冲击是如何引起经济波动的,这种思考经济波动的方式,常被称作真实经济周期(real business cycle, RBC)模型。图 13.6 表示的是一条年支出增长率为 10% 的 AD 曲线和一条实际增长为 3% 的长期总供给曲线。由于 $\vec{M} + \vec{v}$ =通货膨胀+实际增长,而 $\vec{M} + \vec{v}$ = 10%,实际增长 = 3%,所以年通货膨胀率为 7%。因此,在此模型中,均衡通货膨胀率和增长率是由 AD 曲线和长期总供给曲线的相交点决定的。

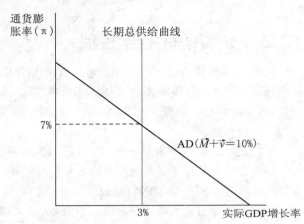

注:如果 $\vec{M} + \vec{v}$ = 10%,实际增长是给定的索洛增长率 3%,那么通货膨胀率就是 7%。

图 13.6　AD 曲线和长期总供给曲线

再看看图 13.1,它表示了美国 GDP 在过去时间的增长率。尽管在很多年里,平均年增长率大约为 3%,但各年的增长率是围绕这个平均数在波动。为什么?

增长率波动的一个理由是经济会持续受到冲击的影响,它们改变了索洛增长率。例如,在一个农业经济体中,好天气提高庄稼产量,推动增长率提高,而坏天气则减少庄稼产量,从而推动增长率下降。

真实冲击又称生产力冲击,指的是增加或减少了潜在增长率的冲击。

我们把这些冲击称为**真实冲击**(real shocks)或**生产力冲击**(productivity shocks),因为它们提高或降低了一个经济体生产产品或服务的基本能力,从而提高或降低了索洛增长率。

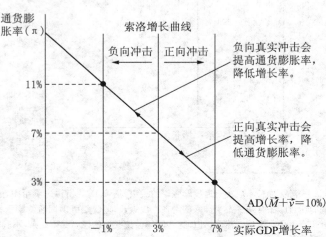

注:正向真实冲击导致长期总供给曲线向右移动,使实际增长上升,通货膨胀率下降;负向真实冲击导致长期总供给曲线向左移动,使实际增长下降,通货膨胀率上升。经济体始终都受到正向及负向的真实冲击。

图 13.7　真实冲击会推动长期总供给曲线左右移动

如图 13.7 所示，正向真实冲击使实际增长率上升，导致长期总供给曲线向右移动。由实际增长率上升引起的产品供给增加，使通货膨胀率降低。例如，在 20 世纪 90 年代末，互联网革命这一正向真实冲击促使经济增长率增加。进而，更快出现的功能更强大的电脑以更低的价格出售，使通货膨胀率维持在低水平。

负向真实冲击导致长期总供给曲线向左移动，实际增长率下降。更低的实际增长率意味着购买的新产品更少，所以通货膨胀率上升。例如，在 20 世纪 70 年代，石油相对供给量骤然减少导致油价连续几次大涨——这一负向真实冲击促使增长率下降，通货膨胀率上升。

长期总供给曲线受到的冲击会使实际增长率和通货膨胀率发生改变，但这种改变只是暂时的，因为当经济遭到新的冲击，长期总供给曲线总是会左右移动。前面的图 13.1 表明经济增长是不稳定的，经济增长率随季度而波动，正向冲击导致增长率暂时上升，负向冲击导致增长率暂时下降。在约一个世纪的时间里，美国实际 GDP 增长率都是围绕大约 3% 而波动。不同年代、不同地区的平均索洛增长率是更高还是更低，取决于基本要素——资本、劳动、新知和制度的增长。但是，每个经济体总会遭受真实冲击，所以增长率也总是波动。

这种看待繁荣和衰退的方法——真实经济周期模型是索洛增长模型的自然延伸。在真实经济周期模型框架中，经济波动仅仅是短期内由真实冲击引发的经济增长率的改变。

13.3　真实冲击

让我们仔细考察下真实冲击。真实冲击是经济条件的迅速改变，它会提高或降低资本和劳动力的生产效率，从而影响 GDP 和就业。为了理解冲击及其重要性，我们先从分析较贫穷的经济体入手，然后分析冲击会如何造成美国和其他发达国家的问题。

这个世界有几十亿农民。对许多国家来说，农业仍占 GDP 的最大份额。耕地产量既取决于资本和劳动力投入的数量和质量，也取决于天气。特别是在农业经济体中，当天气状况发生波动，农业产出和 GDP 也会随之波动。

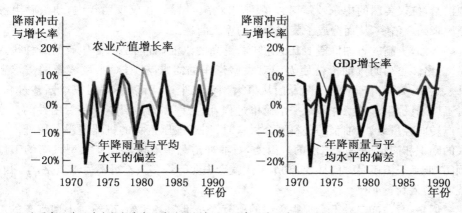

注：左图表示降雨冲击与印度农业产值增长率。右图表示降雨冲击与印度 GDP 增长率。
资料来源：Reserve Bank of India 及 Indian Institute of Tropical Meteorology。

图 13.8　印度的降雨冲击与其农业产出及 GDP 之间有充分关联

图 13.8 表示了天气冲击是如何影响印度的农业产出和 GDP 的。深色线表示印度年降雨量和平均值之间的百分比偏差(1970—1990 年)。降雨量高于平均值,就有利于农作物收成;反之,就不利于农作物收成。例如,1975 年,印度的降雨量高出平均值 10.8%。在图 13.8 的左图中,我们看到该年农业总产值上涨高达 12.8%。然而,1979 年,降雨量低于平均值 11%,于是该年农业总产值与上年相比下降将近 13%。

当印度农业产出下降,GDP 也随之下降。尽管并不是只有农业直接贡献于 GDP,但是如果农民生活艰难,印度的很多其他经济部门也会遭受影响。比如,对拖拉机的需求量会下降,农民消费品的购买数量会减少。从而,冲击便扩散到其他经济部门。

农业是印度 GDP 的最大贡献者,所以由天气导致的对农业产出的冲击,对 GDP 增长有很大影响。图 13.8 右图中,浅色线表示印度 GDP 增长率。正如预期,印度 GDP 在 1975 年上升近 10%,在 1979 年下跌 5.2%。注意:GDP 的上升或下降的幅度小于农业产出的变动幅度,这是因为受天气影响较小的其他经济部门也对 GDP 有贡献。

我们再来仔细观察右图。你是否发现:自 1980 年起,降雨冲击对印度 GDP 的影响似乎在逐渐减小?1970 年,农业占印度 GDP 的 40%。从那时起,印度经济开始增长并向多元化方向发展;到 1990 年,农业只占印度 GDP 的 20%。所以,随着时间推移,天气冲击对印度经济的影响越来越小。在美国,农业只占 GDP 的 1% 左右,所以每年的天气变化对其影响不大。但是,其他冲击却可以导致美国经济大震荡。

13.3.1　石油冲击

如果一个经济体有大型制造业部门,那么,石油供给减少的影响就和降雨减少对农业经济体的影响是相同的。石油和机器属于互补品,它们相互协作,与劳动力一起来创造产出。因此,当石油供给减少,资本和劳动力的生产率就会下降。毫不夸张地说,石油就是工业巨轮的润滑油。少了它,工业就运转不动。

第一次石油冲击发生在 1973 年末,很多石油生产国一起以石油输出国组织"欧佩克"(Organization of Petroleum Exporting Countries,简称 OPEC)名义减少全球石油供给,抗议美国的中东政策对以色列的支持。结果,在仅仅两年内,油价就上涨至原来的 3 倍多,从而造成了美国经济的重大问题。

例如,更高的石油价格上升也意味着更高的汽油(石油是汽油生产的一种投入品)价格。更高的汽油价格使人们对大型汽车的需求减少,对小型汽车的需求上升。然而,美国汽车产业一度专门从事大型汽车生产,所以一时间很难调整过来。对工厂来说,生产转型并不是一个简单过程,因为许多物质资本都是专用性的。当生产转向轻量级、节油型的塑料复合材料时,用于锻压钢材的机器便没了用处。工人的知识和岗位也是专用性的。因此,石油冲击意味着许多生产大型汽车的工厂倒闭,或是开工不足。同样地,汽车工人就会失业。许多人不得不另谋出路,学习新技术,转入新行业。

但是,石油冲击并不会损害美国的所有经济部门。比如,市场对小型汽车的需求上升,然而美国汽车产业并不能立即满足这种需求。设计并生产一种新型汽车,需要花费十年之久,所以,美国花费了相当长时间才把资本和劳动重新配置到小型汽车的生产上。在此期间，汽车产业的产出和就业下降。同样，随着时间推移，许多原居于底特律(美国大型汽车的制造基地)的居民开始迁居休斯敦(美国的石油重镇)。但是，这种转换代价高昂，且具有破坏性。

　　由于石油是许多经济部门的重要投入，石油价格上涨——或石油冲击——损害了很多美国的产业。因此，油价的急剧上升会破坏整体经济。图 13.9 显示出石油价格和美国近六次经济衰退之间的关系。每次油价大幅上升都是在经济衰退开始之前或与其同步(1981—1982 年衰退期间，油价仍然居高不下，大致可算是 1980 年衰退的延续)。图中前三次衰退与油价之间的这种关系，表现得尤其明显。在那三次情况下，战争爆发使石油供给下降，导致价格上升无法预料。非预期冲击带来的代价尤其大。

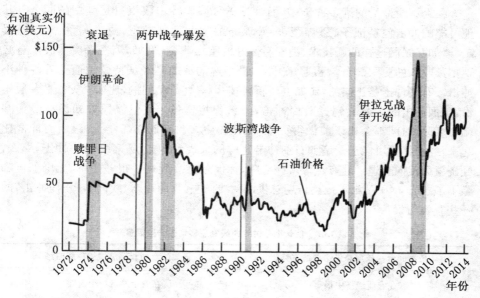

注：每桶石油的真实价格按 2013 年美元计。

图 13.9　石油价格和美国经济衰退

　　油价大幅上涨对经济的影响很容易观察到，但小幅冲击的影响就很难观察。但是，仔细的统计分析，可以把石油冲击的影响与经济持续遭受的其他许多冲击分解开来。图 13.10 显示出经济体是如何回应油价非预期地永久地上涨 10% 的。

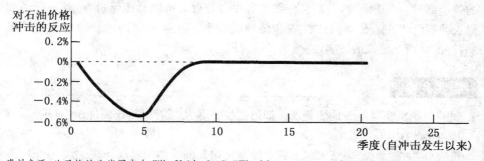

资料来源：此风格的曲线图来自 Sill, Keith. 2007. "The Macroeconomics of Oil Shocks." *Federal Reserve Bank of Philadelphia*, *Business Review* Q1:21—31。

图 13.10　实际产出增长率对油价上涨 10% 的反应

　　从经济的正常趋势增长率开始（图中纵轴上的 0 点），图 13.10 显示了油价上升 10％导致经济增长逐渐放缓，大约在 5 个季度（一年多）之后达到最低。但是，5 个季度之后，实际产出增长率又开始快速回升；10 个季度（两年半）之后，经济适应了油价上涨，增长率又回到正常水平。

　　因此，在超过两年的时间里，10％的油价上涨使 GDP 增长率低于油价不上涨时本应有的水平。它对 GDP 的总体影响是使其下降约 1.4％。换言之，如果油价未曾上涨，那么实际 GDP 会高出大约 1.4％。

13.3.2　更多冲击

　　在经济所遭受的诸多冲击中，石油冲击和降雨冲击仅仅只是其中的两个。其他可能的冲击包括战争、恐怖袭击、新颁布的重大管制措施、税率调整、大规模罢工、诸如互联网这样的新技术、消费者偏好的重大改变（例如，消费者突然决定有必要把其收入的更大部分储蓄起来）等。最普遍的情况是经济持续地遭受着各种小冲击。有些冲击是正向的，比如生产新科技；而有些是负向的，比如旱灾。在一般年份，正面冲击的影响会超过负面冲击，经济保持增长。人们以原有知识存量为基础，大部分时间都会比以前做得更好，生产得更多。然而在坏年头，跟后面冲击比起来，经济体更可能遭受诸如石油冲击这样的大规模冲击，或者负面小冲击，那么，经济就会走向衰退。这有点像玩扑克牌，你偶尔会拿到一手很差的牌，无论怎样都赢不了。表 13.1 列出了推动长期总供给曲线向左（负面冲击）或向右（正面冲击）的一些重要因素。

表 13.1　使长期总供给曲线发生移动的一些因素

负面因素＝长期总供给曲线左移	正面因素＝长期总供给曲线右移
坏天气（在农业经济中很重要）	好天气（在农业经济中很重要）
石油或其他重要投入的价格提高	石油或其他重要投入的价格下降
生产力下降/技术衰退	生产力提升/技术繁荣
高税收或管制	低税收或管制
战争、地震和流行病对生产的破坏	没有破坏的平稳生产

　　除了冲击，还有一些力量会放大冲击，并在之后的时间里，把冲击传导到经济的各个部门。在下一章，我们会仔细考察冲击的放大机制和传导机制，看一看诸如对农业部门的冲击是如何被放大和传导到很多其他经济部门的。通过这样的机制，冲击会产生更大的影响，持续更长的时间。

自我测验

1. 想一想手机在世界各地的普及。如何把这种普及理解成是正面冲击？（提示：与 10 年前相比。）

2. 税收（例如能源税）突然大幅上调会使索洛增长曲线如何移动？

13.4　总需求冲击和短期总供给曲线

总需求冲击是另一种会对经济产生影响的冲击。**总需求冲击**(aggregate demand shock)是 AD 曲线的快速的、不可预料的移动。由于总需求曲线是关乎支出的,因此我们也可以说,总需求冲击是支出的快速而不可预料的变动。为了解释总需求冲击为什么是重要的,我们需要引入短期总供给曲线,并解释"粘性"(非完全弹性)工资和价格。

在引入短期总供给曲线之前,我们说一下有关总需求冲击的直觉常识。总需求冲击在经济中发挥作用是需要一些时间的。回忆一下第 12 章的通货膨胀寓言。在那个寓言中,津巴布韦政府印刷了更多的钞票以支付军人。军人们用这些新钞票购买了诸如面包之类的更多商品——这就是支出的增加,是对总需求的正面冲击。刚开始,当军人走进面包店,用钞票购买面包时,面包师会很开心。为了满足新顾客,她工作更长的时间烘烤更多的面包。"太棒了!"她想,"面包需求增加了,我可以买更多的衣服和橱柜了。"面包师的期望是以军人开始向她购买更多面包之前的价格来购买衣服和橱柜。但不久,她就发现,军人几乎对所有的东西都购买了更多,这推高了整个经济体的价格。因此,她的钱所能购买的东西要比以前少。一旦面包师预期整个经济的价格都会提高,那她就会提高面包价格,恢复原来的生产水平。

这个寓言告诉我们,对支出的正面冲击会在开始的时候提高产出,但在长期,只会使价格提高。从基本恒等式 $\vec{M}+\vec{v}=$ 通货膨胀+实际增长,我们知道:支出的增长,必然带来通胀率 π 的增长或者实际增长率的增长。但我们也知道,从长期来看,实际增长率等于索洛增长率,它不会受到通胀率的影响,因此,在长期,支出的增长只会使通胀率提高。然而,寓言告诉我们,通胀率上升并不必然与支出提高成正比。在短期,支出增长会被分为两部分:通货膨胀率的增长和实际经济增长的增长——这就是我们下面要学习的短期总供给曲线的精髓。

正如图 13.11 所示,**短期总供给曲线**(short run aggregate supply, SRAS)是向上倾斜的。向上倾斜的短期总供给曲线意味着,在短期,总需求的增加会带来通货膨胀率和增长率的提高;总需求的减少会带来通货膨胀率和增长率的下降。

总需求冲击是 AD 曲线(支出)的快速的、不可预测的移动。

1936 年,约翰·梅纳德·凯恩斯出版了一本具有革命性意义的著作——《就业、利息和货币通论》(*The General Theory of Employment, Interest and Money*)。《通论》说明了在价格不能自由变动的情况下,总需求不足可能会导致经济衰退。

短期总供给曲线(SRAS)表示,在价格粘性时期,通货膨胀率和实际增长之间呈正相关关系。

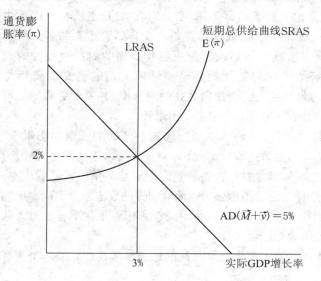

注:在短期内价格粘性的情况下,通货膨胀率和实际增长正相关。我们用一条向右上倾斜的短期总供给曲线来表示这一关系。

图 13.11　短期总供给曲线

　　图 13.12 用总需求曲线、短期总供给曲线和长期总供给曲线所表示的思想,与寓言想要说明的思想是相同的。我们的分析从长期均衡点开始,这意味着消费者和厂商所预期的通货膨胀率必然等于实际通货膨胀率,实际增长率必然等于索洛增长率。因此,在图 13.12,初始均衡点 a 的实际增长率为索洛增长率(3%),通胀率为 2%,预期通胀率为 2%。经济学家通常会使用 π 来表示通货膨胀,用 $E(\pi)$ 来表示预期通胀率。正如我们马上就要讲到的,每一条短期总供给曲线都与一个特定的预期通胀率有关,因此,初始短期总供给曲线标记的是 $E(\pi)=2\%$。

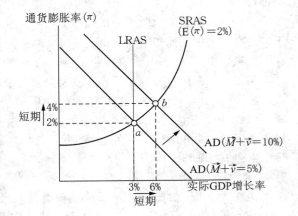

注:总需求增加会导致通货膨胀率上升,但实际增长率仍保持不变。均衡点从点 a 移动到短期均衡点 b。

图 13.12　货币供给增长率 $\vec{M}$ 增加导致 AD 曲线向外移动

　　现在假设货币供给增长率不可预期地由 5% 上升到 10%。更多货币注入经济体系带来了 b 点的短暂繁荣。在 b 点,实际增长率为 6%,通货膨胀率为 4%。注意,$\vec{M}$ 已经提高了 5%。支出增长的一部分体现在 2% 的通货膨胀率上升中。因为工资粘性和价格粘性,部分支出增长体现在 3% 的实际增长中。在短期,支出增长的提高被分为通货膨胀率的增加和实际增长的增加。

　　为了进一步解释支出增长是如何带来增长的暂时增加的,我们回到我们的面包师,想象她拥有一家大面包店。支出增长激励面包师扩大生产,这样,她就要给工人提供更多的加班机会,支付更高的工资。工人们开始时很乐意,因为他们看到了正常工资——支付薪水的支票上的数字——提高了。但是,当这些工人要花钱时,会发现经济中的其他价格也提高了那么多,即使他们有加班,工资也只能比之前购买更少的商品和服务——工作更多,而实际支付更少! 尽管工人的名义工资提高了,他们的实际工资——也就是他们用工资所能购买到的商品和服务的数量——却下降了。工人更努力工作的热忱就是经济学家所谓的**名义工资错觉**(nominal wage confusion)。最终,工人们会预期更高的通胀率,并要求更高的工资以赶上更高的通胀率,但在短期,支出增长会带来产出增长。

　　因为更改价格是有代价的,因此价格也不能快速调整到新的长期均衡水平。经济学家把更改价格的成本称为**菜单成本**(menu costs)。之所以这么命名,是因为这种成本的一个显而易见的例子,就是餐厅价格调整时印刷新菜单所需的成本。像 Lands' End 和 L.L.Bean 这样的目录销售公司也面临同样的成本。菜单成本还包括由于频繁更改价格而惹消费者心烦的成本。菜单成本意味着企业不喜欢每天甚至每季度更改价格,所以,价格改变需要时日。

　　企业可能也不能确定市场状况的变化是暂时性的还是永久性的。如果企业有

名义工资错觉是工人对其名义工资——而不是实际工资变动的反应,也就是说,工人会对他们付薪支票上的工资数字,而不是这些工资所能购买的商品和服务(即经过通货膨胀调整后的工资),而做出反应。

菜单成本是更改价格的成本。

这样的不确定，那么，他们就会延缓价格变动，至少会暂时拖延一下。假设鸡蛋价格上涨了，餐厅会去改变煎蛋卷的价格吗？如果餐厅了解到鸡蛋价格上涨是永久性的，那么它也许会涨价。但是，也有可能鸡蛋价格明天就会降下来。如果鸡蛋价格的变动只是暂时的，餐厅今天印刷了新菜单，明天不得不再印新菜单。也或许会发生这样的风险：消费者会因此去寻找更便宜的早餐。所以，对餐厅来说，在印刷新菜单之前，最好先观望一段时间再说。

然而，经过一段时间，如果企业认识到鸡蛋价格不会再回落——价格上升真的是永久性的，那么，企业就会调整他们的菜单。同样，当价格上升，工人认识到他们的实际工资并没有提高，他们就会要求更高的工资。因为工资是企业成本的一部分，更高的工资就会反过来导致更高的价格。工资和价格会一直上升，直至达到新的长期均衡。

图 13.13 表示了长期所发生的情况。在长期，非预期通货膨胀通常会转化为可预期通货膨胀，短期总供给曲线向左上方移动，从旧的短期总供给曲线$[E(\pi)=2\%]$移动到新的短期供给曲线$[E(\pi)=7\%]$。随着预期和价格的调整，$\vec{M}$ 的增加会越来越多地反映在通胀率的变化上，而越来越少地反映在实际增长率上。在长期，当所有的过渡都完成之后，$\vec{M}$ 的所有增长都会反映在通货膨胀率上，$\vec{M}$ 增加 5%，而通胀率就会增加 5%，增长率会回复到索洛水平，实际通胀率会等于预期通胀率(7%)。从而，$\vec{M}$ 的增加在短期提高了实际经济增长率，因为在这个时期，价格和供给都是粘性的。*

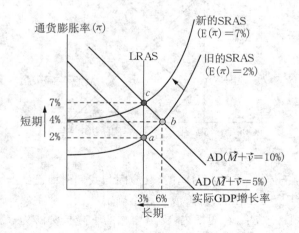

注：在长期，通胀预期可调整，工资非粘性，短期总供给曲线就会向上移动。结果，实际增长最终会回到由长期总供给曲线所给定的索洛增长率，通货膨胀水平提高。在长期，当所有的过渡都完成，经济体将会最终处于点 c。在长期，非预期的通货膨胀总是会变成可预期通胀。

图 13.13　在长期，实际增长最终会回到索洛增长率

关于短期总供给曲线，有一点提示：在长期，人们总是能预期到实际通胀率（人们不可能永远被愚弄）；在长期，通货膨胀率在长期总供给曲线与总需求曲线的交点处。在长期，经济必然处于长期总供给曲线上，因此，短期总供给曲线总是向长期总供给曲线和新的总需求曲线的交点处移动（如图 13.13 中的点 c）。注意：在新的长期均衡点，通胀率是 7%，可预期的通胀率也是 7%。在长期均衡点 c，增长等

＊　为了简化模型，我们主要表示了初始的短期变化和长期结果，毕竟所有的必要过渡和调整都是通过经济系统艰难完成的，但是，如果你有兴趣更深一步地理解真实冲击和总需求冲击是如何过渡到长期的——这关系到一些有关衰退长度和性质的重要经济问题，请看本章的线上附录（www.SeeTheInvisibleHand.com），我们在那里对此做了详细说明。

于索洛增长率——这反映了我们的直觉:在长期,货币不能影响实际增长(货币是中性的),但是会影响到通货膨胀率(通货膨胀是一个货币现象)。

我们也可以在这里先了解一下宏观经济政策的几个深刻困境。一旦经济达到新的均衡点 c,消费者和生产者就会预期通胀率为 7%。为了把实际增长率提高到索洛增长率之上,政策制定者就不得不把实际通胀率提高到 7% 以上。这样一来,政策制定者就会被困在不断增加的通胀率问题上。关于这个问题,我们会在货币政策一章继续讨论。当然,读者或许会问,为什么不只减少总需求以回到更低的通货膨胀率? 不巧的是,总需求下降时价格和工资的调整,总是慢于总需求上升时的价格和工资的调整,因此,总需求下降会导致严重的衰退。

图 13.14 说明当 $\vec{M}$ 减少导致总需求曲线下降的情况。总需求的下降使经济体从初始均衡点 a 移动到新的短期均衡点 b,导致通胀率的小幅下降和实际增长率的大幅下降。最终,经济体会经过调整适应了 $\vec{M}$ 的下降,回复到长期均衡点 c。然而,我们不在图 13.14 中详细描述这一过程了,因为我们要集中讨论的是衰退问题,以及经济体为什么要经历很长时间调整才能适应总需求的下降。

注:在点 a,支出以 10% 的速度增长,实际增长率以 3% 的速度增长,因此通胀率是 7%。假设支出增长率下降到 5%,在短期,工资粘性,因此,尽管支出增长下降了,工资增长也不会下降。结果,在点 b,实际增长下降到 −1%,通胀率下降到 6%。在长期,因为工资是非粘性的,因此,经济会移动到新的长期均衡点 c,但是,经济是经历了一场漫长衰退,才会到达点 c。

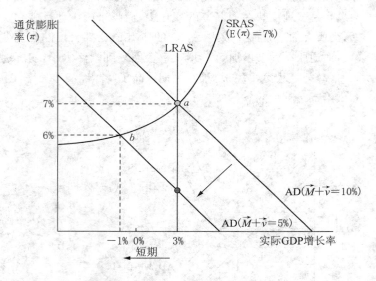

图 13.14　总需求下降可能引起一场漫长衰退

支出下降的影响扩散到整个经济体中,是要花时间的,其原因与我们前面已经讨论过支出增加的情况是一样的:工资是粘性的;菜单成本和不确定性让企业不愿立即改变价格;预期的调整需要时日。结果,在短期内,支出增长的下降被分解为通胀率的下降和增长的下降。然而,大部分经济学家相信,在下降过程中,价格和工资的粘性尤其严重。记住一句话:价格上升如火箭,下降似羽毛。

没人会希望自己的工资被削减,甚或连工资增长下降也不希望。这是工资在下降方向上其粘性尤其严重的一个原因。另外,大型工会合同会提前把几年内的工资增长率确定下来。想象一下,在很多年里,价格以每年 5%、工资以每年 7% 的速度上升。签订的合同可能保证了 7% 的工资增长。然而,如果现在通胀率下降到每年 2%,工人期望工资每年以 7% 的速度增长,如果企业按照这个数字支付工资,就会无利可图。企业本可以把工资增长减少为 4%,使工人的实际工资增长率仍然和以前一样保持在 2%。但是,当工人看到他们的薪水增长大大低于其预期,会做何感想呢? 当企业试图与工会重新缔结合约,工会会做何感想呢? 通常的情况是,工人的士气会低落，工会会发出罢工威胁。结果，企业可能会发现，较之削减工资，解雇工人或减少工作时间会更容易一些。换言之，总支出下降，将会降低增长率。

经济学家杜鲁门·比利（Truman Bewley）采访过雇主和劳工领导，询问他们为什么在衰退期间工资没有下降。他的结论是，雇主不愿意削减工资的主要原因是：当工人们看到其薪水支票上的名义工资数字变少，他们的士气必然低落，往往将其愤怒发泄到雇主头上。相比之下，解雇就免除了工人愤怒之虞。因此，总需求的下降会非常危险，因为要花费很长时间，才能使工资降下来。在此期间，产出下降就会非常严重。这就是我们所画的短期总供给曲线在长期总供给曲线左边的部分为什么更为平坦的原因。支出的下降要求预期工资增长下降，这会导致实际增长率的大幅度下降。

自我测验

1. 长期总供给曲线是垂直的，短期总供给曲线不是。如何解释这种差异？
2. 通胀预期为什么会成为短期与长期的分界线？
3. 为什么在短期支出的增长会带来通货膨胀与实际增长的增加，而在长期都不能？

13.5　对总需求各组成部分的冲击

我们已分析了 $\vec{M}$ 改变是如何使总需求曲线移动的，还有一个变化因素就是 $\vec{v}$ 的变动。我们可以把 $\vec{v}$ 变动理解成货币供给不变情况下的支出增长率的上升或下降。为了理解支出增长率为什么会发生变化，我们回顾一下第 5 章的基本国民收入核算恒等式：$Y=C+I+G+NX$。这个国民支出恒等式告诉我们支出就是对某物品或服务的花费。例如，如果 $\vec{v}$ 提高，就意味着 C、I、G 或 NX 的增长率必然增加，也就是说，$\vec{v}$ 的提高必然会分摊到 $\vec{C}$、$\vec{I}$、$\vec{G}$，或者 $N\vec{X}$ 的增加。

把 $\vec{v}$ 的改变分解成 $\vec{C}$、$\vec{I}$、$\vec{G}$，或者 NX 的改变，往往使问题变得更容易考虑。因为每个因素的变化都有其不同的原因且会造成不同的结果。让我们先来分析一下 $\vec{C}$ 的变化。为什么 $\vec{C}$ 会下降？

> $\vec{v}$ 的改变可以分解成 $\vec{C}$、$\vec{I}$、$\vec{G}$ 或者 $N\vec{X}$ 的改变。

13.5.1　对 $\vec{C}$ 的冲击

恐惧会导致 $\vec{C}$ 下降。假设消费者突然对经济前景变得消极且充满恐惧，正如 2008 年，当银行系统处于崩溃的危险之中时他们的反应。用约翰·梅纳德·凯恩斯的著名术语来说，就是"动物精神"（animal spirits）出现了反转。例如，工人们可能担心失业，从而延缓新车购买或厨房改造。消费支出的下降在短期内会使支出增长下降。支出增长下降，是对总需求的负向冲击，会导致总需求曲线向里移动，实际增长率在短期内下降。如图 13.15 所示，a 点处，通货膨胀率为 7%，预期通货膨胀率为 7%，实际增长率为 3%。支出增长率的下降导致总需求曲线向里移动。随着支出增长率的下降，工资增长率应该下降以配合价格增长的下降。但是，因为工资粘性（尤其是在下调时），所以工资增长率将基本保持不变，从而企业无利可图，就业减少，经济放缓。

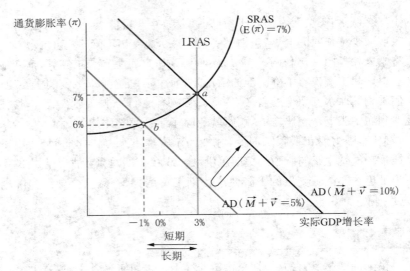

注:在 a 点处,支出增长率为 10%,实际增长率为 3%,所以通货膨胀率为 7%。如果消费者对经济前景变得担忧,从而削减支出,$\vec{v}$ 下降,动态 AD 曲线向左下方移动。在短期,工资是粘性的,所以尽管支出增长下降,工资增长率却基本保持不变。结果,实际增长率跌至 -1%,通货膨胀率跌至 6%,到达 b 点。在长期,随着担忧减弱,工资可以自由变动,$\vec{v}$ 回归到正常水平,实际经济增长率也一样。

图 13.15   总需求的暂时减少会带来通货膨胀率和实际增长率的短期下降

这样,在短期内,经济由 a 点移动到 b 点,在 b 点,通货膨胀率下降,实际增长率也下降——在该例中,b 点处的增长率为负,经济处于衰退期。

在长期,恐惧心理会减弱,工资可以调整,支出增长率回归正常,经济恢复到长期均衡 a 点。接下来,我们具体解释在长期总需求曲线会回到初始位置的原因。

13.5.2   为什么 $\vec{v}$ 的改变是暂时性的

$\vec{v}$ 的改变(也就是 C、I、G 或 NX 增长率的变化)与 $\vec{M}$ 的改变在某方面有区别。$\vec{M}$ 可以永久性地设定在某一数值上——5%、17%、103% 等等,但是 $\vec{v}$ 的变化往往只是暂时性的。我们是如何知道这一点的呢?回顾我们所举的那个例子,消费者担心失业,故而会削减在诸如购买新汽车之类物品上的支出,也就是说,$\vec{C}$ 会下降;到了下一时期,消费者可能还会削减一些开支,但保留下来的消费会更加重要(比如生活用品和租金),消费者就不再削减支出。在消费者减少开支的同时,他们的储蓄也在增加,开始对花费更感到安心。因此如果没有其他的情况发生,消费将回复到正常的增加速度。

另一个例子,想一想政府支出增加来刺激经济(这是我们将要在第 18 章讨论的财政政策)。支出增加会暂时性地提高 $\vec{G}$,使 AD 曲线向外移动。政府在短期内可以这样做,但如果 $\vec{G}$ 年复一年地持续以不正常的速率增长,那么政府购买将很快主导经济。事实上,即使选民不反对政府这种行为,$\vec{G}$ 最终还是要下降,因为从长期来看,政府支出增长率不可能快于经济增长率(否则,政府支出最终竟会超出 GDP 了,这根本是不可能的)。对 Y 的其他组成部分的分析与此类似,因为我们从第 6 章知道,C、I、G 和 NX 在 GDP 中所占份额相当稳定,因此,$\vec{C}$、$\vec{I}$、$\vec{G}$ 和 $\vec{NX}$ 的变化是暂时性的。

让我们回到图 13.15,在当前时期,$\vec{C}$ 下降导致总需求和通货膨胀率下降。然而,在未来时期,$\vec{C}$ 将回复到正常水平,总需求和通货膨胀率也会回复到原来水平。注意:由于 AD 曲线在长期内会回复到原来位置,所以 $\vec{C}$、$\vec{I}$、$\vec{G}$ 或 $N\vec{X}$ 的改变在长期内不会使通货膨胀率发生变化。换言之,持续通货膨胀需要货币供给持续增加,这一事实我们在第 12 章中已有略述。

13.5.3   其他的总需求冲击

我们已经知道恐惧会导致消费支出减少(同样,信心会使消费支出增加)。还有什么其他因素可以改变 $\vec{C}$、$\vec{I}$、$\vec{G}$,或者 $N\vec{X}$ 呢?

恐惧和信心对投资支出的影响与对消费支出的影响一样。如果企业主担心经济正在步入衰退,他们会对大型投资项目持观望态度。同样地,对未来充满信心会激励他们进行重大项目投资。

财富冲击也可以带来总需求的增加或减少。例如,假如股票市场或房地产市场暴跌。在价格下跌之前,消费者可能自由消费,并期望在退休之后或在意外情况下卖掉他们的一些股票或房产,并以资产收益为生。然而,当股票或房产价格水平下降后,消费者会突然意识到他们的财富缩水了,所以他们必须储蓄更多,从而削减支出。比如,在 2008 年,股票和房产价格水平同时下跌,就导致消费支出大幅度减少。(正向财富冲击所发挥作用与此相反。比如,随着股市升温,消费者会在当前消费更多,因为他们不断增加的财富使他们相信会在未来拥有更多财富。)

税收是另一个重要的能够影响 $\vec{C}$ 和 $\vec{I}$ 的因素。税收的增加会导致消费增长下降,反之,税收的减少会使消费增长上升。以投资支出为目标的税收——比如投资税收抵免——会对投资增长产生同样效应。税收调整也是财政政策的一部分,我们在第 18 章中将会学到。

政府支出增长率的大幅上升会使总需求增加;反之,政府支出增长率下降会使总需求减少。例如,战争期间,政府支出通常增长得很快,从而使总需求曲线向外移动。政府支出还会被设定在某些时间点上以抵消经济周期(这也属于财政政策内容,参见第 18 章)。

净出口项目等于出口减去进口。在第 19、20 章中,我们将更详细地分析进口与出口,我们在这里只需要掌握简单的基本思想。如果其他国家增加对我们国家产品的消费支出(出口),我们的总需求就会增加;如果我们转向消费国外产品(进口),我们的总需求就会减少。

表 13.2 总结了导致总需求曲线移动的一些因素:

表 13.2   导致总需求曲线移动的一些因素

AD 增加(= 更高的支出增长率) (= 正向 AD 冲击)	AD 减少(= 更低的支出增长率) (= 负向 AD 冲击)
货币增长率上升	货币增长率下降
信心	恐惧
财富值增加	财富值减少
税收减少	税收增加
政府支出增长率上升	政府支出增长率下降
出口增加	出口减少
进口减少	进口增加

现在让我们运用总需求—总供给模型中的思想来理解美国 20 世纪 30 年代的经济大萧条(Great Depression)——美国历史上的分水岭事件。

自我测验

1. 从长期来看,非预期的通货膨胀会发生什么?
2. 如果消费者担心衰退正在到来,从而削减消费支出,那么,动态总需求曲线将如何移动?

13.6　理解经济大萧条:总需求冲击和真实冲击

经济大萧条(1929—1940 年)是美国历史上最具灾难性的经济事件:GDP 下降 30%;失业率超过 20%;股票市值跌至不足原来价值的三分之一。几乎一夜之间,美国就从信心满满走向绝望。实际上,经济大萧条是一个全球性事件,几乎所有发达国家都惨遭折磨。在某些情况下,这场经济萧条导致诸如德国这样的国家在战后建立起了极权主义政权。对整个世界来说,20 世纪三四十年代是灾难性的。对此,政府的经济政策失误要负部分责任。

13.6.1　总需求冲击和经济大萧条

经济大萧条发端于美国。1929 年,美国股市崩盘,导致消极情绪在美国公众中蔓延。从某种程度上说,这次股市崩盘是由于紧缩货币政策所引发。该项政策旨在抑制股市泡沫。股票价格下跌是一种财富冲击,它使很多人感觉自己愈发贫穷,从而削减消费支出,导致 $\vec{C}$ 下降。$\vec{C}$ 的下降连同初始的货币紧缩,也就是 $\vec{M}$ 的下降,导致总需求减少,使 AD 曲线向左下方移动。

但是,这一切还只是开端。1930 年,存款者们对美国银行失去信心,他们纷纷取出存款,进而导致了一波银行倒闭浪潮。银行倒闭意味着人们存的钱没了,所以又进一步导致总需求减少。而且,当时还没有政府存款保险,所以,当第一批银行倒闭时,人们开始对其他所有银行都产生了怀疑,从而出现了争相挤兑,即使其中有些银行运行良好。从 1930 年到 1932 年期间,共发生了四次银行恐慌潮。截至 1933 年,40% 以上的美国银行都倒闭了。

银行倒闭所产生的恐慌和不确定性、失业率的上升、消费者信心的下跌、华盛顿政策制定的前后矛盾,加剧了投资支出的减少。从 1929 年到 1933 年,投资支出下跌将近 75%。许多年间,新投资支出都不足以更换自然磨损的设备、机器和建筑。令人震惊的是,美国 1940 年的资本存量竟然比 1930 年的还要低。[①]

此外,在 1931 年,美联储不是提高 $\vec{M}$,而是放任货币供给进一步紧缩。在 20 世纪 30 年代初期,美国货币供给下降大约三分之一,成为美国历史上对总需求最大的负向冲击。在那个时候,美联储本应实施扩张性货币政策,迫使紧急状态下的产出增加,也帮助濒临破产的银行增加准备金(我们在第 16 章会进一步分析货币政策)。但是,美联储却放任货币紧缩,使灾难接踵而至。这个政策性失误导致

1937—1938年的进一步货币紧缩,从而也引发另一波经济不景气,这使经济大萧条比它本应该持续的时间要漫长得多。

图13.16把这个故事图示出来。在20世纪20年代后期,经济的增长率大约为4%,通货膨胀率为0。从1929年开始,一系列残酷的负向总需求冲击使 $\vec{C}$、$\vec{I}$ 和 $\vec{M}$ 下降;到1932年,年实际增长率跌至-13%,年通货膨胀率跌至-10%。记住:尽管图中是分别描述这些冲击的,但实际上,正如前述,它们是交互影响的。

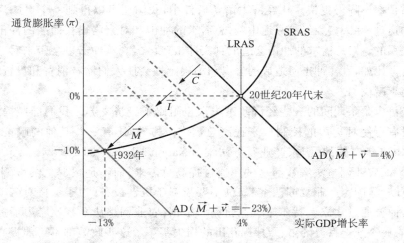

注:在经济大萧条期间,消费增长率、投资增长率和货币供给增长率都大幅下跌,这导致通货紧缩和实际增长以空前速度下降。

图13.16 经济大萧条和总需求暴跌

使所有问题变得更加糟糕的是,总需求的下降导致价格下跌(如图所示),这反过来提高了债务的实际价值。事实上,所有这些债务都是用美元来计价,因此,债务不会随着通货膨胀或通货紧缩而调整。如果一个人或一个公司已经借款10 000美元,现在价格水平下跌10%(正如在经济大萧条期间的某些年份),那么实际的(经过通胀调整的)债务负担价值就会比以前高出10%。这会使债务人的境况更加艰难。很多债务人不能履行偿债义务,他们可能会破产,使经济更加混乱。而且,很多债务人支出更少,使总需求的下降比初始的总需求冲击更甚。与此同时,由于同样理由,债权银行的实际收入会上长,债务的实际价值会提高,因此,这些银行不会如绝望债务人所希望的那样更多支出或投资。于是,财富就从债务人转移到债权人,这也意味着总需求的下降。

因此,可以说,经济大萧条的主要起因是总需求暴跌。但是,真实冲击也对大萧条的发生和经济无法从大跌中更快复苏产生了一定影响。下面,我们就来分析实际要素是如何影响经济大萧条的。

13.6.2 真实冲击和经济大萧条

我们已经提到过一种真实冲击——银行倒闭。我们可以通过回忆第9章金融中介的内容来明白为什么银行倒闭属于真实冲击。银行倒闭使货币供给和支出减少(总需求冲击)，但同时也使金融中介的效率降低。在第 9 章，我们学过，银行系统是储户和投资者之间的关键桥梁。随着银行倒闭，这种桥梁就崩溃了。一些企业可以依靠内部资金进行投资，大企业可以转向股票和债券市场来寻求新的融资。但许多小企业只能从了解它们业务的当地银行那里获得贷款，因而，银行倒闭对这些小企业的打击尤其沉重。

来总结一下这些事件之间的因果关系：$\overrightarrow{M}$ 下降使总需求减少，从而导致银行倒闭，进而金融中介效率降低，这是真实冲击。你现在可能已经想到，真实冲击甚至会使增长率下降得更快。从经济大萧条事件中，我们还可以得到一个更广泛也更真实的道理：在大多数经济衰退中，对总需求的冲击和对索洛增长曲线的冲击总是相互联系的。对总需求的冲击会造成真实冲击；反之，真实冲击也会带来对总需求的冲击。比如，真实冲击所造成的恐惧和不确定性会使人们缩减消费和投资，从而使总需求减少。

经济大萧条期间的一些经济政策失误也阻碍了经济复苏。我们已经提到，美联储没有行使对货币的控制权来提高总需求。另外，还有一些其他的政策失误。比如，1933 年实施的《国家产业复苏法案》(National Industrial Recovery Act，简称 NIRA)和《农业调整法案》，都是试图通过提高总需求，而不是减少总供给，来抗击价格下跌。《国家产业复苏法案》鼓励不要投资于机器设备(为了保持对劳动的高需求)，而要通过建立卡特尔来提高价格。根据《农业调整法案》，政府为了提高价格，为农民杀死上百万的猪、犁掉棉花田的损失买单。这些政策都不可能提高经济增长。在 1935 年和 1936 年，最高法院裁定这两条法律都是违宪的。

最著名的但或许不是最重要的是 1933 年实施的《斯穆特—霍利关税法案》(Smoot Hawley Tariff Act)，它提高了对成千上万种进口商品的关税。[2] 原则上，关税——即对外国商品的征税，会刺激消费者对国内商品的需求，从而使总需求增加。(注意：表 13.2 所列出的导致总需求曲线移动的因素中，进口下降使总需求增加。)但是，事实上，其他国家对《斯穆特—霍利关税法案》的反击造成世界贸易的加速下滑。当其他国家提高关税，美国出口量下降，而出口下降会导致总需求减少。不幸的是，世界贸易的大幅下滑意味着关税净效应是减少总需求。

关税所产生的第二个消极效应在于关税是负向生产力冲击。当我们生产具有比较优势的产品时，可从资本和劳动中获取最大产出，然后可进行贸易，以换取我们具有比较劣势的产品(参见第 2 章对比较优势的更多介绍)。关税会把资本和劳动力推进生产率较低的部门，从而使总产出减少。理解这一点的另一种方法是认识到关税效应与运输成本增加效应是完全一样的。所以说，关税就像是对航运业的负向生产力冲击一样，它将波及依靠航运的其他产业。

好像上述冲击还不够似的，在经济大萧条初期，美国还饱受自然冲击的困扰，也就是 20 世纪 30 年代的沙尘暴肆虐(Dust Bowl)。严重旱灾加上几十年来生态不可持续性的耕作方法，导致得克萨斯州、俄克拉荷马州、新墨西哥州、科罗拉多州和堪萨斯州的数百万英亩农田变成荒漠。沙尘暴遮天蔽日，能见度不足几英尺；几十万人流离失所，数百万英亩耕地撂荒。

如果在好年头，美国在承受大萧条的真实冲击时不应该有很大困难，但在坏年头，这些冲击接踵而至，使本已糟糕的景况雪上加霜。

自我测验

1. 20 世纪 30 年代早期，美国货币供给发生了什么变化？这种变化最先影响到的，是总需求还是索洛增长曲线？在哪个方向上？
2. 如本章开头所说，如果经济总在遭受真实冲击，那么，我们在解释大萧条的时候应该忽略它们吗？

○ 本章小结

本章包括的内容很多，但基本点在于运用动态总需求—总供给模型分析经济波动。经济波动指的是 GDP 增长率在短期内变化这一事实。增长率为负的时候被称作经济衰退。衰退是不好的，因为它意味着工人失业、产出小于原本可以达到的水平。

运用我们的模型，我们演示了如何分析两种类型的冲击：真实冲击和总需求冲击。真实冲击的分析是通过长期总供给曲线的移动来进行的。总需求冲击的分析是通过总需求曲线的移动来进行的。

当把总需求曲线、长期总供给曲线和短期总供给曲线放进同一个图，你就可以分析广泛的经济事件，分析它们是如何影响经济增长率的。在以后章节中，这些模型还会帮助你解释政府政策为什么能或为什么不能成功熨平经济波动。

本章概述了总需求曲线向下倾斜和短期总供给曲线向上倾斜的原因，说明了总需求曲线是如何被分解到 $\vec{M}$ 和 $\vec{v}$ 的变化中的。还有，$\vec{v}$ 的变化又可以被分解到 $\vec{C}$、$\vec{I}$、$\vec{G}$ 或 $N\vec{X}$ 的变化。你应当知道和理解菜单成本、不确定性以及对名义价值和实际价值的混淆是如何造成工资和价格粘性的，以及工资和价格粘性是如何导致向右上方倾斜的短期总供给曲线的。

我们用我们的模型概述了始于 20 世纪 30 年代的美国经济大萧条的历史。大萧条起因于一系列不幸的、密集的、相互关联的总需求冲击和真实冲击。

本章内容是宏观经济学的核心。如果你理解了这些曲线的推导与移动，你就拥有了解决许多宏观经济学问题的基本工具箱。现在，你已经可以处理有关宏观经济学和经济周期的许多核心问题了。

○ 本章复习

关键概念

经济波动
经济衰退
总需求曲线
索洛增长率
长期总供给曲线
真实冲击

总需求冲击
短期总供给曲线
名义工资错觉
菜单成本

事实和工具

1. 对下列冲击进行分类：真实冲击和总需求冲击。记住："冲击"包括好事件和坏事件。

油价下跌；

消费者更乐观；

飓风摧毁佛罗里达州的工厂；

促使加利福尼亚州橘子大丰收的好天气；

营业税提高；

观看美国电影的外国观众减少；

新发明的更新速度更快；

货币增长率加快。

2. 看图 13.2。我们来总结一下失业率和经济衰退之间的联系。注意阴影条表示经济衰退期，更宽的阴影条意味着衰退期更长。

 a. 自二战以来，美国共发生了多少次经济衰退？

 b. 自二战以来，失业率超过 10% 的经济衰退发生了多少次？

 c. 失业率好像总是在经济衰退期结束之后达到峰值：经济已经恢复增长，而失业率上升情况却要持续一段时间。数据显示，1990 年的衰退和 2001 年的衰退都明显具有这种"失业型复苏"特征。那么，这种衰退结束而失业率达到峰值的情况大约有多少次呢？

3. 看图 13.5，当通货膨胀率上升，索洛增长率是上升、下降还是保持不变呢？

4. 根据定义，"真实冲击"是负向冲击吗？

5. 当经济体遭到负向真实冲击时，长期总供给曲线通常会发生什么变化？是向左移动、向右移动，还是保持原来位置不变呢？

6. 当经济体受到负向真实冲击，总需求曲线通常会发生什么变化？是向左移动、向右移动，还是保持原来位置不变呢？

7. 如图 13.1 所示，对美国来说，长期总供给曲线通常在实际年增长率接近 3% 的位置。如果经济体遭受负向真实冲击，索洛增长曲线移动了 2 个百分点，实际增长会发生什么变化？这种变化是积极的还是消极的？由此造成的经济状况可以被称作经济衰退吗？

8. a. 负向真实冲击对通货膨胀有什么影响：是上升、下降，还是保持不变？

 b. 负向真实冲击对支出增长有什么影响：是上升、下降，还是保持不变？

 c. 支出增长的下降，也就是总需求曲线向里移动，对实际增长有什么影响：是上升、下降，还是保持不变？

9. 判断下列情形中的实际增长率是上升、下降，还是保持不变：

 a. 预期通货膨胀率＝5%，实际通货膨胀率＝7%；

 b. 预期通货膨胀率＝3%，实际通货膨胀率＝1%；

 c. 预期通货膨胀率＝6%，实际通货膨胀率＝6%；

 d. 预期通货膨胀率＝7%，实际通货膨胀率＝－10%；

 e. 预期通货膨胀率＝－1%，实际通货膨胀率＝0%。

10. 思考下图，在这个相对不成功的经济体中，索洛增长率为每年 1%。

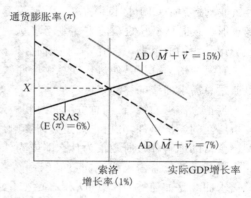

 a. 计算 X 处的通货膨胀率是多少？（提示：用货币数量论）

 b. 如果这个经济体的支出增长率为 15%，假设索洛增长率保持不变，从长期来看，通货膨胀率会是多少？

11. a. 短期总供给（SRAS）曲线是很容易预测的。当实际通货膨胀超过人们的预期，那么在未来一年左右，短期总供给曲线最终会向（选择一个答案：上还是下）移动；当实际通货膨胀小于人们的预期，那么在未来一年左右，短期总供给曲线最终会向（选择一个答案：上还是下）移动。

 b. 这里还有一个预测短期总供给曲线移动方向同样有效的方法：当实际 GDP 增长超过索洛增长率，那么在未来一年左右，短期总供给曲线最终会向（选择一个答案：左还是右）移动；当实际 GDP 增长低于索洛增长率，那么在未来一年左右，短期总供给曲线最终会向（选择一个答案：左还是右）移动。

 c. 解释这两种预测短期总供给曲线的方法为什么是等效的？

思考和习题

1. 填空：

遭遇真实冲击当实际增长低于通常水平，通货膨胀＿＿＿＿＿通常水平。

遭遇总需求冲击，当实际增长低于通常水平，通货膨胀＿＿＿＿＿通常水平。

2. a. 在 20 世纪 70 年代，美国经济增长放缓，通货膨胀居高不下。哪种冲击、哪种模型更适合解释这种经济事实？

   i. 负向真实冲击；

   ii. 正向真实冲击；

   iii. 负向总需求冲击；

   iv. 正向总需求冲击。

   b. 用同样的分类来解释 20 世纪 90 年代后期的美国经济，这一时期美国经济快速增长，通货膨胀率持续下降。

   c. 再次利用上述同样的分类来解释 21 世纪初期的美国经济，这一时期美国经济增长放缓，通货膨胀率持续下降。

   d. 哪种冲击、哪种模型最适合解释美国 1981—1982 年的经济衰退，这一时期美国通货膨胀率快速下降，失业率急速上升。

3. 为使问题简化，假设从长期来看，工人提供的劳动力是固定的，也就是说，尽管短期内工人们对工作有挑剔心理，但是在长期，无论工资如何，他们都会照常工作。

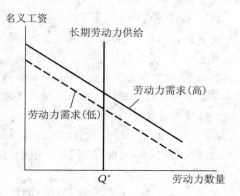

企业需要劳动力，工人们提供劳动力。现在，我们假设经济从长期均衡开始，即正常数量 Q^* 的工人在工作。

   a. 假设劳动力需求下降，向左移动，如上图所示。如果工人宁愿失业也不愿接受减薪〔我们称之

为"我不干了"（take this job and shove it）策略，这个名称来自于一首同名的西部乡村音乐〕，那么，短期劳动力供给曲线会怎样变化？在上图中画出一条新曲线，并标上"短期劳动力供给"。只需要注意 Q^* 左边的区域。

   b. 回忆一下基本的供给—需求模型，劳动力需求下降会导致工人数量"过剩"还是"短缺"？

   c. 根据基本的供给—需求模型，劳动力需求下降之后，劳动力价格水平随着时间推移将会发生怎样的变化？

4. a. 如果报纸和杂志报道了很多好的经济新闻，那么货币流通速率会发生怎样的变化？

   b. 如果美联储想要保持总需求（如支出增长）稳定，那么当大量利好的经济新闻发布时，美联储应怎样调整货币供给增长率：是提高、降低、还是令其保持不变？〔提示：实际上，中央银行常常称这种情况为"逆风而行"（leaning against the wind）。〕

5. 当总需求遭到货币冲击时，哪条曲线会移动，从而使产出增长回到索洛增长率上：短期总供给曲线还是短期总需求曲线？（提示：哪一条曲线更像微观经济学中使供给与需求达到平衡的价格调整？）

6. 当经济遭到负向总需求冲击时，会发生怎样变化？让我们来观察下图：

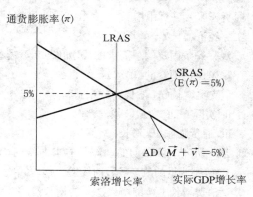

   a. 找一找在这个经济体遭受负向总需求冲击之前的索洛增长率。用货币数量论来找到答案。

   b. 因为货币供给增长的下降，年支出增长率下跌至 4％。在上图画出由此导致的直接总需求变化。

   c. 货币增长的下降持续很多年。最终，在长期工人、企业主、消费者都调整了他们的通货膨胀预期，因此，经济回归到索洛增长率。在上图中画

出这条新的短期总供给曲线。

d. 在长期，当支出增长率下降到每年 4% 的时候，索洛增长率将会是多少？通货膨胀率呢？

7. 真实世界中的经济体会遭受许多总需求冲击和真实冲击。一些冲击完全符合第一类别，一些完全符合第二类别，还有一些是这两类冲击的混合。让我们来给下列冲击归类。其中只有一个是属于混合型的。

a. 钢铁工人罢工，导致钢铁产量减少；

b. 企业家阅读了有关互联网美好前景的书籍，从而对高科技的投资支出需求增加；

c. 美国参议员阅读了有关互联网美好前景的书籍，从而对高科技的政府采购需求增加；

d. 如雷曼兄弟（Lehman Brothers）和贝尔斯登（Bear Stearns）等一连串投资银行破产；

e. 2000 年左右，互联网"光环"稍稍退色，从而科技创新速度在几年内有某种程度的放缓；

f. 美国政府几乎同时发起两场耗资巨大的战争，导致政府采购突然大幅增加（当然是指二战）；

g. 美国政府几乎同时发起两场耗资巨大的战争，并用征兵制度迫使许多人延长工作时间，提供超过其原本应提供的劳动力。

8. 下面针对总需求曲线来做些练习。如果你想用熟悉的 $y = b + mx$ 形式来画这条曲线，可以这样写：
通货膨胀 =（货币增长 + 货币流通速度增长）- 实际经济增长

a. 观察一条固定的总需求曲线，如图 13.3，哪些变量是保持不变的（单选）：

i. 支出增长（M 增长 + v 增长）；

ii. 实际 GDP 增长（Y 增长）；

iii. 通货膨胀（P 增长）。

b. 当你研究一条移动的动态总需求曲线时，如图 12.6，哪些量的改变导致曲线发生移动（单选）：

i. 消费增长（M 的增长 + v 的增长）；

ii. 实际 GDP 增长（Y 的增长）；

iii. 通货膨胀（P 的增长）。

c. 根据数量论，下列说法中哪些是错误的？为什么？有多个错误说法。

i. "去年，支出增长 10%，实际增长 4%，通货膨胀为 6%。"

ii. "去年，支出增长为 4%，实际增长为 -2%，通货膨胀为 6%。"

iii. "去年，支出增长为 100%，实际增长为 0%，通货膨胀为 20%。"

iv. "去年，支出增长为 5%，实际增长为 5%，通货膨胀为 2%。"

v. "去年，支出增长为 10%，实际增长为 5%，通货膨胀为 -5%。"

9. 在总需求—总供给模型中，哪些变量是粘性的：工资、实际增长、价格水平、货币流通速度、货币增长、失业？正确的答案不止一个。

10. 在经济大萧条时期，下列哪些主要是总需求冲击？哪些主要是负向真实冲击？

a. 货币增长率下降；

b. 农业生产力下降；

c.《斯穆特—霍利关税法案》。

挑战

1. 有一个颇难理解的问题。一个国家受到一个相对较小的正向总需求冲击（使总需求曲线向外移动）可能会导致明显的经济繁荣；然而，有些国家有时候总需求大量增加（比如二战前的恶性通货膨胀国家——德国）却不会带来巨大的经济繁荣。为什么有时候总需求的小幅增加导致的 GDP 上升幅度要远大于总需求大幅增加的情况呢？

2. 有些企业直接提高工人的工资，而有些企业则选择发放一次性奖金。假设两个钢铁厂同时面临为期两年的钢铁需求量下降问题：其中一个钢铁厂，工人工资连续 5 年每年都有上调。另一个钢铁厂，大多数的工资增加来自大额年终奖金。那么，在这不景气的两年中，哪一个钢铁厂能保留更多的就业岗位？为什么？

3. 再次思考你对"事实和工具"部分第 3 题的答案。如果你想把索洛增长曲线画得更精确些，把极高通货膨胀率可能会减少实际增长的情况考虑进去，那么你将画出怎样的索洛增长曲线呢？你画出的曲线是完全垂直的、斜率为正的还是斜率为负的？

4. a. 如果总需求冲击是导致经济波动的最重要因素，那么我们会预期实际工资是顺周期的（即 GDP 增长率高时，工资增加）还是逆周期的（即 GDP 增长率低时，工资增长）？

b. 如果真实冲击是导致经济波动的最重要因素，那么我们会期望实际工资是顺周期的还是逆周期的呢？

c. 宏观经济学家找到了有关经济波动和通货膨胀之间联系的含糊证据。但是人们更相信经济波动和实际工资之间是有联系的，即实际工资是顺周期的，在经济繁荣期增长得快，在经济衰退期增长得慢甚至下降。这种说法与哪种理论最吻合？（在下一章中我们还会重温这一问题）

5. 通常，经济体会一次受到多种冲击。当这种情况发生时，不同冲击在短期内可能会导致通货膨胀（或实际增长）向不同方向发展，所以短期内的最终结果是不明确的。在下列案例中，通货膨胀和实际产出增长最可能怎样变化？是上升、下降，还是在给定条件下无法判断？注意：你常常（也可能总是）能够明确判断一个变量的方向而不能判断另一个。

a. 某国的科学家们发明了许多种互联网搜索工具，从而提高了当前生产力，并使投资者们对未来发明充满信心；

b. 政府提高税收，且这一年风调雨顺，庄稼长势良好；

c. 油价暴涨，中央银行降低货币增长率。

6. 观察图 13.11，思考下列情况对总需求、长期总供给、短期总供给曲线的初始影响：

a. 中东的一场战争迅速提高了油价；

b. 越来越多的消费者害怕丢掉工作，越来越多的企业害怕失去消费者；

c. 把不确定性引入这个问题中：新一届政府推行重大社会改革，可能会提高企业的成本，降低消费者的可支配收入。

7. 由上述问题的短期结果，你认为，这些调整在长期会如何影响经济？

8. 在 20 世纪 70 年代和 80 年代，生产率明显下降。这很大程度上与 20 世纪 70 年代的能源危机有关。（除了本章的"石油冲击"小节，你可以阅读《美国国民经济研究局文摘》（*NBER Digest*，http://www.nber.org/digest/jun05/w10950.html.）关于这一事件的简短介绍。

a. 用总需求和总供给模型来说明，在支出不变的情况下，能源危机和生产率下降对经济的影响。

b. 假设当时货币当局并没有意识到生产率的下降，只是为了刺激支出增长或总需求以使就业增加，从而提高了货币增长率。这会对经济产生什么影响？

c. 回顾图 13.1、图 13.2 和图 12.2（关于美国的通货膨胀率），判断类似于本题所描述的场景是否有可能发生？为什么？

9. 美国经济在习题 8 所讨论的生产率下降之后，紧接着就经历了向计算机和互联网电子时代的快速转型。结果，20 世纪 70 年代能源危机的外在影响就消失了。

a. 利用总需求和总供给模型，说明计算机和互联网使用的普及对经济的影响，假设支出保持不变。

b. 假设货币流通速度提高是由于消费者信心的提振，而消费者信心的提振是计算机和互联网使用的普及。那么，这种关于消费者信心提振的说法有道理吗？为什么？

c. 这在长期对通货膨胀和 GDP 增长会产生什么影响？

解决问题

从货币数量方程 $MV = PY$ 可知，支出的增加（$\vec{M} + \vec{v}$）等于[通胀率（π）＋真实增长率]。回忆本章所讲：在长期，(1)通胀率由总需求曲线与长期总供给曲线的交点决定（从纵坐标上读取）；(2)预期通胀率由短期总供给曲线和长期总供给曲线的交点决定。记住上述两点，并假设索洛增长率为 3%，回答下列问题：

a. 如果支出增长等于 10%，在长期，π 等于多少，$E(\pi)$ 等于多少？

b. 如果支出增长等于 6%，在长期，π 等于多少，$E(\pi)$ 等于多少？

c. 如果支出增长等于 4%，在长期，π 等于多少，$E(\pi)$ 等于多少？

d. 我们应该如何描述长期中的 π 和 $E(\pi)$？

14 传导和放大机制

在上一章，我们介绍了总需求—总供给模型的基础知识。那个模型的驱动力量是真实冲击（推动长期总供给曲线移动）和总需求冲击（推动总需求曲线移动）。在本章，我们将更详细地分析能放大冲击并跨部门跨时间传导冲击的经济力量。当冲击被放大，温和的负向冲击会转变成更加严重的产出下降，而正向冲击会带来一场繁荣。

除此之外，我们还要在本章说明真实冲击和总需求冲击是如何相互影响的，例如一类冲击会导致另一类冲击的发生。

我们会集中讨论五类传导机制：跨期替代、不确定性和不可逆投资、劳动力调整成本、时间集聚，以及抵押品毁损（对抵押品和净资产的冲击）。

14.1 跨期替代

让我们回顾第 13 章所举的农业例子。我们说明，当天气情况出现波动，产出就

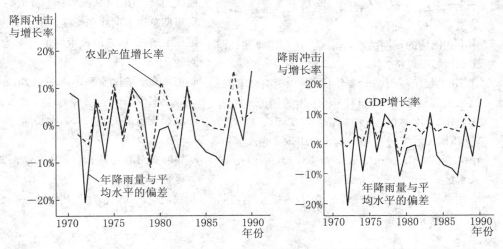

注：左图表示降雨冲击与印度农业产值增长率；右图表示降雨冲击与印度 GDP 增长率。

资料来源：Reserve Bank of India 及 Indian Institute of Tropical Meteorology.

图 14.1　印度的降雨冲击与其农业产出及 GDP 之间有充分关联

会发生波动,从而 GDP 也会发生波动,尤其在印度这样的农业经济中。图 14.1 说明了降雨量冲击与印度的农业产出增长率(左图)和 GDP 增长率的相关性。

当降雨量低于平均水平,相同的资本和劳动投入所带来的产出会减少,这是负向降雨量冲击的直接影响。但是,对 GDP 的冲击并不仅仅是由降雨量减少引起的,还有人们对降雨量减少的反应。例如,如果降雨量低于平均水平,农民可能就不会努力干活,并减少对农地的资本投入。

为什么农民会选择减少资本和劳动力投入来应对这一负向冲击呢?这样想:当庄稼长势好,农民们起早贪黑努力干活就有意义,因为多干一小时就会收获很多,就像谚语所说的,"趁着艳阳晒干草"。但是,当庄稼长势不好,多干一小时得到的回报很低,所以农民们就可能理智地决定少干点儿。这同样适用于资本的利用。当要收割的庄稼长势喜人,使用拖拉机、花费燃料加班加点都是值得的。然而在庄稼无论如何都必然会枯萎的时候,何必花费额外的燃料费呢?拖拉机最好也留在车棚里吧。

经济学家把这种效应称为**跨期替代**(intertemporal substitution)。意思是说,当努力工作会带来最大收益时,个人或企业就最可能努力工作。我们在某些时间努力工作,在其他时间放松休息,当然我们会筛选出工作最拼命的时间点。我们这是在跨时间对努力进行替代选择,因此,这一术语就叫跨期替代。

跨期替代 反映人们为了实现福利最大化是如何选择跨时配置产品、工作和休闲消费的。

当你要为考试而学习时,是实践跨期替代呢,还是每天都学得一样多?当考试临近,你会拒绝一些玩乐机会而更刻苦学习;一旦测验结束,你就会学得更少,玩得更多。你知道,跨期替代就意味着该学习的时候要好好学习,至于该参加派对的时候,你懂的。

但是,跨期替代并不只是指工作和休闲之间的相互替代。比如,我们在第 1 章指出:当工作好找,工资上升时,上大学的人就会减少;但当工作难找,工资不涨时,更多的人就会决定投资于教育。学生们知道,当缺乏工作机会,接受教育的机会成本就下降了。

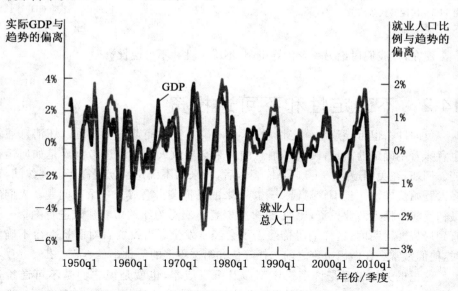

注:当实际 GDP 增长率高于趋势,大部分人口投入工作,这是跨期替代在就业中的体现。
资料来源:Bureau of Labor Statistics and Bureau of Economic Analysis。
图 14.2 跨期替代:1950—2010 年 GDP 偏离趋势的百分比和就业人口比例

在经济繁荣期,人们更不愿意退休或提前退休——为什么不多待一两年,多挣点高工资存入银行呢?同样地,在经济繁荣期,在家照顾孩子的父母们,和一些本可以不出去工作的人,也会选择进入职场。然而,经济不景气的时候,人们更可能提前退休或专注于打理家庭事务。图 14.2 表示,当 GDP 增长速度高于一般趋势,就业人口比例的增长速度也会高于一般趋势。这意味着,在经济繁荣期,劳动力供给增加;在经济衰退期,劳动力供给下降。

注意:跨期替代会放大负向冲击的影响。当情况有些不妙,工作和投资的回报下降,人们通常就会减少工作和投资,这就会使情况更加不妙。这一过程的连锁反应诱导初始冲击演变成整体经济衰退。当然,从积极方面看,跨期替代会滋长经济繁荣,使其更加高亢。如果情况不错,很多人就会更卖力地工作,这反过来会刺激产出,使情况更好。图 14.3 表示跨期替代是如何放大对长期供给曲线的冲击的。跨期替代不是决定就业的唯一动力(参见第 11 章),但它在放大冲击方面的确发挥了作用,无论是向上还是向下。

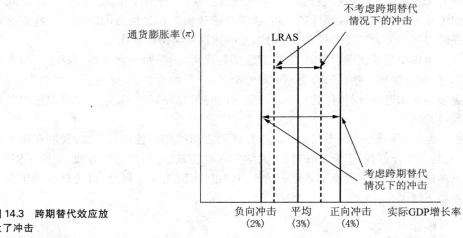

图 14.3　跨期替代效应放大了冲击

现在,让我们讨论另一个传导机制:不确定性和不可逆投资。

14.2　不确定性和不可逆投资

负向冲击也可导致不确定性增加,而不确定性对商业投资不利。坏消息通常也意味着不确定的消息,因为坏消息的到来会导致人们重新思考世界是如何运行的。例如,在美国遭遇"9·11"恐怖袭击后,未来的不确定性就提高了。突然间,许多人开始忧虑——且不管对错——接下来的恐怖袭击会成为一个大问题。人们的最初反应是推迟商业投资,比如,许多投资者不愿意为纽约市新建筑进行融资——直到局势变得明朗:这样的恐怖袭击不会经常发生。当投资者对前景变得不确定时,他们常常会在做出决定之前选择等待和筛选更多的信息。

不可逆投资是指只有在专门情况下才会有很高价值的投资——当情况发生改变,它们不能被轻易转移、调整或收回。

这里的关键思想是许多投资都涉及沉没成本,也就是说它们是**不可逆投资**(irreversible investments),或者说撤资的代价非常高。比如,一旦一座新办公楼在华尔街上建起,要想拆除这座办公楼,并把钢材和玻璃用作其他用途是很难的。所以,投资者在建造摩天大楼之前,要搞清楚市场对办公楼的需求程度。当然,投资者有时会出错，比如 20 世纪 80 年代中期到末期，商业性地产过度膨胀。在 2007 年房地产崩溃的前几年，太多的住宅被建造。在扩大投资之前，投资者想看到更多有利于其投资计划的有关市场状况的有力信号。

真实世界的状况越不确定，投资者就越难以接收到关于往哪个方向投资的确切信号。比如，投资者也许看到电视节目的需求正在萎缩，因为这一情况持续了很多年，但是他们不知道会有哪些新部门兴起。所有看电视的额外时间将被重置于社交网络服务网站 Facebook、影碟网店 Netflix，还是户外活动？当投资者处于观望时，就意味着资源闲置，没有用于生产。那就意味着，GDP 下降，经济增长放缓。

为了理解不可逆投资的逻辑，我们来考虑一下有关结婚的决定。婚姻是一种投资，且不仅仅是一种金钱的投资。它是对未来的一种承诺，且常常会持续很长时间。考虑到这种承诺的严肃性，你应该（相对地）确定你所要选择的婚姻是一桩美事。如果你得到一些信息使你对未来的伴侣产生疑虑（比如，有人向你暗示他或她曾是一个重刑犯），也许你应该再观望一段时间，等弄清楚真相之后再决定是否结婚。当然，如果你还没有决定是否要结婚，那么你也应该推迟一起买房的决定，尽管买房是个不错的主意。这些都是常识，关键是与此相同的逻辑也适用于经济投资。不确定性通常导致投资放缓，从而使资源得不到充分利用。

14.3 劳动力调整成本

一旦经济遭受负向冲击，劳动力就必须调整。工人们必须寻找新工作，转入新领域，有时还必须降低工资预期。回忆第 11 章所讲的搜寻——寻找新工作——是失业的原因之一。对经济的负向冲击，使就业机会发生变化，从而导致更多的搜寻性失业。**劳动力调整成本**（labor adjustment costs）是指工人由夕阳产业部门转移到朝阳产业部门所消耗的费用。

从这个术语的狭义经济学意义来说，由于冲击而做出的劳动力调整并不总是理性的。如果在通用汽车公司（General Motors）转配线上工作的一名工人被解雇，同时也脱离了与原有工会的关系，那么他很可能在其他地方也找不到与以前同等薪水的工作了。当前在美国进行生产的外国汽车厂家很少有工会组织，它们所支付的每小时工资都少于通用汽车公司。一些连高中学历都没有的汽车工人，年薪也可能达到 10 万美元。对一个失业者来说，让他承认他必须接受比原来薪酬低的工作，是需要花费一段时间的。在此期间，他不停地搜寻工作，甚至会拒绝一些他可能得到的最好的工作机会。

退出工作岗位的高成本会导致失业，正如撤销投资的成本会促使投资者在投资之前观望一段时间一样。我们再来思考一下，如果一家位于底特律的汽车工厂关闭，其工人们的命运会如何。这些工人至少面临三个选择：等待直到工厂重新开张；在底特律重新找一份工作；搬迁到经济更繁荣的地区。哪种行动最优呢？

确定哪个选择最优并不总是容易的。这样的选择要考虑如果决定撤回所需的成本。一旦房子卖掉，财产打包，从底特律搬迁到休斯敦，如果再想搬回来，代价就不菲了。在如此考虑下，失业的汽车工人也许会选择等待和观望一段时间，而不是搬迁到休斯敦，尽管他知道在休斯敦更可能找到工作。或者，如果这个失业工人

劳动力调整成本 是指把工人由夕阳产业部门转移到朝阳产业部门所消耗的费用。

选择开一家宠物商店，那么他要想再转回汽车制造业就会很难了。所以，当面临这些不确定性时，许多工人都会等待时机，直到前景明朗。在失业期间，他们或许会做一些兼职或者临时工作（或者干脆在家装修房子），但是他们不会让自己全职被雇用。结果就是继续失业，或者至少是非充分就业。如此，最初的负向真实冲击被再次放大。

总而言之，人们需要调整其工作和职业以适应真实世界的变化，然而人们不可能立刻做出相应调整。在人们等待期间，产出和就业就会低于正常水平。

14.4　时间集聚

时间集聚就是指人们趋向于在一个共同的时间点上进行经济活动以相互协调。

人们的活动往往会集聚在同一个时间段上。大多数人的工作时间是从上午 9 点到下午 5 点，而不是从夜晚 10 点到早晨 6 点。一个原因是前者在白天，但还有另一个原因是其他人也都是在这一时间段工作的。如果你和你的同事在办公室里工作的时间段相同，你们合作起来就会比较方便。并且，和他人一起工作会更有乐趣。

我们还喜欢在同一时间里聚会、看电影、听音乐会等。这不仅是个享乐问题，还是个经济问题。如果你为举办一个聚会烹制了精美大餐，订购了精选葡萄酒，并清理了房子，那么你一定想确保参加聚会的人足够多，这样你的付出才会值得。

一般说来，许多经济活动**在时间上集中或集聚**（bunch or cluster in time）是因为这样有利于人们经济行为的相互协作。这也正意味着，我们希望自己在进行投资、生产或销售时其他人也在进行投资、生产或销售。简而言之，经济活动倾向于在时间上集聚，正如在空间上集聚一样。（我们把经济活动在空间上的集聚称作什么呢？城市。）

时间集聚会发生在不同时间范围内。有一天之内的时间集聚，例如，GDP 增长更多发生在早上 9 点到下午 5 点而不是深夜。还有周、月、季度的时间集聚。季节性经济周期是经济活动在时间上集聚的一种表现形式。一年的四个季度中，第四个季度，即 10—12 月份，相比其他时间，西方国家的经济活动会更加频繁：生产更多，销售更多，就业也更高，且 GDP 增长也较快。但是，圣诞节一结束，人们的欢聚活动就会停止下来，下一季度 GDP 通常都会下降。在夏季，GDP 的增长也会放慢。我们的观点不是说要废除圣诞节或暑期休假，而是说了解季节性周期有助于我们理解规律性经济周期的某些特征。

一旦某些经济活动出现向上或向下的趋势，其他经济活动往往会跟随这种势头以获得时间集聚的好处。经济活动在时间上的聚集会使买卖更有效率，但这也导致冲击在经济体中传播，在时间上蔓延。比方说，在当前时期，负向经济冲击来到，经济增长放缓，人们的工作热情下降，想把精力留到以后工作中（正如我们前面所讲的跨期替代）。这种效应会引起其他人也减少工作时间。当印度农民由于年景不好对农田投入减少时，拖拉机销售人员的工作也可能随之减少。同样，如果办公室里上班的人减少，你的工作效率也许就会降低，你更可能呆在家里，更可能在其他时间——或许是在你所期待的办公室开始热闹起来，开始全速运行的时候——开足马力。所以，如果有人退出全速工作状态，这种决定就会波及其他人，使之也缩减努力程度。

14.5　抵押品毁损

"凡有的,还要给他;凡没有的,连他有的,也要夺去。"(《路加福音》8∶18)。在灯的寓言中,耶稣讨论的是知识,但这也适合于银行系统。银行喜欢把钱借给那些已经有很多钱的人。例如,当银行把钱借给企业,他们一般会坚持认为,企业手头有现金,有强大的资产,并且净资产价值为正(资产＞负债)。一般来说,较之上行的收益,银行更为关注下行的风险。因为如果企业做得不好,银行就会失去其贷款的全部价值;而如果企业做得不可思议地好(比如谷歌),银行也只是收回他们的贷款再加上利息。因此,银行不会对刚刚启动的企业或负债超过资产的企业投入大量投资。

银行的这种激励对银行而言是合理的,但对整体经济来说,这种行为则会放大繁荣和萧条。思考一下,如果一个生产 DVD 播放机的企业,想要拓展到生产液晶电视。液晶电视市场在增长,而这个企业有电子技术方面的专家,而且和零售商保持着良好的合约关系。于是,这家企业写好商业规划书,并向一家银行申请一笔贷款。这家企业通过 DVD 生产部门赚取了大量利润,因此,它的净资产价值很大。对银行来说,这家企业的净资产价值就如同一种**抵押品**(collateral)——一种缓冲或者保证,即使液晶电视的生产部门亏损了,企业仍然会有现金偿还贷款。在确认贷款会安全之后,银行就会放贷。

考虑一下,相同的情形发生在衰退期间会如何。之前我们假设液晶电视市场在增长,企业有电子技术的专家,并与零售商之间有供货合约。现在,情况不同了。液晶电视部门没有这样的潜在盈利机会了,DVD 生产业务也没有那么好了。结果,企业的净资产价值下降,银行失去了安全性缓冲——这就是**抵押品冲击**(collateral shock)。银行现在把贷款评级为高风险,开始对这家企业说不。而且,企业现在也不能向液晶电视生产拓展了,它只剩下 DVD 生产部门,而且已经快要破产、解雇工人了。凡有的,还要给他;凡没有,连他有的,也要夺去。

更一般的情况是,在繁荣期间,资产价格会上升,企业会有现金流。因此,银行就愿意批准更多贷款,这使繁荣更盛。但是,当经济进入经济周期的下降阶段,资产价格下降,现金流减少,企业的净资产价值减少。放贷人就会认为贷款是高风险的,他们就会紧缩信贷。这促使更多企业境况变差,从而使失业加剧,萧条更甚。①

上述剧本是关于真实冲击和总需求冲击会相互加强和放大的很好例子。一般情况下,本章所讲的真实冲击牵涉更低的财富、更大的风险和更艰难的调整的不同组合。那些相同的经济问题将意味着消费者支出下降、商业投资减少和借贷收缩,以及会导致总需求下降的所有因素。

抵押品冲击也会影响到消费者。假设萨伊·约翰(Say John)在佛罗里达州的奥兰多——最近房地产泡沫的中心地区之一——附近买了一处房屋,价值 20 万美元。按照当时的惯常做法,约翰没钱支付首付,于是他从银行借了全款 20 万美元。一旦房地产泡沫破灭,房屋价格下跌,这处房屋的价格就会突然下降至 12 万美元。因为约翰现在的房屋价值低于他以此为抵押时的价值,可以说约翰"资不抵债"(underwater)。用第 9 章的术语说,约翰现在对这处房屋只有负权益。虽然很难有一个确切估计,但在 2010 年前后,美国大约有 20％的房屋,都存在某种程度的资不抵债问题。

抵押品是借款人向贷款人承诺保障贷款安全的一种贵重资产。如果借款人违约,抵押品的所有权就会转移给贷款人。

抵押品冲击是抵押品价值的缩水。抵押品冲击使借贷双方的处境都更加艰难。

想象一下，如果约翰找到一份在得克萨斯州休斯敦的工作，这个地方的经济衰退没有奥兰多那么严重。但约翰很难把奥兰多的房子租出去，也很难卖掉它。如果约翰要把房子卖掉，他就不得不支付给银行大约20万美元（具体支付的确切数目要看贷款发放了多长时间，以及在此期间购房者已经支付了多少。）然而，卖出房屋只能得到12万美元，或者更少，如果要算上经纪人佣金的话。换句话说，约翰不得不从紧巴巴的现金中抽出8万美元，或者更多。对很多人来说，这样做是极其困难的，尤其是在经济衰退期间。最终结果是，约翰并没有搬迁到休斯敦，从而放弃了一份更好的工作。"资不抵债"的境况使他很难搬迁，这意味着经济周期的调整会放慢。

还可能有另一个剧本：约翰接受了休斯敦的工作邀约，并把奥兰多的房屋钥匙寄给了银行，换言之，约翰不再履行按揭合约。作为金融资产，这处房屋对约翰而言，其价值就是－8万美元，因此，从财务角度讲，跑路是合算的。约翰的状况是变好了，但银行的状况却更糟了。这就是一种财富转移，但问题比这个更严重。

没人会立即做出违约的选择。但是，如果约翰已经考虑到他很可能在不久的将来违约，那么，他还会悉心照料房屋花园里的花儿和草坪吗？还会仔细检查墙上和天花板上的裂缝并及时进行修缮吗？他还会到处打听以找到一位有素养的房地产经纪人来卖房吗？或者，他会办很多疯狂的派对来破坏这个地方吗？

我们很遗憾地告诉你，会有大量的破坏活动发生（"激励很重要"）。下面这个例子很极端，但是事实：一个圣地亚哥的警察处于这种"资不抵债"的境况后，就和他的妻子一起破坏了门窗、灯具、工作台、装饰梁、浴室盥洗台、空调和电气用具，要么是把这些东西拿走，要么就只图破坏的快感。他们还把黑色的染料倾洒在地毯上，用喷漆搞花了所有的墙面。他们施加于这所曾经宜人的六居室房屋的破坏总额估计已经超过20万美元。他们的一位邻居对此有这样一段记录："直到他们向我借大锤，我才猛然醒悟：他们这是要破坏之后开溜了。"[2]

经常发生这样的情况：每到违约之时，房屋的价值就会急剧下降。例如，当银行不得不取消抵押品赎回权时，往往会损失一处房屋价值的25%或者更多。[3]还有一个事实是，当一个地方的附近有很多抵押品赎回权被取消，这些抵押房屋的邻居们的房屋也会贬值。2010年夏天，价值在100万美元之下的抵押房屋中，有大约1/12被取消抵押品赎回权，结果，大量财富化为乌有。

所有者的权益就是资产的价值减去负债，$E = V - D$。

我们一般都有这样的经验：当财产的名义所有者对财产没有多大权益（equity）时，他们通常不会好好爱惜这项财产。这个经验并不仅仅适用于房屋。我们已经讨论过，这些交易是如何导致银行发生损失的。如果银行有很多由无力清偿债务的房屋所有者所带来的坏账，那么，将会有什么情况发生呢？记住，并不仅仅只有低资本价值的房屋，也会有低资本价值的银行，或者说，银行的资本被稀释。我们知道，拥有低资本价值的个体或组织会做什么呢？回到本段开头的那句话："当财产的名义所有者对财产没有多大权益时，他们通常不会好好爱惜这项财产。"

换言之，当银行本身处于或接近于"资不抵债"（underwater），银行管理者就不会好好打理银行了。他们不会抢起大锤，但他们会用其他的方法削减银行的资本价值。如果银行的状况不妙，银行的雇员们就不会再把银行视为自己职业的归宿，也就不会再投资于与银行或者银行顾客之间的关系。管理者不再创建新的商业机会，而是会采取冒险行为，因为所有人都知道，银行已处于崩溃边缘，他们不必再为颓势担心过多。这就是一种"破罐破摔"（nothing left to lose）的态度。资本价值很低的银行不会经营得很好，因为没有多少价值可以保护，银行"止赎"（fore closure）——也就是破产——的几率就会非常高。对这样的银行，常见的说法是"僵尸银行"（zombie banks）。在 2009—2010 年，这种僵尸银行破产的数量达到了历史最高纪录。

我们最终的结论是：当资产价格下降，会有大量的抵押品被毁损。

自我测验

"9·11"恐怖袭击之后，大多数美国公司都暂时取消了商务旅行。几周之后，商务旅行才开始逐渐恢复。哪个传导机制在此发挥了作用呢？尽可能多地考虑商务旅行的各方面：空中航行、来回机场乘车、宾馆住宿、外出就餐，以及和留在公司办公室的人保持联系。解释一下：商务旅行的意外中止是如何放大初始冲击的？

○　本章小结

总而言之，至少有五个因素会放大负向经济冲击，促使经济下滑。它们分别是：劳动力供给和跨期替代、不确定性和不可逆投资、劳动力调整成本、经济活动在时间上集聚或聚合的倾向、抵押品毁损。从中，我们能学到的核心启示是：一个中等程度的负向经济冲击就会导致生产和就业的严重大幅下滑。

○　本章复习

关键概念

跨期替代
不可逆投资
劳动力调整成本
时间集聚
抵押品
抵押品冲击
权益

事实和工具

1. 观察图 13.9。过去的几十年间，在经济衰退之前或在经济衰退之时，油价通常有什么变化？

2. 当石油价格冲击迫使人们转换工作时，处于失业状态的人们会创造多少 GDP？

3. 你知道有人"跨期替代"其劳动？换句话说，哪些职业具有这样的特性：工资高时人们会干得多些；工资低时人们就干得少些？（例如：修理草坪）想出至少三个这种职业。（提示：季节性工种中有很多这样的例子。）

4. 当投资不可逆时，你是匆忙做出决定，还是持观望态度直到获得更多的信息？

5. 你什么时候会为考试而学习？是在你的朋友为同一个考试而努力学习的时候？还是当他们不学习的时候？这一现象如何有助于我们解释季节性经济波动？

6. 如果由于油价骤然下跌，长期总供给曲线增加，那么通货膨胀率将怎样变化？假设支出增长（总需求）并未改变，仅仅是长期总供给曲线发生移动。在下图中画出曲线的移动。（注意：真实世界中经常发生这种情况。1986 年油价大幅跌落，1998 年又再次发生，2008 年末油价甚至下降了 50％。）

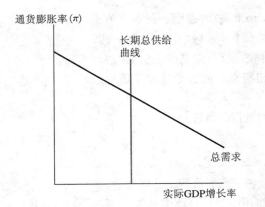

7. 在办公大楼里,每天都有繁荣—冷清周期。工作日里的杂货店会在什么时间段生意兴隆?大型购物中心在一周的哪些天里生意兴隆?

思考和习题

1. 在印度,雨量充沛的年头,经济增长较快;反之,干旱的年头,经济增长较慢。这造成了经济的大规模波动。如果政府通过颁布法规来平抑这些波动——如在干旱年头,政府拨款给农民以使其努力工作;在雨量充沛年头,政府对农民增税以使其减少劳动——这能使普通印度人的境况变好吗?为什么?(当下次经济衰退来临,专家和政客提议用减税政策来刺激就业时,请记起你今天所给出的答案。)

2. a. 根据图 13.10,油价冲击对经济的影响需要多长时间才会达到最大?油价冲击所产生的作用需要多长时间才完全消退?

   b. 当油价冲击经济时,劳动力市场会发生什么?这可能有助于解释为什么需要那么长的时间油价冲击的影响才达到最大。(看一下本章中所列出的各种传导机制,你会有所启发。)

3. 餐厅老板会选择在什么时候开张一家新店:是经济遭到石油冲击的一年后,还是两年后?

4. 结婚的决定和新建一家工厂的决定,在哪些方面具有相似之处?哪个决定比较容易撤回?

5. a. 假如你是公司老板,更可能雇用哪类员工:在同一个岗位上工作了好几年的员工,每次只要对工作感到不满,就去尝试另一个完全不同岗位的员工?

   b. 上述答案如何有助于解释人们失业时不愿意仓促转入一个新职业?

6. 人们有时会说"以后再说"(kicking the can down the road),意思是说把重大决定留到以后——它几乎是(但不完全是)拖延的同义词,通常表示负面意思。例如:"弗雷德毕业了,他决定在纽约当一年服务生。考研?以后再说吧。"什么样的经济思想相当于"以后再说"?它是如何成为一件好事的?

7. 我们在本章提到,油价冲击可能导致石油中心城市扩大规模,比如美国得克萨斯州的休斯敦。人们为了寻找工作或跳槽而迁往休斯敦期间,你认为 GDP 是高于还是低于平常值?(回答这个问题时要想想有关 GDP 生产的内容。)

8. 你能想出如下时间集中和跨期替代的情形之所以会出现的原因吗?(你会注意到时间集聚与跨期替代之间的分界线其实很模糊。)

   a. 天气好的年头,人们工作更努力;

   b. 人们总是在别人工作的时候工作;

   c. 当圣诞节临近,即使是不需要赠送礼物的非宗教人士也会更多购物;

   d. 餐厅服务生喜欢在晚餐时间段工作。

   上述这些例子与经济周期有什么关系?

9. 思考下列经济事件,哪些会产生放大负面真实冲击的效果,哪些有可能削弱冲击的影响?

   a. 随着房地产泡沫的破裂和大量次贷违约,几个大的金融机构开始破产;

   b. 为了预防已发放贷款的更高违约率,很多金融机构开始惜贷,并提高超额储备持有;

   c. 美联储增加货币供给并降低利率;

   d. 房地产建筑商取消未建项目,延迟在建项目,等待观察房地产需求是否会上升;

   e. 因为失业增加,消费者开始削减支出以偿付个人债务;

   f. 政府通过了一套经济刺激方案,以增加对道路和其他基础设施的投入;

   g. 企业增加现金储备、延迟项目扩建,这使得政府经济政策的效果悬而不定;

   h. 由于就业市场低迷,学生们在大学里待的时间更长,工人们退休更早。

挑战

1. 1971 年,英特尔公司(Intel)发明了第一台计算机微处理器。1993 年年初,美国国家超级计算应用中心(National Center for Supercomputing Applications)推出了第一款网络浏览器 Mosaic(Netscape 的前身)。这两项发明看起来是好消息,但使人们对哪些商业模式更适合未来经济发展产生了巨大的不确定性:它们是游戏规则的颠覆者。这些造成不确定性的发明是否会激励人们立即进行大规模投资,还是观望几年看看结果如何?

经济学家博扬·乔万诺维奇(Boyan Jovanovic)和他的合著者在几篇论文中讨论过这个问题。参见 Bart Hobijn & Boyan Jovanovic, 2001. The Information-Technology Revolution and the Stock Market Evidence, *American Economic Review* 91 (5):1203—1220。

2. 为使经济健康增长,美国政府是否应该禁止圣诞节,鼓励人们在一年之内的任何时候都互赠礼物?为什么?

3. 上述问题与以下问题有什么相似之处:美国政府是否应该鼓励东、西海岸的人们迁往人口相对不密集的中西部和落基山脉地区?

4. 工资暂时性上涨,工人会选择工作更努力吗?工资暂时性下降,人们会选择工作更少吗?这是本章"跨期替代"说法的关键思想。下表显示出短期内的工资变化情况:除 20 世纪 70 年代外,工资变动范围总在 2% 以内——从高于平均值 1% 到低于平均值 1%。

实际工资与趋势水平的偏离

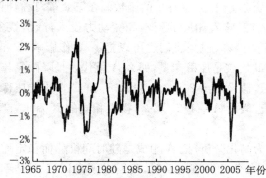

在工资涨涨跌跌的一两年内,美国工人数量的走势与工资走势一样吗?让我们来看一下。以下的经济模拟图建立在美国实际数据的基础上,它显示在通常情况下,工资上涨 1% 对美国就业状况的影响。就业率变化有时大于平均值,有时小于平均值。

就业率变化

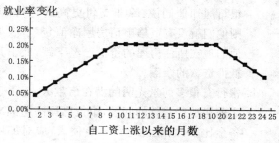

自工资上涨以来的月数

资料来源:作者计算的脉冲响应函数。

实际上,工资上涨 1% 会使美国就业人数在 9 个月内明显增长 0.2%。

根据这个估算,要使就业率上升 1%、2%,工资必须上涨多少?(注意:这是对繁荣期就业上升的粗略估值。)这个"工资通道"效应大到足以解释真实世界经济周期的大多数就业波动吗?

5. a. 长期总供给冲击很重要,尽管大多数情况下总需求曲线是固定的。如果这种说法是正确的,那么在经济衰退期,价格应该比平常高还是低?

b. 下图中数据显示美国近几十年来价格水平和实际 GDP 之间的关系。仔细观察 20 世纪 70 年代和 80 年代早期的大波动,尤其是衰退期,经济事实是否与真实经济周期模型大致相符,或者与之几乎背离?

与趋势水平的偏离

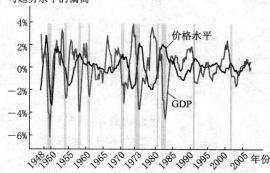

资料来源:Bureau of Economic Analysis 以及作者计算。

6. 根据本章所学,找出下列情景的共同之处,并解释它们对一个正处于衰退中的经济会有什么影响。

a. 在几年前,房屋价格开始上升时,乔和朱莉结婚、储蓄并购买了一套不算大的房子。他们非常喜欢自己的房子和它所处的位置,但想再要一个孩子,这就需要更大的空间。从经济能力上来说,他们买得起更大的房子,或者说担负得起二套房的抵押贷款。但是,银行通知他们说,除非支付更高的首付,否则他们就没有资格申请房屋净值贷款,因为他们现在所住房屋的价值已经下跌,低于其抵押贷款的余额。

b. 银行有很多前景光明的潜在借款人,但由于之前房地产贷款的问题,银行已提高超额准备金比率,以此健全资产负债表,应对那些资产违约事件的发生。

c. 一家汽车经销商所在之地刚刚经历了一场龙卷风,使该公司所有二手车和新车的库存都被摧毁。这家汽车经销商的销售业绩一直不错,因为衰退对这个地区的大部分地方

影响不大。但是它投保的保险公司不受理天气原因造成的损害,因此,它现在已经变得一无所有,净财富价值为负。

解决问题

在本章,我们讨论了跨期替代是如何使人们工作更多,并使更多人去工作,来放大经济繁荣的(衰退时刚好相反)。资本也会受到跨期替代的影响。比如,在某个时期,工厂会开足马力进行生产,把设备维护推迟到以后。你认为,在经济周期,企业的产能利用率会如何变化?产能利用率是顺周期的(随GDP而正向变化),还是逆周期的(随GDP而反向变化)?

附录:经济波动和索洛模型

本章的一些思想可以这样总结:至少有一些经济波动仅仅是短期内的经济增长。经济增长断断续续,并不平稳。20世纪80年代,经济学家芬恩·基德兰德(Finn Kydland)和爱德华·普雷斯科特(Edward Prescott)提出了真实经济周期模型的主要思想,并因此于2004年获得诺贝尔经济学奖。用这种方法思考经济波动的好处之一,是可以用索洛增长模型的另一个版本来分析经济波动,其被称作真实经济周期模型。要对真实经济周期模型做全面了解,就需要懂一点高等数学知识,但是我们可以在此简要地描述该模型的要点。思考下面这个生产函数,我们在第8章中运用过,但是在此另加了劳动力和资本:

$$Y = A_t \times F(K, L)$$

我们再重复一遍,产出Y是投入的资本K和劳动力L的函数。在第8章,我们把A要素看作科学技术的指数。A越大,意味着相同的资本和劳动力投入,产出就多。从长期来看,这是对A的一种很好的诠释,但是我们也可以把A看作影响K和L生产效率的任意因素。从而,如果Y代表是庄稼产量,那么A就代表是降雨量与均值的偏差。当年降雨量高于平均值,假设$A=2$,那么,投入K和L,产出的庄稼产量就很大。当年降雨量低于平均值,假设$A=1/2$,那么,投入相同的K和L,产出的庄稼产量就会减少。

当我们思考长期经济增长时,为简化分析,把A想成是随时间推移而稳定增长的,这不会影响分析的结论。但是,在分析经济波动时,我们必须意识到A是不断变化的。因此,在经济波动模型中,A是一个生产力冲击变量。

为了分析经济波动,我们需要在索洛增长模型中加入第二个复杂性因素,即要对投资和劳动力供给给出更精致的解释。在索洛增长模型中,投资只是产出的函数,投资$=\gamma Y$,其中投资率γ是给定,比如0.3。然而这是一个不太真实的假设。储户和投资者在经济衰退期会和经济繁荣期一样,把产出的相同比例用于投资吗?很可能不会。其中的原因我们在本章中已讨论过(比如,不确定性)。那么,储户和

投资者在投资时,是根据什么来决定投资多少的呢? 投资决定是复杂的,需要储户和投资者对未来事件进行预测。解决这个问题很困难,它牵扯到复杂的数学运算,但我们知道,γ 随时间不断变化。

同样地,在索洛模型的增长版,我们假设 L 是人口,且固定不变。(把 L 想成是稳定而缓慢地增长,也会使问题简单化。)但在短期,我们必须意识到,工人会选择进入或退出职场,会选择接受工作或搜寻工作——跨期替代。结果,L 变成劳动力人数,且随着劳动力参与率和失业率的改变而变动。那么,工人们是如何决定工作多长时间以及何时进行工作的呢? 这同样是一个复杂的决定,需要工人们对未来进行预测,并仔细优化选择。

通过在索洛模型中加入冲击,并对储户、投资者及工人们的抉择进行更精细的分析,就会产生所谓的真实经济周期模型或标准的"新古典主义"的经济周期模型。我们在本章所给出的对经济波动的直观描述都是基于这一模型。*

完整解释真实经济周期模型,对本附录来说是不可能的。但我们可以回忆下第 8 章附录中用 Excel 表格模拟索洛模型的方法。我们可以通过加入生产力冲击来对那个模型稍加改动。如图 A14.1 所示 Excel 模型,新增一列(B 列),标记为"A"。Excel 表格的 RAND() 公式,可产生 0—1 之间的任意数。如果我们想要得出 X—Y 之间的数,就可以输入"=RAND()(Y−X)+X"。我们会把这一随机值当做生产力冲击 A,所以想要一个比 1 大一点或小一点的数字。因此,当我们得到的随机值大于 1 时,就表示正向生产力冲击(产出增加);当我们得到的随机值小于 1 时,就表示负向生产力冲击(产出减少)。这样,当我们在单元格输入"=RAND()(1/0.95−0.95)"+0.95,就会产生出一个 1/0.95 和 0.95 之间的任意数;经过多次计算,这个随机值被设定,最后达到平衡数 1。我们现在在单元格 D2 中改变产出公式,使之成为"=B2 * C2^(1/2)",也就是说,我们用资本的贡献值 C2^(1/2) 乘以 B 列中得出的生产力冲击数值 A_t:

	B2	▼	𝑓𝑥	=RAND()*(1/0.95-0.95)+0.95						
	A	B	C	D	E	F	G	H	I	J
1	时期	A	资本,K	产出	投资	折旧	资本增长	Y,产出增长	投资份额,γ	折旧率,δ
2	1	0.956905382	200	13.53	4.06	4.00	0.06		0.3	0.02
3	2	0.967909022	200.06	13.69	4.11	4.00	0.11	1.17		
4	3	0.983678593	200.17	13.92	4.18	4.00	0.17	1.66		
5	4	0.952410981	200.34	13.48	4.04	4.01	0.04	-3.14		
6	5	1.018061434	200.37	14.41	4.32	4.01	0.32	6.90		
7	6	1.036326744	200.69	14.68	4.40	4.01	0.39	1.87		
8	7	0.976878889	201.08	13.85	4.16	4.02	0.13	-5.64		
9	8	0.990237834	201.22	14.05	4.21	4.02	0.19	1.40		
10	9	0.963290803	201.41	13.67	4.10	4.03	0.07	-2.68		
11	10	0.994149412	201.48	14.11	4.23	4.03	0.20	3.22		
12	11	1.041301257	201.68	14.79	4.44	4.03	0.40	4.80		
13	12	1.028858954	202.08	14.63	4.39	4.04	0.35	-1.10		
14	13	0.995156067	202.43	14.16	4.25	4.04	0.20	-3.19		
15	14	0.953711687	202.63	13.58	4.07	4.05	0.02	-4.12		
16	15	0.984056799	202.65	14.01	4.20	4.05	0.15	3.19		
⋮										
377	376	0.997989023	225.44	14.98	4.50	4.51	-0.01	3.46		
378	377	0.973955736	225.42	14.62	4.39	4.51	-0.12	-2.41		
379	378	1.032046001	225.30	15.49	4.65	4.51	0.14	5.94		
380	379	0.961868177	225.44	14.44	4.33	4.51	-0.18	-6.77		
381	380	0.982599886	225.27	14.75	4.42	4.51	-0.08	2.12		

图 A14.1

* 一个对这个模型的更为全面但仍然容易理解的解释,可参见 Plosser, Charles I. 1989. "Understanding Real Business Cycles." *Journal of Economic Perspectives* 3, No.3.(Summer, 1989), 51—77。

这个模型的运行非常像第 8 章中的索洛模型,但是现在这个随机冲击使增长率在平均索洛增长率附近上升或下降。例如,图 A14.2 在均衡产出为 15 的附近模拟了 100 期索洛模型。注意观察冲击是如何产生经济波动的:

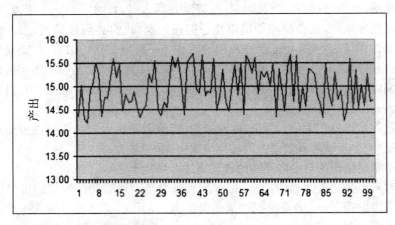

图 A14.2　纳入冲击的索洛模型

第四篇　宏观经济政策与制度

15 联邦储备系统与公开市场操作

想象一下，你现在需要借 2 万亿美元，你会找谁？在 2008 年，全球金融系统陷入危机，银行等金融机构需要借入超过 2 万亿美元——他们把求援之手都伸向了一个人，这个世界上只有他有能力借出这么大一笔钱，一位举止温和的前经济学教授，他的名字叫本·伯南克(Ben Bernanke)。作为美联储的主席，伯南克时常被认为是全球第二大权势人物，紧随美国总统之后。伯南克有能力借出大量贷款，因为他能运用美国联邦储备银行令人敬畏的力量去创造货币。

那么，什么是联邦储备？它又如何创造货币？它将运用巨大的权力来做什么？

如果你阅读了本章，就会了解联邦储备系统以及它的权力。一个粗糙的答案是：通过对货币供给的控制，美联储通常会对总需求产生比其他任何机构都更重要的影响；而总需求变动会在短期内极大地影响经济运行(正如第 13 章所讲)。因此，首先让我们讨论联邦储备系统，然后考察货币供给意味着什么，最后，再集中讨论美联储用以影响货币供给、总需求以及整个经济所使用的工具。

15.1　什么是联邦储备系统？

联邦储备系统是美国唯一有权发行货币的机构。打开你的钱包，看看那些钞票。在顶端，你会看到"联邦储备银行印制"(Federal Reserve Note)字样。在过去，很多银行都可以印制自己银行的票据，并可用作货币流通。但在今天，我们在美国使用的钞票只由一家银行提供，那就是联邦储备银行。这样一来，联邦储备系统就有创造货币的权力——这种巨大的威力正是本章所要讨论的核心。美联储不必真的印制钞票，正如我们本章稍后讲到的，只要增加由美联储所持有的各银行账户的准备金，通过电脑它就能创造货币。这些新货币可以某种方式发布或借贷出去，从而使总需求提高。

如果美联储是一家银行，那谁是它的顾客呢？美联储既是政府的银行，又是银行家的银行。作为政府的银行，美联储持有美国财政部的银行账户。当你写一张支票给美国国税局(IRS)以支付税收时，这笔钱最终会转到美国财政部在美联储所设的户头上。除了接受货币之外，美国财政部也会借入大量货币，并交由美联储管理——也就是说，美联储管理着美国财政部的长期国债(bonds)、短期国库券(bills)和中期国库券(notes)等的发行、转让和赎回业务。由于美国财政部是迄今为止全世界最大的银行客户——它拥有比其他银行客户更多的收入以及借贷量——因而美联储是一家举足轻重的大型银行。

此外，美联储也是银行家的银行。大型私人银行在美联储都会开设自己的账户——部分是因为一些银行被要求在美联储开设账户，部分是因为其他银行和金融机构需要一个安全便利的地方来保存货币。美联储也对这些银行进行管制，并借钱给他们。最后，美联储还要管理这个国家的支付系统，这个系统的运行使开具银行之间的支票成为可能。美联储还通过披露监管来保护金融消费者。在上述美联储的功能和职责中，有很多都需要和其他州、联邦机构共同完成。

既然我们知道了联邦储备系统是什么，接下来就让我们转向美联储的最重要功能：控制美国的货币供给。但是首先我们必须理解货币供给是什么。

15.2　美国的货币供给

几乎每个人都希望得到货币。如果你拿出一笔钱——至少是以适当的货币形式——很难会有人弃你于不顾。换句话说，**货币**(money)是被广泛接受的支付手段。

货币是被广泛接受的支付手段。

但货币不只是现金。现金或通货是纸币和硬币，它们是使小型交易得以迅速而有效地完成的便捷手段。但对大型交易而言，通货就不那么方便了，尤其是在企业之间。通常是使用支票或借记卡(可被看作是一种电子支票)来付账，或者通过信用卡支付(之后还是要用支票来支付账单)。对于更大的交易来说，你可以将货币从储蓄账户里转移到支票账户，然后再用支票或借记卡来支付。所有这些支付手段都是货币，而不是通货。

在今天的美国，充当支付手段的最主要资产有：

（1）通货——纸币和硬币；

（2）银行在美联储的总储备；

（3）支票存款——你的支票或借记账户；

（4）储蓄存款、货币市场共同基金和小额定期存款。

图 15.1 显示了美国的主要支付手段的数量和比例(其中有一些更细小的科目，如旅行支票等，在此忽略不计)：

让我们就每一种支付手段说几句。通货就是人们和非银行企业所持有的硬币和纸币(联储支票)。如果你来查看一下通货总量(接近 1.2 万亿美元)，如果你观察美国通货总量(接近 1.2 万亿)，若除以约 3 亿美国人口，平均每人只有大约 4 000 美元(若只除以成年人口则人均会更多)。哪些人持有这么多的现金呢？当然，有一些被放在自动取款机、收银机里，毒品贩子也会持有大量现金。但是，对这一问题的真正解释是，之所以有那么多的美元现金存在是因为相当一部分被用于其他国家中的交易。巴拿马、厄瓜多尔和萨尔瓦多都使用美元作为其官方货币，其他一些像特克斯和凯科斯群岛＊这样的小国家也是这样。在众多政局不稳的国家里，

＊　特克斯和凯科斯群岛位于拉丁美洲，岛国巴哈马东南。——译者注

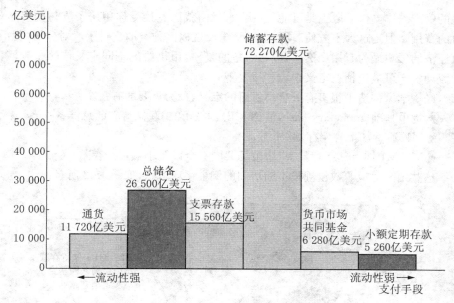

资料来源：Board of Governors of the Federal Reserve System。

图 15.1 美国的主要支付手段（2014 年 2 月）

美元作为财富保值和财产保护的一种重要手段，在非官方场合广为流通。伊拉克独裁者萨达姆·侯赛因（Saddam Hussein）被捕时，其藏身之处竟有 75 万美元的百元大钞。

"总储备"是银行持有的存于美联储的准备金。个人可能体会不到它的存在，但它的确在金融系统中扮演着非常重要的角色。各大银行都在美联储设有账户——这些账户是它们为了与其他银行进行交易以及与美联储打交道而设立的。这些账户中并无通货，但是只要银行愿意，它即可转化为通货的电子请求权。

支票存款正像它听起来的那样，是那些可以签署支票或转入借记卡的存款。这类存款在我们的日常交易中经常被用到。一般来说，它被称为活期存款（demand deposits），因为其见票即付（on demand）。

数额最大的支付手段是储蓄账户、货币市场共同基金及小额定期存款（small-time deposits）[也被称为存款凭证（certificates of deposit）或者 CDs]。这些支付手段中的每一种都可用于支付商品和劳务，但都需要费些周折或麻烦。比如说，银行要从美联储账户支取准备金，就必须先把钱转入支票账户。货币市场共同基金是以相对安全的短期债务和政府债券为投资对象的共同基金。货币市场共同基金通常允许客户每年签发若干支票，或者卖出部分资金或将其转入支票账户。小额定期存款，在规定到期（通常为 6 个月到 1 年）之前，要想取现就必须支付罚金。

流动性资产（liquid asset）是指能用于支付或能够迅速且价值无损地转换成可用以支付的资产。资产越富于流动性，其功能就越接近于货币。通货通常最具流动性，因为它几乎在所有地方都可以使用。支票存款和准备金也非常具有流动性，因为它们可以轻易实现支出，且可以无损地转成货币。货币市场共同基金和定期存款的流动性要差一些，因为将它们变现有时要花费时日，费点周折。把流动性更

流动性资产是指用于支付或能迅速且价值无损地转换成可用以支付的资产。

差的资产当作支付手段也是可能的(比如,我们就愿意接受你用房子支付购买本教材的费用),但是这太不方便。因此,经济学发现以上种类的支付手段对分析"货币"对经济的影响最为有用。然而,应当清楚的是,货币供给的不同定义依赖于到底何种流动资产可被包括在定义中。

经济学家创造了很多有关货币供给的定义,最为重要的有三个:

- 货币基础(monetary base,简称 MB):通货和美联储持有的总储备;
- M1:通货加上支票存款;
- M2:M1 加上储蓄存款、货币市场共同基金以及小额定期存款。

这些定义对应着数量规模不断增加的倒金字塔形状,如图 15.2 所示:

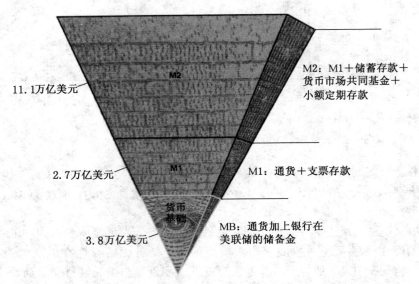

资料来源:U.S.Federal Reserve,2014。

图 15.2   货币金字塔

美联储只能直接控制货币基础,这是金字塔的最狭小部分。货币供给的较大部分——M1 和 M2——对总需求的影响最大。货币基础在整体货币供给中的比例没有那么大。

这幅金字塔图向我们传达了中央银行的一个困难。中央银行试图利用它对货币基础的控制进而影响 M1 和 M2,但是,影响 M1 和 M2 的因素众多,所以各种核算口径的货币量不一定会同时增加或者减少。美联储最终目的是想引导总需求,但这里再强调一次,这种引导通常并不尽如人意。因为尽管 M1 和 M2 会影响总需求,但仍然存在很多其他的影响因素。

为了理解美联储是如何影响 M1 和 M2 的,以及这种影响为什么有时会是脆弱的,我们必须引入部分存款准备金制度、准备金率及货币乘数等概念。

自我测验

1. 定义货币基础。
2. 相对于支票存款的数量,流通中的通货数量是多少?

15.3 部分存款准备金制度、准备金率和货币乘数

当你开设一个银行账户时,银行出纳员不是把你的钱拿过来装到一个写有你名字的盒子里。相反,银行只持有你的存款账户余额的一个比例——因此有术语"**部分存款准备金制度**"(frational reserve banking)——剩余的部分银行会拿去放贷。

银行靠放贷来赚取利润,你也是从中得到你的银行利息。银行为了吸引你的存款而相互竞争,这意味着如果银行要借走你的钱以赚取 5% 的利息,就必须和你一起分享这个利息。比方说,它可能给你 2% 的利息作为报酬。银行不仅仅支付利息,还会提供一些有价值的服务,比如开支票(check writing)和支票清算(check clearing),这些服务部分是由银行贷款利润来资助的。当然,你不可能得到这所有 5% 的利息回报,因为银行承担了放贷风险,还要支付发放贷款的业务成本和对借款者的监督成本。

银行会持有多少准备金,贷出多少款呢? 一方面,银行需要保持一定存款作为准备金。这部分是应法律和美联储的要求。更重要的是银行需要这些准备金来满足普通存款人的日常现金和支付需要。谁会光顾一家自动取款机老是没钱的银行呢? 另一方面,银行也不愿意持有太多准备金。现金待在金库里对银行来说没有任何好处,还必须保管它。因此,持有准备金是存在机会成本的。银行对成本和收益进行权衡,从而决定使准备金和存款的数额维持一个比例。我们把**准备金率**(reserve ratio,简称 RR)定义为准备金与存款之间的比例。如果每 10 元存款中拿出 1 元现金作为准备金,则准备金率就是 1/10。

准备金率主要由银行所希望达到的流动性程度决定的。当银行担心储户可能想取款,或者贷款看起来不再有利可图时,它们就会希望准备金率相对高些;而当银行不那么担心储户的取款需求,或者贷款有利可图时,它们就会希望准备金率相对低些。

货币乘数(money multiplier,简称 MM),即准备金率的倒数也很有用。货币乘数是存款与准备金的比率。在上面给出的例子中,货币乘数为 10。为什么被称为货币乘数呢? 让我们想象一下:美联储可以通过给你银行账户额外贷 1 000 美元来创造 1 000 美元的新货币。听起来不可置信吧? 实际上,美联储能够任意创造新货币,要么是通过印制货币,要么是通过——更为现代的手法——增加在美联储设立的银行账户上的数字来完成。正如下面将要看到的,美联储仅以这种方法就定期创造数十亿美元。让我们设想一下,现在你的银行账户多出 1 000 美元,银行就多出 1 000 元超额准备金,但要记住银行不想持有所有存款作为准备金。为了获取利润,它会将钱贷出去。为了把准备金率恢复到 1/10,银行希望持有 100 美元准备金,贷出 900 美元,比如贷给萨姆 900 美元。

现在,问题就不那么简单了。在你的银行账户上,有多出来的 1 000 元,此外,萨姆现在的银行账户上也有新增的 900 元,为了方便说明问题,我们假设萨姆将钱存在另外一家银行。现在萨姆在银行有了新增的 900 元存款,它同样不会将所有存款都变成准备金,和前面的银行一样,它把其中的 90% 也即 810 元贷出,持有 90 元——这样一来,银行准备金率仍然是 1/10。这个过程并未停止! 随着萨姆的银

在"**部分存款准备金制度**"下,银行只持有存款的一部分作为准备金,其余部分拿去放贷。

准备金率就是准备金与存款之间的比例。

货币乘数,即 MM,是指随着增加一美元的准备金而增加的货币供给量。$MM = 1/RR$。

行将钱贷给汤姆,汤姆的银行将钱贷给了迪克……好,你现在明白了吧。整个过程会通过连锁效应不断扩散下去:一家银行创造贷款,导致其他银行的存款增加,接着其贷款会增加,这再一次增加其他银行的存款,同时其贷款也增加……依此类推。

这一连锁反应过程的最终结果如何呢? 看待最终结果的路径有两条:一条很漫长,一条是捷径。我们将漫长的路放在附录里,这里仅仅考虑捷径的情况。如果银行希望把准备金率保持在 1/10,那么,当美联储新增 1 000 元准备金时,存款必然最终升至 10 000 元。现在要记得货币乘数是准备金率的倒数,即 10。你是不是注意到存款最终是由美联储的增加额乘以货币乘数得到的呢? 这就是称其为货币乘数的原因。

让我们来总结一下:货币乘数告诉我们:准备金中每新增 1 美元存款所带来的存款扩张。如果货币乘数是 10,那么当准备金增加 1 000 元,存款增加额就为 10 000元。由于可签署支票的存款是货币供给(M1 和 M2)的一部分,所以我们也可以说准备金增加 1 000 元使得货币供给增加 10 000 元。这样,我们就有:

$$货币供给变化 = 准备金变化 \times 货币乘数$$

或者

$$\Delta MS = \Delta R \times MM$$

自我测验

1. 如果准备金率是 1/20,多少比例的存款会被用作为准备金?
2. 如果准备金率是 1/20,货币乘数是多少?
3. 如果美联储增加银行储备 10 000 元,且商业银行系统的准备金率是 1/20,则货币供给的变化是多少?

15.4　美联储如何控制货币供给?

我们已经清楚了什么是货币供给以及货币乘数为什么会使准备金加倍变化,现在让我们来看一下美联储用于控制货币供给的三个主要工具。它们是:

1. 公开市场操作——在公开市场上买卖美国政府债券;
2. 贴现率贷款和定期拍卖工具——美联储对银行和其他金融机构的贷款;
3. 为商业银行在美联储所持有的准备金支付利息。

下面我们依次讨论这些工具。

15.4.1　公开市场操作

假定美联储打算增加货币供给,那么它会怎么做呢? 就像前面已经提到的,如果美联储想创造货币,它可以简单地印刷货币,或者向银行账户上增添一些数字。但是这些新货币如何才能进入实体经济呢? 举个例子,想象一下,美联储把钱加在它自己的银行账户上,然后又用这些新增的钱购买苹果;那么一开始,这些钱会流向果农手中,然后果农又购买拖拉机和电视设备,并去度假,这些钱跟着就会流入其他人手中;他们又去购买更多商品。以这种方式,美联储的货币供给增加流通到了整个经济中。而如果美联储打算减少货币供给,那么它就可以将先前买入的苹果卖出一部分。

然而,美联储可能并不想买卖苹果。苹果难以储藏,且运输成本昂贵,只在一年的某段时间才会得到数量非常大的苹果。所以,美联储不买卖苹果了,而是买卖政府债券,通常是被称为财政部债券或 T 债券(这些也经常被称为国库券或国债)的短期债券。政府债券可以储藏,可以电子方式传送,而且政府债券市场的流动性强,范围广,这意味着美联储可以轻松地在几分钟之内就完成数十亿美元的买卖。

那么,如果美联储想改变货币供给,它通常可以通过买卖政府债券来做到这点,这就是所谓的**公开市场操作**(open market operations)。为了支付 T 债券,美联储会增加卖者(通常是银行或者是国库券的大买家)的电子准备金。有了更多的准备金在手,银行的反应是提高它的贷款额度,连锁反应过程开始发生,正如前述。也就是说,银行贷出更多款项,这些贷款可用于购买商品、支付工资,人们将其中一些收入存入其他银行。这些新存款会增加其他银行的准备金,从而使这些银行也能够进行更多的贷款活动。因此,美联储通过购买债券可以引发一组增加存款→贷款→存款→贷款→存款→更多贷款,如此等等的波动过程。

美联储买卖政府债券就是**公开市场操作**。

我们之前注意到货币供给的变化等于准备金的变动乘以货币乘数,即 $\Delta MS = \Delta$ 准备金 $\times MM$。记着:货币乘数的大小并不固定,这一点很重要。乘数是准备金率的倒数,而准备金率是由银行决定的。当银行对未来有信心,急于把钱贷出去的时候,它们就会希望准备金相对低些,从而货币乘数就比较大($MM = 1/RR$)。在这种情况下,货币金字塔(图 15.2)的底部变化对整个金字塔的影响就相对较大。

但是,当银行陷于恐惧而惜贷时——它们就会想持有高水平的准备金,货币乘数就会变小,基础货币的变化对广义货币总量的改变就很有限。在这种情况下,货币金字塔的底部变化对整个金字塔的影响就相对较小。

因此,尽管美联储能控制基础货币,但它不可能知道基础货币的变化会对贷款和广义口径的货币供给产生多大和多快的影响。

总结:(1)美联储可以提高或降低银行准备金,其方式是购买或者卖出政府债券;(2)准备金的提高会通过乘数过程放大货币供给;(3)乘数的大小并不固定,它依赖于银行想持有多少资产作为准备金。

公开市场操作和利率　通过买卖政府债券(而不是苹果)来实施货币政策还有一个好处。你可以回忆一下第 9 章所讲,债券价格和利率是负相关的:当债券价格上升,就等于说,利率将会下降;而债券价格下降,也就意味着利率将会上升。因此,在美联储买卖债券、改变基础货币的同时,它也在影响利率。让我们来详细探讨这一点。

当美联储购入债券,它就是在提高债券需求,从而推动债券价格上升,并进一步降低利率。所以,购买债券通过两种独特的机制——更高的货币供给和更低的利率——刺激了经济。从某种意义上说,货币供给的增加提高了贷款供给,较低的利率提高了贷款需求。

当美联储卖出债券,整个过程就反过来。由于人们放弃储蓄而购买债券,所以卖出债券是在降低货币供给。卖出债券也会降低债券价格,这意味着利率提高。在公开市场市场出售债券不是刺激经济,而是使经济放缓。

当你听到美联储"降低（或提高）利率"时，不要感到困惑。美联储不是在"设定"利率，就像 7-Eleven 便利店的老板"设定"牛奶价格一样。相反，利率由第 9 章所讲的可贷资金市场的供给和需求所决定的。美联储通过影响可贷资金市场的供给和需求来实现对利率的控制，如果它希望短期利率下降，就不得不购入更多债券，从而影响可贷资金市场的价格。

通常，美联储通过买卖联邦政府短期债务来完成公开市场操作。有时美联储也想影响长期利率，那么它就可能会购买 10 年期到 30 年期的政府长期债券或其他长期证券。这类政策有时被称为**量化宽松**（quantitative easing），当经济需要额外助力时这类政策就会派上用场，但它超出了常规可用的在短期证券上的公开市场操作范围。

量化宽松是指美联储购买政府长期债券或其他证券。

量化紧缩是指美联储售出政府长期债券或其他证券。

美联储只能在短期内控制真实利率 借入和贷出决策依赖真实利率。减去通胀率之后的利率才是实际要考虑的利率（参看第 12 章）。美联储对真实利率的影响只发生在短期，理解这一点是非常重要的。让我们来回忆一下第 12 章所讲的：从长期来看，货币是中性的。正是因为货币中性，才有真实利率。同样，我们来回忆一下第 13 章所讲：总需求增加只在短期内使真实增长率提高。因此，货币的长期中性、总需求的长期中性以及美联储对真实利率影响的长期中性，这些都是同一枚硬币的不同面。

联邦基金利率是银行间隔夜拆借利率。

美联储对被称为**联邦基金利率**（Federal Funds rate）的短期利率有重要影响。联邦基金利率仅仅是大银行间的隔夜拆借利率（这才是真正的短期！）。商业银行不仅借款给企业家、消费者和住房购买者，也借款给其他的银行和金融机构。

既然美联储可以通过公开市场操作轻易改变大银行的准备金，那么它就能牢牢控制联邦基金利率。事实上，货币政策通常是依据联邦基金利率来实施的。比如说，美联储不是决定要增加货币供给 500 亿，而可能决定改变联邦基金利率四分之一个百分点——然后，美联储买进债券直到联邦基金利率下跌四分之一个百分点。同样地，如果美联储想提高联邦基金利率，就会卖出债券，直到联邦基金利率提高到美联储所希望达到的位置。

美联储总是关注联邦基金利率，因为它是货币政策的一个便利信号，对美联储的行动反应灵敏，而且可以对它实施每日监控。相反，货币政策的其他广义指标，如 M1 和 M2，就很难测量和监控。因为它们需要来自银行系统不同方面的数据。但不要忘记，美联储是通过控制基础货币来控制联邦基金利率的。

15.4.2　贴现率贷款和定期拍卖工具

美联储"工具箱"中的第二个工具是放贷。本章开篇谈到，2008 年商业银行和其他金融机构从美联储借款高达两万亿美元。现在我们知道，美联储为什么有这样的贷款能力了：它可以根据意愿创造货币。因此，美联储经常被称为**最后贷款人**（lender of last resort）。当其他所有机构都将其资金用尽或害怕贷款时，银行和其他金融机构就会转向美联储求救；美联储快速出借巨额资金以助它们渡过难关的能力，是一项非常强有力的工具。让我们来详细探讨它是如何实施这项工具的。

当没有其他金融机构愿意贷款的时候，**最后贷款人**将货币贷给商业银行和其他金融机构。

贴现率是指银行从美联储直接借款时所付的利率。

美联储有好几种方法来进行贷款。正常时期，美联储给银行提供贷款，银行按**贴现率**（discount rate）进行偿付。银行从美联储的借贷经常被说成是从贴现窗口借钱。当银行从美联储借入资金，就会增加货币供给。美联储借钱给银行只需在这些银行在美联储所开账户上增加额外的(电子)美元。这些贷款直接增加了基础货币,也间接激励银行贷出更多,使 M1 和 M2 增加。当然,当银行偿还这些贷款时,基础货币就会紧缩。所以,贴现窗口借款倾向于被用来帮助银行渡过短期难关,而不能成为长期货币政策的决策考虑。

市场中的交易者把贴现率看成是表明美联储态度或"立场"的信号,也就是美联储允许货币供给增加的意愿。当美联储降低贴现率,市场会将此视为扩张性货币政策的信号,当然较低的贴现率并不会直接影响基础货币,除非银行从美联储实际借入更多。

在大部分时间,大多数银行都不会从贴现窗口借钱。如果银行运行正常,它会从其他银行或金融机构进行拆借,而不是从美联储那里借钱。贴现窗口是帮助那些无法从私人部门借入资金的银行摆脱金融困境的。事实上,如果一个银行突然要从贴现窗口借入大量资金,美联储通常都要对它进行快速而谨慎的调查,问清楚哪里出了问题。银行通常并不希望受到这样的调查。

尽管如此,当遭遇金融困境时,所有银行都知道从贴现窗口是可以借入资金的。比如,如果花旗银行(Citigroup)将钱借给富国银行(Wells Fargo),花旗银行知道,如果确实需要的话,富国银行可以从贴现窗口借入资金来偿还它。正是贴现窗口的存在使得私人银行的贷款能够更加顺利地运作,即便贴现窗口经常处于闲置。

要知道,银行存在金融困境的可能性正是源于部分准备金制度。实行部分准备金制度的银行的主要资产是贷款,因此银行的价值依赖于贷款人还贷的意愿和能力。

一个潜在的问题就是**清偿危机**(solvency crisis)。当银行**资不抵债**(insolvent)时,清偿危机就会出现:银行贷款的价值缩水,以至于银行不再具有偿还存款人的能力。银行通常持有"资本"以缓冲这样的损失,但损失也可能数额太大以至于超过其资本。在这个语境中,"资本"一词是一个非常具体的法律术语,不再是经济含义的"资本"。银行资本的法律计算公式非常复杂,但其核心的直觉含义却很简单,那就是,银行为了提供一个防护性缓冲以使储户免于潜在的损失,就必须以相对安全的形式持有其部分资产。拥有大量资本的银行,其违约的风险相对较少。美联储所支持的多国协调管制对美国的银行提出了资本要求。

> **清偿危机**出现在银行资不抵债的时候。
>
> **资不抵债的银行**就是负债大于资产的银行。

2008 年,我们看到了一个超常发展:美国财政部采取行动对美国银行系统的一部分进行"资本调整"(recapitalize)。就是说,财政部为了提振那些银行的经营前景而向它们追加投资,前提条件是银行要在未来某天将这笔投资还上。由于房地产坏账及其他投资失误,很多美国银行陷入资不抵债的境地,这令人恐慌。这种资本调整是在美国财政部的管理下进行的,但是它在很大程度上是一次与美联储的协同行动。资本调整的目的是使这些银行东山再起,使它们有能力继续放贷。不管这项行动是否属于严格意义上的"货币政策",它都在很多方面起到了与货币政策一样的效果:比方说,在这种情况下,这项行动会有助于维持银行贷出款项,避免货币供给出现重大减少。

另外一个潜在问题是**流动性危机**(liquidity crisis)。银行资产可能很优良,但如果所有存款人都要同时取回存款,就存在一个潜在问题。从账簿上来看,银行可能拥有许多优良资产,比如随着时间推移将会得到偿付的长期贷款,但是这些贷款是无法立刻带来收入的。但是存款人如何才能知晓银行资产是优良的呢?通常他们并不知道。结果,恐慌使本来有偿付能力的银行迅即陷入流动性困境。比如,大萧条期

> **流动性危机**发生在银行缺乏流动性的时候。
>
> **流动性不足的银行**的短期债务大于短期资产,但总体而言其资产大于负债。

间，即便是一个关于银行可能倒闭的谣言，也会使存款人发生挤兑，以免太晚就什么也捞不着了。在这种情况下，即使那些优质的、有偿还能力的银行也只能倒闭了！

为了避免银行重蹈大萧条的覆辙，联邦存款保险公司(Federal Deposit Insurance Corporation，简称 FDIC)应运而生。FDIC 为每一个存款人名下的银行账户承保银行存款高达 25 万美元(实际上的承保数额甚至更大)。因为存款人知道其存款被保险，所以，他们即便听到一些谣言也没有充分理由去银行挤兑。因此，FDIC 只要存在，即便它从未支付，也会降低银行恐慌。

如果尽管有 FDIC 承保，很多人还是想取回存款，那么，美联储仍然会帮助银行偿清债务。理论上讲，美联储使用贴现窗口借钱给流动性不足(但资产优良)的机构，以待其重获流动性，恢复财务正常。但在实践中，尤其是在突发情况下，要想辨别出哪些银行资不抵债，哪些银行是流动性不足，并非易事。

如果美联储知道一家银行资不抵债，所采取的上策就是对储户进行支付，并在这家银行带来进一步损失之前关闭它。2008 年财政部对美国银行的资本调整打破了这一传统做法，当时的判断是：可能处于资不抵债状态的银行简直太多了，以致经济无法幸免于如此普遍的银行倒闭潮，所以财政部决定不是关闭这些银行，而是为其提供援助。

定期拍卖工具 在 2007—2008 年的金融危机中，最先爆出的问题发生在次级抵押贷款市场(subprime mortgage market，更多内容参见下一章和第 9 章)。美联储一反常态，帮助金融机构摆脱了困境。

首先，美联储创立了定期拍卖工具(term auction facility)。对照贴现率，我们会对定期拍卖工具有更好的理解。贴现率政策就是美联储设定一个利率，然后等着看有多少银行想要借款。贴现率的一个问题是银行可能不借款，因为它们害怕向市场承认所处的脆弱境地。定期拍卖工具要美联储宣布它打算给银行系统注入一定数量的准备金，然后，这些资金被拍卖，直到其利率低到足以使银行愿意向美联储借款为止。美联储放松其贷款的担保要求，并向银行强调：它们不会因为从定期拍卖工具中借钱而背负坏名声。换言之，定期拍卖工具与相关贷款活动的目的是使美联储更多地控制货币供给，从而解决上面讨论的那些问题。

理解现实世界　　在金融危机期间，美联储额外贷出的资金数量是令人吃惊的。比如从 2007 年12 月至 2008 年 5 月，美联储借给美国银行系统大约 4 750 亿美元，主要用于恢复信贷市场的流动性。一年之内，美联储共贷出 2 万亿美元。后一个数字意味着每个美国人要平摊大约 6 000 美元。在所有这些美联储的活动之外，国会在 2008 年还通过了一项名为问题资产救助法案(Troubled Asset Relief Program，简称 TARP)的法律，该法案拨款 7 000 亿美元用于对银行的援助。幸运的是，随着银行业务得到复苏，这笔钱俱已收回，但批评者们仍指控这一紧急援助方案为纳税人带来了风险。

15.4.3　法定准备金和准备金的利息支付

在正常时期，美联储的最重要工具是公开市场操作和贷款，但像 2008 年的情况它还有一些其他的影响货币供给并进而影响总需求的方法。比如，美联储可以改变**法定准备金**(required reserves)比率。通过法律，美联储告知银行必须持有一定数量的准备金——不管是现金还是放在美联储的准备金——作为其所吸收存款的后盾。

毫不奇怪的是，银行是希望最小化其准备金的，因为它们无法带来利润。然而，银行最小化其准备金的企图，有时会与美联储的目标不一致，尤其是当美联储试图确保银行系统有充足的准备金以备支付的时候。但是现在美联储要为这些准备金支付利息，还要有意识地改变这个利率以有助于货币政策目标的实现。

自我测验

划出正确答案：

美联储想让利率降低：它通过在公开市场上（买/卖）债券做到这一点。通过如此行事，美联储（增加/减少）了准备金，并通过乘数过程（增加/减少）了货币供给。

15.5 美联储与系统性风险

我们已经论述了美联储控制货币供给的三个主要工具：公开市场操作、贷款、法定准备金管制与准备金利息支付。在危机时期，美联储已经超越这些工具来处理延伸到银行之外的金融系统问题。

比如，在危急时期，美联储决定其作为最后贷款人的功能所援助的对象不再仅限于传统银行。在 2008 年 3 月，美联储将贷款担保延及摩根大通（JP Morgan）。摩根大通当时正在收购一家破产公司——贝尔斯登（Bear Stearns）——一家金融机构但并非传统意义上的银行。事实上，贝尔斯登应被归入法律意义上的"投资银行"，由美国证券交易委员会（Securities and Exchange Commission）管辖。美联储认为，贝尔斯登欠了银行很多钱（这是事实），如果贝尔斯登倒闭，很多银行也会应声而倒，从而使货币供给暴跌。因此，美联储认为它需要阻止贝尔斯登倒闭，从而避免出现更大问题。美联储的担忧可能是合理的，它立即采取行动解除了这一担忧。然而，市场也由此而对美联储所拥有的真正权力和义务感到困惑，因为它的行动已经超越了传统的法律规定之限。基于同样的原理，美联储也贷出了数十亿资金给一家保险公司——美国国际集团（American International Group，简称 AIG），只是因为 AIG 也欠了银行很多钱。2007—2008 年的金融危机使美联储的功能完全模糊了。人们普遍认识到需要对美联储的职责进行更全面的再定义。

贝尔斯登和 AIG 案例中的普遍性问题即所谓的**系统性风险**（systemic risk）。简单来说，系统性风险就是一家金融机构的破产会导致其他金融机构也破产，就好像多米诺骨牌一样。你听过这样一个老笑话吧："如果你欠银行一百万美元，无法偿还，你就有麻烦了；如果你欠银行十亿美元，也无法偿还，那银行就有麻烦了。"阻止系统性风险的扩散是美联储要做的最为重要的事情之一。

然而，这有一个问题。不管是在什么时候，如果美联储要采取行动限制系统性风险，它至少得把一些银行与其错误决策所带来的金融后果隔离开来。比如，一家借给贝尔斯登过多资金的银行现在知道，它不必过多担心下一次危机的到来，因为美联储到时候可能会进行干预，并救援它。当个人或机构被保险之后，他们就会冒太多风险——激励使然——经济学家称此为**道德风险**（moral hazard）问题。比如一家户主买保险之后，装烟雾报警器的激励就会下降，这也是保险公司给那些装了烟雾报警器的家庭的保费打折的一个原因。以银行而论，道德风险的长期后果是银

系统性风险是指一家金融机构的破产会使其他金融机构也倒闭。

道德风险发生在银行和其他金融机构冒太多风险而期望美联储和管制者会在发生危机时救援它们。

行对其金融承诺的谨慎度下降。既要限制系统性风险又要抑制道德风险,这是美联储作为银行安全的监管者必须面对的基本问题。

谈到美联储的最后贷款人功能,可以说我们生活的时代是很有趣的。在过去几年里,发生了很多变化,而且这些变化可能还没有结束。对美联储而言,其总的趋势是变得越来越活跃,在危机时期所获得的更大权力,可能会被运用于正常时期。

自我测验

1. 如果一家大银行出现了一些坏账,美联储应该让该银行承担其错误决策的后果甚至走向倒闭吗?如果不是,美联储的理由是什么?

2. 考虑一下:如果美联储救援大银行的话,可能会产生的道德风险。如果你在一家大银行工作,押赌油价会上涨,但实际上它却下跌,你因此而使银行损失一大笔钱。什么样的激励会使你在下一次押双倍赌注?

15.6   再探总需求和货币政策

我们已经讨论了美联储的主要工具,需要记住的是:美联储使用这些工具的最终目的是要影响总需求 AD。比如,想象一下,美联储想提高总需求,就在公开市场上购买债券。债券购买使基础货币增加,短期利率降低。通过货币乘数过程,基础货币的增加会带来存款和贷款的增加,而利率的降低会刺激投资(和消费)借贷。结果——如果一切运行良好的话——AD 就会提高。AD 提高会影响经济,正如我们在第 13 章讨论过的,图 15.3 所示。从 a 点开始,$\vec{M}$ 增加使总需求曲线向外移动,推动经济到 b 点,此时,通货膨胀和真实增长率都更高。在长期,经过转型之后,经济移动到 c 点,通胀率更高(货币又是中性的),而增长率由长期索洛模型中的基本要素给定。

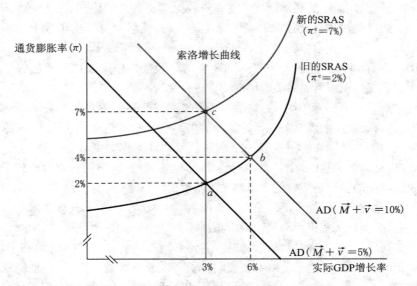

注:总需求提高使经济在短期内从 a 点移动到 b 点,提高了真实增长及通胀率。但在长期,经济会以更高的通胀率移动到 c 点,而以长期索洛模型中由基本要素所决定的增长率增长。

图 15.3 $\vec{M}$ 增加使总需求增加,短期真实增长提高

我们现在知道这一过程并不是如此简单。美联储购买债券,使基础货币增加,但并不能使总需求以任何确定的数量而提高。因为我们无法确切知道 M1 和 M2 对更高基础货币的反应如何,也不能确切知道利率降低会在多大程度上刺激投资支出,尤其是因为美联储的最大影响是对短期利率,而大部分投资支出则依赖于长期利率。此外,所有这些过程都须花费时间,反应行动之时滞并不固定,而且差别可能很大。比如说,如果美联储采取行动想降低今天的利率,但在总需求和经济增长开始有明显反应之前,6 到 18 个月可能已经过去了。同时,经济条件也在发生改变。

因此,为了评估其行动对总需求的影响效果,美联储必须努力预测并监控那些决定反应状况之规模和时间的诸多变量。美联储要预测和监控的事情包括:

● 银行会贷出所有的新增准备金,还是仅仅贷出一部分,以超额准备金持有剩余部分?

● 基础货币会有多迅速地转变成新的银行贷款从而造成 M1 和 M2 更多地增加?

● 企业打算借款吗? 短期利率多低才能刺激更多的投资贷款申请?

● 如果企业确实借了钱,那么它们是会迅速雇用劳动力和资本呢,还是会持有货币以预防不景气?

美联储的权力不应被低估,但是提高或降低总需求远不像把水龙头打开或关闭那么简单。美联储的工具箱是有限的,它必须时常调整这些工具以适应新的环境和条件。在下一章,我们会更深入地讨论货币政策在真实世界中所遭遇的困难与两难选择。

自我测验

1. 如果在长期内货币是中性的,那么美联储为什么还要在短期内去增加货币供给?

2. 对经济会进入衰退的恐惧是如何影响银行贷款倾向的? 它在衰退中,是如何影响美联储移动总需求的能力的?

15.7　美联储的掌控者

凭空创造货币并借出数万亿美元,如此的权力是令人敬畏的。这一权力是如何被控制的呢?

美联储有一个七人理事委员会(Board of Governors),理事们由美国总统任命,参议院通过。理事任期 14 年,不能连任——这意味着一个总统鲜有可能任命理事委员会的大多数人。理事委员会成员一旦被任命,就不能轻易被解雇。美联储主席的任命是由总统从理事委员会成员中挑选一名成员,参议院通过后任期四年。此外,美联储还必须定期向参众两院的监督者进行汇报。

尽管我们总是说"美联储",但美联储并非仅有一家银行,而有 12 家联邦储备银行,每一家总部设在美国的不同地区。* 美联储的区域结构解释了它的另一奇特之

＊ 这 12 家区域银行的总部分别位于波士顿、纽约、费城、克利夫兰、里士满、亚特兰大、芝加哥、圣路易斯、明尼阿波利斯、堪萨斯城、达拉斯和旧金山。

处：美联储是一家半私人、半官方的机构。每一家区域银行都是一家非营利性银行，有 9 位董事：其中 6 位由该区域的商业银行选举，3 位由董事会选举。9 位中有 6 位必须不是银行家，而是来自商界、劳动界、学术界和其他领域。比如，在 2008 年，美国联合包裹服务公司（UPS）的主席就是亚特兰大联邦储备银行的一位董事，Yarnell 冰激凌公司的董事长是圣路易斯联邦储备银行的一位董事，而美国劳工联合会—产业工会联合会（American Federation of Labor and Congress of Industrial Organizations，简称 AFL-CIO）在纽约州的主席则是纽约联邦储备银行的一位董事。区域银行的董事任命区域银行的行长。最终，联邦储备理事委员会的 7 位成员连同区域银行的 5 位行长一起组成美联储公开市场委员会，这个委员会控制着公开市场操作。因此，它是美联储系统中最重要和最富影响力的部分。

快晕了吧？没错，确实有点绕，但我们其实已经省略了很多细节！如果我们告诉你联邦储备系统的结构之所以如此令人眼花缭乱是有原因的，也许你会感觉好些。美联储权力巨大，因此为了与美国的分权制衡体系保持一致，美联储的权力也必然要分散——一个总统不可以任命所有的美联储理事，理事们也不可能拥有对美联储政策的完全掌控，区域银行的行长们来自美国各地，他们的任命是出自各区域银行的董事们，而董事们的筛选不是仅仅来自银行业，而是来自更广泛的各个领域。

总之，一句话：美联储通常可以说是最为独立的美国政府机构。它相对来说与政治、党派和选举绝缘——可能只有美国最高法院比之更为独立了。在 2008 年的金融危机中，美联储不得不（为了让财政部的资源注入银行以实现对银行资本结构的调整）与财政部紧密合作，在这个意义上说，它的独立性与平时相比大打折扣。总之，美联储的独立性无法令那些希望美联储能够对民主选举出来的政客直接负责的人感到满意。而其他人担忧的是，如果美联储会被直接操纵，比如说，被总统直接操纵，这就会给总统以命令美联储恰好在选举前扩大货币供给以提振经济的权力。

政治压力已经渗入美联储，并非每一任美联储主席都能做到独立。1972 年，尼克松（Nixon）总统请求当时的美联储主席阿瑟·伯恩斯（Arthur Burns）在大选前刺激经济。伯恩斯就范，而尼克松也赢得了巨大的选举胜利，但经济利益是暂时的。毫不奇怪的是，20 世纪 70 年代的通胀实在是太高了。这并不是美联储历史上或者总统历史上的一个让人骄傲的时刻。

总之，作为美国分权制衡的一部分，大部分经济学家都支持美联储的独立。

○　本章小结

回到本章开头，我们现在理解了为什么美联储主席可能是全世界第二号权势人物。美联储是政府的银行，也是银行家的银行，它有权力创造货币。创造货币、管制货币供给以及借出数万亿美元的潜力，意味着美联储有巨大的权力来影响世界最大经济体的总需求。

"货币供给"概念可以有几种不同的计算口径。了解货币供给的几种主要定义并学会区分它们，是非常重要的。美联储通过在所谓的公开市场上买卖政府债券来控制货币供给。

通过买卖政府债券,美联储改变了银行准备金。银行准备金的改变,通过货币乘数过程不断累加贷款和存款而改变货币供给。最终结果是 $\Delta MS = \Delta R \times MM$。不过,货币乘数随时间而改变,因此美联储对总需求的影响在效果和时间上是不确定的。

当政府购买债券时,利率会下降,进而刺激消费和投资支出;当政府卖出债券,利率会提高,进而会减少消费和投资借贷。对于日常操作,美联储集其注意力于联邦基金利率,这是各大银行间的隔夜拆借利率。美联储对短期内的真实利率的影响最大,对长期真实利率则几乎毫无影响。

美联储还充当那些发现自己陷入困境的银行和主要金融机构的"最后贷款人"。预防"系统性风险"——或者说是金融危机从一个机构扩散到另一个机构——是美联储最重要的工作之一。

○ 本章复习

关键概念

货币
流动性资产
部分存款准备金制度
准备金率,RR
货币乘数,MM
公开市场操作
联邦基金利率
最后贷款人
贴现率
清偿危机
资不抵债的银行
流动性危机
流动性不足的银行
法定准备金
系统性风险
道德风险

事实和工具

1. 让我们弄明白货币都包括什么。本章所采用货币定义是一种具有代表性的定义:"一种被广泛接受的支付手段"。根据该定义,在下列交易中的当事人使用的是"货币"吗? 如果不是,为什么?

   a. 露西将其萨博汽车(Saab)卖给卡伦,并收取1 000美元现金;

   b. 露西将其萨博汽车卖给卡伦,以换取价值1 000美元的鲍勃·迪伦(Bob Dylan)的老唱片;

   c. 露西将其萨博汽车卖给卡伦,卡伦签发1 000美元支票给她;

   d. 露西将其萨博汽车卖给卡伦,卡伦承诺给她提供价值1 000美元的明年全年的汽车保养服务;

   e. 露西将其萨博汽车卖给卡伦,以换取价值1 000美元的美国独立战争时期的"大陆币"。

2. 定义下列概念:

   a. 货币基础,MB;

   b. M1;

   c. M2。

3. a. 假定银行已经决定必须保持10%的存款准备金率,以保证在自动取款机中有足够现金供存款人提取,在美联储账户上有充足的电子存款来兑换其他银行提供的支票。在这种情况下,货币乘数为多少?

   b. 如果存款人开始频繁地从自动取款机中提款,银行会希望保持一个较高的准备金率还是一个较低准备金率? 这会使货币乘数上升还是下降?

4. 如果美联储打算通过公开市场操作来降低利率,那么美联储应该买入还是卖出国债?

5. 完成以下有关货币乘数的练习,想一想"货币供给"(MS)是等于 M1 还是等于 M2?

a. $RR = 5\%$，准备金变化＝100 亿美元，则 MM ＝? 货币供给变化＝?

b. $RR =$?，准备金变化＝－1 000 美元，则 $MM =$ 5，货币供给变化＝?

c. $RR = 100\%$，准备金变化＝100 亿美元，则 $MM =$? 货币供给变化＝?

6. 在前一题中的 c 问假定银行保持存款准备金率为 100%。一些经济学家建议所有银行都应依法持 有 100% 的准备金率在美联储的金库中，或投资 于短期国库券等超安全资产。

　a. 如果发生了这样的情况，货币乘数等于多少?

　b. 如果发生了这样的情况，利率可能上升还是 下降?

　c. 如果发生了这样的情况，人们会更可能还是更 不可能将其存款投资于诸如债券、共同基金或 他们家亲戚的草坪割草业务?

7. 美联储试图控制的主要利率是联邦基金利率，即 银行间隔夜拆借利率。让我们来看看，如果某家 银行以联邦基金利率将其资金贷出，会获得多少 利息?

弗吉尼亚社区银行(Virginia Community Bank)在 联邦储备银行的账户上有 200 万美元的超额现 金。美国银行(Bank of America)向弗吉尼亚社区 银行请求暂借这全部 200 万美元，期限为 24 小 时。(这是小银行经常把钱借给大银行的典型 例子。)

　a. 若联邦基金的年利率为 4%，则日利率大约为 多少?(提示：利率类似于 GDP 增长率，通常是 以"每年"为单位，就像速度多以"每小时"所行 的英里数来计算一样。)

　b. 弗吉尼亚社区银行把这笔钱贷出一天可获多 少利息?

　c. 如果弗吉尼亚社区银行在整个一年中的每天都 能以相同利率把钱贷出(每笔贷款的期限为一 天)，那么它在这一年中能赚多少利息?

8. 我们将用准备金的供求模型来解释美联储是如何 在短期内改变总需求的。记住：美联储控制着银 行准备金的供给，但私人银行在创造准备金需求。

　a. 会谈之后，联邦储备公开市场委员会投票表决： 将利率从 2% 下调至 1.5%。这一决议会如何 被实施：是增加准备金的供给，还是减少?

　b. 基于你对 a 问的回答，判断：一般情况下，作为

对这一政策的反应，银行贷款规模是扩大，还 是缩小? 这对一国的货币供给有何影响：增 加、减少，还是没影响?

　c. 这通常会使总需求增加还是减少?

9. 我们提到过中央银行会影响短期真实利率——这 是因为短期内通胀率不变，而央行能调整短期贷 款的名义利率。回想一下，如果把钱投资于短期 国库券，投资者得到的真实利率为：真实利率＝名 义利率－通胀率。

　a. 如果通胀率为 3%，且美联储想要短期贷款的 真实利率为 2%，则美联储应将名义联邦基金 利率设为多少?

　b. 如果通胀率为 3%，美联储想要通过减少短期 贷款利率至 －1% 来鼓励短期借贷，则美联储 应将名义联邦基金利率设为多少?

　c. 如果通胀率为 6%，美联储想要通过将短期贷 款的真实利率上调至 4% 来控制贷款规模，则 美联储应将名义联邦基金利率设为多少?

思考和习题

1. 判断一项资产的流动性取决于你所处的具体情 形。在以下具体情况下，每个资产组合中的哪种 资产流动性更大?

　a. 你想要买一张沙发：储蓄账户还是现金?

　b. 你想要在小学里跟人换一个烤肠三明治：花生 酱果冻三明治还是寿司?

　c. 你想要购买房屋：现金还是信用账户?

　d. 你生活在浩劫之后的不毛之地：米饭还是现金?

　e. 你在中世纪的欧洲穿越旅行：金币还是艺术品?

　f. 你是一个准备收购某公司的投资银行家：美国 国库券还是现金?

2. a. 谁更可能冒更大风险：
　　一个有安全网保护的高空秋千表演者，还是一 个没有安全网保护的高空秋千表演者?

　b. 谁更可能用自己的存款冒更大的风险：一个设 有最后贷款人的国家中的银行总裁，还是一个 没设最后贷款人的国家中的银行总裁?

　c. 谁更可能花费更多时间去寻找一家运行良好 的、安全的银行：一个生活在有政府经营的存款 保险的国家中的存款人，还是一个生活在没有 政府运行的存款保险的国家中的存款人?

　d. 政府经营中央银行和存款保险，这两者都会使

道德风险问题更加严重,还是都会抑制道德风险问题,还是会对道德风险产生不同方向的效应?

3. a. 在短期,如果美联储打算使短期名义利率下调,那么它会采取何种措施:提高还是降低货币增长率?为什么?该举措会降低真实利率,还是通胀率?

b. 在长期,若美联储想要使短期名义利率下调,则它该采取何种措施:提高还是降低货币的增长率?为什么?该举措会降低真实利率,还是通胀率?

4. 让我们来看一下银行是如何创造货币的。上周三,Numenor 银行挂牌营业。第一位顾客伊迪丝携 100 银币走进该银行,设立一个支票账户,并将 100 银币悉数存入。几分钟后,第二位顾客马克斯走进该银行,他请求借取 50 银币,期限一周。银行把银币借给了他。为简单起见,假设 Numenor 银行只有以上两笔金融业务。另外,为了清楚起见,我们假设银币要么是"现金"要么是"准备金":银币持有在马克斯和伊迪丝手中为"现金",放在银行里为"准备金"。

a. 在伊迪丝进入 Numenor 银行之前,该经济体共有多少"货币"?

货币基础:

M1:

b. 在伊迪丝将银币存入 Numenor 银行而马克斯尚未请求贷款时,该经济体共有多少"货币"?

货币基础:

M1:

c. 在 Numenor 银行把钱贷给马克斯后,该经济体共有多少"货币"?

货币基础:

M1:

d. 哪项行为创造了货币:伊迪丝的存款,还是马克斯的贷款?

5. 你是为美联储工作的银行监管者。你的工作就是搞清楚银行是否有清偿能力,流动性如何。各银行符合下列哪种分类:

● 流动性好且清偿能力强(最优);

● 流动性不足,但具备清偿能力(可能需要从其他银行或美联储借入短期款项);

● 流动性好但清偿能力不足(应该立即停业:你要

是不努力工作,这家银行还会继续骗人);

● 流动性差且清偿能力不足(应该立即停业)。

a. DelMarVa 银行

短期资产	短期负债
1 000 万美元	600 万美元
总资产	**总负债**
4 000 万美元	5 000 万美元

b. Escondido 银行

短期资产	短期负债
600 万美元	1 000 万美元
总资产	**总负债**
5 000 万美元	4 000 万美元

c. Previa 银行

短期资产	短期负债
1 200 万美元	1 000 万美元
总资产	**总负债**
5 000 万美元	4 000 万美元

d. Cambia 银行

短期资产	短期负债
800 万美元	1 000 万美元
总资产	**总负债**
3 000 万美元	4 000 万美元

e. Marshall 银行

短期资产	短期负债
1.2 亿美元	1 亿美元
总资产	**总负债**
5 亿美元	4 亿美元

6. 我们提到过银行不愿意从美联储的贴现窗口借款,因为这会使它被其他银行轻视。其他银行会认为,如果一家银行需要动用贴现窗口,那么该银行很可能存在问题。因此,贷款来源是显示你是哪类银行的信号。下列哪项可被看作负面信号?如果你认为某些情形下不能确定其信号类型,请解释。

a. 你的朋友通过联邦学生贷款项目借款;

b. 你的朋友向发薪日贷款 * 机构借款;

c. 你的朋友以信用卡透支来支付日常生活开支;

d. 你的朋友从父母处借钱;

e. 你的朋友借入非法高利贷。

---

* 发薪日贷款是两周内的短期贷款,发薪日即是还款日。——译者注

7. 美联储主席是由美国众议院选举产生的吗？如果不是，那么谁有投票权？

8. 在美墨边境圣思多罗(San Ysidro)，中央银行提高法定准备金率，但不改变准备金数额。（注：在1937—1938年美联储就是这么做的，当时美国经济正从大萧条中缓慢复苏）

 a. 这会使总需求曲线向左还是向右移动？

 b. 在短期，这对通胀和真实增长有何影响？（该问题的正确答案与美国1937—1938年期间发生的实际状况相一致）

挑战

1. 我们提到过，对美联储而言，要想实际控制总需求是非常困难的：因为它对广义货币(M1和M2)的控制力很弱，而且是间接的，加之它根本不能控制货币流转速度。让我们把本章中的下列符号补充进扩张后的总需求等式。你知道总需求AD增长就意味着支出增长 $\overrightarrow{M} + \overrightarrow{v}$，但现在你知道M(M1或M2的增长，测度货币量时涵盖支票账户)取决于货币基础(MB)增长和货币乘数(MM)。那就意味着总需求增长要求 $\overrightarrow{MB} + \overrightarrow{MM} + \overrightarrow{v}$ 的增长。让我们把这一事实运用于本章所涉及的情形。在所有情形中，美联储都在努力提高 $\overrightarrow{MB}$ 以扩大总需求。但是，如果 $\overrightarrow{MM}$ 下降或 $\overrightarrow{MM}$ 与 $\overrightarrow{v}$ 同时下降，那么美联储的行动就对总需求没有任何效果。对于以下的每一种情形，我们所要关心的是什么：是 $\overrightarrow{MM}$ 下降呢，还是 $\overrightarrow{v}$ 下降？

 a. 银行会把所有新增准备金全部贷出去吗？抑或银行会将其中的一部分贷出去，保留剩余部分作为超额准备金？

 b. 新增基础货币会以多快的速度衍生出新增银行贷款，进而推动M1和M2的更大增长？

 c. 如果企业借入资金，它们会立刻雇用劳动力、租用设备，还是会持有这些货币以预防不景气时期的到来？

2. 过去，美联储对存放在美联储的准备金并不支付利息：对一家普通美国商业银行而言，存放于美联储的钱其利息为零，就像钱放在地下室或自动取款机里一样。2008年，美联储开始为存放于美联储的准备金支付利息。

 a. 一旦美联储开始支付利息，请你预测：银行对准备金的需求会有什么变化：是增加还是减少？

 b. 如果一家中央银行开始对准备金支付利息，则在其他条件保持不变情况下，私人银行会增加还是缩小其放贷额度呢？（提示：当中央银行开始为准备金支付利息时，私人银行提供一项汽车贷款的机会成本是增加了还是减少了？）

 c. 我们把a问和b问放到一起，而且考虑到银行贷款能创造货币这一事实。那就意味着你对b问的回答告诉你的是货币供给，而不是贷款需求。如果中央银行开始为准备金支付利息，则银行所选择的准备金率会上升还是下降？货币乘数会上升还是下降？

 d. 你对c问的回答告诉我们：当中央银行开始为准备金支付利息时，M1和M2会有所变动，广义货币供给包括贷款创造的货币。但是影响货币供给的途径有很多，所以当某种力量把货币供给推向某一方向时，我们可以动用另一工具将货币供给推向相反方向。因此，如果一家中央银行开始为准备金支付利息，但它又希望M2保持不变，那么这家中央银行应该对准备金供给采取何种措施：是增加还是减少准备金的供给？

3. 经济学家贝内特·麦卡勒姆(Bennett McCallum)曾说，为了使利率在长期内有所降低，中央银行需要在短期内提高利率。如何实现这一点？

解决问题

我们曾提到，中央银行能够影响短期实际利率——这是因为短期内通货膨胀率相对恒定，而中央银行可以调整短期贷款的名义利率。回忆一下，投资于短期债券之后，投资者取得的实际利率是：

$$实际利率 = 名义利率 - 通胀率$$

a. 如果通胀率为3％，且美联储希望短期贷款的实际利率位于2％上，美联储应该把联邦基金名义利率设定在什么水平上？

b. 如果通胀率为3％，且美联储希望通过把短期贷款的实际利率削减到－1％而鼓励借入它，美联储应该把联邦基金名义利率设定在什么水平上？

c. 如果通胀率为6％，且美联储希望通过把短期贷款的实际利率提高到4％而阻止对它的借入，美联储应该把联邦基金名义利率设定在什么水平上？

附录：货币乘数的具体过程

简要概述本章要点：当美联储进行公开市场操作时，我们说准备金的变化乘以货币乘数就得到货币供给的变化，即文中的 $\Delta MS = \Delta R \times \Delta MM$。例如，如果美联储购入政府债券，这会使得银行准备金增加，进而使货币供给以准备金乘以货币乘数的速度增加。

我们曾提及"连锁效应"这一概念：当一家银行增加它的贷款，将必然导致另一家银行的存款增加，这又会使其贷款增加……如此循环往复。

现在，我们来更详细地看看这一乘数过程。

考察一张叫"T 形账户"的简单会计报表是十分有用的。在 T 形账户左边，列示了银行的各项资产；在其右边，列示了银行的各项负债。资产代表银行的财富或价值。在简单 T 形账户中，银行仅有的资产是准备金和贷款投资组合；负债是指债务或欠其他人或机构的项目。在简单 T 形账户中，银行的仅有负债为存款（银行欠存款人的钱）。

现在假定，美联储从国库券交易商手中购入 1 000 美元政府债券。该交易商在第一国民银行（First National Bank）设有账户，故美联储向该交易商的账户增加了 1 000 美元。结果，第一国民银行的负债（即它的存款）增加了 1 000 美元，同时，该银行也多出了 1 000 美元的准备金。第一国民银行的 T 形账户如下所示：

第一国民银行			
资 产		负 债	
准备金： 贷款：	+1 000 美元	存款：	+1 000 美元

不过，第一国民银行会如何处理这笔准备金呢？它自然希望能获取利润，因此会将一部分准备金贷出。假定银行保留了 100 美元的准备金而将 900 美元贷出。该银行目前的 T 形账户如下所示：

第一国民银行			
资 产		负 债	
准备金： 贷款：	100 美元 +900 美元	存款：	1 000 美元

可见，银行存款准备金率为 100 美元/1 000 美元，即 0.1；因此准备金率 = 0.1。现在，某企业或个人将这 900 美元借走，用以购买产品和服务。假定借钱者把这笔钱用于巡航旅游，就签发支票转给 Luxury Vacations 有限公司设在第二国民银行（Second National Bank）的存款账户。第二国民银行目前的 T 形账户如下所示：

第二国民银行			
资 产		负 债	
准备金： 贷款：	+900 美元	存款：	+900 美元

注意:第二国民银行的存款增加了 900 美元。那么,它又会如何处理这笔准备金呢? 贷出去! 假定第二国民银行也希望保持 0.1 的准备金率,那么它会将 90 美元留做准备金,而将 810 美元贷出。它目前的 T 形账户如下所示:

第二国民银行			
资　产		负　债	
准备金:	90 美元	存款:	900 美元
贷款:	+810 美元		

你开始看到乘数作用了吧? 我们再继续。假定某企业或个人希望从第二国民银行贷款,用以购买电脑。该借款人把款项划转至苹果公司在第三国民银行(Third National Bank)的存款账户上。第三国民银行目前的 T 形账户如下所示:

第三国民银行			
资　产		负　债	
准备金:	+810 美元	存款:	+810 美元
贷款:			

第三国民银行自然也想从中获利,因此它把这笔准备金的一部分贷出去,以致其 T 形账户如下所示:

第三国民银行			
资　产		负　债	
准备金:	81 美元	存款:	810 美元
贷款:	+729 美元		

让我们来总结一下截至目前为止所发生的事情:

银行系统			
资　　产			负　债
	准备金	贷款	存款
第一国民银行	+100 美元	+900 美元	+1 000 美元
第二国民银行	+90 美元	+810 美元	+900 美元
第三国民银行	+81 美元	+729 美元	+810 美元
…	…	…	…

可见,继第三国民银行之后,该过程还会不断延续下去。那么此过程的最终结果会是怎样的呢? 让我们关注存款的变化,看看能否通过计算公式来更快地得到答案。

第一国民银行的存款增加 1 000 美元,第二国民银行的存款增加 900($0.9 \times 1\,000$)美元,第三国民银行的存款增加 810($0.9^2 \times 1\,000$)美元。如果你预测第四国民银行的存款增加 729($0.9^3 \times 1\,000$)美元,那么你就对了。所以,整个过程如下所示:

$$1\,000 \text{ 美元} \times (1 + 0.9 + 0.9^2 + 0.9^3 + \cdots + 0.9^n)$$

这是一个典型的无穷等比级数,可知 $(1+0.9+0.9^2+0.9^3+\cdots+0.9^n)$ 收敛于 $\dfrac{1}{1-0.9}$。所以,存款总共增加:

$$1\,000 \times \frac{1}{1-0.9} = 1\,000 \times \frac{1}{0.1} = 1\,000 \times 10$$

最后一个表达式看起来十分熟悉。回忆一下,我们在推导中曾假设所有银行都希望保持 0.1 的准备金率,因而货币乘数 $MM = 1/RR = 10$,存款增加额即为准备金增加额乘以货币乘数 10。货币供给的增加额可以用存款增加额来测度。由此,我们得出本章中提及的 $\Delta MS = \Delta R \times \Delta M$。我们把这个公式的详细推导放在附录中,不知你是否会为此而庆幸!

美联储在公开市场上购买债券所引起的最初增加额,是如何影响整个银行系统的呢?我们看看下表就可以总结了。准备金和贷款的增加也有类似存款增加的乘数效应,最终结果如下:

银行系统			
	资　　　产		负　　债
	准备金	贷　款	存　款
第一国民银行	+100 美元	+900 美元	+1 000 美元
第二国民银行	+90 美元	+810 美元	+900 美元
第三国民银行	+81 美元	+729 美元	+810 美元
…	…	…	…
合　　计	+1 000 美元	+9 000 美元	+10 000 美元

注意,我们可以用银行系统总资产(准备金＋贷款)增量或银行系统的总负债(即存款)增量来衡量货币供给增量。两种方法我们都可以得出:货币供给会增加 10 000 美元,正如之前所说的那样,用更常用的方法 $\Delta MS = \Delta R \times \Delta MM$ 计算得出的结果。

我们需要说明货币乘数的一个限制条件。在前述乘数过程中,我们有一个限制条件。我们假定每个借款人都是签发支票使用其贷款,没有现金持有。因此,一笔 900 美元的贷款,必然会使该银行系统中存款增加 900 美元。如果借款人以现金形式保留其部分借入款项,那么货币乘数无论如何也不能对这部分现金发挥作用。例如,一个人贷出 900 美元后,只把其中 800 美元签发支票,而将 100 美元以现金方式持有,则乘数机制只作用于 800 美元。由此可知,公众的现金需求会影响到乘数机制的运行,使美联储的工作复杂化——因为公众的现金需求会随时间而变化。

16 货币政策

米尔顿·弗里德曼曾将货币政策喻为"从直升机上撒钱"。当《商业周刊》(*Business Week*)在 2008 年发问:"'伯南克号直升机'(Helicopter Ben)可以拯救我们吗?"他们其实是在问美联储主席本·伯南克是否有能力用货币政策使美国经济摆脱正在逼近的衰退。

事实上,美联储在拯救活动中很少会使用直升机。正如在第 15 章所讲,美联储使用三个主要工具来影响总需求 AD,即:(1)公开市场业务:美联储购买债券从而增加货币供给,降低利率,或者售出债券,从而减少货币供给,提高利率;(2)贷款给银行和其他金融机构;(3)改变法定准备金和准备金支付利率。这是美联储影响真实经济的基本手段。

在本章,我们把美联储如何影响 AD 视为理所当然,直接进入三个关键性的现实问题:美联储何时应该影响 AD? 美联储何时能够影响 AD? 这种对 AD 的影响何时会产生更高的 GDP 增长率?

我们从货币政策的理想情况入手。在理想情况下,美联储很清楚:应该采取什么行动(比如对负向货币冲击做出反应),何时是采取行动的大好时机。然后我们要思考即使是在这种理想情况下,为什么美联储并不总是知道哪些具体行动是最优的。接着,我们要考虑:为什么在一些诸如负向真实冲击的情况下,对美联储来说,要想采取有效反应会艰难得多。最后我们要学到,在一些情况下,诸如正向真实冲击的情况下,我们并不清楚什么样的货币政策才是最优的。在本章最后,我们会介绍始于 2007 年的金融危机。

16.1 货币政策:理想情况

让我们从一个最简单的例子入手:对总需求的一个负向冲击。比如,假设货币供给增长率或者说 $\vec{M}$ 下降,企业主突然对未来经济状况感到更为悲观。企业希望少借钱,银行希望少放贷,M1 和 M2 增长率就会下降,从而导致总需求减少。

根据我们基本的动态 AD-AS 图,在图 16.1 中,AD 曲线向左下方移动,这将使经济从 *a* 点移向 *b* 点。当然,从第 13 章的总供给和总需求的学习中,我们已经熟悉了那个基本结果:负向冲击(如果没有美联储的干预)意味着产出增长率下降。如果货币紧缩足够严重,产出增长率甚至会呈现为负值,这将把经济带入衰退,正如我们在第 13 章和第 15 章所讨论过的那样。

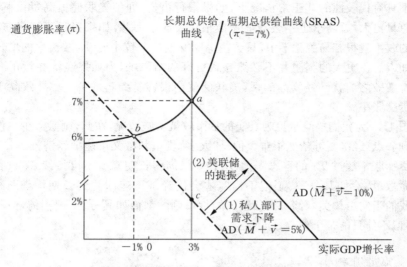

注:AD下降(第 1 步)将 AD 曲线向左下推移,使均衡位置从 a 点移动到 b 点。如果美联储行动迅速,那么 $\vec{M}$ 增加(第 2 步)可以让经济移动回到点 a,从而避免出现长时间衰退。

图 16.1　在理想情况下,美联储能通过增加 $\vec{M}$ 来抵消对 AD 的负向冲击

最终,经济会从负向货币冲击中得以复苏。比方,如果 $\vec{M}$ 的下降是永久性的,工资增长将从 10% 下降到 5%,而经济将会移动到 c 点。但是,正如我们在第 13 章所讨论的,工资经常是粘性的,尤其是在下行方向上,因此在经济进行调整以适应 $\vec{M}$ 变化之前,工资调整可能要经历一段时间,这将导致大量失业出现。

但是,如果美联储能提高货币供给增长率,降低利率,并鼓励更多银行贷款,更多投资借款,那么 AD 曲线将会重新向右上方移动。如果使用第 15 章所介绍的政策工具,美联储可以推动 AD 回到其初始位置,因此经济会从 b 点移到 a 点,从而减轻衰退的严重程度和持续时间。从本质上讲,美联储不是听任经济调整到 AD 的下降位置——这可能意味着更低的增长和更高的失业,而是可以迅速将 AD 推回到以前的位置。

但是,图 16.1 所示的货币政策看起来太容易实施了——还有比移动一下曲线更简单的事情吗?实际上,有两大难题使美联储很难正确行动:

1. 美联储必须及时行动,即使是在很多有关经济状态的数据还是未知的时候。

具体来说,就是搜集数据需要花费时间。数据通常是以月或季度为基础进行发布的。有时候数据还需要在事实发生之后进行修正。接着,解读数据、确认问题需要花费时间。上个月的就业下降是不是衰退的先兆,或者只是一个例外?上个月的石油价格上涨表明了一种长期趋势,还仅仅是一些短期冲击的结果?股票市场下跌是不是预示着未来的衰退?在最近的这场金融危机里,次贷危机的第一个主要信号出现在 2007 年 8 月,但是大部分投资者——也包括美联储——根本没有想到有这么多的银行和金融公司会在第二年倒闭或濒于倒闭。事实上,直到 2008 年春季,GDP 增长依旧高企,并不是所有人都认为美国正走向衰退。

2. 美联储对货币供给的控制并不完全,而是受制于无法确定的滞后性。

回忆下第 15 章,货币供给增加通常是以 6—18 个月的时滞影响经济。要记得,在并不具有代表性的非正常情况下,如果银行惜贷,即使美联储提高货币基础,使货币总量更大,总需求也不会对此做出很大反应。因此,如果银行不轻易贷出,美联储的政策就很容易脱靶不中,只会使 AD 发生一个较小变动,增长率的增长也不会尽如人意。更大的刺激并不必然导致更好的结果,因为如果经济在货币开始发挥神奇功效之前就已经复苏的话,美联储就会很容易弄巧成拙——导致高于预期的通货膨胀率。

图 16.2 为我们描绘了更为真实的货币政策实施情况,在此,刺激太少只能将经济推到 c 点,经济复苏依然艰难。但是"太多"货币刺激又可能把经济推到 d 点,此时通货膨胀率超过 9% 的容忍限度(增长率虽高但长期来看不可持续)。只有实施的刺激数量"恰如其分"、"不偏不倚",才会使经济迅速回复到长期均衡路径的 a 点。我们当然希望美联储每次所给出的货币刺激都恰如其分、不偏不倚,但不要忘记:不偏不倚只能是个传奇。

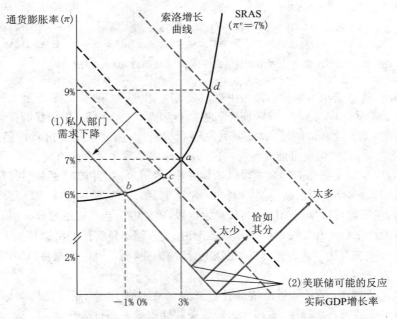

注:美联储必须及时行动,即使对很多数据还一无所知。此外,美联储对总需求的控制具有数量和时间上的不确定性。结果,美联储可能对 AD 下降反应过度(第 1 步)——刺激太少、太多,或者恰如其分(第 2 步)。

图 16.2 让货币政策"恰如其分"并非易事

16.1.1 趋势的扭转与总需求着陆政策的实施

假设美联储对经济的刺激确实做过了头,就会出现图 16.2 中推动总需求曲线过度移动的情况。然后会发生什么呢?要记着第 12 章所讨论的:通货膨胀使价格信号更难以解释,造成财富的任意再分配,使得制定长期计划及签订长期合约变得更为困难,诸如此类的问题。因此,我们不希望通货膨胀太高。但是,从第 12 章和

第 13 章,我们还了解到,降低通货膨胀率是有成本的,因为当价格和工资不能充分灵活地向下调整,这意味着经济有时会陷入两难之境——是继续维持高成本的通货膨胀率呢,还是冒着衰退的风险来降低它。

很多经济学家认为,美联储在 20 世纪 70 年代的确是过度刺激了经济,结果到 1980 年,通货膨胀率高达 13.5%。罗纳德·里根当选美国总统的部分原因就在于他提出了改变经济现状的政策主张。到 1983 年,里根总统和美联储主席保罗·沃克尔联手实施的紧缩性货币政策使得通货膨胀率下降了 3%,但由此造成的结果却是一场非常严重的衰退,失业率一度超过 10%。

反通货膨胀(disinflation)实验是代价高昂的,但它和大萧条时的**通货紧缩**(deflation)不同,它是有目的的政策选择所带来的价格下降。20 世纪 80 年代的反通货膨胀基本解决了通货膨胀问题,为之后大约 25 年左右的成功经济增长和低失业奠定了基础。

自二战以来,已发生过六次美联储刻意止刹货币增长趋势的事件,最突出的一次就发生在刚才提到的 1980 年总统大选之初。每一次,紧缩的货币政策之后都会出现产出下降。平均来说,每一次货币紧缩政策会让工业产出在 33 个月之后较趋势水平下降 12%。但话又说回来,这并不总是坏事。有时候,经济收缩是降低通货膨胀率之必需。当然,经济学家们要争论的是这些收缩中哪些是必需的,哪些不是。

关于某次特定的收缩是否是个好主张,虽然众说纷纭,但经济学家们都赞同一点:货币收缩只有在**可信的**(credible)的时候才会效果最好。所谓可信的,是指市场参与者认为中央银行确实会实施、贯彻其紧缩货币的立场。如果你想清楚了为什么反通货膨胀对经济体来说会如此艰难,那么这个问题就比较容易理解了。反通货膨胀政策如果足够激进,就会带来失业,因为工资和价格是粘性的,尤其是在向下方向上(正如第 13 章所解释的)。如果名义工资增长过高,一些工人就会因为其劳动力过于昂贵而被解雇。因此,使反通货膨胀政策所带来的痛苦降低的关键在于提高名义工资的可变动性。现在试想一下,中央银行已经宣布要进行反通货膨胀,但没人真正相信它或只是半信半疑。这样的话,人们不会让名义工资增长放慢,而反通货膨胀一旦来临——如果美联储真的实施了反通货膨胀政策——失业成本就会很高。换个角度说,如果人们都预期到了反通货膨胀的来临,那么工人就会为较低的工资增长做好准备。因此,可信的反通货膨胀政策可降低失业效应。所以,如果中央银行想要实施反通货膨胀政策,就必须要做好坚持到底的准备,并应公开地宣传和解释其政策。这就是所谓的使货币政策可信。

16.1.2　作为市场信心管理者的美联储

恐惧和信心是总需求最重要的转换机制之一。美联储最强大的工具不是对货币供给的影响,而是对预期的影响,也就是它提振**市场信心**(market confidence)的能力。回忆一下第 14 章,当投资者面临不确定性时,往往在决策之前等待、拖延,并努力了解更多信息。此外,要记着我们之所以会看到投资在时间上的集中或集聚,原因之一就是因为把自己与他人的经济行为协调起来是明智的——也就是说,你希望与其他人同时进行投资、生产或销售。因此,不确定性会产生一种经济学家所

反通货膨胀是指使通货膨胀率显著削减。

通货紧缩是指价格下降,即负的通货膨胀率。

当人们预期中央银行会坚持其政策时,货币政策就是**可信的**。

市场信心:美联储最强大的工具之一是对预期的影响,而非对货币供给的影响。

谓的投资上的从众效应(bandwagon effect)——我面临不确定,所以延迟我的投资,你之所以跟随,不是因为不确定性,而是因为如果没有我的投资,你的投资就不可能有效运行(这就是投资在时间上的集中协调)。此外,你削减投资的事实证明我削减投资的做法是对的,因此没人会因行为不理性而受到指责。

不确定性促使人们从投资转向持有现金这类资产。持有现金没有什么生产效率,但是现金和其他类似的资产是你在"观望"模式下所希望拥有的。根据我们的总需求模型,$\vec{v}$ 的增长预示着现金需求的增长;不确定的增加导致 $\vec{M}$ 的下降,因为借出者和借入者都会减少,M1 和 M2 会以较低速度增长。如本章开头图 16.1 所示,$\vec{v}$ 和 $\vec{M}$ 的变化都推动总需求曲线向左下方移动。

我们援引一个例子,2001 年 9 月 11 日恐怖袭击之后,美国民众对未来不确定性提高。虽然曼哈顿遭受到空前打击,但袭击所造成的经济成本相对于整个美国经济来说还是很小的。尽管如此,如果有足够多的人将袭击视为减少投资的信号,从众效应就会引发一场严重衰退。美联储及时介入干预,通过借给银行大量货币试图预防衰退的发生。比如在 9 月 11 日前一周,美联储借给商业银行 3 400 万美元——这是一个微不足道的数目。在 9 月 12 日,美联储一下子借给银行 455 亿美元。

美联储仅仅发送相反信号——只要需要,我们随时准备加大力量维持或提高 AD——就有助于稳定预期,减少恐惧,进而提升信心。美联储不可能总能通过 $\vec{v}$ 和 $\vec{M}$ 的减少来阻止不确定性的提高,有时候不确定性确实在增加,比如战争临近,静观时变就是正确的反应。但是,美联储经常会减小从众效应,稳定预期,从而有助于经济向积极方向发展。

货币政策经常改变预期和认知,而不仅仅是在操纵数字和等式。这是中央银行业务如此困难的原因之一,也说明了中央银行业务不仅是一门科学也是一门艺术。

自我测验

数据问题是如何影响美联储在设置"恰如其分"货币政策方面的能力的?

16.2　负向真实冲击困境

对货币政策而言,极为艰难的境况总是出现在经济遭受石油价格暴涨这类负向真实冲击之时。正如我们在第 13、14 章所讲,负向真实冲击使长期总供给曲线(LRAS)向左移动,将均衡点从 a 点,推向 b 点,如图 16.3 所示。这意味着通货膨胀率更高,而 GDP 增长率更低,正如前面所论述。那么,货币政策应该如何应对这类负向真实冲击呢?

一个办法就是集中关注通货膨胀率,它已经从 2% 跳到 8%。降低通货膨胀率的处方又是什么呢?没错——减少 $\vec{M}$。比如,在 20 世纪 70 年代,美联储经常要应对供给冲击,比如石油冲击,它会减少 $\vec{M}$。从而降低总需求。这就意味着美联储通过货币政策,使 AD 曲线移动到更左边。在图 16.3 中,我们标示出这个新的均衡点 c。$\vec{M}$ 减少使通货膨胀率从 8% 降到 6%,但也降低了经济增长,如果仅仅是供给冲击,尚且还不至于此。

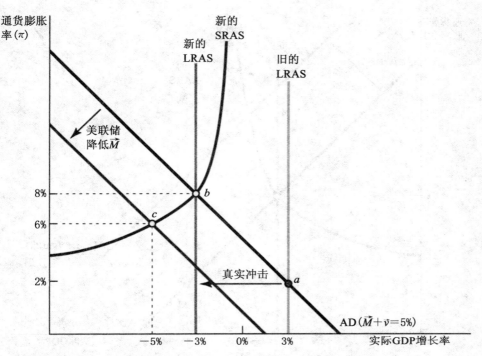

注：真实冲击使长期总供给曲线(LRAS)向左移动，推动经济从 a 点移向衰退中的 b 点。如果美联储关心的是过高的通货膨胀率，它会决定降低 AD，进而削减 $\vec{M}$，将经济推向通货膨胀率转低而增长率会更进一步降低的 c 点。注意，清楚起见穿过 a 点的旧的 SRAS 线图中未标出。

图 16.3　美联储在应对真实冲击时的两难处境(一)

　　一些经济学家认为，美联储为阻止通货膨胀所采取的行动甚至比石油冲击对经济的影响还要糟糕。有趣的是，对美联储在 20 世纪 70 年代所采取的行动最卓越的批评家正是本·伯南克。与他的批评保持一致的是，当他就任美联储主席后，在面对 2007—2008 年的石油价格上涨时，他并没有降低货币供给的增长率。①

　　今天，中央银行的管理者更可能认为中央银行应该应对负向真实冲击，采取的手段就是增加总需求。而这，也会带来问题。

　　和以前一样，美联储可以通过增加货币增长率来提高总需求，但是现在，由于真实冲击的存在，经济要比之前缺乏效率。结果，$\vec{M}$ 增加不会使经济回到点 a；相反，$\vec{M}$ 的大部分增量会反映在通货膨胀上，而不是真实经济增长上，所以，经济会从图 16.4 中的 b 点移动到 c 点，此时通货膨胀率更高，而增长率只是稍微提高。

　　如果发生真实冲击，是否值得以增加总需求来应对呢？也许并不值得。尽管 $\vec{M}$ 增加可以稍稍提高增长率，但通货膨胀率却大幅提高，正如我们对沃尔克反通货膨胀政策的讨论，紧跟着更高通货膨胀率的是更多严重的问题。尤其当通货膨胀率过高，美联储就不得不为抑制通货膨胀而造成大量失业。可能你会疑惑，在上一节关于处理反通胀问题时，为什么又要把终结过高的通货膨胀率放在首位呢。现在你至少了解了为什么有时候会出现过高的通货膨胀率，并使我们理解为什么货币政策进退两难的处境为何会频频出现。

　　此外，我们回想一下第 13 章和第 14 章，真实冲击往往伴随着对总需求的冲击，因此这里给出来的数字是经过简化了的。是不是有点糊涂了？不要担心，美联储的经济学家们也有同感。毫不夸张地说，这样的冲击组合拳打得美联储的经济学

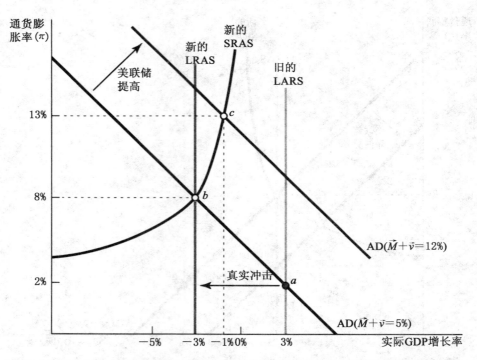

注:真实冲击 LRAS 曲线向左平移,推动经济从 a 点移动到了不景气的 b 点。如果美联储关注于低增长率,它可能决定提高 AD,增加 $\vec{M}$,使经济移动到 c 点,同时增长率稍高,但通货膨胀率会保持更高水平。注意,为清楚起见,我们未标出通过 a 点的那条旧的 SRAS 曲线。

图 16.4　美联储应对真实冲击时的两难困境(二)

家晕头转向! 不要忘记,除了你作为学生所面对的这些问题之外,美联储还要监视实时数据,就是我们前面提到的经常是悬而未决的、需要加以修正的数据。

这部分最重要的内容是:中央银行面对真实冲击会陷入两难困境:它必须要在过低的增长率(高失业率)和过高的通货膨胀率之间做出选择。事实上,中央银行很可能会兼顾处理这两个问题。我们学到的启示就是:如果你是中央银行行长,祝愿在你的任期内不要遇到太多负向真实冲击!

> **自我测验**

1. 如果美联储打算恢复经济增长,以解决高失业问题,它会怎么做? 这样做会有什么问题?
2. 假如美联储每次都是通过提高 AD 来应对一系列负向真实冲击,通货膨胀率会发生什么变化?

16.3　美联储什么时候做过了头?

美联储对总需求有着相当大的影响力,但是正如我们在前文所述,这一影响力要受到不确定性以及任何人都无力全面理解经济复杂性的现实所局限。因此,美联储也可能会把经济的繁荣或萧条搞得更糟而不是更好。举个例子,很多经济学家认为美联储在 2001 年到 2004 年间推行的政策对日后造成 2007—2008 年金融危机的房地产繁荣和最终破灭起到了推波助澜的作用。当然,有许多因素对这场金融危机起到了影响,这其中也包括我们在第 9 章和第 10 章讨论的过度杠杆化和非理性繁荣。在经济学家当中,有关这场金融危机以及美联储在其中所扮演的角色之类的话题得到了激烈的辩论,迄今亦未达成共识。不过,还是让我们一起回到 20 世纪 90 年代后期以及 2001 年的萧条时期,去看看美联储是如何对这场金融危机发挥作用的。

在 20 世纪 90 年代后期,美国经济在世界上独占鳌头。经济增长强劲,失业率低下,甚至在 2000 年一度降到了 4% 以下。开始于 2001 年初的那场经济衰退虽然并未持续很长时间,但已经露出端倪,表明形势并非一派大好。我们从图 16.5 中尤其可以看出,即便在这场衰退被官方宣布结束以后 *,失业率还是在持续攀升。失业率从 2000 年的 4% 在整个衰退期升到了 5.5%,然后到 2003 年 6 月到了 6.3% 的高峰(几乎提高了 50%)。事实上,即使在这场衰退过后 3 年,失业率仍保持在与衰退时一样高的水平。

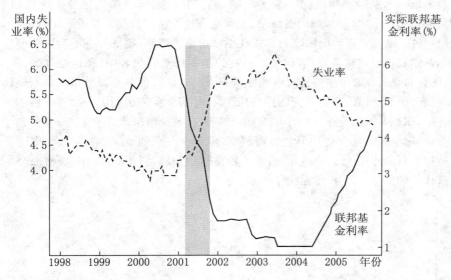

资料来源:圣路易斯联邦储备银行。

图 16.5　失业率与联邦基金利率:1998—2005 年

在"9·11"恐怖袭击之后,美联储对失业率非常关注,它也非常担心这一事件对消费者信心的心理冲击。为与高失业率作斗争,美联储试图通过扩张性货币政策来扩大总需求。图 16.5 给出了一个美联储努力的度量指标的变化,这个指标就是联邦基金利率。

正如第 15 章所描述的那样,联邦基金利率是一个短期利率,基本上处在美联储的控制之下。在这场衰退期间,美联储将它从 2000 年的 6.5% 压低到了 2001 年底的 2%,2001 年底的时候衰退结束了。但即使在这场衰退结束之后,美联储仍然持续压

---

* 回忆我们在第 6 章中的内容,国民经济研究局给出的衰退的确切日期不过是一种主观判断。在定义衰退何时开始和结束上,失业率是提供了一部分信息,不过,即使失业率不下降,由其他诸如 GDP、销售额以及收入等因素所度量的经济活动也有可能出现增长。

低联邦基金利率,甚至压低到了 2％以下。事实上,自 2003 年年中到 2004 年年中,美联储一直将联邦基金利率维持在 1％的水平上,这是一个异常之低的利率水平。

低联邦基金利率水平有助于使整个经济的信贷更为低廉。这意味着借入货币相对更加容易,激励人们办理更多的抵押,推高房产的价格。不幸的是,廉价的信贷是可以吹大泡沫的。

第 9 章我们介绍了投机性泡沫这个概念,但在这里还要对基本思想进行重述,泡沫出现时,资产价格会比其基本前景所能支撑的价格上涨得更高,也更加迅猛。投资者被收益前景所裹挟,对可能的损失大大低估。市场心理的推动以及一波波的非理性繁荣浪潮推动价格日趋高涨。

我们设想一下这样的情况:一个投资者在考虑买入大量房产,他的目的不是住到里面,而是迅速转手获利[也即所谓的"击鼓传花"(flipping)]。廉价、易得的信贷使得这类投资者的交易极易达成,因而会放大泡沫。本质上来说,低利率是在向市场参与者发送信号,告诉他们信贷很便宜,借钱是个好主意。借用奥地利经济学家路德维希·冯·米塞斯和弗里德里希·A.哈耶克的说法,这些都是扭曲的价格信号。扭曲的价格信号出现时,政府的政策,尤其是在这种特定情况下的美联储货币政策,就以一种鼓励投资者承担风险的方式在推动价格。当然,投资者也不会这么傻。如果你在你家里大量储备香蕉,即便政府在为购买香蕉提供补贴,那也是你的错。不过,便宜的香蕉和廉价的信贷所可能令人犯下的错误又何其相似乃尔。也不是只有美联储会犯下这样的错误:政府出资的抵押企业房地美和房利美为次贷提供了担保和补贴,和私人保险企业 AIG 干的是同样的事,这就使得房地产泡沫进一步严重了。

美联储在 2004 年年中开始提高利率,但至少一直到 2005 年年中,利率还是被维持在很低的水平上。2006 年,房地产价格达到顶峰,到了 2007 年,价格来个了自由落体式的下降。图 16.6 给出了图示:

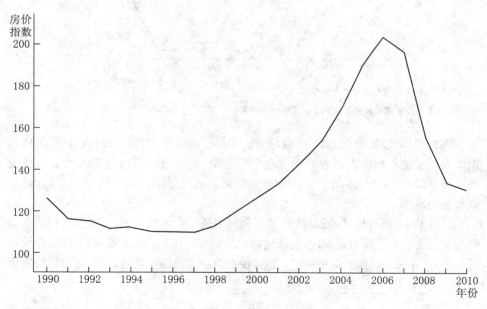

资料来源:Robert Shiller's *Irrational Exberance*,IrrationalExuberance.com.

图 16.6　房地产的繁荣与萧条:1990—2010 年的真实房价指数

　　当然，当房地产价格在 2006 年开始下降的时候，经济问题也出现了。新房的建造迅速下降。房屋所有者变得更加贫穷，而且开始节衣缩食，这减少了总需求。此外，房地产的崩溃使银行和其他金融结构因其投资于抵押证券上的资金回收无望而蒙受了巨大损失（第 9 章对此作了讨论），这些金融机构开始惜贷。由于银行贷款是 M1 和 M2 的主要创造来源，这就意味着货币供给的增长率更低。结果，经济增长率开始下降。到 2008 年秋天，增长率变成了负数，这表明美国经济陷入了衰退。

处理资产泡沫问题

　　美联储把联邦基金利率维持在极低水平如此之久，犯下了一个错误。不过，更一般地看，美联储又应如何对资产价格提高做出反应呢？回顾本书，我们可以很容易地回答，美联储本应迅速提高利率，或者应针对房地产泡沫更加快速地做出反应，提高利率，但这样思考存在着几个问题。第一，很少有人预料到房屋价格下降会对金融中介和总的经济造成这么大的破坏。比方说，我们的经济在 2001 年终止衰退的那场高科技泡沫中曾遭遇股价的暴跌，如今已经开始迅速复苏。美联储可能会认为，为减少失业而冒一点带来资产价格泡沫的风险还是值得的。

　　其次，当泡沫出现的时候，并不总是很容易辨别，其原因我们在第 9 章已经讨论过。如果每个人都知道这是不可持续的泡沫，那么每个人都会据此进行投资，打赌泡沫将会破灭，并首当其冲地阻止泡沫发生。当然，这不是真实情况。泡沫的破灭很大程度上给很多人（包括美联储）带来的是惊讶。我们也不要错误认为：如果价格上升很多之后出现下跌，就必然意味着存在着泡沫。价格的升降，其成因也可能与经济的基本面密切相关，也会导致宏观经济问题。

　　第三，货币政策是击破泡沫的粗劣手段。货币政策可以影响总需求，但货币政策却不能使房地产需求下降的同时，保持其他行业的需求上升。如此一来，击破泡沫就意味着从整体经济意义上降低 GDP 增长率。这个代价是否值得呢？尤其是我们并不总是知道何时才会遭遇到不可持续的泡沫。

　　然而，要注意：除了货币政策，美联储还有其他管制银行的权力，它或许可以限制一些见钱就卖的"次级"（subprime）抵押贷款，这些贷款在繁荣期被出售，后来就成了坏账。这种管制本可以成为在不拖累经济的情况下，限制泡沫的最好办法。

　　当诸如房地产价格、股票价格这样的资产价格出现高涨时应该如何应对，对此经济学家并无万全之策。繁荣持续之时自然歌舞升平，但萧条一旦降临，其后果往往也是惨痛的。这个问题的实质就是：在经济最糟糕的时期，货币政策是困难的，而在经济最好的时期，它同样也不容易。

自我测验

1. 美联储如何判断资产价格什么时候存在泡沫？
2. 如果美联储认为房价存在泡沫，决定收紧货币供给以遏制房价，这会带来怎样的附带损害？

根据规则行事 v.s.相机抉择

货币政策反应可能出现的"不及"和"过度"，换言之货币政策的不完美，已经引起人们有关货币政策的规则与相机抉择的争论。理论上讲，货币政策可以对总需求冲击进行调节，但在降低产出波动方面，这些调节是否有效经常备受争议。如果美联储所做出的反应经常是在错误的方向或者错误的力度上，那么，GDP 波动就只会增强而不是减弱。

那些认为美联储可能犯错的经济学家们相信，除了极端情况外，美联储所遵循的政策最好是一以贯之，而不要针对每一次总需求冲击都进行调节。货币政策规则的一个典型做法是设定 M1 或 M2 这样的货币总量或通货膨胀率的目标范围。比如，米尔顿·弗里德曼就呼吁这样一个严格规则：货币供给每年以 3％的速度增长。因为美国经济的长期增长率接近 3％，他认为这样的货币规则可以保证价格大体稳定。

不过，只有当货币流通速度 v 不会很快改变时，货币规则才能最有效地运行。为了看清货币规则存在的问题，让我们先回到货币数量论以及下面的关系式：

$$Mv = PY$$

其中 M 是货币供给，v 是流通速度，P 是物价指数，Y 是实际 GDP。

货币规则告诉我们，保持 M 不变（或以一个恒定的速率增长），而这就意味着美联储必须忽略 v 的变化。在诸如大萧条或此次大衰退期间，我们看到，由于消费者和企业减少支出以及银行减少放贷，v 是会迅速下降的。如果 M 恒定且 v 下降，那么要么 P 必须下降，要么就是 Y 必须下降。由于价格是粘性的，一般结果会是 P 和 Y 都下降，而 Y 的下降则意味着衰退。

为了避免货币规则的这一缺陷，同时也要防止美联储过于武断，其他经济学家曾建议采取名义 GDP 规则。这个名义 GDP 规则很简单：它的意思是保持 Mv 恒定不变（或以一个恒定的速率增长）。如果 Mv 不变或平稳增长，那么 PY 也会如此，这就十分理想了。

图 16.7 表明，从 2003 年到 2013 年的名义 GDP 变化情况。在衰退（开始于 2007 年 12 月份）之前，名义 GDP 年增长率略高于 5％。然而，衰退开始之后，名义 GDP 的增加开始放缓，而到了 2008 年第 3 季度，它突然俯冲下来。

名义 GDP 规则要求美联储尽可能提高，从而使名义 GDP 在每年 5％左右增长（沿着虚线给出的路线增长）。正如你所看到的那样，美联储没有遵循名义 GDP 规则。

如果美联储遵守名义 GDP 规则的话，2008 年的衰退也许会更温和一些。但是，当时美联储是否本可以遵守名义 GDP 规则而没有遵守，我们并不清楚。平心而论，美联储在 2008 年并没有袖手旁观，他们确实通过增加基础货币来对名义 GDP 的下降做出了反应。事实上，在 2008 年 8 月到 2008 年 12 月之间，基础货币翻了一番！这是到目前为止，美联储历史上基础货币增加最大的一次。名义 GDP 规则的拥护者认为美联储做得太不够，而且太晚了。按照这种观点，如果美联储行动更迅速一些，给市场更加清晰的指导性意见，那么 v 原是可以保持在更高水平上的，美联储也可以更容易地回到名义 GDP 原有的趋势上去。

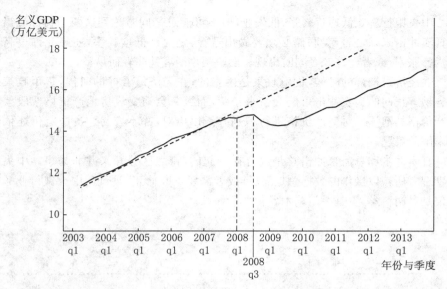

注：从 2008 年 3 季度开始，名义 GDP 开始下降。美联储没有增加足够的 M，以弥补 v 的下降。美联储原本是否应该或能够使名义 GDP 维持在某一轨道上尚且面临争议。

图 16.7　有规则会更好吗？

正如前文所强调的那样，美联储的很多做法都是在试图管理市场信心和预期。像名义 GDP 规则这样的，尤其是在常规的情况下是可能有助于稳定预期的。但如果一项规则表明美联储必须去做它之前从未做过之事，市场参与者可能想弄明白美联储实际上到底有没有在遵守该规则，甚或会怀疑它能不能遵守住该规则。例如，当信贷崩溃时，美联储想维持增长路径是很难的。此外，如果一项规则表明美联储应该做一些它之前没有做过的事，美联储应该或会遵守该规则吗？当一项规则要求美联储采取超出历史经验以外的行动时，我们很难知晓这项规则会带来什么样的后果。

自我测验

为什么米尔顿·弗里德曼主张货币供给每年增长 3% 的固定规则，而不是 2% 或者 0%？

○　本章小结

总结一下，我们从本章得出以下几个关键认识：

美联储通过影响货币供给，进而影响总需求，从而对 GDP 增长率产生一些影响。$\vec{M}$ 的增加使 AD 提高，$\vec{M}$ 下降使 AD 下降。

当我们面临对 AD 的负向冲击，中央银行可以通过扩张性货币政策使总需求恢复。然而，货币政策受制于冲击影响的不确定性以及时间的滞后性，"恰如其分"的货币政策无法得到保障。拙劣的货币政策反而会降低 GDP 的稳定性。

如果为了应对一系列的不景气，美联储增加 $\vec{M}$ 过多，随后就可能发现，因为通货膨胀太高而不得不收紧 $\vec{M}$。这个过程——即所谓的反通货膨胀——通常是很痛苦的，会导致衰退。在人们相信中央银行会出台调整政策时，货币政策才会发挥得最好。

中央银行喜欢低通货膨胀、低失业,但不可能总是同时达到这两个目标。当负向真实冲击来临之时,美联储必须要做出选择:是允许低增长率,还是允许过高的通货膨胀率,或者允许二者同时出现。摆脱两难困境并非轻而易举。

在经济最糟糕的时候,货币政策是困难的;在经济最看好的时候,货币政策也不容易。正向的真实冲击可能会带来繁荣,而繁荣会演变成房地产价格或股票等资产价格的泡沫。对资产价格进行识别并予以应对,并不容易。资产定价还依然是未解的难题。

真实冲击和总需求冲击总是混合在一起的,将之区分开来并非易事。中央银行管理者所赖以操作的数据总是滞后,或者需要不断修正。所以,中央银行业务就不仅是一门科学,更是一门艺术。

○ 本章复习 ......

关键概念

反通货膨胀
通货紧缩
可信的
市场信心

事实和工具

1. 本章主要关注货币政策如何使经济体从冲击中快速恢复到索洛增长水平。但是,正如第 11 章对货币数量论的讨论,市场经济的自我矫正机制——自由变动的价格能使经济体从冲击中逐渐恢复。让我们来复习一下货币数量论。记住在数量论中,通货膨胀会完成所有的调节工作。

回忆:$\vec{M} + \vec{v} =$ 通货膨胀率＋真实增长率

a. 考虑 Kydland 这个国家,冲击前,$\vec{M} = 10\%$,$\vec{v} = 3\%$,真实增长率＝4%。求:通货膨胀率是多少?

b. 在 Kydland,$\vec{v}$ 下降至 0%,但 $\vec{M}$ 保持不变。从长期来看,通货膨胀率会等于多少? 真实增长率又会等于多少?

c. 考虑 Prescottia 这个国家。在冲击前,$\vec{M} = 2\%$,$\vec{v} = 4\%$,真实增长率＝2%,那么通货膨胀率是多少?

d. 在 Prescottia,$\vec{v}$ 上升至 8%,从长期来看,通货膨胀率会等于多少? 真实增长率又会等于多少?

e. 考虑 Friedmania 这个国家。在冲击前,$\vec{M} = 3\%$,$\vec{v} = 0\%$,真实增长率＝3%,则通货膨胀率为多少?

f. 若 Friedmania 的 $\vec{M}$ 下降至 1%,从长期来看,通货膨胀率会等于多少? 真实增长率又会等于多少?

2. 我们刚才回顾了货币数量论,该理论认为:从长期来看,经济体总能趋于自我稳定。但经济学家约翰·梅纳德·凯恩斯却说:"从长期来看,我们都会死去。"让我们把短期总供给曲线放回模型,扮演央行行长的角色,来应对经济的过快增长。

a. 下图显示:经济体以索洛增长率增长,通货膨胀率为 10%。如果消费者和投资者变得更加乐观,在图中画出会发生的变化。新的增长率在 x 轴上标明"总需求增加时的实际增长率",新的通货膨胀率在 y 轴上标明"总需求增加时的通货膨胀率"。

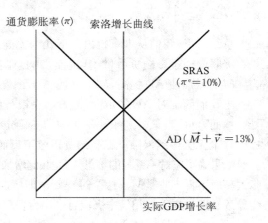

b. 美联储主席看到总需求增长，决定采用货币政策来逆转形势。如果货币政策恰如其分，在上图中画出所发生的变化。

c. 如果央行行长的政策恰如其分，通货膨胀率会是多少？请写出准确的数值。

3. 让我们来看一下，当索洛增长率受到正向冲击时，美联储所面临的两难困境。我们需要考虑与图16.3相反的情况。

a. 如下图所示，如果不考虑粘性工资和价格可能产生的效应，请阐述正向冲击对索洛增长率的影响。

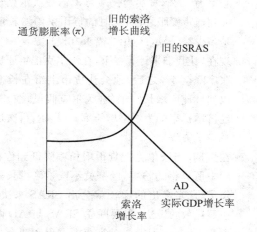

b. 如果中央银行始终将总需求维持在同一水平，那么在正向真实冲击之后，通货膨胀率会更高还是更低？真实增长率会更高还是更低？

c. 如果中央银行打算让通货膨胀率回到原有水平，那么，它是应该增加还是减少货币供给？

d. 如果中央银行打算让真实增长率回到原有水平，那么，它是应该增加还是减少货币供给？

e. 经济学家们认为，每当经济遭受索洛增长冲击时，央行行长就面临在通货膨胀与真实增长之间的"痛苦的权衡"。你对 c、d 两问的回答与这一理论是否相符？

4. 我们将以下各项称为"规则"。在这些所谓的规则中，哪些真的是"规则"，哪些更像是"判断"？你是如何区分的？

a. 国会通过一项法案：每年向社会保障提供居住成本中自动增长的那部分支出；（提示：美国现行法律就这样规定的）

b. 国会遵循一个规则：每若干年就对增加多少社

会保障支付进行一次投票表决——此项投票表决大多安排在大选之前；（这是 1972 年之前的法律规定）

c. 美联储在设定联邦基金利率时遵循著名的"泰勒法则"：

名义利率＝2⅓＋通货膨胀率＋0.5×（真实增长率－索洛增长率）

d. 美联储遵循"见机行事"（doing whatever seems right at the time）原则；

e. 警察按规则要质询在银行门口闲荡的可疑人员；

f. 警察按规则要质询在银行门口闲荡、衣服宽大得足以藏匿武器的人员。

5. 让我们来考虑一个类似于图 16.2 的例子。我们曾提到过，对美联储而言，要清楚了解当前的真实经济状况是十分困难的。这有点类似于著名的"战争迷雾"（fog of war）——战时新闻解说往往会夸大事实真相。在这个问题中，美联储认为，消费者对未来的悲观预期使总需求下降 10%，但事实上，悲观主义预期只引发总需求下降了 5%。

a. 在下图中画出两条 AD 曲线："名义冲击下的总需求"（为节省空间，可记为"AD-F"）和"真实冲击下的总需求"（AD-T）。

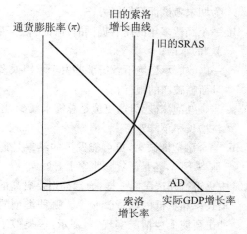

b. 如果中央银行打算运用货币政策来抵消经济冲击造成的总需求（AD）骤减 10%，那么它就不得不使货币增长 10%。现在，在上图中再画出两条 AD 曲线："美联储应对名义冲击"（可简写为"FR-F"）和"美联储应对真实冲击"（FR-T）。

c. 新闻报道夸大了经济窘境，而中央银行应对过度，那么，最终的结果会如何：相较于经济冲击前,真实增长率是高了还是低了?通货膨胀率是高了还是低了?

6. 当总需求遭受负向冲击时,美联储经常会采用下列哪些方法来"维持市场信心"?

    a. 放缓货币基础的增长速度;

    b. 提高贴现窗口的贷款利率;

    c. 如果经济进一步恶化,则承诺提高货币增长率;

    d. 通过公开市场操作,卖出国库券,买进银行准备金;

    e. 提高银行的法定存款准备金。

7. 在讨论经济时,人们经常要对"理论上"的政策运行和"实际上"的政策运行进行区分。理论上讲,货币供给下降会使经济增长速度在短期内放缓。正如我们之前所讨论的,自二战以来的六次货币紧缩中,美联储都有意遏制货币供给的增长。这一理论在实践应用过程中的效果如何:每一次都有效,大多数时候(但并非所有时候)有效,抑或是大多数时候无效?

8. 如果中央银行在明天确实有足够的动机去履行今日许下的承诺,那么我们就说说这项货币政策是可信的。其他的政策也许可信,也许不可信。请判断以下政策中哪些是可信的?

    a. 一个学生在参加完大学男生联谊会后,承诺会为期末考试而好好努力;

    b. 一个经营多年的商店提供的"保证满意,否则退款"的承诺;

    c. 一国政府承诺绝不救援那些由于承担太多风险且面临破产的银行。

9. a. 当金融泡沫破灭,这更像是总需求减少,还是索洛增长率下降?

    b. 当金融泡沫破灭,更可能发生的结果是通货膨胀率下降,还是通货膨胀率上升?

10. 中央银行和选民们一样,通常都想要更高的真实增长率和更低的通货膨胀率。哪种类型的经济冲击会使上述情况实现?(提示:这类似于简单供给—需求模型中导致均衡数量上升和均衡价格下降的冲击类型)

思考和习题

1. 让我们来简单地重新推演一下 1981—1982 年间的沃尔克反通货膨胀措施。预期通货膨胀率和真实通货膨胀率均为 10%,真实增长率为 3%。为简单起见,假定货币流通速度的变化为 0。(历史备注:事实上,该时期货币流通速度的波动幅度相当大,这使沃尔克的工作更为艰难。除此之外,其他数据都与史实相近。)因此,我们有:

AD:货币增长率=通货膨胀率+真实增长率

让我们来给简单 SRAS 曲线下定义:

SRAS:通货膨胀率=预期通货膨胀率+1×(真实增长率-索洛增长率)

注:该等式说,给定索洛增长率和预期通货膨胀率,通货膨胀率和真实增长率呈正相关。

    a. 首先,让我们来计算一下,如果 1980 年通货膨胀率为 10%,真实增长率为 3%,在沃尔克开始抑制通货膨胀之前,此时的货币供给增长速度是多少?(提示:运用总需求方程)

    b. 现在,让我们来计算一下,在沃尔克把年通货膨胀率降至 4% 之后,他会让货币供给在长期内以何种速度增长?记住:沃尔克假设,在长期,经济增长率即为索洛增长率。(提示:再次运用总需求方程)

    c. 在短期,当沃尔克把货币增长率降低到你在 b 问中所算得的答案,经济就不按索洛增长率增长了,真实产出的增长就会由 SRAS 来决定。按照代数的说法,需要联立 SRAS 与 AD 两个方程:这个方程组包含了两个方程和两个未知数,即通货膨胀率和真实增长率(货币增长率、预期通货膨胀率以及索洛增长率为已知)。在短期内,真实增长率和通货膨胀率分别是多少?

2. 现在,让我们在一个平行宇宙中重现沃尔克反通货膨胀措施。在这里中央银行更可信。也就是说,在这个世界,工人们更可能相信美联储"抑制通货膨胀"的承诺。因此,当 1981 年工人们看到沃尔克削减货币增长时,他们更愿意接受低增长的工资。(注意:可信的美联储会使工资更富灵活性,就好比工人"被一只看不见的手所指引"。)这会使 SRAS 曲线更陡峭,正如我们在开始讨论短期总供给所看到的那样。

我们的模型经济体如下所示:

SRAS:通货膨胀率=预期通货膨胀率+2×(真实增长率-索洛增长率)

AD:货币增长率=通货膨胀率+真实增长率

    a. 在这个美联储更可信、SRAS 曲线更陡峭的世界里,请再次作答上一问题中的 c 问。

b. 假使工人们时刻关注美联储的一举一动,当他们看到沃尔克收紧银根时,就会降低对工资增长的需求。这种情况能维持多久?将 SRAS 方程中的"2"换成"100",重新回答前一个问题。(请将你的计算结果做适当的舍入。)

c. 如果你是美联储主席,并且希望在抑制通货膨胀的同时,尽可能将真实增长率保持在索洛增长率,那么,你会更喜欢:陡峭的 SRAS 曲线(也就是工人工资具有充分灵活性),还是更为平坦的 SRAS 曲线(也就是工人工资存在粘性)?

3. 美联储在维持市场信心方面具有重要作用。正如前美联储主席格林斯潘在其 1997 年的演说中所说:"发生'金融危机'时,美联储要时刻准备着在必要的时候提供流动性……中央银行管理危机的目标就是阻止市场信心崩溃的势头蔓延。"

美联储时刻准备在紧急状况下提供贷款给银行的态度本身,就能避免紧急情况的发生。在以下每个案例中,都有随时准备处理糟糕结果的人或事物,请阐述他(它)们的存在本身如何就能防患于未然?

a. 银行内部的安保人员;

b. 联邦特工守卫着诺克斯堡*,那里贮藏着美国政府近一半的黄金;

c. 美联储承诺给银行的所有存款进行保险;

d. 由于警方担心美国加利福尼亚的棕榈泉可能会在春假期间发生暴乱,故而从其他城市抽调了大量警力。

4. 在美国,有关真实增长的政府数据随时间而不断修正。比如,我们已经知道的,在 20 世纪 70 年代早期,经济体的真实增长率要比人们当时所想到的高出 4 个百分点。当时,美联储认为经济深陷衰退,故而错误地加速了货币增长。美联储的这一过度干预导致了随后的通货膨胀。20 世纪 70 年代早期的实时观测数据描绘了一个糟糕的经济,然而,当经济史学家回顾这些数据时,却发现其实经济并没有想象的糟糕:只是有人把温度计放在了冰箱里。

费城联邦储备银行的经济学家们已经收集了相关数据,说明我们对经济的看法是如何随时间而改变的。克劳肖尔和斯塔克(Croushore and Stark)在一篇题为《通往数据银行的路上发生的趣事:宏观经济学家的实时数据集》(*A Funny Thing Happened On the Way to the Data Bank:A Real-Time Data Set for Macroeconomists*)的评论文章中对这些"实时数据"进行了总结。我们将运用他们的数据总结和一枚六面的骰子来看一看,相较于真实经济状况,这些实时观测数据错得多么离谱!

a. 让我们重现 20 世纪 70 年代,并开始计算官方经济增长数据的测量误差。克劳肖尔和斯塔克报告这些平均值:

I. 在 1/6 的时间里,增长率的测量值要比真实值高 2 个百分点;

II. 在 1/3 的时间里,增长率的测量值要比真实值高 1 个百分点;

III. 在 1/3 的时间里,增长率的测量值要比真实值低 1.5 个百分点;

IV. 在 1/6 的时间里,增长率的测量值要比真实值低 3 个百分点。

找一枚六面的骰子(或者用 Excel 模拟),并记录你所掷的数值。如果你所掷得的是一个 1,就记入类别 I;如果你所掷得的是一个 2 或者 3,就记入类别 II;如果你所掷得的是一个 4 或者 5,就记入类别 III;如果你所掷得的是一个 6,就记入类别 IV。然后记下你对那一年的测量误差。

例如:你第一次掷得的是 4,这说明你处在类别 III 的情况;所以记下"-1.5%"作为 1971 年的测量误差值。

(提示:心理学家们和行为经济学家们发现,人们靠自己很难产生真正的随机数字。故而最好采用投掷骰子的方法。)

年份	投掷(数值)	类别	测量误差(%)
1971			
1972			
1973			
1974			
1975			
1976			
1977			
1978			
1979			
1980			

* Fort Knox,美国北部军用地。——译者注

b. 让我们来看看,当把上表中含有测量误差的真正的真实增长率(经济学家们若干年后才知道)进行加总,会得到怎样的结果。为了得到"真正的真实增长",我们使用下表中的最新数据——当然,即使是这些数据在未来也可能会变化。这些实际的政府数据将会送到美联储主席手中。

例如:如果你第一次掷得的是 4,这就说明你处在类别Ⅲ的情况;因此从 1971 年的真实增长率中减去 1.5%,得到相应年份政府报告所述的 1.9% 的真实增长率。

年份	真正的真实增长	政府数据(%)
1971	3.4%	
1972	5.3%	
1973	5.8%	
1974	−0.5%	
1975	−0.2%	
1976	5.3%	
1977	4.6%	
1978	5.6%	
1979	3.2%	
1980	−0.2%	

c. 在你的模拟分析中,政府数据的误差等于或大于 2% 的次数共有多少?

d. 如果 20 世纪 70 年代的索洛增长率的实际值为 3.6%(整个 70 年代的平均增长率),那么有多少年真正的真实增长率高于 3.6%,而政府所给数据却低于 3.6%? 与此相反,真正的真实增长率低于索洛增长率,而政府的数据却高于索洛增长率的年份有几次?

e. 将你从 d 问得出的两个数字加总。看到这个数字,即使是英明的美联储主席也会想把总需求曲线推向错误方向:这类似于天气预告完全报错的次数。[注:你可能会怀疑美国政府是否会在大选之前夸大过好的经济消息。就经济学家的研究所发现,政府不会这么做,至少就官方 GDP 数字而言,不是这样的。在美国大选之前,GDP 估值像往常一样包含种种错误,但那些错误并没有取悦执政党的倾向。然而,在日本,大选前的 GDP 报告却似乎表现得过于乐观。更多的相关论述,可参看美联储网站上福斯特、罗杰斯和赖特(Faust, Rogers, and Wright)的文章《七大工业国 GDP 报告中的消息与噪音》(*News and Noise in G-7 GDP Announcements*)。]

5. 我们讨论过,要使总需求保持稳定或将冲击后的总需求推回其"本来的位置"是多么艰难。前美联储副主席艾伦・布林德(Alan Blinder)注意到这是一个重大问题,他在《中央银行理论与实务》(*Central Banking in Theory and Practice*)一书中指出,这很好地解释了美联储在需要大幅移动 AD 曲线之时却踌躇不前的原因。有时,我们用两年时间缓慢而谨慎地抵消 AD 冲击的影响要比用一年时间将 AD 快速而错误地推回原位要好。

为了解释这一点,我们来看看,如果你作为美联储主席,用两年而非一年的时间来应对货币流通速度的负向冲击,结果会如何? 如果你采取小幅行动,会更好地把控 AD;而如果你采取大幅行动,会使经济更快地回复到索洛增长率水平——这在经济学中司空见惯:你要权衡。

就这个问题而言,你的终极目标是使总需求回归到年 5% 的增长。索洛增长率为 3%,预期年通货膨胀率保持为 2%。

在初始位置:

AD:1% = 通货膨胀率 + 真实增长率

SRAS:通货膨胀率 = 预期通货膨胀率 + (真实增长率 − 索洛增长率)

a. 慢方法:在两年内,(由于货币增长提高和市场信心提振等等多种原因)总需求每年增加 2%。那么,每年的真实增长率是多少?

	起点	第1年末	第2年末
真实增长率			

b. 快方法:假设你试图在一年内使总需求增加 4%,但却(由于银行过度干预和非理性繁荣等多种原因)错误地增加了 7%。第二年,你试图矫正错误,要削减 3% 的 AD,以使经济回归正常。然而却(由于银行干预不足和投资者信心缺失等多种原因)错误地削减了 4%。那么,每年真实增长率为多少?

	起点	第1年末	第2年末
真实增长率			

c. 你可以看到,哪种方法最好只是个人喜好的问题。但如果国会必须决定是否在几个月后让现

任央行行长连任,那么你估计央行行长更倾向于采取哪种方法?

6. 米尔顿·弗里德曼和安娜·施瓦茨在其合著的《美国货币史》(*Monetary History of the United States*)一书的最后一章指出:货币增长的改变通常会导致货币流通速度的同方向变化,所以,较高的货币增长会导致乐观主义,较低的货币增长会导致悲观主义。他们相信货币流通速度也有它自己的冲击。

a. 让我们通过几个例子来看美联储会采取哪些措施使总需求稳定在 10%。为简单起见,我们假定,美联储能完全控制货币增长速度,还假定货币增长每变化 1% 就会引起货币流通速度同方向变化 0.5%。请完成下表。

在每一种情况下:

> 总需求 = 初始货币流通速度冲击
> + 货币增长率
> + 货币增长导致的货币流通速度冲击

年份	初始货币流通速度冲击	货币增长率	货币增长导致的货币流通速度冲击
1	4%	4%	4% × 0.5 = 2%
2	3%		
3	16%		
4	8%		
5	4%		
6	0%		

b. 如果货币流通速度的变化方向与货币增长的方向不一致,那么,美联储应对经济冲击的措施会怎么变化:当冲击来临时,它应该对货币增长采取大幅动作还是小幅动作?

7. 我们看到:真实冲击和总需求冲击经常同时出现。当冲击出现时,除非知道每一次冲击的确切幅度,否则我们难以同时确定冲击对通货膨胀率和真实增长率的影响;实际上,我们只能确定两者之一。在下述情形中,我们可以确信以下四个事件中必有一个会发生:通货膨胀下降;通货膨胀上升;真实增长下降;真实增长上升。我们有信心做出的预测是哪一个?

a. 银行系统在存款人和借款人之间的媒介作用变得更加低效,投资者信心下降:负向真实冲击和负向流通速度冲击同时发生;

b. 银行系统在存款人和借款人之间的媒介作用变得更加低效,美联储提高货币增长:负向真实冲击和正向流通速度冲击同时发生;

c. 生物学家们学会了如何利用计算机仿真来快速寻找制造有价值的构成新药的分子,投资者对未来的获利机会十分乐观:正向真实冲击和正向流通速度冲击同时发生。

8. 支持给予央行行长相机抉择权的一个观点是:有时候,突发事件一旦发生,就不能通过几个简单规则加以解决。假如货币流通速度遭受到一个巨大的、持续的、负向的冲击,如果央行有相机抉择权,它自然就可以立即通过提高货币增长来应对这一冲击。

a. 假定中央银行遵循固定 3% 的年货币增长率规则,正如米尔顿·弗里德曼所建议的那样。在短期,货币流通速度冲击会对真实增长和通货膨胀产生什么影响?

b. 在长期,货币流通速度冲击对真实增长和通货膨胀会产生什么影响?

c. 如果选民们只关心长期真实增长,那么,他们会更喜欢规则,还是相机抉择,抑或无所谓?

d. 如果选民们缺乏耐心,只关心短期真实增长,那么他们会更喜欢规则,还是相机抉择,抑或无所谓?

e. 哪一类选民更喜欢相机抉择:是那些眼光长远的选民,还是那些目光短浅的选民?

挑战

本章的挑战性问题比其他各章都多,这也说明操作货币政策确实很困难!

1. 考虑下最好的情况:你是中央银行行长,不得不对货币供给的增长速度做出决定。当你所处的经济体受到以下总需求冲击时,你的工作就是要中和这些冲击:把货币增长推向与冲击相反的方向。在以下所有情形中,都假定索洛增长率没有任何变化,并且假定冲击发生前,通货膨胀率和真实增长率都是最优的(确实是理想情况)。既然我们将下面的情形称为"冲击",各位不妨设想这些描述前面都有"突然"两个字。给定对货币流通速度 v 的冲击,中央银行应该以提高货币增长,还是降低货币增长来应对冲击?

a. 投资者对未来的盈利机会变得悲观;

b. 州政府增加对学校、监狱和健康医疗的支出;

c. 联邦政府通过全国性销售税议案；

d. 联邦政府扩大军费支出；

e. 外国人对美国生产的飞机和电影的购买减少；

f. 美国消费者对国产的本田汽车购买减少，进口本田汽车增多；

g. 国产电脑、汽车和家具都变得更加持久耐用。

2. 米尔顿·弗里德曼认为货币增长对经济的影响会有"较长的、多变的时滞"。那意味着，如果政府在本月提高货币基础增长，货币乘数要花好几个月才能使货币基础变成支票存款和储蓄存款，再经过几个月，生产者和消费者才将这些钱用于实际购买产品和服务。让我们来看看，如果考虑到这个时滞，我们对上一个问题的观点会如何改变。

在上一题中的任一情形下，美联储都会预测货币流通速度冲击本身会持续多久：我们在下表中称之为"冲击持续时间"。过了这一段时间之后，货币流通速度又会回到原来的水平。另外，在每种情形下，美联储的博士经济学家们都会估测从货币供给变动到实际推动总需求朝期望的方向移动所需花费的时间：这就是"货币时滞"。

这个问题相当简单：如果货币时滞短于冲击持续时间——如果美联储得到了"忠告"——那么总需求的移动就会趋于稳定。否则，总需求的移动就很可能不稳定，这就像你在母亲生日前一天才为她寄出生日贺卡一样。因此，在下列哪些情况下，美联储应该改变货币增长呢？

情况	货币时滞（月）	冲击持续时间（月）	货币增长的变动是否有助于稳定总需求
a.	14	8	
b.	18	12	
c.	20	永久	
d.	12	24	
e.	16	9	
f.	10	永久	
g.	18	永久	

3. 货币政策制定者深感艰难的一个原因是他们很难说清经济中到底发生了什么。这很像 X 光检测、核磁共振成像和廉价血液检验出现之前的医生：当病人向你抱怨胃痛时，你不知道这是由有毒食物引起的，还是由葡萄柚大小的肿瘤引起的。

就第 1 题中的各种情况，你要考虑这样一个事实：你的数据通常都是不真实的（前美联储主席

艾伦·格林斯潘有一个做法广为人知：他会举行百名美联储经济学家智囊团参加的会议，就他们所提供数据的质量问题进行发问。关于调查美国经济的各种方法的优点和缺点，格林斯潘对其的了解程度往往超过了他手下的那些经济学家）。使事情更为棘手的是，美联储还不得不预测国会的行为，这至少和预测生产者行为一样困难：政治家们经常宣称要提高或者削减支出或税收，最后却并不那么做。

如果在 a、b、d 三种情况下，美联储主席考虑后认定那些被预测的冲击很可能不会发生，然后，考虑你对第 1 题和第 2 题的回答，在哪种情况下，美联储对经济消息的回应就应该是不采取任何实际行动？

4. 我们解释了中央银行是如何在维持信心方面发挥重大作用的，因为较强的信心可以阻止货币流通速度和货币乘数的下降。但是，正如我们已经看到的，有时候，善举要以冷酷为代价。

在大萧条期间，富兰克林·罗斯福总统就采取了这种"严厉的爱"的做法。就职不久，他就下令所有银行停业四天，称之为"银行假日"。在此期间，他发布了首次"炉边谈话"（Fireside Chat）：通过广播，他以朴实的言语向美国人民阐述了自己的政策主张。四天的银行假日结束后，他仍然让三分之一的美国银行（绝大部分是只有一两个分支机构的小型农业银行）继续停业。又过了几年，这三分之一的银行中只有一半最终得以再度开业。

因此，罗斯福的银行假日降低了广义美国货币供给（M1 和 M2）。尽管如此，在罗斯福执政的第一年——1933 年，经济仍然呈现出迅速增长之势。为什么？因为罗斯福承诺，再度开业的银行都是最安全的银行；同时，他还承诺，联邦政府会放宽贴现窗口贷款，以保障那些较安全的银行能持续经营。这提振了市场信心，鼓励人们在留存下来的银行中进行存贷业务。

正如米尔顿·弗里德曼和安娜·施瓦茨在《美国货币史》中所说："银行系统的紧急复兴有助于经济的复苏，这是通过恢复人们对货币和整个经济体系的信心，从而引导公众……提高货币流通速度……而不是通过增加货币存量"（p.433）。

让我们来看一下"信心"这样有感情色彩的概

念如何用数学来表达。为简便起见,我们用名义 GDP 增长(美元销售额增长)而不是实际 GDP 增长(实际产出增加)来考虑总需求。为了比较施政前后的情况,我们跳过 1933 年,这一年发生了最大的银行业危机和罗斯福的反危机新政:

年份	M2	v
1932	353 亿美元	2.16
1934	331 亿美元	2.36

a. 1932 年和 1934 年的名义 GDP 各是多少?

b. 在这两年间,M2 增加了多少?

c. 在这两年间,货币流通速度增加了多少?

d. 在这两年间,名义 GDP 增加了多少?

e. 如果在这期间,货币流通速度增长为零(可能是市场信心低落所致),但货币增长保持不变,名义 GDP 增长会发生什么?

5. 中央银行行长总是认为他们的手脚被公众所束缚。据报道,尼克松时期的美联储主席阿瑟·伯恩斯(Arthur Burns)在 1970 年 11 月的联邦储备理事委员会会议上说,他不相信国家愿意让失业率长期处于 6%。换言之,如果出现总需求冲击或索洛增长冲击,从而推高失业率,伯恩斯相信,他就不得不提高总需求来帮助美国经济:之外的任何做法都是选民无法容忍的。

a. 20 世纪 70 年代早期,经济遭受到一些负向索洛增长冲击,最著名的就是由欧佩克石油禁运导致的石油价格暴涨。通货膨胀率从 4% 开始上涨,伯恩斯按照他所阐述的理念采取了行动。伯恩斯在 20 世纪 70 年代是如何对待总需求的呢:是使之提高还是使之降低?

b. 如果伯恩斯使总需求保持不变,而不是像他实际做的那样使之变化,那么相较于实际已发生的情况,通货膨胀率会变得更高,还是更低?

c. 根据我们的模型,伯恩斯所采取的行动会提高还是降低索洛增长率,抑或不对其产生任何影响?

d. 如果在 20 世纪 70 年代,美国遭受的是负向总需求冲击,而非负向索洛增长冲击,而伯恩斯依然贯彻其上述理念,则相较于实际发生的情况,通货膨胀率会变得更高还是更低?

6. 中央银行行长并不情愿制造所谓的泡沫。本章所讨论的主题中,哪个可以解释他们为何不情愿?

7. 我们提到过米尔顿·弗里德曼的建议:中央银行行长应该遵循"固定货币增长率规则"(fixed money growth rule),如果这样,每年的广义货币供给(M1 和 M2)就会以相同的速度增长。而其他经济学家们则建议中央银行行长应该"以名义 GDP 为目标"(nominal GDP targeting),这与固定的总需求曲线是类似的。我们这里假设,只要中央银行愿意,它就真的能在一个合理期限内控制货币增长和货币流通速度增长。

a. 从总需求等式的角度看,固定货币增长规则与以名义 GDP 为目标有何区别?

b. 如果货币流通速度冲击从未发生,那么,尽可能保持总需求稳定的最优政策是什么:是固定货币增长规则,还是以名义 GDP 为目标,抑或两者皆可?

c. 如果货币流通速度冲击司空见惯,那么尽可能保持总需求稳定的最优政策是什么:是固定货币增长规则,还是以名义 GDP 为目标,抑或两者皆可?

8. 第 7 题中我们假设中央银行真的能在一个合理期限内控制货币增长和货币流通速度增长。在此,我们将做出一个更真实的假定——货币政策从出台到对货币增长产生实际影响需要花费大约一年的时间:尽管中央银行确实可以在几分钟之内通过公开市场操作或者定期拍卖工具来提高银行准备金,但银行要想发现它们应该借钱给谁,却要花费几个月的时间。如你所知,大部分货币是通过银行贷款产生的。

在这个问题中,中央银行试图以名义 GDP 为目标,要使每年总需求增长率稳定在 7%。换言之,中央银行试图设定货币增长,以使货币流通速度增长率加上货币增长率等于 7%。每年,它都要应对该年的货币流通速度增长,但是这些应对措施却要到下一年才开始实际生效(你可以把这想成是正在驾驶一辆方向盘不灵活的小汽车:当你向右打方向盘,汽车要在大约两秒钟之后才会右转)。

a. 请填写以下表格。注意,每年的实际总需求增长=货币流通速度增长+货币增长。在第一年里,中央银行观察到货币流通速度增长率为 3%,故设定目标货币增长率为 4%;第二年货币增长以所设定的 4% 增长,但当年货币流通速度增长率仅有 1%,因此,实际总需求增长了 5%。在第二年,中央银行观察到货币流通速度增长率为 1%,故设定目标货币增长率为 6%。依此类推。

年份	货币流通速度增长	目标货币增长	货币增长	真实总需求增长
1	3%	4%	—	—
2	1%	6%	4%	5%
3	9%	−2%	6%	15%
4	6%			
5	2%			
6	5%			
7	0%			
8	4%			
9	6%			
10	5%			

b. 中央银行每年都试图将总需求增长率保持在 7%,然而这一目标从未实现过。如何用"时间滞后"来解释这一现象。

c. 如果中央银行遵循的是弗里德曼提出的 3% 货币增长规则,那么上述表格会有何变化? 不必计算任何数值,只需口头回答:与表中数据相比,此时的波动是更大了,还是更小了?

9. a. 中央银行行长们必须管理预期。假定通货膨胀率为 10%,如果中央银行行长想在不降低真实增长的情况下把通货膨胀率降低到 2%,那么,他应该对公众说些什么? 他应将货币供给设定在何种水平? 给定货币流通速度冲击为零,索洛增长率为 3%。

画出新的 SRAS 曲线和 AD 曲线。

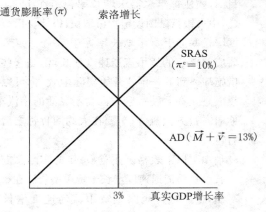

b. 假定公众的确相信中央银行行长,那么,他可能会面临何种诱惑?(提示:想象一下,目前正

处于大选之年,中央银行行长想让现任总统连任。)

c. 如果中央银行行长未能获得公众的信任,那么又会如何呢? 运用你对 a、b 两问的回答,讨论独立的中央银行的重要性。

10. 随着房地产市场的萧条以及本章末所讨论到其延续的影响,美国经济在 2007 年 12 月进入衰退期。按照官方的说法,这场衰退结束于 2009 年 6 月,但在两年多以后的 2011 年底,很多人仍然感到"衰退"并未真正结束。他们援引高失业率数据以及诸如房地产市场和信贷业这类经济领域未能完全复原为证据来证明。观察家们则称,信心的缺乏以及经济和政治方面的原因造成的不确定程度的加剧,都是衰退尚未结束的明证。美联储推行了若干政策来降低短期和长期利率,提振信心,但美国经济中的私人部门却没有像以前的衰退那样做出反应。

a. 使用 AD/AS 模型来描述房地产泡沫是如何影响经济,美联储又如何反应,以及这些反应造成什么样的影响。在你所给出的讨论中,你要明确指出本章哪一部分内容适用于哪一类经济现象,以及在这些事件里哪一部分适用于美联储的角色。

b. 对美联储采取降低利率并保持低利率的反应措施持批评态度的人士认为,美联储在冒提高通胀的风险。再次使用 AD/AS 模型来讨论这些看法正确与否。

解决问题

在美国,政府有关实际增长的数据不断得到改进。例如,我们现在知道,在 20 世纪 70 年代早期,经济增长比人们所认为的要快 4%。当时,美联储认为经济处于深度衰退中,因此错误地推高了货币增长。美联储的过度反应带来了通货膨胀。20 世纪 70 年代的实时调查表明经济状态低迷,但随着经济史学家重新对那个时期的数据进行研究,却发现当时的经济并不像想象的那么差:有人把温度计放到冰箱里。

费城联邦储备银行的经济学家们搜集了有关我们对经济的看法随时间变化的数据。这些"实时数据"由克劳肖尔和斯诺克(Croushore and Stark)在一篇名为"去往数据银行的路上发生的趣事:宏观经济学家的实时数据集"("A Funny Thing Happened on the Way to the Data Bank: A Real-Time Data Set for Macroeconomists", Federal Reserve Bank of Philadelphia, *Business Review*, September/October 2000, 15—27)评论文章里做了一番总结。我们用文中对数据的总结,以及一个六面的骰子,就我们对经济的实时看法实际上是如何不准确进行考查。

a. 我们重回 20 世纪 70 年代,看看政府是如何错误地对经济做出估计的。克劳肖尔和斯塔克称,一般来说:

　i. 在那个时期的 1/6 时间里,我们所测出的经济增长要优于实际的增长 2%。

　ii. 在那个时期的 1/3 时间里,我们所测出的经济增长要优于实际的增长 1%。

　iii. 在那个时期的 1/3 时间里,我们所测出的经济增长要劣于实际的增长 1.5%。

　iv. 在那个时期的 1/6 时间里,我们所测出的经济增长要劣于实际的增长 3%。

　我们可以掷骰子(或使用 Excel 来模拟掷骰子),并把其结果在下表中列出。如果你掷出一个 1,那就是中了 i;如果你掷出了 2 或 3,就是中了 ii;4 或 5 就是中了 iii;掷出了 6 就是中了 iv。然后写下你所选的那一年的测量错误有多大。

　例子:如果你第一次掷出的是 4,中的是 iii,因此你可以写下"−1.5%"作为 1971 年的测量误差大小。

　(提示:心理学家和行为经济学家发现,人们很难靠自己得出真正的随机数字,因此最好还是掷骰子来确定。)

年份	掷骰子所得之数值	所属范畴	测量误差
1971			
1972			
1973			
1974			
1975			
1976			
1977			
1978			
1979			
1980			

b. 让我们看看吧真正的实际增长率(这些增长率数值只有在多年以后经济学家才能得到)加在一起我们会得到一个什么样的数值,其中的测量误差在前一个表格里。有关"真正的实际增长",我们在下表中使用了最近的数据——当然,即便是这些估计值,将来也有可能有所改动。这些总值是最终到美联储主席手中的实际政府数据。

年份	真正的实际增长率	政府数据
1971	3.4%	
1972	5.3%	
1973	5.8%	
1974	−0.5%	
1975	−0.2%	
1976	5.3%	
1977	4.6%	
1978	5.6%	
1979	3.2%	
1980	−0.2%	

c. 在你的模拟数字中,政府数据低于或高于 2% 多少倍?

d. 如果 20 世纪 70 年代的潜在增长率实际上是 3.6%(即 20 世纪 70 年代的平均增长率),那么,在多少年内,当真正的实际增长率高于 3.6% 时,你的政府数据会给出低于 3.6% 的数值? 相反的情况,如果真正的实际增长率低于 3.6% 时,在多少年内你的政府数据会给出高于 3.6% 的数值?

e. 将你在 d 中的两个数值加总。你会看到,在很多时候,即便是一个非常优秀的中央银行主管也会在错误的方向上推进 AD:很多时候,这种天气风向标完全指向了错误的方向。

　(提示:你可能在想美国政府是否在选举前有意识地放大经济方面好消息的声音。就经济学家所给出的内容来看,答案是否定的,至少从官方的 GDP 数字上来看不到这样的迹象。美国 GDP 估计值在大选前所犯的错误,与平时一样常见,但这些错误并没有表现出政治上倾向性。不过日本在大选前倾向于报告比较乐观的信息。更多内容可以在美联储委员会网站在线浏览由福斯特、罗杰斯和赖特(Faust, Rogers and Wright)所撰写的《G7 国家 GDP 公布信息中的新闻与噪音》(*News and Noise in G-7 GDP Announcements*)一文。

17 联邦预算：税收和支出

有些人的确比其他人从联邦政府中获益更多。看看艾达·梅·福勒（Ida May Fuller）吧！1940年，艾达·梅收到编号为"00-000-001"的社保支票，这是美国历史上的第一张社会保障计划的支票。这项计划开始实施时，艾达·梅的工作生涯刚刚结束，因此她交了24.75美元的社会保障税，她在第一次拿到社保支票时就几乎全部收回了这项税收支付，因为支票面额是22.54美元。此外，艾达·梅活到100岁，因此截至1975年她离世，她所收到的社保总额高达22 888.92美元。

你现在明白艾达·梅为什么可以笑对晚年了。可是，你会笑对联邦税收和支出吗？毕竟，你要在整个工作生涯里支付社会保障税，而收益会怎么样呢？可以肯定的是，你不会比艾达·梅更幸运，你绝不可能收到高于你所支付的1 000倍以上的收益。

一般来说，联邦政府的支出占GDP的18%，它所征得的税收刚好在GDP的17%以下。那是一大笔钱，超过2.5万亿美元。所有这些钱都来自哪里？去往何处？美国政府这样入不敷出还能支撑多久？

17.1　税收

在2013年这一年，联邦政府收入约2.8万亿，摊到每个美国人为9 000美元。联邦政府收入的来源很多，但主要来源有三个：个人所得税、社保和医保税，以及企业所得税，它们占总税收的90%以上（见图17.1）。

个人所得税是联邦政府收入中的最大来源单项。第二大类是社保和医保税（还有一些其他小税种也包含在此类中），包括"联邦社会保险税"——此名目你可以在薪水支票上看到。这些税之所以如此命名，是因为它们与所得税不同，它们与特定项目有关。社保和医保税在近几十年内有所提高，现在与个人所得税几乎持平。企业所得税屈居第三。其他税源相对要小得多，包括对汽油和酒类征收的消费税、资本所得税、公共设施使用费、遗产与赠与税以及海关关税。接下来，我们对三大税源进行更详细的考察。

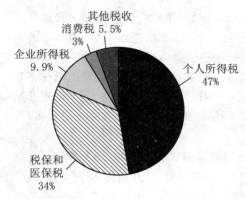

税收名称	数额（亿美元）	百分比
个人所得税	13 164	47%
税保和医保税	9 478	34%
企业所得税	2 735	9.9%
消费税	840	3%
其他税收	1 523	5.5%
联邦税收总收入	27 740	100.0%

注：百分比有舍入误差。
资料来源：Budget of the United States Government，U.S.Government Printing Office，fiscal year 2013。

图 17.1　美国联邦政府税收收入（2013 年）

17.1.1　个人所得税

　　大部分美国人都需要向联邦政府申报所得税。在申报表上，一个人要报告他的收入和税收代码，这决定了他要缴纳多少税收。一个普通纳税人（是指已经结婚与其配偶一起申报所得税的人）当前所面对的边际税率如图 17.2 所示：

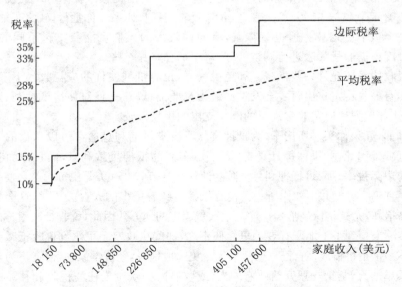

资料来源：U.S.Internal Revenue Service。

图 17.2　美国 2013 年的边际税率和平均税率

　　边际税率（marginal tax rate）是指你必须为增加的一美元收入所支付的税率。图 17.2 告诉我们，如果你收入少于 18 150 美元，边际税率为 10%（允许有一些税收抵减——参见下文）。如果你收入在 18 150 美元与 73 800 美元之间，收入每增加一美元须缴纳 15% 的税收。如果你收入在 73 800 美元与 148 850 美元之间，就必须缴纳收入的 25% 给联邦政府。边际税率增加的幅度并不均匀，在你收入高于 457 600 美元之后，边际税率就上升到最高水平 39.8%。

边际税率是为增加的一美元收入所支付的税率。

我们关注边际税率,是因为正如经济学所说,边际增量对决定诸如加班这样的事情的激励很重要。如果你正在考虑是否多做一份木工以挣点闲钱,你关心的不是你过去挣的钱应交多少税,而是如果你选择干这份新活,需要额外交多少税。

今天的边际税率比过去更低,增幅也更小。比如,在 1960 年,最低边际税率是20%,最高是91%!当然,在更远的过去,税率要比今天低得多。在 1913 年刚开始征所得税的时候,最高边际税率只有 7%,直到你的年收入超过 1 000 万美元(以今天的美元计),这个税率才会对你有效。

平均税率等于税负总额除以总收入。

平均税率(average tax rate)就是税负总额除以总收入。比如,如果你的收入是50 000 美元,在当前税收体系下,可以这样计算你的总税收:开始的 18 150 美元,你要支付 10%,即 1 815 美元;剩下的 31 850(即 50 000－18 150)美元,你要支付15%,即 4 778 美元;总税收为 6 593 美元。那么,你的平均税率为:

$$\frac{6\,593\,美元}{50\,000\,美元} \times 100\% = 13.2\%$$

不幸的是,税收体系绝非我们这里所讲的那么简单,因为并不是每一美元收入都要征税。税务专业人士告诉我们,有些收入是免税的。比如,每个人一般都有一项免税是为他或她自己,一项免税是为其配偶,一项免税为其孩子。在 2014 年,一项免税就使你有 3 950 美元的收入不必缴税。[①]比如,如果你有一个孩子,你就有3 950 美元的免税额。如果你的边际税率是 25%,免税就意味着你每年的税收减少了 987 美元(0.25×3 950)。换言之,联邦政府用税收体系让你觉得,较之买辆新车,再生一个孩子更划算。这也意味着,有同样收入的人们可能会支付不同的税收。免税额度根据通货膨胀进行调整,因此每年都会略涨一些。

税收体系还允许一些抵减。和免税一样,税收抵减使你的应税收入下降,但这只在你有一些特定支出时才会发生。最为重要的抵减,是针对住房抵押利息、慈善捐赠、州和地方税以及非常高昂的医疗支出的税收抵减。

例如,如果你买一所房子,为抵押贷款所需支付的利息通常可以从你的应税收入中抵减。因此,如果你每月要支付 1 000 美元的抵押贷款利息,而且你面临的是25%的边际税率,那么,抵押利息抵减会使你每月节省 250 美元税负。这会使买房变得更便宜吗?可能并不如你所想。税收抵减意味着更多的人会去买房,这会把房子的价格抬高,尤其是像曼哈顿这样土地数量固定的地方。因此,税收抵减对你的一些补贴实际上是到了土地所有者手里。换言之,那些从政府手里拿到税收抵减支票的人并不一定是将钱放在自己口袋里的人。更一般地说,经济学家理解,真正为税收或补贴买单的人,与把支票开给政府的人(或政府向公众所描述的税收和补贴的承受人)是有相当差别的。但是,这不是本章的重点——你可以在微观经济学教科书中看到更多有关论述,只是在你思考美国经济的不同税种时,要记得这一点。

对资本收益、利息与股息的征税　所得税既是对你的劳动收入征税,也对你从投资中所得到的任何收入(即利息收入、股息和资本收益)进行征税,比如,你从存款和支票账户中得到的利息收入,它就好像劳动收入一样,通常被课以税收。

如果你持有股票,就可能得到股息,这是你从公司收入中所得到的定期支付。你必须为这些股息纳税。对大多数人来说,所面临的股息税率是 15%,对低收入群体来说是 5%。

资本收益税很复杂。比如，如果你以每股 100 美元买的股票，之后以每股 200 美元卖出，那么你就得到了资本收益。你的资本收益就是股票升值所多出的 100 美元。对于这些利润，你需要纳税。当前的规定是，如果你持有该股票超过一年，标准税率是 15%，对低收入群体则只收 5%。资本收益税只在资产被实际卖出时才征收，在持有财产的时间里，并不征收。

税收体系的常见情况是，人们支付的真实税率和税法规定的并不一样。比如，资本收益允许存在"损失抵消"(loss offsets)。如果你卖出一只股票挣到 100 美元，卖出另外一只损失 100 美元，两项加总之后，通常就抵消了你的纳税义务。如果你知道如何在恰当的时间集合你的盈利和亏损，你所承担的真正资本收益税率将大大低于 15%。

关于投资收入应该被课以多高的税率，民主党和共和党常常意见不一。民主党支持对投资收入课征高税率，其理由是：富人投资多，对投资收入征税就意味着富人将会承担更多的税负；共和党更倾向于支持低税率，其理由是：低税率激励投资，从而促进经济增长，创造就业机会，提高工资，并有助于长期内的总体繁荣。

替代性最低税　美国税收体系中还有另一个复杂的税种，即**替代性最低税**(Alternative Minimum Tax，简称 AMT)。该税种开征于 1969 年一次电视直播的国会听证会之后。这次听证会披露出 155 个收入超过 200 000 美元（相当于今天的 120 万美元）的家庭没有缴纳任何所得税。这些家庭并没有违法，而是设法利用税法漏洞规避了所得税。于是，AMT 的最初目标就是确保公民不再可能规避所有的所得税。

AMT 要求纳税人做出两项计算：首先，他们必须计算在标准纳税代码下应该缴纳的税赋；然后他们还必须计算在 AMT 规定下应该缴纳的税赋，AMT 一般是以统一税率 26% 或 28% 为基础，没有抵减。最后，纳税人必须缴纳两者之中数额最高的那个税额。

AMT 本应该只对那些超级富豪群体中的数百个家庭造成冲击，但由于它未经通货膨胀调整，因此，越来越多的家庭开始受制于这个税种。在 2006 年，大约有 350 万美国人要缴纳 AMT；而现在常见的情况是，只要家庭收入达到每年 10 万美元左右，就要缴纳 AMT，其税额比常规税种更高。AMT 所覆盖的美国人口可能还在以数以百万计的速度增长。事实上，在近年来，AMT 的覆盖范围的大幅增加使其成为税收增长最快的税种，尽管它很少这样被解释或介绍。民主党和共和党都宣称对 AMT 不断提高的影响力非常不满，但对如何改变或取代它、如何弥补它所造成的收入损失，以及是否应该严格限制 AMT 的应用范围等方面，无法达成一致意见。

替代性最低税是一种独立的所得税代码，始于 1969 年，旨在防止富人的所得税逃税。替代性最低税不与通货膨胀挂钩，现在已经是许多美国中上阶层家庭的额外税负。

17.1.2　社保与医保税

几乎所有的美国工人都要缴纳联邦社会保险税(Federal Insurance Contributions Act tax)，人们在薪水支票上常可看到它的首写字母缩写：FICA 税。FICA 税就是对你工资中的头 117 800 美元征收的 6.2% 的税收。此外，你的雇主也要为你缴纳 6.2%，因此 FICA 的总税率是 12.4%。FICA 税收是为社会保障支付筹集资金。

很多美国人相信,"我只支付了此税的一半,我的老板会为我支付另一半。"但是这并不正确。正如我们已提到的,去缴税的人并不总是实际的税收负担者。事实上,经济研究表明,雇主的支付主要来自工人的未来工资;换言之,如果你的老板不必为你支付 FICA 税,你的工资将会更高。*是工人自己而不是雇主更多地承担了 FICA 税。

医疗保险税的一部分来自一般性的税收收入,一部分来自特殊工资税。对大多数工人来说,他们薪水的 1.45% 是以医疗保险费的形式留存的,而雇主支付另外的 1.45%。同上面所说一样,工人以工资更低的方式为雇主支付了很多应付保险费。自我雇用者支付全部的 2.9%。

17.1.3　企业所得税

在美国,企业所得税一般是 35%,这是全世界最高的税率之一。然而,35% 只适用于法律上衡量的收入。既然税法如此规定,优秀的会计师就可以把企业收入做得非常低,即使在企业盈利丰厚的时候。事实上,有些明显盈利的企业总是设法在其收入和支出上做些手脚,以至它们根本就不必上缴企业所得税。你可能听说过波音公司(Boeing),这是一家庞大而赚钱的飞机制造企业,然而,近五年来,该公司的平均所得税率只有 0.7%。[2]其他公司在利用税收减免和会计策略方面做得都没有它那么好。

谁支付了企业所得税? 不是企业,企业从根本上来说只是一个法律概念。所有的税收最终都会分摊在民众身上。企业所得税最初是由公司的股票持有人和债券持有人支付的,这使他们的投资收益率降低。更一般地说,投资回报率下降会减少各种形式的资本,而且从长期来看,这也多少意味着工人的工资更低,而商品和服务的价格更高。

17.1.4　联邦税负分配的实质

一旦我们考虑到抵减、豁免、企业税、工资税、消费税、替代性最低税以及对税收归宿(谁支付了税)的假设,最终结果会怎样呢? 图 17.3 所示的联邦税收在各收入阶层上的分配不是一项容易的计算,但却是最好的估测。

图 17.3 的上图表明,如果按收入多少把家庭划分成不同等级,那么收入排在最低档的 20%,他们只需要支付很低的联邦税负,占其总收入不到 5%。随着收入的提高,实际税率也会增加,收入最高的 20% 家庭,支付给联邦政府的税率也高达 25%。收入越高的人所要缴纳的税率也就越高。收入排在最高的 1% 的家庭,要缴纳给联邦政府的税率接近 30%。

---

　* 事实上,当智利在 1981 年私有化其社会保障项目时,确实发生了这样的情况。从 1981 年开始,雇主不必再为雇员缴纳社会保障税。然而,雇主税收的下降并没有导致额外的利润。相反,随着税收支付的下降,工人工资开始上升——正像税收归宿理论所预期的那样。美国的其他研究表明,当政府要求企业为其雇员提供诸如健康福利等好处时,工人工资就会下降。所以,是雇员自己而不是雇主来为这些法定福利买单。关于智利和其他研究,参见 Gruber. J, 1997. "The Incidence of Payroll Taxation: Evidence from Chile," *Journal of Labor Economics*, 15(3), S72-S101。

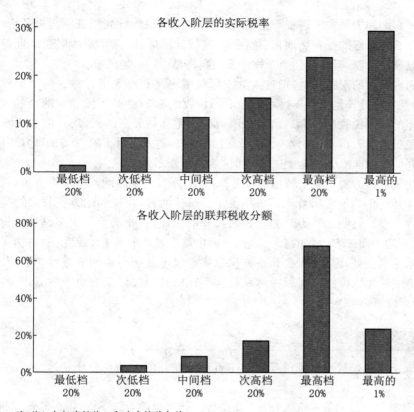

各收入阶层的实际税率

各收入阶层的联邦税收分额

注:收入包括市场收入和政府转移支付。
资料来源:Congressional Budget Office,2013。

图 17.3 谁来支付联邦税

人们有时候会说富人在美国不纳税。这种说法是错误的。他们纳税是否足够多,这要依赖于你怎么看。抛开所有的抵减、豁免、漏洞等不说,美国税制是**累进性的**(progressive),即收入越高,缴纳给联邦政府的收入比例也就越高。

相对于累进税的是**统一税**(flat rate),即对所有收入水平都征收不变的税率。如果彻底简化税收代码,消除几乎所有的抵减项目,包括对抵押利息和捐赠的抵减,那么,根据某些计算可知,以 19% 的统一税率可以课征到和今天大致相同的税赋。[③]统一税率有很多可取之处。简化税收代码就可能让很多纳税人感激不尽,消除抵减项目和税收漏洞也会激励人们出于良好的经济理由而非仅仅为了避税而进行投资、消费和工作的决策。

统一税率的不足在于它会使富人的税率降低而中产和穷人的税率提高。如果你对现行税制下不同收入阶层所支付的实际税率——如图 17.3 所示——与 19% 的统一税率进行比较,就会明白,在统一税制下,穷人所缴纳的税率和富人所缴纳的税率会发生戏剧性变化。统一税的倡议者包括共和党人史蒂夫·福布斯(Steve Forbes)和民主党人杰里·布朗(Jerry Brown),他们认为统一税的效率优点意味着:随着经济增长,那些过去支付高税率的人,其税负在总税负中的份额将会减少。

即使统一税制显著有效于我们的现行税制,我们也很难看到美国会推动建立这样的税制。你还记得我们说过的抵押贷款利息抵减对房屋价格的影响吗?抵押贷款利息抵减提高了房屋价格,因此去除这一抵减项目将会使房屋价格下降。当

累进税 即收入越高的人所要缴纳的税率也就越高。

统一税 就是不变的税率。
累退税 即收入越低的人所要缴纳的税率就越高。

杰里·布朗和史蒂夫·福布斯竞选总统时,他们的税收计划里都不再提及统一税,这有什么可奇怪的呢?然而,其他国家,包括俄罗斯、捷克和爱沙尼亚最近都在推动建立统一税制,看看他们会面临什么问题将是一件有趣的事。

理解现实世界

回到美国的现行税制,把富人的实际税率更高和富人更有钱这两个条件结合起来,就可以计算是谁在支付联邦政府的税收。图 17.3 的下图显示的是各收入阶层分担的联邦税收的份额。结果表明,富人,尤其是最富的人,到目前为止承担了联邦税负的最大份额。比如,收入最高档的 20% 的人支付了约 70% 的联邦税收,收入最高的 1% 的人差不多承担了联邦税负的四分之一。

州税和地方税　除了联邦税收之外,大部分人还要缴纳州税和地方税,因此支付完联邦税负并不意味着不用再纳税了。总体而言,州税和地方税收大约是联邦税收的一半,不到 GDP 的 10%。和联邦政府相比,各州的收入更多是从销售税中筹集,平均占州政府收入的 20%。因为销售税率对每个人来说都是一样的,不考虑收入水平的高低,因此,州税和地方税总体来说不及所得税的累进性。因此,州税和地方税的加入可能使美国整体税收体系比联邦税收体系有更少的累进性,但这要视具体的州而定。

自我测验

1. 个人所得税加社会保障税及其他工资税占联邦收入的百分比是多少?(如有必要,可回顾图 17.1。)
2. 考虑图 17.3。如果一个人在次高档的收入组,税前收入为 80 000 美元。利用实际税率来计算,他须缴纳多少税?现在考虑一个人在最高档的收入组,其税前收入为 160 000 美元。他须缴纳多少税?比较这两人缴纳的税收数量。这可以证明当前税制是累进性的吗?

17.2　支出

大约三分之二的联邦预算都花在以下四个项目上:社会保障、国防、医疗保险和医疗补助,如图 17.4 所示。国债利息、各种失业保险项目和福利项目也占了很大比例。其他支出——花在修路、教育、警察、监狱、科技、农业、环境等等上面的项

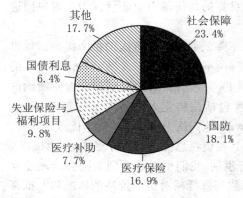

项　　目	支出(亿美元)	百分比
社会保障	8 078	23.4%
国　防	6 249	18.1%
医疗保险	5 853	16.9%
医疗补助	2 654	7.7%
失业保险与福利项目	3 399	9.8%
国债利息	2 213	6.4%
其　他	6 097	17.7%
联邦总支出	34 543	100.0%

图 17.4　美国联邦税收支出(2013 年)

目——占了剩下的预算。让我们更仔细地看一下这些大项目，以明白美国的税收到底都花到了哪里。

17.2.1　社会保障

如果以花掉的美元来衡量，美国的社会保障项目是全球最大的政府项目。2013年，该项目把8 078亿美元支付给了大约6 100万受益人。

我们已经了解了社会保障税是如何征收的。或许你正想知道这些钱都去了哪里。社会保障项目是按照"现收现付"（pay as you go）来运行的。那意味着，当政府从你手中拿走钱，这些钱并不会直接进入写有你名字的账户或信托基金，而是会立即转给当前的老年人，他们正等着接受救济金。等你进入老年，那时年轻人所缴纳的税收就会成为给你的救济金。

每年联邦政府都会给美国公民致函告之其个人社会保障账户中有多少钱。不要误解，"你的账户"里并没有钱，根本就不存在"你的账户"。那些信只是政府对你将来可能取回的社保金的一种预测。当然，因为你同时还是一位选民，所以，如果那些预测被证明有点过于乐观，你也不必感到奇怪。

社会保障金设有最低基本额度，但是大部分人的收益是根据一个复杂公式来计算。该公式取决于其工作时间长度、工作期间的平均收入、是否结婚以及退休的年数和退休的年龄。近年来，美国的退休人员平均每月可领取约1 200美元，所以，一个直观的经验是：你不应该只指望社会保障金来维持你的晚年生活。

很多年以来，工人们都是在65岁就可以申请领取全额退休救济金了。但是，随着社会保障项目支出的钱越来越多，在1983年，完全退休年龄根据其出生时间被逐渐提高。假定你是在1960年以后出生的，就必须等到67岁才能申请全额退休救济金。有人主张进一步提高申请全额退休金的年龄，因此，你可能想密切关注你将在什么年龄可以申请退休金。一个工人最早可以在62岁开始申请部分退休金，但是选择早退休的人就只能得到较低的退休金。在美国，退休救济金是根据工资水平进行调整的，因此随着时间推移，退休金会随着经济水平的总体提高而自动提升。

你还记得本章开头的艾达·梅·福勒吗？她的社会保障税只支付了24.75美元，但却得到22 888.92美元的支付。艾达·梅的例子很极端，但是基本理念是共通的。在社会保障项目实施早期的那些年退休的工人可以得到全额退休金，即便他们只在其工作生涯的一段时间里缴纳了社会保障税。此外，社会保障税率在逐年提高，从1940年的2%，到今天的12.4%。今天工人的更高税率，是为昨天工人的更高退休金而筹措资金——尽管昨天的工人为此支付了较低的税率。

因此，毫不奇怪，随着时间推移，社会保障项目会变得越来越不慷慨。为了明白社会保障项目有多慷慨，我们可以把个人预期缴纳给社会保障的所有税收加总，然后减去个人预期可以得到的社会保障金，一定要根据纳税是发生在领取救济金之前这个事实对上述数字进行调整（计算现值；注意我们在第9章定义过现值的概念）。表17.1就是对拥有不同平均工资并在不同年龄退休的单身男性工人的情况进行了说明。

表17.1告诉我们，在1975年退休的低收入单身男性可以在他有生之年获得46 807美元的社会保障金，比他所缴纳的税收要高。现在看看同样是低工资工人，

表 17.1　社会保障的净收益(不同的退休年龄和平均工资的单身男性)

平均工资	1975 年的 65 岁退休人员	2010 年的 65 岁退休人员	2030 年的 65 岁退休人员
低	46 807 美元	8 286 美元	3 062 美元
中等	53 999 美元	−43 255 美元	−85 945 美元
高	52 284 美元	−95 212 美元	−193 874 美元

注：低、中、高收入分别为根据 2004 年通货膨胀调整的 30 000 美元、60 000 美元和 120 000 美元。
资料来源：Steuerle and Carasso，2004。

但他计划 2010 年退休，而非 1975 年，该工人可望得到的退休金只有 8 286 美元，高于他所缴纳的税收；如果他在 2030 年退休，他可以指望得到 3 062 美元的退休金，高于他所缴纳的税收金额。因此，随着时间流逝，社会保障项目正在变得越来越不慷慨，这很大程度上是因为该项目过去对退休的劳动者们太过慷慨了。

从表 17.1 中我们还可以看出，社会保障项目在不同的收入阶层上进行了财富再分配。一个在 2030 年退休的低工资工人会得到 3 062 美元的救济金，高于他所缴纳的税款；但对于中等工资或者高工资的工人来说，社会保障就是一项净成本。在 2030 年退休的中等工资的工人所付税收高出其得益 85 945 美元，一个高工资收入的工人所付税收高出其得益 193 874 美元。因此，社会保障项目就不仅仅是一个退休制度，还是一个福利制度。

照例，在社会保障项目中还有使情况复杂化的因素，我们在这里仅仅提及其中三个。社会保障给已婚人士的支付要多于单身人士。一个已婚男性会比同等收入的单身汉多得到 50% 的保障金，哪怕他的配偶从未工作过。(对已婚女性同样如此。)因此，社会保障对已婚者显然比单身者慷慨得多。

你活得越长，社会保障支付给你的就越多，因此预期寿命更长的人们就会从社会保障中得到更多。(想一想活到 100 岁的艾达·梅·福勒吧！)同样，那些预期寿命更短的人从社会保障中就得不到那么多收益。比如，如果你现年 55 岁，医生告诉你，你只能再活五年，那么你将无法从"你的"社会保障账户提前支取退休金。

因为社会保障的再分配有利于那些寿命预期更长的人，所以它会让女性受益更多。换言之，同样收入的单身女性要比单身男性从社会保障中受益更多，因为平均而言她的寿命会更长一些。更一般地来说，社会保障项目对不同的个体是区别对待的，这取决于他们的财富、预期寿命、婚姻状况和其他因素。

17.2.2　国防

在 2013 年，美国国防部的官方预算加上伊拉克战争和阿富汗战争的军事开支共 6 250 亿美元。这一数字甚至不包括退伍军人的津贴、国内的安保费用，以及用于核武器研究以及诸如 CIA 或其他非国防部门的类军事性的活动开支。如果计算广义的国防开支，这个数字每年约达 7 500 亿美元。

美国花在军费上的开支比世界上任何一个其他国家都多得多。表 17.2 给出了 2013 年军事开支排名前 10 的那些国家的一些数据。这些钱是否花得值得？很遗憾，评估应该在军事上支出多少，这个话题远远超出了标准经济学范畴，它属于外交政策的研究领域。这是一个重要问题，但不是本书的主题。

表 17.2 2013 年军事开支国家排名

国　　家	军费开支（亿美元）	国　　家	军费开支（亿美元）
美　国	6 400	英　国	579
中　国	1 880	德　国	488
俄罗斯	878	日　本	486
沙特阿拉伯	670	印　度	474
法　国	612	韩　国	339

资料来源：Stockholm International Peace Research Institute。

17.2.3　医疗保险与医疗补助

医疗保险为老年人报销了大部分医疗支出，包括住院费、医药费和处方药品费。符合医疗保险资格的个人，年龄在 65 岁或以上，并在工作期间支付了 10 年以上的医疗保险费。很多残疾人也享有医疗保险，即使他们并没有承担过可以支付医疗保险费的工作。

在 2013 财政年度，美国医疗保险支出共计 5 850 亿美元。社会保障和医疗保险是截至目前美国政府的最艰巨任务，它们都是对老年人进行转移支付的项目。

医疗保险并不支付所有的医疗账单，受益人需要支付这些费用中的一部分，这就是所谓的共同付费（copayment）。受益人还必须自己支付相对较小的费用，就是所谓的免赔额（deductible）。很多老年人购买私人保险来填补这些医疗保险的覆盖缺口。

在医疗保险之外，你可能还听说过医疗补助。鉴于医疗保险的受保人主要是老年人，医疗补助项目的受保人主要是穷人和残疾人。当然，有一些老年人同样也是穷人，这样的人有资格同时申请这两个项目。医疗补助项目由联邦政府和州政府联合支付，但项目是在州层面由州政府运行。在 2007 财政年度，医疗补助项目大约支出 2 000 亿美元，稍多于医疗保险的 50%。

17.2.4　失业保险和福利支出

人们有一个共同的错误认识：联邦政府支出的大部分都是用在福利项目上。事实上，联邦福利支出（不包括医疗补助）总共约每年 1 500 亿—3 000 亿美元（具体多少取决于确切的人数以及经济是否处于萧条）。这些数字都很大，但其他的项目上的支出还要大。

记住：除国防以外，最大的支出项目是社会保障和医疗保险。这些项目主要是向老年人转移财富，而不是向穷人。因为我们迟早都会变老（如果我们比较幸运的话），这些转移支付最终都会使几乎所有的美国人受益。当然，得到社会保障和医疗保险的大多是穷人，因此，这些项目也是对穷人的再分配。但就平均而言，美国的老年人还是稍微比其他美国人更富裕点。

大部分福利支出都可归入以下几个常见类目。首先，个人福利支出（personal welfare payments）是用来援助那些有孩子的穷困家庭的。其中的最大部分被称为贫困家庭临时援助项目（Temporary Assistance for Needy Families）。自 1996 年以来，个人在其一生中得到这一救济的年数不得超过五年。第 8 条计划（Section 8 program）下的住房券（housing vouchers）是发给贫困家庭用来补贴其部分住房租金的抵用券。失业保险是支付给那些失去工作的人，并不限于是穷人。

尤为重要的是个人所得税抵免（Earned Income Tax Credit，简称 EITC），它是目前联邦政府层面反贫困的主要形式。很简单，EITC 是通过税收体系根据人们所挣收入的多少直接支付给穷人现金。比如，如果你已婚，有一个孩子，年收入 20 000 美元，处于贫困线以下，那么，EITC 就会增加你的收入，每年给你 2 000 多美元；如果再多一个小孩，该信用额度就会提高到大约 4 000 美元。在 2013 年，花在 EITC 项目上的支出超过 630 亿美元。而且，这些联邦项目还辅以范围广泛、各种各样的援助穷人的州和地方福利计划。

失业保险（unemployment insurance，UI）为那些暂时失去工作的人提供资金，并不限于穷人。失业保险数额庞大，尤其是在萧条时期增加更是惊人。例如，在 2007 年，有 314 亿美元花在了失业保险上，由于萧条的加剧和紧急处理给付的增加，这个数字在 2010 年提高到了 1 550 亿美元，2013 年复又回落到 720 亿美元。

17.2.5　其他联邦支出项目

在讨论国债利息支付之前，让我们先看一看其他的联邦支出项目，包括：

- 农产品补贴；
- 公路、桥梁和基础设施支出；
- 赈灾基金（Disaster Relief Fund）；
- 小企业管理局（Small Business Administration）；
- 食品和药物管理局（Food and Drug Administration）；
- 所有联邦法院；
- 联邦监狱；
- 联邦调查局（FBI）；
- 对外援助；
- 边境安全；
- 国家航空航天局（NASA）；
- 国家卫生研究院（National Institutes of Health）；
- 国家科学基金会（National Science Foundation）；
- 学生补助金；
- 所有联邦雇员工资。

所有这些项目加总起来，就是一大笔钱，大约 4 620 亿美元，但是它们中的每一个项目相比于社会保障、国防或医疗保险都不算大。

对联邦预算的一个普遍误解是有关对外援助的。据民意调查，41% 的美国人认为，联邦支出的两个最大去向之一就是对外援助。实际上，对外援助只占联邦预算的 1%；确切的数字取决于如何定义该项目，因为有时候很难区分"对外援助"和"军事援助"。

17.3　政府支出被浪费了吗?

你可能还听说过有关政府浪费的传闻。事实上,诸如激励不足以及对如何有效支出缺乏信息等理由,都让我们有理由怀疑,政府没有像你我那样谨慎地花费纳税人的钱财。假如你在经济学期中考试中拿到 A 的成绩,为了犒劳一下自己,你决定花上 100 美元。那么,这 100 美元最好的花法是什么样的呢? 买一条新牛仔裤? 来一场晚餐约会? 搞一次滑雪之旅? 无论是哪种选择,对于你的需要和需求你都有着良好的信息,而且你也有很强的动机把这笔钱花得很精心,你会对质量进行认真地研究,细致地比较价格,追求较高的价值回报,毕竟你的享受与你的钱对你来说都是利益攸关的!

现在假定你必须花 100 美元买给其他人一件礼物。(可能你需要与你的同伴交换圣诞节礼物。)对你的钱,你仍然想花得有价值,但接收礼物的人想要什么或所需多少,你了解的信息就不够了,相比较于你把钱花在自己身上,对于调查和研究质量的激励就会下降。经济学家乔尔·瓦尔德福格尔(Joel Waldfogel)曾估计道,每年圣诞节浪费的美元数以十亿计,因为大部分礼物对于送礼人来说,往往其评价要高于收礼的人。④ 为了避免这种浪费,我们把现金给学生公寓的行政助理,让他来转交给你的同伴做礼物。但如果每个放在圣诞树下的礼物都是钱,那这样的圣诞节可能就没那么有趣了。

假定你必须把他人的钱花在他人的礼物上。(可能你老板给你一些钱去给他其他的一个雇员买一份圣诞节礼物。)你可能不想把钱完全浪费掉(大概你老板会留意你会不会把钱私吞),但你对受礼人的需求或需要了解不多,而且你现在是花的还是别人的钱,那你谨慎花费的激励就更弱了。很多政府支出都与此相类——是一些人拿着别人的钱又花在别人身上。结果,当我们看到许多政府支出花的很浪费、没有效率的时候,我们一定不会感到惊讶。

比如,在阿富汗和伊拉克,美国用于战后重建的资金花费何止千亿美元,而审计人员向我们揭示,其中数以十亿计的美元被骗走、滥用和挥霍掉了。有些项目开了头之后永远也没有结束的时候。建了医院,却没有提供医疗设备。到处都是欺骗。有一个项目,审计人员对其中所列成本的 40% 都提出了质疑,其中包括花 900 美元买的一个只值 7.05 美元的控制开关。可能最糟糕的是,用塑料薄膜包起来的总价值高达 100 亿美元(!)的百元大钞,从纽约空运到伊拉克,然后就无声无息地消失了。⑤

由于美国对当地人(他们与美国人的需要很不一样)到底需要什么并不了解,而且由于最终的老板——美国纳税人——离得更遥远,不能轻易地就这些资金是如何花费的进行监督,所以,花在伊拉克和阿富汗的这些钱非常可能都被浪费掉了。不过,信息与激励的问题会给所有类别的政府支出带来麻烦,倒是不限于国内和国外。

政府支出会被浪费。如果你听到一个政客声称他要通过减少"浪费"来支付新的支出项目并实行减税,那可要当心了! 我们对联邦预算的讨论表明,减少浪费可能听起来动听,但事实是:大部分支出都花在了那些大项目上。就拿社保来说,这可是政府最大的支出项目。社保转移支付的是现金——这就像经济学家推荐的完美的圣诞节礼物一样——而且由于这个项目是大家都熟知的,所以它得到了很好的监督。因此,虽然存在一些欺骗现象,但社保项目的间接费用还是很低的。

总之,要在大的项目上减少支出而又不降低福利,这是非常困难的。如果我们想在这些项目上支出更多,那么最终税负必然上升,或者我们必须在其他方面减少支出。如果我们想要较低的税率,那么,支出和收入必然下降。天下没有免费的午餐。

17.4 国债、国债利息和赤字

我们现在来讨论支出的最后一项:国债利息。如果你谷歌一下"美国国债"(U.S. national debt),就可能发现 2014 年其数额大概在 17.5 万亿美元左右,但这一数额的相当部分是由联邦政府各分支部门持有。比如,社会保障信托基金(Social Security Trust Fund)就持有数以十亿计的国库券,它们代表着美国政府要在未来对这部分社会保障进行支付。

公众持有的国债是由联邦政府以外的个人或机构所持有的所有联邦债券。

对我们当前债务的最好测度就是**公众持有的国债**(national debt held by the public),这是由个人、企业、州或地方政府、国外政府以及联邦政府之外的任何实体所持有的所有联邦债券。在 2014 年,由公众持有的国债刚刚超过 13 万亿美元。现在,当我们谈起"国债"(national debt)、"联邦债务"(federal debt)或者"债务"(debt)时,我们的意思就是指由公众持有的国债。

13 万亿美元是个非常大的数字,但是它还必须与另一个更大的数字——GDP(约为 17 万亿美元)进行比较。这样,美国的债务与 GDP 之比就是 70%。这个数字大吗?抵押贷方通常要求借款人的债务收入比低于 36%,因此很少有人会建议你背负那么多债。美国政府会比你我存活的时间都长,因此,这个债务与 GDP 之比对联邦政府来说并不算过分。图 17.5 显示美国自 1940 年以来的债务与 GDP 之比。今天 70% 的债务与 GDP 之比是很高,但历史上曾有更高比率。比债务高更令人担心的是债务的增速之快:2007 年美国的债务只有 5 万亿美元,如今却增至 13 万亿。

资料来源:Economic Report of the President, 2013。

图 17.5 美国债务与 GDP 比率:1940—2013 年

美国历史上债务与 GDP 之比的最高值发生在 1946 年,为 108%。正如我们在第 8 章所讨论的,对你来说,借贷以应对大额支出,从而平滑消费,是明智的。同样的道理也适用于美国政府,政府大规模借贷以支付二战的紧急支出。但是,战后债务与 GDP 之比一直在缓慢下降,直到 20 世纪 80 年代。在 80 年代,减税加国防支出增加,共同提高了债务与 GDP 之比。随着经济的扩张,这一比率又开始下降。在

90 年代克林顿总统任职期间,联邦政府出现了短暂的一系列预算盈余。再往后,在小布什任职期间,由于进一步的减税和军费扩张,债务与 GDP 之比轻微提高。但在奥巴马任职期间,由于始自 2007 年后期的衰退和旨在刺激经济的政府支出政策,债务与 GDP 之比又开始急剧上升。

美国政府每年都要为借钱给它的人——即债券持有人——发放利息。如果你的债务是 100 美元,利息是 5%,那么你就欠出借人每年 5 美元的利息。对于国债,也是一样道理。2014 年的国债大约是 13 万亿美元,美国国债的平均利率是 2.4%,因此在 2014 年联邦政府必须支付 1 840 亿美元的利息给债券持有人。债务利息大约占 GDP 的 2%,是非常低的。例如,2007 年的债务利率是 5%。2014 年的低利率反映了经济正在从最近的萧条中缓慢复苏,这也意味着美国政府能以更为低廉的价格借到钱了。随着美国经济的复苏,我们可以预期利率会提高,美国政府必须支付的债务利息也会增加。正如我们下面将进一步讨论的那样,我们必须对国债保持关注。

有时候,电视评论员会提出,美国政府的国债是由外国人持有还是由美国人持有,这会有很大不同。然而,从纯粹经济学的观点来看,这种差别无关紧要。我们常说,只有当货币用于购买产品和服务时,才叫作真正地作出决策,所以我们只需关注钱是如何被花掉的。如果多年之后,利息支付流向了外国人,那是因为外国人在美国进行了投资,这对美国经济来说,是有好处的。而且,外国人可能因此而变得更为富有的事实,对美国经济来说,也是有益无害。你可以做一个道德或伦理判断,说美国人应该更少花费,更多储蓄(这就意味着从外国人那里更少借钱),但是,如果没有国外投资者,美国的低储蓄会成为更大的问题。

我们现在需要对国债和赤字做出区分。债务是联邦政府在某一个时点上欠钱的总量。它是先前债务的累积总和。**赤字**(deficit)则是当年政府支出和所得收入之间的差额。你可以把赤字看成是国债每年的变化。

赤字 是每年联邦支出和收益之间的差额。

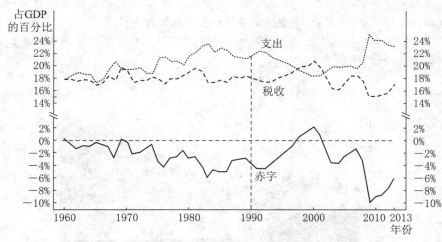

资料来源:Economic Report of the President,2013。

图 17.6 支出、税收和美国政府赤字占 GDP 的百分比:1960—2013 年

图 17.6 的上半部分表示 1960—2013 年联邦政府支出和税收占 GDP 的比例。当支出超过税收时,政府必须借贷以填补差额——这个差额就是赤字,图 17.6 下半

部分所示是赤字占 GDP 的百分比(为负值)。比如在 1990 年,联邦政府支出大约占 GDP 的 22%,但是其税收仅占 GDP 的 18%。由于政府支出远大于税收,政府不得不借钱填补差额,因此在 1990 年,赤字大约占 GDP 的 4%(22%－18%)。

自我测验

1. 当你退休的时候,你会收到社会保障救济金,并且大部分美国人都会收到医疗保险津贴。现在,社会保障和医疗保险支付占联邦支出的百分比为多少?
2. 为什么思考债务与 GDP 之比——而不仅仅是国债的绝对数量——是重要的? 这个比率告诉了我们什么?

17.5　美国政府会破产吗?

我们之前说过,当前 73% 的债务与 GDP 之比很高,但还不是历史最高。尽管如此,很多经济学家仍然担心未来的债务与 GDP 之比。

导致这种担忧的主要不是经济衰退,而是人口统计特征和不断提高的医疗成本。美国人口渐趋老龄化。2011 年,65 岁及以上的人口占总人口的比重为 13.1%,到 2030 年,这个数字将达 19%。老年人口的增加意味着更高的社保和医保支出。比如,要想使养老金维持在目前所承诺的水平,作为 GDP 一部分的社会保障支出将不得不提升 41%。老年人更多就意味着医疗保险支出更多。在这种情况下,人均医疗费提高所带来的问题甚至比人口老龄化问题更严重。

由于医疗保险、公共医疗补贴以及健康保险津贴等,医疗成本占联邦预算的比例越来越高。随着医疗成本的提高,其他方面的压力就会加剧,我们就要在税收提高、其他项目支出减少或更高的债务之间进行权衡。

在近几十年来,人均医疗费用的增长速度是 GDP 的 2 倍多。如果医疗费用以其当前速度持续上升,那么,它在经济中的比重会越来越大。

当我们将所有这些支出增加汇总起来,就能预期到人口老龄化和医疗费用提高所带来的结果,如图 17.7 所示:

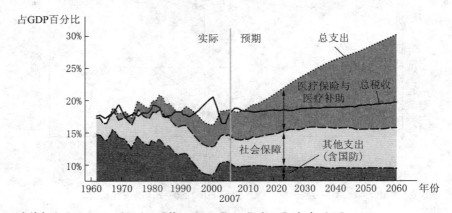

资料来源:Congressional Budget Office, Long-Term Budget Outlook, 2007。

图 17.7　预计政府支出占 GDP 百分比和政府税收占 GDP 百分比

为了理解图 17.7，先来看一下 2010 年后显著升高的曲线：它是指用在联邦支出项目上（也就是不包括国债利息）的总支出，包括过去近 50 年内的和预计未来会发生的。注意：在过去 50 年内，用在这些项目上的总支出在占 GDP 18% 的比例上波动。税收是深色实线，略低于 18%，导致了多年来的赤字，但以百分比来衡量，赤字并不是很大。

然而，在未来，我们预计不断增加的老年人口和更高的医疗成本会把支出提高到远超过去的水平。支出增加的主要原因是社会保障支付与 GDP 之比的稳步而显著的增加，以及医疗保险和医疗补助支出的大幅提高。值得注意的是，CBO 预计所有其他政府支出项目（包括国防）——图中最低的一条线所示——所占 GDP 的比重都会不断下降——如果这一预期被证明是过于乐观的话，那么支出的增加甚至比图中所示的还要多。

如果支出迅速增加，而收入只是适当增加，结果就是债务与 GDP 之比会飞涨，这就是图 17.6 所示的 CBO 给出的令人吃惊的预测。但是 CBO 并不是为了预测而提出这个惊人的飞涨。相反，他们是在建议有些事情必须改变——要么是政府支出必须下降，要么是税收必须增加，要么是医疗费用不能再继续这样不断加速攀升。

理解现实世界

17.5.1　未来很难预测

那么，未来会发生什么？是支出下降还是税收上升？无人知晓。一方面，美国的确有税收相对较低的历史时期。美国的独立战争部分原因就是为了反抗英国的税收，尽管当时英国统治下的美国人享受的是全世界最低的税收负担！直到 1913 年，美国才开始征收现代意义上的所得税，而且还因此对宪法进行了专门的修正。甚至直到 1916 年，联邦政府所征收的所得税占 GDP 比例还不到 5%。

在 1916—1919 年以及 1942—1945 年间，联邦税收和支出急速增加，但这分别对应着第一次世界大战和第二次世界大战。但是从那以后，联邦税收和支出就相对稳定——如我们前面提到的，大约占 GDP 的 18%。当税收增加时，往往会产生强烈的社会反应，于是美国人就会选举那些承诺减税的政治家。那么，在未来，美国人会接受一个比过去还要高的税率吗？你会吗？

如果美国的税收和支出确实在增加，这就使美国和其他发达国家更类似。图 17.8 显示了各国的政府支出总额（包括联邦、州和地方政府的支出）。今天的美国政府，其支出占 GDP 的比例比其他大部分发达国家都小。因而，如果在未来几十年里，美国的政府支出大幅增加，那其支出水平也不过是和今天的德国、意大利以及荷兰等国持平。

支出可以削减吗？我们已经通过提高退休年龄削减了一些计划中的社会保障支出。也许我们还可以削减更多——但不要指望老年人会对此坐视不管！要记住，支出增长的很大部分是由于医疗费用的提高。很多人讨论要降低医疗费用的增长，但这又谈何容易！在医疗市场上有很多浪费，但也存在很多美妙的创新。比如，他汀（statin）类药物使胆固醇降低，全新外科手术拯救了很多人的生命；三重搭桥手术差不多成了标准手术。将好的治疗方式与坏的治疗方式区分开来并非易事，因此，从很大程度上说，医疗成本还会持续上升。在有些国家医疗费用的确只占其 GDP 的很少比例，但在所有发达国家，医疗费用都呈现出相似的增长。

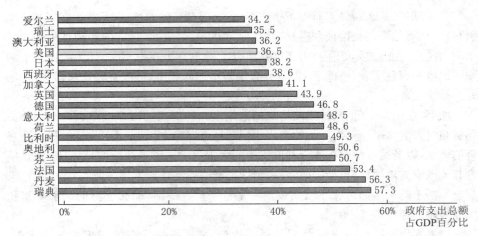

注：总政府支出包括联邦、州和地方政府的支出。
资料来源：OECD in Figures，2005。

图 17.8　今天的美国政府支出比大多数发达国家要低

不要忘记：无论怎么说，还是好消息多。现在的美国人的寿命比以前任何时候都更长，很多医学进展都取得了成功。也就是说，你以前认为你只能活到 80 岁，但现在你知道你会活到 100 岁。你可能会为更漫长的退休生活如何得到资助而担忧，甚至可能会为此感到绝望。但这是我们能接受的预期。

另一个可能的情况是，GDP 在未来的增长比过去更快。我们在第 8 章勾勒过这种乐观前景。然而，尽管我们希望有最好的结果，但理智的做法还是要为即使不是最差至少也是最最可能出现的结果做好计划，这就要求人们容忍令人痛苦的税收增加和支出削减。

一个普遍的经验是：我们不能简单地通过今天的预算或赤字来判断联邦政府财政是否健康。新的政府项目会不断增加。当我们评估这些新项目时，应该考虑到那些隐性的未来支出。政治家们在过去做出了对未来支出的百般承诺，而今天我们却不得不去应对这些承诺所留下来的后遗症。

> **自我测验**

1. 预计接下来的 40 年，哪些支出类别可能会增长或减少？这对政府支出总额意味着什么？它会继续增长、下降还是保持不变？

2. 如我们在第 8 章讨论过的那样，如果加快新知的生产，索洛增长曲线会永久性移动。如果这种情况真的发生了，它会如何影响债务与 GDP 之比？解释一下，这对我们国家支付不断提高的退休金意味着什么？

17.6　税收和支出低估了政府在经济中的作用

本章主要讲的是联邦税收和支出，但我们的政府还做了很多事情，造成了很多成本，而这些并未显示在任何正式预算账户中。比如，美国环境保护署（Environmental Protection Agency,简称 EPA)的预算只有 80 亿美元,但它的实际影响,从成本和收益两方面看,都远远超过这个数字。环境保护署有权管制企业如何影响环境,其权限涉及好几十亿的成本和收益。政府支出是对政府如何影响经济的衡量,但它不够全面,也不够准确。

　　政府采取很多其他的做法从私人部门征用资源,但这并不显示在预算支出中。比如,直到 1973 年,美国都实行征兵制。被征士兵当然是相对廉价的,如果你只看他们的薪水支票的话。但是,征兵包含着非常巨大的机会成本。很多并不适合当兵的人被迫离开他们的工作或学校。米尔顿·弗里德曼指出,征兵的真正成本是机会成本,他提倡志愿兵役制。在志愿兵役制下,美国不得不支付给士兵们更多,因此军事费用看起来上升了。但实际上,志愿兵役制降低了社会提供国家防御的总成本,因为它释放出更多的高效劳动力,即便这一效率并没有反映在政府预算报告中。

○　本章小结

　　对当前联邦预算的考察揭示了一些关键问题。首要的一点是:联邦政府吸收了也支出了大量金钱。常人很难想象超过 2.5 万亿美元的支出和收入是多大的规模。

　　其次,需要搞清楚这些钱是从哪里来的。与一些人的想法相反的是,企业所得税占总税收的比例只略微超过 10%。税收的绝大部分——超过 82% 的比例——源于个人所得税和社保及医保税。

　　对很多人来说,了解联邦政府花钱的去向会感到意外。国防支出是显然的,它占了总支出的大约 20%。联邦预算的三分之一(36.5%)被用于社会保障和医疗保险支出。对老年人的各种转移支付所花的钱远比福利支出多得多。

　　未来怎么样呢? 美国税收体系是非常复杂的,其效果也并不总是清晰明了的。然而,我们可以通过估算未来的支出和收入来理解国家的财政优势和弊端。在未来,联邦支出很可能会上升,最主要的原因就是不断上涨的医疗支出。联邦税收能否以及如何提高以保持预算充分接近平衡,这还是一个问题。

○　本章复习 ....

关键概念

　　边际税率
　　平均税率
　　替代性最低税
　　累进税
　　统一税
　　累退税

公众持有的国债
赤字

事实和工具

1. a. 观察图 17.3。利用表中数据计算出收入最高的 40%、60% 和 80% 的人口的纳税额占联邦总税收的份额。同样地,我们也可以计算出收入最低的 40%、60% 和 80% 的人口的纳税额在联邦总税收中的份额。填写下表。

占联邦总税收的份额		占联邦总税收的份额	
所有人	100%	所有人	100%
收入最低的 20%		收入最高的 80%	
收入最低的 40%	4.9%	收入最高的 60%	
收入最低的 60%		收入最高的 40%	85.6%
收入最低的 80%		收入最高的 20%	

b. 给定这些数据，判断下列哪项是正确的？

 i. 收入最低的 60% 纳税人的纳税额少于联邦总税收的 25%；

 ii. 收入最高的 80% 纳税人的纳税额超过联邦总税收的 80%；

 iii. 收入最高的 40% 纳税人的纳税额少于联邦总税收的 60%。

2. 在 2007 年，企业所得税占联邦税收总额的 11%。结合图 17.6 估算企业所得税占 GDP 的比重。

3. a. 我们来看看平均所得税率与边际所得税率的区别。Rabushka 是一块质朴的土地，只有 20% 的统一税率。所得税的免征额为 10 000 美元（即每个人收入的前 10 000 美元不用交税），大于 10 000 美元的部分须向 Rabushka 的市长阁下（Lord High Mayor）上缴 20% 的所得税。

税单计算的简便方法是美国国税局（IRS）的做法，即从每个人的收入中扣去 10 000 美元，剩余部分为应税收入。应税收入乘以 0.20，即得应纳税额。填写下表。

收入（美元）	应税收入（美元）	应纳税额（美元）	边际税率	平均所得税率
5 000	0	0	0%	0%
10 000	0	0	0%	0%
15 000	5 000	1 000	20%	6.7%
20 000				
50 000				
100 000				
1 000 000				

b. 边际税率总是低于平均税率吗？

c. 当某工人的收入超过 1 000 000 美元时，其平均税率是否会高于 20%？

d. 为了确保你能理解这些术语的意思，我们可以说得更浅显些：一个年收入 50 000 美元的会计师，要将收入的百分之多少交给市长阁下？

注：这个简单的税收制度与经济学家罗伯特·霍尔（Robert Hall）和政治科学家阿利文·拉布什尔（Alivin Rabushka）合著的《统一税》（The Flat Tax，可以免费在线阅读）中清楚说明的计划很相似。霍尔和拉布什卡估计，通过这样的制度所筹集到的收入数量大致和现行联邦所得税制一样。

4. a. 联邦政府的大部分转移支付是给了老年人还是穷人？

b. 联邦政府的大部分医疗支出是给了老年人还是穷人？

5. a. 根据表 17.1，看看哪一代人从社会保障项目中得到的最合算：1975 年 65 岁的人、2010 年 65 岁的人，还是 2030 年 65 岁的人？

b. 在表 17.1 中的九个分类项目中，哪一类劳动者总体说来从社会保障项目得到的最合算？

6. 基于本章所提供的信息，看看谁从社会保障项目中得到的更合算，即更多的净收益。在每组中选出一项，或注明"不清楚"。

a. 女人还是男人？

b. 已婚夫妇还是单身一族？

c. 1910 年出生的人还是 1965 年出生的人？

d. 高收入者还是低收入者？

7. 划分美国预算的方法有很多。出于这样的考虑，根据图 17.4，看看下列哪种说法是正确的？

a. 联邦预算的大部分都花在了社会福利和对外援助上；

b. 大约一半的联邦预算用于医疗保险、公共医疗补助和社会保障；

c. 一半以上的联邦预算用于医疗保险、医疗补助、社会保障和国债利息；

d. 联邦政府在每个美国军人身上花了大约 1 830 美元。

8. 专家和时事评论员经常（明确）表示，应享权益支出（entitlement spending，包括医疗保险、医疗补助和社会保障方面的支出）会在未来激增。但是如果将以上三项混在一起，我们就很难理解这种支出激增的根源。

a. 在这三项中哪一项相较于其他两项确实不会"激增"那么多？

b. 预计在未来十年内，联邦支出中的哪一项事实上还会下降？

思考和习题

1. 根据美国法律,你的雇主会和你平摊工薪税。我们说过,根据供给和需求的基本原理,雇主很可能是通过削减工人的实得薪水来支付应缴的那部分税收。让我们来看一下这是为什么。我们从一个没有任何工薪税的情境开始,看看工薪税(例如FICA 和医疗保险)的出现会使工人的实得薪水发生怎样的变化。

   a. 谁是"劳动供给"者:工人还是企业? 谁需要劳动力:工人还是企业?

   b. 下图描述了税前的均衡状况。标出市场均衡时的工资率和劳动数量。

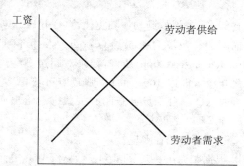

   c. 假定政府颁布新的工薪税,税率为 10%,且由雇主全额缴纳。那么,代表性企业的劳动需求会发生什么变化? 换言之,当企业知道它们每次雇用一个工人,不仅要支付工资,还要支付工人工资的 10% 给政府,这会提高还是降低企业雇用工人的意愿? 在你做出文字回答之后,也在图中描述出曲线的移动。

   d. 在雇主全额支付工薪税的均衡点上,工人实得薪水相较于征税前是变高还是变低了?

   e. 想象一下,如果大部分工人都需要全职工作以养家糊口而不管工资是高还是低。这意味着供给曲线会是什么形状? 根据新的供给曲线重新分析,讨论工薪税对工资的确切影响。

2. 人们很容易混淆"联邦赤字"和"联邦负债"。我们用一个例子来说明两者的区别。为使数学简单,我们将做一些不真实的假定:在叫做"Barrovia"的土地上,政府以 0 利率向公众借款,即不需要为债务支付任何利息;我们还假定政府不愿意以发行货币的方式来为其预算融资,因此唯一用来为赤字融资的方法就是借款。2011 年末的贷款余额为 4 000 信用额度(当地的符号记为"C4 000")。填写下表。

   注意:赤字和负债的关系类似于投资和资本存量的关系(第 7 章和第 8 章讨论过):前者是流量,而后者是存量;前者好比一条河流,而后者好比一个湖泊。

年份	收入	支出	赤字	负债
2012	C100	C120	C20	C4 020
2013	C80	C130	C50	
2014	C110	C140		
2015	C120	C150		
2016	C120	C160		

3. 社会保障从根本上说是一个现收现付项目,这意味着政府通过向当前工人征税,以兑现对退休人员的退休金承诺。假定社会保障演变成全额基金积累制项目,即今天的工人(或者代表他们的政府)向该项目投入资产(如股票和债券)用以偿付其日后的退休金。

   a. 讨论全额基金积累制的成本和收益。

   b. 讨论向新的制度转变会有哪些困难? 提示:如果当前工人是为他自己的未来退休金进行支付,那么为当前的退休人员进行支付的人又是谁呢?

4. 计算资本收益税要下一番功夫,但如果你要买卖股票、债券、艺术品或房屋,就可能在某些时候不得不去做这个计算。让我们来练习一下。在下表的一些情况下,价格会下降——就记为负增长(即税收术语"资本损失",并计算负的"到期应纳税额")。

   a. 填写下表。

投资产品细目	买入价(2015 年)	卖出价(2020 年)	资本收益	到期应纳税额(税率 15%)
10 股微软的股票	1 200 美元	1 250 美元	50 美元	7.50 美元
1 股伯克希尔·哈撒韦公司的股票	8 000 美元	11 000 美元		
100 股通用汽车的股票	1 000 美元	500 美元		
1 张毕加索画在餐巾纸上的素描	15 000 美元	14 000 美元		
1 幅墨西哥民俗树皮画	2 000 美元	3 500 美元		

b. 资本收益税的一个好处是：你可以通过选择何时出售投资产品来选择何时上缴资本收益税。如果你希望在同一年出售你所持有的伯克希尔·哈撒韦公司的股票和毕加索的素描，那么你需要上缴多少税？

5. 如果一个家庭每增加一个孩子，可得到 3 950 美元的应税额抵减，那么以下家庭所得到的税收减免是多少？

   a. 纳税等级为 10％的家庭；

   b. 纳税等级为 25％的家庭；

   c. 纳税等级为 35％的家庭。

6. a. 如果联邦支出的 1％被用于对外援助，那么对外援助占 GDP 的比重为多少？图 17.4 和图 17.6 有助于这一问题的回答。

   b. 如果联邦支出的 20％被用于国防，那么，国防支出占 GDP 的比重为多少？

   c. 如果联邦支出中有 300 亿被用于专项拨款，那么专项拨款占联邦支出的比重为多少？

7. 有人认为，巨额国家债务会使我们的后代更加贫穷。检验这一观点的一个方法就是考察 20 世纪美国背负巨额债务后的情况：如图 17.5 所示，第二次世界大战后，美国负债与 GDP 之比超过 100％，双倍于当前的负债与 GDP 之比。让我们把这与图 6.3 和图 11.5 相比，它们分别表明了 GDP 增长率和失业率。

   a. 在 20 世纪 50 年代，GDP 增长率低于平均水平吗？在 20 世纪 60 年代呢？

   b. 在 20 世纪 50 年代，失业率高于平均水平吗？在 20 世纪 60 年代呢？

   c. 总之，我们是否可以公允地说：二战大规模债务之后的 20 年内，经济状况比一般水平更为糟糕？

   注意：单个案例不足以下结论。或许只是美国走运，或许是联邦政府在二战期间异常成功地将战争支出用于增加美国的资本存量[这一观点在弗朗西斯·福特·科波拉（Francis Ford Coppola）的著名电影《塔克：其人其梦》（*Tucker：The Man and His Dream*）中得到强调]，或许是巨额短期负债不会导致太多的经济问题。在其他经济学课程中，你可以更多地了解这些可能的解释。

8. 下列所述的实际政府项目中，哪些是作为成本出现在政府预算中？

- 美国劳工部为工人制定了最低工资；

- 美国环境保护署责令汽车必须配备尾气减排装置；

- 美国国家海洋与大气管理局（National Oceanic and Atmospheric Administration）预报天气情况；

- 美国海岸警卫队（Coast Guard）在远离科德角海岸的海域里从正在下沉的舰艇营救海员；

- 美国边境巡逻队（Border Patrol）要求所有来自圣地亚哥的高速公路上的车辆必须停下来接受检查是否携带非法入境者。

挑战

1. 1989 年，参议员鲍勃·帕克伍德（Bob Packwood）向国会税收联合委员会（Congress's Joint Committee on Taxation）质询：如果对超过 20 万美元的年收入征以 100％的税，则政府可获得多少额外收入？联合委员会查阅有关数据后给出回复：每年 2 040 亿美元。

   a. 这个回答错在哪里？

   b. 根据帕克伍德提案，年收入为 25 000 美元时，其边际税率为多少？年收入为 500 000 美元呢？

   注意：帕克伍德向国会提出这一问题，并不是因为他想把税率提得那么高，而只是想证明其论点。此番努力——连同罗纳德·里根（Ronald Reagan）、丹·罗斯滕科斯基（Dan Rostenkowski）、比尔·布拉德利（Bill Bradley）以及许多其他人士的努力——使美国在 20 世纪 80 年代改进了税法。Birnbaum 和 Murray 在其合著的 *Showdown at Gucci Gulch：Lawmakers，Lobbyists，and the Unlikely Triumph of Tax Reform* 中令人信服地讲述了这一段历史。

2. 当前，很多政府的转移支付计划是通过税法来运行的。本章中讨论到的个人所得税抵减（EITC）就是一个重要例子。联邦政府还有多种其他的"可退还的税收抵减"，也就是说，支出计划是通过税法来实现的。但"税负抵减"和"政府支出"间的界限却因此而变得模糊不清。这或许可以解释这种做法为什么流行：喜欢税赋抵减的选民和政客可以声称这些项目就是税收抵减，而喜欢政府支出的选民和政客也可以声称这些项目扩大了政府支出。

a. 你每年收入 20 000 美元。你最初付了 5 000 美元的税单，但因为你有一个年幼的孩子，政府将 1 000 美元的税款退还给你。你的税后净收入是多少（包括政府开给你的支票的价值）？

b. 你每年收入 20 000 美元。你最初付了 5 000 美元的税单；但因为你有一个年幼的孩子，政府开给你一张 1 000 美元的支票。你的税后净收入是多少（包括政府开给你的支票的价值）？

c. 你每年收入 20 000 美元。你最初付了 500 美元的税单，但因为你有一个年幼的孩子，政府将 1 000 美元的税款退还给你。你的税后净收入是多少（包括政府开给你的支票的价值）？

d. 你每年收入 20 000 美元。你最初付了 500 美元的税单，但因为你有一个年幼的孩子，政府开给你一张 1 000 美元的支票。你的税后净收入是多少（包括政府开给你的支票的价值）？

e. 在以上的哪个情形中，政府开出的支票对你而言很像是"政府支出"？为什么？这一问题近乎哲学问题。

3. a. 如果债务与 GDP 之比上升到 100%，且债务的年利率为 5%，那么，债务利息支出占 GDP 的比重为多少？

b. 如果发生了上述情况，债务利息支出占 GDP 的比重会超过当前的社会保障占 GDP 的比重吗？

c. 依你所见，美国民众会容忍这么多的国家收入被用于为过去的支出支付利息吗？更为重要的是，美国人想要他们的政治家停止利息支付从而拖欠部分甚至全额的国债吗？说出理由。

4. 近期，美国政府为贫困美国人提供"食品救济券"（food stamps）。此券看上去类似《大富翁》游戏中的纸钞票，可以在食品商店抵价消费。在决定每个穷人每月可获得多少食品券（或是近日来政府提供的借记卡）时，政府使用了一个复杂的公式。

让我们设想一下另一种情况：政府决定为每个穷人支付 95% 的食物开支，只要这些食物是在定点食品商店购买。受资助的穷人只需共同支付总账单的 5% 即可，随后联邦政府会将剩余的 95% 补给食品商店。为简化分析，我们假定政府有足够好的方法以确保穷人不会把食品转卖给他人。

a. 哪种方法可能会导致在食物上的支出增加：是政府现行的发券方法还是 5% 共同付费的方法？为什么？

b. 如果家乐氏（Kellogg's）、桂格燕麦（Quaker Oats）等食品公司不断推出更新、更好吃的食物，那么使用哪种方法会使联邦政府在食品上的支出增速更快：政府现行的发券方法还是 5% 共同付费的方法？为什么？

c. 哪种方法更像在联邦政府的医疗保险和医疗补助计划下包括老年人和穷人在内的绝大多数民众对医疗费的支付：政府现行的方法还是 5% 共同付费的方法？为什么？

d. 回忆一下：医疗卫生是个创新迅速的领域。基于你对 b、c 两问的回答，请解释医疗支出为何迅速增长。

5. 联邦政府会寄给你一份预测你未来社会保障收入的报表。本章正文在讨论该报表时，我们说"如果那些预测被证明有点过于乐观，你也不必感到奇怪"。想想这些预测为什么可能会过于乐观，是因为社会保障计划的接受者恰恰也是投票者吗？提示：相较于年轻公民，年长公民参与投票选举的可能性更大。

解决问题

在目前的法律下，房东享有很大的税收优惠：税收优惠的细节并不重要，真正重要的是这样的事实——如果你把你所居住的房屋用来抵押，那么你要缴纳的税收要比不这样做来得低。

a. 假设国会取消了这项针对房东的税收优惠。那么，这会导致房屋需求发生什么变化：增加、减少，还是没有影响？

b. 取消房屋价格的税收优惠会带来什么样的净影响？

c. 基于 a 和 b 两问的答案，谁将从税收优惠中得到好处，是那些买房的人吗？还是卖房的呢？（请小心作答，卖房的也会变成买房的！）为什么取消这项法律可能会很困难？

18 财政政策

财政政策是指联邦政府用来影响经济波动而实行的税收、支出和借贷方面的政策。

美国经济正在滑入一次严重的衰退:标准普尔500指数暴跌不止;2008年第三季度,消费支出下降3.7%,是28年来的最大跌幅。由于消费支出约占GDP的70%(如第6章所讲),因此它的突然下降拉低了GDP增速。为刺激更多消费,小布什总统授权财政部签发支票给数以百万计的美国纳税人。新增货币供给能启动经济吗? 看来这次是不行了。消费者信心持续低落,即使他们口袋里有一些多余的钱,他们也不打算花掉。经济状况持续恶化! 2009年,奥巴马总统试图尝试不同的方法:数千亿美元的新增政府支出用在道路、桥梁、教育以及其他基础设施上。既然美国消费者不愿意花钱,那么就让美国政府来花钱吧!

通过减税来反衰退与通过提高政府支出来反衰退是财政政策的两种形式。**财政政策**(fiscal policy)是指联邦政府为了影响经济波动而实行的税收、支出和借贷方面的政策。

在本章,我们使用第13章所介绍的动态总需求和总供给曲线来理解财政政策,这一工具与你在第13章所学有些类似。我们从财政政策的理想情况入手分析,进而分析财政政策对宏观经济绩效影响较小的情况,最后考虑激进的财政政策在什么时候是完全有害的。

正如我们所说,反衰退的财政政策一般分两类:

(1) 政府支出更多钱;

(2) 政府通过减税,使人们有更多的钱去消费。

两种情况下的目标都是一样的:花更多的钱,尽管第一种情况下新增的支出来自政府,第二种情况下新增的支出来自私人部门。我们先来集中讨论通过政府支出增加而实行的扩张性财政政策,因为这是最为直观的财政政策,也最容易发现其中的根本问题。

18.1 财政政策:理想情况

经济还在衰退,空气中弥漫着恐惧。由于担忧未来,消费者开始缩减消费支出,即 $\vec{C}$ 下降。消费者更少花钱是为了增加现金储备,因此我们可以说这等价于认

为 $\vec{v}$ 下降。如图 18.1 所示：$\vec{C}$ 下降使 AD 曲线向左下移动，推动经济从长期均衡点 a 到短期均衡点 b。在 b 点，增长率为负，经济处于衰退。

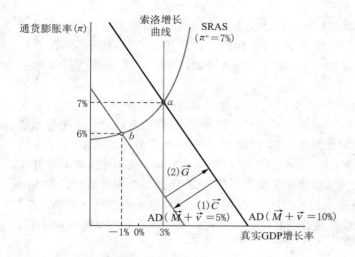

图 18.1　在理想情况下，$\vec{G}$ 增加可以提升 $\vec{C}$ 下降后的增长率

b 点的问题是，消费者想持有更多货币，这意味着通货膨胀率必然下降。然而，工资和价格却是粘性的（参见 13 章），因此当支出增长下降，除了通胀下降之外，真实增长率也会下降。根据我们的动态 AD 曲线，有 $\vec{M}+\vec{v}=$ 通胀率＋真实增长率。根据假设 $\vec{M}$ 是不变的，因此，在短期，$\vec{v}$ 下降被分解为通胀率下降和真实增长下降。

在长期，价格和工资不再粘性，恐惧终将过去，$\vec{C}$ 恢复到正常增长率，因此经济会回到 a 点。但是，用凯恩斯的话来说，"在长期，我们都会死去。"为了使经济现在就能复苏，政府能做点什么呢？政府很有可能做到这一点。

记住：总需求的组成部分包括：$\vec{C}$，$\vec{I}$，$\vec{G}$ 和 $\vec{NX}$。政府对 $\vec{G}$ 有（一些）控制，因此如果 $\vec{C}$ 下降了，为什么不提高 $\vec{G}$ 来加以抵消呢？在图 18.1 中，我们表明 $\vec{G}$ 增加可以推动 AD 曲线向右上方移动，从而使经济沿着过渡路径返回 a 点，扭转 $\vec{C}$ 的下降，从而结束衰退。

$\vec{G}$ 增加意味着政府花更多钱，从而动用更多的真实资源。那么这些钱从哪里来呢？这是一个非常好的问题。这些钱必定来自税收或借贷额增加。正如我们很快将要看到的，这将意味着某些方面的总需求会减少，从而使 $\vec{G}$ 的增加不那么有效。但是，在理想情况下，这种增加仍然是有效率的，因为支出增加创造更多增长，更多增长又会维持支出的增加。

经济体真的能够通过自己的力量振作起来吗？是的。但是，自从凯恩斯的《就业、利息和货币通论》出版以来，经济学家开始认识到，在某些情况下，支出可以使增长提高，或者如经济学家所喜欢说的：需求能够创造自己的供给。更一般地说，这之所以可能，是因为在 b 点，经济运行是没有效率的。记着：经济拥有资本、劳动力和技术，以索洛增长率进行增长。所以，当经济在 b 点运行，它的增长率低于潜在水平，比给定基本要素条件下可能达到的增长更为缓慢。$\vec{G}$ 的增加能把经济推回原有轨道，如果一切顺利的话，它所带来的增长率的上升会大于 $\vec{G}$ 的增加。

18.1.1 乘数

　　为了理解政府支出增加是如何带动经济增长的,让我们更详细地了解下经济学家所谓的"乘数"。在理想情况下,为了使经济恢复增长,$\vec{G}$ 的增加不必和 $\vec{C}$ 的下降一样多,因为随着 $\vec{G}$ 的增加,$\vec{C}$ 也会增加。让我们来解释这是如何发生的。

　　想象一下,乔开始为失业感到担忧,于是他努力想持有更多的现金储备,减少了对摩卡星冰乐(Frappuccinos)的日常消费。但要记住,乔的支出乃是咖啡店老板的收入(正如我们在第 6 章所讨论的)。因此,当乔缩减支出时,咖啡店老板就不得不通过诸如雇用更少员工,或不再投资于昂贵的新款 Clover 咖啡机,来缩减其支出。这样,乔的支出减少加上咖啡店老板支出的减少,还要加上咖啡店雇员收入的减少,等等。如果现在是一个普通的日子,乔担心失业,而珍妮弗找到一份新工作,因此与乔的消费缩减被珍妮弗的消费增加所抵消。在考虑所有的乘数效应之后,其净效应为零。

　　然而当很多人同时担心失业并削减其支出时,麻烦就产生了。当很多人缩减其支出,这一缩减会导致其他人的收入减少,这些人也会缩减支出,如此则处于一个乘数过程中。但是现在,谁会像珍妮弗那样来使经济恢复增长呢? 在这种情况下,政府可能就充当了珍妮弗的角色。比如,通过修建一座大坝来扩大支出,政府不仅直接提高了总需求,也增加了修建大坝工人的收入,这些工人可以拿这些钱去理发,这又会增加理发师的收入,理发师会去餐馆吃饭,这又会增加餐馆老板的收入,如此等等。如图 18.2 所示:$\vec{G}$ 增加刺激收入的增加,从而带来 $\vec{C}$ 增加(我们已经画过这幅图,所以 AD 的净增加与图 18.1 是一样的)。由于 $\vec{C}$ 增加使扩张性财政政策作用于 AD 上的效应被放大数倍,因此这种效应就被称为 **乘数效应**(multiplier effect)。

乘数效应 是指当扩张性财政政策提高收入,进而提高消费者支出时,所带来的 AD 的额外增加。

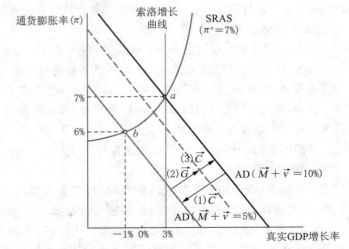

图 18.2　乘数:$\vec{G}$ 增加刺激 $\vec{C}$,因此 AD 的增加量会超过 $\vec{G}$ 的增加量

　　所有这些听起来都很棒:政府可以通过增加 $\vec{G}$ 来抵消 AD 的下降,因为乘数效应,政府甚至不需要支出很多。然而,正如你可能已经想到的,真实世界远非如此简单。

自我测验

自我测验

两种类型的扩张性财政政策分别是什么?

18.2　财政政策的局限

财政政策有四个主要局限,其中三个局限是指利用财政政策来移动总需求(AD)所不得不面对的困难:

1. **挤出效应**:如果政府支出挤出或减少了私人支出,那么 AD 的净增加就会减少或被抵消;

2. **杯水车薪**:经济体如此宏大,以至于政府无法一直增加支出直至产生足够大的效应;

3. **时间问题**:很难确定财政政策的实施时间以使它恰好在正确的时点上使 AD 曲线移动。

第四个局限是:即使财政政策改变了 AD,也不能解决问题。实施财政政策的最佳时机是在衰退由总需求下降造成的时候。但是,有时候,问题并不是人们消费得不够多,而是人们没有足够的钱来消费。换言之,有些衰退是由我们在第 13 章分析过的真实冲击造成的。我们将会看到,财政政策是不适合抗击真实冲击的。因此,除了在移动 AD 曲线时所遭遇的困难之外,财政政策还有另一个局限:

4. **真实冲击**:改变 AD 也无助于应对真实冲击。

我们下面依次来分析这些局限。在我们转向另一类扩张性财政政策(减税)之前,我们所讨论的都是基于政府支出增加这一基本情况。

18.2.1　挤出

政府支出增加时,必然要以私人支出缩减为代价,这就是**挤出**(crowding out)现象。挤出意味着 AD 的初始移动要少于政府支出的新增量。

> **挤出**是指政府提高其支出时,会减少私人支出。

考虑一个例子,如果联邦政府要新建一条州际高速公路,必须承担其建造成本。这意味着政府要么征收更多税,要么借入更多债(即把政府债券卖给私人部门)。税收增加和债券出售都会降低总需求,尽管时间上会有差别。现在让我们更详细地考虑一下这两种融资方式,即增加税收和卖出更多政府债券以得到借款。

提高税收为财政政策融资　理解挤出的最简单例子是想像一下由税收增加来融资新增政府支出的情况。那意味着政府要花更多钱,而税收更高当然就意味着个人能花的钱变少。

更具体讲,比如说政府增加 3 亿美元税收用来建造一条高速公路。那么私人部门本来可以把这 3 亿美元用于什么地方呢? 假设私人部门本可以花去其中的 2.7 亿,而只持有 0.3 亿。既然私人部门本可以花去 2.7 亿,那么当 3 亿元税收用于政府支出时,短期总需求的初始增加就仅有 0.3 亿美元,或者说只是总税收的十分之一。因此,如果私人部门的花费是其真实收入的 90% 时,那么用这种财政政策刺激总需求就不怎么有效。也就是说,当政府额外支出 1 美元时,其中的 90 美分本来是可以由私人部门花出去的。既定政府支出中只有 10% 才代表了总需求的净增加。

只有当私人消费在其收入中的比例比较低时,提高政府支出才会推动短期总需求。一方面政府花了更多的钱,另一方面私人部门可能不是那么想马上把钱花掉。因此,在其他方法都不能刺激人们花钱的时候,财政政策才最有效。这和我们在第13章所讲述的大萧条时期的故事是吻合的,也最接近于图18.1中 $\vec{C}$ 下降造成 AD 减少的情况。

卖出更多债券为财政政策融资　现在政府不用提高税收了,而是经常通过借钱来实现其支出。就像是使用信用卡:你不必今天就买单,但你迟早得支付。让我们来看一下当政府向私人部门借钱以支付所增加的支出时,会发生什么。

设想政府印刷债券,并将它卖给投资者。这债券就是欠条(IOU),是对未来支付给投资者的承诺。政府今天卖出了债券,口袋里装满现金。有了更多的现金,政府就可以在不提高税收的情况下增加开支。(还有一种可能性,政府可以保持其支出不变而削减税收——我们会在稍后进一步分析这种情况。)

如果政府和消费者都支出更多,而税收不变,是不是就没有挤出呢? 不要着急下结论。要知道,政府卖出的债券总是得有人买,那购买债券的钱从哪里来呢?

最简单的一种情况是,人们把购买其他金融资产的钱用于购买更多债券。所以,人们要购买更多政府债券就要减少对私人债券的购买。如果私人债券的发行是为建造工厂筹集资金,那么人们对私人债券购买的减少就意味着投资 $\vec{I}$ 的增速下降。这是挤出的另一种形式。当然,如果挤出是 100% 的由财政政策带来的短期总需求的初始变化,那么,总需求根本就不会发生移动。经济中所发生的变化只是由一种形式的支出替代了另一种形式的支出罢了。

还要记住:当政府卖出债券时,利率会发生什么。卖出债券会推动债券价格下降,进而使利率上升。换言之,要卖出更多债券,政府就必须提高利率。更高的利率会鼓励人们更多储蓄——你可能认为这是好事,但是"储蓄更多"只是"支出更少"的另一种表达。从而,当政府用债券收入增加支出时,这些收入的一部分就是来自

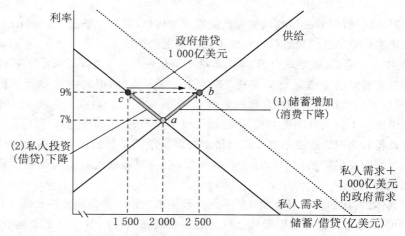

注:政府借贷将引起需求曲线向右移动,使得均衡点从 a 点移动到 b 点。为了在 b 点处再次达到均衡状态,会发生两种变化:(1)高利率吸引更多储蓄,这就意味着个人消费下降;(2)高利率减少借贷和投资需求。从而,政府增加借贷时,一些增加额来自消费的减少,一些来自投资的下降。

图 18.3　政府借贷的增加将挤出个人消费和投资

于私人支出的减少。所以,在政府发行债券以融资的时候,就会产生两方面的挤出:一是减少了私人投资,二是减少了私人消费,如图 18.3 所示。

考虑到挤出的可能性,在私人部门出于某种原因不愿意支出或投资时,债券融资的扩张性财政政策可能是最有效的。这种情况经常发生在萧条时期,或者在人们面临巨大的不确定性,或不管出于什么原因就只想持有现金的时候。在这种情况下,政府投资并没有取代相应的私人投资,因为私人投资无论如何都不会出现。

这也就引出了会在本章中一再重现的一个思想:当经济由于总需求太低而处于衰退时,财政政策的效果才最为明显。

现在,让我们放下对政府支出增加的讨论,转向考虑退税和减税,它们也是被用来推动经济中的支出。

作为财政政策工具的退税和减税 除了政府支出增加之外,退税和减税是扩张型财政政策的另一种形式。比如,在 2008 年初,由于房价暴跌和其他一些因素,经济疲软。布什政府试图通过给很多纳税人签发一张支票——即一次性 300—600 美元的税收返还,总额为 780 亿美元——来增加消费者支出。

如果纳税人从税收返还中多花一美元,总需求就会向右上移动,这个效果和政府支出的增加是一样的。但纳税人可能会用返还的税款去支付债务;而如果政府退税是通过借钱来进行融资的话,纳税人就把政府的初衷颠倒了过来,用政府返还的钱来还债,而支出上根本就没有增加!!

事实上,类似的事情就发生在 2008 年。纳税人把退税所得到的大部分钱——即 780 亿美元中的 620 亿——用来减少其债务,而不是增加消费。结果,财政刺激的净效应不是很大。

消费者使用税收返还的钱去偿债,这是可以理解的。你还记得第 8 章的平滑消费思想吗?原则上讲,消费者是希望避免消费的大起大落的,所以,当他们遭遇诸如失业这样的暂时性负向冲击时,他们会举债消费;当他们受到诸如意外的政府支票这样的正向冲击时,他们往往要去偿还债务。平滑消费的结果就是,暂时性税收返还可能带来在未来若干年的小幅支出增加,而不是当下的大幅支出增加;当然,后者是政府拉动经济时所希望看到的结果。

如果暂时性的退税不能把支出提高很多,那么,如果政治家承诺永久性的退税又将如何呢?是的,如果消费者相信这种税收返还是永久性的,那么他们会花得更多。但是当他们看到政府正大肆举债时,又怎么能相信这种税收返还会是永久性的呢?债务总有一天是要还的,不是吗?如果消费者知道政府负债累累,今天减税,你觉得消费者会指望政府明天还减税吗?当我们在后面介绍李嘉图等价时,会再次讨论这个重要问题。

退税不同于边际税率的削减。退税意味着纳税人可以得到一张支票——就好像是山姆大叔* 在你生日时给了你一笔现金。退税不会提高投资或工作的激励。为了提高投资或工作的激励,政府就必须削减边际税率——即新增一美元收入中必须缴纳的税款(关于边际税率的更多内容参看第 17 章)。减税不同于退税,它有两个扩张效应:支出效应和来自投资和工作激励提高的一个附加的激励效应。

考虑一项暂时性投资税减免的例子。当企业进行投资,比如说,投资于厂房或

---

* Uncle Sam,美国政府的绰号。——译者注

机器,投资税减免政策就会给企业减税优惠或返还一笔钱。税收减免提高了企业进行投资的激励,但更为重要的是,在经济困难时期,它提高了对当前投资的激励。换句话说,暂时性税收减免使那些本要投资的项目加速提前了(正如我们在第13章所讨论的跨期替代)。同样的道理也适用于工资税或销售税的暂时性减免,它们激励雇主雇用更多工人,消费者更多消费——在税收再次提高前——这样就会提高总需求。如果经济处于困难时期,税收减免值得一试。

挤出的一种特殊情况:李嘉图等价 减税为一种特殊情况的挤出提供了可能性。如果我们保持政府支出不变,那么今天的减税必然会带来未来的增税。如果人们认识并理解了今天的较低税收等价于明天的较高税收,那么今天的减税就不会带来总需求的提高。

设想一下,人们富有耐心且具有远见。当政府在今天减税的时候,这些人会认识到这将意味着未来的税收提高。这些富有远见的人会据此制定计划,并在今天储蓄更多。从根本上说,他们储蓄更多只是为了保证未来的税收支付不会使他们放弃熟悉的生活习惯,或落得晚景凄凉。这就是我们在第9章解释过的平滑消费。

如果人们将税收缩减的部分进行储蓄而不是花掉的话,总需求曲线就不会向右移动,也就没有系统性的宏观经济效应。这种情况有时候被称为**李嘉图等价**(Ricardian equivalence),以纪念19世纪英国经济学家大卫·李嘉图(David Ricardo)。

大部分经济学家认为,假定人们理解其未来税赋,并据此为未来税赋进行储蓄,这是不真实的。本书作者泰勒知道他自己不会如此行事(他可是一位训练有素的经济学家),但他确实从本书另一作者亚历克斯身上看到李嘉图等价的一些迹象。因此,李嘉图等价可能确实适用于一些人,但不是大部分人。不管怎么说,如果李嘉图等价的确反映出了人们是如何做出计划的,那么债券融资型减税在短期内的效果就要打一个折扣。

我们已经分析了几种不同情况,为便于大家理解,我们把它们以图形的形式进行总结,如图18.4所示:

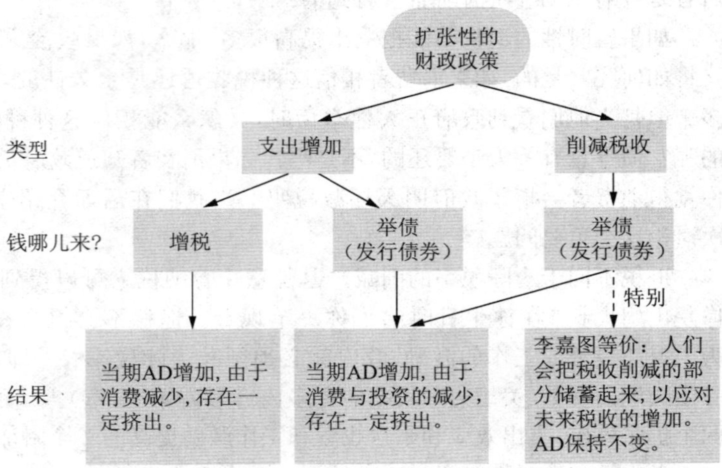

> **李嘉图等价**是指:当人们明白今天的较低税收意味着未来的较高税收时,他们就不会将税收缩减得来的收入进行消费,而是储蓄起来以支付将来的税赋。当李嘉图等价成立时,即使是在短期,减税也不能提高总需求。

图18.4 挤出的发生路径

> "我今年得到了一笔税收减免,儿子。但那意味着在未来你的税收将会上升,因此我打算储蓄更多。"

图18.4提醒我们:扩张性财政政策是由支出增加或减税构成,其代价要么是高税收,要么是高借贷。高税收会减少私人支出,这意味着政府支出的增加会挤出私

人支出。如果政府借钱,那么随着私人投资和私人消费的下降,一些挤出仍然会产生;如果李嘉图等价成立,那么为减税而增加的借贷会与私人储蓄的提高相匹配,从而挤出会是百分之百。

18.2.2 杯水车薪:政府支出足以刺激总需求吗

令人惊讶的是,政府支出作为拉动总需求手段的最大问题之一,竟然是政府支出的影响在短期内并不是很大。如果政府支出的影响在短期内不是很大,那它对总需求的拉动也就不会很大。

在当代美国,在普通年份里,以百分比来衡量,财政政策的变化并不是那么大。大部分联邦预算都是提前制定的,而且相当稳定。正如我们在前一章所看到的那样,最大的预算项目国防、社保、医疗保险以及国债利息都是较稳定的。在普通年份,这些大类几乎占年度支出的 60%,这些项目多少都是自动运行的,年支出水平是根据公式自动计算的,或根据以前的协议或承诺进行设定。非国防类可调整联邦支出项目不到联邦预算的 20%,在任何一个给定年份里,它们中的大部分都不可能发生重大改变。在当今,政府支出基于上年的变化百分比不会改变很大。

2009 年奥巴马政府所通过的财政刺激计划是自二战军事支出惊人上升以来的最大的财政刺激。然而,即使是这一 8 000—9 000 亿美元的刺激计划也是分 3—4 年实施的,因此,在其巅峰年份,财政刺激也仅为 GDP 的 2%。取决于乘数和挤出效应的平衡,支出的净增加或大于或小于 2%。与先前的激励计划相比,这已经是很大的数字了,尽管它们与整个经济规模相比仍然是较小的。正像我们前面提到的,二战后的普通激励计划都远小于 GDP 的 2%,因此,经济学家对这些历史性的激励计划进行评价时都比较谨慎。

18.2.3 时间问题

财政政策经常不能有效发挥作用的另一个原因是时间不对,即使在短期也如此。美国宪法规定,所有的支出都必须经过国会和总统的批准。而国会又有参、众两院,立法当然必须通过各种委员会的投票表决。有时候,一项应急刺激计划会很快通过,比如上述 2008 年的情况,在布什总统提出要求后的仅仅两周就通过了国会批准。但是一般情况下,提请财政项目是非常复杂的,预算周期将会长达数月,有时甚至是数年;新法案的构思、起草、讨论与通过要耗费漫长时日。特定的支出经常必须与州和地方政府进行协调;项目必须出示环境影响声明,或者它们必须经受合法性挑战。即使资金到位,要花掉这些钱也是需要时间的。比如你不可能立即建成一个大型机场或大坝,也不可能提前对每个施工企业进行支付。

简而言之,即便就一项政府支出可能也需要好几年才能实现。然而财政政策通常旨在校正经济周期中的短期问题。等财政政策到位时,宏观经济条件通常早已完全改变。

相关的时滞列示如下:

(1) 认知时滞:问题必须被识别;

(2) 立法时滞:国会必须提出并通过计划;

（3）执行时滞:官僚体系必须执行这个计划;

（4）效果时滞:计划需要时间才能发挥作用;

（5）评估和调整时滞:计划发挥作用了吗? 条件发生变化了吗?（重返时滞1）

减税——财政政策的另一种主要形式——也包含着各种时滞和不确定性,至少就它们在刺激总需求方面所发挥的作用方面是这样的。

乔治·W.布什总统在 2001 年、2002 年以及 2003 年连续下调边际税率。在"9·11"事件之后衰退隐约可见的情况下,之后年份的减税来得相当迅速(部分原因在于税收削减计划的大部分是事先因为其他原因而被提出的)。但是这些税收削减也像财政政策一样,不是很有效。每一次减税不到国民收入 1％时,经济就已经开始复苏了,此外大部分削减的税收针对的是相对高收入的阶层,而这些阶层倾向于储蓄他们的过剩资金。如果我们单独考虑财政政策时,对穷人的税收削减可能会带来更多的消费开支,当然穷人也没有缴纳那么多税。

货币政策也会受制于这样的时滞,但它们通常要比财政政策的时滞更短一些。一旦美联储认清了问题,它就会非常迅速地付诸行动,实施货币政策改变。举例来说,"9·11"事件之后,美联储在第二天就给银行体系注入了大量现金。当经济对货币政策做出反应或没有反应时,美联储还会迅速对其计划进行评估和调整。相反,财政政策很少能针对经济条件的变化而进行调整。财政政策与货币政策相比,唯一的优势在于它的有效性时滞。正如我们在第 15 章和第 16 章所讨论的,货币政策变化的有效性依赖于银行是否愿意借出和企业是否愿意借入。与此相反,支出计划会对经济状况产生直接影响,至少钱一旦进入经济,这种影响就开始了。

自动稳定器　有些类型的财政政策刚好内置于税收及转移支付体系内,它们发挥作用时没有显著的时滞,这就是所谓的**自动稳定器**（automatic stabilizer）。事实上所有经济学家都认识到自动稳定器在保持总需求处于稳定、规则进程方面所具有的优势。

自动稳定器是指在衰退中不需要政策制定者采取明显的行动就会刺激 AD 的财政政策变化。

在经济不景气的时候,财政政策会自动发生变化以保持私人支出提高。比如,当经济表现不好时,收入、资本收益及企业利润都会下降。结果,在当前美国的累进税收体制下(参见第 17 章),大部分人和企业都会支付更少的税收,可能还会面对一个更低的税率。更低的税收负担会使总需求更为稳健。较低的税收不能抵消艰难时代的痛苦(通过降低你的收入来降低你的税赋不会是你所喜欢的方式),但是它毕竟减弱了对经济的打击。人们的税前收入可能在下降,但税后收入的下降不会像税前收入下降得那么多。

福利和转移支付项目也会提供自动稳定器的功能。当经济开始下滑,申请福利、食品券、失业保险和其他旨在帮助低收入群体的项目的人数就会上升。这些低收入群体得到更多收入,因其经济地位没有保障,他们倾向于将这些钱很快花掉。这也有助于维持总需求水平。

当然,并不是只有财政政策才能提供自动稳定器。在经济景气时期,人们进行储蓄;在经济不景气时期,人们用其储蓄渡过难关(这是我们第 9 章讨论过的平滑消费),这也是一种自动稳定器。私募市场创新,尤其是信贷,也有助于总需求稳定。即使在 2008 年的信贷危机期间,有些类型的借贷减少了,但与 30 年前相比,为自己的房屋办理第二份抵押贷款还是要容易得多。如果你要送孩子上大学,你可以借入更多钱,而不用节衣缩食;这样你可以在以后偿还这些借款,这就是平滑调整。

信用卡、耐用资产和二手产品交易活跃度的提高(比如在线拍卖和购物网站 ebay),还有打折大卖场,所有这些都使经济比以前更容易度过艰难岁月。

18.2.4 作为扩张性财政政策的政府支出与税收削减

在我们讨论财政政策的最后一个局限——即财政政策对真实冲击束手无策——之前,先让我们简要考察一下之前所讨论的两类财政政策,即政府支出增加以及税收削减之间的差异。它们之间的差异既有政治性的,也有经济性的。让我们先来讨论一下政治差异。

减税或退税使私人部门掌握更多的支出支配权,而政府支出增加则使政府掌握更多的支出支配权。那些对政府支出持怀疑观点的人们总是偏好通过减税和退税这样的手段来实施财政政策,而不主张通过政府支出的改变。

想一想臭名昭著的"无人大桥"(Bridge to Nowhere)的例子! 这座被提议修建在美国阿拉斯加的桥要连接的是只有 8 900 人的 Ketchikan 小镇与设在人口不足 50 人的 Gravina 岛上的机场,修桥成本要耗费纳税人 3.2 亿美元。目前,有轮渡到达该岛,但小镇有一些人抱怨轮渡成本太高(每乘坐一次汽车轮渡都要 6 美元)。如果是由小镇居民来支付这 3.2 亿美元的建桥成本——即每人 35 754 美元! ——你认为他们还会愿意建造这座桥吗? 当然不会! 所以,如果这座桥建成了,它是可以提高可衡量的 GDP,但它的成本会大大超过其收益。这样的一类财政政策不是我们想要的。

另一方面,那些认为美国政府支出还不够的人们会偏好通过政府支出增加来实施财政政策。美国的高速公路系统一般被认为是高效的资本投资。如果我们发现了同样高效的投资,比如完善学校、科学基金及基础设施(如"有人大桥"),那么这类公共投资的理由就是充分的;如果我们能为这些支出增加安排好时间以有助于抵消衰退之影响,那就更好了。

你还能回忆起我们开头所讲的那个例子吗? 它有助于阐释关于财政政策的政治分歧。小布什和奥巴马都使用了扩张性财政政策来对抗衰退,但共和党人布什着眼于税收削减,而民主党人奥巴马则着眼于政府支出增加。

18.2.5 财政政策不适合对抗真实冲击

到目前为止,我们都一直假设财政政策所需要处理的问题是总需求不足。但是,想象一下,如果衰退不是由于 $\vec{C}$ 下降,而是由于经济遭受到真实冲击,从而降低了资本和劳动的生产率,使索洛增长曲线向左移动。比如,在图 18.5 中,真实冲击推动索洛增长曲线向左移动,使经济从 a 点移动到 b 点。

如前面分析的一样,在 b 点,经济陷入衰退。现在假定政府以 $\vec{G}$ 增加来应对,总需求曲线照常会向外移动,但是现在,由于真实冲击的影响,经济体与以前相比,生产率更低。结果,$\vec{G}$ 增加并不会把经济推回到 a 点。相反,大部分的 $\vec{G}$ 增加会表现为通货膨胀,而不是真实增长,所以,经济会从 b 点移动到 c 点,在 c 点,通胀率更高,而增长率只是略微提高。你可能还记得,这个分析与前面关于货币政策对抗真实冲击的分析是非常相似的。

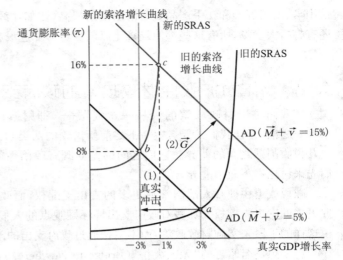

注:真实冲击将索洛增长曲线向
左平移(第1步),推动经济从 a
点移动到衰退中的 b 点。为了
抗击衰退,政府提高了支出 $\vec{G}$
(第2步);但是,由于真实冲击,
现在比以前生产效率更低,因此
总需求增长推动经济到达 c 点,
在 c 点增长率只提高了一点,而
通胀率提高较多。

**图18.5 财政政策不适合对抗
真实冲击**

事实上,财政政策的实际情况比图18.5所示的还要糟糕,因为当经济面临的问题是真实冲击时,并不是无效运行。因此,和图18.1所示的情况不同,政府支出增加不可能带来很多新的增长,其中大部分政府支出(或许是全部)将会挤出其他支出。(看待这一问题还有另一思路:回忆一下索洛增长曲线表示的是经济全面发挥其潜力运作时的真实增长率,财政政策和货币政策都不可能使其持久地在高于索洛增长率的水平上运行。)

经济既会遭受总需求冲击,也会遭受真实冲击。既然有些衰退是由真实冲击造成的,财政政策就不会总是对抗衰退的有效方法。

> **自我测验**

1. 是什么使2008年的布什减税计划没有收到预期效果?

2. 解释一下为什么所得税率的永久削减会比暂时性削减带来更大的财政刺激效果?

3. 记住你对前一个问题的答案,为什么永久性投资税收减免会比暂时性投资税收减免带来更小的财政刺激效果?

18.3 什么时候财政政策会把事情搞得更糟?

如果扩张性财政政策是通过借贷来筹集资金的话,那么,未来的税收会提高。当税收提高,人们用于支出的钱就会减少,从而总需求会下降。理想的财政政策会在经济不景气的时候提高AD,在经济景气的时候偿清债务。不幸的是,政府通常会发现在经济景气的时候增加支出要比在经济不景气的时候提高税收更容易。结果,在大多数年份,都会有赤字存在,总债务在不断变大,正如第17章所讨论的那样。当债务变大,政府必须把其预算的一大部分用于支付利息。这通常意味着当财政政策需要扩张时,其扩张的空间已经很有限。

在极端情况下,债务会成为这样一个问题:扩张性财政政策会降低真实增长。有些国家的债务是如此严重以致任何新增政府借贷都要冒整体经济崩溃的风险。

就拿阿根廷为例,该国在 1999—2002 年期间发生了一场严重的金融危机;在那几年里,阿根廷的 GDP 增速分别下降到－3.4％、－0.8％、－4.4％和－10.9％。①这不是一个好纪录。在几近崩溃的那些年份里,阿根廷政府支出得越来越多,以至于无法偿付。到 2002 年,阿根廷的政府债务已高达该国 GDP 的 150％——一个非常高的水平。(对比看一下,尽管美国联邦政府的净债务与 GDP 之比一直在上升,但目前为 50％)阿根廷政府无法偿付这些债务,最后结果只能成为世界历史上债务违约最多的政府。

在崩溃之前的几年里,很多投资者担心阿根廷通货价值会丧失殆尽,经济会土崩瓦解。更多政府支出带给人们的是更多的焦虑,而不是经济刺激。

因此,在这种情况下,如果政府增加开支,总需求就不会上升。相反,私人支出和生产会大幅下滑以致实际 GDP 跟着下降(即挤出超过 100％!)。总需求之所以下降是因为在面对巨大不确定的时刻,人们会储蓄或贮藏他们的钱以备即将到来的艰难岁月。在阿根廷的例子中,人们将他们的财富存入在美国迈阿密或瑞士银行开设的账户,而不是在本国投资或在布宜诺斯艾利斯的商店里消费。当然,这种资本外逃只能加速经济的崩溃。

理解现实世界

我们上面提到阿根廷,但事实上,相似的场景(当然会有具体细节的差异)曾在各个欠发达国家上演,包括泰国、印度尼西亚和墨西哥。从中我们得到的教训是:债务过高会驱使一个国家走向毁灭,因为它破坏了政府信用,人们会怀疑政府所做的任何事,会怀疑政府是否能够履行其承诺。当前的美国不是这样的处境,但如果你想理解全球事件,就需要认识到财政政策会在很多经济条件下产生直接的负效应,尤其是在政府信用较低的时候。

18.4　什么时候财政政策是个好主意?

当政府面临一些迫在眉睫的紧急情况,比如战争、不断恶化的萧条或自然灾害等,政府支出的宏观经济理由是最为充分的。当短暂的繁荣值得经济蒙受长期的成本时,政府支出对宏观经济来说就是最好的选择。

当总需求遭受冲击,且经济中有很多未充分利用的资源时,财政政策的效果最为明显——这同样适用于货币政策。因此,现在大多数经济学家回头看 20 世纪 30 年代的大萧条,认为在那个背景下扩张性财政政策是个好主意。正如我们在第 13 章所讨论的,大萧条主要是由总需求下降而不是真实冲击造成的,因此,正确的应对方案就是提高总需求。

而且,在当时,失业率有时甚至高达 25％,这意味着挤出效应不可能很大。比如说,联邦政府雇用一些工人建造一座大坝。如果政府仅仅是把已经受雇的工人从其他部门招来,那我们就不能指望这会对经济产生很大作用。但是,如果那些工人本来处于失业状态,我们就可以指望这在短期内会是一个很大的经济刺激。换言之,就这些工人而论,政府投资没有挤出相应的私人投资,而是在私人投资之外,政府投资创造了新的经济活动。

此外,大萧条期间的政府支出增加是比较迅速的,增速百分比相当惊人。罗斯福——"新政"(New Deal)的设计师——在 1932 年赢得大选。到 1936 年,联邦政府支出已经超过 1932 年的两倍。

注意:今天的失业率通常是在 4%—8% 之间徘徊,因此,增加的政府支出很可能是使人们从一个工作转向另一个工作,而不是从失业转为工作。对联邦政府来说,像在 20 世纪 30 年代那样大幅提高支出将更为困难。因此,今天的财政政策不太可能取得 20 世纪 30 年代那样的成功,挤出也更可能发生。[②]

我们且来看看奥巴马总统的刺激计划。就所有关于奥巴马刺激计划的讨论而言,该计划最好理解成三个不同的部分:2009 年 2 月通过的《美国复苏与再投资法案》(American Recovery and Reinvestment Act),其中包括 2 920 亿美元的联邦减税(包括对穷人的转移支付增加额),2 720 亿美元的联邦直接支出,以及授权给美国 50 个州政府 2 230 亿美元的支出权利。

这场实验尚未结束,到目前为止所达成的共识如下:

1. 许多减下来的税收收入是被储蓄起来了或用于还债,而没有用于支出。这使一些人的经济安全得到了保障,但并没有多雇用多少工人。

2. 授权给州政府的支出让许多州政府免于停摆。意思是说,这带来一个长期的问题,很多州政府现在在税收收入上通过这样的政策而对联邦政府产生了依赖。

3. 这些开支包括的范围很广,从医学研究到建立住户高铁隔离带都在其列。这当中有些项目对世界有益,但它们的目标到底是为了成功地解决失业劳动力问题,还是使更多人重新回去工作则并不明朗。

此外,我们还有一个普遍的认识,认为这一刺激计划并没有挤出很多私人部门的资本和投资;在刺激措施实施的过程中,利率也处于历史上的最低点或接近最低点。而对劳动的挤出效应则成为了更为严重的问题。诸如医学研究与发展这样的项目通常针对的是那些已经拥有良好工作的人们,而今天很大比例的失业人员所接受的教育水平是相对较低的。

现在,我们来总结一下,财政政策在什么时候效果最佳:

(1) 经济需要一个短期刺激,甚至不惜付出长期成本;

(2) 面临的问题是总需求不足而不是真实冲击;

(3) 很多资源出现闲置。

○ 本章小结

在紧急时刻,财政政策最有效。此时,由于总需求下降而导致出现大量闲置资源,经济需要一个短期的直接拉动;相反,在拉动长期经济增长方面,财政政策通常不是一个好方法。

即使出于宏观经济目的,财政政策有时也不管用。"挤出"——即政府支出取代私人支出——有时候就意味着财政政策不是很有效。而且,如果人们非常担心未来的税收负担,那么通过减税实施的财政政策就不会很有效。更为重要的,政府支出的增加往往不够大,或者不够及时,因此不能产生显著的正向的宏观经济影响。

其他一些形式的财政政策具有更强的隐蔽性。税收和转移支付体系中的自动稳定器就有助于稳定总需求。

有些国家,尤其是一些较为贫困的国家,财政政策用得太过火。它们累积的债务水平非常高,从而使其金融市场、通货,甚至有时是其政局都变得动荡不安。即便是好的财政政策也并不总是能够发挥好的作用,而坏的财政政策却往往贻害无穷。

○ 本章复习

关键概念

财政政策
乘数效应
挤出
李嘉图等价
自动稳定器

事实和工具

1. 使总需求曲线左移的原因是增税还是减税？它会推动 $\bar{v}$ 向上还是向下移动？

2. 让我们来看看现实生活中运用财政政策的三大难题，并将下述小故事分别归入三个类别：(1)挤出效应；(2)杯水车薪；(3)时间问题。

   a. 在衰退期间，纽约州决定新雇用 1 000 名清洁工。该州设在 Albany 市的立法机构耗时六个月才通过了这一雇用新清洁工的法案，而后因为政府程序和文书工作，政府实际招雇新的清洁工人的时候已经是在衰退发生 18 个月之后了。

   b. 在衰退期间，纽约州决定新雇用 1 000 名清洁工。新雇清洁工中，有 500 人是为得到更优薪酬而跳槽过来的饭店雇员。

   c. 在衰退期间，纽约州决定新雇用 1 000 名清洁工。然而，在这次衰退中，纽约新增了 30 万失业者。

3. 当人们"买入政府债券"时，他们是在借钱还是存钱？

4. 想象一下，你居住在"李嘉图国"(Ricardia)，这里的每个公民都是李嘉图主义者，因而李嘉图等价 100％成立。李嘉图国的政府支出从不变化：每年都是一个固定数额。因此，当李嘉图国的政府要减税时，就不得不借入更多，并提高未来的税收。

   a. 当李嘉图国的所得税下降时，李嘉图国的公民会如何处理他们工资卡中多出的钱：全部花掉，还是全部存起来，抑或花掉一部分之后把剩余的存起来？

   b. 假设李嘉图国的政府实行的不是减税，而是签发退税支票给公民，那么，李嘉图国的公民会

如何处理从退税支票中所得到的钱：全部花掉，还是全部存起来，抑或是花去一部分后把剩余的存起来？

5. 选择财政政策的恰当时机通常非常困难。本章列举了五种相关时滞。

   a. 如果每种时滞都持续 3 个月，那么，时滞的总长度与二战之后一般衰退的时间长度相比是更长还是更短？有关衰退时间长度的相关经济数据参见：http://wnw.nber.org/cycles.html 中"紧缩"(Contraction)一栏的底部内容。

   b. 这五种时滞的最后一种时滞只是观察政策结果。如果只有四种重要时滞，每种都持续 3 个月，那么，衰退的平均持续时间会长于财政政策的平均时滞总长度吗？

6. 你翻一下报纸，看看有关美国经济受到冲击的有关报道，读一读国会应对冲击的计划。(记住：冲击有好也有坏。)国会的应对策略的方向正确吗？如果应对策略的基本方向是正确的，那么，它能对抗索洛增长冲击吗？(在对抗索洛增长冲击时，财政应对措施不会很有效)尽管这些政策选择的每一项都会对长期增长和收入分配产生影响，但在本章，你应该只关注它们对总需求的影响。将下述案例分别归入以下三类：(1)方向错误；(2)应对总需求冲击的方向正确；(3)应对索洛增长冲击的方向正确，但预计通货膨胀会有较大提升。

   a. 很多银行已经破产，货币供给已经下降。作为回应，国会决定提高个人所得税以清偿联邦债务。(历史备注：此项应对政策与罗斯福 1932 年的竞选政见相似。)

   b. 很多银行已经破产，货币供给已经下降。作为回应，国会决定削减政府支出以储蓄更多钱。

   c. 高涨的互联网投资潮("非理性繁荣")加快了支出增长。作为回应，国会提高了对美国最富裕人群的所得税。

   d. 石油价格在一年之内翻番，从每加仑 2 美元增加到每加仑 4 美元。作为回应，国会向每个美国家庭签发一张 300 美元的支票以使人们在支付汽油费时更轻松些。

e. 石油价格在一年之内翻番,从每加仑 2 美元增加到每加仑 4 美元。作为回应,国会提高炼油和输油企业的所得税。

f. 美联储实行货币缓慢增长政策,全然不顾国会的想法。作为回应,国会同意减税且增加政府购买。

7. 以下哪项是美国经济中的自动稳定器? 可能不止一项:

a. 衰退时期,消费者通常会动用他们的部分储蓄,并启用储藏室里的食物;

b. 每当利润下降,生产者通常都会购买更多资本设备;

c. 经济走低时,政府通常会自动地向失业人员转移支付现金;

d. 当美国人对美国造产品需求下降时,外国人可能会填补这个空缺,来购买那些未卖掉的美国制造产品。

8. 为什么说大萧条是运用财政政策而非单独运用货币政策的大好时机?

9. 美国的净政府债务约为 GDP 的 50%。如果净债务上升至 GDP 的 100%,且利息率为 5%(与实际情况相差不是太远)。那么,每年支付的债务利息占 GDP 的比重为多少?(注:第二次世界大战后,美国债务远超 GDP 的 100%。)

10. 在何种情况下,总需求移动的时滞更小:是货币政策造成的变化,还是财政政策造成的变化?

思考和习题

1. a. 在本章,我们曾说过,泰勒不会根据李嘉图等价来存钱和制定计划,而亚历克斯是典型的李嘉图主义者。据此,当他们两人的税额暂时性地增加时,谁更可能削减其支出:是泰勒那样的非李嘉图主义者,还是亚历克斯那样的李嘉图主义者?

b. 如果美国政府希望财政政策在推动 AD 时更容易,那它会希望人们像泰勒还是更像亚历克斯?

2. 结合下图,设想政策变动使 AD 从 AD₁ 移动至 AD₂。下列政策应对措施中的哪项最可能引起这种移动?

a. 税收增加或政府支出增加;

b. 税收增加或政府支出减少;

c. 税收减少或政府支出增加;

d. 税收减少或政府支出减少。

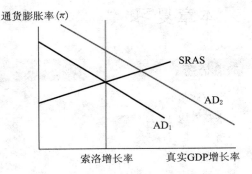

3. 思考下图。假定 $\vec{v}$ 的提高是由于商业乐观主义(business optimism)——凯恩斯称之为投资者的"动物精神"(animal spirits)。这把 AD₁ 推动到 AD₂。如果政府目标是把产出保持在接近于索洛增长率水平,而且政府希望使用财政政策这一工具,那么它应该怎么做? 从 a、b、c、d 中选择一项:

a. 税收增加或政府支出增加;

b. 税收增加或政府支出减少;

c. 税收减少或政府支出增加;

d. 税收减少或政府支出减少。

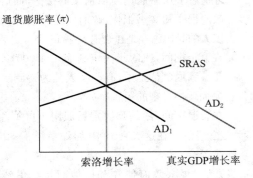

4. 思考如下虚构的报纸报道。当衰退期间国会通过一项退税法案时,你经常可以读到这样的评论:"很多美国人表示会将退税收入直接存入他们的银行账户或用以偿还此前一次经济高涨中透支的信用卡。"如果国会的目的是把 AD 向右移动,那么这类报道对国会来说是好消息还是坏消息。

5. 下列哪些政府政策可被视为经济的自动稳定器?

a. 失业保险;

b. 当经济遭受负面打击时,国会通过的暂时性减税政策;

c. 当经济遭受负面打击时,国会通过的暂时性支出增加政策。

6. a. 以下哪项政策可能会使总需求曲线移动更多？向哪个方向移动？

   i. 支出增加的同时税收增加；

   ii. 支出没有增加的时候增加税收。

  b. 为什么会这样？

7. 李嘉图等价认为，人们可能只是用从减税中得到的收入来购买政府为了实现减税而发行的债券。让我们来思考一下与之相反的情况：如果李嘉图等价成立，当政府提高税收（且保持支出不变）时，普通民众的行为会有何变化？换言之，他们会对税收增加有何反应？

8. 再次思考作为挤出极端情况的李嘉图等价。在现实生活中，很少有人会直接买卖政府债券；相反，一般人会把钱存入银行（或投资于共同基金），而后由银行（或共同基金）用这些钱去购买政府债券。

  a. 那么，减税对银行来说，意味着会得到更多还是更少的存款，或者你在目前给定的信息下无法做出判断？

  b. 考虑到 a 问的答案，减税会导致银行的行为发生怎样的变化？

9. 我们下面将探讨财政政策最可能发挥重要作用的三种情况（当三种情况同时发生时，财政政策效果最优）：

   i. 当经济需要短期推动的时候；

   ii. 当经济面临的问题是总需求太低，而非索洛增长太慢；

   iii. 当经济中还有很多机器和工人处于闲置。

让我们来看一看下述新闻报道分别适合上述情况的哪一个或哪几个？

  a. 第二次世界大战结束，数以百万计的美国士兵返回家中；（注：历史事实是，二战退役士兵绝大多数被私人部门雇用。）

  b. 由于人们害怕衰退，消费性支出急剧下降；

  c. 由于听信互联网谣言，外国人不愿意购买美国制造的飞机。

10. 财政政策不能"治愈"所有的经济问题。有时候：

  （1）经济需要长期增长；

  （2）经济所面临的问题不是低 AD，而是低索洛增长；

  （3）几乎所有机器和工人都被使用，问题只是这些机器和工人的生产效率还不是很高。

将以下情况分类归入"财政政策可以解决"或"生产效率问题"：

  a. 多年来，美国人的工资增长缓慢；

  b. 中世纪时期的农民用原始工具生产食物；

  c. 中世纪时期的农民遭遇导致粮食减产的干旱；

  d. 投资需求的突然大跌使成千上万的美国工人被辞退；

  e. 学校没有把学生教好，导致学生们成为效率低下的雇员；

  f. 对投资课以高税会抑制人们储蓄及为未来积累资本存量；

  g. 对投资课以高税会抑制企业家对投资品的购买。

挑战

1. 我们在第 11 章中讨论失业时曾指出，人们会为找到一份好工作而长时间搜寻。所以，你找到一份可获得最低工资水平的工作，可能只花 2 周时间；而找到一份薪水 5 倍于最低工资的工作，可能要花去你 6 个月的时间。让我们来研究一下，上述这一简单事实是如何导致扩张性财政政策至少会暂时性地提高失业率的。

在美国，建造道路、桥梁或高楼的联邦合同一定会支付高于平均工资的薪酬。《戴维斯—培根法案》（Davis-Bacon Act）或"现行工资法"（prevailing wage law）对此有明确规定。

  a. 如果在政府扩大购买之前，失业率为 6%；现在政府扩大购买，导致那些希望找到一份薪酬更优厚的政府工作的普通失业者把搜寻时间延长 10%。那么，在政府购买提高之后，失业率会是多少？只需考虑一下"等待一份好工作"效应的影响。

  b. 如果政府想要得到财政政策刺激社会总需求的良好效果，但又希望消除"等待一份好工作"效应而产生的额外失业，那么它需要如何改变现有法律才能做到这一点呢？

2. 诺贝尔经济学奖获得者阿玛蒂亚·森（Amartya Sen）曾指出，阻止最贫穷国家在干旱期间出现饥荒的一个方法就是在此期间雇用农民去修建道路、污水管道及其他公共设施。在那些最贫穷国家中，农民没有储蓄账户，也几乎借不到钱。相比之下，在富裕国家，大多数人都有储蓄账户和信用卡。

a. 基于以上事实,贫穷国家的"乘数"是大于还是小于富裕国家?

b. 所有的国家都会受到冲击,但不是所有的国家都有相同的自动稳定器。基于此,哪类国家的 GDP 增长会更加平滑:贫穷国家还是富裕国家?(注:本题的答案在理论上和实际上都站得住脚。Garey Ramey 和 Valerie Ramey 1995 年的论文《波动与经济增长之间关系的跨国证据》,"Cross-Country Evidence on the Link between Volatility and Growth", *American Economic Review*,强调了这一点。)

3. 如果美国政府愿意的话,它可以把每个收到失业保险支票的人都看作是"被雇来找工作的人",它可以声明,这部分政府雇员提供的服务是"找工作"。回忆 GDP 的官方定义,政府购买(G)并不包括失业保险、社会保障等转移支付项目。

a. GDP 定义的这一变化会使 GDP 增加吗?会使社会福利提高吗?

b. 如果政府把失业人员永久性地定义为"被雇来找工作的人",那么,与常规 GDP 定义相比,在过去数十年中,随着经济的波动,这个定义下的 GDP 波动更大还是更小?(提示:如果从要素收入角度来思考 GDP,你会很容易地找到该问题的答案。)

4. 我们经常将"挤出"视为私人消费或投资在政府购买增加时的减少。这个道理反过来也成立,我们姑且称之为"挤入"(crowding in)。思考下述经济体。

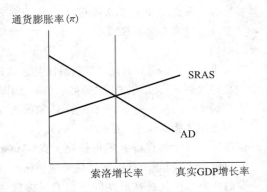
通货膨胀率(π)

SRAS

AD

索洛增长率　真实GDP增长率

a. 在初始位置,经济遭遇一个冲击:政府购买的大幅下降,这可能是战争结束所致。保持 C、I 和 NX 的增长不变,在上图中描述出这个冲击,并标上"G 的增长率下降"。

b. 现在考虑 G 下降可能带来的副作用:挤出的反面或者说是挤入。如果挤入为 100%,那么,你在 a 问中所描绘的总需求曲线移动会如何变化?

c. 如果挤出(入)为 100%,且没有乘数效应,那么,我们该如何描述 G 变化对总需求的影响?

d. 在此问中,我们考虑到所有被解雇的政府工作人员:如果挤出(入)效应为 100%,且没有乘数效应,那么这些被解雇人员最终会流向何处?

5. 2009 年 2 月,国会通过了《美国复苏与再投资法案》(简称 ARRA)。当这一揽子刺激计划作为法律通过时,白宫官员宣称该法案将会创造或至少拯救 350 万个工作岗位,把失业率控制在 8% 以下,10 个季度之后对 GDP 的乘数效应为 1.57 倍。在该法案签署之前,失业率处在 25 年来的最高点,即 7.8%。(在 1992 年的一个月份里失业率也曾达到 7.8%。)2011 年 8 月,美国国会预算办公室(简称 CBO)估计了截至该年 6 月底美国经济相对于没有这项刺激计划的表现。预算办公室的这些结果中有一些我们放在了下面的表格里。其中对实际 GDP 的低估计和高估计是有这项刺激计划时的实际 GDP,与没有这项计划时的 GDP 水平相比,可能会高出的百分比来定义的。国会预算办公室还对之前在法案签署时给出的 7 870 亿美元的刺激计划支出修正为 8 250 亿美元,并且估计有一半的影响发生在 2010 年,截至 2011 年 6 月底这一影响已经产生了 85%。

CBO 在 2011 年 8 月给出的估计值	由 ARRA 所带来的实际 GDP 的变化(相对于美国经济没有 ARRA 刺激计划而言)		实际值	
	低估计%	高估计%	实际 GDP (以 2005 年为基年计算得到的数值,万亿美元)	失业率
2009	0.9	1.9	12.71	9.3
2010	1.5	4.2	13.09	9.6
2011 (前两个季度)	0.95	2.85	13.25	9.0

资料来源:CBO, Estimated Impact of the American Recovery and Reinvestment Act on Employment and Economic Output from April 2011 Through June 2011, Aug. 2011; FRED database of the St. Louis Federal Reserve Bank.

8 250 亿美元刺激计划中的 85% 是在 2011 年的第二个季度花出去的,是通过赤字融资并加到国民债务中获得的资金。与实际 GDP 的数字进行比较,我们会发现,这 7 013 亿美元经过通货膨胀修正之后变成了 6 776 亿美元。

a. 对于每一年,使用表中的实际 GDP 数字以及刺激计划效果的较低的 GDP 增长率影响和较高的影响之估计,计算该刺激计划每一美元所产生的效果中较保守的估计值和较乐观的估计值。

b. 确定一下每一年该范围的中点,并给出由表中给出的 10 个季度内该刺激计划所产生的实际 GDP 的大致总量。

c. 将 b 问中你计算得到的数额与同一年经过通胀调整后的 6 776 亿美元刺激支出进行比较,并确定那些支出是否有乘数效应,还是无效应或产生了一定的挤出效应。

d. 你使用国会预算办公室所估计的实际 GDP 增加率范围的下界和上界,你得出的数学差别有多大? 如果你通过简单计算得到的乘数与国会预算办公室给出的不同,那么请你给出这些估计值所表明的乘数大小是多少?

e. 使用本章描述财政政策局限性的材料,解释你在 c 问中发现的这种效应的大小与白宫在该法案通过时预计的 1.57 的乘数值为什么会不一样?

f. 2009 年《美国复苏与再投资法案》是否算得上财政政策有良好效果的一个例证? 使用本章的经济学知识来为你的观点进行辩护。

解决问题

苏珊·伍德沃德(Susan Woodward)和罗伯特·霍尔(Robert Hall)近期的估测显示,每增加 1 美元政府购买就会带来 1 美元的 GDP 增加——因此,证据既不支持短期内的"乘数效应",也不支持短期内的挤出效应。(也许两个效应都存在,但两者在实际中刚好反向运作,相互抵消了。)让我们将这些估测作为一项经验法则来解决如下经济难题:

a. 美国 GDP 大约为 14 万亿美元。在一个普通的衰退期,GDP 增长率会低于索洛增长率约 2 个百分点。如果国会想要通过增加政府购买使经济回复到索洛增长率,那么它应制定的政府购买支出是多大? 把答案折算成货币形式。

b. 加拿大的 GDP 大约为 1.2 万亿美元。如果加拿大的 GDP 增长率高出索洛增长率 3 个百分点,且加拿大议会想要通过增加政府购买使 GDP 回复到索洛增长率,那么它应该制定新增多少政府购买支出? 以美元表示答案。

c. 如果挤出增强且乘数降为 0.5,那么,你对 a、b 两问的回答会有何变化?(换言之,每 1 美元的 G 增加只能使 GDP 增长 0.50 美元。)以美元表示答案。

d. 如果对消费支出的乘数效应增大,变为 2,那么你对 a、b 两问的回答会有何变化?(换言之,每 1 美元 G 增加会引起 GDP 增长 2 美元。)以美元表示答案。

第五篇　国际经济学

19 国际贸易

经济学教材中本不应该有叫做"国际贸易"的章节。"国际"(international)一词表明国际贸易是一种特殊形式的贸易,要求有新原理和新观点。然而,当乔和弗兰克进行贸易时,他们的境况都会有所改善。同样,当乔和弗朗斯西科进行贸易,乔和弗朗西斯科的境况都会改善。如果弗兰克住在美国得克萨斯州的埃尔帕索市(El Paso),而弗朗斯西科住在墨西哥的华雷斯城(Ciudad Juárez),有关这两次贸易的政治学意义会有不同,但从经济学意义上讲,它们并无差别。国际贸易就是贸易。

在第 2 章,我们讨论了有关贸易的主要观点,以及贸易为什么是有利的。现在我们简要回顾一下:

1. 当人们偏好不同,贸易就会使其状况都有所改进;
2. 通过专业化和知识分工,贸易提高了生产率;
3. 通过比较优势,贸易提高了生产率。

所有支持国家之间贸易的理由也都适用于国内贸易。这一章的不同之处在于我们将把分析集中于单个市场,用供求工具来讨论贸易价格,以及在单个市场中贸易会如何影响该市场中的消费者和生产者。本章还说明了应该如何分析诸如关税和配额这样的贸易限制。最后,我们评价了反对国际贸易的一些政治观点和经济观点。

本章概要

运用供给和需求分析贸易
贸易保护的成本
反对国际贸易的观点
本章小结

19.1 运用供给和需求分析贸易

我们下面就运用大家早已熟知的工具——供给和需求来分析贸易和贸易限制。

图 19.1 显示了半导体的国内市场需求曲线和国内市场供给曲线。如果没有国际贸易,均衡会停留在通常的 $P^{无贸易}$、$Q^{无贸易}$。现在假设该产品可以在世界市场上按世界市场价格买卖。为了简化分析,我们假设美国市场相对于世界市场是很小的,因此,美国的需求者可以尽其所愿地在世界市场上购买该产品而不会推动世界半导体价格。依据我们的图示,世界市场供给曲线是一条在世界市场价格下的水平线(完全弹性)。

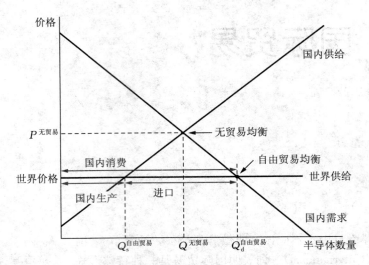

注:如果没有国际贸易,均衡会在国内市场需求曲线和国内市场供给曲线的交点($P_{无贸易}$,$Q_{无贸易}$)处得到实现。有了国际贸易之后,美国消费者可以以世界市场价格购买到足够多的半导体,在这个价格上,美国消费者所需求的半导体数量为$Q_d^{自由贸易}$。在世界市场价格下,国内需求$Q_d^{自由贸易}$和国内供给$Q_s^{自由贸易}$之间的差额通过进口得以弥补。

图 19.1　运用供给和需求来分析国际贸易

　　假定美国消费者可以以世界市场价格买到任意数量的半导体,那么他们会购买多少呢? 我们照例从国内需求曲线上读取世界市场价格下的需求量,在此价格上,美国消费者的半导体需求量为$Q_d^{自由贸易}$;那么,在此价格上,国内供给为多少呢? 我们照例从国内供给曲线中读取国内供给量,为$Q_s^{自由贸易}$。注意,$Q_d^{自由贸易}>Q_s^{自由贸易}$,那么差额如何弥补呢? 通过进口。换句话说,在存在国际贸易的条件下,国内消费量$Q_d^{自由贸易}$单位,其中$Q_s^{自由贸易}$单位由国内生产,余下的$Q_d^{自由贸易}-Q_s^{自由贸易}$单位通过进口满足消费需求。

19.1.1　运用需求和供给来分析关税

　　很多国家(包括美国)通过关税、配额或其他加重外国生产者而非本国生产者负担的管制措施来限制国际贸易,这被称为**贸易保护**(protectionism)。其中,**关税**(tariff)是一种对进口产品征收的税;**贸易配额**(trade quota)是指对外国产品的进口数量限制:超出配额数量的进口产品会被禁止或课以重税。

　　图 19.2 展示了如何对关税进行分析。该图看似复杂,其实和图 19.1 一样,唯一的不同是,我们现在分析的是征收关税前后的国内消费、生产和进口。征收关税前,如图 19.1 所示,需求量为$Q_d^{自由贸易}$单位,国内供给量为$Q_s^{自由贸易}$单位,进口量为$Q_d^{自由贸易}-Q_s^{自由贸易}$单位。

　　关税是一种对进口征收的税,所以正如第 3 章所说,关税(税收)使世界市场供给曲线向上移动关税税额单位。例如,如果半导体的世界市场价格为每单位 2 美元,对单位半导体征收 1 美元关税,那么世界市场供给曲线将上移至每单位 3 美元。

贸易保护是指通过贸易配额、关税或其他加重国外生产者而非本国生产者负担的管制措施来限制国际贸易的经济政策。

关税是对进口产品征收的一种税。

贸易配额是指对外国产品的进口数量限制:超出配额数量的进口产品会被禁止或课以重税。

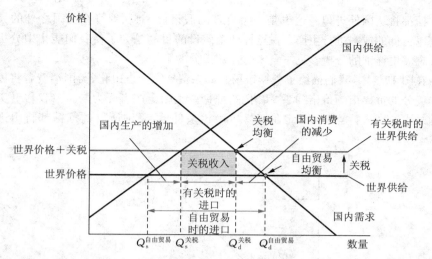

注：关税使世界供给曲线向上方移动，移动距离为每单位进口产品的税额数量，从而世界市场价格提高。为了应对更高的价格，消费者削减购买数量从 $Q_d^{自由贸易}$ 单位降至 $Q_d^{关税}$ 单位，国内生产者提高产量从 $Q_s^{自由贸易}$ 单位至 $Q_s^{关税}$ 单位。由于国内消费下降和国内生产增加，进口数量由 $Q_d^{自由贸易}-Q_s^{自由贸易}$ 单位降至 $Q_d^{关税}-Q_s^{关税}$ 单位。政府征收的关税税额等于关税乘以进口总量，如图中阴影区域所示。

图 19.2　运用需求和供给来分析国际贸易：关税

在新的更高的半导体价格上，会有两件事发生：其一，国内供给者对涨价的反应是增加产量，从而国内半导体生产总量将大幅上升。如图所示，国内生产总量由 $Q_s^{自由贸易}$ 单位增至 $Q_s^{关税}$ 单位；其二，国内消费者对涨价的反应是减少半导体消费，从而国内消费总量从 $Q_d^{自由贸易}$ 单位下降至 $Q_d^{关税}$ 单位。因为国内生产总量上涨，国内消费总量下降，所以进口量下降。具体来说，进口由 $Q_d^{自由贸易}-Q_s^{自由贸易}$ 单位降至 $Q_d^{关税}-Q_s^{关税}$ 单位。

图 19.2 诠释了一个更加重要的思想：因为关税是一种对进口征收的税，所以关税提高了政府的税收。关税带来的政府收入是由关税税额乘以进口量（被征税的货物数量）计算得来。从而，图 19.2 中的阴影区域就表示关税收入。

19.2　贸易保护的成本

在我们了解到对进口货物的征税将增加国内生产并减少国内消费之后，就可以深入分析贸易保护的代价了。例如，美国政府对蔗糖进口数量严格限制，结果，美国消费者需要以高于世界市场价格两倍的价格来购买蔗糖：在 20 世纪初，世界蔗糖的市场价格为每磅 9 美分左右，但美国消费者却不得不以每磅 20 美分左右的高价来购买蔗糖。所以，就让我们来具体分析一下蔗糖贸易保护的代价吧。

为简化分析，我们做两个假设：其一，假设关税高到完全取消了蔗糖进口。实际上，美国政府允许以低关税进口少量蔗糖，但任何高于这个数量的进口蔗糖都将被课征高税以致没有更多的进口发生。因此，高额关税完全取消蔗糖进口的这一假设是对实际发生情况的一个不算糟糕的近似；其二，假设贸易完全自由化，则所有蔗糖都将从国外进口。这也是一个合理的假设，因为蔗糖可在美国之外的其他地方以更低的成本进行生产。做这样两个假设的目的是为了使我们能集中分析关键思想。更详细的分析参见本章末"挑战"部分的第1题。

在图19.3中，我们描绘了蔗糖市场。如果贸易完全自由化，美国消费者将以每磅9美分的世界市场价格购买240亿磅蔗糖。美国生产者无力与每磅仅售9美分的国外生产者进行竞争，因此在贸易自由化条件下，美国所有的蔗糖都将由进口获得。

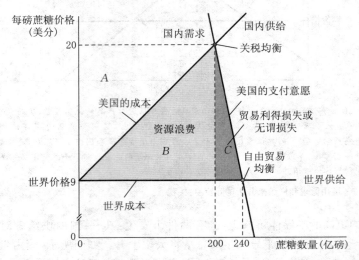

注：在自由贸易条件下，国内蔗糖生产总量为0磅；当蔗糖进口受到限制，国内蔗糖产业的生产总量将扩大至200亿磅，但由于美国蔗糖生产成本高于世界市场生产成本，因此，国内蔗糖产业造成了大量资源浪费(区域B)。在较高的蔗糖价格上，蔗糖消费量相应减少，因此限制进口还造成贸易利得的损失(区域C)。

图19.3　贸易限制既浪费资源又损失贸易利得

如果对蔗糖进口课征高额关税，从而导致没有任何进口，此时，美国蔗糖价格上涨至图中的国内需求曲线和国内供给曲线的交点处——每磅20美分。

回忆一下，征收关税有两种效应：增加国内生产总量和降低国内消费总量。每种效应都有成本。首先，国内生产总量增加听起来不错(我们接下来就会明白这对国内生产者来说的确不错)，但国内生产者的成本远高于国外生产者。因此，关税意味着蔗糖不再是由生产成本最低的卖者提供，本该用于其他产品和服务生产上的资源被浪费在蔗糖生产上；其次，由于成本增加，蔗糖价格上涨，蔗糖购买者减少，贸易利得下降。让我们来更详细地分析这两种成本。

搜索引擎：关于蔗糖以及美国蔗糖关税的信息可以搜索美国农业部经济调查服务官网的蔗糖进口指挥室(*USDA Economic Research Service，Sugar Briefing Room*)。

在美国种植甘蔗的成本更高，比如高于巴西这个世界上最大的蔗糖生产国。因为美国大陆的气候不是蔗糖生长的理想气候，而且在盛产蔗糖的佛罗里达州，其土地和劳动力还有其他很多更高价值的利用方式。比如，佛罗里达州种植甘蔗的农民不得不为土地增施昂贵的肥料以提高产量，但这造成了佛罗里达大沼泽地(Florida Everglades)的环境破坏。[1]美国用于生产蔗糖的肥料、土地和劳动力等过多资源，本可以用于生产更适合美国和佛罗里达州的其他商品，如柑橘，或者建造主题公园之类。

回忆一下第 3 章所讲的,供给曲线表示的是生产成本。所以在均衡价格下,美国生产 1 磅蔗糖的成本正好是 20 美分。换句话说,在美国,多生产 1 磅蔗糖就要消耗价值 20 美分的资源如土地和劳动力,而同等蔗糖在世界市场中仅售 9 美分。因此,关税使多生产 1 磅蔗糖浪费价值 11 美分的资源。

图 19.3 中标注为"资源浪费"的浅色区域表示出所消耗的资源总价值,这个区域代表了美国生产 200 亿磅蔗糖的成本与进口同等数量的蔗糖所需成本的差额。我们可以通过公式计算出三角形区域所示的资源浪费的总价值。

浅色三角形区域的高为 11(20 - 9) 美分,底为 200 亿磅,因此该区域的总价值为 1 100 亿美分,即 11 亿美元。蔗糖关税浪费掉价值 11 亿美元的资源。

注意,如果蔗糖进口关税被取消,那么美国的蔗糖价格会下跌至世界市场价格,即每磅 9 美分,且美国的生产总量将会由原来的 200 亿磅下降至 0 磅。美国蔗糖生产总量的下降是取消关税的好处之一,因为这可以将空出来的资源用于生产其他产品和服务——明白这一点很重要。

关税还有另一项成本。想想第 3 章所讲,需求曲线说的是产品对需求者的价值,因此在均衡价格下,蔗糖需求者愿意最高出 20 美分购买 1 磅蔗糖。然而,世界市场供给者愿意以每磅 9 美分出售。美国消费者和世界市场供给者本可以通过贸易互惠互利,但惩罚的威胁阻止了他们这么做。深色区域代表损失的贸易利得,经济学家们称之为无谓损失。我们仍然运用公式计算出该三角形区域所代表的价值 [(20 - 9) 美分 / 磅 × 40 亿磅 ÷ 2] 等于 220 亿美分或 2.2 亿美元。

因此,蔗糖关税给美国公民带来的总成本是 11 亿美元的资源浪费加上价值 2.2 亿美元的贸易利得损失,共计 13.2 亿美元。

还记得第 4 章所解释的自由市场有效率的三个条件吗? 我们这里再重复一遍:

(1) 供给的商品由愿意支付最高价格的买者购买;

(2) 供给的商品由成本最低的卖者卖出;

(3) 买卖双方既不存在贸易不足也无任何过度贸易。

关税或配额限制了消费者同国外生产者进行贸易,这意味着市场不是自由的,因此,我们应该想到上述条件中的部分条件无法得到满足。蔗糖关税的情况违背了条件 2 和条件 3。关税之所以降低市场效率是因为供给的商品不再由成本最低的卖者卖出,买卖双方存在贸易不足。

有些贸易好处可能听起来很抽象,但对许多人来说,却是生死攸关的大问题。如果巴西蔗农能多出售一些产品给美国消费者,他们中就会有更多人吃得更好或者改善住房的饮用水条件和污水排放设施。但是,你不要以为只有美国对关税负有责任。巴西政府对从美国进口的食品也设置了高额关税,这对很多巴西人(包括非常贫困的人)来说,食品变得非常昂贵。最终结果是美国消费者要为蔗糖支付高价,而巴西穷人吃得更差,也更缺钱看病。

如何走私蔗糖?

美国蔗糖的高价激励人们进行走私,并想方设法规避关税。在 20 世纪 80 年代,当美国蔗糖价格升到世界蔗糖价格的四倍时,加拿大企业家发明出一种超浓蔗糖冰茶。这种"茶"被海运至美国后,经过溶化,再过滤出蔗糖。

为了对付这类企业家,美国政府甚至对含有蔗糖的产品,如冰茶、蛋糕混合配料和可可饮料等征收更高的关税。资料来源: Economic Report of the President 1986, Chapter 4。

19.2.1　贸易的赢家和输家

用另一种方法,我们也可以得出相同的贸易利得损失额。蔗糖关税抬高了美国消费者购买蔗糖的价格,从而减少了消费者剩余。回顾一下第 3 章的内容,消费者剩余是需求曲线以下价格以上的区域。因此,在存在关税的情况下,消费者剩余为需求曲线以下20美分的价格以上的区域(没有完全显示在图19.3中)。随着价格由20美分下降至9美分,消费者剩余增加了区域A+B+C,价值为24.2亿美元。(验算一下!)或者,我们换种说法,关税的成本就是所损失的消费者剩余24.2亿美元。

关税抬高价格,从而使生产者剩余(价格之下供给曲线之上的区域)增加,因此,关税使美国生产者剩余增加了价值为11亿美元的区域A。

注意,由于关税,美国消费者损失是美国生产者受益的两倍多。美国公民的总损失价值为消费者损失的24.2亿美元减去生产者受益的11亿美元,即每年13.2亿美元,与我们之前计算的完全吻合。

这两种方法所分析的蔗糖关税成本是等价的,但其侧重点有所不同:第一种方法直接计算社会损失并强调损失来源于资源浪费和贸易利得损失;第二种方法着眼于谁受益谁损失。尽管国内生产者有所受益但国内消费者的损失更高。

在美国消费者损失远高于其生产者受益的情况下,为什么美国政府仍然支持征收蔗糖关税呢?一个解释是:蔗糖关税的高额成本被分散在亿万消费者身上,因而每位消费者所承担的成本是很低的。然而,关税的收益却流入少量生产者的口袋,每位生产者都获利几百万美元。因此,与反对关税的消费者相比,支持关税的生产者会更积极地进行游说。

理解现实世界　游说所花的所有成本也使我们注意到贸易保护的另一个代价。当一国政府要设立很多抵制外国竞争的关税时,该国生产者就会花费大量时间、精力和金钱来游说政府进行贸易保护。事实上,这些资源本可以用于生产和创新,而不是游说。贸易保护会使一个社会形成不同利益集团的对抗,从而为社会不和谐埋下隐患。相反,自由贸易会激励人们为共同的利益目标而合作。

自我测验

1. 谁从关税中获益?谁蒙受损失?
2. 为什么贸易保护会导致资源浪费?
3. 如果贸易限制中有赢家和输家,那么为什么你总能听到因关税获益的人在发声?
4. 在图19.3中标出无谓损失的区域,并说出损失了什么。

19.3　反对国际贸易的观点

要想把反对国际贸易的所有观点都分析一遍,那得需要好几本书的篇幅。下面,我们就来更仔细地看一下最常见的一些观点:

- 贸易使美国的工作岗位减少;
- 和雇用童工的国家进行贸易是违反伦理的;
- 为了国家安全,我们需要保护国内某些产业;
- 因为某些国内"关键"产业会对经济其他部门产生有益的溢出,所以要对其进行保护;
- 战略性贸易保护可以增进美国人的福利。

19.3.1 贸易与就业

如果美国降低关税,从墨西哥进口更多衬衫,那么,美国的衬衫产业将会萎缩。因此,很多人把自由贸易和失业联系在一起。然而,作为经济学家,我们希望超越最明显的表象来揭示降低关税的影响。所以,我们要探究一下关税降低之后会发生的事情,特别要关注对就业的影响。

当衬衫价格下降,美国消费者的口袋里会有更多的钱可用于购买其他商品。消费者在思高(Scotch)透明胶带、懒骨头沙发和 X 光检查及成千上万种其他产品上的支出增加会带来这些产业的就业岗位增加。这些就业岗位的收益可能不像美国衬衫产业工人失业那么显而易见,但却真实存在。那么,如何看待那些进入墨西哥生产者口袋而非美国生产者口袋的钱呢? 如果把这些钱留在国内用于“买美国货”(Buy American)不是更好吗?

当墨西哥生产者在美国销售衬衫时,他们得到的是美元。但是,墨西哥人要美元做什么呢? 每个生产者最终都是为了消费。墨西哥生产者会用他们的美元购买美国商品。因此,美国人进口墨西哥衬衫上的支出增加会直接导致墨西哥生产者在美国商品上的支出(即美国的出口)增加。

但是,如果墨西哥衬衫生产者想要购买本国的或欧洲的而非美国的商品时,那会发生什么呢? 为了购买墨西哥的或欧洲的商品,墨西哥衬衫生产者就需要比索或欧元。幸运的是,他们可以在外汇市场上以美元兑换比索或欧元。假设与墨西哥人进行兑换的是持有欧元的德国人,那么德国人为什么想要用欧元兑换美元呢? 请记住:人们的最终目的还是消费。所以,德国人想要美元是为了购买美国商品。因此,美国对进口墨西哥衬衫的支出增加带来了美国出口(此种情况下是对德国的出口)的增加,并进而增加了美国出口产业的工作岗位。

我们的思维实验揭示了这样一个重要事实:我们用出口来支付进口。可以这样来思考:如果不能得到作为交换的产品,人们为什么要把他们的产品卖给我们呢? 因此,贸易并不会取消工作岗位,而只是把工作岗位从与进口商品竞争的产业转移到了出口产业。要记住:尽管贸易本身并没有改变工作岗位的数量,但它的确提高了工资,正如我们在第 2 章有关比较优势的一节中所阐述的那样。

当然,失去工作令人沮丧,也不是所有人都可以轻易实现从衬衫加工到计算机制造的转型。但在动态发展的经济中,失业和创造岗位就是一枚硬币的正反两面。爱迪生 1879 年发明的电灯泡结束了鲸油照明时代,这对捕鲸者来说不是好事,但对那些喜欢晚上阅读的人来说却是好事(对鲸鱼来说,就更是好事了)。留声机夺走了钢琴产业的就业岗位(又是可恶的爱迪生),CD 夺走了唱片产业的工作岗位,而如今 MP3 正在夺走 CD 产业的就业岗位。然而,尽管所有这些岗位都面临着被摧毁的命运,但就业率和人们生活水平却保持了上升趋势。

就业岗位的不断消失,从根本上说,在任何迅速增长的经济体中,都是健康的一部分,但这并不意味着我们就可以忽视转换工作的成本。失业保险、储蓄和健全的教育体系有助于劳动者应对冲击。然而,贸易限制不是应对冲击的好方法,它挽救了看得见的工作岗位,却损害了看不见但真实存在的工作机会。

19.3.2 童工

童工是限制贸易的一个理由吗? 从某种程度上说,这是一个众说纷纭的伦理问题。但是,我们相信童工不能成为限制贸易的理由——对此,我们会给出证据。

1992 年,工会活动家们发现沃尔玛在销售由分包商在孟加拉国雇用童工生产的服装。参议员汤姆·哈金(Tom Harkin)愤怒地上书国会,提议禁止企业进口由 15 岁以下儿童生产的任何产品。他的提议未获通过,但孟加拉国的服装产业却在恐慌中解雇了 3 万—5 万名童工。这是贸易限制带来的成功吗? 在下结论之前,我们需要想一想那些被解雇的童工会发生什么。这些孩子去了哪里? 游乐场吗? 学校吗? 一个更好的工作岗位吗? 都不是。被服装企业解雇后的孩子们只能去别的地方工作,很多人的工作条件更差、报酬更低,比如卖淫。②

2009 年,全球 5—14 岁儿童中有大约 18% 的儿童都要工作很长时间。这些儿童中的绝大多数通常是跟父母一起干农活,而不是在出口产业工作。因此,贸易限制并不能直接减少童工数量。相反,贸易限制可能使贫穷国家更加贫困,从而最终增加童工数量。事实上,研究表明:更高的贸易开放度,会使收入提高并减少童工。③

在贫穷国家,童工比较普遍。在 19 世纪的英国和美国,童工也很普遍,因为那时的英国和美国比现在穷得多。在发达国家,随着人们富裕程度的提高,童工数量不断下降。

使发达国家童工数量减少的力量在发展中国家也一样发挥作用。图 19.4 的纵轴表示全球 132 个国家中受雇童工占 10—14 岁儿童的比例,横轴表示的是各国的人均实际 GDP 值,圆圈的面积与童工总数量成正比。所以,尽管非洲国家布隆迪的童工所占比例(48.5%)远高于印度(12%),但印度的童工数量却更多。通过图 19.4,我们了解到经济增长使童工数量减少。

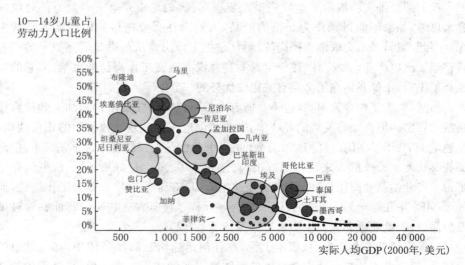

注:比例尺度。

资料来源:Edmonds, E. and N. Pavcnik, 2005. "Child Labor in the Global Economy," *Journal of Economic Perspectives*, 19(1): 199—200。

图 19.4 童工数量随人均 GDP 增长而减少

童工产生的真正原因是贫困，而非贸易。因此，为了减少童工数量，我们应该着眼于减少贫困而不是减少贸易。设置贸易壁垒很可能是无效的，甚至是适得其反的。

发达国家的政府和非盈利性机构能够通过帮助发展中国家改善教育质量、降低受教育的机会成本来减少其童工数量。在孟加拉国，几乎与那些童工因哈金议案而被解雇的同时，政府就开始引入"粮食为教育"（Food for Education）计划。该计划为当月至少有一个孩子上学的贫困家庭免费提供月供大米或者小麦。该计划在提高入学率方面已经获得了很大成功。更为重要的是，今天的孩子们受教育程度提高就意味明天的父母们更加富裕——父母们将不再被贫困压垮，或者换句话说，父母们将有足够的财富来抚养孩子并使他们接受教育。④

19.3.3　贸易与国家安全

如果某种产品对国家安全至关重要，但国内生产者的生产成本高于外国生产者，那么，政府对该产品的进口进行征税或对国内产业进行补贴，就可能是有意义的。例如，支持国内疫苗产业。1918 年，超过四分之一的美国人都感染了流感，而且有超过 50 万人因此失去生命，有时仅仅是在感染病毒的几个小时内就丧生了。年轻人所受影响尤为严重，结果，美国人均寿命预期减少了 10 年。在 1918—1920 年间，世界上没有一个角落是安全的，全球 2.5％—5％ 的人口都死于流感。生产流感疫苗需要复杂的工艺，其中，机器人会把流感病毒注入数以亿计的鸡蛋中。在普通年份，从别的国家进口疫苗没什么问题，但一旦类似 1918 年流感那样的灾难再次席卷全球，那美国拥有巨大的疫苗生产能力就会是明智的。⑤

然而，当每个陷入困境的国内生产者都声称自己的产品对国家安全至关重要时，你也不要感到奇怪。从蜂蜡到马海毛，更不要说钢铁和计算机芯片了，每一样东西都以国家安全的名义受到了保护。贸易保护主义者通常假借其他名义进行游说。很多人为发展中国家的工作条件感到担忧，这是合理的，但如果美国工会常常代表"受压迫的外国工人"极力游说对贸易进行限制，你会不会感到惊讶呢？正如埃及贸易部部长尤素夫·布特罗斯–加利（Youssef Boutros-Ghali）所说："问题在于：为什么突然之间人们就发现第三世界国家的劳动力是具有竞争力的？为什么工业国家开始关心我们的工人了？……这实在令人怀疑。"⑥

19.3.4　重点产业

另一个观点——"生产计算机芯片总比生产薯片更好"——原则上说可能是正确的。这个观点认为，计算机芯片的生产属于重点产业，因为它有外溢效应，会使计算机芯片产业之外的产业受益。（关于溢出的更多论述，参见第 8 章）。在这种情况下，贸易保护并不是上策（理论上讲，政府补贴的效果会更好）。但是，如果政府补贴是不可能的，那么，从净收益角度考虑，贸易保护就可能是次优政策。

上述论述中，"原则上""可能"这样的字眼用得很好。"生产计算机芯片比生产薯片更好"的观点没有逻辑上的错误，但却不太能令人信服。就这个特定例子而言，今天的大多数计算机芯片都是大规模生产的廉价商品。美国没有专业生产计

对国家安全至关重要吗？

1954 年，美国政府宣布马海毛（也就是安哥拉山羊毛）对国家安全至关重要，因为它可用于制作军用制服。近 40 年来，马海毛生产商每年都会接到几百万美元的订单。最后，在饱受诟病之后，该项目于 1993 年被取消……直到 2002 年又重新开始实行。难以置信吧？但是我们并没有开玩笑。

算机芯片是正确的选择,它因此改善了许多美国人的经济境况,即使这曾经是抵制外国进口芯片的贸易保护主义者的普遍观点。

其次,没人知道哪种产业真的有重大溢出。在20世纪80年代晚期,很多专家论证说,高清电视(HDTV)会促进相关产业的技术进步,日本和欧盟对本国HDTV生产者的补贴高达几十亿美元。美国却落后了。然而,最终日本和欧盟选择了如今已被淘汰的模拟技术。高清电视迄今也没有对更广泛的经济领域带来重大利益,尽管它的确使你的电视机画面更加清晰。

19.3.5　战略性贸易保护

在某些情况下,一国通过关税和配额所攫取的贸易利得份额,可能会大于纯粹自由贸易下所得的贸易利得份额。政府的想法是要帮助国内企业像卡特尔一样向国际买方出售商品。但奇怪的是,做到这一点的方法却是要对出口进行限制或课以重税。对出口课以重税或加以限制会减少出口,但可能迫使价格上升,使出口产品的净收益提高。当然,只有在本国产品几乎没有国际替代品的时候,这种情况才有可能发生。这在现实中可行吗?是的,在很大程度上,欧佩克(OPEC)就是这样的例子。欧佩克限制出口,因为对石油的需求无弹性,所以这种做法提高了石油出口的收益。

然而,石油是一种特殊商品,世界上只有少数几个地方才发现有大量的石油储存。美国在实施战略性贸易保护政策时,可能会面临重重困难,因为美国所生产的产品,其替代品太多。美国经济,或任何发达经济体还会面临另一大难题。石油是沙特阿拉伯的唯一重要出口品,所以,当其抬高石油价格时,世界其他国家不可能对沙特阿拉伯的其他出口商品课征关税来进行威胁报复。但如果美国想要攫取贸易利得中的更大份额,比如计算机制造业,其他国家就可以对其出口谷物征收关税。贸易战很容易使贸易国双方两败俱伤,给自己分一块更大蛋糕的企图常常会使蛋糕本身更小。

自我测验

1. 在过去30年,大多数美国服装制造业都移至海外,比如印度和中国这些劳动力工资水平较低的国家。这一变化的结果就是美国服装产业工人数量大量减少。尽管这些产业的转移对从业工人来说不是什么好事,但为什么转移却可以带来美国的一项净收入呢?
2. 如果美国政府决定将计算机芯片制造视为国家战略型产业,并为硅谷企业提供货币补贴,那么,会发生什么事情?探讨一下这种政策对硅谷企业、国外竞争者及美国纳税人和消费者的成本和收益的影响。

○　本章小结

我们在本章说明了如何使用需求和供给曲线来分析贸易以及贸易保护的代价。贸易限制会使产品生产从低成本的外国生产者转向高成本的国内生产者,从而造成资源浪费。贸易限制还减少了国内消费者在与外国生产者进行贸易时所得到的收益。国内生产者受益于贸易限制,但国内消费者由于贸易限制而受到的损失要高于国内生产者获取的收益。有时贸易限制会持续存在,因为贸易限制所带来的收益通常集中在为贸易保护而游说的小集团手中,而贸易限制的成本却分摊在上百万消费者头上,这样每个消费者所承担的损失就比较小。

　　我们还列述了多个支持贸易限制的常见观点,它们中的有些观点虽然也有根据,但适用范围通常很有限。

○ 本章复习

关键概念

　　贸易保护
　　关税
　　贸易配额

事实和工具

1. 目前,日本居民需要花四倍于世界市场价格的钱购买大米。如果日本取消贸易壁垒,其居民就可以按世界市场价格购买大米,那么谁的经济状况将改善,谁的经济状况又将恶化:日本消费者还是日本种植水稻的农民? 如果将日本居民所承受的所有收益和损失进行加总,会有净收益或净损失吗? 谁会花费更多努力来支出或反对减少贸易壁垒:日本消费者还是日本种植水稻的农民?

2. 日本的大米供给曲线向右上方倾斜,和所有正常的供给曲线一样。如果日本取消了稻谷贸易壁垒,稻米加工业雇用工人的数量将发生怎样的变化:增多还是减少? 在未来一年左右的时间内,这些工人可能做些什么? 他们还会再工作吗?

3. 思考图 19.3 中的三角形区域 B 和 C。其中一个可以标注为"在另一经济部门会得到更有效利用的劳动者和机器",另一个可以标注为"消费者不得不为其购买的产品支付的不必要的钱"。这两个标注应分别标在哪个区域上?

4. 经济学家拉斯·罗伯茨(Russ Roberts)在其著作《选择》(The Choice)中提出来这样一个问题:选民会对一台可将小麦转换成汽车的机器做何反应?

a. 你认为选民会因为这种机器会摧毁汽车产业的工作机会而要求禁止这种机器吗?

b. 这种机器真的会摧毁汽车产业的就业机会吗? 如果真是这样,数量大致相同的工作机会是否会在其他产业被创造出来?

c. 罗伯茨这个问题的巧妙之处在于:如果选民们知道这种神奇机器实际上就是可以用于出口小麦和进口汽车的货轮,他们对该机器的态度会有何改变?

5. 如果你有时间驱车前往汽车之城——美国密歇根州的底特律(Detroit, Michigan),你一定会在很多汽车的车尾保险杠上看到这样的贴语:"购买美国货!"(Buy American),或者"还没找到工作? 继续购买外国货吧!"(Out of a job yet? Keep buying foreign!),或者"饿吗? 去吃你的外国车吧!"(Hungry? Eat your foreign car!)根据你在本章所学知识,解释这些车尾贴的出现。进口汽车损害了谁的利益? 谁又从进口汽车获得了利益?

6. 本章指出,对食糖的贸易限制导致美国消费者所支付的食糖价格比当时的世界市场价格高出 2 倍。然而,你不可能看到这样的车尾贴:"还缺钱吗? 继续对外国食糖征税吧!"或者"饿吗? 那可能是因为国内食糖太贵了!"想一想,为什么这样的车尾贴流行不起来?

7. 第 4 章介绍了自由市场有效率的三个条件。如果对进口商品征收关税,哪些条件不再成立,哪些条件继续有效?

思考和习题

1. a. 回顾一下:第 5 章有关最高限价和最低限价的

内容,我们用均衡价格下的一条水平线来表示最高限价。最高限价导致供不应求还是供过于求?

b. 图 19.1 中的水平线并不代表供不应求或供过于求。它代表什么?

c. 图 19.1 阐述这样一种情况:一个国家想要多少半导体就能以世界市场价格购买多少,那么,该国的人们为什么只购买 $Q_d^{自由贸易}$ 单位的半导体呢? 为什么他们不多买一些这种便宜半导体呢?

2. 图 19.1 说的是世界市场价格低于国内无贸易时的价格的情况。我们现在来看一下世界市场价格高于国内无贸易时的价格的情况。我们以下图中的飞机市场为例。

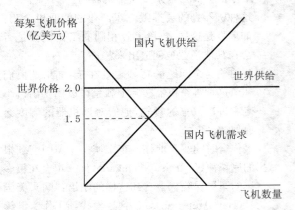

a. 在上图中,横轴标注 $Q_d^{自由贸易}$ 和 $Q_s^{自由贸易}$,这和图 19.1 有点相似。

b. 你会将 $Q_s^{自由贸易}$ 与 $Q_d^{自由贸易}$ 之差命名为什么?

c. 同样遵照图 19.1 标注"国内消费"和"国内生产"。

d. 与无贸易条件相比,国内飞机购买者——航空公司和诸如联邦快递(FedEx)这样的快递公司——在自由贸易条件下的购买价格是更高还是更低?

e. 根据你对 d 问的回答,你预期国内飞机需求者对飞机自由贸易是支持还是会反对?

3. 在这本教材中,我们讨论了佛罗里达种植甘蔗的农民通常使用大量肥料来增加产量。他们这样做的原因是其土地不太适合种植甘蔗。如果将上述转换成供给曲线图,这些佛罗里达蔗农是在供给曲线左下部分还是右上部分? 为什么?

4. 很多人都会告诉你,只要可能,就应该购买美国制

造的物品。有些人更甚,要你把钱都花在美国自己生产的物品上,只要可能。你如果在谷歌搜索引擎中输入"购买(某)国货"(Buy [any state]),就会找到一个鼓吹这种想法的相关网站。这种想法认为,如果你把钱用于购买本国生产的物品,那就是在支持本国的经济,而不是其他国家。按照这个逻辑,一个人是否应该只购买自己所居住城市所生产的物品呢? 甚或是自己所居住的街道? 这个思路会导致什么结果? 它和第 1 章里的大理念五有什么相关?

5. 一些支持贸易保护的人指出,那些与我们进行贸易的国家采取了"不公平贸易手段"(unfair trade practices),我们应该以我们的贸易保护主义措施进行反击。比如,印度政府对其钢铁产业进行补贴,美国的钢铁生产商显然会因此而受损,他们想要政府限制从印度进口钢铁。这个要求对印度钢铁加征关税的理由是否充分? 为什么?

6. 在 2002 年 3 月,小布什宣布对钢铁进口加征关税,以此来保护本国的钢铁产业。在该关税措施实施前的 2 月份,美国生产了 740 万公吨的原钢,并以平均 363 美元每公吨的价格进口了大约 280 万公吨的钢铁制品。在关税措施实施 2 个月后,美国的钢铁产出增加到 790 万公吨,进口钢铁制品的数量下降到大约 170 万公吨,但进口价格上涨到大约 448 美元每公吨。下图展示了上述情况(图中估计的无贸易国内均衡点:价格 = 625 美元/公吨,数量 = 890 万公吨)。

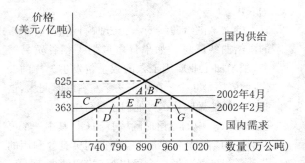

在图中标识出下列情况所代表的区域:

a. 关税导致的美国钢铁生产商的生产者剩余增加;

b. 关税导致的美国钢铁消费者的消费者剩余减少;

c. 关税带来的政府收入;

d. 关税导致的贸易利得损失(无谓损失)。

7. 计算上题每个小问对应区域的美元价值。试求:在无谓损失中,有多少价值应归咎于美国钢铁生产商以更高成本进行生产所导致的生产过剩?有多少价值应归咎于美国钢铁消费者的钢铁消费不足?

挑战

1. 在本章,我们集中讨论的例子是蔗糖进口关税阻止了所有的蔗糖进口。现在我们来思考下述情况:蔗糖进口关税只阻止了部分而非全部蔗糖进口。我们还将考察与之紧密相关的蔗糖进口配额情况。如下图所示,蔗糖进口关税导致美国蔗糖价格上涨至每磅 20 美分,但在这样的价格下,仍会有一些蔗糖在被征收关税后进口。

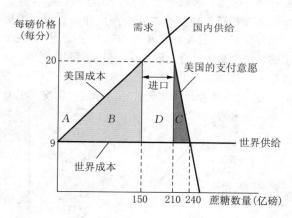

a. 标注自由贸易均衡点、关税均衡点、资源浪费、贸易损失和关税收入。

b. 我们现在想象一下,美国政府运用的不是关税,而是贸易配额来禁止蔗糖进口额高于 60 亿磅。(这等价于设想第一个 60 亿磅进口蔗糖的关税额为零,进口 60 亿磅蔗糖之后,关税即上涨到过高水平,以至不再会有蔗糖进口——这和关税制度的实际运作更为切合。)在贸易配额制度下,区域 D 代表什么?蔗糖进口商更偏爱关税还是配额?

c. 分配给不同国家的蔗糖配额是根据 1975—1981 年间从这些国家的进口数量来确定的。例如,2008 年,澳大利亚获得以低关税税率向美国出口 87 000 吨蔗糖的权利,而巴西只得到了以低关税税率向美国出口 11 500 吨蔗糖的权利。你认为这些配额应该如何分配给蔗糖出口国的企业?

d. 讨论一下配额和配额的分配是如何导致资源不合理配置的。与减少同等进口额的关税相比,这种不合理的资源配置所导致的效率下降更多。

2. 在《华盛顿邮报》(*The Washington Post*)2005 年的一篇文章《通向财富的道路名叫 K 大街》(*The Road to Riches Is Called K Street*)中,杰弗里·伯恩鲍姆(Jeffrey Birnbaum)提到,在华盛顿有 35 000 名注册游说者,他们的主要工作就是向联邦政府提要求。经验丰富的游说者会成为有权势政客的助手,每年至少可赚 20 万美元。很多游说者(并非所有)都是为了把消费者剩余转化为生产者剩余而努力促成贸易限制。

a. 我们这里只讨论要求贸易限制的游说者。如果美国准备修改宪法以永久性禁止所有关税和贸易限制,这些游说者就会失业,就不得不离开华盛顿去寻找"真正的工作"。这样的工作改变会提高美国生产率还是降低美国生产率?

b. 假如修改后的宪法得以颁布,这些游说者中的大多数人的薪水与之前相比,是上涨了还是降低了?

c. 你对 a 问的答案和对 b 问的答案之间有什么关系?

3. 我们来进一步思考后面"解决问题"部分中的问题。如果不能保证小汽车质量不变,你认为,在禁止进口后所生产的中国小汽车的质量会发生怎样的变化?它们还会像以前用于出口时的一样好吗?为什么?(提示:你认为中国会进口哪一类小汽车?低质量的还是高质量的?为什么?)

4. 本章的假设之一是美国食糖市场相对整个世界食糖市场是很小的,因此,当美国进入世界食糖市场,美国食糖消费者开始购买进口食糖,食糖的世界市场价格不会发生改变。如果我们放松这个假设,你认为会对图 19.1 有什么影响?其结果会与假设美国市场相对很小的情况有什么不同?

5. 下列表格是美国和哈萨克斯坦对亚麻籽(通常被用于食用油和营养补充剂)的国内需求和国内供给,价格以美元为衡量标准,数量以万蒲式耳为单位。

	价格	2美元	4美元	6美元	8美元	10美元	12美元	14美元	16美元	18美元	20美元
美国	Q_D	1 200	1 100	1 000	900	800	700	600	500	400	300
	Q_S	0	100	200	300	400	500	600	700	800	900

	价格	2美元	4美元	6美元	8美元	10美元	12美元	14美元	16美元	18美元	20美元
哈萨克斯坦	Q_D	550	500	450	400	350	300	250	200	150	100
	Q_S	150	300	450	600	750	900	1 050	1 200	1 350	1 500

在……的价格上	美国将希望	哈萨克斯坦将希望
2美元	进口1 200万蒲式耳	进口400万蒲式耳
4美元		
6美元		
8美元		
10美元		
12美元		
14美元		
16美元		
18美元		
20美元		

a. 哪个国家所生产的亚麻籽更便宜?哪个国家的消费者对亚麻籽的评价更高?

b. 填写最下面的那个表格:以第一行为例,填写美国和哈萨克斯坦在每个价格下愿意进口或出口的亚麻籽数量。

c. 如果美国和哈萨克斯坦进行自由贸易,且只在彼此之间,则亚麻籽的价格是多少?被用于贸易的亚麻籽的数量是多少?

d. 下列给出四个选民人群,判断美国和哈萨克斯坦的自由贸易会对每个集团的成员所产生的影响:受益还是受损?需要计算出每个国家的消费者剩余和生产者剩余的变化来支持你的观点。
　　ⅰ.哈萨克斯坦的亚麻籽买方;
　　ⅱ.哈萨克斯坦的亚麻籽卖方;
　　ⅲ.美国的亚麻籽买方;
　　ⅳ.美国的亚麻籽卖方。

e. 假设亚麻籽进口国的亚麻籽卖方游说成功,使政府出台了每蒲式耳亚麻籽加征4美元关税的政策。请描述这一政策对亚麻籽贸易的影响,以及对d问所计算的消费者剩余和生产者剩余的影响。这一关税政策会带来多少无谓损失?

解决问题

根据中国的政府数据,2012年中国进口小汽车100万辆。如果中国政府禁止小汽车进口,那么,这会对消费者剩余和生产者剩余产生什么影响?为简化分析,我们假设如果小汽车进口被禁止,小汽车的市场均衡价格将上涨5 000美元(保持小汽车质量不变)。

a. 在下图中,绘出中国允许小汽车进口情况下的总贸易利得。

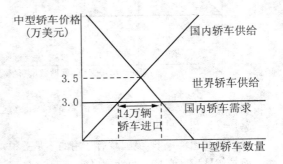

b. 一旦中国禁止小汽车进口,会损失多少美元的贸易利得?(提示:本章提供了计算公式。)

c. 如果小汽车进口被禁止,中国小汽车生产者的境况会得到改善,但中国消费者的境况会变差。上图中有一个多边形表示由消费者剩余转化来的生产者剩余。在多边形内标注"转化"一词。(提示:不是你在b问中计算的区域。)

20 国际金融

"**为**什么我们要在中国和日本花钱,而不把钱花在俄亥俄州和密歇根州?"

"为什么美国有那么大的贸易逆差?"

"我们需要把钱花在本国产品上,而不是流向国外。"

这是对全球化和国际金融所产生的一些普遍性疑问和抱怨。世界经济相互联系得越紧密,这类问题的重要性就会越明显。

在第 2 章,我们讨论了专业分工和贸易是如何使我们充分利用知识分工、规模经济和比较优势,并由此提高生活水平的。无论居民在国内进行贸易,还是与国外进行贸易,都会有贸易利得产生。

在我们讨论贸易时,牢记那些基本原理是重要的,但我们还想更多地了解每天在财经博客和新闻报纸上所谈论的那些国际金融事件。美元"坚挺"(Strong)或"疲软"(Weak)意味着什么? 什么是贸易逆差? 它是否比贸易顺差更糟糕? 一些示威者为什么要反对世界银行(World Bank)和国际货币基金组织(International Monetary Fund)? 这些奇怪的组织是干什么的?

我们将会明白,一些国际金融知识是极其有用的。如果你想做国际性生意、进行国际性投资或者想理解汇率危机是如何破坏经济的,就需要知道有关国际金融的一些基本事实。学好国际金融还会有助于你选择度假的最好所在。理解了国际金融,你甚至会明白为什么很多詹姆斯·邦德(James Bond)主演的电影都会在瑞士选一个景。

表面上看,国际金融是经济学中最深奥难懂的领域之一,因为不同货币的存在令人困惑。让我们从支持本章论述的一些关键原理开始:

1. 当持有不同货币的不同国家的人们进行贸易时,会产生贸易利得,这正如持有同一种货币的一个国家内的人们相互进行贸易可以获得贸易利得一样。

2. 储蓄率是理解国际贸易和金融的一个关键变量。

3. 市场均衡意味着持有或支出一种货币的边际收益等于持有或支出另一种货币的边际收益。这听起来简单,但它是理解一种货币相对于另一种货币的价值的基础。

20.1　美国的贸易逆差和你的贸易逆差

让我们从深入考察贸易逆差开始。2013 年,美国出口(卖)到中国的商品价值 1 220 亿美元,从中国进口的商品价值 4 400 亿美元。美国出口到中国和从中国进口的商品差额为 3 180 亿美元,这就被称为美国对中国的**贸易逆差**(trade deficit)。

当一个国家的进口价值超过出口价值的时候,就发生了**贸易逆差**。

美国对中国的贸易逆差存有争议。一些政客对贸易逆差的反应就像美国首位女性众议院议长南希·佩洛西(Nancy Pelosi)所呼吁的:美国需要对所有从中国进口的商品征收关税。为了更好地理解这个争论,我们从身边的一些贸易逆差,或者说你与当地超市的贸易逆差开始。

你在 Giant、Safeway 或 Piggly Wiggly 这些超市买过东西吗? 如果买过,那么你就处于与这些商店的贸易逆差境遇。也就是说,你从这些商店买的东西多过它们从你这里买的东西(当然,除非你在这些商店工作或者是出售农产品给这些商店)。作为本书的作者,我们就处于与超市的贸易逆差境遇。事实上,我们已经承受多年与 Whole Foods 超市的贸易逆差,那么,我们与 Whole Foods 超市的这个贸易逆差有问题吗?

当一个国家的出口价值超过进口价值的时候,就发生了**贸易顺差**。

我们的这个贸易逆差并不是问题,因为我们与其他人的**贸易顺差**(trade surplus)使之抵消了。是谁呢? 是你们——学生们。不管是我们教授你们知识还是你们购买了我们的书,你们从我们这儿买的都多过于我们从你们那儿买的。我们出口教育给你们,但是我们并没有从你们那里进口产品和服务。简之,我们在承受着与 Whole Foods 超市的贸易逆差的同时,也处于与你们之间的贸易顺差。事实上,正是因为我们与你们之间的贸易顺差,我们才能承受与 Whole Foods 超市的贸易逆差。感谢你们!

上面所说的道理很简单,那就是贸易逆差和顺差比比皆是。

实际上,单就美国对另一个国的贸易逆差来说,这并不值得特别担忧。国家之间的贸易非常相似于个体之间的贸易。不是每个人或每个国家都能一直持有贸易顺差。突然而至的贸易逆差似乎不是什么困扰,即使"逆差"这个词听起来像是一个问题或是经济缺陷。

如果美国不只对中国、日本、墨西哥有贸易逆差,而是对整个世界都有贸易逆差(实际情况正是如此),那么怎么样呢? 这是个坏事吗?

这需要进行一些更深入的研究。截至目前,我们只讨论了商品从商店到你家或是从中国到美国的流动,但是,对应着商品的每次流动,都有一个反方向的货币或债权的流动。当中国卖商品给我们的时候,我们用美元为这些商品进行支付。中国(或者其他国家)不会当下就使用所有那些美元去购买美国的商品,因此,美国就在承受净贸易逆差。中国会如何处理这些美元呢? 这是我们要担忧的理由吗? 要回答这些问题,我们需要更多的工具和更多的术语。

20.2　收支平衡表

收支平衡表是指一个国家居民和世界其他地区居民之间所有经济往来的年度概括。

让我们从国际收支平衡表开始,**收支平衡表**(balance of payments)是指一个国家居民和世界其他地区居民之间所有经济往来的年度概括。收支平衡表记录了产出和服务的销售,也反映了包括股票、债券、贷款和所有权在内的债权转移。我们也可以讲,与一个特定国家(比如中国)的收支平衡表。

这听起来有点难懂,但是让我们回到你对当地超市的贸易逆差这个例子上。你在超市花钱,但你也通过工作挣钱。最简单的情况下,在没有负债也没有投资的时候,一个人的贸易逆差一定和其他的贸易顺差平衡。换句话说,如果你想花钱,你就必须挣钱,只有这样,你的收支平衡才是事实上的平衡(净支出为零)。

现在让我们通过增加一点借贷来使问题更真实。设想你申请到一份学生贷款去支付课本费、学费和住宿费。你不得不在将来某日偿还贷款,但在目前,你处于贸易逆差。你在花钱,但并没有赚钱或出口等价的产品和服务。在这种情况下,你的贸易逆差由贷款来抵消,这个贷款就被称为**资本流入**或**资本顺差**(capital surplus)。当把你的贸易逆差和资本顺差进行相加以后,收支再一次平衡,收支差额为零。

> 当外国资本流入大于本国资本流出的时候,就说该国处于**资本顺差**。

长期来看,除非你拖欠贷款,否则你的贸易逆差必须消除,它必须转换成贸易顺差。就是说,将来你要找到一份工作并用你赚到的钱来偿还银行贷款。偿还银行贷款限制了你的未来消费,也就是你对产品和服务的购买能力。但综合考虑,如果你有好的投资机会,较早借款可能仍然是个好主意。

我们已经理解你可以通过工作或贷款来为你的贸易逆差融资,那么,你还有其他方法来弥补贸易赤字吗? 如果你从以前的交易活动中获得了资产,那你就可以卖掉那些资产去还贷。例如,如果你拥有土地,你就能卖掉一些土地,带来资本顺差,从而抵消你目前的逆差。同样地,如果你拥有现金储备,那你就能用这些现金储备来为你的逆差融资。你在以前交易中获得的资产或现金越多,你在当前入不敷出的情况下还能维持夜夜笙歌生活方式的时间就越久。注意,当我们把贸易逆差、资本流入和储备资产变化进行加总时,收支依然平衡。

我们用一个总是成立的恒等式来表示这些关系:

$$收入 - 支出 = 债务变化 + 资产所有权变化 + 现金储备变化$$

如果收入少于支出,你就会处于贸易逆差。逆差必须被债务增加(写为负数)、资产出售和现金储备减少所抵消。反之亦成立:如果收入远大于支出,那么随之而来的贸易顺差也一定会被债务减少、资产购买和现金储备增加所平衡。

如果你能理解这个方程——这的确是你每天都在经历的事——你就能够理解国际金融的基本分类。但是,当我们转而分析国家这个更高的层次时,所用术语就会变得有点复杂。

表示国际收支差额的是一个相似的表达:

$$经常账户 = (-)资本账户 + 官方储备变化$$

下面我们来具体解释每一个术语。

20.2.1 经常账户

> **经常账户**等于贸易余额、国外资本净收益与净转移支付三者之和。

经常账户(current account)是以下三个项目的总和:

1. 贸易余额(出口的产品和服务的价值减去进口的产品和服务的价值);

2. 国外资本净收益，包含利息和股息；

3. 净转移支付，例如国外援助。

把这些项目统一在经常账户下，是因为它们所衡量的交易都在当前时期（current period）彻底完成或结束，它们不需要在未来有任何进一步的资金转移。如果将这些范畴用一个人的情况来打比方，贸易余额就像是你的收入减去支出；国外资本净收益就像是你从 10 岁时祖母给你的债券中所获得的收入（"从国外获得的利息收入"）；净转移支付就像是亲戚给你的钱（国外援助）。

现在，我们要把这些概念运用于美国。从一方面来说，美国经常账户数额应该较大且为正：(1)美国出口许多拖拉机；(2)加拿大的美资蜂蜜厂派送很高的股息给美国人；(3)美国接受外国的援助（这种情况不常发生）。从另一个方面考虑，美国的经常账户应该较小且为负：(1)美国从智利进口葡萄；(2)德国在佛罗里达州进行投资，并给德国人派送股息；(3)美国对阿富汗人民进行援助。

随着时间推移，一个国家经常账户的第二项和第三项会保持稳定。为简化分析，我们认为经常账户仅包括贸易余额，即出口减去进口。但是要牢记：对有些国家而言，第二项和第三项是很重要的。例如，外国援助对较小和较穷的国家是很重要的，它甚至达到 GDP 总量的 10% 或者更多。但当谈到美国的情况时，贸易余额和资本账户才是我们要更多研究的内容。

20.2.2　资本账户，有时也称为金融账户

资本账户（capital account）是衡量外国对本国资产（包括诸如股票、债券这样的金融资产，也包括实物资产）所有权的变化。当中国政府购买美国政府债券或日本人购买像曼哈顿洛克菲勒中心那样的资产，美国的资本账户就会增加。更一般地说，当一个国家吸引的投资超过它的资本流出，这个国家就会处于资本账户顺差。当一个国家被投资所遗弃，这就叫资本账户逆差；一个例子就是津巴布韦居民宁愿把钱寄往国外，也不在腐败独裁统治下的本国进行投资。尽管没有津巴布韦明显，但在新西兰有许多澳大利亚公司控股的银行，这代表着资本从澳大利亚到新西兰的流动。

注意：资本账户不同于前面所提到的经常账户中的第二项"国外资产净收益"。当一个比利时人购买美国股票，美国的资本账户增加（更多钱流入美国）。三个月后，还是这个比利时人从美国公司中分到股息，美国的资本账户就会减少，因为对比利时来说，"国外资产净收益"更高了。资本账户衡量的是诸如购买股票这类导致未来现金流动的交易；经常账户衡量的是当前的资金流动。

资本账户中的投资可分为以下三类：

● **国外直接投资**（foreign direct investment，FDI）：国外投资者在美国建造的新工厂或开展的其他的具体而有形的投资业务。

● **有价证券投资**（portfolio investment）：外国人对美国股票、债券和其他资产权利的购买，和 FDI 不同，它改变的是既存投资的所有权，不会直接产生新的净投资。

● **其他投资**（other investment）：通常由银行存款的转移构成。例如，一个富有的法国公民可能会把他的银行账户从巴黎转移到纽约。

20.2.3 官方储备账户

第三类衡量的是政府持有的储备和通货。这包括国外通货、黄金储备和 IMF 特别提款权（special drawing rights，简称 SDRs）。为简化分析，我们只讨论外国通货。有时，各国政府会储备美元或者其他货币如欧元。现在中国政府和中国人民银行已经储备了超过价值 1 万亿美元的美元和以美元计价的资产。

20.2.4 三个部分如何结合在一起

为了总体上理解收支平衡，我们要更具体地考虑这个会计等式是如何保持平衡的。假设沃尔玛决定从中国进口更多玩具，对这些玩具的支出就会增加美国经常账户上的赤字。中国的玩具制造商收到了这些美元之后，就必须要用它们做些什么。如果他们用这些钱去购买美国的拖拉机，美国的经常账户就又恢复平衡；如果他们拿这些钱去美国投资（例如购买股票），美国的资本账户顺差将会增加上述等价量；如果他们把钱存入纽约的银行，美国的资本账户顺差就会增长（这次增长的是资本账户中的"其他投资"项目）；如果他们把钱存入中国的银行，官方储备就会发生改变。不管他们如何处理这笔钱，美国的收支都会保持平衡。

20.2.5 一枚硬币的两面

收支平衡表的主要变化通常来自于经常账户和资本账户，而不是官方储备。所以如果一个国家——例如美国——正处于经常账户逆差，那么，它会通过资本账户的顺差而获得收支平衡。相似地，一个国家——例如中国——通常就存在经常账户顺差和资本账户逆差。

图 20.1 向我们展示了美国从 1980—2013 年的收支平衡情况。注意：那两个账户接近于彼此的镜像——当经常账户出现顺差，资本账户就会是逆差；反之亦然。（事实上，两者之间的差额几乎都可以归因于统计上的偏差和识别所有金融交易的困难。）

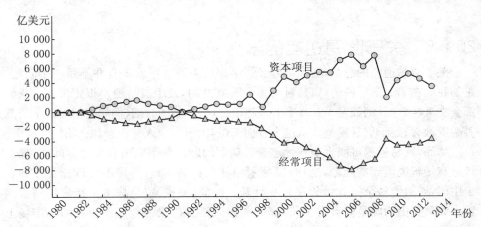

资料来源：Bureau of Economic Analysis。

图 20.1 1980—2013 年间的美国收支差额

经常账户和资本账户是一个硬币的两面。媒体和政客一般会强调贸易逆差,但硬币的另一面——资本账户顺差同样值得关注。

既然我们已经知道贸易逆差一般会被资本账户顺差所抵消,那么就让我们回到开头的问题,即问一问贸易逆差对国家来说是否是一个问题。首先,要注意这个问题类似于资本账户顺差是否是一个问题。顺差听起来比逆差要好,所以,当很多认为贸易逆差不是问题的经济学家只关注贸易逆差的另一面——资本账户顺差的时候,你就不要为此而惊奇了。我们称关注资本账户的观点中最乐观的观点为"投资乐土"(Great Place to Invest)说,不那么乐观的观点为"储蓄过少不明智"(Foolishly Saving Too Little)说。我们从乐观主义开始。

"美国是投资乐土"   根据这种观点,贸易逆差是由外国人想在美国——这个世界上最富有的国家,最大的统一市场——投资造成的。外国人不是用美元去购买美国汽车,而是用美元来购买债券和股票,这种投资流入对美国是有利的。资本账户的顺差需要经常账户出现逆差,但这并不是一个问题。在美国的投资会创造更多的财富,这使得美国人在偿还未来债务时不会出现大问题。事实上,从这种观点来看,美国人现在借入和出售资产就像为建中学而借钱或出售资产一样——这不是一个问题,因为未来的高收入会偿还今天的投资。这种观点的倡导者有时谈到:世界上的其他地方存在"储蓄过度"(savings glut),也就是说这些地方虽然有大量储蓄,却没有比美国更好的投资去处。

然而,并不是所有关注资本账户的经济学家都持有这种乐观态度。考虑一下,为什么资本会流入?问一问,美国人的储蓄为什么会如此低?这都是有必要的。我们称这种观点为"储蓄过少不明智"说。

"美国人储蓄过少不明智"   根据这种观点,资本之所以流入美国,是因为美国人的过度消费和储蓄不足。这种观点的支持者经常把贸易逆差与财政赤字联系起来。美国政府支出超过政府税收,其差额通过向外国人借款来补足,从而造成资本账户顺差。根据这种观点,清算的那天终将来临。外国在美国的投资,代表着对美国资产的所有权,总有一天,美国政府不得不去偿付这些投资。这将降低美国人的生活水平,带来更高的税收,也带来经济调整的痛苦。从这种观点来看,美国人的借贷就像是借款买了满鞋柜的 Manolo Blahnik 高端名鞋——爽了一把,但不见得明智。

20.2.6　关于贸易逆差的总结

关于贸易逆差的总结是:大部分经济学家认为贸易逆差本身并不是一个问题。正如我们在第 2 章所讲的:贸易对美国是有好处的,处于贸易逆差很正常——我们都会在某些方面(例如对 Whole Foods 超市公司)和某些时期(例如我们用助学贷款去融资教育)处于贸易逆差。从这个方面来说,国家和个人并没有什么不同。

然而,贸易逆差可能表明或标志着低储蓄问题。如果美国有低储蓄问题,那么最好直接解决低储蓄问题,这样,贸易余额就会自动调整;美国不应该把责任归咎于中国,或对贸易余额具体数字斤斤计较。配额、关税、贸易战不可能解决储蓄问题。如果美国的确是储蓄太少了,那么美国人至少应该为他们还能在国际市场上借到钱以保持高水平投资而感到庆幸。

如果美国人储蓄太少,通过税收提高和支出削减来减少预算赤字会更有意义。

在"储蓄过少不明智"说看来,美国花费太多,政府所要做的就是要通过储蓄增加来缓解这个问题,这意味着政府要向预算平衡甚或顺差靠近。我们在第 17 章已经深入讨论过政府的预算赤字。

现在,让我们转向讨论汇率。使用收支平衡等式中的概念,我们会理解供给和需求是如何决定不同货币的相对价值的。

自我测验

1. 一个内布拉斯加州林肯市的居民购买了一部价值 30 000 美元的德国跑车。这会使美国的经常账户发生什么改变?
2. 一个德国跑车制造商在卡罗来纳州南部新建了一个工厂。这会如何影响美国的经常账户和资本账户?
3. 经常账户逆差与资本账户顺差之间有联系吗?

20.3　什么是汇率?

大部分(但不是全部)国家最常用的支付手段是本国货币而不是美元。所以,如果你到国外旅行且欲购买当地产品和服务,通常不得不用美元去买外国的货币。**汇率**(exchange rate)是指用另一种货币来表示的一种货币的价格。

雅虎财经(Yahoo! Finance)每天都会刷新图 20.1 的内容。图 20.1 给出的是 2010 年 9 月 8 日的汇率。

汇率是指用另一种货币来表示的一种货币的价格。

搜索引擎:要得到当前汇率信息,可搜索"Yahoo currency converter"。

表 20.1　主要货币汇率

货　币	美　元	日　元	欧　元	加拿大元	英　镑	瑞士法郎
1 美元	1	83.935	0.785	1.039 1	0.646 1	1.013 3
1 日元	0.011 9	1	0.009 4	0.012 4	0.007 7	0.012 1
1 欧元	1.273 9	106.924	1	1.323 7	0.823 1	1.290 8
1 加拿大元	0.962 4	80.776 6	0.755 5	1	0.621 8	0.975 2
1 英镑	1.547 7	129.910 2	1.215	1.608 3	1	1.568 3
1 瑞士法郎	0.986 9	82.833 3	0.774 7	1.025 5	0.637 6	1

我们可以横向或纵向来读这个表。纵向来读,我们知道 1 日元的价格是 0.011 9 美元,1 欧元的价格是 1.273 9 美元,1 加元的价格是 0.962 4 美元,等等。横向来读,我们知道 1 美元的价格是 83.935 日元、0.785 欧元、1.039 1 加元,等等。注意:通常有两种方法来写一种货币的价格。我们可以说 1 日元的价格是 0.011 9 美元,也可以说 1 美元的价格是 83.935 日元。这有时会引起混淆,所以你通常要确保知道所讲的汇率是哪个汇率。

20.3.1　短期的汇率决定

汇率,像其他市场价格一样,由供求决定。每一种货币的价格都可以用每一种其他货币来表示。在任何给定时刻,一种货币的汇率由这种货币供给和这种货币需求的交点所决定。例如，图 20.2 表示出日元的供给和需求以及每 1 日元所兑美元的汇率。

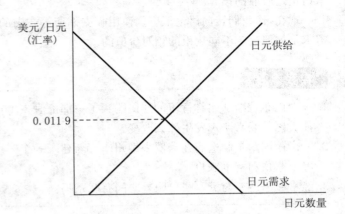

注：汇率(购买 1 日元所用的美元)由日元的供给和需求决定。在这种情况下，均衡汇率是 1 日元兑 0.011 9 美元。

图 20.2　汇率由货币的供给和需求决定

　　注意：纵轴表示的是美元/日元，这是 1 日元的美元价格。如果这个价格上升——即沿着纵轴向上移动——这意味着日元更趋坚挺，即购买 1 日元需要更多美元。如果这个价格下跌，就意味着日元更趋疲软。

　　在本章，当我们分析日元供给和需求时，我们通常把日元价格(美元/日元)放在纵轴上；当我们分析美元供给和需求时，我们就会把美元价格，例如欧元/美元放在纵轴上。*

　　现在让我们来看看会使需求和供给曲线发生移动的因素。

　　对一种货币的需求发生变化　第一个原理很简单：

　　1. 一个国家出口商品的需求增加(减少)，则该国的货币价值增加(减少)。

　　当日本汽车风靡世界，这就提高了日元货币的价值。例如，当美国的汽车经销商要订购更多的日本丰田车时，他们就必须(最终)用日元来为这些汽车支付。因此，对日本商品的需求增加会使日元的需求曲线向右上方移动，如图 20.3 所示：

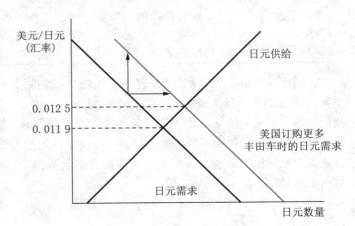

注：丰田车需求增加提高日元需求，日元需求曲线向外移动(向右上)。日元需求增加使汇率从 0.011 9 美元/日元提高到 0.012 5 美元/日元。

图 20.3　对日元需求的增加提高了日元的价格

---

　　*　然而，其他教材或资料可能会把"日元/美元"而不是"美元/日元"放在价格轴上。这两种表示方法都是正确的，只要你自己清楚你用的是哪个。

　　通常,需求增加使价格提高。在本例中,日元价格从 0.008 5 美元/日元提高到 0.009 0 美元/日元。一种货币的价格提高也叫**升值**(appreciation)。

　　出口增加并不是改变货币价值的唯一途径,我们还有第二条原理:

　　2. 一个国家对外资越有(没有)吸引力,则该国的货币价值就越高(低)。

　　自北美自由贸易区(North American Free Trade Agreement,简称 NAFTA)签订以来,随着墨西哥向真正的民主化演进,美国投资者越来越乐意在该国投资。为了在墨西哥进行投资,美国投资者必须把美元兑换成墨西哥比索,因此使比索的需求曲线向右移动,比索升值。在这里,"更坚挺的比索"就意味着"更疲软的美元"或者我们所思考的任意其他货币。

　　相反,撒哈拉以南的很多非洲国家政府不保护国外投资者的产权,因此,对这些国家进行投资的需求就很弱,对这些国家货币的需求曲线会向左移动,其货币价值会下降。

　　在所有其他因素都保持不变的情况下,高利率是吸引国外投资的另一个因素,它会提高对该国货币的需求。例如,如果新西兰的"新西兰债券"(Kiwi bonds)利率为 9%,而同期限的美国国库券利率是 4%,这就会提高新西兰货币的价值。[新西兰货币同样叫做"dollar",投资者为了与美国的 dollar 进行区分,就把它称作"新西兰元"(Kiwi dollar)]。投资者会更倾向于持有新西兰证券,所以他们必须使用新西兰货币,并进而使新西兰元的需求曲线向外移动。

　　还有一个原因会增强人们对某一货币的需求:

　　3. 对美元储备需求的增加提高了国际市场上的美元价值。

　　许多政府和中央银行都持有美元作为"储备货币"(reserve currency)。这仅仅意味着美元是首选的储蓄手段,它有更好的流动性。在世界各国出于官方储备目的而持有的货币中,美元大约占其总数的 2/3。

　　美元是真正的全球性货币。如果一个巴西公司从土耳其进口一台涡轮机,他们很可能用美元记账并用美元支付,而不是土耳其或巴西的货币;如果哥伦比亚的毒贩在后院掩埋货币,那埋藏着的很可能是美元。当这样的美元需求增加时,美元就变得更有价值,美元的需求曲线会向右移动。然而,如果哥伦比亚政府成功地阻止了毒品交易,美元需求将会下降,美元的需求曲线将会向左移动到原处。

　　顺便说下,瑞士法郎(Swiss franc)是另一种全球性储备货币。尽管瑞士是一个小国,但它有和平稳定的悠久传统历史,一定程度的银行保密性。瑞士法郎被看作是一种"避风港"货币,即使世界的其他地方都在遭遇麻烦,其持有人也可以高枕无忧。这就是瑞士法郎之所以相对坚挺的一个原因。此外,众所周知的"坏人"都会在瑞士银行设有秘密账户(自"9·11"事件以后,金融调查增加,这些账户不再那么机密),把他们的一部分财富换成瑞士法郎。这就是 007 电影老在瑞士取景的原因之一,当然阿尔卑斯山搬上银幕后所呈现的壮观视效也是原因之一。

　　货币供给的改变　　货币供给的增加会使货币失去一部分价值,也就是说是货币的价格下跌。货币的价格下跌也被称为**贬值**(depreciation)。图 20.4 表示出货币供给增加的影响,供给曲线向右下方移动。

　　如果美联储增加货币供给,那么,美元相对其他货币就会出现价值下跌。如图 20.4 所示,在国际市场上美元价值更低。

　　你可以回忆一下第 12 章,津巴布韦政府印刷了数万亿的津巴布韦元,从而导致

升值是指一种货币用另一种货币所表示的价格提高。

贬值是指一种货币用另一种货币所表示的价格下降。

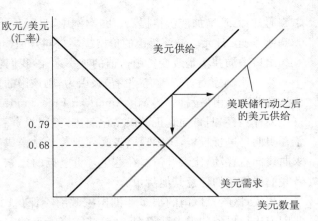

注：货币供给增加使供给曲线向右下移动，促使汇率下降。在图中，美联储增加了美元供给，用欧元表示的美元价格从 0.79 欧元/美元跌到 0.68 欧元/美元。

图 20.4　货币供给增加使其价格下降

津巴布韦的通货膨胀率激增。例如，自 2002 年始，1 津巴布韦元值大约 0.018 美元或刚低于 2 美分。伴随津巴布韦元供给的大幅上涨，其价值下跌，所以到 2006 年，1 津巴布韦元的价值已经低于 0.000 01 美元或大约千分之一美分。

意味着货币供给减少(或增速放慢)的紧缩性货币政策会使供给曲线向左上方移动，提高美元的价值，如图 20.5 所示：

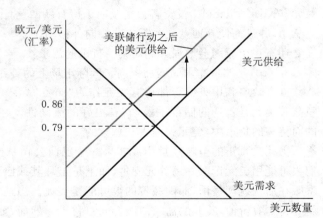

注：货币供给减少使供给曲线向左上移动。图中，美联储减少了美元供给，用欧元表示的美元价格从 0.79 欧元/美元上升到 0.86 欧元/美元。

图 20.5　货币供给减少使其价格提高

20.3.2　长期的汇率决定

类似图 20.4 和图 20.5 的变化，每天都在外汇市场上演。但我们需要一个更全面的解释，以勾勒出供给和需求曲线为什么会处于它们所在的最初位置，而不是仅仅说明这些曲线什么时候会发生移动。

从更全局的观点来看，我们要思考货币价值最终取决于它所能购买商品的价值。货币要购买的或者货币代表的是一种对产品、服务和投资的可能权利。给定这个事实，均衡的实现就要求在芝加哥、柏林、东京支出 1 美元——不管是花在产品、服务还是投资上——所产生的期望回报都是相同的。

在我们充分解释这个观点并用它更准确地说明汇率之前，我们必须首先概括出真实汇率和名义汇率之间的不同。

从前述章节，我们已经对真实变量和名义变量的区分很熟悉了。再重述一下，在本国背景下，1 美元的价值取决于产品和服务的价格水平。现在我们可以把相同的相对关系扩展到开罗、柏林和东京。1 美元在东京的价值取决于两方面：美元与日元之间的汇率；用日元衡量的产品和服务的价格水平。

如果去看看财经消息，你会发现 2010 年 9 月 8 日 1 美元能买到 83.935 日元。乍一看，日元似乎是一种非常弱势的货币。如果日元不弱势，为什么购买 1 美元要花费这么多日元呢？但是，如果你认为这个汇率反映了日元的疲软，那就错了。

如果我们说 1 美元能兑换 83.935 日元，我们知道，这指的仅仅是**名义汇率**（nominal exchange rate），它只是我们用一种货币去兑换另一种货币的比率，这是我们在报纸或之前所提到的雅虎财经上看到的汇率。

真实汇率（real exchange rate）是指一个国家的产品和服务去交换另一个国家的产品和服务的比率。例如，为了计算美国和日本之间的真实汇率，你需要知道名义利率和一篮子相似商品在美国和日本的价格。注意：在不同情况下，1 美元兑 80 日元的含义会有很大差异。它取决于一份寿司是值 1 日元、100 万日元或者大约 240 日元（这个大致是真实的价格）。如果一份寿司在美国值 2 美元，在日本值 240 日元，那么，真实汇率就是 1：1。

购买力平价定理 **购买力平价（PPP）定理**（Purchasing Power Parity Theorem）是指一种货币无论是在国内还是兑换成其他货币在国外，其实际购买力都应该大致相同。

换句话说，在调整过贸易成本之后，给定货币所能购买的产品和服务的数量无论在哪里都大致相同。核心思想是：你在芝加哥花掉的美元，或者兑换成日元在东京花掉（或者购买日本产品并把它们海运回国进行转售）所产生的收益是相同的。

更具体地讲，PPP 定理有两个预测：第一，丰田车在日本的成本应该和在加利福尼亚州的成本一样，这同样适用于其他单个产品；第二，一篮子产品和服务的成本在世界各地应该是大致相等的。

购买力平价定理是**一价定律**（law of one price）的应用。一价定律是说，如果贸易自由，那么，同一种商品在世界各地的价格都大致相同。如果丰田车在东京更便宜，那么人们就会在东京购买丰田车，然后运到美国去卖；相反，如果丰田车在美国更便宜，人们就会在美国购买丰田车，然后运到日本去卖。当然，把汽车从一个国家海运到另一个国家并不是唯一的获取差价的方法。丰田可能会在美国田纳西而不是日本东京或者大阪建立新的汽车厂，从而来改变北美市场的供给。

这个例子只提到了汽车，但这个原理可以应用到更大范围的可能交易。在国内或国外花费 1 美元（日元或欧元等）的回报应该是大致相等的。汇率和价格会进行调整，以使那些回报都相等。这些调整将决定任何两种货币之间的真实汇率。

回想第 12 章所说：在长期，货币是中性的。我们用这个原理来解释在长期内货币供给为什么不会影响实际 GDP、真实利率或真实价格。这个原理在本章也完全成立，只不过这里涉及两种货币。因为货币在美国和日本都是中性的，美元供给和日元供给在长期内都不会改变真实汇率。换言之，政府或中央银行设定名义汇率，而市场力量决定真实汇率。然而，这通常只适用于长期。在短期，正如我们下面所要进一步讨论的，政府可以影响真实汇率——这一点对宏观经济政策非常重要。

购买力平价定理只是近似成立 购买力平价受到贸易成本、交易成本和资源分配成本的限制。这就是购买力平价只是近似成立的原因之一。至少有三个对贸易的约束使价格不会跨越国界完全等同：

1. 运输成本。 日本水泥的成本可能比加利福尼亚高得多，但是把水泥从加州海运到日本仍然无利可图。水泥非常重，海运会花费很大。购买力平价只适用于运输较为方便的产品。注意，很多个人服务——理发就是经典例子——不能轻易运输，尽管提供那些服务的劳动力有时可以从一个国家移民到另一个国家。因此，购买力平价可能更适用于那些船运相对便宜的商品，比如 iPhone 就比水泥或理发师更容易船运。

2. 一些商品根本不能船运。 在巴黎喝咖啡与在俄亥俄州郊区的星巴克喝咖啡是不同的，尽管咖啡是一样的。用船运输咖啡很便宜，但巴黎不可能被船运输。与此相似，加拿大伦敦 * 的一处公寓与英格兰伦敦同样面积的公寓相比，成本更低。但加拿大不可能把土地切割下来用船运到英格兰，所以公寓的价格不可能相等。更一般地说，土地和任何在生产中要用到很多土地要素的商品的价格在不同国家间都不会相等。

3. 关税和配额。 从政府税收或贸易限制的角度讲，不同国家间的价格不会相等。关税或配额阻碍市场交易，进而阻止不同价格间的套利行为。

上述限制表明对一篮子产品和服务来说，购买力平价只是近似而非严格成立。换言之，在英国伦敦生活的成本会持续高于在加拿大伦敦生活的成本。

服务业对购买力平价的偏离经常会很大而且持续时间较长。运输物品很容易，所以物品比难于运输的服务更容易趋于价格相等。服务在贫穷国家更便宜，因为移民法在一定程度上限制了劳动力从贫穷国家流向富裕国家。美国境内的工资比墨西哥境内高，结果，理发在墨西哥比在美国要便宜得多。为此，本书两位作者中更节俭的那一位，就经常在墨西哥旅行期间去理发。佣人在穷国也便宜得多。在墨西哥、印度或泰国，甚至一个中产阶级家庭就经常雇用许多佣人。内科医生的服务在穷国也很便宜，即使是受过高质量的西式训练的内科医生。这解释了为什么人们准备去印度做外科整形和髋关节置换手术——顺便还可以在手术完成之后去泰姬陵观光。电脑、iPod、手机和其他容易运输的商品在贫穷的国家并不总是更便宜。

真实世界与购买力平价有多相符，这取决于相关国家及其相互之间的交易便利度。随着贸易成本降低，购买力平价更可能成立；随着贸易成本上升，购买力平价的适用性就降低。购买力平价在美国和加拿大（相似邻国）之间比在日本和墨西哥之间更容易成立。注意，可贸易与否只是一个程度问题，而非绝对，所以购买力平价的有效程度也是一个程度问题。

购买力平价在长期比在短期更有效。在短期，贸易成本会阻碍企业家消除价格差异的努力；在长期，企业家更有可能找到使价格在不同国家更趋接近的方法。

当谈到短期，在购买力平价所确定的界限内，经济学家仍在争论日常汇率变化的原因。每天大约有 4 万亿美元的外汇交易发生，这些交易的大部分都是出于投机目的，投机者设法看透市场而获利。短期内日常价格运动的起伏很大程度上是由心理和预期所决定。交易者估测由供给和需求所决定的市场的长期走向；但是，一些短期交易仅仅估测其他交易者的短期行为。有时候，那些较小的短期汇率变化被称为"噪音"（noise）——这是经济学家承认自己不理解造成这些变化的原因或它们意味着什么时的一种委婉说法。

---

* 加拿大安大略省的西南部有一座城市叫"伦敦"（London），与英国首都同名。——编者注

1. 如果美元是避风港货币且风险增加,那么,这会对美元的价值有何影响:使它升高还是下降?
2. 如果美联储提高了货币供给,这会对美元相对于欧元的价值有何影响?
3. 如果购买力平价成立,名义汇率是 1 英镑兑换 2 美元,那么一个在纽约卖 4 美元的麦当劳巨无霸汉堡在伦敦应该买多少钱?
4. 关税是如何影响购买力平价的?

20.4 货币政策和财政政策如何影响汇率,以及汇率如何影响总需求?

货币政策和财政政策会改变一个国家的汇率和贸易差额(出口减去进口)。为了理解这是如何发生的,我们要牢记购买力平价(对可贸易产品而言)的近似版本在长期是成立的,但在短期内偏离购买力平价是可能的。

20.4.1 货币政策

想象一下,美联储通过公开市场操作——这个概念我们在有关美联储和货币政策的一章中谈论过——提高 $\vec{M}$。$\vec{M}$ 增加使美元的供给曲线向右下方移动,从而导致汇率更低(贬值)。短期内美元价格具有粘性,所以,就世界其他地区而言,这就仿佛美国产品在打折!让我们更详细地分析。

设想卡特彼勒(Caterpillar)*拖拉机售价 5 万美元,汇率开始的时候为 1 欧元/美元,所以,在欧洲,卡特彼勒拖拉机值 5 万欧元。现在假设美联储的行动使美元汇

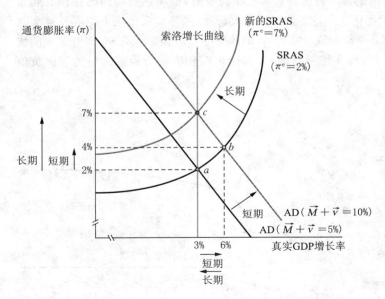

注:货币供给增长率的提高使汇率下降(贬值)。结果,出口增加,AD 增加,增长率增加,经济从 a 点移动到 b 点。在长期,国内通货膨胀率增长到足以还原真实汇率使其不再拉动出口,经济移动到新的长期均衡 c 点。

图 20.6 短期内货币贬值使总需求增加

---

* 财富 500 强公司之一,总部所在地美国,主要经营工业农业设备。——译者注

率贬值,所以一个欧洲人只需要 0.8 欧元就能兑换 1 美元。拖拉机的美元价格仍然是 5 万美元,但是因为汇率改变,拖拉机的欧元价格从 5 万欧元跌至 4 万欧元,这实质上是折扣 20%。因此,美元贬值将提高美国出口。回想第 12 章,出口增长使总需求增加,这在短期内拉动了经济。

图 20.6 表示了这个过程。记住:这和我们在第 13 章和有关货币和财政政策的章节所讨论的总需求增加分析完全相同。唯一不同的是总需求曲线移动的原因现在是汇率贬值,而移动方式与之前的分析完全一样。

经济从长期均衡点 a 开始。$\vec{M}$ 增加导致汇率贬值,这接着就会降低美国出口商品的价格。结果,出口增加,总需求增加,经济增长率增加,使经济在短期内到达 b 点。但是,在长期会怎么样呢?

在长期,货币是中性的,这意味着国内价格将会提高到与 $\vec{M}$ 匹配的程度。结果,名义汇率将会更低,但是真实汇率——在长期——如果有改变的话,也不会改变太多。所以,在长期,真正的贬值(美国出口商品的销售)被证明是暂时的,所以对出口的拉动也是暂时的。但是,如果 $\vec{M}$ 增长不可逆转,美国的通货膨胀率就会提高。因此,长期来看,美国经济会从 b 点移动到 c 点,对真实产出的拉动作用不是永久的。

然而,我们明白了政治家和中央银行之所以喜欢提高货币增长率 $\vec{M}$ 的另一个原因。$\vec{M}$ 的增长通常会拉动一个国家的出口和就业。这看起来是使经济运行得更好,至少在短时间内是如此。但是通常情况下,这种对经济的拉动是暂时的,只是提高了高通胀的可能性。

此外,虽然本币贬值使出口更便宜,但也使进口更贵。国家以合适价格到国外投资或进口商品的能力下降,这就是更低汇率所带来的不明显但却真实存在的成本。虽然如此,但更低的汇率仍然代表了一种政治诱惑,正是因为至少在短期内出口增加使得经济看起来更强劲。

上述是对总产出而言。当谈到真实汇率自身时,市场达到均衡的路径看起来像图 20.7 所描绘的那样。一旦美联储宣布要行动,国际货币市场上的美元就会立即发生运动。大部分产品和服务的价格,即使伸缩性较强,也不会立即对美元的快速运动做出反应。所以,在第一时间,美元会出现扣除物价因素之后的国际价值降低。

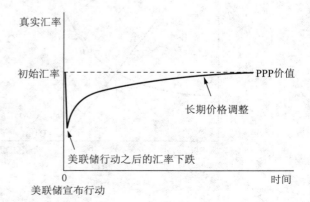

注:$\vec{M}$ 增长增加美元供给,因此引起名义汇率贬值。国内价格具有粘性,所以起初的名义贬值也是实际的贬值。随着时间推移,国内价格上升,所以长期内真实汇率回归到近似由购买力平价所决定的基础价值上。

图 20.7   真实汇率的动态性

当 $\vec{M}$ 减少,这个过程就会反方向变化。在短期,真实汇率将会升值,导致在世界市场上美国的出口产品变得更贵。在长期,真实汇率会在近似 PPP 价值上重新确立。注意我们再次理解了为什么有高通胀的国家——那些本该降低 $\vec{M}$ 的国家——不愿意这么做。短期内,$\vec{M}$ 减少使出口下降,导致总需求下降和短期内的实际增长率下降。

20.4.2　财政政策

扩张性财政政策或预算赤字的增加,都会使国内利率上升。正如第 8 章和第 17 章所解释的那样,当政府借更多钱,可贷资金需求曲线就会向外移动,利率就会提高。

结果,更高的利率将带来国家——让我们以美国为例——在资本账户上的更大顺差。就是说,更多的外国人会希望投资于美国以分享那些高利率。对投资的更多需求将导致美元升值。美元升值对美国出口会有什么影响呢? 升值使美国的出口商品更贵,从而减少美国的出口。因此,预算赤字会导致贸易赤字。有时,这被称为"双赤字"(the twin deficit)。

我们现在再看一个财政政策的局限。政府新增支出所拉动的国内总需求增加,会在一定程度上被新的更高的真实汇率下的产品出口不畅所抵消。总需求——来自国内的需求加上来自国外的需求——可能根本就不会增加。换句话说,经济越开放,我们第 17 章所讨论的新凯恩斯主义有关财政政策的论点越站不住脚。这也是作为宏观经济管理工具之一的货币政策通常比财政政策更重要的另一个原因。

自我测验

1. 在短期,如果美联储提高货币供给,出口会发生什么变化?
2. 在开放经济中,是货币政策还是财政政策会更有效?

20.5　固定汇率与浮动汇率

截至目前,我们已经探讨了开放世界市场所决定的货币价格的浮动汇率制情况,纵观历史和当前,这是世界上最为普遍的情形。

在其他情形下,世界上仍有**固定汇率**或**钉住汇率**制(fixed or pegged exchange rates)。这种制度下,一种货币对另一种货币的汇率不是每天都波动。固定汇率制有三种形式:

1. 简单采用另一个国家的货币。

巴拿马、厄瓜多尔和萨尔瓦多全都使用美元作为本国的流通货币,这就叫**美元化**(dollarization)。这些国家的中央银行在管理其货币供给方面不会采取积极行动。

这种做法的弊端是厄瓜多尔不得不购买和储备足够的美元去用做流通货币。其优势是一旦实施制度,厄瓜多尔就能挂靠美国的货币政策。一旦完成了制度上的过渡,共同货币就会自动发挥作用。总的说来,美联储可能要比厄瓜多尔中央

浮动汇率是主要由市场力量所决定的汇率。

固定或**钉住汇率**意味着政府或中央银行承诺在一个固定汇率下对本国货币和其他货币进行兑换。

美元化是指美国之外的国家采用美元作为其流通货币。

银行做得更好。实际上,在厄瓜多尔决定实行美元化的 2000 年,其通货膨胀率超过 50%,而今天厄瓜多尔的通货膨胀率大致在跟随美国,这当然比以前要低得多。

2. 建立货币联盟。

许多欧洲国家放弃了本国货币而创造出欧元(euro)——一种在欧盟监管下由 17 个欧洲国家(2014 年以前)分享的共同货币。比较富裕的欧洲国家,如德国和法国,把欧元看作是经济上统一欧洲的途径;一些较贫穷的国家,如希腊,把欧元看作一种获得更稳定货币的方式。无论如何,所有这些国家都允许欧洲中央银行控制它们的共同货币政策。欧元不属于任何单一国家,但它是独一无二的,至今没有任何其他的类似货币出现。然而,在 21 世纪初,欧元开始承受相当大的压力。欧元的主要困境其实很简单:欧元区的一些国家,比如希腊,想实施较为宽松的货币政策,因为希腊经济在 2000—2010 年一直在收缩。这些国家希望用货币政策来刺激总需求。而欧元区的其他国家,比如德国,其经济发展快速,不希望实施宽松的货币政策。截至目前,德国得如所愿,但对于希腊或其他经济增长较慢的国家来说,是否要一直留在欧元区就成为一个待定问题。

3. 用高额储备支持一种货币并承诺以固定比率进行兑换。

一个经济体可以承诺在某一规定比率下将自身货币兑换成美元或者一些其他货币。持有充足的外币储备以确保货币兑换会使其承诺更可信。自 1983 年以来,中国香港地区就一直保证 7.80 港币兑换 1 美元,这要求香港的银行在任何发行货币的时候都要有充足的美元储备支持。澳大利亚在采用钉住欧元之前,曾经很多年里都采取钉住德国马克的政策。

当然,第三种选择是一个程度问题。经济学家所指的"钉住"描述了对一个指定汇率的相对固定的承诺。**不自由或有管理的浮动**(dirty or managed float)汇率制是指一个相对宽松的浮动汇率承诺。在不自由汇率下,尽管货币价值每天都在变化,但是,如果货币价值偏离银行预定或预先宣布的价值太远,中央银行或财政部就将介入干预。

> 在**不自由或有管理的浮动**汇率制下,币值并未钉住,但政府会通过各种手段干预币值,以确保其变动不会超过一个既定的范围。

20.5.1　钉住汇率的问题

选择钉住汇率已经变得越来越不受欢迎。许多国家都曾尝试货币钉住,但通常都会失败。例如,泰国、印度尼西亚、巴西、阿根廷和其他一些国家都试图使其本国货币钉住美元或者一篮子货币加权。在不同情况下,钉住汇率都被投机者破坏,这大部分是因为这些国家没有或不能与美国的货币和财政政策保持一致。设想一下,在整个 20 世纪 90 年代后期,假如 1 阿根廷比索的价值等于 1 美元,那么当你可以持有 1 美元的时候,你为什么还要持有 1 个阿根廷比索呢?

1991 年,阿根廷政府决定使本国货币钉住美元。此时,它承诺 1 比索可兑换 1 美元。市场暂时相信了这个承诺。当时阿根廷经济表现良好,外国投资蜂拥而至,阿根廷政府进行了很多令人满意的经济改革。

但是,随着时间流逝,人们开始怀疑钉住汇率是否还能维持。最终阿根廷经济的软肋开始越来越清晰地显现出来。政府不能带来真正的财政平衡。很多外国投资者开始相信钉住汇率终将崩溃,1∶1 的比率终将消失,这意味着 1 比索的价值终将低于 1 美元的价值。许多投资于比索的人开始从阿根廷撤出,或试图在 1∶1 比率无法维持之前把他们持有的比索兑换成美元。阿根廷本国居民也开始惶恐,许多人也试图把他们的比索兑换成美元。

比索兑美元的抢兑潮给比索带来很大压力。阿根廷政府没有足够的美元来保持钉住的价值。结果,比索价值开始从 1 美元(2002 年 1 月 6 日)跌落至 26 美分(2002 年 6 月 28 日),整个过程仅用五个半月。换言之,阿根廷政府不得不正式宣布实施一个新的更低的钉住汇率。

官方汇率的骤然下跌摧毁了阿根廷的经济声誉,撤资导致其银行系统崩溃。有时,这又被称作资本外逃(capital flight)。如果起初就没有实行钉住汇率制,很可能阿根廷人民的生活会更好。

总而言之,教训很简单:大部分国家不应该尝试钉住汇率制。一个有效的钉住汇率制要求非常严格地承诺有高水平的货币和财政的稳定性。从长期来看,如果一个国家的经济不能像美国那样健全,那它就不能钉住美元。

> **自我测验**
>
> 1. 如果一个国家的货币价值是由供给和需求力量决定,那这是浮动汇率还是固定汇率?
> 2. 谁在控制欧盟的货币政策?

20.6　国际货币基金组织和世界银行的职能

在本章结束,让我们来看看两个极具争议的全球组织:国际货币基金组织(International Monetary Fund)和国际复兴开发银行(International Bank for Reconstruction and Development)——更普遍的称呼是世界银行(World Bank)。这两个机构都曾引起抗议、扔砖头、阴谋论和政治 T 恤事件。怎么回事呢? 它们是全球邪恶力量的病毒携带者,还是仁慈的社会改良者,抑或其他的什么?

在很大程度上说,这两个机构属于官僚机构。它们既做好事也做坏事,但不管怎样,它们都没有很多人想象的那么重要。

20.6.1　国际货币基金组织

今天的国际货币基金组织(简称 IMF)充当着国际最后借款人的角色。那就是说,当一个国家遭遇金融困境,IMF 会介入其中来组织一揽子救援计划、发放贷款并监测经济状况。通常情况下,这种贷款会附加条件,要求受援国接受 IMF 的经济建议。

创立于第二次世界大战之后的 IMF 位于华盛顿,但它是一个"多国参与的"(multilateral)的组织。它由世界多国政府共同创办,独立于任何一个单独的政府。它从每一个政府那里接受货币拨款,也从它的贷款中赚取利息。从历史上看,IMF 的总裁由欧洲人担任。总裁向董事会报告,董事会成员资格大致按每个国家投入这个机构的货币数量来分配。从这方面来说,美国、西欧和日本扮演着主导性角色,但其全体成员来自世界各地。

在 20 世纪 90 年代发生于印度尼西亚、泰国和韩国的亚洲货币危机以及始于 2001 年的阿根廷金融危机中,IMF 都表现得非常积极。诸如诺贝尔经济学奖获得者约瑟夫·斯蒂格利茨(Joseph Stiglitz)这样的经济学家经常批评 IMF,他们指控 IMF 强迫借款的国家削减政府支出、紧缩货币政策和提高利率。换言之,他们批评的是 IMF 在那些国家(可能)需要扩张性政策的时候,却鼓励它们实施紧缩性宏观经济政策。而 IMF 的捍卫者则认为,IMF 的经济建议要比人们所描述的更为精妙,艰难的财政改革有时是必要的。他们还认为,那些借款国事实上并没有遵循这样的建议,不管建议是好还是坏。

20.6.2　世界银行

世界银行的成立也是第二次世界大战直接导致的后果。它旨在促进资本流向贫穷国家,尤其是那些没有自由资本市场的国家。它位于华盛顿的总部就在 IMF 的旁边,大约有 10 000 名全职雇员。世界银行由董事会操纵,董事会成员来自成员国。从历史上看,世界银行行长都是由美国人担任。

世界银行的贷款大多都是针对发展中国家的特定项目,包括水利工程、道路、水坝、医疗卫生和环境等项目。世界银行贷款的附加条件是借款国要采纳世界银行的专家意见,并与世界银行合作完成项目。

一般来说,世界银行每年会向发展中国家政府提供 250—300 亿美元的贷款。截至目前,世界银行的最大借款国是中国,其他借款最多的国家分别是印度、巴西、墨西哥和土耳其。这使人们开始争论:什么样的使命对世界银行来说才是恰当的? 中国每年至少接受 700 亿美元的国外投资,同时它还坐拥多于 1 万亿美元的外国资产储备。那世界银行为什么还要借款给中国呢? 支持世界银行这种做法的人士指出,中国仍然有很多地方很贫穷,贷给中国的款项所产生的利润会有助于世界银行在更穷的地区(如非洲)履行其使命。另外,在 2010 年,为了应对金融危机,在很多政府当时很难从私人市场融资的情况下,世界银行把贷款提高到 440 亿美元。

世界银行还进行捐助,以极低利率发放无息贷款,或者发放很可能无法收回的贷款。这是世界银行所具有的援助职能,与其贷款业务分离开来。目前,世界银行的援助正在越来越多地流向撒哈拉以南的非洲。

批评家认为世界银行对贷款结果没有给予足够重视。世界银行的经济激励是大量贷款。这些贷款首先流到政府,政府通常用它们购买西方企业的产品和服务。例如,世界银行对塞内加尔的贷款会有助于融资一个和法国公司签订的城市自来水供应工程的合同。这有利于控制世界银行的那些国家得到商业利益。世界银行要承担的责任通常很小,因为不管怎样每年都有新一轮贷款要发放。世界银行从贷款中赚钱,所以就可能对那些项目本身的成效关注不够。世界银行的捍卫者指出,世界银行已经对批评做出了反应,更加注重环境保护,并已消除了之前的很多错误。对外援助是一个很难成功的事业。许多人相信,总体上来说,世界银行是一个正义的组织。

IMF 和世界银行之所以引起广泛关注,是因为人们把它们看作为全球资本主义的标志。而且,这两个组织都雇用了很多技术专家,都不会在民主规则下承担直接责任。它们好像凌驾于国界之上来做出决定,不需要向任何人汇报。它们鼓励贫穷国家借钱,而且这些债务经常得不到偿还。虽然对它们的指责有上述种种,但现实情况却平淡无奇。它们所能完成的事业非常有限,只是因为它们的资源有限,且频频与对立政府打交道。它们所带来的只是边际上的改变,并非全球资本主义的驱动力量。

○ 本章小结

国际货币是一个棘手的问题。但是,在一个国家内成立的基本经济原理在国家间也会成立。与很多政治家的言论不同,经济学认为,贸易逆差不一定是个问题,除非一个国家的投资很愚蠢或者储蓄不够。在任何情况下,贸易逆差都不是重大问题的根源。与其抱怨美国当前对中国的贸易逆差,倒不如考虑下如何提高美国的储蓄。贸易余额只是一枚硬币的一面,资本账户是它的另一方面。如果大量资本流入一个国家,那么这个国家就会处于贸易逆差。

由活跃市场所决定的汇率遵循供给和需求定律,时时刻刻都在改变。在短期,货币政策会影响真实汇率,但是长期,货币政策对真实汇率没有影响。在长期,汇率的决定遵循购买力平价,所以,从一个国家购买商品,然后运到另一个国家去卖,是无利可图的。

在短期,货币和财政政策都影响一个国家的真实汇率,真实汇率又会通过影响出口、进口和国家间的资本流动而影响总需求。

当今大多数国家都实行浮动汇率制,货币价值由国际货币市场决定。固定或钉住汇率是可能的,但在大部分情形下却很难长期维持。因此,货币联盟和浮动汇率越来越成为世界主流。

国际货币基金组织和世界银行激起了很多人的抗议。但不论好坏,在广大的全球化世界中,它们其实不过是两个小小的官僚机构。

○ 本章复习 ....

关键概念	
	升值
	贬值
贸易逆差	名义汇率
贸易顺差	真实汇率
收支平衡表	购买力平价(PPP)定理
资本顺差	一价定律
经常账户	浮动汇率
资本账户	固定汇率或钉住汇率
汇率	美元化

不自由或有管理的浮动汇率

事实和工具

1. 我们从有关贸易逆差（又称"贸易差额"）的一些事实开始，这是收支平衡表中被讨论最多的部分。我们到美国密苏里州东部城市圣路易斯（St. Louis）的联邦银行数据库 http://research.stlouisfed.org/fred2，查找两类数据"EXPGSCA"（按2000年美元计算的实际年均出口量）和"IMPGSCA"（按2000年美元计算的实际年均进口量）。在每一个柱形图下，你会看到过去五年中的原始年均数据。

   a. 在过去五年中，每年的出口量分别为多少？出口量是否逐年增加？

   b. 在过去五年中，每年的进口量分别为多少？进口量是否逐年增加？如果不是，那么进口量和出口量是否同时下降？

   c. 每年的贸易逆差（或顺差）是多少？

   d. 通过实际国内生产总值（GDPCA）计算出每年的数据：贸易逆差（或顺差）占国内生产总值的比例为多少？在国内生产总值较上一年低的年份里，贸易逆差是上升的还是下降的？

2. 练习收支平衡表的计算：

   经常账户＋资本账户 ＝ 官方储备变化

   a. 经常账户＝－10美元，资本账户＝＋15美元，官方储备金变化为多少？

   b. 经常账户＝－10美元，官方储备变化＝－3美元，资金账户为多少？

   c. 你的大学费用＝12 000美元，你做咖啡店服务生的收入＝4 000美元，你的经常账户为多少？如果你尚未动用你的储备金（即现金储蓄），那么你的资本账户（即你向父母或者银行借款）为多少？

3. a. 考虑以下两条新闻提要："资本正以最快速度注入美国"；"美国贸易逆差创下最高纪录"。这两种情况怎么会同时发生呢？

   b. 考虑以下两条新闻摘要："资本正以最快速度逃出美国"；"美国贸易顺差创下最高纪录"。这两种情况怎么会同时发生呢？

4. 在本章，我们讲了关于逆差的两种说法：一种是"投资乐土"说；另一种是"储蓄过少不明智"说。在以下各个例子中，哪一个更像"投资乐土"的故事，哪一个更像"储蓄过少不明智"的故事？

   a. 古福斯用自己的助学贷款买了一台精美的平板电视机，却买不起大部分课本；加伦特用自己的助学贷款买了所有的课本以及能使他在学习时保持清醒的咖啡。

   b. 查理向父亲马丁借钱以参加合适的聚会，积累人脉，为自己日后的发展打下基础；埃米利奥向父亲借钱参加各种好玩的派对，结识有趣的人，只此而已。

   c. 美国人甲借钱为自己的未来投资；美国人乙借钱用于疯狂消费。

5. a. 根据表20.1，在2010年9月，1美元可兑换多少日元？用雅虎财经上的货币换算工具算出当前1美元可以兑换多少日元。

   b. 给定你对上一问的回答，在此期间，美元购买力是上升了还是下降了？（把这个问题搞清楚，这对理解汇率至关重要。）

   c. 用表20.1中的另一种货币重复练习a问和b问。

6. 根据购买力平价定理，在不同国家，必然近似相等的是名义汇率还是真实汇率？

7. a. 根据购买力平价定理，通货膨胀严重的国家还将经历本国货币与他国货币相对价值的大幅下降（货币贬值）的情况。津巴布韦正面临此种情况吗？还是与之相反？

   b. 恶性通货膨胀被定义为产品和服务价格迅速上涨。根据购买力平价定理，恶性通货膨胀还会引起外国货币价格的迅速上涨吗？

8. 哪个国际金融机构更注重发展中国家的长期健康：是IMF还是世界银行？哪个更注重发展中国家的短期经济危机？

9. 让我们把有关汇率的报纸行话翻译成关于汇率的经济现实。

   a. 上周，F国货币以1：1与B国货币进行交换。本周，1单位F国货币可购买2单位B国货币。哪种货币"上涨"了？哪种货币变得"更坚挺"了？哪种货币"升值"了？

   b. M国货币变得"更疲软"了。既然如此，那么和以前相比，10美元可以兑换到的M国货币更多还是更少？

   c. 一名大学生从美国去往德国旅游。在启程之前，他将400美元兑换成欧元。由于在德国旅途中,他的钱只花了一半,所以当他回到美国,就将欧元换回了美元。然而,当他流连于慕尼黑的名胜玛利亚广场时,美元大幅"走弱"。从这个学生的角度来讲,这是好消息还是坏消息?

10. a. 如果日本政府降低货币增长速度,那么,日元相对于美元会更坚挺还是更疲软?

   b. 如果日本政府降低货币增长速度,那么,美元相对于日元来说是升值了还是贬值了?

   c. 如果美国消费者对日产汽车的需求增加,那么,日元相对于美元会更坚挺还是更疲软?

   d. 如果美国消费者对日产汽车的需求增加,美元相对于日元将会升值还是贬值?

思考和习题

1. 运用经常账户知识做练习:下列哪种情况将增加X国经常账户的价值?

   a. X国提供现金给Y国以援助战争受害者;

   b. 住在X国的投资者比平时得到更多在Y国所做生意的分红;

   c. 住在Y国的投资者比平时得到更多在X国所做生意的分红;

   d. 来自Y国的移民在X国工作和生活,并向居住在Y国的家人寄回大量货币;

   e. X国政府从Y国进口更多喷气式战斗机和导弹。

2. 运用资本账户知识做练习:下列情况分别属于资本账户中的哪一类?以下哪种情况将增加X国资本账户的价值?

   a. Y国某公司出资在X国新建一座工厂;

   b. Y国某公司将其位于X国的公司股票全部出售给X国的某公民;

   c. Y国某公民向X国某公民购买位于X国的某公司股份的20%;

   d. X国某企业主出资在Y国新建一座工厂。

3. 我们将"美国人储蓄过少不明智"这句话翻译成一个关于GDP的简单故事。回忆一下:GDP = $C + I + G$ + 净出口。在这个故事中,GDP恒为100:毕竟,它是由第8章中的生产函数所确定。因此,馅饼的大小是既定的,唯一的问题就是如何把馅饼切分成C、I、G和净出口四部分。为简化分析,假设$I + G = 40$。

   a. "储蓄过少"的故事包括两部分:在第一部分(现在),美国有很高的C和低的(实际上为负的)净出口。如果$C = 70$,那么净出口等于多少?是贸易逆差还是贸易顺差?

   b. 在第二部分(以后),外国厌倦了向美国出口大量商品,想要开始从美国进口商品。现在净出口转为正数,上升至+5。那么C等于多少?如果美国人重视消费,他们会更喜欢哪个时期:"现在"还是"以后"?

4. 我们将"美国是投资乐土"这句话翻译成一个关于GDP的简单故事。回忆一下:GDP = $C + I + G$ + 净出口。在这个故事中,外国人通过将投资(I)推到正常水平以上而增加了美国的资本存量。因此,在"现在"阶段GDP等于100,在"以后"阶段等于110。为简化分析,假设$I + G = 80$。

   a. "投资乐土"的故事包括两部分:在第一部分(现在),美国有很高的I和低的(实际上为负的)净出口。如果$I = 35$,那么净出口等于多少?是贸易逆差还是贸易顺差?

   b. 在第二部分(以后),外国厌倦了向美国出口大量机械设备,想要开始从美国进口商品。现在净出口转为正数,上升至+5。那么I等于多少?

5. 外汇市场和苹果市场、汽车市场或鱼类市场很相似,因此我们可以运用同样的直觉来分析——只要我们不断提醒自己什么时候是"升"什么时候是"降"就可以了。现考虑一个市场,诸如起名"欧元"市场(或许只是早餐麦片市场),并以美元作为衡量价格的标准。讨论以下情况:

   a. "欧元"的生产商决定生产更多的欧元。这将导致供给曲线的移动还是需求曲线的移动?向哪个方向?这对欧元价格有什么影响?

   b. 消费者和企业决定拥有更多欧元。这将导致供给曲线的移动还是需求曲线的移动?向哪个方向?这将对欧元价格有什么影响?

   c. 负责欧元生产的主管们让欧元生产下降。这将导致供给曲线的移动还是需求曲线的移动?向哪个方向?这将对欧元价格有什么影响?

   d. 假设苹果价格上涨。运用a问和b问中同样语言,你将把这描述成美元走强还是美元走弱?

6. 我们已经逐步建立起关于汇率的一些直觉,让我们更全面地运用原理。本题中,我们要讨论的是中美的汇率问题。实际上,中国实行的是有管理的浮动汇率制，但在本题，我们假设它是每天更新的市场汇率。

a. 在下图中，适当地移动曲线以表示以下新闻所产生的影响：中国工厂出售不达标的狗粮。

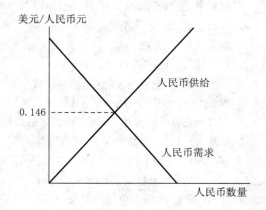

b. 这则新闻会使人民币的价格升高还是下降？中国货币会因此走强还是走弱？美元呢？

7. 诺贝尔经济学奖获得者罗伯特·索洛曾经开玩笑说，"我和我的理发师之间保持着长期的（贸易）逆差，他从未从我这里买过任何东西，太可恶了。"这有问题吗？为什么？这和美中、美墨、美日之间的贸易逆差有什么异同？

8. 年轻的企业家科里注意到犹他州的打火机每只仅售 0.50 美元，但在内华达州每只打火机的售价却为 1.00 美元。

a. 如果科里想通过买卖打火机赚钱，他应当从哪里买进，向哪里售出？

b. 如果很多人都效仿科里的行为，这将对犹他州的打火机供给产生什么影响（上升、下降还是保持不变）？

c. b 问提到的行为将对犹他州打火机价格产生什么影响？内华达州呢？

d. 根据一价定律，说说套利后的内华达州打火机的价格将发生什么变化。以下表述正确的可能不止一项：

i) 单价低于 1.00 美元；

ii) 单价高于 1.00 美元；

iii) 和犹他州打火机价格相同。

9. 圣诞节期间，五岁的格温处于和父母之间的贸易逆差：她仅仅向父母"出口"了一盒糖果，却"进口"了大量电子游戏、洋娃娃和多双短袜。

a. 对格温来说，这个贸易逆差是好事吗？

b. 当格温 25 岁时，她的父母坚持要她偿还多年的圣诞礼物，也就是说，他们要求她处于"贸易顺差"状态。这个"贸易顺差"对格温来说是好事吗？为什么？

10. a. 假设美国物价水平翻番，而英国物价保持不变。根据购买力平价定理，美元和英镑之间的名义汇率将翻倍还是减半？

b. 事实上，PPP 在长期比在短期更可能成立，因为很多价格都是粘性的。所以，如果美元供给大幅增加——足以使物价在长期翻倍——这对将要到美国旅游的英国游客或将要到英国旅游的美国游客来说是好消息吗？同时，这对还未出国的美国游客来说是好事还是坏事？

挑战

1. 在我们的基本模型中，货币增长的提高将引起货币贬值：在第 13 章和第 16 章有关货币政策的论述中，我们知道货币增长的提高通常会使总需求增加，拉动短期的实际增长。但在 2001 年的阿根廷危机和 1997 年的亚洲金融危机中，货币贬值似乎导致了短期产出的大幅下跌。

a. 什么样的冲击会导致与短期产出下降有关的货币贬值？

b. 在阿根廷和亚洲的危机中，这些国家的银行业受到特别严重的打击。它们做出过很大承诺，以外汇（通常是美元）来偿还债务，但货币贬值使它们难以履行诺言。作为贬值的结果，哪种货币变得更加"昂贵"：外汇（美元、日元、英镑）还是本国货币？

c. 在这些危机中，货币贬值造成大量破产，这些破产就是我们在 a 问中所讨论的冲击。为避免这种后果在未来发生，加州大学伯克利分校的经济学家巴里·艾肯格林（Barry Eichengreen），一位汇率政策方面的专家，建议发展中国家的企业应当鼓励外国人投资该国企业的股票，这样他们得到的偿付就是股息而不是债务。他相信这样会使发展中国家更容易承受突如其来的货币贬值。他为什么这样建议？

2. 在巴拿马——一个美元化的国家，一个麦当劳的"巨无霸"汉堡要比美国便宜 30%。为什么？

3. 供求模型能解释保持固定汇率的艰难，这和其他任何最低限价一样。考虑下图中的固定汇率。斯巴达人使用一种名为"斯巴达盾"的货币,雅典人使用货币"雅典盾",斯巴达人已经选择以两单位斯巴达盾兑换一单位雅典盾的固定汇率:

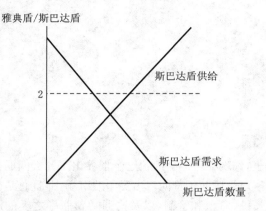

a. 在一般的供求模型中,你怎样命名固定汇率下的供给量和需求量之间的差距:哪种货币出现了剩余或短缺?

b. 如果斯巴达政府想要固定其汇率,这会对其官方储备账户中的雅典盾产生什么样的影响:上升还是下降?(提示:记住斯巴达盾供给者想要购买雅典盾。这如何能解释实行固定汇率的国家要在它们的官方储备账户中持有大量外国货币的原因?)

c. 如果对斯巴达盾的需求因斯巴达经济衰退而下降,这会使其政府维持固定利率的难度增加还是降低?

d. 如果斯巴达政府想要货币供给量和需求量趋近,它会加快还是减慢货币增长速度?当真实世界中的各国"高估"了其货币价值,你认为要想改变这一事实,它们应该加快还是减慢货币增长速度?

4. a. 厄瓜多尔目前已经实行了美元化,比如,其银行账户是以美元来命名的。如果厄瓜多尔人听信谣言,认为国家将停止使用美元并将所有银行账户存款都转为新的货币单位 Ecuado(这和2001 年发生在阿根廷的危机相类似),这可能对厄瓜多尔的银行系统产生怎样的影响呢?

b. "根本就没有固定汇率这样的事情:只不过是还没有发生改变的钉住而已。"解释一下这种信念本身是如何使一国维持固定汇率变得更加困难。这种信念对货币需求或者货币供给有直接影响吗?

5. 我们说过:"有效的钉住要求非常严肃地承诺货币和财政的高度稳定性。"正如我们对货币政策的讨论,人们对政府未来会如何行为的信念会限制政府当前应该实施的行为。讨论一下"承诺"(commitment)是如何保持汇率稳定的。比较一下,承诺是如何使保持低通胀率变得更容易的。在这些情况下,政府如何使外国投资者和国内居民确信它将履行其承诺?(当然,对这个问题的正确答案不止一个:承诺问题是整个社会科学中的一个很活跃的研究领域。)

解决问题

a. 思考这样两个新闻标题:"热钱比以往任何时候都更快地涌入美国"vs"美国贸易逆差达到了最高纪录"。这两个信息是如何同时为真的?

b. 思考这样两个新闻标题:"热钱比以往任何时候都更快地逃离美国"vs"美国贸易顺差达到了最高纪录"。这两个信息是如何同时为真的?

21 政治经济学和公共选择

读到这里，你现在可能会问："这个世界出了什么问题？"经济学家总是倾向于赞同自由竞争的市场，并且总是会对价格控制、关税、命令和管制，以及高通货膨胀率之类的政策表示怀疑。然而，在全世界各地，市场总是被管制，垄断总是被支持，以上所列举的这些政策非常普遍。为什么无人理会经济学家的主张？

一种可能的答案就是，政治家们拒绝承认主流经济学是对的。有些人认为，主流经济学忽视了一些重要的伦理价值观。或者也有可能，主流经济学对经济学的分析简直就是错的。当然，这不是我们的观点。因此，你必须去找其他的书来看，然后自己对这一问题进行判断。对"这个世界出了什么问题"的第三种回答，也是我们在本章将要讨论的，就是……你能猜到吗？错误的激励！

一种好的激励体制会促使个人利益同社会利益协调一致。我们在《考恩经济学：微观分册》中已经分析过，在什么条件下，市场能或者不能促使个人利益和社会利益协调一致。现在转向对政府的分析。这里最关键性的问题是：什么时候政治家和选民的自我利益同社会利益是协调一致的，什么时候这些利益之间会相互冲突？这一问题是政治经济学或者**公共选择理论**（public choice）的核心，公共选择理论运用经济学的工具来研究政治行为。

公共选择理论运用经济学的工具来研究政治行为。

在本章开始的时候，我们先看看在民主制度中，指导选民和政治家行动的一些主要制度和激励是什么。我们将会看到，民主存在很多问题，包括选民们的信息无知、特殊利益集团的政治控制，以及政治经济周期。但是，引用温斯顿·丘吉尔的话，"没有人会认为民主是完美的或者万能的。实际上，据说除了那些不时会被实行的其他政府形式之外，民主是最糟糕的一种政府形式"[①]。因此，在本章的后半部分，我们来研究一下非民主制度，以及为什么非民主制度一般既不能为它的市民成功地生产财富，又不能成功地提供政治和经济自由。

我们从选民及以下问题开始："选民有激励去获得政治方面的信息吗？"

21.1 选民和信息无知的激励

了解信息知识是一件好事。但是，有时信息知识的价格太高。想象一下，假如你的教授改变了评分规则。他不是按照每个人的考试成绩来给分，而是把所有考试分数进行平均，然后对每个人都给一个相同的评分。在这种新的评分规则下，你学习会更努力还是更不努力？我们认为大部分人都会更加不努力，因为在新规则下学习得到的回报很低。比方说，假如在评分规则改变前，多学习几个小时会让你的成绩提高 10 分。在新的评分规则下，多学习带来的回报是什么呢？假设你们班上有 100 个人，那么，同样的学习时间现在只能把你的成绩提高 10/100，或者说提高 0.1 分。* 在第二种评分规则下，学习不能带来回报。因为你的成绩主要是由其他人的行为决定，而不是由你自己的行为所决定。

现在，我们把这同样的道理用在政治上。当你选择一名政客的时候，你的努力有很高的回报吗？没有。学习有关当前形势的论文，研究选举历史，听取政客的演说，这些有时是一种娱乐，但是，它不能带来任何具体的回报。即使你通过学习改变了自己的投票，你的投票也不可能改变整个选举的结果。了解政治不会带来回报，因为任何选举结果的决定都主要取决于其他人的行为，而不是你自己的个人行为。

经济学家认为，由于获得相关信息的激励太低，选民们对政治会选择**理性的信息无知**（rational ignorance）。

> 如果要了解实情的收益少于了解实情所付出的成本，**理性的信息无知就会出现。**

不难找到证据证明，美国人其实对政治方面的事情知道得非常少。我们来考虑以下两个问题：谁是美国众议院的发言人？《哎呀，我又犯傻了》（*Oops … I Did It Again?*）这首歌是谁唱的？说实话，对你来说，哪个问题更容易回答？而哪一个问题又更重要？［在写作本书的时候，南希·佩洛西（Nancy Pelosi）是众议院的发言人。《哎呀，我又犯傻了》是布兰妮·斯皮尔斯（Britney Spears）。］

不知道谁是众议院的发言人也许不是很重要。但是，对于一些重要的政治问题，美国人同样也不了解，甚至更糟糕的是——被误导。例如，有一份调查，要求接受调查的美国人从以下六项政府开支中，选出开支最大的两项：

> ➤ 福利；
> ➤ 联邦国债利息支出；
> ➤ 国防；
> ➤ 对外援助；
> ➤ 社会保险；
> ➤ 医疗卫生。

令人吃惊的是，有 41％ 的人认为，对外援助是政府最大的两项开支之一。但是，对外援助是这六项中占政府支出最小的一项。你知道正确的答案吗？最大的两项开支分别是国防和社会保险。对于正确答案，美国人甚至连边都没有挨上。例如，被选择第二多的是福利。这一项至少还是一类大项，但是，它仍然比国防和社会保险小得多。②

同理，美国人自己也承认，他们对像《美国爱国者法案》（USA Patriot Act）这样一些重要的法律"了解不多"，或者"根本不了解"。大部分美国人对通货膨胀率或失业率的估计数值，都无法准确到实际数值的 5 个百分点之内。在过去的几十年内，

---

* 有可能某些人已经详细研究这一新的给分标准。在旧的标准下，学习只提高自己的成绩，但是新的标准下，它能提高每个人的成绩。因此，如果有些学生具有利他主义倾向，那么在新的给分标准下，他可能会更努力学习。我们还没有遇到这样的学生。你遇到过吗？

有几百项调查显示,大部分美国人对政治事件知道得很少。当然,我们都有可能会改变——我们很高兴你在读这本书!——但是,在那之前,事实仍然如此,而且似乎不太容易改变。

为什么理性的信息无知很重要

至少从以下三个方面的来说,对政治事件的信息无知是一个非常重要的问题。首先,如果选民们不知道《美国爱国者法案》是什么,或者失业率是多少,那么,他们就很难做出明智的选择。而且,同他们了解实际失业率的情况下相比,那些认为失业率比实际水平更高的选民,就有可能做出完全不同的选择。如果选民们不知道政治家在这些问题上的立场,问题就变得复杂了。如果选民们还不了解有哪些可能的途径能解决失业这样的问题,情况就变得更糟糕了。选民本应是民主的掌舵人。但是,如果掌舵人不知道他们处在什么地方,或者不知道他们想要去什么地方,那么,他们就不可能到达理想目的地。

其次,那些理性地选择信息无知的选民们,他们经常会根据一些低质量、同事实情况完全不符的、存在潜在误差的信息来进行决策。不是每个人都很好地阅读过经济学教科书中的一些原理,同其他完全了解实情的人相比,这些人就有可能会按照完全不同的方式来进行投票。* 例如,一点也不令人奇怪的是,即使好看的长相与政策没有任何关系,长相好看的政治家还是会得到更多的选票。再说一遍,如果选民们是理性地信息无知的,我们对政府是否能明智行事的方式就不应该有太高的期望。

认为理性的信息无知很重要的第三个原因是,并非每个人都是理性的信息无知。我们来更详细地看看这一点。

自我测验

全国的选民对全国性问题和本地的选民对地方性问题,你认为哪一个更有可能选择理性的信息无知?对两种可能的回答都给出理由。

21.2   特殊利益和信息灵通的激励

我们再回到第 19 章所讨论的食糖配额问题。你可能还记得,政府对于能进口到美国的食糖数量进行了限制。由此,美国食糖的价格大约是世界食糖价格的两倍。在美国,糖果、苏打汽水和其他甜点食品的消费者,对其消费的产品支付的价格比没有配额限制时要高出很多。为什么政府要损害食糖消费者的利益呢?要知道,他们很多人都是选民。

虽然食糖的消费者由于配额受到了损害,但是在这些人当中,甚至很少有人知道有食糖配额制度的存在。这也是理性的,因为即使配额给消费者带来了超过 10

---

* 关于这个问题一个非常好的讨论,参见 Caplan, Bryan. 2007. *The Myth of the Rational Voter: Why Democracies Choose Bad Policies*. Princeton, NJ: Princeton University Press。

亿美元的成本,但这些成本分散在数百万消费者的头上,平均每个人大约每年只有5—6美元。即使食糖消费者知道配额制度,他们也可能不会花太多的时间或精力去反对它。你会吗? 毕竟,就是写一封信到你们当地的媒体去反对配额,你就可能要花上价值5—6美元的时间和麻烦,你的信能改变政策的可能性有多大呢?

因此,食糖的消费者不太可能去反对配额。但是,食糖的生产者会怎么样呢?美国食糖的生产者从这一配额政策中获得了巨大的利益。我们在第19章已经看到,如果取消配额,由于巴西食糖生产者竞争的压力,美国佛罗里达州的大部分食糖生产者都会破产。因为巴西有更好的天气,这使得巴西生产的食糖更便宜。但是,在配额制度下,美国生产者规避了竞争,佛罗里达州的食糖农场主变得非常有利润。此外,虽然存在上百万的食糖消费者,食糖的生产却主要集中于十几个生产者,每个生产者从配额政策中的受益都是上百万美元。

与食糖的消费者不同,食糖生产者有很多钱都与配额政策直接有关。因此,他们是理性的信息灵通(rationally informed)。食糖的生产者知道,什么时候对食糖配额政策进行投票;他们也知道,谁是参众两议院农业委员会的委员,而正是这些委员对配额政策具有很大的决策权;他们还了解,哪些政治家正在参与下次选举,而且正需要竞选资金;他们会采取相应的行动。例如,表21.1列出了2008年参议院农业委员会的成员名单,以及2006年到2008年这些委员们从美国砂糖政治行动委员会获得的大量资金。美国砂糖政治行动委员会是一个支持食糖配额的行业游说组织。

表 21.1　特殊利益集团的信息灵通是理性的

2008 年参议院农业委员会的成员	来自美国砂糖政治行动委员会的捐赠:2006—2008 年(美元)
Tom Harkin,艾奥瓦州民主党议员	15 000
Sherrod Brown,俄亥俄州民主党议员	15 000
Saxby Chambliss,佐治亚州共和党议员	10 000
Mitch McConnell,肯塔基州共和党议员	10 000
Robert Casey,Jr.,宾夕法尼亚州民主党议员	10 000
E.Benjamin Nelson,内布拉加州民主党议员	8 000
Amy Klobuchar,明尼苏达州民主党议员	7 000
Patrick J.Leahy,佛蒙特州民主党议员	6 000
Max Baucus,蒙大拿州民主党议员	6 000
Pat Roberts,堪萨斯州共和党议员	3 000
Kent Conrad,北达科他州民主党议员	2 000
Ken Salazar,科罗拉多州民主党议员	2 000
Debbie Stabenow,密歇根州民主党议员	1 000
Richard G.Lugar,印第安纳州共和党议员	
Thad Cochran,密西西比州共和党议员	
Blanche Lincoln,阿肯色州民主党议员	
Lindsey Graham,南卡罗来纳州共和党议员	
Norm Coleman,明尼苏达州共和党议员	
Mike Crapo,爱达荷州共和党议员	
John Thune,南达科他州共和党议员	
Charles Grassley,艾奥瓦州共和党议员	

资料来源:OpenSecrets.org 网站上的联邦选举委员会数据。

你可以看到,在农业委员会的 21 个成员中,有 13 个(也许不是碰巧地刚好超过多数!)获得过美国砂糖政治行动委员会的捐赠。委员会中有很多参议会的议员,也获得过美国甘蔗联盟、佛罗里达甘蔗联盟、美国甜菜种植者协会和美国甜菜糖协会的捐款! 糖业的一些主要参与机构的所有者和领导者,还作为个人捐献过竞选基金。例如,"食糖大亨"何塞·范胡尔(Jose Fanjul)和阿方索·范胡尔(Alfonso Fanjul)都是 Florida Crystals 公司的高级主管,而 Florida Crystals 是全美最大的甘蔗种植者之一。范胡尔家族捐钱给佛罗里达甘蔗联盟,该联盟然后再把钱捐给代表他们的政客。有意思的是,何塞自己直接支持的大部分都是共和党,而他的兄弟阿方索支持的是民主党。你认为这两兄弟的政治立场有差别吗? 或者你能为他们这种捐款行为提供其他的解释吗? 其他范胡尔家族的兄弟们、妻子们、女儿们、儿子们,甚至是女婿们,也都是积极的捐赠者。

21.3　一条成功的政治法则:分散成本,集中收益

食糖配额背后的政治学说明了一条成功的政治法则:分散成本,集中收益。食糖配额的成本分散在数百万消费者头上,因此,没有一个消费者有很大的激励去反对这一配额。但是,这一配额的收益集中在十几个生产者身上。他们有极强的激励去支持这项配额政策。因此,食糖配额对政治家来说是一项必赢的政策。受到损害的人都是理性的信息无知者,他们很少有激励去反对这项政策。受益的人都是理性的信息灵通人士,他们有强烈的激励去支持这项政策。所以,我们可以理解,为什么政治家们的自我利益不会和社会利益一致。

这条成功的政治法则在很多种公共政策上都有效,而不仅仅是在贸易配额和关税上。例如,农业补贴和价格支持就适合分散成本和集中收益的这一原则。有意思的是,当农民在人数上的比例减少时,农民们在政治上的权力反而会增加。为什么? 当农民在数量上减少时,例如,价格支持所带来的收益就变得更加集中(在农民之间),而成本就变得更加分散(在非农民之间)。

很多政府项目的收益,如公路、桥梁、大坝和公园等,都集中在当地居民和生产者身上,而这些项目的成本可能分散在每个联邦纳税人的身上。结果,即使这些项目的收益小于成本,政治家们也有激励去为这些项目进行游说。

考虑一下臭名昭著的"无人大桥"(Bridge to Nowhere)吧,即一座被提议要修在阿拉斯加的大桥。这座大桥把 Ketchikan 镇(人口 8 900)同它在 Gravina 岛(人口 50)上的机场连接起来,建这座大桥要花费联邦纳税人 3.2 亿美元。现在是渡船送人去岛上,但镇上有些人抱怨,说渡船收费太高(每次 6 美元)。如果这个镇上的人必须自己花费 3.2 亿美元的成本去建这座桥——也就是每人 35 754 美元——你认为他们还想建这座桥吗? 当然不会。但是,如果大部分成本都由其他纳税人来承担,镇上的居民当然很乐意看到这座桥被建起来。

就 Ketchikan 当地的居民来说,建桥的成本属于外部成本。如果一种产品的成本是由其他人支付的——而不是该产品的生产者或消费者来支付——那么,我们在该产品就会得到一个无效率的更高产出水平。举一个企业污染的例子——由于企业没有支付其产出的所有成本,它会生产得过多。同样的事情在这里也是对的,除了外部性是由政府造成的之外。当政府使某种产品的成本可以转嫁给其他

人——外部化成本——的时候,我们就会得到太多的该种产品。在这个例子中,我们会建太多的无人大桥。

无人大桥并不是唯一的例子。众议院议员约翰·卡特(John Carter,得克萨斯州共和党议员),也是美国众议院军事建设筹款小组委员会的委员,他为胡德堡军事基地拨发了近700万美元的基金来筹建一个健身中心,而这座健身中心正好位于他所在的选区内。为胡德堡的军队提供健身中心是一个好主意——但是,它们已经有六个健身中心!每个健身中心都包括两个男女通用的桑拿室,三个壁球场,一个有八条25米长泳道的游泳池,以及其他更多设施。

在胡德堡已经有六个健身中心的情况下,再建一家健身中心的收益可能会小于其成本。但是,由于收益集中,而成本分散在每个纳税人的头上,因此,无论如何这项计划都会筹到资金。这种为特殊利益集团提供的现象非常普遍。你能猜出,是谁支持给查尔斯·B.兰热尔公共服务中心(Charles B. Rangel Center for Public Service)200万美元的基金的吗?又是哪个议员提议,为艾奥瓦州教育部的哈金拨款计划(Harkin Grant Program)提供750万美元的基金?

除了政府开支之外,这条成功的政治法则在税收减免和扣除方面也适用。联邦免税代码,包括各种条例和规程,有6万多页长。而且,随着政治家们为各种特殊利益集团不断增加条款,它每年还在增加。例如,对各种制造行业的税收减免条款长期以来都很普通的,但是,在2004年,"制造业"这一术语的条款明显增多,以至于矿产、木材、石油和天然气钻井等都被包括在制造行业内。新的税收减免条款所涉及的企业价值达760亿美元。最后一项条款甚至把"咖啡烘烤"都定义为制造行业的一个子类。这一条款对那些著名的公司可谓是价值非凡。

每年,国会都会往那些重大立法议案中加入成千上万条件特项开支计划、豁免条例、规章条例和税收减免条款等。在这一体制上,有一个价值数十亿美元的、代表不同的利益集团的游说行业在工作。从本质上说,这些游说集团提出,甚至撰写那些即将出台的法案的细节,这都是很平常的事。在1975年,注册的游说员有3 000多个,到2000年,这一数字猛增到16 000多个。截至20世纪末,注册过的游说员超过35 000个——所有这些人的游说对象都只是那535个政客(435个众议员和100个参议员),以及他们身边的工作人员。很多说客自己就是卸任的政客,因为这些人发现,游说他们的朋友是件非常有利可图的事情。

当利益很集中,而成本很分散时,资源就可能会被浪费在一些低收益高成本的项目上。考虑一个特殊利益集团,它代表着整个社会中1%的人口,再考虑一项简单的政策,它能给特殊利益集团带来100美元的收益,同时花费整个社会100美元成本。因此,这项政策对特殊利益集团的收益是100美元,而特殊利益集团花在它上面的成本只是1美元(如果你很奇怪这是如何计算来的,那是因为总社会成本的1%正好是1美元)。这一特殊利益集团将肯定会游说这样的一项政策。

但是现在,请想象一下,假设这项政策能为特殊利益集团带来100美元的利益。但是,它的社会成本是这一收益的2倍,即社会成本为200美元。对整个社会来说,这项政策是非常糟糕的。不过,它对特殊利益集团有好处,因为利益集团能以2美元的成本(为了游说)获得100美元的收益(2美元是社会总成本的1%)。实际上,一个代表1%总人口的特殊利益集团,会从任何能给他们带来100美元好处的政策中受益,哪怕这些政策所花费的社会成本几乎是其收益的100倍。

如果每项政策,就其本身而言,都浪费价值几百万甚至是几十亿美元的资源,那么,这个国家就会非常贫穷。一个国家如果出台了很多这样无效率的政策,那么,这个国家的财富就会越来越少,经济增长也会更加缓慢。如果出台了很多收益小于成本的政策,任何国家可能都会变穷。

在极端的情况下,如果在一个经济体中,争取馅饼更大的分配份额比把馅饼本身做大更有利可图,那么,这个经济体就可能会衰弱甚至崩溃。例如,罗马帝国灭亡的部分原因就是因为糟糕的政治制度。随着罗马帝国的扩大,追求权术是一条比开发新商业更安全可靠的致富之路。在帝国快要灭亡的时候,皇帝对农民课征的税赋极重。税收也不是被用在能使罗马变强变富的道路,以及其他有价值的建设上,而是被用于特权内部的开支,以及作为"面包和马戏"来安抚罗马城内的公众。当罗马帝国最终于公元 476 年灭亡时,收税员已经是一个非常令人憎恨的形象,而政府也极少受到尊重。③

自我测验

1. 里根总统组建了一个委员会来监管政府和裁减浪费开支。它取得了一定的效果。如果在特殊利益集团上的支出是个大问题,为什么我们不再成立一个联邦委员会来监督政府的浪费?谁会力挺这个委员会?谁会反对它?这个委员会成功的前景如何?
2. 一家地方图书馆扩建了一栋新的建筑,并希望建立一个地方历史收藏和展览室。这个州的参议员筹集了一些钱,并把它捐献给了图书馆。谁会从这一扩建行为中受益?谁最终会为这一扩建行为付钱?

21.4　选民的短视和政治经济周期

我们现在从政治经济学的微观经济学转到它在宏观经济学的运用上。理性的信息无知同另一个因素,选民的短视,加在一起,可能会鼓励政治家们为增加他们再次当选的机会,而在选举前推动经济高涨。

总统选举似乎是一种多条战线的联合作战。总统候选人在教育、战争、医疗保健、环境和经济等各方面的问题上进行较量。为了预测候选人在民意中的进退,专家们密切关注每日的事态进展。个人魅力和"领导才能"变得越来越重要,并被认为会直接以某种方式左右选民的选情。在这场选举大战结束的时候,历史学家们会记下胜利者的名字及其主张,认为那反映了"选民们的意愿"。

但是,经济学家和政治科学家们已经惊奇地发现,这种表面上看似混乱无序的独特重大事件背后,有一种简单的逻辑关系在支撑着。在过去的 100 年间,如果经济形势很好,美国选民就会支持执政党;如果经济形势很糟糕,他们就会反对执政党。选民对经济形势的反应非常强烈,即使一个人对那些表面上似乎对选举很重要的个人魅力、政治主张或者政治事件一无所知,他也可以相当准确地预测总统选举的结果。

图 21.1 中浅色的线表示,在从 1948 年以来的历届总统选举中,执政党一方在两党总票数中所获得的得票率(更确切地说,得票率超过 50%一般意味着执政党总

统候选人当选,小于50%一般意味着总统会在政党间轮换)。深色的线是根据以下
三个变量所预测的执政党的得票率:大选年份(人均)个人可支配收入的增长率、当
年的通货膨胀率,以及执政党掌权的时间长短。注意,只需要这三个变量就可以让
我们很准确地预测到选举结果。(但是,这一模型对2004年选举的预测结果不准。
你认为这可能是由于什么原因造成的?)

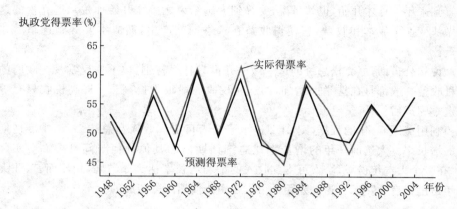

注:预测得票率是根据选举年份的个人可支配收入的增长率、当年的通货膨胀率,以及执政党执政的时间长
短来预测。实际得票率是指执政党一方在两党总票数中所获得选票率。

图 21.1 用总统选举年份的经济形势预测选举结果

更具体地说,如果个人可支配收入正在提高,当年的通货膨胀率很低,而且执
政党在上台之前已经有很多届没有当选,那么,执政党会在选举中再当选。个人可
支配收入是指个人的税后收入。它包括工资收入、津贴和利息,同时也包括转移支
付、失业保险和社保收入。通货膨胀率是指价格水平的全面提高。最后一个变量,
执政党掌权的时间,会减少政党的选票率。一个政党掌权的时间越长,选民似乎就
越厌烦或者越想要该政党落选。因此,在其他条件相同的情况下,自然就有一种总
统在政党之间轮换的趋势。

图21.1表明选民们会受到经济形势的影响,而且更清楚地表明,选民们只受到
大选当年经济形势的影响,这有点出乎人的预料。选民是短视的——他们不会去
看总统整个任期内的经济形势。相反,他们只会集中关注最近身边所发生的事情,
即大选当年的经济形势。因此,那些想再次当选的政治家们,会很聪明地去做一些
能增加大选当年个人可支配收入和降低该年通货膨胀率的事情,尽管这意味着其
他时间段的收入水平会降低、通货膨胀率会提高。有证据证明政治家们的这一行
为吗?有!

一个最明显的例子就是理查德·尼克松总统。就在1972年选举前的两个星
期,尼克松给社会保险部门送去了一封信,这封信给后者带去了2 400万美元的社
会保障基金。尼克松总统的信中写道:

更高的社会保障支出

根据一项由国会批准,并由理查德·尼克松总统于1972年7月1日签署
的新法令,从这个月开始,你们的社会保险支出计划已经被增加了20%。

另一项条款也被总统签署生效,这一条款将允许你们社会保障部门的保险基金随着生活成本的提高而自动增加。自动增加的社保基金将在未来的年份里,按照法律设定的条件,自动增加到你们的账户中。

当然,更高的社会保障支出一定会通过更高的税收来筹集资金。但是,尼克松已经安排好了各件事情的时间表。支出增加的计划从10月开始,而增加税收一直要等到来年1月才开始,也就是说,要等到大选结束之后才开始加税。尼克松的这种做法变换了成本和收益,它使得收益在选举前就产生,而成本要等到选举后才出现。

说句公道话,尼克松总统的这一做法并没有什么特别,也不违反常规。政府的各种收益一般都是在选举前增加,而这时税收一般很难提高——提高税收只有等到选举完成后!

利用美国60年的数据,图21.2显示了个人可支配收入在总统16个季度任期内的增长率。大选前一年的增长率比总统任期内的其他任何时间都要高。实际上,在一个大选年份里,个人可支配收入的平均增长率达到3.01%,相比而言,非大选年份里只有1.79%。这一差距不可能是由于偶然因素造成的。

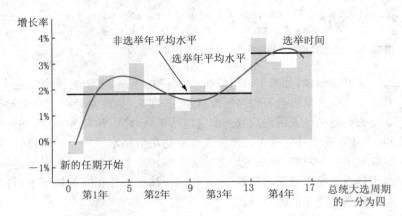

资料来源：Bureau of Economic Analysis。

图21.2 个人可支配收入的增长率在大选年份中最高：1947—2007年

通货膨胀率也存在同样的周期性行为。不过,由于选民讨厌通货膨胀,所以,通货膨胀一般在大选年份里下降,等到在大选之后再提高。不仅仅是在美国,在其他很多国家,也可以观察到这种行为。我们还可以在更低一层的政治层面上看到这种政治行为。例如,市长和州长在选举年份里会增加街道上的警察,因此,这时的犯罪率会下降,人们也会感到更安全。

由于总统所能做的能影响经济形势的事情总是有限的,因此,总统并不能总是在一个大选年份里成功地增加收入。相对于经济增长而言,总统影响转移支付和税收可能会更容易些。这就是为什么周期性行为在个人可支配收入上很容易出现,而在GDP的统计上很难看到。

自我测验

如果选民们是短视性的,对于现在收益很小未来成本很大的政策和现在成本很小未来收益很大的政策,在这两种政策中,政治家们会更喜欢哪一种?

21.5　有保留地赞同民主

你现在可能有些困惑：为什么联邦政府不是每件事情都向特殊利益集团寻求帮助呢？为什么政治家们并不总是会再次当选呢？选民们能按照他们自己的意愿来行事吗？实际上，在一个民主制度中，选民的力量是非常强大的。如果你想知道什么时候选民最重要，什么时候游说和利益集团最重要，那就得回到激励这一概念上来。

如果一项政策的影响非常集中，又很难被理解，而且它只影响到经济中的一小部分人，那么，游说和利益集团有可能会达到他们的目的。我们来说说这样一个问题吧：投资税收减免中的折旧减免应该加速还是应该减速？尽管这个问题对很多大的公司都非常重要，但你可以想象得到，对这个问题，大部分选民可能从来都没有听说过，因而这个问题只能由相当一小部分人关起门来决定。

但是，如果一项政策是大家非常熟悉的，又经常在新闻报纸和电视上出现，而且对数百万美国人的日常生活都有重要影响，那么，选民们极有可能会表达出他们的意见。问题的关键不在于选民们的意见是否熟悉情况或者合乎理性，而在于他们会关心一些最重大的问题，如社会保险、医疗和税收等问题。一旦选民关心这些问题，政治家们就有激励去为选民服务。但是，选民的观点如何能够被准确地转化为政策呢？毕竟，观点总是很分散的。在民主制度下，哪些选民能够如愿以偿呢？

21.5.1　中间选民理论

为了回答上面提出的问题，我们提出了一种被称为中间选民模型的选票理论。假设有5个选民，对于社会保险支出的理想数量应该是多少，他们每个人的观点都各不相同。马克斯想要尽可能小的支出，索菲娅、伊内兹和彼得的要求依次更大些，最后是亚历克斯，他想要的社保支出数量最大。在图21.3中，我们在一条直线上按照从小到大的顺序依次列出了每个选民的理想政策。我们还假设每个选民都会投票给最接近他理想目标的候选人。

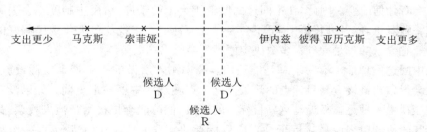

每个选民都有一个理想的目标政策，在直线上用一个×来表示，并按照从小到大依次排列。选民们会投票给其政策最接近选民目标政策的候选人。中间选民是指这样一个选民，总选民中有一半想要的支出比该选民更多，同时有另一半的选民比该选民想要的支出更少。在多数原则下，中间选民的目标政策将会战胜其他所有的政策。我们来考虑任何两个候选人的政策，比如说候选人D和候选人R。候选人D会获得两张选票（马克斯和索菲娅），候选人D会获得三张选票（伊内兹、彼得和亚历克斯）。但是，候选人R的位置可以被更接近中间选民目标政策的政策，如候选人D'的政策所击败。随着时间的推移，竞争会使得两名候选人都会向中间选民的目标政策靠近，中间选民的目标政策是唯一不能被击败的政策。

资料来源：Bureau of Economic Analysis。

图21.3　中间选民理论

中间选民被定义为这样一个选民，即总选民中有一半人想要的支出比该选民更多，同时有另一半选民想要的支出比该选民更少。在这个例子中，伊内兹是中间选民，因为同伊内兹相比，有一半选民(彼得和亚历克斯)想要的支出更多，有一半的选民(马克斯和索菲娅)想要的支出更少。

中间选民理论(median voter theorem)认为，在以上条件下，中间选民拥有决定权。或者更正式一点说，中间选民理论认为，如果选民都投票给在直线上最接近于他们目标点的政策，那么，在多数决定的选举制度下，中间选民的目标政策将会击败其他所有的政策而胜出。

我们来看看为什么会这样，以及民主制度如何会促使候选人向中间选民的目标点靠近。首先，考虑任意两个由候选人 D 和候选人 R 所采取的政策。哪一个候选人的政策会在多数决定的原则下胜出呢？马克斯和索菲娅会投票给候选人 D，因为候选人 D 的政策比候选人 R 更接近他们的目标点。但是，伊内兹、彼得和亚历克斯会投票给候选人 R。根据多数决定的原则，候选人 R 会赢得这一选举。注意，在所给出的两种政策中，更接近于中间选民目标政策的候选人会赢得选举。

大部分政治家都不喜欢放弃。因此，在下一次选举中，候选人 D 可能会改变她的位置，变成候选人 D′。根据之前同样的推理过程，现在候选人 D′ 会赢得选举。如果我们重复这一过程，唯一有望胜出的位置就是中间选民(伊内兹)的目标政策点。当候选人 D 和 R 都靠近中间选民的目标政策点时，候选人之间的差异性就几乎没有了，每个人都有 50% 的可能性赢得选举。*

还可以对中间选民理论进行更一般的解释。例如，我们也可以把这条直线解释为从左到右的标准政治立场，而不是把它看作是在社保支出上想要更多或者更少的支出。在这种情况下，在一个像美国这种只有两个政党的国家中，中间选民理论就可以被解释为一种民主制度理论。

中间选民理论告诉我们，在一个民主制度中，起决定作用的是人头数——选民的人数——而不是他们自身的状况。例如，假设马克斯决定想要稍微少一点的支出，而亚历克斯决定想要稍微多一点的支出。这一政治结果会改变吗？不会！根据中间选民理论，中间选民拥有决定权。如果中间选民的情况没有变化，那么，政策就不会有任何改变。因此，在中间选民理论所给定的条件下，民主制度不会去寻求达成一致意见，或者进行折中，更不会去寻找一种平均来说能最大化选民偏好的政策——它寻求的只是一种在多数决定原则下会胜出的政策。

中间选民理论也不一定总是能适用。我们刚才所做的一个最重要假设就是，选民会投票给最接近其目标点的政策。这一点在现实中不一定正确。如果没有候选人能提供一种足够靠近马克斯目标点的政策，他可能会拒接给任何人投票，甚至包括其政策相对来说最接近于马克斯目标点的候选人。在这种情况下，一个离选民们太远的候选人，即使他的位置最接近于中间选民，也可能会在选举活动中丢失选票。因此，选民们的这类行为意味着，候选人不一定会集中在中间选民的目标点。

我们还假设了投票只针对一个主要维度进行。在实际中，这一假设也不一定正确。假设选民们同时关心两个问题，比如税收和战争，同时还假设我们无法把这

中间选民理论认为，如果选民都投票给在直线上最接近于他们目标点的政策，那么，在多数决定的选举制度下，中间选民的目标政策将会击败其他所有的政策而胜出。

---

* 用博弈论的术语来说，中间选民的目标政策是唯一不能被其他政策占优的政策，因此，在有两位候选人的博弈中，唯一的纳什均衡就是两位候选人都选择这一政策。

两个问题转化为一个可用左右立场来表示的系列(所以,知道一个人在税收方面的观点,不一定能预测出他在战争问题上的观点)。对于这种两维度的选举问题,在多数决定原则的竞争中,没有任何一种政策能够击败所有其他的政策。因此,不同的政治派别可能永远都不会集中在某一稳定的政策上。

为了理解为什么有时不存在一个能全胜的政策,我们用体育运动来打个比方。假设将要举行一个系列拳击比赛,来决定谁是最伟大的重量级职业拳击运动员。还假设穆罕默德·阿里(Muhammad Ali)击败了伦诺克斯·刘易斯(Lennox Lewis),伦诺克斯·刘易斯击败了迈克·泰森(Mike Tyson),但是,泰森又击败了穆罕默德·阿里。那么,谁是最伟大的职业拳击运动员呢?如果存在不止一种类型的拳击技巧,因而阿里具有击败刘易斯所需要的那种技巧,刘易斯具有击败泰森的那种技巧,而泰森具有击败阿里的那种技巧,那么,这个问题也许永远没有答案。同理,如果政治上存在不止一个方面的问题,也许就不存在一种能击败所有其他政策的政策。就政治而言,其结果就是,每次投票或者选举都会产生一个新的获胜者,或者换句话说,制度或者程序的设置可能会延缓政治变化的速度。例如,美国的宪法要求,新的法律生效必须获得众议院和参议院两院的通过,而且没有被总统否决,这比通过一个简单地多数决定的投票要困难得多。

作为政治学的预测性理论,中间选民理论在某些情况下是适用的,但并不是在所有的环境中都适用。不过,这一理论也提醒我们,政治家本质上是有激励就选民们所关心的问题来听取选民的意见的。这就是民主制度的权力特征,尽管你所获得的民主质量无疑会依赖于民主社会中选民的智慧。

21.5.2　民主和非民主

迄今为止,我们对民主所做的描述,已经使民主的图景多少有点幻灭了,至少同你在高中的公民学课上所学的相比,感觉是这样的。不过,当我们环视全球各国时,我们会发现,民主往往会出现在最富裕的国家,尽管这些国家也存在着某些强权的特殊利益集团;民主也容易出现在以下国家,即那些在支持市场、产权、法制、公平政府,以及在其他有助于经济增长的制度上有着良好记录的国家。

在图 21.4 中,横轴表示一种测度经济政策好坏的指数,即所谓的经济自由指数(这一指数越大表示经济自由程度要高),纵轴表示其对应国家或地区的生活水平(以 2007 年的人均国民总收入衡量)。这一图形说明了两件事。首先,在经济自由程度和生活水平之间存在很强的相关性。其次,那些最民主的国家或地区(标记为"完全民主化"的国家或地区,并以深色的点表示)都是世界上最富裕的国家或地区,这些国家或地区也都是经济自由程度最高的国家或地区。在这一规律中,唯一有趣的两个例外是新加坡和中国香港。这两个经济体在经济自由程度和生活水平上的得分都非常高,但是,它们都不是完全民主化的。

然而,请注意,民主化和生活水平之间存在联系,部分是因为,更多的财富造成了人们对民主有更强烈的需求。当人们对食物、住所和安全方面的基本需求都得到了满足时,他们就有更多理智方面需求,如参与政治过程的权利。这就是在韩国所发生的事情。随着这个国家逐渐变得富裕,它也变得越来越民主。但是,不仅仅是富裕能造就民主,民主似乎也可能会带来富裕和一些更好的制度。一定是民主

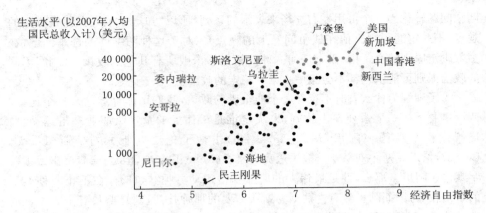

注:人均国民总收入用比例标尺表示。完全民主化用深色的点表示。

资料来源:经济自由指数来源于 Gwartney, J., R.Lawson, S.Norton. 2008. *Economic Freedom of the World*: *2008 Annual Report*. The Fraser Institute. 人均国民总收入(2007)来源于世界银行。

图 21.4   经济自由、民主化和生活水平

制度做对了有些事情。因此,我们需要检验进行民主决策所带来的收益。

我们已经讨论了民主制度下的理性的信息无知。但是,请注意,公众的信息无知在非民主的国家经常更严重。[④]在很多伪民主和非民主的国家,公众都无法很好地获得信息,因为媒体都被政府控制着,或者要经过政府部门审核。

例如,在非洲,大部分国家都禁止私人电视台。实际上,71%的非洲国家都是由国家垄断着电视广播。大部分非洲政府也都控制着它们国内最大的新闻报纸业。媒体由政府所有或者掌控,这在大部分中东国家中也非常普遍。

控制媒体所产生的后果,同我们预期在研究民主制度中理性的信息无知所产生的后果一样——它使得特殊利益集团能够按照他们自己的意志来控制政府。例如,政府对新闻报刊的所有权越大,公民的自由和政治权利水平就会越低,管制就会越糟糕(像经济学家所分析的价格管制这类无效的和浪费资源的政策会更多),腐败程度就会越严重,产权被征用充公的风险也会越大。一些研究媒体所有权的作者都得出结论认为:"新闻报刊的政府所有权,限制了向公众披露的信息,也降低了政府的质量。"[⑤]

民主制度下的公民可能会选择"理性的信息无知"。但是,总体来讲,同伪民主和非民主的国家相比,民主制下的公民对自己的政府还是非常了解的。此外,在一个民主制度中,公民们利用他们的知识,通过投票花很低的成本就可以影响公共政策。在民主制度下,知识就是权力。在非民主制度下,仅有信息知识是不够的,因为胁迫和政府暴力会制造很多障碍来阻止公众参与政治。很多人都只有放弃,或者变得愤世嫉俗,或者成为政府宣传的牺牲品。他们开始接受当权者自己对自己的粉饰,并天真地认为他们真的是人民的朋友。

信息知识和选举权的重要性,可以通过历史上那些令人震惊的大规模饥荒事件得到验证。

21.5.3   民主和饥荒

初看起来,饥荒的原因很显然——食物的匮乏。但是,这一显而易见的解释是错误的,或者至少是不太全面。大规模的饥荒已发生过很多次。但是,即使在食物匮乏是一个起作用的因素时,它也很少就是导致大规模饥荒出现的决定性因素。

在最近的世界历史上,很多饥荒都是人为造成的。例如,20世纪30年代发生的乌克兰大饥荒的背景是,当时对农民进行了集体化,征收了富农的土地,把他们从自己的家中赶走,把数十万富农送到了西伯利亚的古拉格集中营。

乌克兰的农业生产力在强制性集体化后直线下降,人民开始挨饿。但是,当地的食物仍然被继续征走,那些试图逃离灾荒地区的农民被逮捕或者被遣送回边境。尽管乌克兰人吃过狗肉、猫肉,甚至树皮,仍有上百万人被饿死。⑥

乌克兰的饥荒是人为的。显然,乌克兰人对政策没有影响力。由民主选举产生的政治家不会忽视上百万人的选票。

即使是一些非人为因素造成的饥荒,在民主制度下也可能会避免。1974年孟加拉国的饥荒没有乌克兰那么严重,但是,仍然有26 000—100 000人在饥荒中被饿死。这可能是第一次有电视转播的饥荒,它描述了经济和政治之间相互关联中的一些重要问题。

1974年,洪水毁坏了很多水稻作物,与此同时,世界上大米的价格也由于其他原因正在上涨。洪水意味着很多无地的农村劳动力无事可做,而在正常年份里他们都会被雇用来收割稻谷。

工作中获得的收入更少,而大米的价格又更高。这两个因素加在一起,导致了饥荒的出现。但是,在1974年,孟加拉国总体来说并不缺少粮食。实际上,从所有的时间来看,1974年的人均粮食是很高的,如图21.5所示。

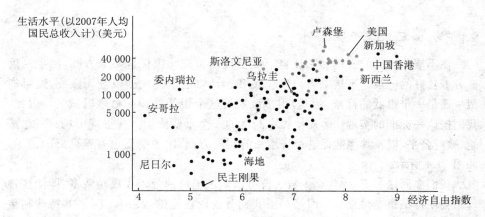

资料来源:Sen Amartya. 1990. Public Action to Remedy Hunger. Arturo Tanco Memorial Lecture given in London on 2 Auguest 1990。

图 21.5　孟加拉国人均可获得的食物

大规模饥荒的出现本质上不是因为缺少食物,而是因为一些贫困劳动力缺少经济权力和政治权力。缺少经济权力意味着他们无法购买食物。缺少政治权力意味着管理孟加拉国的精英们不用想办法来防止饥荒。孟加拉国持续地施行着糟糕的经济政策;例如,政府管制使得购买外汇非常困难,因而资本家很难从临近的泰国或者印度进口粮食。实际上,为了规避大米管制和其他管制政策,那时候大米甚至正从孟加拉国走私出境,流入到印度。

阿玛蒂亚・森(Amartya Sen),诺贝尔经济学奖得主和哲学家,曾经这样认为,无论一个国家是穷或富，"世界历史上从未有哪次饥荒出现在功能健全的民主制度下"。这个主张本身可能会引起争论，因为这依赖于一个人如何定义"功能健全的民主制度"。但是，森给我们的如下启示是正确的：

> 在非洲和亚洲，也许能够有助于消除饥荒的最重要的改革，就是加强实施民主制度，解放新闻报刊和——更一般地说——引入竞争性的政治。⑦

理解现实世界　　经济学家蒂莫西·贝斯利(Timothy Besley)和罗宾·伯吉斯(Robin Burgess)用印度的民主制、新闻报刊和救济饥荒的情况，对森的结论进行了检验。⑧印度是一个联邦民主制国家，它包括 16 个主要的邦。各个邦在食物危机、新闻报刊环境、教育、政治竞争以及其他方面的情况存在相当大的差异。

贝斯利和伯吉斯想要弄清楚的问题是，是否一个邦的政治竞争越激烈，报刊越多，这个邦的政府对食物危机作出的反应就会越灵敏。注意，在所有的因素中，这两个因素是非常重要的。没有政治竞争，报刊就无法运转，而没有报刊，政治竞争也无法进行。信息知识和权力结合在一起，就会产生作用。

贝斯利和伯吉斯发现，激烈的政治竞争往往同高水平的公众食物分配有很大的关系。公众的食物分配在选举年和选举的前一年特别敏感。此外，按照森的预测，如果报刊环境越好，政府在食物供给出现危机时的反应就会越敏感。也就是说，如果食物的产量下降或者出现洪水灾害，在报刊环境越好的邦，政府增加的食物分配会更多，救济灾难的情况会更好。报刊和自由媒体会给公众传播消息，并刺激政客们采取行动。

21.5.4　民主和经济增长

在不屠杀自己的公民和不让自己的公民因饥荒而饿死这两个方面，民主制度都有着良好的记录。不屠杀自己的公民和不让自己的公民因饥荒而饿死，这可能似乎还是一个很低的标准，但是，很多政府连这个很低的标准都难以做到。因此，我们把这一标准的实现作为支持民主制度的一个重要依据。在支持市场、产权、法制、政府公平，以及其他能促进经济增长的制度方面，民主制度也有着良好的记录，如图 21.4 所示。

我们来回忆一下，为什么少数人群可以通过馅饼的分配来成功致富，即使这种行为会使得馅饼变得更小。回忆一下我们此前所讨论的占总人口 1% 的特殊利益集团。考虑一项能够以 4 000 美元的社会成本给特殊利益集团带来 100 美元的政策。这一集团会为这项政策进行游说吗？会的。因为这个集团得到了 100 美元的利益，但是，它只需要承担 40 美元的成本(4 000 美元的 1%)。

根据定义，寡头政治或者说伪民主制度是由少数人群进行统治。因此，这些国家的统治者没有激励去注意它们的政策给广大公众所带来的巨大成本。统治精英们的激励甚至可能是，制定或维护那些使得其国民继续穷困潦倒的政策。例如，地位巩固的非民主的精英人士，可能不想去支持平民教育。这不仅是因为受过更多教育的人口会同精英们进行竞争，而且受教育的民众可能会决定，他们再也不需要这些精英。当然，这些精英也知道民众不需要他们。因此，精英们通常都愿意公众软弱和无知，这两者对经济增长，或者说对于防止饥荒，都是不利的。

但是,现在我们来考虑一下占人口 20％ 的特殊利益集团。这一利益集团会支持一项给它带来 100 美元的利益,但却要花费 4 000 美元社会成本的政策吗? 不会。这个利益集团得到了 100 美元的利益,但是,它所承担的成本现在是 800 美元(4 000 美元的 20％)。因此,即使是对这一特殊利益集团而言,这项政策也是一种净损失。所以,某一群体的人口量越大,这个群体也就越有激励去考虑无效政策所带来的社会成本。

大的集团更关心它们的政策所产生的社会成本,这仅仅是因为它们在整个社会中所占的比重很大。因此,大的集团往往会支持更有效率的政策。此外,某个集团所拥有的成员越多,能使得他们致富的财富转移途径也就越少。一个小集团有很大的激励从 3 亿人手中每人拿走 1 美元,并转移给他们自己。但是,如果一个拥有 1 亿人口的集团,从剩下的 2 亿人手中每人拿走 1 美元,那么这个集团中的每人只能得到 2 美元。即使你从这 2 亿人手中每人能拿走的钱增加到 100 倍,即拿走 100 美元,并把它分给其余的 1 亿人,每个人也只能获得 200 美元。这是非常小的一点收获。对于人数很多的集团来说,把注意力集中在能够做大馅饼的政策通常会更好。

理解你的世界

换句话说,拥有权力的人口在总人口中所占的比重越大,政策就越有可能会给每个人都带来好处,而不仅仅是让一小部分精英变富。

当然,大的集团并不是总会支持经济增长。正如我们所看到的,理性的信息无知可能会造成麻烦。但是,在一些大的问题上,一个民主制的领袖是不会希望事情变得太糟糕的。民主制为什么是个好东西——虽然不完美——一个更大的理由就是经济增长。

自我测验

自由的观念有助于市场运行。自由的观念如何有助于民主制度的实施?

○ 本章小结

激励很重要,因此,好的制度应该把私人利益和社会利益结合起来。民主制能把私人利益和社会利益结合在一起吗? 有时候可以。从负面来看,民主制下的投票不能激励人们去关心政治问题。选民们会理性地选择信息无知,因为获得信息的收益很小——如果你信息充足,你可能会愿意在投票时做出更明智的选择。但是,你的投票并不能增加社会也做出明智选择的可能性。因此,为什么要浪费精力去获得信息呢? 信息灵通具有正的外部性,因为你基于正确信息所做出的投票会使得每个人都受益。但是,具有正的外部性的物品通常都供给不足。

理性的信息无知意味着特殊利益集团可以部分掌控政治过程。由于利益集中而成本分散,政治家们经常可以树立起对他们政治的信任感,尽管他们的政策花费的成本要比其所带来的收益大。

在位的政治家可以利用他们所掌控的政府,来增加他们连任的可能性。政治家一般都在选举前增加政府支出,然后在选举后增加税收。选民们都只注意当前的经济形势,尽管这种繁荣只是暂时的,它是以未来的经济形势为代价人为制造出来的。

我们对政治经济学的研究是很有用的，它可以被看作是对政府失灵的研究。这可以作为外部性和垄断等这些市场失灵理论的补充。如果市场不能把私人利益和社会利益结合在一起，就会出现市场失灵。如果政府的制度不能把私人利益和社会利益结合在一起，就会出现政府失灵。没有一种制度是完美的，选择无处不在——这就是我们在考虑市场和政府时所得到一个关键启示。

近距离地考察民主可能会使我们对民主感到失望。但是，民主制度在一些大的问题上都有着非常良好的记录。在民主制下，政治家们很难忽视选民们的重大利益。如果事情出了问题，民主制下的选民们总可以让平庸者下台，在新思想的指导下重新开始。部分是因为，民主制在避免大规模饥荒、维护公众言论自由、支持经济增长等方面有着良好记录；最重要的是，民主政府一般不会屠杀他们自己的公民，他们毕竟都是潜在的选民。

○ 本章复习

关键概念

　　理性的信息无知
　　中间选民理论

事实和工具

1. 以下哪一项在美国联邦预算中所占的比重最小？哪两项在联邦支出中是最大的两项。

　　福利
　　国债的利息
　　国防
　　对外援助
　　社会保险
　　医疗卫生

2. a. 在功能健全的民主制下，发生了多少饥荒事件？
　　b. 在没有实行功能健全的民主制的国家中，发生饥荒的百分比是多少？

3. 大约有 1.3 亿选民参加了 2012 年的美国总统选举。假设你正在决定是否在下一次总统选举中参加投票。你认为，你的投票影响选举结果的可能性有多大？它是大于 1%，还是位于 1% 和 0.1% 之间，或者位于 0.1% 和 0.01% 之间，或者甚至小于 0.01%（小于万分之一）？

4. 如果政府的具体政策——如决定是否进行战争或者是否提高税收——只有在公众详细了解之后才能实施，这对以上政策的通过有利还是不利？

5. 判断对错：
　　a. 在孟加拉国最严重的饥荒期间，人均食物比平时少了很多；
　　b. 同其他各种形式的政府相比，民主制屠杀其公民的机会更小；
　　c. 令人奇怪的是，新闻报刊对于选民们获得有关遭受饥荒市民的消息并不是如此重要；
　　d. 同独裁体制或者寡头体制相比，民主制有更强的激励来促进经济馅饼被做大；
　　e. 同大部分其他国家相比，完全民主制倾向于对市场和产权设置很多的限制；
　　f. 当谈到可支配收入时，美国总统似乎更愿意"建立一个好的第一印象"，而不是"去做一些实质性的事情"；
　　g. 当政府对大部分的电视台和广播台都拥有产权时，它们有动机去为公众服务，因此，选民们会获得更好和更真实的信息。

6. "中间选民理论"有时也被称为"关键选民理论"。后者对理解该理论实际上是一种更好的方法。为什么？

7. 我们来更详细地考察一下中间选民理论。考虑一个拥有三个选民的小镇。这三个选民分别为恩里克、南迪尼和托斯顿。在即将要举行的大选中，一个重大的问题就是,销售税应该多高为好。就像你在宏观经济学中所学到的那样(在实际生活中也是这样),平均来说,一个想要进行更多开支的政府就必须征收更多的税收,因此,"更高的政府开支"等同于"更高的持续性税收"。恩里克想要很低的税收和小规模的政府,南迪尼想要一个中等程度的税收和中等规模的政府,托斯顿在三人中想要的政府规模最大。每个人都是一个顽固分子,因此,在这个问题上,他所中意的立场——经济理论家称为"理想状态"——从来都不会改变。如果用×来表示每个人最中意的税率,它们的偏好可以总结如下:

a. 假设有两个政客,N 和 O,来参与竞选。谁会投票选 N? 谁会投票选 O? 哪一位候选人会赢得选举?

b. 在当地报纸报道说 O 有好几年都没有支付销售税之后,O 放弃了竞选活动。P 来参与竞选,他提出了一个更高的税率。因此,现在是 N 对 P 之间的竞选。同正文中一样,选民会偏好于最接近于他们理想目标的候选人。谁会投票选 N? 谁会投票选 P? 哪一个候选人会赢得选举? 哪一个候选人会输?

c. 在 b 问中,你已经知道了哪一个候选人会失败。假设就在大选前的一个月,你得到了一份工作,就是做这一即将失败的候选人的竞选总策划。你建议他改革竞选方案,重新设计一个新的销售税率位置。当然,政治同生活一样,能够获胜的方法不止一个。因此,请给你老板一个选择的机会:给他提供两种不同的税率位置,即两种都能击败 b 问中潜在获胜者的办法。让你的候选人他自己来做最终的决策。

d. 相对于该候选人原来的位置而言,你在 c 问中所推荐的两种办法是更接近,还是更远离中间选民的理想位置? 因此,在这一例子中,中间选民理论是基本上正确,还是基本上错误?

8. 也许在上小学时你就开始意识到,如果这个世界上每个人都给你一分钱,你就会变得超级富有。这一见解是现代政治的核心。把以下一些政府政策分别归类到"集中化的受益"和"分散化的受益"这两个类别中。

a. 社会保险;

b. 削减家庭税收;

c. 给予严重丧失劳动能力人士的社会残疾保险;

d. 国家公园服务中心在偏僻小路上所进行的支出;

e. 国家公园服务中心在华盛顿特区的国家购物中心所进行的支出;

f. 对年收入超过 25 万美元的人士所进行的税收减免;

g. 食糖配额政策。

思考和习题

1. 戴维·梅休(David Mayhew)在其经典著作《事关选举》中认为,国会议员有强烈的激励要把他们所有的努力都花在一些看得见的活动上,如出国访问和剪彩仪式等活动,而不是去进行实际的政府管理。如何运用选民们理性的信息无知来解释:为什么政治家们要花这么多的努力去从事这些高度可见的活动?

2. 为了推动亚利桑那州 2006 年的投票,每场选举都拿出了 100 万美元作为博彩奖金:进入博彩的唯一方法就是在初选或大选中投票。你认为这种博彩会如何影响选民们的信息无知问题?

3. 我们提到过,选民们都是短视的,大部分人都只关心总统选举前最近几个月经济形势的好坏。如果他们要想成为理性的,他们应该做些什么? 特别是,他们应该关心所有四年中的经济形势吗? 还是只关心开始的第一年? 或是只关心最后的两年? 或者是其他不同时间点上经济形势的组合?

4. 在《理性选民的神话:为何民主制度选择不良政策》(*The Myth of the Rational Voter*)一书中,我们在乔治梅森大学的同事,布赖恩·卡普兰(Bryan Caplan)认为,选民们不仅可以是理性的信息无知,他们甚至可能会理性地选择非理性。人们一般都似乎很乐意相信某些类型的错误思想。如果这是对的,那么,除非坚持自己信念的成本非常高,否则,选民们不会改变他们的信念。相反,他们非常乐意坚持自己的错觉。

我们来看两个例子:

a. 约翰已经看过很多李小龙主演的电影,而且他很愿意相信自己是一名武术冠军，可以在战斗中击败任何对手。一天晚上，约翰进了一家酒吧，并同另一名男子发生了矛盾。约翰是会坚持自己的信念并采取好斗的行为，还是会更理性地计算自己受伤的概率，并寻求避免冲突？

b. 约翰看过很多战争方面的电影，并愿意相信他的国家是世界上军事最强的国家，能在战争中打败任何国家。约翰的国家同另一个国家产生了纠纷。约翰和他们国家中的每个人都就是否要进行战争进行投票。约翰是会坚持自己的信念并投票支持战争，还是会更理性地计算自己国家被打败的概率，并寻求避免冲突？

5. 在电视剧《实习医生风云》(*Scrubs*)中，电视主角约翰·多里安(John Dorian)是一名能力强而且知识丰富的医生。但他对医学领域以外的东西知道的很少，他承认自己不知道众议院议员和参议院议员有什么区别，他甚至相信新西兰就在"旧西兰"附近。

a. 假设约翰·多里安花一些时间学会这些普通的常识，他能从中获得什么收益？（假设知识本身并不能带来任何收益。）

b. 假设约翰·多里安花一些时间来学习如何诊断罕见病，这种病有可能会出现他的病人身上。他能从中获得什么收益？（同样，假设知识本身并不能带来任何收益。）

c. 运用经济学解释：给定你对 b 问的答案，选民们也几乎没有激励去获得同政治有关的信息。

6. 驾车沿着美国州际公路行驶，你将会注意到，在休息区域很少有人开店。自动售货机是唯一可以获得食物和饮料的地方，这对于那些想找一点热食的疲惫旅行者来说，是件很烦恼的事情。这要感谢全美卡车站运营协会(NATSO)，他们不断地游说政府，要求取消商业化。他们是这样辩解的：

公路互通枢纽处的商店不能同休息区域的商店进行竞争，因为这些休息区域都在高速公路上最方便的公路上……对私人所营运的公路互通枢纽处的商店而言，休息区域的商店会造成不公平的竞争环境，从而最终也会破坏一种成功的经济商业模式，而这种商业模式已经被证明是对消费者和企业都有益的。⑨

a. NATSO 是如何使得旅行对消费者来说更昂贵的？

b. 你认为大部分美国人曾经听说过 NATSO 以及要商业化营运休息区域的立法吗？你的答案如何解释理性的信息无知？你认为公路互通枢纽处的商店（如饭店、加油站和其他位于高速公路附近，但不在高速公路上的便利性商店）的主人了解 NATSO 吗？

c. 尽管有你在 a 问中的回答，为什么 NATSO 在游说方面的努力还会经常成功？提示：在这个故事中，集中化的收益是什么？分散化的成本是什么？

7. 下图显示了 101 个选民政治方面的信息。选民们都投票给在图中横坐标上最接近他们目标的候选人，就像中间选民理论所假设的那样。同往常一样，政客彼此之间竞争，他们可以自由进入"政治市场"，就像企业可以自由进入经济市场一样。

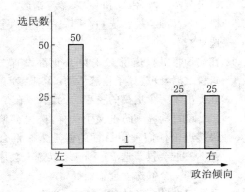

a. 哪一组选民会正好得到他们所希望的：左边的一组，中间组，还是右边的一组？

b. 现在，4 年以后，又到了新的选举时间。假设右边两组选民此时已经合为一组了：中间 25 个选民更向右边移动了，从而更靠右了。在新的大选中，哪一个位置会赢？

c. 正如你所看到的，这个模型中存在一个"关键选民"。他是谁？

8. 根据本章有关罗马帝国那一段中的话，我们来重新写一句话："随着美国逐渐成长，追逐华盛顿的政治权力是一条比开发新的商业更安全可靠的致富之路。"在今天，这句话看起来对吗？如果你认为这一现象真的已经出现，那么，你为什么会这样认为？在你的回答中，重点放在一些能够支持或反对"堕落的帝国"这一理论的市场信号。

（提示：据调查，莫斯科的房地产价格已经是全世界最高，这可能并不是由于住房的供给过低所导致。）

挑战

1. 理性的信息无知能完全解释为什么选民们会允许食糖配额这样的政策长期存在吗？20世纪早期，纽约市政府被一个叫做"坦慕尼协会"（Tammany Hall）的民主党组织所控制。乔治·普伦基特（George Plunkitt），一名来自坦慕尼组织中最成功的政客，写了一篇绝妙好文——《诚实的贿赂和不诚实的贿赂》（"Honest Graft and Dishonest Graft"）。普伦基特在这篇文章中认为，选民们实际上会赞同各种各样被政府所认可的恩惠。[这篇文章和《坦慕尼协会的普伦基特：关于各种政治实践的系列坦诚告白》（*Plunkitt of Tammany Hall：A Series of Very Plain Talks on Very Practical Politics*）这整本书都可以从网上免费获得。]

例如，普伦基特说，如果政府的雇员获得比市场工资更高的报酬，普通的选民会很喜欢："华尔街的银行家会认为，把（政府）雇员的薪水从1500美元提高到1800美元，那是一种耻辱。但是，每个自己领薪水的人会说：'那很好，我希望那人是我。'并且，他感到非常有必要在选举的那一天去投坦慕尼的票，仅仅是出于认同。"

a. 普伦基特是在20世纪早期说这些话的。你认为在今天，这一现象比它以前更真实，还是更不真实？为什么？

b. 如果更多的美国人都了解食糖配额，你认为他们会愤怒吗？或者他们会认可这件事，并说"那很好，我希望它也会发生在我身上"？为什么？

c. 总的来说，你认为在真实世界里，即使选民们不喜欢某个特殊利益集团，他们也会更喜欢一个给该集团特殊利益的政党吗？为什么？

2. a. 如果一个国家遭受到旱灾，就可能会出现饥荒，以下哪一种需求会下降得更多些：对食物的需求还是对理发的需求？为什么？

b. 在一场大的旱灾中，谁遭受的损失会更大：经营农场的人还是经营理发店的人？[注意：答案可以在森对自己一生工作所进行的总结——《以自由看待发展》（*Development as Freedom*）一

书的第164页中找到。]

c. 森强调，在饥荒期间，"缺少购买力"比"食物的缺乏"更重要。如何运用森关于理发店的故事来说明这一点？

3. 政治学家杰弗里·弗里德曼（Jeffrey Friedman）和法学教授伊利亚·索明（Ilya Somin）说，由于选民大部分都是信息无知的，这就有理由保持一个尽可能简单的政府。他们还说，政府应该只承担一些最基本的任务。在这种方式下，理性信息无知的选民，通过观看插播在电视剧《老爸老妈浪漫史》（*How I Met Your Mother*）之间的新闻就可以知晓政府的行踪。

a. 这样的一个政府看起来会像什么？特别是，对于今天的选民来说，什么样的政策和规划会过于复杂而难以监控？在你的答案中，只需要考虑美国联邦政府。

b. 对于现在选民来说，当前哪一种类型的政府规划和政策会更容易监控？你认为哪一种规划是你和你的家人都能很好理解的？

c. 对于a问中过于复杂的规划项目，你能想出一些更容易处理的替代方案吗？例如，相对于当前对农民的补贴和低利率贷款而言，减少对每个农民的检查，并在网上公布检查的数量和结果，这也许更容易监督。

4. 我们提到过，中间选民理论不一定总是有效，有时并不存在一个能全胜的政策。这已经驱使经济学家和政治科学家写了上千篇论文和著作来解释它，并试图找到一个好的应对方案。关于投票运行机制的最著名的理论例子就是孔多塞悖论。孔多塞侯爵（Marquis de Condorcet），18世纪的一位法国贵族，对具有如下偏好的三个选民所进行的选举结果感到很惊奇。三个朋友正在投票决定要看哪一位法国经济学家的书，这三位的书都是他们在学习小组中应该阅读的。这三个人的偏好如下：

	让	玛丽	克劳德
第一选择	瓦尔拉	巴斯夏	萨伊
第二选择	巴斯夏	萨伊	瓦尔拉
第三选择	萨伊	瓦尔拉	巴斯夏

a. 他们按照多数投票决定。如果投票是瓦尔拉对萨伊，谁会赢？萨伊对巴斯夏呢？巴斯夏对瓦尔拉呢？

b. 他们决定按照单一淘汰赛制来进行投票：两者之间进行投票，赢者进入下一轮，直到最后一轮为止。这是很多体育运动和立法机构运行的方式。现在，假设由让来决定投票的顺序。他想要他最喜欢的人，瓦尔拉最后能赢得投票。为了确保瓦尔拉能获选，让应该如何安排投票的顺序？

c. 现在，假设由克劳德来决定投票顺序：克劳德会如何安排投票顺序？

d. 由玛丽来决定顺序呢？评价一下投票程序安排的重要性。

（也许你会认为这些例子都太特殊，其实一点也不特殊。就分配某一固定数量美元的投票而言，任何一种投票形式都可能会以同样的方式而告终——你自己可以验证一下！孔多塞自己也经历了另一种形式的民主失败：他死在监狱中，是他所支持的法国大革命的牺牲品。）

5. 在以上的问题中，你已经知道，在多数决定原则的选举中，有时不存在任何一种可以击败其他任何政策的政策。因此，选举程序可以决定选举结果。在上一问题中，议程表中的所有政策都一样好。但是，情况并不总是如此。假设有三个选民，L、M 和 R，他们都在 7 个候选人之间进行选择。这三个选民的偏好如下表所示。例如，选民 M 最喜欢爱生气，最不喜欢万事通。

选民 L、M 和 R 对总统候选人的偏好

	L	M	R
第一选择	开心果	爱生气	糊涂蛋
第二选择	喷嚏精	糊涂蛋	开心果
第三选择	爱生气	开心果	瞌睡虫
第四选择	糊涂蛋	害羞鬼	喷嚏精
第五选择	万事通	瞌睡虫	爱生气
第六选择	害羞鬼	喷嚏精	万事通
第七选择	瞌睡虫	万事通	害羞鬼

a. 假设我们按照一个给定的程序进行投票，最开始是开心果对糊涂蛋。谁会获胜？这次我们来帮你分析。L 认为开心果比糊涂蛋好，L 会选开心果。M 认为糊涂蛋比开心果好，他会选糊涂蛋。R 认为糊涂蛋比开心果好，他会选糊涂蛋。所以，_____会获胜。

b. 接下来，a 问中的获胜者同爱生气竞选。谁会获胜？

c. 接下来，b 问中的获胜者同喷嚏精竞选。谁会获胜？

d. 接下来，c 问中的获胜者同瞌睡虫竞选。谁会获胜？

e. 接下来，d 问中的获胜者同害羞鬼竞选。谁会获胜？

f. 最后，e 问中的获胜者同万事通竞选。谁会获胜？

g. 我们已经完成了整个选举议程，因此，f 问中的获胜者最终赢得选举。以下是问题的关键。仔细分析一下三个选民的偏好。比较一下每个人对开心果（或者爱生气，或者糊涂蛋）和最后的获胜者的偏好。完成以下填空：_____认为，多数决定原理所产生的结果比其他某些可能的结果更糟糕。你可能会被自己的答案吓一跳。

这个问题选自于经典的，也是我们所强烈推荐的博弈论入门著作《策略思维：商界、政界及日常生活中的策略竞争》(Thinking Strategically)一书。该书的作者是阿维纳什·K.迪克西特(Avinash K.Dixit)和巴里·丁.奈尔伯夫(Barry J.Nalebuff)(W.W.Norton, 1993)。

6. 1998 年明尼苏达州的州长选举中有三位主要的候选人：诺姆·科尔曼(Norm Coleman,共和党)、绰号"大个"的杰西·文图拉(Jesses "The body" Ventura,独立候选人)和休伯特·汉弗莱(Hubert Humphrey)(民主党)。虽然我们不能确切地知道，但选民们对这三位候选人的排序都同下表中所显示的排序方式差不多。例如，这张表告诉我们，35％的选民认为科尔曼排第一，休伯特排第二，文图拉第三；20％的选民认为文图拉排第一，科尔曼排第二，休伯特第三；如此等等。

1998 年明尼苏达州州长选举

排名	35％	28％	20％	17％
1	科尔曼	休伯特	文图拉	文图拉
2	休伯特	科尔曼	科尔曼	休伯特
3	文图拉	文图拉	休伯特	科尔曼

a. 假设这一选举按照多数原则决定，即获得选民最多的候选人赢得选举，谁将会影响选举？

b. 在"挑战"部分的第 4 题中，你已经了解了孔多塞侯爵。今天，如果一名候选人在一系列的一对一选举中或者说单挑（face-off）选举中都能胜出，选举理论学家被称他为"孔多塞获胜者"。第 4 题已经表明，在某些情况下，不存在确定的孔多塞获胜者。1998 年明尼苏达州州长选举又如何呢？

c. 一名孔多塞获胜者在单挑中能击败每位其他候选者。一名孔多塞失败者在每一次单挑中都会败给对手。1998 年明尼苏达州州长选举中有一名孔多塞失败者吗（假设是我们所估测的偏好）？

解决问题

我们来更详细地考察一下中间选民理论。考虑一个拥有三位选民的小镇。这三位选民分别为恩里克、南迪尼和托斯顿。在即将要举行的大选中，一个重大的问题就是，销售税应该多高为好。就像你在宏观经济学中所学到的那样（在实际生活中也是这样），平均来说，一个想要进行更多开支的政府就必须征收更多的税收，因此，"更高的政府开支"等同于"更高的持续性税收"。恩里克想要很低的税收和小规模的政府，南迪尼想要一个中等程度的税收和中等规模的政府，托斯顿在三人中想要的政府规模最大。每个人都是一个顽固分子，因此，在这个问题上，他或她所中意的立场——经济理论家称为"理想状态"——从来都不会改变。如果用×来表示每个人最中意的税率，他们的偏好可以总结如下：

a. 假设有两个政治家，N 和 O，来参与竞选。谁会投票选 N？谁会投票选 O？哪一位候选人会赢得选举？

b. 在当地报纸报道说 O 有好几年都没有支付销售税之后，O 放弃了竞选活动。P 来参与竞选，他提出了一个更高的税率。因此，现在是 N 与 P 之间的竞选。同正文中一样，选民会偏好于最接近于他们理想目标的候选人。谁会投票选 N？谁会投票选 P？哪一位候选人会赢得选举？哪一位候选人会输？

c. b 问中，你已经知道了哪一位候选人会失败。假设就在大选前的一个月，你得到了一份工作，就是做这位即将失败的候选人的竞选总策划。你建议这位候选人改革竞选方案，重新设计一个新的销售税率位置。当然，政治同生活一样，能够获胜的方法不止一个。因此，请给你老板一个选择的机会：给她提供两种不同的税率位置，即两种都能击败 b 问中潜在获胜者的办法。让你的候选人他自己来做最终的决策。

d. 相对于这位候选人原来的位置而言，你在 c 问中所推荐的两种办法是更接近，还是更远离中间选民的理想位置？因此，在这一例子中，中间选民理论是基本上正确，还是基本上错误？

附录 A　看图和制图

经济学家既用图来表达思想,也用图来说明数据。在本附录中,我们介绍一些常见的图,解释如何看懂图,并告诉你一些利用微软 Excel 软件或其他相似软件进行作图的技巧。

用图表达思想

经济学经常用图来表达思想。在整本书中,我们使用最多的图是用一个坐标系来表示两个变量的曲线图。一个变量标在纵轴上或者说 Y 轴上,另一个变量标在横轴或者 X 轴上。

例如,在图 A.1 中,我们画出了一个非常一般的 Y 变量与 X 变量对应关系的图形。从纵轴 $Y=100$ 的地方开始,你横着看过去,在图上找到相应的点,然后垂直向下找到 $X=800$。因此,当 $Y=100$ 时,$X=800$。在这个例子中,你也可以看到,当 $X=800$ 时,$Y=100$。同理,当 $Y=60$ 时,你可以从图中看到 $X=400$,反之亦然。你可以回忆一下,一条直线的斜率定义为底除以高,或者说等于底/高。在这个例子中,当 Y 从 60 升高到 100,高为 40。而 X 从 400 移动到 800,底为 400。所以,这条直线的斜率为 $40/400=0.1$。斜率为正数,表示 Y 增加时 X 也增加。

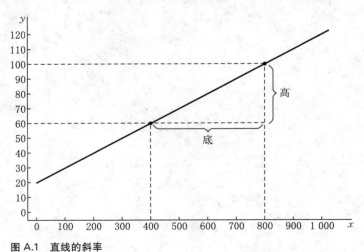

图 A.1　直线的斜率

我们现在把这个图的思想用到一些经济学的概念上。在第 3 章,我们已经说明,如何运用一些有关石油价格和石油需求量的虚构数据,来绘制一条需求曲线。
我们这里在图 A.2 中再展示一遍。

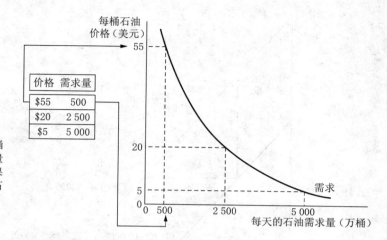

如果石油价格是每桶
55 美元,石油的需求量
是每天 500 万桶。如果
价格是每桶 20 美元,石
油的需求量是多少?

图 A.2　石油需求曲线

　　图 A.2 中左边的表格显示,在每桶 55 美元的价格下,买者每天愿意并能够购买
500 万桶石油。或者更简单地说,在 55 美元的价格下,需求量是 500 万桶。你可以
按照下面的方法在图中读出这一信息。从纵轴开始,找到 55 美元的价格。然后向
右找到 55 美元的价格在需求曲线上所对应的点:顺着这一点向下看,你会看到,需
求量是每天 500 万桶石油。在 20 美元的更低价格下,每天的情况如何呢?在纵轴
上的 20 美元开始,向右找到这一价格在需求曲线上所对应的点,然后向下读。你看
到了吗?在每桶 20 美元的价格下,每天石油的需求量是 2 500 万桶。

　　我们说过,图可以表达思想,那么,这里所表达的思想是什么呢?关于需求曲
线最重要的一个事实就是,它有一个负的斜率。也就是说,它是向下倾斜的。这就
告诉我们一个简单而又重要的思想:当一种物品的价格下降时,需求量会增加。这
就是关键:当石油这样的物品其价格下降时,人们对它的需求会更多。

　　需求曲线就是要说明,在假定其他影响石油需求量的因素保持不变的情况下,
当这种产品的价格下降时,需求量会如何变化。(从这种意义上来说,需求曲线是
假想的,我们很少能直接观察到它。)

　　例如,石油的需求量不仅依赖于石油的价格,而且还依赖于很多其他因素,如
收入水平、汽车等其他产品的价格,以及人口量。也就是说,它受到很多因素的影
响。例如,今天石油的需求曲线依赖于今天的收入水平、汽车价格和人口量。例如,
想象一下,今天,平均收入水平是 10 000 美元,一辆普通汽车的价格是 25 000 美元,
世界人口是 70 亿。在图 A.3 中,下方的曲线表示这些条件下的需求曲线。注意,还
有其他很多我们没有列举出来的因素也会影响石油的需求,但这些因素也保持不
变。最重要的是,如果这些条件中的任何一个发生变化,那么,石油的需求曲线都
会移动。

　　例如,如果世界人口增长到 80 亿,就会有一条新的石油需求曲线。当人口数量
更大时,在每一价格水平下,都会有更多的石油需求。因此,需求曲线会向右移动。
换句话说,当人口量增加时,对于任何给定的石油数量,都会有更高的支付意愿。
因此,需求曲线将会向上移动。所以,我们说,需求的增加就是这条曲线向上和向

右移动,如图 A.3 中上方的曲线所示。第 3 章详细解释了当除价格之外的其他因素发生变化时,价格如何随之发生移动。

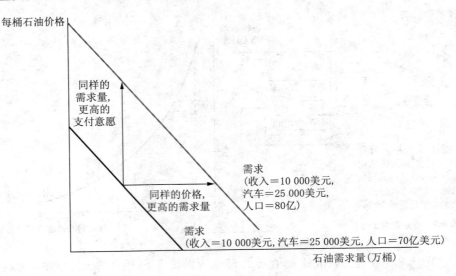

图 A.3　石油需求曲线

这里需要重点强调的是,需求曲线是在保持除价格以外的其他影响条件都不变的情况下画出来的。任何除价格以外的、其他能影响石油需求的因素发生变化,都会产生一条新的需求曲线。

绘制在同一个坐标系上的两个变量,还有一个重要特征:这些数字可以用两种不同的方法来解读。例如,正如我们在第 3 章中所提到,需求曲线可以从垂直和水平两个方向上来解读。从"水平方向"来解读,你可以从图 A.4 中看到,在每桶 20 美元的石油价格下,需求者愿意而且能够购买的数量是每天 2 500 万桶。从"垂直方向"来解读,你可以看到,需求者对每天购买 2 500 万桶石油愿意支付的最高价格是每桶 20 美元。因此,需求曲线表示在任何价格水平下的需求量,或者对于任何购买数量愿意支付的最高(单位产品)价格。

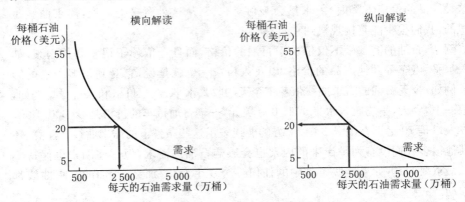

横向解读:在每桶石油 20 美元的价格下,需求者每天愿意购买 2 500 万桶的石油。
纵向解读:为了每天购买 2 500 万桶石油,需求者愿意支付的最高价格是每桶 20 美元。

图 A.4　用两种不同的方法解读需求曲线

刚开始的时候,要解释这些图似乎有些困难。但是,你将会看到,对于思考一些非常难的经济学问题,图显示出的作用有时是惊人的。这就有点像学开汽车——开始的时候不是很容易,你会出一些差错。但是,一旦你学会了如何运用你的能力来控制汽车,出行的地方就大大地增加。图的作用也是如此。

数据图

除了表达思想以外,图也可以用于描述数据。例如,GDP 可以按照国民收入恒等式分为以下几类:消费、投资、政府购买和净出口(出口减去进口),也就是说,$GDP = Y = C + I + G + NX$。 美国 2007 年的 GDP 显示在了表 A.1 中。

表 A.1 美国 2007 年的 GDP(单位:10 亿美元)

Category/项目类别	GDP	Category/项目类别	GDP
Consumption/消费	9 710.2	Net Exports/净出口	−707.8
Investment/投资	2 130.4	GDP(Total/总额)	13 807.6
Government/政府购买	2 674.8		

资料来源:Bureau of Economic Analysis。

如果把这些数据输入到 Excel 中,如图 A.5 所示,你可以利用求和函数来检验所有的分项加起来是否等于 GDP。

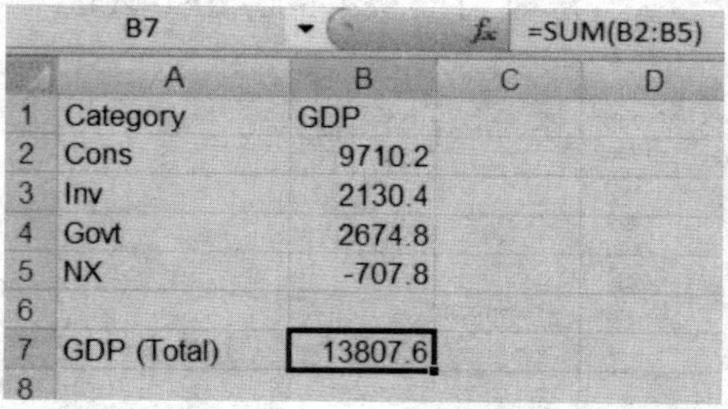

图 A.5

点击 A 栏和 B 栏中的数据,然后再依次点击"插入""柱形图""簇状柱形图",(也可以增加一些修改,以便能加上坐标轴的名称,这可以使得图形看起来更漂亮些)。我们就可以得到一个如图 A.6 中左图所示的图形:

图 A.6 中右图显示的是相同的数据,只不过在右图中,我们选择的是"堆积柱状图"(我们把行和列对换了一下)。有时候,可能一种图形会比另一种图形更能揭示数据的性质。因此,稍微尝试一下用不同的方法来显示数据,可能会是一个不错的主意。但是,请不要走得太远,试图增加 3D 效果或者其他一些很花哨的图饰就不必要了。不要总是聚焦在数据上,也不要聚焦在一些特殊的效果上。

在本书中,我们解释了有关股票、债券和其他投资方式的经济学。很多金融数据在网上都可以免费找到。例如,在雅虎财经(Yahoo! Finance)上从 1950 年到 2000 年末,标准普尔 500 指数每个月第一个交易日的数据都可以下载。这些数据显示在了图 A.7 中。

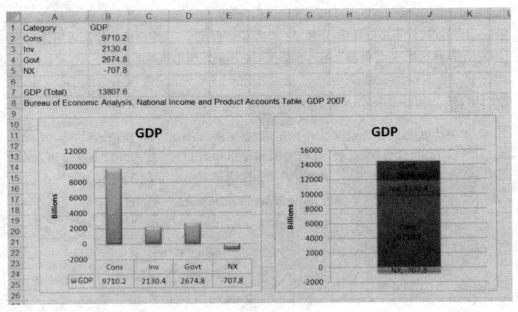

图 A.6

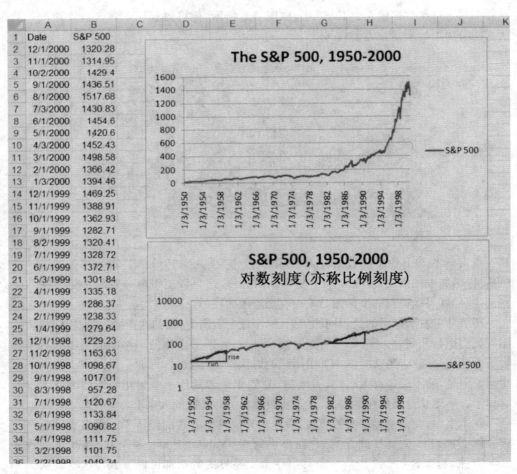

图 A.7

　　为了绘制标准普尔 500 指数的数据，我们使用了折线图。在图 A.7 中，上图显示了按照"正常"方式制图时的数据图。其中，纵轴上相等的距离表示同等大小的指数。但是，为了更好地用图形来体现数据，这一做法其实没有必要。因为看一眼上图马上就会知道，随着时间推移，价格上升得越来越快。换句话说，从 1950 年到大约 1980 年之间，曲线看上去非常平坦，这之后则上升得非常快。但是，这种表面上的快速增长大部分都是一种幻觉。问题出在，当标准普尔 500 指数位于 100 点时，这大约是在 1968 年左右，10％的增长会使得指数增加到 110，或者说会增加 10 个点。但是，当指数位于 1 000 点时，这大约是在 1998 年左右，10％的增长会使得指数增加到 1 100，或者说会增加 100 个点。因此，增长同样的百分比，在 1998 年看上去要比在 1968 年大得多。

　　为了用不同的图形来显示这一数据，右击上图中的纵轴，选择"设置坐标轴格式"，并点击标记有"对数刻度"的方框，就会产生一个如图 A.7 下方所示的图形（图中的三角形是另加的，这一点我们马上会进行解释）。

　　注意，在下图中，纵轴上相等的距离表示相同的增长百分比或者增长比例。例如，比例 100/10 同比例 1 000/100 是相等的。你现在一眼就可以看出，如果在相同的时间长度内（以横轴的距离来表示），股票价格在纵轴上移动了相等距离，那么，增加的百分比相同。例如，我们在图中添加了两个完全相同的三角形，它表明，1950 年到 1958 年期间股票价格的增长率同 1982 年到 1990 年这期间股票的增长率基本上相同。两个三角形是相同的，因此，在这相同的 8 年时间里，给定三角形的水平距离，即底相同，标准普尔 500 指数在纵轴上升高了相同的距离，即高相同。回忆一下，直线的斜率是由高/底决定。所以，我们也可以说，按照比例来看，同样的斜率意味着增长百分率相同。

　　同之前的图形相比，对数刻度图形或者说比例刻度图形更清楚显示出，从 20 世纪 50 年代到 60 年代中期，股票价格都在增长，但之后在整个 70 年代，股票价格都很平缓，一直到 1982 年的经济萧条过后，它都没有增长过。在我们整本书中，为了更好地识别数据的特征，很多图形中都使用了比例数据图。

　　在显示两个变量之间可能存在的关系这方面，图也是非常有用的。例如，在《考恩经济学：宏观分册》一书中，我们通过证据表明：很多西欧国家都存在劳动就业法，这使得解雇工人很难，因而提高了雇用工人的成本。因此，长期来看，欧洲的失业率一般会更高。为了显示这种关系，我们先给出了一种被称为"就业刚性指数"的指数指标，这一指数是由世界银行制作出来的。就业刚性指数体现了企业雇用和解雇工人的成本，以及企业调整工作小时数的难易程度（例如，对于晚上和周末的小时是否存在限制）。指数越大表示雇用和解雇工人的成本越高，调整工作小时数也越困难。然后，我们把一个国家的就业刚性指数同该国的长期失业率（持续时间超过一年）绘制在同一张图中。

　　这一数据的图像如图 A.8 所示。

　　我们可以利用这些数据再做一些有趣的事情。如果你在图像上右键点击任何一个数据点，你就会得到一个"添加趋势线"的选项。点击这一选项，然后再点击"线性"和"显示公式"这两个方框，就会产生图 A.9（不包括箭头，那是我们为了表示更清楚所增加的。）

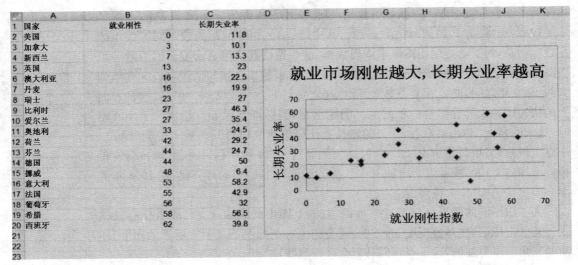

图 A.8

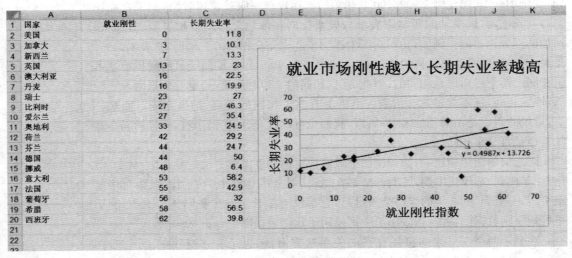

图 A.9

　　黑色的线是对数据的"最优"拟合直线。(这里的最优拟合指的是统计上的，我们这里不想详细解释它。不过，如果你上过统计课，你就会对普通最小二乘估计有所了解。)Excel 也为我们显示了这条拟合直线所对应的方程，$Y = 0.498\,7 \times X + 13.726$。你还记得中学所学的表示直线的方程吗，$Y = mX + b$？在这个例子中，$m$，直线的斜率或者说底/高，等于 $0.498\,7$；b，也就是截距，等于 13.726。斜率告诉我们，就业刚性指数每增加 1 个单位(底是 1)，长期失业率平均会增加 $0.498\,7$ 个百分点(高是 $0.498\,7$)。利用这个方程，你可以选择任何一个就业刚性指数，来预测在这一指数下的长期失业率。例如，如果就业刚性指数是 15，我们预测长期失业指数为 $21.206\,5 = 0.498\,7 \times 15 + 13.726$。如果指数是 55，我们预测长期失业指数为 $41.154\,5 = 0.498\,7 \times 55 + 13.726$。

绘制有三个变量的数据图

　　在我们讨论国际贸易的那一章中,我们有证据显示,童工随着人均 GDP 的增加而减少。图 A.10 显示出了这个数据的一个子样本。我们把 X 变量,即实际人均 GDP 放在 B 栏,把 Y 变量,即 10—14 岁的童工占劳动力的百分比,放在了 C 栏。在 D 栏中,我们给出了整个劳动力中童工的数量。在布隆迪,劳动力中童工所占的比重(48.5%)比印度(21.1%)大得多。但是,由于布隆迪是一个小国家,就劳动力中童工的总人数而言,还是印度更大。为了理解童工这一问题,同时把握这两类信息是非常重要的。因此,我们把这两类信息都显示在图中。

	A	B	C	D	E
1	国家	人均实际GDP	童工占劳动力的百分比	劳动力中童工的总人数	
2	布隆迪	523	48.5	439 623	
3	埃塞俄比亚	635	41.1	3 472 114	
4	孟加拉国	1 684	27.7	4 592 758	
5	泰国	6 857	12.2	666 602	
6	印度	2 479	12.1	13 300 000	
7	墨西哥	8 762	4.9	531 132	
8	阿根廷	11 006	2.4	80 265	

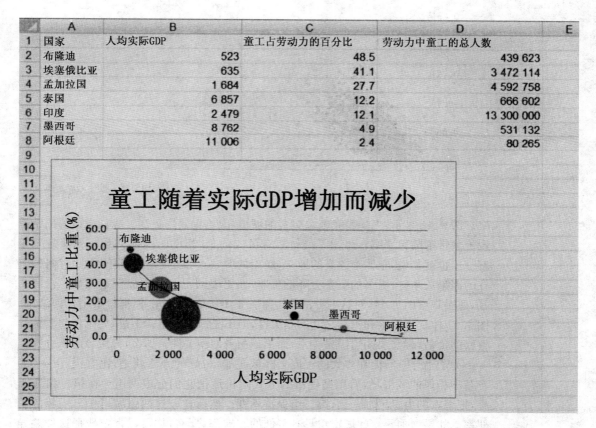

图 A.10

　　Excel 表的气泡图会同时显示出这三栏的数据,它用气泡的面积或者说数据点的大小来显示第三栏的信息。例如,在图 A.10 中,总劳动力中童工的数量印度最大,因此,印度有一个面积最大的泡泡。其他数据点附近的泡泡面积也体现了相对应的比例。因此,墨西哥的泡泡是印度泡泡大小的 1/25,因为墨西哥总劳动力中童工的人数是印度的 1/25。(很遗憾,Excel 表不能自动地标识出泡泡名称,因此,我们只能通过手工添加这些名称。)

原因和结果

警察能降低犯罪吗？如果能，能降低多少？这是经济学家和刑事学家有兴趣去理解的关键问题，因为地方政府(和纳税人)每年花在警察身上的钱达到数10亿美元，他们想知道这些钱是否花得值得。政府应该减少还是增加花在警察身上的钱呢？不巧的是，这个问题是令人惊奇地难以回答。为了说明为什么，图 A.11 显示了美国很多城市中人均犯罪率和人均警察人数之间的关系。

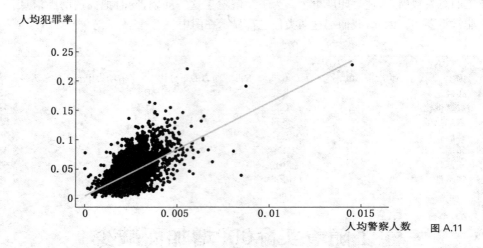

图 A.11

图 A.11 显示，人均警察人数更多的城市，人均犯罪率更高。我们应该得出结论说警察带来的犯罪吗？恐怕不能。更有可能的是"相反的因果关系"，犯罪带来警察——也就是说，犯罪率越高的地方，雇用的警察人数也越多。我们因此有两种潜在的因果关系链：更多的警察会降低犯罪，而更多的犯罪会增加警察人数。遗憾的是，通过观察图 A.11，对这两种潜在因果关系中的任何一种，你都得不出任何结论。图 A.11 体现了警察和犯罪之间的相关性，但不是因果关系。不过，如果你想要估计警察的价值，你需要知道因果关系，而不是两者的相关性。那么，你应该怎么办呢？

为了估计警察能在多大的程度上降低犯罪，最好的办法就是，比方说，取 1 000 个基本相似的城市，然后用抛硬币的方式随机地把它们分成两组。在第一组城市中，把警察的力量增加一倍，第二组保持不变。然后比较这两组城市中下一年的犯罪率。如果增加警察的城市组具有更低的犯罪率，那么，你可以肯定地把这种差异性归功于警察对犯罪所起的作用。导致图 A.11 中相关性证据难以解释的是罪犯的增加有时候导致警察的增加。但是，如果你随机地增加警察人数，你就能够消除这种潜在的"反向因果关系"。因此，如果在随机增加警察人数的城市中，犯罪率下降了，那么，其最合理的解释就是警察人数的增加。同理，如果在随机减少警察人数的城市中，犯罪率上升了，那么，其最合理的解释就是警察人数的减少。

遗憾的是，随机性的实验至少有一个很大的问题——这种实验的成本太高。在犯罪学和其他社会科学中，偶尔也做过一些大的随机性实验。但是，由于成本太高，通常我们都一定会看看，是否还有其他方法来检验这种因果性。

如果你负担不起一个大的随机性试验，还有其他的事情你可以做吗？一种可能就是,去寻找经济学家称之为"准实验"或者"自然实验"的事件。例如,在 1969 年,当加拿大蒙特利尔市的警察举行罢工时,发生的银行抢劫案是平时的 50 多倍。[①]

蒙特利尔市的"实验"告诉你,撤销所有的警察也许不是一个好想法。但是,它也没有告诉你,政府应该在大街上增加或者减少多少数量的警察,比如说,增加或者减少 10% 或者 20%。乔纳森·克利克(Jonathan Klick)和亚历克斯·塔巴洛克利用另外一个自然实验来处理这个问题。[②]在"9·11"事件发生后,美国立即就成立了一个由国土安全部掌管的恐怖报警系统。根据情报人员发布的关于恐怖组织当前制造危险的报告,当恐怖警报级别由"危机上升"(黄色)提高到"高度警备"(橙色)状态时,华盛顿特区市警察局就会相应地增加每个警察的义务值班小时数。因为恐怖警报系统的变化同华盛顿特区的任何可见的,或者能预期到的犯罪行为都没有关系,这就提供了一个有用的准实验。换句话说,任何时候,当华盛顿的警报系统从黄色变成橙色时——这对于华盛顿的犯罪而言是随机的——华盛顿市实际执勤的警察就会增加。克利克和塔巴洛克发现,在高度警备的恐怖警报期间,当更多的警察在街上执勤时,犯罪的数量会下降。像盗窃汽车、从汽车里偷东西,以及入户行窃等这类的街头犯罪下降得特别厉害。总的来看,克利克和塔巴洛克估计,警察人数每增加 10%,犯罪会下降 3%。利用这些数据以及有关犯罪成本和雇用更多警察的成本,克利克和塔巴洛克认为,更多的警察是有利的。

经济学家已经开发了很多技术来确定数据中所包含的因果关系,我们刚才只不过是触及了它的皮毛。我们在这里不可能讲得更详细。但是,我们认为,你应该知道,在这本教科书中,当我们用数据来展现某种因果关系时——如当我们在国际贸易那一章认为,高 GDP 会带来一个更低的童工数量——已经有大量的统计研究开始关注因果关系,而不是相关性。如果你对这些进一步的细节感兴趣,我们给你提供了一些有关原始论文的参考文献。

附录 A 的习题

1. 我们从代数中的一个简单思想开始:下面四个图中哪一个有正的斜率,哪一个有负斜率?

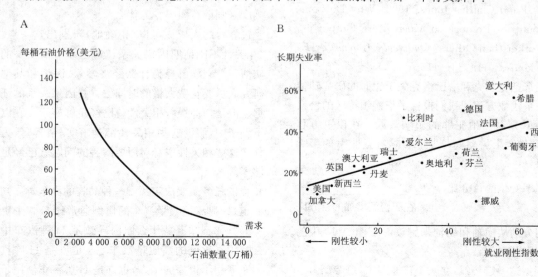

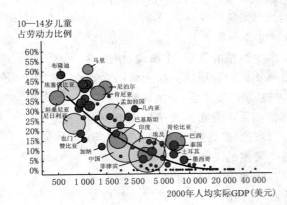

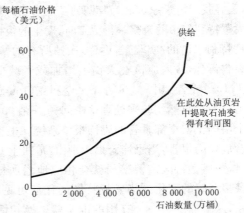

2. 当社会科学家在讨论社会和经济问题时，他们通常都是说"正相关"或"负相关"，而不是说"正斜率"或者"负斜率"。根据你的知识，以下哪一对变量之间一般是"正相关"的（画图时具有正的斜率），哪些是"负相关"的。（注意："负相关"和"反向关系"是同样的意思。在这些问题中，我们也只说相关性，而不说因果关系。）

　a. 一个职业垒球运动员的平均击球数和他的年薪；

　b. 一个职业高尔夫球员的平均得分和他的平均薪水；

　c. 一个人抽烟的数量和他的预期寿命；

　d. 一个人所驾驶车辆的大小和他在严重汽车事故中存活的概率；

　e. 一个国家距离赤道的远近和该国市民的富裕程度。（对于这一问题的答案，请参见 Robert Hall and Charles Jones. 1999. Why Do Some Countries Produce so Much More Output per Worker than Others? *Quarterly Journal of Economics*，114：83—116。）

3. 我们来把克利克和塔巴洛克关于犯罪的研究转换成一个代数方程。我们报告了华盛顿特区的警察增加 10% 对当地犯罪的影响效果。在以下方程中，请填写上警察每增加 1% 时对犯罪率的影响效果：

犯罪率变化的百分比 ＝ _____ × 在职警察增加的百分比

4. 我们分别从横轴和纵轴来解读一下图 A.10 中的童工问题：

　a. 根据这一趋势线，在一个普通国家，总劳动力中

童工每增加 10%，该国的实际 GDP 会怎么样？

　b. 根据这一趋势线，当一个国家人均 GDP 是 2 000美元时，童工在总劳动力中所占的比例大概是多少？

5. 我们再来看一看比例刻度的问题，并把它同正常刻度进行比较。

　a. 在图 A.7 中，哪一幅图是用比例刻度表示的？哪一幅是用正常刻度表示的？

　b. 在上方的那幅图中，标准普尔 500 指数每跨过一横线格时，指数上升了多少点？

　c. 在下方的那幅图中，标准普尔 500 指数每跨过一横线格时，指数升高了多少倍？

6. 作为一个科学家，你必须描绘以下数据的散点图：在整个一周的时间内，一个大的培养皿中的细菌数量，以每小时计量一次。（注意：大肠杆菌的数量每 20 分钟可以翻一倍）这些数据应该用比例刻度来画散点图吗？为什么？

7. 受过教育的人应该可以（正确地）辨别出这一点："相关性不能证明因果关系。"这是一个很重要的实情——它能解释为什么经济学家、医生和其他研究人员要花费大量的时间去寻找因果关系的证据。但是，有时候，相关性就已经足够好了。在以下例子中，假设这些相关性都是事实，请解释，为什么这些相关性本身对所要解答的问题就已经足够了。

　a. 你的任务是要决定买哪一种品牌的汽车。你知道，H 牌中高质量汽车的比例通常比 C 牌中更高。你不知道是什么原因导致了 H 牌汽车中有更高比例的高质量汽车——也许是 H 牌汽车雇用了更好的工人，也许是 H 牌汽车使用了

更好的零部件。你所知道的就是这种相关性。

b. 你的任务是要从所有的申请人中选一个人雇用,这个人要看上去是一个最聪明的人。申请者 M 有麻省理工学院的学位,申请者 S 拥有的一所普通州立大学的学位。你不知道是什么原因使得麻省理工学院的毕业生比普通州立大学的毕业生更聪明——也许只有更聪明的人才能进麻省理工学院,也许是麻省理工学院的教授教得更好,也许是因为麻省理工学院四年里有更好的课程训练了学生的大脑。

c. 你的任务是决定该搬到哪个城市生活,你想去的是那些最安全的城市。由于某些奇怪的原因,有助于决策的唯一线索就是人均警察的数量。

8. 如果你有点手生了,我们就来计算一些斜率吧。在每个例子中,我们给出了两个点,你可以利用"底/高"的公式来得到正确的答案。

a. 点 A:$x = 0$,$y = 0$,点 B:$x = 2$,$y = 3$;

b. 点 A:$x = 6$,$y = -9$,点 B:$x = 3$,$y = 6$;

c. 点 A:$x = 4$,$y = 8$,点 B:$x = 1$,$y = 12$。

9. 我们提到过,需求曲线是一条假想的曲线:它回答的是"如果……会怎么样"的问题:"在一般消费者的收入水平、对未来石油价格的预期,以及经济中所有其他物品的价格都保持不变的情况下,如果今天石油的价格上升(或者下降),情况会怎么样?"如果这些其他条件中有某些发生了变化,那么,需求曲线就不再是固定的:它会向上(和右)移动,或者向左(和下)移动。在图 A.3 中,我们显示了这种图形的移动。让我们再用代数来思考一下经济环境的变化对需求曲线的影响:

Perovia 的经济中有一条如下所示的石油需求曲线:

$$价格 = B - M \times 数量$$

什么时候 B 会变得更大:

a. Perovia 的人口增加时,还是人口减少时?

b. Perovia 的汽车价格提高时,还是降低时?

c. Perovia 人的收入增加时,还是减少时?

10. 利用这一章的原始数据,运用 Excel 来重新制作本章中的任意两个图。图 A.6、图 A.7、图 A.9 和图 A.10 中都有你所需要的数据。如果你愿意进行尝试,也可以自己去 Beagov 和 Finance.yahoo.com 找一些有关 GDP 或者标准普尔 500 指数的最新数据。

附录 B "自我测验"答案

以下是各章"自我测验"的参考答案。

第 2 章

第 019 页

1. 专业化提高了生产力,因为它增加了知识。
2. 如果人们不能用自己生产的产品来交换其他商品,他们就不会只专业化生产某一种产品。因此,如果人们要想从专业化生产中获得利益,贸易就必不可少。
3. 博尔特在跑步方面具有比较优势,但是,哈利在修剪博尔特的草坪方面具有比较优势,因为哈利在修剪草坪上面临着一个比博尔特更低的机会成本。

第 3 章

第 033 页

1. 当印度工人的工资上涨后,它会导致对汽车需求的增加。当收入刚开始上涨时,工人可能会需要更多的碳砖来供热。但是,家庭用碳砖来供热既不安全,又不舒服。因此,当收入增长超过一定水平时,工人对碳砖的需求会减少。所以,一种商品在一定的收入范围内可能是一种正常品,超出一定的范围之后(通常是在更高的收入水平下)可能会变成低劣品。
2. 当石油的价格上涨后,一些人将会用助动车来代替汽车。因此,对助动车的需求会增加。

第 039 页

1. 芯片技术水平的提高会促使芯片这种投入要素的成本下降。因此,计算机的供给会增加。这意味着计算机的供给曲线会向右下方移动。
2. 酒精补贴降低了酒精的生产成本,因此会增加酒精的供给(酒精的供给曲线向右下方移动。)

第 4 章

第 047 页

1. 如果对大卡车和越野车的需求出人意外地降低,汽车公司会发现,在当前的价格下,他们供给的大卡车和越野车会出现过剩。供给量大于需求量。因此,为了能售完那些已经生产出来的卡车和越野车,他们会降低价格。

2. 在奥特莱斯品牌折扣店,价格打折是非常正常的。如果卖者在奥特莱斯品牌折扣店有很多衣服可供出售,那就表明卖者生产的衣服过多。卖者正在降价以减少过剩,进行衣服清仓。

第 050 页

1. 当汽车的价格上涨后,首先被忽略的是一些最低价值的需求。例如,父母们可能更不愿意给他们十几岁的儿子或者女儿买一辆新车。

2. 如果电信公司在光纤上的投资过度,他们将必须降低使用光纤线路的价格。例如,一个像 Verizon 这种的公司,它将会以打折的价格提供光纤网络和电话连线上网。价格打折所带来的损失经常会抑制未来光纤电缆的投资。更一般地说,企业投资是为了盈利。如果企业过度投资,他们就会亏损,这就会激励他们慎重投资。

3. 凯伦对这一商品的估价是 50 美元,他在自由市场上从商店 B 买它需要 35 美元。凯伦获得 15 美元(50 美元－15 美元)的消费者总剩余。如果商店 B 的销售受到某种阻碍,比如说存在管制或者被征税,那么凯伦将会从商店 A 中以 45 美元的价格买进,但是总消费者剩余下降到 5 美元(50 美元－45 美元)。

第 053 页

1. 如果洪水毁坏了玉米和大豆等农作物,这些农作物的供给就会下降。供给的下降将会降低均衡数量,提高均衡价格。

2. 如果白藜芦醇(从日本虎杖中提取)能提高鱼类的预期寿命,人们可能会认为它对人类也具有相同的效果。由此,就会有更多的人对白藜芦醇有需求,从而导致对白藜芦醇需求的增加。这将会增加日本虎杖的价格,也会导致日本虎杖产量的提高。

3. 当汽油的价格上涨时,对混合动力汽车的需求会增加,也就是说,需求曲线会向右上方移动。我们在图 4.7 显示了这一结果:把新的需求曲线看做是高汽油价格时对混合动力汽车的需求,把旧的需求曲线看作是低汽油价格时对混合动力汽车的需求。混合动力汽车的价格将会随着需求的增加而提高,特别是在短期内。

第 057 页

1. 1991 年石油价格的上涨主要是因为供给冲击——海湾战争。(也可以把它看成是一种需求的冲击,因为当人们预期战争会降低未来的石油供给时,对石油的需求也会增加。)如果这两个方面你都认识到了,那就应该给你额外加分了。

2. 从 1981 年到 1986 年,石油的价格稳步下跌。前几年更高的价格鼓励了石油勘探,这导致几年后石油供给增加,特别是非欧佩克国家的石油增加。

第 5 章

第 071 页

1. 最高限价设定在低于均衡价格的水平上会导致短缺。设定在高于均衡价格水平上的最高限价对均衡价格没有影响。

2. 价格控制降低了市场对需求移动做出反应的激励,因此,资源本质上会按照一种随机的因素被扭曲配置。例如,把阿拉斯加油田中的石油运到美国东海岸的炼油厂去提炼,比运到西海岸去提炼要昂贵得多。但最高限价使得这种差异无法在价格中得到体现。因此,它会减少把石油运往最需要的地方去提炼的激励。由此,短缺就会在这些地方比其他地方变得更严重。

第 075 页

1. 在租金管制下,如果房东只有激励去进行一些最小程度的维修,那么,租金管制就会不可避免要与房屋建筑的日益破败同时存在。只会有一些最主要的维护工作。水龙头常年滴水的租客永远也不会得到房东的理会,租客们只有自己修理。最起码,他们也必须等待,一直到滴水问题变得足够严重,从而使得它会影响到房东的水费账单为止。

2. 既有的利得能够击败所有试图废除租金管制的努力,而且这些既得利益者会随着时间变得越来越强大。消除租金管制会特别困难,因为租客(那些已经有公寓的人)并不关心短缺问题——他们不必每周都去找新公寓。与此相反,汽油的消费者每次在他们需要加油的时候,都必须去应对短缺问题。所以,消除石油的价格管制问题比解决房租的租金管制问题要容易得多。

第 077 页

1. 最高限价造成了短缺。普遍的价格管制会造成整个经济的普遍短缺,但是,它是以一种不太明显的方式存在着。有时一种产品会过量,但在其他时候,该产品仍然会出现短缺。当存在这种无法理解的产品短缺时,最理性的反应就是,只要买得到,就尽可能地去多买:现在多买些卫生纸,因为谁知道这种东西什么时候才会又可以买得到呢? 换句话说,囤货是对普遍价格管制所做出的正常反应。囤货是一种浪费,因为它意味着资源的扭曲配置。一些人由于幸运(或受到影响),可以拥有很多卫生纸,而同时其他人却一点也没有。如果允许交易,人们可能会从交易中获得好处,而且产品也会流向最有价值的用途上。

2. 苏联同时面临着产品过剩和产品短缺问题是因为,在普遍的价格管制下,没有激励促使产品被运送到其用途具有最高价值的地方去。因此,产品存在扭曲配置,生产和消费都很混乱。在某个星期,农民可能会获得足够多的汽油把他的鸡肉运送到城市中去。而在这个星期,当农民倾销他所累积的存货时,城市的商店中就会有很多鸡肉待出售。几个星期之后,可能由于缺少石油,鸡肉也就从这些商店中消失了。

第 082 页

1. 设定在高于均衡价格水平上的最低限价会导致生产过剩。因为欧盟对黄油的最低限价高于均衡价格水平,欧盟肯定会造成黄油过剩,这一部分必须由政府来购买。产品过剩已经非常巨大,它已经被称为"黄油山"了。

2. 美国对牛奶的最低限价设定在高于均衡价格的水平上,这导致了牛奶的过剩。政府通过以下方式来处理过剩的牛奶:它购买过剩的牛奶,并把牛奶和奶制品(如奶酪)免费发给学校。这解释了为什么在大部分学校,你买牛奶所支付的价格都很低,有时甚至是零价格。

第 6 章

第 095 页

1. 购买用来做面包的小麦粉就是购买中间品。因此,这并没有算入 GDP:只有最终物品才被算入 GDP。

2. 口袋妖怪卡片一经生产出来就被算入 GDP。在在线拍卖公司 eBay 出售二手口袋妖怪卡片的交易额不算入 GDP。

3. 由于哥伦比亚工人在纽约市赚了钱,所以这被看作美国 GDP 的一部分,而非哥伦比亚的。GDP 是指在一国内生产的价值,不管劳动者是本国居民还是其他人。

第 095 页

增长率可通过以下计算获得——从 59 950 亿美元中减去 58 030 亿美元所得的差再除以 58 030 亿美元:

$$(59\,950 - 58\,030)/58\,030 = 1\,920/58\,030 = 0.033 = 3.3\%$$

第 098 页

1. 中国 GDP 很高但人均 GDP 很低。

2. 如表 6.1 所示,GDP 排名前 15 个国家中,英国、法国和意大利的 GDP 均低于 2.5 万亿美元,但其人均 GDP 却都相当高。

3. 我们将名义变量转换成实际变量以解释价格变化,从而使得我们可以根据时间变化对价格进行比较。

第 100 页

1. 经济周期波动就是实际 GDP 围绕长期趋势而出现的短期活动。

2. 有时,由于存在简单的数据难题,我们很难断定某经济体是否处于衰退状态。因为收集数据需要时间,一旦花费更多时间获得新的数据,将有可能改变根据之前数据所得出的分析结论。

第 103 页

1. 消费(C)是国民支出最大的组成部分,约占其 62.9%。

2. 消费支出比投资支出更加平稳,延迟投资通常比延迟消费更容易。因此,在正常情况下,消费支出变化幅度非常小,但投资支出的波动十分惊人,尤其是在经济低迷时期,企业通常延迟投资。由于这些原因,消费中最不稳定的部分是诸如汽车和大家电等耐用品的消费,因为人们很容易推迟购买此类商品。

3. 收入法的反面是支出法:一个人赚得的每一分钱收入,都是另一个人的支出。

第 106 页

1. GDP 衡量的是可获取市场价值的事物,并不衡量非法活动或清洁空气之类的事物,因为我们很难决定此类事物的市场价值。

2. 拥有相同人均 GDP 的两个国家,其不平等程度未必相同。我们假设存在分别只有两名居民的国家 A 和国家 B。国家 A 的两名居民的收入分别为 999 美元和 1 美元,人均 GDP 为 500 美元。国家 B 的两位居民的收入都是 500 美元,其人均 GDP 同样为 500 美元。请注意,两国人均 GDP 相同,但其不平等程度却截然不同。

3. 由于并不能计入所有事物,因此 GDP 统计并非完美。然而,它们对人们深入了解一国产品价值随时间而发生变化很有帮助。

第 7 章

第 117 页

1. 如图 7.2 所示,2011 年,约占世界人口 30% 的人都居住在中国。

2. 根据 70 法则,假设你储蓄了收入的 5%,要想使其翻倍得花 70/5 即 12 年的时间。假设你储蓄了收入的 8%,要想其翻倍得花 70/8 即不到 9 年的时间。

3. 如图 7.4 所示,日本的实际人均 GDP 在 1970 年突破了 1 万美元,而在 1990 年突破了 2 万美元。运用 70 法则,人均 GDP 翻倍用了 20 年,于是 $70/x = 20$。因此在这一时间段内,年增长率接近 3.5%。

第 119 页

1. 美国拥有的物质资本——工具、机器、设备等——远远多于中国,而中国拥有的物质资本远远超过尼日利亚。

2. 物质资本、人力资本和技术知识是生产的三大要素。

第 126 页

1. 促进经济增长的五大因素分别是:产权制度、诚信政府、政治稳定、可靠的法律体系和开放的市场竞争。

2. 玫瑰战争发生在充满内战的时代。在这样的时代,经济增长速度通常趋于下降。在亨利七世的强有力统治下,经济形势迅速好转。

3. 在集体农业制度下,人们分享庄稼的收成,个人提高努力给自身所带来的回报很小。因为个人回报很低,我们可以预见到庄稼低产,甚至是饥荒局面的发生。

第 8 章

第 140 页

1. 如图 8.6 所示,当资本存量为 400 时,其折旧高于投资。
2. 当资本存量为 400 时,投资为 6 个单位。
3. 当资本存量为 400 时,折旧为 8 个单位。
4. 当折旧高于投资时,资本存量会缩水。

第 143 页

1. 随着资本的增加,资本的边际产量将会下降。
2. 资本会折旧,因为时间久了机器就会老化,需要更新;道路会失修,需要修缮;桥梁也会倒塌。随着资本存量的增加,资本折旧总量也会随之增加。

第 145 页

1. 在资本存量的稳态,投资和折旧相等。
2. 如图 8.7 所示,在原来的稳态,15 单位的产出可用于消费;在新的稳态,20 单位的产出可用于消费。
3. 一个国家的实际状况越低于其稳态水平,其发展就越快。
4. 一国投资率越高,人均 GDP 就越高。

第 149 页

1. 高进口税率将使贸易活动减少,并进而降低生产新知的激励。
2. 当新知有利于其他消费者或企业时,就发生了溢出效应。如果一个新知的创始人不能得到新知的全部好处,其创造新知的激励就会下降。
3. 支持设立疟疾研究奖而非癌症研究奖的经济原因,是由于拥有一个巨大而富有的市场,抗癌药物的生产积极性已经足够高了。疟疾通常发生在较为贫穷的国家,那里的居民难以支付昂贵的药品,因而研发新药的积极性就很低。

第 9 章

第 164 页

1. 金融机构在借贷者和出借人之间架起了一座桥梁。
2. 如果人们为退休储蓄了足够的钱,那么他们一生的消费曲线将十分平滑。如果寿命延长的同时却没有为退休储蓄足够的钱,那么退休期间的消费将低于目前所计划的。因此,贯穿他们一生的消费曲线将不会平滑。
3. 除了退休,还有大量潜在因素可能产生储蓄需求,因为这些因素将引起收入的不稳定:失业、慢性病或者意外引起的身体上的伤害等。人们常常储备现金以备不时之需。

第 166 页

1. 根据生命周期理论，个人储蓄很可能在其收入最高的年份达到最高。
2. 如果利率由 7％ 下降至 5％，在其他条件保持不变的情况下，这将导致借贷资金价格回落。而价格回落又将刺激更多的人买房（这种情况下，他们将足以支付曾经难以支付的房子）或者创业。

第 168 页

1. 耐心增强将导致储蓄供给曲线向右移动，从而导致储蓄量的增加和均衡利率的下降。
2. 投资需求的增加将使需求曲线向右移动，从而导致均衡利率上升和供需资金数量的增加。

第 173 页

1. 金融中介的首要作用在于降低将储蓄从储户手中转移到借贷者和投资者手中的成本。
2. 利率和债券价格反方向运动。如果你拥有一支债息为 6％ 的债券，当利率下降至 4％ 时，债券价格必将上涨。如果利率上涨至 8％，这支债息为 6％ 的债券价格必将下降。
3. IPO 是指一家公司的股票首次投入市场发行，因而通常会增加净投资，公司可以利用这新注入的资金用于拓展业务。相反，从他人手中购买股票是购买已经发行的股票，意味着所有权转让而非投资净增长，因为公司并没有得到购买股票的资金。

第 179 页

1. 高利贷法就是价格上限。在第 5 章中我们提到，价格上限会引起供不应求。如果储蓄者只能得到利率上限而非市场利率，他们将减少储蓄。
2. 银行破产会从各个方面阻碍其发挥金融中介的作用。比如，一旦储蓄者不再愿意将其资金存入银行，可贷资金的供应量将会下降，而借贷成本将会提高。信用枯竭将导致信用危机。
3. 借钱给政治关联企业将会降低经济效率，因为贷款没有被用于价值最大化的地方。

第 10 章

第 191 页

根据有效市场假说，任何人都不能总是获取高于市场平均水平的收益率。因此，曾经的良好表现并不能将你带到未来的成功。一般来说，曾经回报率很高的共同基金在未来收益率也高的可能性低于曾经回报率低的共同基金。

第 198 页

1. 投资国外股票将使你的投资多元化,因为其他国家的经济或增长或下滑,并不与美国同步。如果所有经济体都同时涨落,那么跨国多元化投资的高利润就不复存在了。
2. 如果许多人都梦想拥有一支足球或棒球队,那么拥有一支球队的报酬很可能远远大于金钱上的收益。因此,这些资产在金钱上的收益很可能相对较低。

第 200 页

许多经济学家正就这个问题进行激烈争论。可以说,发现并打破经济泡沫比看起来要难得多。联邦储备银行如何知道泡沫什么时候产生的呢?物价上涨并不一定表明泡沫的产生。即使我们可以相当肯定地说出现了经济泡沫,那么联邦储备银行如何才能在挤破泡沫的同时避免扩大其间接损害呢?

第 11 章

第 211 页

1. 摩擦性失业是由雇员和雇主之间的匹配失调困难所引发。雇员和雇主之间难以匹配的原因之一是信息匮乏。
2. 有些摩擦性失业并非坏事,如果潜在雇主和雇员都在花时间决定双方是否是双向选择的最佳人选。被迫接受提供的第一份工作并不是塑造最佳人选的好方法。

第 218 页

1. 结构性失业是持久的长期性失业,是由持续时间较长的冲击或者某经济体的持久特征所造成的,这些原因使得一些劳动者的工作搜寻变得更加困难。
2. 在美国,"随意就业"相当准确地描述了其就业情形:雇员可以随时辞职,雇主可以随时以任何理由解雇其雇员。相反,西欧国家的法律就阻碍了雇主的随意活动。例如,在葡萄牙,所有企业在解雇员工时都必须得到政府允许,企业甚至在应当先解雇谁的问题上也必须遵守政府的指导方针。

第 221 页

1. 周期性失业是由经济周期决定的。在经济大萧条时,失业率通常上升;在经济繁荣时期,失业率下降。
2. 低经济增长率通常和高失业率相关,高经济增长率通常伴随低失业率。

第 225 页

1. 降低对已婚夫妇征收的边际税率将刺激更多的妇女加入劳动力队伍,因为这会使她们拥有更多收入而非用于纳税。
2. 提高可以享受社会保险的年龄限制将有利于激励人们延长自己在劳动力大军中停留的时间,从而提高劳动力参与率。

第 12 章

第 234 页

1. 运用第 230 页的公式,$(125 - 120)/120 = 4.16\%$。
2. 如果在两年时间内,通胀率从 1% 一路上升至 4% 再到 7%,那么绝大部分商品的价格都可能上涨。
3. 利用实际价格而非名义价格对不同时期的商品价格进行对比。由于剔除了通过膨胀的影响,因而实际价格能更好地衡量出某一商品相较于大多数其他商品和服务,是变贵了还是便宜了。

第 238 页

1. 从长期来看,通货膨胀无时无地不是一种货币现象:货币供给量的提高导致通货膨胀。
2. 货币数量恒等式是 $Mv = PY$。

第 244 页

1. 在非预期通货膨胀的影响下,财富由出借人向借贷者进行再分配。在非预期通货紧缩的影响下,财富由借贷者向出借人进行再分配。
2. 当预期通货膨胀率上升时,名义利率将相应上升。我们称之为费雪效应。
3. 非预期通货膨胀将使价格信号失真,使得价格信号更加难以解读。这将导致浪费。

第 13 章

第 255 页

1. 因为在动态的总需求总供给模型中,
$\vec{M} + \vec{v} = \vec{P} + \vec{Y}_R$,如果 $\vec{M}$ 等于 7%,$\vec{v}$ 等于 0%,根据定义,通胀率加上实际增长率将等于 7%。在这种情况下,如果实际增长率等于 0%,通胀率必定等于 7%。
2. 上涨的消费增长率使得动态的总需求曲线向外移动。

第 260 页

1. 与建立移动电话信号塔的费用相比,架设电话线路的代价更加不菲。移动电话改善了所有国家的通讯系统,但给欠发达国家带来的变化更加令人注目。这在全世界范围内都是一次正向冲击。
2. 大幅而急剧地提高税率将抑制经济活动,尤其是从短期来看,因为消费者和企业将会进行从能源密集型产业至非能源密集型产业的再分配。再分配会降低经济体生产产品和提供服务的基本能力,表现为长期总供给曲线向左移动。

第 265 页

1. 长期总供给曲线是垂直的,因为从长期来说,价格粘性和工资粘性并不影响经济体的基本生产能力。然而,从短期来看,价格粘性和工资粘性确实会影响总供给,这也是为什么 SRAS 曲线不是垂直线的原因。
2. 在短期,通货膨胀预期可能会偏离实际通货膨胀,支出增长会带来 GDP 的增长。
3. 从长期来看,通货膨胀预期等于实际通胀。

第 268 页

1. 从长期来看,非预期通胀总是会演变成可预期通胀。
2. 如果消费者担忧衰退发生,并削减支出,总需求曲线会向里移动。

第 271 页

1. 美国货币供给在 20 世纪 30 年代初下降。首先受到影响的是总需求(总需求曲线向内移动,即左下方),而非索洛增长曲线。总需求下降导致了银行倒闭,银行倒闭是金融中介的生产力降低,这属于真实冲击,所以影响到长期总供给曲线,促使其向左移动。
2. 如果是在正常年份,20 世纪 30 年代经济危机的巨大冲击很可能已经被摆脱了,但是总需求曲线所受到的几次大的冲击和同时出现的真实打击使得大萧条的影响空前巨大。

第 14 章

第 283 页

"9·11"恐怖袭击对经济造成了很大的不确定性。没人知道是否还会发生这样的恐怖袭击,因此没人愿意乘坐飞机。航空旅行的减少沉重打击了各大航空公司及其相关机构:机场、机场餐厅、提供往返机场交通设施的公司等。当没人愿意乘坐飞机出差时,一些(乘火车或汽车)的当地商务旅行还在进行,但长途旅行(比如跨国商务旅行)陷入停顿。随着商务旅行的降温,宾馆房间和饭店餐饮的需求也减少了。宾馆损失惨重:商务旅行的停止是由于不确定性,即使房间降价也无济于事。商务旅行几近停滞将恐怖袭击对经济的影响扩大到了全国范围:纽约的恐怖袭击事件影响了整个美国。

第 15 章

第 294 页

1. 货币基础被定义为现金加上银行所持有的放在美联储的准备金。
2. 2014 年 2 月份,美国有 11 720 亿美元现金,相比之下,活期存款有 15 560 亿美元。因此,流通中的现金所占比例略低于活期存款。

第 296 页

1. 当银行准备金率为 1/20,那么,存款的 5% 被当作了准备金。
2. 当银行准备金率为 1/20,那么,货币乘数就是 20。
3. 如果美联储给银行增加了 1 万美元的准备金,并且准备金率为 1/20,那么,货币供给的变化量就是 20 万美元。

第 301 页

美联储试图降低利率。通过公开市场操作购买债券,美联储使利率得以降低。通过这样的操作,美联储增加了银行准备金率,并通过货币乘数增加了货币供给量。

第 302 页

1. 如果美联储担心会发生考虑到系统风险,即大银行倒闭必将连累其他银行和金融机构,它就不可能让大银行倒闭。在这种情况下,美联储运用其作为最后出借方的力量来支持那个"大得不可能倒闭的"银行。
2. 道德风险会促使一个人为弥补损失而下双倍赌注。如果总有美联储为大银行做担保,那么个人的行为永远不会导致银行破产。那为什么不放手一搏呢?

第 303 页

1. 从长期来看,货币是中性的,但对经济有短期影响。这说明了美联储对短期内货币供给的关注。
2. 如果银行担心经济衰退,那么它们就更加不愿意将款贷出去,这就束缚了美联储在经济衰退中改变总需求的能力。在这种情况下,有时可以这么说,美联储是在"推一根绳子"(pushing on a string)。*

第 16 章

第 316 页

数据问题常常影响到美联储"恰到好处"地推行货币政策,因为这些问题使得美联储难以洞察经济运行过程中到底出了什么问题。而如果美联储不能准确地断定经济发展出了什么问题,就不能对症下药,来改善经济状况。

第 318 页

1. 如果美联储试图为恢复经济增长,它是可以通过提高总需求来达到目的的。但问题在于,在这种情况下促进经济增长是以增加通货膨胀率为代价的。这就是政策困境所在。
2. 如果美联储每次都通过增加总需求来应对一系列负面的真实冲击,那么,通胀率

---

  * 货币政策可以被认为是系在经济体上的绳子。对一根绳子,你不能推,而只能拉。此处描述的是通货紧缩时的情景,众所周知,货币政策对通货膨胀有效(即拉住绳子以免跑得太快),对通货紧缩的作用不大。——译者注

将不断攀升。最终,美联储将不得不采取行动以应对通货膨胀,而这很可能导致经济走向衰退。

第 321 页

1. 美联储永远不能确定资产价格何时会出现泡沫。事后识别泡沫更为容易,但即使是在事后识别泡沫也非易事。
2. 货币供给紧缩政策的间接影响会降低(对整个更广泛的经济体来说的)GDP 增长率。

第 323 页

米尔顿·弗里德曼主张 3%的货币增长率。因为美国的长期经济增长率大约为3%。当货币增长等于长期经济增长时,经济体就会实现物价水平稳定。

第 17 章

第 340 页

1. 个人所得税加上社会保险和其他工资税共占联邦政府收入的 81%。
2. 收入位列次高档收入组的人向政府所纳有效税率为 17.4%。如果一个人收入为 80 000 美元,那么其应纳税额为 13 920 美元。收入位列最高档收入组的人向政府所纳有效税率为 25.5%,如果其收入为 160 000 美元,那么应纳税款就是 40 800 美元。收入比他人高 2 倍的人应纳税款比他人应纳税款的 2 倍还多,这就是税收体系中累进税的证据。

第 348 页

1. 社会保险和医疗费用占联邦政府支出的 40%。
2. GDP 使我们认识到经济体的偿债能力,因此,债务与 GDP 之间的比率说明了债务与偿债能力的相关性。

第 350 页

1. 在未来 40 年中,社会保险尤其是医疗保险和医疗补助计划很可能和 GDP 发生更加密切的联系。这意味着政府的全部支出与 GDP 的密切程度将进一步加深。
2. 如果加快新知产生的步伐,长期总供给曲线将发生正向的移动。换句话说,经济体将得以生产更多产品,提供更多服务。这将导致债务与 GDP 之间比率的下降(其他比率保持不变)。同时,这也将增强政府在支付退休工人津贴方面的能力。

第 18 章

第 359 页

扩张性财政政策有两种:政府支出更多的钱,或者政府降低税率从而使人们获得更多可花费的钱。

第 366 页

1. 2008 年的减税并不如人所料的那样强有力,因为许多人都把减免的税收储蓄起来,并偿清了债务,而不是用于消费。

2. 和暂时性减税相比,永久性降低所得税税率可以产生更大的财政刺激。因为人们很可能将大部分暂时性减税税额储蓄起来用于支付未来的税收,而如果减税是永久性的,人们将更多地选择消费。当然,告诉人们减税是永久性的和使人们相信这一点还是截然不同的。

3. 和暂时减少投资税相比,永久性减少投资税所产生的财政刺激更小。因为要想实现暂时的减少投资税,企业必须立即支付购买设备的费用,但是永久性减少投资税会使得企业选择延迟投资。

第 19 章

第 382 页

1. 国内生产商从关税中受益,而国内消费者却从中蒙受损失。

2. 贸易保护主义导致资源浪费,因为它会使产品生产从低成本生产商手中转移到高成本生产商手中。

3. 我们听到的更多的是人们从贸易限制中受益的例子,而非从中蒙受损失的例子。因为贸易限制所带来的利益仅仅集中于为数不多的几个赢家,而其带来的损失会被许多人多分摊。即使贸易限制的总收益低于其总损失,利益的集中也意味着赢家支持贸易限制的动力比输家反对贸易限制的动力要大得多。

4. 在图 19.3,区域 C 代表了无谓损失,是由没有发生的贸易而造成的利得损失。

第 386 页

1. 服装国际贸易已经成为美国获得净利润的产业。因为服装对当前美国消费者来说,要便宜得多,而且美国专门从事服装生产的工人们也是生产力最高的。

2. 如果美国政府为硅谷的计算机产业提供津贴,这将刺激计算机芯片生产更多,只不过成本更高了(生产将不再那么高效)。这将造成资源浪费。国外竞争者将被驱赶出该产业,计算机芯片消费者将从政府津贴中间接受益,但其收益率不会超过美国纳税者的税率。

第 20 章

第 397 页

1. 如果内布拉斯加州某居民花 30 000 美元买了一辆德国跑车,这将导致美国经常账户余额减少 30 000 美元。

2. 如果一辆德国跑车制造商在南卡罗来纳州设立了一家新的制造厂,这项投资将成为美国资本账户顺差的一部分。

3. 经常账户和资本资产账户是一枚硬币的正反两面。当资本资产账户盈余时,经常账户将反映出其处于赤字状态;反之亦然。

第 403 页

1. 如果美元是一种避风港式的货币,那么当遭遇风险时,人们就会需要美元,并抬高美元价值。

2. 如果美联储增加货币供给,那么和欧元相比,美元将会贬值。

3. 如果货币购买力保持相同,名义汇率为 1 英镑兑换 2 美元,那么一只在伦敦需要花费 2 英镑的巨无霸在纽约将要花费 4 美元。

4. 关税将阻碍市场交换,进而影响不同价格的套利。这是对购买力平价的限制。

第 405 页

1. 从短期来看,美联储增加货币供给将导致汇率下降,进而引起美国出口增加。从长期来看,增加货币供给对出口的短暂刺激将会消失,却会导致通货膨胀。

2. 在开放的经济体中,货币政策将降低利率,进而导致货币贬值和出口增长。相反,扩张性财政政策将提高利率,进而导致汇率升值和出口减少。

第 407 页

1. 浮动汇率描述了一国货币的价值由供给双方相互作用来决定。

2. 欧洲中央银行控制着欧盟的货币政策。

第 21 章

第 416 页

全国性的选民影响全国性选举结果的可能性,比地方性的选民影响地方选举结果的可能性更小。这表明人们更有激励去获得同本地问题有关的信息。另一方面,本地问题比全国性问题的重要性更小,同本地问题有关的免费信息[如从乔恩·斯图尔特(Jon Stewart)主播的新闻中获得]也比全国性问题更少。这表明地方性选举的选民将会比全国性选举的选民更倾向于选择理性的信息无知。

第 420 页

1. 因为特殊利益集团能从当前的项目规划中获得利益,所以,他们会反对成立一个委员会来监督联邦政府的浪费。如果这个委员会被建立,这些特殊利益集团也会尽力去"搞定"这些委员们:举出理由来表明他们特殊的规划是必须的,并施加压力来维持这些项目规划。这些规划项目成本的承担者——纳税人——太多太分散,就任何一个具体的规划项目而言,这组人群都被分散为零。该委员会的主意可能会很受欢迎,但成功的可能性很小。

2. 这一地方性历史收藏展览室的受益者是当地的使用者。最终,这个州的纳税人会为它付钱。利益集中在一小部分人身上,而成本会分散在很大一群人(纳税人)身上。如果这个阅览室被以某个州议员的名字命名,请不要感到奇怪。

第 422 页

如果选民们是短视的,相对于那些现在成本很小未来收益很大的政策而言(为什么要为下次选举拿现在的机会来冒险呢?),政治家会偏好于那些现在收益很小未来成本很大的政策(我们会再进行选举,可能会是其他人来处理这一遗留下来的巨额成本)。由于这些原因,对于那些像医疗保障资金那样的潜在的大问题,经常会拖延到最后一分钟才来解决,而这时要解决问题就更加困难了,代价也更高了。

第 429 页

通过提出各种替代性的思想,并把它提到桌面上来,思想自由畅通有助于民主制发挥其功能。选民们在某种程度上总是理性的信息无知的,但是,随着更多的信息被披露出来并能以更低的成本获得,选民们就会知道得更多,至少就一些大的问题是这样。争论和分歧可以提高思想的质量。信息自由流畅减少了腐败的可能性。新思想有助于民主制随着条件的变化而进行调整。

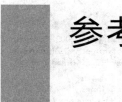

参考文献

第1章

1. Quoted in **Christopher, Emma.** 2007. "The slave trade is merciful compared to [this]": Slave traders, convict transportation and the abolitionists. In **Christopher, E., C. Pybus, and M. Rediker** (eds.), *Many Middle Passages*, Chap. 6, pp. 109–128. Berkeley, CA: University of California Press.

2. **Chadwick, Edwin.** 1862. Opening address of the British Association for the Advancement of Science. *Journal of the Statistical Society of London* **25**(4): 502–524.

3. Opening address.

4. On the impact of new drugs, see **Lichtenberg, Frank.** 2007. The impact of new drugs on U.S. longevity and medical Expenditure, 1990–2003. *American Economic Review* **97**(2): 438–443.

5. **Celis III, William.** December 28, 1991. Study finds enrollment is up at colleges despite recession. *The New York Times.*

第2章

1. On this point, see **Sowell, Thomas.** 1980. *Knowledge and Decisions.* New York: Basic Books. See also Chapter 4 of **Reisman, George.** 1996. *Capitalism: A Treatise on Economics.* Ottawa, IL: Jameson.

2. **Smith, Adam.** August 2, 2006. *An Inquiry into the Nature and Causes of the Wealth of Nations.* Edited by Edwin Cannan, Book IV, II. 2.11. Indianapolis, IN: Library of Economics and Liberty. http://www.econlib.org/library/Smith/smWN13.html. Originally published London: Methuen, 1904 [1776].

3. **Boudreaux, Donald J.** 2008. *Globalization.* Westport, CT: Greenwood Press.

第3章

1. On changing U.S. demographics and their impact on the economy, see **Kotlikoff, Laurence J., and Scott Burns.** 2004. *The Coming Generational Storm.* Cambridge, MA: MIT Press.

2. *International Herald Tribune.* http://www.iht.com/articles/ap/2007/07/31/business/EU-FIN-MKT-Oil-Prices.php.

3. **Information Resources, Inc.** September 16, 2005. *Times and Trends.*

4. **Paleontological Research Institution.** http://www.priweb.org/ed/pgws/history/spindletop/lucas_gusher.html.

5. See information available at the **U.S. Energy Information Administration** Web site. http://www.eia.gov/.

6. On the costs of oil production, see **Joint Economic Committee, United States Congress.** *OPEC and the High Price of Oil.* http://www.house.gov/jec/publications/109/11-17-05opec.pdf.

第4章

1. **Smith, Vernon.** 1991. Experimental economics at Purdue. In **Smith, V.** (ed.), *Papers in Experimental Economics.* Cambridge, UK: Cambridge University Press. Originally appeared in **Horwich, G., and J. P. Quirk** (eds.), *Essays in Contemporary Fields of Economics.* Lafayette, IN: Purdue University Press, 1981.

2. **Conover, Ted.** July 2, 2006. Capitalist roaders. *New York Times Magazine,* pp. 31–37, 50.

第5章

1. A $2'' \times 4''$ refers to the preplaned dimensions, which after planing, are typically $1\frac{3}{4}'' \times 3\frac{3}{4}''$; with price controls, the average size fell to $1\frac{5}{8}'' \times 3\frac{5}{8}''$. See Thomas Hall. 2003. *The Rotten Fruits of Economic Controls and the Rise from the Ashes: 1965-1989.* New York: University Press of America.

2. *Business Week.* February 16, 1974. Page 122. Quoted in **Bradley, Robert Jr.** 1996. *Oil, Gas and Government: The U.S. Experience,* Vol. 2, p. 1635. Lanham, MD: Rowman & Littlefield.

3. Prices were frozen at levels no higher than the May 25, 1970, price or a price at which 10% or more of transactions took place in the 30 days prior to August 14, 1971. Some adjustments for seasonal differences were allowed for some products, such as fashion items, but not for oil. See **Bradley,** Vol. 2, especially pp. 1607–1608.

4. See **Hall, Thomas E.** 2003. *The Rotten Fruits of Economic Controls and the Rise from the Ashes, 1965–1989.* New York: University Press of America.

5. **Bradley, Robert Jr.** 1996. *Oil, Gas and Government: The U.S. Experience.* Vol. 1. Lanham, MD: Rowman & Littlefield.

6. See *The Washington Post.* November 26, 1973. Steps ordered by Nixon to meet energy crisis. Page A12.

7. *Time.* December 10, 1973. The shortage's losers and winners.

8. **Grayson, Jackson C.** February 6, 1974. Let's end controls—completely. *The Wall Street Journal,* p. 14.

9. See **Bradley,** Vol. 1, pp. 477, 515.

10. As assessed in 1999. See **Glaeser, E.** 2002. Does rent control reduce segregation? NBER working paper, Washington, DC.

11. **Lindbeck, Assar.** 1972. *The Political Economy of the New Left.* New York: Harper & Row. See especially p. 39.

12. Quoted in **Block, Walter.** August 29, 2006. Rent control. In **David R. Henderson** (ed.), *The Concise Encyclopedia of Economics.* Indianapolis, IN: Liberty Fund, Library of Economics and Liberty. http://enonlib.org/library/Enc/RentControl.html.

13. **Glaeser, Edward L., and Erzo F. P. Luttmer.** 2003. The misallocation of housing under rent control. *American Economic Review* **93**(4): 1027–1046.

14. For a recent discussion, see **Arnott, Richard.** 1995. Time for revisionism on rent control? *The Journal of Economic Perspectives* **9**(1): 99–120.

15. On housing vouchers, see **Olsen, Ed.** 20XX. Housing programs for low-income households. In **Robert Moffitt** (ed.), *Means-Tested Transfer Programs in the U.S.* Chicago: University of Chicago Press.

16. **Chandrasekaran, Rajiv.** December 9, 2003. Fueling anger in Iraq. *The Washington Post.* Page A01.

17. *Ibid.*

18. Drawn from **Smith, Hedrick.** 1976. Consumers: The art of queuing. In *The Russians.* New York: Ballantine Books.

19. **Bureau of Labor Statistics.** 2013. Characteristics of Minimum Wage Workers 2012. Washington, DC: BLS. http://www.bls.gov/cps/minwage2012.pdf.

20. For a listing and abstract of many studies on the minimum wage, see **U.S. Congress Joint Economic Committee.** *50 Years of Research on the Minimum Wage.* Recent studies include **Neumark, D., and W. Wascher.** 1992. Employment effects of minimum and subminimum wages: Panel data on state minimum wage laws. *Industrial and Labor Relations Review* **46**(1): 55–81. **Deere, D., K. M. Murphy, and F. Welch.** 1995. Employment and the 1990–1991 minimum-wage hike. *American Economic Review* **85**(2): 232–237. Not all studies find a significant reduction in employment. See **Card, David and Alan B.** September 1994. Minimum wages and employment: A case study of the fast-food industry in New Jersey and Pennsylvania. *American Economic Review* **84**: 772–793 for a well designed study that challenges the conventional wisdom.

21. **Bureau of Labor Statistics,** *op. cit.*

22. On the minimum wage in Puerto Rico in 1938, see **Rottenberg, Simon.** 1981. Minimum wages in Puerto Rico. In **Simon Rottenberg** (ed.), *The Economics of Legal Minimum Wages,* pp. 327–339. Washington, DC: American Enterprise Institute. Also **Rustici, Thomas.** 1985. A public choice view of the minimum wage. *Cato Journal* **5**(1): 103–131.

   Beginning in 1974, the Puerto Rican minimum wage was raised in steps to the U.S. level, creating a repeat of the experiment of 1938. The results were the same. Freeman and Freeman estimate that the increase in the minimum wage reduced the number of jobs in Puerto Rico by 8 to 10%. See **Freeman, Alida Castillo, and Richard B Freeman.** June 1991. *Minimum Wages in Puerto Rico: Textbook Case of a Wage Floor?* Washington, DC: National Bureau of Economic Research.

23. On deregulation, see **Peltzman, Sam.** 1989. The economic theory of regulation after a decade of deregulation. Brookings Papers on Economic Activity. *Microeconomics:* 1–59.

24. On deregulation, see **Morrison, Steven A., and Clifford Winston.** 1986. *The Economic Effects of Airline Deregulation.* Washington, DC: Brookings Institution.

第6章

1. Data on automobiles are from the **Statistical Abstract of the United States.** Prices from http://nada.org/ Content/NavigationMenu/Newsroom/NADAData/ 20062/NADA_Data_2006.pdf. Statistics on U.S. chicken production can be found at the U.S. Department of Agriculture, http://www.usda.gov/

2. **Bureau of Economic Analysis.** Table 2.3.3. http://www.bea.gov.

3. **Board of Governors of the Federal Reserve System.** 2013. Financial Accounts of the United States. http:// www.federalreserve.gov/releases/z1/current/z1.pdf.

4. For data on business regulations worldwide, see the **World Bank**'s Web site, http://doingbusiness.org/.

5. http://rru.worldbank.org/Discussions/Topics/Topic18.aspx.

6. http://gapminder.org/.

7. See **Dollar, David, and Aart Kraay.** 2004. Trade, growth, and poverty. *Economic Journal* **114**(493): F22–F49.

第7章

1. See **United States Department of Agriculture,** Economic Research Service. 2007. *Agricultural Productivity in the United States.* http://www.ers.usda.gov/Data/ AgProductivity/.

2. This account draws on **McMillan, John.** 2002. *Reinventing the Bazaar.* New York: W. W. Norton. And **Zhou, Kate Xiao.** 1997. *How Farmers Changed China.* Boulder, CO: Westview Press.

3. **Hall, Robert E.,** and **Charles I. Jones.** 1999. Why do some countries produce so much more output per worker than others? *Quarterly Journal of Economics:* 83–116.

4. **Lewis, William W.** 2004. *The Power of Productivity.* Chicago: University of Chicago Press.

5. On the importance of management practices and multinationals, see **Bloom, Nicholas, and John Van Reenen.** 2010. "Why do management practices differ across firms and countries?" *Journal of Economic Perspectives* **24**(1): 203–224. And **Bloom, Nicholas, Raffaella Sadun, and John Van Reenen.** 2012. "Americans do IT better: US multinationals and the productivity miracle." *American Economic Review* **102**(1): 167–201.

第8章

1. Germany is excluded for lack of data. Turkey is excluded because its history and institutions were quite different from those of the other founding members of the OECD.

2. On innovations that would occur without patents, see **Mansfield, E.** 1986. Patents and innovation: An empirical study. *Management Science* **32:**173–181. On patents and cumulative innovations, see **Bessen, J., and E. Maskin.** 2009. Sequential innovation, patents, and imitation. *RAND Journal of Economics* **40**: 611–635. Is there a way to reduce the trade-off between dynamic and static efficiency? Some ideas are suggested by **Tabarrok, A.** 2002. Patent theory versus patent law. *Contributions to Economic Analysis & Policy* **1**(1): Article 9. http://www.bepress.com/bejeap/contributions/vol1/iss1/ art9. Also **Kremer, M.** 1998. Patent buyouts: A mechanism for encouraging innovation. *Quarterly Journal of Economics* **113**: 1137–1167.

3. "Rare" is defined as a disease at the bottom quarter of incidence in the United States in 1998; "common" is defined as a disease at the top quarter of incidence. See **Lichtenberg, Frank R., and Joel Waldfogel.** June 2003. Does misery love company? Evidence from pharmaceutical markets before and after the Orphan Drug Act. NBER working paper W9750, Washington, DC. http://www.ssrn.com/ abstract=414248.

4. **Romer, Paul.** 2007. Economic growth. In **David R. Henderson** (ed.), *The Concise Encyclopedia of Economics.* Indianapolis, IN: Liberty Fund.

第9章

1. **Bloom, David E., David Canning, and Bryan S. Graham.** 2002. Longevity and life cycle savings. NBER working paper W8808, Washington, DC. http://www.ssrn. com/abstract=302569.

2. **Shoda, Y., W. Mischel, and P. Peake.** 1988. Predicting adolescent cognitive and self-regulatory competencies from preschool delay of gratification: Identifying diagnostic conditions. *Developmental Psychology* **26**: 978–986.

3. **Beshears, John, James Choi, David Laibson, and Brigitte Madrian.** *The Importance of Default Options for Retirement Savings Outcomes: Evidence from the United States.* Washington, DC: National Bureau of Economic Research. http://nber.org/aginghealth/summer06/ w12009.html.

4. **Levine, Ross, and Sara Zervos.** 1998. Stock markets, banks, and economic growth. *American Economic Review* **88**(3): 537–558.

5. **Blustein, Paul.** 2005. *And the Money Kept Rolling In (and Out): Wall Street, the IMF, and the Bankrupting of Argentina.* New York: Public Affairs. See, in particular, p. 191.

6. See **La Porta, Rafael, Florencio Lopez-De-Silanes, and Andrei Shleifer.** 2002. Government ownership of banks. *Journal of Finance, American Finance Association* **57**(1): 265–301.

7. **Friedman, Milton, and Anna J. Schwartz.** 1963. *A Monetary History of the United States, 1867–1960.* Princeton, NJ: Princeton University Press.

8. **Bernanke, Ben.** 1983. Nonmonetary effects of the financial crisis in the propagation of the Great Depression. *American Economic Review* **73**(3): 257–276.

9. Leverage ratios can be calculated in different ways so no leverage ratio is written in stone but the increase in leverage over the 2000s is well accepted. Figures on Lehman's leverage in 2004 and 2007 come from http://uk.biz.yahoo.com/15092009/389/three-reasons-lehman-collapsed.html. See also http://emac.blogs.foxbusiness.com/2008/06/04/the-fire-engine-red-flags-at-lehman-brothers/ for slightly different figures.

第10章

1. **Malkiel, Burton.** 1996. *A Random Walk Down Wall Street.* 6th ed. New York: W. W. Norton. See, in particular, p. 24.

2. For a comprehensive review of efficient markets and the performance of mutual fund managers, see **Hebner, Mark T.** 2007. *Index Funds: The 12 Step Program for Active Investors.* Irvine, CA: IFA.

3. See **Marshall, Ben, Rochester Cahan, and Jared Cahan.** March 2008. Does intraday technical analysis in the U.S. equity market have value? *Journal of Empirical Finance*: 199–210.

4. On the relatively safe nature of Walmart, see, for instance, this analysis: http://www.slate.com/id/2185221/.

5. **Siegel, Jeremy J.** January/February 1992. The equity premium: Stock and bond returns since 1802. *Financial Analysts Journal* **48**(1): 28–38.

6. **Smith, Vernon L., Gerry L. Suchanek, and Arlington W. Williams.** 1988. Bubbles, crashes, and endogenous expectations in experimental spot asset markets. *Econometrica* **56**(5): 1119–1151. And **Hussam, Reshmaan N., David Porter, and Vernon L. Smith.** 2008. Thar she blows: Can bubbles be rekindled with experienced subjects? *American Economic Review* **98**(3): 924–937.

第11章

1. On Kmart, see **Wikipedia,** http://en.wikipedia.org/wiki/Kmart. On Walmart, see its *2002 Annual Report,* http://walmartstores.com/Files/annual_2002/page16.html.

2. Data on unemployment and its duration may be found in various issues of the *OECD Employment Outlook* and on the Web: **OECD,** http://oecd.org/statsportal/0,2639,en_2825_293564_1_1_1_1_1,00.html.

3. **Sullivan, D., and T. von Wachter.** 2009. Job displacement and mortality: An analysis using administrative data. *Quarterly Journal of Economics* **124**(3): 1265–1306.

4. The Italian system is more difficult to describe than the systems in the other countries and it has changed considerably over time.

5. For minimum wages relative to average wages, see **OECD.** http://stats.oecd.org/wbos/default.aspx. For minimum wages relative to average wages, see **Lothar Funk and Hagen Lesch.** 2005. *Minimum Wages in Europe.* Dublin: European Foundation for the Improvement of Living and Working Conditions, http://eurofound.europa.eu/eiro/2005/07/study/tn0507101s.html#contentpage.

6. OCED Statistics. See also **Salanie, B., and G. Laroque.** 2002. Labor Market Institutions and Employment in France. *Journal of Applied Econometrics* (2002), 17, 25–48.

7. **Ford, Peter.** 2005. Deep roots of Paris riots. *Christian Science Monitor* (November 4).

8. **Martin, John P.** 2000. What works among active labour market policies: Evidence from OECD countries' experiences. *OECD Economic Studies* **30:** 79–113.

9. **Kotlikoff, Laurence, and Scott Burns.** 2004. *The Coming Generation Storm.* Cambridge, MA: MIT Press.

10. ***60 Minutes.*** January 3, 2007. Interview with U.S. Comptroller General David Walker, http://www.cbsnews.com/stories/2007/03/01/60minutes/main2528226.shtml.

11. The U.S. Equal Employment Opportunity Commission collects statistics on job patterns by industry. See **EEOC.** *Job Patterns for Minorities and Women in Private Industry.* Rept. EEO-1, http://www.eeoc.gov/stats/jobpat/jobpat.html.

12. **Goldin, Claudia, and Lawrence F. Katz.** 2002. The power of the pill: Oral contraceptives and women's career and marriage decisions. *Journal of Political Economy* **110**(4): 730–770.

13. There are six employed workers and one unemployed worker, so there are seven people in the labor force. Of the seven, one is unemployed, so the unemployment rate is 1/7 = 14.3%. The adult, civilian, noninstitutional population is eight; of these, seven are in the labor force, so the labor force participation rate is 87.5%.

第12章

1. See **newzimbabwe.com.** November 3, 2006. *Zimbabwe Has No Money to Print Currency,* http://www.newzimbabwe.com/pages/inflation66.14226.html.

第13章

1. **Higgs, Robert.** 1997. Regime uncertainty: Why the Great Depression lasted so long and why prosperity resumed after the war. *The Independent Review* **1**(4): 561–590.

2. For a good overview of the tariff and its effects, see **O'Brien, Anthony.** August 15, 2001. Smoot–Hawley tariff. In **Robert Whaples** (ed.), *EH.Net Encyclopedia,* http://eh.net/encyclopedia/article/obrien.hawley-smoot.tariff.

第14章

1. This scenario is covered in a famous paper coauthored by Ben Bernanke (former Fed chairman): **Bernanke, Ben, and Mark Gertler.** March 1989. Agency costs, net worth, and business fluctuations. *American Economic Review* **79**(1): 14–31.

2. http://www.cbs8.com/Global/story.asp?S=13267409.

3. For one estimate of the value decline from foreclosure, an average of 27%, see **Campbell, John Y., Stefano Giglio, and Parag Pathak.** August 2011. Forced sales and house prices. *American Economic Review* **101**(5). The authors also provide the one in 12 statistic.

第16章

1. **Bernanke, Ben S., Mark Gertler, and Mark Watson.** 1997. Systematic monetary policy and the effects of oil price shocks. *Brookings Papers on Economic Activity* **1**: 91–157.

第17章

1. http://www.wwwebtax.com/miscellaneous/exemptions.htm.

2. On Boeing, see *Business Week*. December 3, 2007. The taxman barely cometh: 56–58.

3. **Hall, Robert E., and Alvin Rabushka.** 2007. *The Flat Tax—Revised and Expanded.* Stanford, CA: Hoover Institution.

4. **Waldfogel, Joel.** 1993. The deadweight loss of Christmas. *The American Economic Review*, **83**(5): 1328–1336.

5. **Special Inspector General for Iraq Reconstruction.** 2013. Learning from Iraq, http://cybercemetery.unt.edu/archive/sigir/20131001080029/http://www.sigir.mil/files/learningfromiraq/Report_-_March_2013.pdf.

第18章

1. **Hornbeck, J. F.** 2004. Argentina's sovereign debt restructuring. Congressional Research Service, RL 32637.

2. On New Deal fiscal policy, see **Hansen, Alvin.** 1963. Was fiscal policy in the thirties a failure? *Review of Economics and Statistics* **45**: 320–323.

第19章

1. On the environmental cost of sugar production, see **Schwabach, Aaron.** 2002. How protectionism is destroying the Everglades. *National Wetlands Newsletter* **24**(1): 7–14.

2. See **Bellamy, Carol.** 1997. *The State of the World's Children—1997.* New York: Oxford University Press and UNICEF. http://unicef.org/sowc97/.

3. See **Edmonds, Eric V., and Nina Pavcnik.** January 2006. International trade and child labor: Cross-country evidence. *Journal of International Economics*: 115–140.

4. On the Food for Education program, see **Ahmed, A., and C. del Nino.** 2002. *The Food for Education Program in Bangladesh: An Evaluation of Its Impact on Educational Attainment and Food Security.* FCND DP No. 138. Washington, DC: International Food Policy Research Institute. Also **Meng, Xin, and Jim Ryan.** 2003. Evaluating the Food for Education Program in Bangladesh. Working paper, Australian National University, Australia South Asia Research Centre.

5. On the 1918 flu, see **Barry, John M.** 2005. *The Great Influenza: The Epic Story of the Deadliest Plague in History.* New York: Penguin. On policy for a future pandemic, see **Cowen, Tyler.** 2005. Avian flu: What should be done. Working paper, Mercatus Center, George Mason University, Arlington, VA. http://mercatus.org/repository/docLib/20060726_Avian_Flu.pdf.

6. Quoted in **Norberg, Johan.** 2003. *In Defense of Global Capitalism.* Washington, DC: Cato Institute.

7. **Johnson, Bradford.** 2002. Retail: The Wal-Mart effect. *McKinsey Quarterly* (1): 40–43.

第21章

1. **House of Commons.** November 11, 1947. Official Report, 5th Series, Vol. 444, cc. 206–207.

2. **Kaiser/Harvard Program on the Public and Health/Social Policy Survey.** January 1995.

3. See, for instance, **DeLorme, Charles D., Stacey Isom, and David R. Kamerschen.** April 2005. Rent seeking and taxation in the ancient Roman Empire. *Applied Economics* **37**: 705–711. http://ideas.repec.org/a/taf/applec/v37y2005i6p705-711.html.

4. **Leeson, Peter T.** 2008. Media freedom, political knowledge, and participation. *Journal of Economic Perspectives* **22**(2): 155–169.

5. **Djankov, S., C. McLiesh, T. Nenova, and A. Shleifer.** 2003. Who owns the media? *Journal of Law and Economics* **46**(2): 341–381.

6. See **Conquest, Robert.** 1987. *Harvest of Sorrow.* New York: Oxford University Press.

7. **Sen, Amartya.** August 2, 1990. *Public Action to Remedy Hunger.* Arturo Tanco Memorial Lecture. http://thp.org/reports/sen/sen890.htm.

8. **Besley, T., and R. Burgess.** 2002. The political economy of government responsiveness: Theory and evidence from India. *Quarterly Journal of Economics* **117**(4): 1415–1452.

9. http://www.natso.com/AM/Template.cfm?Section=Top_NATSO_Issues&Template=/CM/ContentDisplay.cfm&ContentID=7700&FusePreview=True&WebsiteKey=e91dcade-9ead-43ab-b6bc-c608fd2a3c34.

图书在版编目(CIP)数据

考恩经济学.宏观分册:第三版/(美)泰勒·考
恩,(美)亚历克斯·塔巴洛克著;罗君丽,李井奎,王
弟海译.—上海:格致出版社:上海人民出版社,
2019.1
(大师的经济学课)
ISBN 978 - 7 - 5432 - 2933 - 4

Ⅰ.①考… Ⅱ.①泰… ②亚… ③罗… ④李… ⑤王
… Ⅲ.①经济学 ②宏观经济学 Ⅳ.①F0 ②F015

中国版本图书馆 CIP 数据核字(2018)第 239246 号

责任编辑 王　萌
封面设计 路　静

大师的经济学课

考恩经济学:宏观分册(第三版)
[美]泰勒·考恩　亚历克斯·塔巴洛克　著
罗君丽　李井奎　王弟海　译

出　　版　格致出版社
　　　　　上海人民出版社
　　　　　(200001　上海福建中路 193 号)
发　　行　上海人民出版社发行中心
印　　刷　浙江临安曙光印务有限公司
开　　本　787×1092　1/16
印　　张　31
插　　页　2
字　　数　704,000
版　　次　2019 年 1 月第 1 版
印　　次　2019 年 1 月第 1 次印刷
ISBN 978 - 7 - 5432 - 2933 - 4/F · 1168
定　　价　79.00 元

本书英文版由

纽约 WORTH PUBLISHERS 公司出版

WORTH PUBLISHERS 出版公司 2015 年版权所有

2019 年中文版专有出版权属格致出版社

本书授权只限在中国大陆地区发行

版权所有　翻版必究

上海市版权局著作权合同登记号：图字 09-2015-586